CSSCI来源集刊

法律方法
Legal Method

第30卷

主　编·陈金钊　谢　晖
执行主编·吕玉赞

中国出版集团
研究出版社

图书在版编目(CIP)数据

法律方法.第30卷/陈金钊,谢晖主编.-- 北京：研究出版社,2020.7
ISBN 978-7-5199-0536-1

Ⅰ.①法… Ⅱ.①陈…②谢… Ⅲ.①法律－文集 Ⅳ.① D9-53

中国版本图书馆 CIP 数据核字(2020)第 118001 号

出 品 人：赵卜慧
责任编辑：张立明

法律方法（第 30 卷）
FALV FANGFA (DI 30 JUAN)

作　　者	陈金钊　谢　晖　主编
出版发行	研究出版社
地　　址	北京市朝阳区安定门外安华里 504 号 A 座（100011）
电　　话	010-64217619　　64217612（发行中心）
网　　址	www.yanjiuchubanshe.com
经　　销	新华书店
印　　刷	河北赛文印刷有限公司
版　　次	2020 年 3 月第 1 版　2020 年 3 月第 1 次印刷
开　　本	710 毫米 ×1000 毫米　1/16
印　　张	26
字　　数	543 千字
书　　号	ISBN 978-7-5199-0536-1
定　　价	83.00 元

版权所有，翻印必究；未经许可，不得转载

法律方法
（第30卷）

主　编
陈金钊　谢　晖

学术顾问
（以姓名拼音为序）

郝铁川	胡玉鸿	蒋传光	季卫东
李桂林	刘作翔	舒国滢	沈国明
孙笑侠	王　申	熊明辉	叶　青
於兴中	张斌峰	张继成	郑成良

编辑委员会
（以姓名拼音为序）

陈金钊	戴津伟	杜文静	黄　炎
金　梦	蒋太珂	刘风景	吕玉赞
宋保振	杨铜铜	杨知文	吴冬兴

本卷执行主编
吕玉赞

序　言

　　人们不能总是消费别人的信任而不断地进行压服，司法裁判只有阐明裁判结论的形成过程和正当性理由，才可能提高裁判的可接受性，实现法律效果和社会效果的有机统一。法律方法就是站在维护法治的立场上，把法律作为修辞进行说服的纠纷解决方法，其包括但不限于法律发现、法律解释、利益衡量、漏洞填补、法律推理以及法律论证。而法律方法论则是对法律如何被运用的一系列解释、论证和推理的技巧、规则、程序、原则的系统思考。由于对逻辑思维的轻视，我国法律方法论的研究起步较晚。但自21世纪初以来，随着对思维方式的体系化改造，法律方法论研究逐渐成为我国法学研究中的一门显学。

　　创刊于2002年的《法律方法》，迄今已经出版30卷，为法律方法论人才的培育，法律方法论研究的普及、深化、繁荣，提供了专业化的学术交流、切磋平台。多年来，幸赖学界同仁的支持、出版界同仁的合作，《法律方法》与学界同仁一道，共同推动了中国法律方法论的研究，见证了法律方法论研究的繁荣。

　　法律方法论研究的持续繁荣蕴含着研究契机的转换。随着裁判文书上网、案例指导制度的建立，学界越来越关注司法实践发展出来的教义规则及其方法支撑。法律方法论的研究正从以译介消化域外相关理论为特色的学说继受阶段，转向以本国立法、司法实践的教义学化为契机的本土化时代。面对这一新的发展趋势，我们认为，促进法治中国建设、生成法学教义规则，理应成为今日法律方法论研究的出发点和落脚点。法律方法论研究也应当在继续深挖法律方法的基础理论之上，提炼能够回应我国实践需求的命题。

　　因而，我们需要继续深挖法律方法的基础理论，拓展法律方法论的应用研究。

　　一是法律方法与法治的关系。法律方法依托于法治，没有法治目标，要不要法律方法都无所谓。基于何种法治立场、实现何种法治目标、讲述何种法治故事，是奠定法律方法论价值取向的前提性问题。如果忽略对这些问题的研究，法律方法的研究、运用必将沦为方法论上的盲目飞行。

　　二是法律方法与逻辑的关系。逻辑是思维的规律和规则。法律方法表现为各种具体的法律思维规则，法律思维规则构成了法律方法的骨架。如今，逻辑学经历了传统的形式逻辑向实质逻辑的转向。结合逻辑学的新变化，建构法律解释、法律推理、法律论证模型，对夯实法律方法论的逻辑基础，强化法律方法论的实践指向，具有重要的理论和实践意义。

三是回应实践需要提炼新的命题。面对法律供给不足的现实，我们应当坚持"持法达变"思维，把法律当成构建决策、裁判理由的主要依据，重视体系思维，将宪法中的"尊重和保障人权"原则融入到法律思维或者法律方法之中，以防止"解释权"的误用、滥用。这意味着，法律规范的供给不足隐含的是法律方法或者说法律思维规则供给不足。因此，面对法治实践的需要，应不断提炼出反映中国法治实践需要、满足中国法治实践需要的新的理论命题或者规则。

在法律方法研究重点发生转向的新时代，《法律方法》将"不忘初心，牢记使命"，继续秉持"繁荣法律方法研究，服务中国法治实践，培养方法论学术新进"的宗旨，为我国法律方法研究的繁荣，法律方法研究的实践取向，以及法律方法人才的培养，做出应有的贡献。同时也希望各位先达新进不吝赐稿，以法律方法论研究为支点，推动中国法治建设。

陈金钊

目　录　　　法律方法（第30卷）

序　言　　　　　　　　　　　　　　　　　　　　　　　　　　　　　陈金钊／Ⅰ

域外法律方法

法律论证是一门科学还是一门艺术　　　［匈牙利］米哈莉·麦松凯著　张华麟译／3
佩雷尔曼对法律方法论的贡献　　　　　　　［美］埃德加·博登海默著　王园译／16
法律拟制与排除规则　　　　　　　　　　　　［加］西蒙·斯特恩著　刘冰琪译／35
裁判的形式与范围（上）　　　　　　　　　　　［美］朗·L.富勒著　张智译／47
裁判的均衡现实主义　　　　　　　　　［美］布赖恩·Z.塔玛纳哈著　张昌辉译／64

法律方法理论

体系思维对法治的意义　　　　　　　　　　　　　　　　　　　　　　周　磊／89
法的自主性及其对法治的意义　　　　　　　　　　　　　　　　　　　翁壮壮／99
法律论证在理论认知中的困境及其出路
　　——以哄抬物价类非法经营罪为例　　　　　　　　　　　　　　　李　华／121
智能论证的方法论基础及逻辑证成　　　　　　　　　　　　　　　　　周　林／133
人工智能司法应用的方法论难题及其破解　　　　　　　　　　　　　　王玉薇／150

司法方法论

裁判说理中的立法资料：语词、内涵及基本类型　　　　　　　　　　　程　能／165
我国立法理由说明的现状检视与制度完善　　　　　　　　　　　　　　李光恩／180

指导性案例裁判要点的逻辑表达 于 霄 / 195
论争点整理程序对司法裁判的影响 丁朋超 / 209
论排除规章适用的方法 许迎玲 / 229

部门方法论

美国回避宪法判断方法的应用及其反思 梁洪霞 / 245
绝对化广告规制条款的合宪性调控 雷 庚 / 259
环境民事公益诉讼实体请求权的解释论分析 李明耀 / 271
论习惯在民事裁判中的运用 郭少飞 / 285
论依赖型职务发明的认定标准
　　——以《专利法》第六条为解释对象 戴 哲 / 296
国际法教义学：方法界定、历史梳理和价值反思 汤 岩 / 314

疫情防控法律方法专题

后疫情时代我国结构性减税制度的困境及其出路 杨忠孝 梁 洋 / 333
论大数据时代的精准防疫立法创新 黄健傑 / 347
论疫情防控措施的衡量机制 乌日力嘎 / 359
疫情防控中"紧急状态"概念的正确理解
　　——基于法律方法论的省思 蒋海松 / 372
突发公共事件的内部举报制度之构建 于 洋 / 387

《法律方法》稿约　　　　　　　　　　　　　　　　　　　／403

域外法律方法

法律论证是一门科学还是一门艺术

[匈牙利] 米哈莉·麦松凯[*] 著

张华麟[**] 译

摘　要　法律解释和法律论证的不确定性以及具体适用方法的缺失，导致法律解释者陷入特殊的法律境况。但并不能因此排除法律推理技巧的存在。法律解释主要发生在司法行为与活动中。法官所处的社会状况不允许他在解释法律时遵循自然科学的研究标准。这并不意味着丧失司法活动，因为即使不符合学术要求，判决的理由也可能具有强大的知识力量。将法律解释和法律论证仅仅视为一门科学的观点过于狭隘，因为它们中还存在一种可以称为裁决理智的理性。尽管裁决理智也以这种形式的推理发挥作用，但它在本质上不仅涉及对一般原则和规则的探索，同时也试图为个案寻求合理的解决方案。

关键词　法律推理　解释方法　大陆法系和普通法方法　审慎智慧　司法技巧

一、实证主义的解释理论方法

评估判决质量是基于这样的假设：即我们有一套明确的标准可以适用，或者至少在需求较弱的情况下，我们至少有一项协议旨在确保得出正确判断的适当程序。理论上，需要根据司法程序的性质，在事实发现、规则解释和法律推理领域中建立这样一组标准或协议。本文的分析和论述主要集中在后两个领域。对案件质量进行测评的努力表明，这个领域的工作需要科学的精确度或者至少官方准确性。关于本文分析的历史起点渊源，我们似

---

[*] 米哈莉·麦松凯（Mihaly Maczonkai），佩斯大学法学院民事诉讼法和法律社会学系副教授，原文发表于《Acta Juridica Hungarica》2015年第56期，本文已经获得作者中文翻译授权。

[**] 张华麟，男，山东威海人，华东政法大学2019级法理学博士研究生，研究方向为法律方法论、党内法规。

乎应当从匈牙利法学的传统与现状去寻找。

在匈牙利法学中，法律解释的主要学说起源于德国，因此值得回顾这些基本原理。实用主义的主要影响源自于19世纪德国法学提出的一个概念，这个概念将规则、命题和法律制度三者之间进行了区分。按照这种分析路径，法律制度源自于实体法规则，但这只是问题的一个方面，因为可以从先前建立的抽象制度中推论规则。自采用科学方法以来，德国法学的这种解决方案已被广泛接受。该解决方案因符合法律的实际需要而具有合理性；同时，法律学说在解释中发挥了核心作用，因为法学必须将实体法规则纳入法律概念的体系当中。[1] 因此，教义法学的主导地位最终得以确立，因为实在法的含义最终由法律学说定义。

然而，在德国法学对法教义学的发展做出了卓越贡献的情况下，法律解释领域的问题讨论也较为概括。当然这并不奇怪，因为这种方法是一种规则科学，而不是法律应用的科学。但是，这种方法的效果一直持续到今天，因为法律解释的实证主义理论与先前的阐述是确立在共同基础之上的。[2] 这种变化在更广泛的解释方法目录中已经穷尽。这个结论可以从代表性的比较研究中得出，该研究不是经典的十二种方法，[3] 但仔细研究后可以发现，它们也可以理解为一种与经典解释方法更加不同的方法。

关于建立与其他许多问题关联的法律解释的基本理论，德国法学先驱萨维尼的地位不容忽视。萨维尼将法律解释视为一种解释者理解立法者原意的实践智慧智。他的解释方法在形式上也发生了变化，抛弃了早期的源自Donellus的双重语法和逻辑解释方法，取而代之的是由语法、历史、逻辑和系统四个要素组成的系统法律解释方法。[4]

萨维尼提出了四种经典的法律解释方法，但没有明确它们之间的关系。对于使用这四种方法的时机和方法也缺乏理论阐释与探索，最终由裁判机构自行决定。[5] 因此，在该领域中，在使用解释手段时主要还是依赖于法律解释者的斟酌与权衡，所以法律解释者的自由裁量权比较大。但是，萨维尼理论一个鲜为人知的关键要素是他区分了正常解释和病理案件的解释。法律缺失或法律规定模糊时会出现病理解释，后者可能是由不确定（不完整、模棱两可）或不正确的表达引起的（立法规定多于或少于社会预期）。解决这些问题有三种工具可供选择：立法的内部结构、法律字面含义与基本含义的关系以及解释最终推导出的内在价值。[6] 除此以外，萨维尼还特别关注将法律体系作为一个整体进行解释，这种理论主要用于处理法律制度的缺失和矛盾。[7] 类比推理在此起着重要作用，在类比推理

---

[1] Nizsalovszky（1984）14.
[2] Coing（1996）243–245.
[3] MacCormick and Summers（1991）511–544.
[4] Kiss（1909）39.
[5] Brugger（1994）401.
[6] Kiss（1909）40–41.
[7] Kiss（1909）41.

的情况下,两个案件从结论到前提都是相同的。但是,萨维尼不认为法律政策可以评判相似性判断标准的合理性,恰好相反,类推解释的基础是在理论上对已有法律规定的概念抽象。① 这可能是另一个分析的主题,为什么除了正常的解释方法之外,法学理论研究并未对病理解释进行深入探讨。但是,病理解释中的方法与通常解释的方法在法律技术上并没有根本差异。在这两类案件中,法律制度和法律概念的作用与地位要高于法律规则。通常解释中主要使用系统和逻辑的方法进行论证,在病理解释情况下,法律文本与基本概念之间的关系、对整个法律体系的分析则居于主导地位。

与以前的法律文献相比,萨维尼的理论和德国学者的理论算得上是一种新方法,他们认为法律解释的目的并不一定是要阐明立法原意。法律概念和法律解释的方法组成了一个法律的金字塔体系,位于金字塔底部的是最具体的法律规则,随着金字塔由下而上具体规则也相应减少,金字塔顶部则更多的是抽象的规则和概念。最终,法律创造了一个完美的无缝体系。这种方法可以很容易地联想到法律实证主义理论。而缺失的法律规则可以从一般的规则和概念中推论得出,所以法律的应用和解释基本上是一种逻辑推理活动。②

法律适用和法律解释不同研究进路的另一位集大成者是哈特。根据哈特的说法,必须明确区分简单案件和所谓的疑难案件。如果法律的内容很明确,那么法律的适用就是使用语义分析、分类和推论的过程。③ 因此,在简单案件中,机械三段论占主导地位,法律适用规则与案件事实连接即可。使用三段论意味着对于适用哪个法律规则不需要认真的讨论,并且规则的含义是明确的。因此,是否是简单案件主要看在法律决策中是否使用了三段论。④

当法律适用缺乏明确的适用规则或者适用规则模糊时,我们将此称为疑难案件。疑难案件的出现源自于语言的模糊性,尽管法律规则在许多情况下是明确的,但在某些案件中则是模糊的,故此时需要司法创造力。⑤ 所以,疑难案件是指三段论无法起到决定性作用,规则本身或适用规则的含义尚不完全清晰的案件。⑥ 显然,哈特所秉持的是法律实证主义的立场,他认为,法律具有明确的规范内容,法律解释的目的在于探索法律规范的含义。与传统的实证主义理论不同的是,在简单案件与疑难案件中,他努力将非实证主义方法与区分任务相结合。通常而言,这种观点是合理的,法律规则对于特定事实可能是明确的,而对于其他事实则可能变得模糊。哈特充分认识到三段论的普遍问题是,从前提推导出的结论是正确的,但要得出一个正确的结论,前提应该同时也是正确的。⑦

---

① Kiss (1909) 42.
② Nizsalovszky (1984) 12.
③ Hart (1993) 125 – 126.
④ Lyons (1992) 147.
⑤ Hart (1993) 125 – 126.
⑥ Lyons (1992) 147.
⑦ MacCormick (1997) 28.

跟其他实证主义思想家一样,哈特也将法律视为一套规则,但也注意到了法律规则的另一个特征。他认为,每条规则在它概念所涵盖的范围内都有一个核心含义。另一方面,当法律规则的适用在某些情况下产生疑问时,由于规则的模糊性和空缺结构而最终导致了规则的不确定性,他将其定义为"怀疑的灰色地带"。① 关于法律规则核心含义与边缘含义,哈特举过的一个很著名的例子可以帮助我们更好地理解这种区别。法律规定中的"禁止车辆通行",毫无疑问此处的车辆包括汽车,这是规则的核心含义。但是,当我们权衡决定是否允许自行车、溜冰鞋或电动汽车进入公园时,就出现了规则的灰色地带。②

根据哈特的说法,核心含义允许涵摄和三段论,但灰色地带需要另一种方法。③ 在灰色地带中,规则适用的不确定性自始就出现了,因此在疑难案件中(每个灰色地带都是疑难案件)没有一个正确的答案。因此,可以通过不同利益之间的权衡来达成解决问题的方案,或者象哈特所建议的那样寻找合理性来解决问题,当然这种合理性是社会大众所能预期的,而且应当受到法院判决的监督。④

正如在他的理论中所看到的,哈特希望在核心含义的案例中基于三段论推理进行解释,同时保留对适用于同一规则的灰色地带案件进行开放式推理的机会。由此可见,哈特试图将反实证主义的法律推理理论与实证主义的解释理论相结合,但在整合这两种方法的同时,他的理论又提出了法律推理的首要地位这一个新的问题。他认为,形式化的三段论推理方法具有优先性,第二方法是反实证推理的方法:

法律的开放性结构意味着,在判决和法律适用的许多领域必须由法院或官员来权衡利弊,不同案件的情况和利益竞争不同,这种权衡也会因案而异。尽管如此,法律的生命很大程度上取决于公务员和个人通过确定性规则提供的指导,而这些确定性的规则与可变标准的适用不同,不需要从个案中获得新的判决。

这种隐含的等级并非是毫无疑问的,或者用哈特的话来解释这是一个灰色地带。哈特的例子说明了他的理论是非常简单的,没有严肃或复杂的价值观受到威胁,而且进一步说大多数法律规则都不是那么简单。⑤

疑难案件的问题在于它们究竟是通过法律手段决定的,还是法官的判决是否真的超出了法律的范围。⑥ 明确的陈述性主张允许通过逻辑和三段论适用法律。规则的开放性结构排除了这一点,要求采用其他方法。⑦ 所以,对于整合各种学说、法律思想以及各种意见而言,哈特的理论是相当务实的。

---

① Hart(1993)119-120.
② Hart(1993)125-126.
③ Hart(1993)124.
④ Hart(1993)128-129.
⑤ Mann(1972)105.
⑥ Mann(1972)147.
⑦ Hart(1993)124.

实证主义方法同时也暗含了法律理论具有同其他社会科学一样的基础。但在法律理论领域可以对社会科学模式提出保留意见。法理学的基本条件与科学不同，因为它不仅涉及经验事实。法理学中的理论问题通常是规则的范围，这与对现象的描述在本质上是不同的，例如有效性规则。① 法理学的解释尤其与自然科学理论中的解释相反，因为他们本质上不是因果关系。法学理论中关于其客体的解释产生了假说，这些假说使材料标准化并具有一定的解释力。②

综上所述，可以得出这样的结论：法律解释是一种专注于司法行为的研究方法。③ 法官所处的社会环境不允许他们将自然科学中普遍适用的标准运用到司法判决中。法官的工作条件也不允许他提出学术上的理由。高等法院制定的权威解释涉及的范围很广，因此不可能期望这种专业化程度，当然这种专业化在大学或研究所中是很自然的。而且，推理的主要受众并非学术科学界。法官作出的法律解释必须尊重某些传统、同行的意见并应尊重政治现实。这并不意味着丧失司法活动，即使不符合科学标准，在作出判决的理由中也可能存在一种强大的知识力量。清晰地陈述案件，突出要害原则并综合考量当事各方的期望，这需要强大的创造力。④

二、法律解释中的启发方法

法律的确定性和司法判决的可预测性是永远不可能完全实现的目标，但它们仍然是法律的重要目标和价值。在法律上能否找到可以提供严格裁决程序的解释方法仍然是一个问题。尽管对这些理想的确切法律或意识形态作用提出了保留，但对这个问题的研究当然是有道理的。保留意见认为，一个正确的答案论点是寻找失去的法律可预测性的天真反应，而寻找具体的法律逻辑和推理方法只不过是对失去的自治法的怀旧之情。⑤ 或许司法判决的确定性和可预测性难以保证，但是对司法判决的更现实的描述可以减少不确定性。

另一种方法的理论基础不是建立在科学方法的基础上的，因为科学合理性不是唯一的合理性，否则就是狭隘地限缩了人类的知识领域。非科学理性的基础可以追溯到亚里士多德，他认为人类的智力分两种，一种是科学理解，它与世界上不变的非变量要素联系在一起；另一种形式的理性是审慎的、判断性的智慧，它与世界上不断变化的要素相联系。后者从本质上说尽管假定了知识，但不仅处理一般的探索原理和因果定律。判断性智慧的特殊任务是对特定事物的理解。当科学理性对世界进行解释时，判断性智慧则给出意见。然而，这些不是武断且没有根据的意见。在塑造观点时会使用相同的科学技术，也会采用归

---

① Villa (1992) 83-84.
② Villa (1992) 80-81.
③ Kevelson (1988) 126.
④ Posner (1998) 275.
⑤ Posner (1992) 318.

纳、演绎和因果解释等方法。差异源于解释和理解原理的变化。科学的解释需要一定的前提和公理，而观点则有更多不确定的前提，而普遍或主流的观点则为论证提供了起点。①在缺乏哲学论证和基本原理的情况下，杰罗姆·弗兰克也得出了类似的结论。根据他的说法，诉讼的各方都依赖于对他们有利的原则。每一个案件，至少必须解决两项相互冲突的原则，而且是在没有关于如何恰当地处理这些原则的明确准则的情况下。②

在法律论点中使用逻辑不能排除使用其他非逻辑论据来支持该决定。后者显然不能从严格意义上确保结论的正确性，但却可以增强结论的可接受性。尽管事实（有效性）前提尚未得到证明，但这并不意味着我们的结论是错误的。③ 此外，不同考虑因素的碰撞不一定意味着不同的解决方案具有相同的权重，因为即使在其他不同的合理意见中，也有可能找到最佳答案。④ 如果正确的决定和错误的决定之间没有区别，则论点实质上是基于主观因素，此时所作出决定的内容仅仅是权力的行使。⑤ 因此，找到正确的答案意味着尽管双方提出了论点，我们仍然能够决定哪个论点更强，哪个推理更好。⑥ 因此，良好意见的最重要特征是具备良好的说服能力。说服力有时取决于很小的差异。如果更仔细地考虑与最终结论相反的情况和论点则将是一种更好的选择。它可能会对结论表示怀疑，从而获得更高的可信度。⑦

基于审慎智慧的决定是一种理性的决定。通过比较两个决策模型可以表明这一点。正如决策理论所解释的那样，算法和启发式两个决策模型可以面对面。两者之间的区别在于，与前者相比，后者不一定只保证有一种解决方案。⑧ 科学可能基于算法决策模型，但判决更接近于启发式模型。在启发式方法中，尤其是在解决问题中，主要问题是找到解决问题的正确方法，而我们知道最终所达成的解决方案不是唯一的解决方案，而且方向也不是唯一的方向。⑨ 在此之后，判断的合理性无非是在决策、规则和原则之间取得平衡。⑩

但是，尽管基于价值的方法会带来一些问题，但为了作出公正合理的决定，可以考虑比法律更多的因素，比如社区的价值。如果影响判决的价值观不是法官的个人价值观，则决定就不会过于任意。满足了这一要求后，法官仅是完成了立法机关未完成的任务。为了实现这一目标，需要一个连贯的理论来描述立法机关中这些价值的运作及其相互之间的关

---

① Pattaro（1992）65–68.
② Frank（1963）71.
③ Lyons（1992）148.
④ Lyons（1992）149.
⑤ Scharffs（2004）737.
⑥ Posner（1992）347.
⑦ Posner（1998）737.
⑧ Samuel（1994）90–122.
⑨ Gordley（1995）561.
⑩ Baum Levenbook（1992）209.

系。由于政治不是科学，所以没有这样的政治过程理论。①

基于审慎智慧的启发式方法在霍姆斯法官关于洛克纳诉纽约州案②的异议中提供了一个很好的例子。根据该案事实，纽约州通过立法规定面包店的工作时间每周不超过60小时，一天不超过10小时。该州的面包店老板洛奇纳因违反该法被罚款五十美元。在该诉讼中，联邦最高法院引用了《宪法》第14条修正案的规定，即禁止未经正当程序剥夺任何人的财产。法院的多数意见最终以第14条修正案中国家不得干涉合同自由为依据，最终推翻了地区法院的裁决。

霍姆斯法官在他对该案的异议中首先列举了限制合同自由的实例，例如规定星期日的法律和限制高利贷的法律。遵循这些古代的例子后，他提到了最近的一种无法由任何人组织的彩票游戏。在列举了一系列例子后，他得出结论：法律在原则上限制合同自由。因此，真正的问题是法律在多大程度上可能限制合同自由。根据霍姆斯法官的说法，在宣布该法律违宪的依据与意见背后可以隐约看到赫伯特·斯宾塞关于个人自由的社会学理论，这种理论认为国家干预个人是存在危险。霍姆斯对此表示质疑，该修正案是否制定了斯宾塞的社会法规。他的推理结论指出："但是，一部宪法无意体现一种特定的经济学理论，无论是父权主义的经济学理论，该理论认可公民与国家之间的有机关系，还是自由放任的经济学理论。"最后，他对适用规则的性质发表了评论："一般命题不能决定具体案件。判决将依赖于比任何明确的大前提都更为微妙的判断或直觉。"

匈牙利的一个案例也很好地说明了一般规则不应对适用范围作过多说明。③ 匈牙利民法典承认禁止滥用权利。在此期间（1960年代），为了克服住房短缺，匈牙利法律允许地方政府未经业主同意以法律确定的价格出租私人财产。因此，法律还明确了房产所有者和家庭的合法住房需求，以确保有机会出租剩余房屋的边界。当地的一个寡妇有一处四个卧室的房屋，地方政府从中为两个租户选择了两个单独的卧室，因此房主和她的两个女儿共用余下的两个房间。随后，为了改善居住条件，房主又新增了两个新房间，这样一家三口又住了四个房间，因此他们家也达到了法律规定的合法住房需求的上限。之后，其中一名租客离开了该房屋。

为此，房主向政府申请要求处置余下的空余房间，如果政府不能满足该要求，房主则要求将其女儿作为该房间的房客，因为此时她女儿达到了可以租房的年龄。她是这种租约的债权人。房主认为住房法应当规定，在房屋租赁分配时应优先考虑房东的亲戚。她的第一次请求被拒绝后，行政当局和一审法院也拒绝了她的第二次请求。上诉法院推翻了下级法院的判决，并任命房东的成年大女儿为房客。

在所谓的合法抗议之后，最高法院推翻了上诉法院的判决。最高法院判决认为，在该

---

① Lyons（1992）153.
② 198 U. S. 45（1905）.
③ P torv. III. 20 059/1963.

案中不应通过任命亲戚为房客的方式满足房东家庭的住房需求。房主与两个女儿住在四个房间里是符合法律规定的。如果任命成年女儿为租客，则母亲和年幼的女儿将共用四个房间，这将超过他们的住房需求。这种情况违背了立法目的，违反了民法典的基本规则，属于滥用权利。法院进一步推理指出，主体在追求自己的利益时应当按照一种方式，即在行使公民权利时，他们的行为应与社会利益相协调。

法国判例法也传承发展了禁止权利滥用的学说。例如，在某个新建烟囱的案件中，法院认为建造新的烟囱是非法的，因为之前的烟囱尚能正常运行。新建烟囱基本上没有为建造者带来任何利益，但实际上却阻碍了相邻房屋的烟囱排风。法院在其推理中指出，新建烟囱者没有创造任何正当的利益。另一个法院在案件处理中也采用了同样的裁判方法，一家水疗中心提高了店里的水流量，结果导致相邻水疗中心的水流量下降了60%以上。但增加的水流量却被白白浪费掉也未创造更多的商业财富，同时也导致他人的损失，法院最终裁定增加水流量的水疗中心承担损害赔偿责任是合理的。最高法院最终在1917年也处理了此事，确认了先前各种上诉法院的做法。一战期间，某公司在与他人相邻的土地上建造飞机机库。为了确保安全运行，他们向邻居提出了购买要约，但由于价格太高最终未成交。此后，该公司在该土地上竖起了高大的栅栏。有一次，一架飞机降落时坠毁在该地块。法院以意图造成损害为由判定侵权人应承担相应责任。[①]

匈牙利和法国的法律是否以相同的方式处理权利滥用，或者两者在规则适用方面是否存在差异？在匈牙利的案件中，法国法院可能会得出不同的解决方案，这不仅和案件的道德判断以及对法律和社会的不同看法有关，而且还和不同法律学说的影响存在千丝万缕的关联。在法国的案件中总是有特定的人，即"邻居"，由于他人行使权利而受到伤害。匈牙利的案件中却没有特定的人遭受损失。在法国的法律下，有理由认为权利的滥用需要特定人受到伤害，而在匈牙利法律中则不存在该要求。正如霍姆斯所说，一般命题不能决定案件。

三、规范和事实的干扰：如何建立案例

这些关于法律适用的例子和启发式解释模型工作提出了一个与解释有关的问题，这是法律与事实之间关系的混乱性质。以逻辑为基础的形式化方法，使历史事实世界和法律规范之间有了明确的区别。这种方法建立在康德哲学的基础上，康德哲学区分了塞恩世界和索伦世界。在这种情况下，索伦就是规则世界，世界的事实属于塞恩。因此，适用规则的选择完全独立于相关事实。正是法律适用的过程在封闭的规范世界和历史事实之间架起了桥梁。据此，律师发现事实并解释法律，但两者并不直接联系。在19世纪，欧洲的这种

---

① Gutteridge（1993）32–39.

方法是建立在成功的法国法典和德国法学理论基础上的，而这个方法本身就是规则科学。① 但是，如果抛开康德的概念学说，我们可以用全新的视角看待整个问题。这种方法表明事实影响规则的含义，规则也构成事实。② 这个理论在普通法理论体系中是可以令人联想起来的，但与民法体系中传统的法律观念相去甚远。

如果某人在法律的适用中看到了除了在逻辑上将规则应用于事先确定的事实之外的其他东西，那么该人就会对律师抱有特别希望。直觉在法律应用中的作用不容小觑，它可以洞察所有细节并权衡各种利弊因素。③ 这种直觉是通过法律社会化发展而来的。律师熟悉此类案件，知道如何处理这个案件，也知道怎样的论点更容易被人接受。有法律直觉的人通常具有良好的判断力。因此，直觉需要一种隐性知识。④ 直觉有助于解决问题，但该解决方案也必须被其他人接受。为此，立案、从既有事实中选取与法律相关的事实、讲故事的能力都非常重要。事实的重构在普通法系中的地位与作用是根本性的，因为其逻辑不同于大陆法系的思维。

大陆法系显然更倾向于将法律视为一种有组织的规则体系，从中世纪开始，大学里的法律研究就以法规为基础。相比之下，英国法系中通过布莱克斯通的著作《英国法释义》就可以很好地解释说明英国的法律方法。《英国法释义》是用一种全新的综合形式总结英国普通法的规则。尽管这本书广受各方的赞誉与尊重，但从学术的角度看还是不成功的，因为此书在当时并未完成普通法教育的制度化与体系化。布莱克斯通的作品并未满足法律从业者的任何要求。⑤ 内殿大律师斯塔基认为，通过评注可以更容易学习法律，但同时这将注意力从律师的真实任务转移开来，从而对律师的思路产生了较大的负面影响。一般适用原理和规则隐藏了这些规则和原则的实际应用和范围。⑥ 对于英国法律从业者而言，规则之间的内部关系是次要的，真正的法律基础知识是了解这些规则的功能。

由于评注法学所带来的问题，人们尝试在通过不同的理论基础上来总结普通法。约翰·里夫斯（John Reeves）在他的《英国法律史》中抨击了布莱克斯通的整个方法论，并质疑布莱克斯通通过现代法律概念研究英国法律的观点。里夫斯认为这种方法是根本错误的，因为旧法可以根据其历史背景来解释。里夫斯认为，法律不是一个封闭的科学体系，而是一个响应社会需求的开放体系。⑦ 布莱克斯通认为法律是清晰明了的材料，而里夫斯则认为法律是在问题出现时随机产生的，法官不是根据既有规则得出结论，而是根据

---

① Merryman（1978）223.
② Van Dunnd（1996）456.
③ Sunstein（1996）139.
④ Posner（1992）342.
⑤ Lobban（1991）41–46.
⑥ Lobban（1991）49.
⑦ Lobban（1991）51.

规则所处的环境而推导出结论。①

根据案件的情况对规则进行解释,斟酌考量案件的潜在后果不仅仅是普通法的专长。实际上,在英美法的法律适用中也通过讲故事的方法来强调案件的特定环境。这种方法的典型代表就是匈牙利的"爆炸性电视机"案。② 根据案件事实:原告家中的电视机在维修过程中发生爆炸,爆炸最终导致家中的家具和窗帘着火。有证据表明在此前的一次维修过程中,该电视机中的部分零件被替换为不符合工厂标准的产品。众所周知,此种类型电视机的类似事故发生率较高。被告方也即电视机生产商的辩护理由是原告方擅自更换了保险丝。另一方面,工厂依靠的事实是所涉及的电视机符合匈牙利法律和行业标准所规定的质量要求,并且国家相关主管部门也对该产品进行了质量检测并批准其投放市场。显然,被告方提出的抗辩理由就是为了挽回他们生产质量不合格产品的声誉。

法院根据匈牙利《民法》第 339 条的规定,判定制造商应对其有缺陷的产品承担责任。根据该案,除非被告可以证明自己在特定情况下已按社会的预期行事,否则就要承担赔偿责任。法院认为被告没有遵守民法的规定与要求。仅仅证明产品符合所有法律法规和行业标准并获得国家质检部门的授权是不够的。该产品也必须满足某些社会期望。如果产品不符合社会期望而仅有正式的商业授权也毫无意义。具体到本案中,社会的合理期望是即使在不正确地更换保险丝后,电视机也不会因爆炸而对财产和人身带来严重的伤害风险。匈牙利最高法院通过在案件中引入合理社会期望的概念,从历史事实中披露了一系列事实,辩方依然没有任何办法胜诉。

为了建立一个故事,事实要素的结构可以出现在司法推理中。③ 一家匈牙利杂志拒绝了一个更正文章内容的申请,该文章的大标题为"最艰巨的任务 II"、副标题为"从 1951 年至 1990 年的 P 战斗机飞行员的假审判"的文章。该文章指控 VF 曾敦促审讯者殴打受害人 TT。申请人认为这是虚假陈述。一审法院判决命令该报纸更正文章内容。一审法院认为,本案诉讼的目标不是国家安全局采取了众所周知的非法和残酷的程序,这也不是本案应该调查的范围,案件的焦点是本案的申请人,也即该安全组织的领导人是否确实上参加了对 TT 的审讯并敦促审讯者殴打他。该杂志社通过争议文章作者 TT 的证词来证明所指控的事实的真实性。一审法院认为,该证人对本案争议的结果有利害关系,显然对申请人有偏见。在对证词进行评估时,法院不能忽略的事实是在该虐待事件发生的 40 年后,TT 似乎辨认出了本案的申请人。若干原因导致本案中唯一的一项直接证据存有争议,并且与该案相关的间接证据也难以支撑该直接证据,因此一审法院难以确定该文章所记载的情况是客观真实的。同时,法院也无法确定 TT 是否发表了虚假陈述。一审法院认为社会所能接受的共识是,即便没有正式授权,国家安全局领导人出于职能和形势需要可以对任何案

---

① Lobban(1991)53.
② Legfelsöbb Bíróság(Supreme Court)Gf:III. 31. 208/1984.
③ BH 1992 108 Legf. Bír IV 20 726/1991.

件下达命令,因此不能排除本案的申请人和针对TT的调查有关。一审法院最终下令被告杂志社对文章内容进行修改,因被告对原告方所质疑的事实并未提出有效证据予以澄清。

作为二审法院的最高法院同意一审法院的意见,也认为案件争议焦点不是在一般意义上调查国家安全局所犯的违法行为,而必须调查的是本案的申请人,也即该组织情报部门负责人是否参与了对TT的审讯并下达了"如果他不承认所有细节的话就殴打他"的命令。本案中被告所刊登文章中的内容是有争议的。

据此,最高法院强化了对问题的阐述。争议文章的作者回顾了他的个人经历,具体描述了P航空兵团成员所受到的迫害,同时还对本案的申请人进行了介绍。TT在法庭所提交的证据事实与该文章中的描述如出一辙。他在无争议的事实背景下提到,审讯人如何暗示申请人就是审讯时在场的人,审讯人警告他说,抱有在被逮捕前,申请人的父亲对他服役功绩的认可从而改善他的处境的希望是徒劳的。TT除这些事件外还作证说,他在申请人所写一个本书中看到了申请人当时的照片,他断定这个申请人就出现在当时的审讯过程中。TT通过照片辨认出了申请人。而且TT在初审中已指出,他已与囚犯谈过审讯的情况,他从他们那里得知了MF儿子的名字。一名证人在二审开庭前就确认了TT的这部分证词。

法院据此认为一审法院在证据评判方面犯了错误。在平衡申请人和TT的信誉中犯了一个错误,最终仅仅依赖证据得出一个非理性结论。申请人的书中包含自传成分,列举了申请人所犯的许多严重的、在道德上应受谴责的行为,而TT是权力结构的受害者,这种权力结构用于庇护某些违法不当行为。因此,仅仅因为TT与案件争议的结果有厉害关系并且对申请人有偏见,就认为在没有其他证据的情况下TT的证词不能作为证据的观点是错误的。

正如法院本身所指出的那样,民事审判中的证人声称申请人参与了四十年前给他造成伤害的活动,并因此迁怒于申请人的事实,但这并不能推导出证人做出的这样的陈述是不可接受的:即证人通过借助当代照片辨认出申请人,因此证人(当时现场参与某审讯人员也做出类似辨认)指出申请人当时在审讯现场。而且该结论也得到了其他方面证据的支撑与佐证,因为申请人的自传可供参考,自传里的一些描述与陈述也恰当合理地支撑了TT的证言。综上所述,结合国家安全局的工作职能分析,申请人并非不可能出现在当时的审讯现场,据此,法院驳回了申请人的申请。

两个法院的区别在于解决问题的方法。一审法院通过了一个机械的、算法式的结论。在这种情况下,杂志必须证明其陈述的正确性。有偏见的证人和申请人的事实陈述相互矛盾;因此,法院未发现本案中关于事实认定的确切证据,从而作出有利于申请人的判决,这在法律上也是可以接受的。二审采取了另一种解决方案即通过合理的推理来作出判决。哪个判决更好呢?

此案清晰地显示出了法律技能在解决疑难案件中的重要性。这些技能不能被算法式的推导或精确的解释理论所代替。① 在这种情况下法律技能必然不够精确，但法律和法律机构的定义和模糊性可能会成为一种优势。这种缺乏精确性的、不确定的框架，使机构能够适应不断变化的时代。② 这种技巧需要法官具备同理心，更多地了解掌握案件的基本情况而无需过度关注法律文本和逻辑的作用。③ 说服艺术包括三个要素：理性、情感和人格完整。在说服中使用的修辞为了给人留下深刻的印象，也使用逻辑演绎推理的模型，但修辞和逻辑推理之间还是存在着根本的区别。在逻辑推理的情况下，结论必然从前提出发，而在修辞论证中，我们仅处理可能性。④

应该强调的是，规范的逻辑解释与审慎的解释之间的区别和竞争就像欧洲的法律传统一样古老。人们努力建立基于演绎法的道德，这在17和18世纪的自然法学派中尤其明显，这些努力对当代法律也产生了巨大影响，但是法律从未失去审慎性，这种审慎的分析方法试图捍卫自己的地位与立场，它强调的是一种更接近生活的思维方式，与三段论方法的人工思维截然相反。Richardus Malumbra 认为 Albericus de Rosate 的分析恰好可以说明这种差异：

［Richardus］嘲笑同时代的某些博士，他们试图以三段论、复杂论和辩证法来对待我们的科学。这种方式起源于超山地博士，尽管其中一些人非常优秀，而且知识渊博，但其中许多人在大多数情况下秉持的并非是实用的东西。在我们的科学中当涉及反对某人的问题时，以类似的方式以及通过三段论据来争论形式和形式、实质和意外都是没有根据的。我们的先辈和博士们也没有遵循这种风格：包括足够细微的约翰尼、Azo、Bulgarus、Martinus、Odofredus 或其他人。他们从与问题有关的我们的法律证人那里争辩，这些法律与所讨论的问题很接近。这并不是说，一个人不能从较小的意义到更大的意义，也不能从相反的意义争论，也不能以我们认为在法律中得到认可的其他方式辩护，我们敦促所有人将自己适用于我们的法律。但是他们遵循了我们年长的法学家、父亲和医生的脚步，坚持最受尊敬医生的文字、光彩和观点。他们没有接受寓言，也没有使论据过于逻辑化和世俗化以致毫无实质内容而徒有其表。这也不只是我们现代医生和拥护者的恶习。这种疾病确实已经渗入了现代传教士的神学科学中，因为他为了人物、哲学家、诗人和寓言而放弃了神圣的圣经。⑤

佩雷尔曼的"新修辞学"是近代解释学的发展趋势之一，它可以追溯到罗马法传统，这种学说强调用对话方法来代替术语阐释方法，因此也建立了法律的公理解释方法。罗马人使用的解释方法似乎就是我们以前称之为基于审慎理性的启发式推理方法。他们是讲故

---

① Posner（1998）211.
② Sunstein（1996）43.
③ Posner（1992）339.
④ Scharffs（2004）752–756.
⑤ Cited by Gordley（1995）35.

事的鼻祖,乌尔皮安的观点①说明了罗马的这种方法。在一件涉及遗嘱的案件中,遗嘱人以外的人故意或过失行为错误地将其遗弃。乌尔皮安引用了一种观点,该观点否认采取行动的有效性,因为此时已无法估计损失的价值了。但是乌尔皮安认为,这是站在遗嘱人立场的一种观点,但是从继承人的立场来看情况似乎有所不同,因为遗嘱相当于签署了一份承认债务的文件。因此,乌尔皮安的解决方案源自针对此案的另一种方法。这种观点很好地说明了著名的罗马法理念,即法律不应从规则中引出,而规则应从法律中引出。②

罗马法律著作的遗产可以分为两部分,分别是法律教科书的"机构"和法学的"responsa"(意见)。后者与解决法律案件有关,有助于解释和适用法律并推动法律实践发展。教科书的任务是以最快捷、最方便的方式展示国家的法律现状,从而促进法律教学。教科书将法律转化为命题,这些命题陈述围绕特定的制度进行分组,但是这些规则不是特定于事实的规则,而是与法律相关的陈述,这是规则本身课程的核心主题。对规则的研究基于其性质以及与其他规则的联系。抽象化发展的另一个步骤是建立定义和制度,以后可以用于立法。③ 罗马法律著作在相当大程度上处理了这一古老的争议,将教科书分离开来,目的是从著作中获取规则,只是这是为解决实际问题而设计的。

四、结论

经过这些考虑之后,现在可以回答有关如何衡量判决质量的问题。我认为该问题基于这样的假设:法官的角色是什么、法官与法律之间关系的本质是什么。对此可以有很多答案。像从公理出发推论出解决方法的数学家?或者更像是根据工程标准创造设计建筑物的艺术家?还是类似于根据不同情况指挥比赛的裁判员?还是像厨师一样用食谱烹饪,但同时也添加一些个人的口味偏好?法官在审判中与立法机构是否是共同作者?法官角色是否类似于行政官员、立法者或智囊团的角色?④

我认为法官的角色不是数学家,不是官员,也不是裁判。无论是否有人将法官与艺术家或是厨师进行比较,在我看来法官从事的就是一种品味与审美的事务。这类似于艺术家或厨师,因为法官在法律推理中受规则和传统的约束。但也许最好的表述与类比方法是将法官视为共同作品的合著者。在法律推理中,我们必须使用审慎的智慧和启发式方法。没有真正的机会来衡量判决的质量,因为我们无法为法律论证创建精确的专业协议。

---

① D. 9. 2. 41.
② D. 50. 17. 1.
③ Samuel (1994) 60 – 61.
④ Grodin (1989) 133 – 134.

佩雷尔曼对法律方法论的贡献

[美] 埃德加·博登海默* 著

王　园** 译

摘　要　博登海默从自然和社会科学的总体哲学背景为切入点，说明了笛卡尔方法深刻影响了西方世界的科学思想和方法，对法律领域的影响导致"概念法学"的法学学派的诞生。但是，现代法律具有复杂性和多维性，法律的确定性、可预见性和逻辑严谨性无法继续贯彻在法律执行中。"法律现实主义"的运动开启了对笛卡尔方法的批判。在此背景下，佩雷尔曼对笛卡尔方法论提出了全面挑战，在笛卡尔的理性和情感控制的非理性之间开辟了一个广阔的理性和经过理性论证的领域。佩雷尔曼的"观众"概念蕴含了辩证思想，使其提出了辩证的法律推理方法。佩雷尔曼的推理理论运用于司法审判中，同时为公正社会提供了思想基础。最后，博登海默对佩雷尔曼理论中非核心思想的若干问题进行了批判性评论。

关键词　佩雷尔曼　笛卡尔方法　法律方法论　法律推理

查伊姆·佩雷尔曼是一位出生在波兰的哲学家，其一生大部分时间在比利时布鲁塞尔大学任教，是这所大学法律哲学中心的一名主任。虽然精通法律，特别是比较法，但他的学术活动具有跨学科性质，涉及物理和社会科学的许多分支。为了理解佩雷尔曼对法律方法论的独特贡献，有必要以其科学方法观为背景进行分析。佩雷尔曼的法律推理和论证观

---

*　埃德加·博登海默（Edgar Bodenheimer），加州大学戴维斯分校法学名誉教授。1933 年获海德堡大学法律博士；1937 年获华盛顿大学法学学士。埃德加·博登海默（1985 年），佩雷尔曼对法律方法论的贡献。北肯塔基州法律评论，12（3），391 – 418。

**　王园，女，江西乐平人，华东政法大学政治学与公共管理学院 2019 级博士研究生，上海政法学院国际交流学院讲师，研究方向为法政治学。

实际上是对许多传统假设提出挑战的综合理性话语理论的副产品。正因为如此，本文在深入研究法律程序的具体问题之前，试图描述一种习惯的、根深蒂固的科学方法论方法，这为佩雷尔曼的改革努力提供了目标。

一、总体哲学背景

在自然科学和社会科学中，包括法律，对真理和正确的理解有三种不同的途径，直觉的洞察、证实的确定性和推理的信念。这三种对真理和正确的感悟方式在我们西方文明中轮流出现；但是，没有任何有说服力的理由否认，在一段特定的时间内，这三种获取知识的手段可能同时存在。

在中世纪，神学被认为是科学的女王。除其他事项外，神学涉及获得对最高统治者管理世界的计划的认知。根据中世纪教会最权威的发言人圣托马斯·阿奎那的说法，人类有能力获得一些神圣计划的知识，比如，使他们能够掌握对与错的基本区别，这些知识仅限于正确和真理的真正基本原则。①

人类心灵对圣托马斯所假定的上帝永恒法的（不完全）参与，显然不是基于感官知觉或经验观察。它只能是对神圣智慧的一些基本规范的直观的、先验的洞察。正如圣托马斯所指出，这类常识不能为我们提供"无误"的确定性。为了详细地教导人们在平时生活中可以做什么，不可以做什么，有必要制定实体法，这些法律可能在各方面都不符合神圣法的规定。②

在中世纪灭亡之后，哲学变得世俗化，不再采用中世纪神学的思辨方法。脱离了具体证明的直觉洞察不再被认为是哲学和科学认知的可接受的工具。欧洲大陆上出现了一种对真理发现确定性的追求，这种追求带有理性主义的色彩，而在英国，经验主义盛行。在本文中，特别重要的是法国哲学家雷内·笛卡尔的思想，他在佩雷尔曼的著作中经常被提及。我们将把笛卡尔对哲学和科学方法论问题的态度称为"笛卡尔方法"。

笛卡尔强加给自己的哲学和科学探究的第一条规则是，"如果我不清楚事物为何为真，就永远不会接受它，"③作为这一寻求真理原则的必然结果，笛卡尔决心"拒绝任何我能想象得到的最不可怀疑的东西，就好像完全是假的一样，以便看看我是否不应该最后相信一些绝对不容置疑的东西。"④ 因此，发现怀疑某一命题的某些理由，就意味着笛卡尔有一种智识上的责任去全盘否定该命题。⑤ 然而，笛卡尔承认，一个人可能会欺骗自己，相信某个事实或事实的组合是绝对正确的。在这种情况下，原因可能在于那个人的理性能力没

---

① St. Thomas Aquinas, Summa Theologica, Pt. II, 1st pt., qu. 91, arts. 2 – 4 (Fathers of English Dominican Province trans. 1927).
② St. Thomas Aquinas, Summa Theologica, Pt. II, 1st pt., qu. 91, arts. 3.
③ R. Descartes, Philosophical Writings 20 (E. Anscombe & P. Geach eds. 1971).
④ R. DESCARTES, PHILOSOPHICAL WRITINGS 31 (E. Anscombe & P. Geach eds. 1971).
⑤ R. DESCARTES, PHILOSOPHICAL WRITINGS 31 (E. Anscombe & P. Geach eds. 1971), p.61.

有得到完全的发展。① 但一个被赋予完美理性的人也可能会做出错误的判断，因为他所关注的问题超出了人类理解能力的范围。为了避免或减少这种错误的判断，笛卡尔建议："我们必须只专注于那些我们的智力似乎有能力确定无疑地了解的事物。"②

很明显，笛卡尔为追求对真理的成功的理性探究所设定的标准是极其严格的。在他看来，在智力活动领域，理性的结论是显而易见和无可置疑的。如果我们确信某一命题或该命题的推论不能被无可辩驳的证据来明确地加以证实，我们就不应断言它。与这一要求紧密相连的是笛卡尔的否认，即在一定条件下，两个不一致的陈述可能都是正确的，或者至少部分是正确的。③ "每当两个人对同一件事情作出相反的决定时，至少其中一人肯定是错。"④ 正如我们稍后谈到，佩雷尔曼正是特别针对这一笛卡尔式的论点而开火的。

对绝对真理的追求作为笛卡尔哲学的思想特征，被荷兰哲学家本尼迪克特·斯宾诺莎扩展到了伦理学领域。这在本文的语境中具有相当重要的意义，因为伦理道德如同法律，在很大程度上是一门规范的学科，涉及人类适当行为的问题，即"应当"的命题，而不是对经验现实的描述。我们今天强烈倾向于这样一种立场，即如果我们必须从考虑中排除任何不承认正确答案的道德行为问题，那么道德讨论将是相当令人沮丧的，或者可能完全是徒劳的。

在此情况下，令人惊讶的是斯宾诺莎写了《几何模式下的伦理学》这本著作。几何在我们看来是一门科学，尽管在我们的时代存在着几种相互竞争的几何体系——至少在基本假设上的一致性比社会科学或人文科学要高得多。斯宾诺莎所做的就是阐述了大量无可置疑的公理，他试图用一系列显然他认为有说服力的、无可辩驳的"证据"来支持。虽然我们今天必须严肃地质疑斯宾诺莎的表达方式，但人们普遍认为这是一部具有极高学术地位的著作。

在这一哲学序曲的最后，应当指出举世闻名的德国哲学家伊曼努尔·康德的认识论受到了笛卡尔方法的决定性影响。康德断言，获得对外部世界的真正认识超出了人的思维能力的。他认为，我们所能谈论的只是"表象"和"现象"；我们对事物的真实面目没有确信的认知。这一结论与我们的常识相悖：我们窗前看到的那棵树并不仅仅是"表象"，而是现实中实际存在的一部分。康德之所以提出他的理论，很有可能是由于无法对某一物体的存在提供一种笛卡尔式的确凿的证明，这与我们对它的观察是脱节的。⑤

---

① R. DESCARTES, PHILOSOPHICAL WRITINGS 31（E. Anscombe & P. Geach eds. 1971），p. 93.
② R. DESCARTES, PHILOSOPHICAL WRITINGS 31（E. Anscombe & P. Geach eds. 1971），p. 153.
③ 根据现代物理学理论，下列两个不一致的说法都是正确的：（1）中子是稳定的；（2）中子是不稳定的。当中子成为原子的一部分时，它是稳定的；当它存在于原子之外时，它是不稳定的。在后一种情况下，它可能变成质子或电子。另请参见 M. COHEN, REASON AND NATURE 166（1953 年，第二版）。
④ R. Descartes, Philosophical Works 2（E. Haldane & G. Ross trans. 1931）.
⑤ 关于这一点，参见 B. Blanchard, Reason and Analysis 82（1962）。

二、笛卡尔方法论对科学研究和法律的影响

上一节所述的笛卡尔方法对17世纪到20世纪的科学思想和方法产生了巨大的影响。中世纪人类在许多领域所追求的形而上的思辨,坚持对任何宣称的科学立场进行严格的实验检验。在物理学中,笛卡尔的态度恰当地反映在艾萨克·牛顿爵士著名的格言"我不做假设"(I frame no Hypotheses)中。经典物理学把它的发现建立在被认为是铁证的基础上,而牛顿所阐明的物理定律直到爱因斯坦时代才被认为是正确的。在生物学中,达尔文的进化论,至少在其主要结论中,作为一种福音被学术界接受。针对达尔文主义的攻击几乎完全来自宗教原教旨主义的某些部分,而不是来自专业生物学家。

在社会科学领域,某些在社会学领域有影响力的著述被其作者和这些作者的门徒视为社会发展动态的不可更改的描述。例如,这一特征适用于奥古斯特·孔德和赫伯特·斯宾塞的著作。① 这两位作者在控制社会进化的规律方面,绝不可能得出相同甚至相似的结论。孔德的社会学思想充满了明显的集体主义意识形态,而斯宾塞的社会学代表了自由放任的个人主义的激进辩护。根据笛卡尔的说法,当两个思想家得出相反的结论时,其中一个肯定是错的。② 但是,似乎现代读者在不违反任何逻辑法则的情况下,可以说服自己,两位作者的思想中都包含着真理的要素。③

笛卡尔的方法在二十世纪的逻辑实证主义学说中达到了顶峰。④ 笛卡尔哲学的主要思想被扩展到现代科学活动的所有领域。根据逻辑实证主义,每一个事实陈述都必须有可验证的感觉基础,尽管在某些情况下,通过测试产生清晰结果的间接验证是允许的。逻辑实证主义的最高权威鲁道夫·卡尔纳普禁止所有关于精神状态的非物理主义陈述,因为科学家无法直接观察到这种状态;他认为经验科学的命题只能是关于物理对象的。⑤

当英国哲学家阿尔佛雷德·艾耶尔爵士指出,任何关于物质现实的经验性论断都不可能具有最终的有效性,逻辑实证主义受到了冲击。无论一个事实性的主张在实践中如何经常得到证实,它总有可能在未来的某些场合被驳倒。因此,根据艾耶尔的观点,哲学家不能关注事物的物理性质,而只可关心我们讨论这些性质的方式。他认为"哲学的命题不是事实性的,而是语言性的"。⑥ 这一观点在近代英美哲学思想中占主导地位;它通常被称

---

① 关于孔德和斯宾塞,参见 E. Bodenheimer, Jurisprudence: The Phil Osophy and Method of The Law, 77 - 79, 91 - 92 (1974年修订版)(附参考文献)。
② 参见 R. Descartes, Phil Osophical Works 2 (E. Haldane & G. Ross trans. 1931)。
③ 在这一点上应该清楚,在本文中提及的男性性别包括女性性别。
④ 参见 V. Kraft, The Vienna Circle (1953)(对逻辑实证主义进行了全面的分析)。
⑤ Carnap, *Psychology in Physical Language*, in Logical Positivism 165 - 98 (A. Ayer ed. 1959); V. KRAFT, THE VIENNA CIRCLE 165 - 68 (1953).
⑥ A. Ayer, Language, Truth and Logic 57, 72 (1950).

为"语言哲学"。①

逻辑实证主义者和语言哲学家显然被迫将价值判断完全排除在理论讨论的领域之外。这样的判断被认为是一种情绪状态的表达,因此没有任何认知价值。例如,在卡纳普看来,"杀戮是邪恶的",因为它不可证实,"没有理论意义"。② 在法哲学中,对规范哲学的拒绝表现为拒绝讨论正义问题。汉斯·凯尔森认为,"正义是一种非理性的理想",代表的只是个人和群体的主观偏好和价值取向。③ 阿尔夫·罗斯甚至说:"诉诸正义与敲打桌子是一回事。"④ 从这个观点来看,法律理论不能回答什么是正义的问题,因为没有科学的测试可以证实答案。

在法律领域,笛卡尔方法刚开始有着特别强的吸引力,因为确定性和可预见性被广泛视为重要的法律价值。如果以一种允许政府机构对人类目标的执行进行不可预测的和反复无常的干预的方式行使法律控制,那么一个人生活计划的实现往往会受到阻碍或挫折。早在1837年,马萨诸塞州一个由著名法学家和法官约瑟夫·斯托里领导的委员会就建议编纂州法律,理由是司法判决的激增和它们之间经常发生的冲突正在削弱法律的明确性,损害其作为指导个人决策的实际效用。⑤ 在20世纪下半叶,由克里斯托弗·哥伦布·兰德尔执掌的哈佛法学院所教授的法律哲学坚信,由英美两国法院制定的普通法的基本原则,确保了一定程度的确定性和可计算性,足以为法律界提供基础坚实的路标。⑥

一个被称为"概念法学"的法学学派将法律确定性的目标具体化为法律秩序的最高理想。佩顿对这一学派的宗旨描述如下:

> 在理性主义的黄金时代,人们希望构建类似于欧几里德几何学的法律体系,其基础是不言而喻的真理或公理的假设,并在此基础上通过严密的逻辑对整个体系进行演绎。⑦

这一运动的许多代表人物相信,法律体系运作的基本概念在人类理性的基石中有先天的基础,而法律和司法判决中的所有重要的法规和准则可能从这些基本概念演绎推理得

---

① Quinton, *Linguistic Analysis*, in Philosophy in the Mid – Century 146 – 57, 177 – 78 (R. Klibansky ed. 1961); Warnock, *The Philosophy of Wittgenstein*, *id.* at 203 – 06; G. Warnock, English Philosophy Since 1900, at 74, 85, 163 (1958). 另请参见 C. Mundle, A Critique of Linguistic Philosophy 263 (1970) 表达了该观点:"如果人类在本世纪末之前没有自我毁灭,我认为到那时哲学上的语言革命将被认为是思想史上最奇特的奇闻之一。"
② Carnap, Philosophy and Logical Syntax, in THE AGE OF ANALYSIS 203, 217 (M. White ed. 1955).
③ H. Krldrn, General Theory of Law And State 13 (1945).
④ A. Ross, Law Aan Justice 274 (1958).
⑤ Bodenheimer, Is Codification an Outmoded Form of Legislation? 30 AM. J. Comp. L15, 15 – 16 (Supp. 1982) (包含马萨诸塞州编纂工作的更详尽描述)。
⑥ Frank, *Why Not a Clinical Lawyer – School?*, U. Pa. L. Rev. 907, 907 – 13 (1933) (介绍了兰德尔任院长时期哈佛法学院的法律教学)。
⑦ G. Paton, A Textbook of Jurisprudence 199 – 200 (G. Paton & D. Derham 4th ed. 1972).

出。对这些概念进行适当的分类,将其仔细地分解成其构成要素,并对由此获得的规则进行三段论式的应用,被认为是法律推理和决策的最重要手段。①

19世纪下半叶,概念法学在德国特别有影响,被称为潘德克顿法学(pandectology),这个科学分支将法律概念比作数学概念;它从法律秩序没有漏洞的假设出发,由此通过适当的逻辑操作,总是可以从现有的实证法中得出正确的决定。② 可以这样说,一般的概念法学,特别是德国的潘德克顿法学,象征着笛卡尔方法在解决法律秩序的方法论问题上的最一致的应用。

三、笛卡尔方法的缺点

如前所述,笛卡尔的方法对西方世界的科学思想和方法产生了巨大的影响。但事实证明,在追求实证研究的过程中,笛卡尔对绝对确定性和一致性目标的坚持,在自然科学和社会科学中都产生了相当大的弊端和困难。本应被恰当地视为社会科学的一个分支的法律,却受到了这一发展的强烈影响。

在物理学中,艾萨克·牛顿爵士拒绝使用假设作为科学研究的工具,这成为了批评的对象。随着时间的推移,人们发现物理学和其他许多人类学科一样,具有一种推测性的优势。阿尔伯特·爱因斯坦被普遍认为是自牛顿以来最伟大的物理学家,他明确地否定了牛顿"我不做假设"的格言。③ 爱因斯坦强调了物理理论中的推测因素,并宣称物理学家常常与形而上学家难以区分。④ 他想说的是,在物理学中,如同在形而上学中,有时有必要建立一个创造性的假设,这个假设虽然不能立即得到明确的证实,但却需要通过经验来等待未来的检验。在这方面应该注意的是,爱因斯坦关于水星移动轨道的理论在宣布十多年后得到了证实,而他关于时空结构的场方程理论至今仍是一个备受争议的话题。今天以假设的形式存在,有待未来验证的物理学的其他关键问题是关于太阳系形成的星云理论;有大量证据支持的一种信念,即存在一个单一的终极粒子,目前已知的粒子是其衍生物;黑洞的真实性,通过许多间接的证据证明是可能的;根据主流的但没有充分证明的理论,超新星爆炸的原因必须在恒星中心的坍塌中寻找。⑤

假设在物理学中的广泛应用可能要经过长时间的测试,这是因为物理现象的巨大复杂性使得获得全面真理需要缓慢而有耐心的方法。如果物理学遵守牛顿的禁令,进步就会受

---

① 参见 E. Bodenheimer, Jurisprudence: The Phil Osophy And Method of The Law 115 – 16, 384 – 85(1974年修订版)(关于概念法学)。
② 参见 Rümelin, *Developments in Legal Theory and Teaching During My Lifetime*, in The Jurisprudence of Interests 3, 3 – 11 (M. Schoch ed. 1948)。
③ 关于牛顿的论点,参见本文第2节第1段。
④ V. Lenzen, Einstem's *Theory of Knowledge*, in Einstein, Philosopher – Scientist 360 – 61 (P. Schilpp ed. 1949); A. Pais, Subtle is the Lord: The Science and Life of Albert Einstein 14 (1982); Einstein, *On the Generalized Theory of Gravitation*, 182 Scientific Am. 13 (1950).
⑤ 由我的儿子 Peter H. Bodenheimer 提供的信息,他是圣克鲁斯加州大学天体物理学教授。

到对科学方法论的还原主义态度的阻碍。

近年来，一门备受关注的新学科：被称为社会生物学的生物科学分支，也出现了类似的情况。据其最杰出的代表爱德华·O. 威尔逊认为，社会生物学是"对所有社会行为的生物学基础的系统研究"。① 因此，它涉及动物和人类群体行为的遗传基础。社会生物学试图确定某些生物诱导的特征，包括人类的成员。② 它还发展了人类遗传和文化现象之间相互作用的理论。③ 人类学家马歇尔·萨林斯认为，社会生物学的许多结论建立在从动物行为到人类社会行为的推断之上，而由社会生物学产生的人性理论缺乏可靠的经验证据的支持。④ 然而，这并不意味着社会生物学提出的假设没有科学价值；它们可能被视为通向未来完整的、充分证实的人类行为理论的基石。

物理、生物等自然科学的复杂性和多维性，也成为现代法律体系的特征。例如，在美国法律中，宪法解释的开放性，许多模棱两可的法规的存在，以及大量不一致的法院判决，使法律确定性和逻辑一致性的传统理想受到严峻的考验。在这种情况下，确定性、可预见性和逻辑严谨性在法律执行中所起的作用受到尖锐的质疑是不足为奇的。

对笛卡尔方法的批判在美国法律理论中表现出来的主要媒介是一场被称为"法律现实主义"的运动。这场运动的守护神是奥利弗·W. 霍姆斯大法官，他认为"确定性通常是一种幻觉，而只能假设并不是人类的命运。"⑤ 对霍姆斯的追随者马克斯·拉丁来说，司法决策的关键是"经验"，而不是理性或演绎逻辑，尽管他没有解释，如果不合理地阐述经验对解决具体法律问题的有利或不利后果，经验如何成为审判的指导原则。⑥

杰罗姆·弗兰克对确定性这一法律秩序理想进行了最激进的攻击。他把法律确定性描述为一个"神话"，对它的追求是一种心理上不健全和不成熟的对父母权威的渴望。⑦ 法律的诸多不确定性不是一个不幸的意外：它具有巨大的社会价值。⑧ 尽管他对司法程序持悲观的态度，但他还是得出了这一结论。他认为，司法程序的特点、偏见、情绪反应以及在事实认定方面的严重错误都贯穿了这一过程。⑨

法官约瑟夫·哈奇森声称，这种司法方法的本质不是他年轻时所认为的那样，是逻辑上的僵化或准确，而是"感觉"或"预感"。⑩ 对他来说，直觉的洞察力是司法决策最重

---

① E. Wilson, Sociobiology: The New Synthesis 4 (1975).
② 参见 E. Wilson, Human Nature (1978)。
③ J. Lumsden & E. Wilson, Promethean Fire: Reflections on the Origin of Mind (1983).
④ M. Sahlins, The Use and Abuse of Biology (1976).
⑤ O. Holmes, *The Path of the Law*, in Collected Legal Papers 181 (1920).
⑥ M. Radin, Law as Logic and Experience 1 – 33 (1940).
⑦ 参见 J. Frank, Law and the Modern Mind 3 – 21 (1930)。
⑧ J. Frank, Law and the Modern Mind 7 (1930).
⑨ 参见 J. Frank, Courts on Trial 146 – 64, 406 – 15 and *passim* (1950). 弗兰克成为联邦法官后，在某种程度上缓和了他的激进观点，特别是他的司法观点。
⑩ Hutcheson, *The Judgment Intuitive: The Function of the 'Hunch' Judicial Decisions*, 14 Corn. L. Q. 274, 275 – 76 (1928).

要的组成部分。其他作者对审判中的理性演绎因素持不那么消极的态度，但不否认，法官往往可以选择其他解决办法，这妨碍了在法律上实现笛卡尔的确定性。①

四、佩雷尔曼对笛卡尔方法的挑战

研究表明，笛卡尔对那些无法用确凿证据证明其有效性的哲学和科学论断的否定，在西方文明中引起了极大的共鸣。还有人指出，英国和美国接受笛卡尔方法，缩小了主流哲学的范围，使之只限于作出事实陈述，最后只限于分析语言，而其对法律哲学的影响则是将正义从法理学话题的议程上删除。此外，有人认为笛卡尔还原论对自然科学是极为有害的：因为如果没有为研究和测试提供纲领性方向和确定目标的假设框架，学术的主动性就会受到抑制，长期实验的进展也会受到损害。

在这种情况下，自然科学和社会科学逐渐放弃严格遵守笛卡儿的假设，这并不奇怪。然而，放弃笛卡尔方法的同时，并没有彻底重新考虑科学方法论的基本原则。为了理解佩雷尔曼工作的开创性的意义，我们有必要认识到，理性探究的概念在很长一段时间里没有受到科学界反笛卡尔革命的影响。对笛卡尔来说，一个理性的陈述是清除一切具有含糊或怀疑痕迹的陈述。② 很明显，理性的反义词是非理性。理性的定义排除了可能是真的命题，因为存在有说服力的（但不是决定性的）证据，将自然科学和社会科学中的许多假设、猜想和试探性的理论降级到非理性领域。例如，在法律领域，任何结论如果不是基于从明确的主要前提中进行逻辑上令人信服的推论，根据笛卡儿的方法就不能视为理性的结论。

可以说，只要笛卡尔的方法不再是科学实践研究的桎梏，对"理性"和"合理"这两个术语的定义或阐释就是一个没有多少实用价值的理论问题。然而，对这一观点存在着有力的反驳。总的来说，如果人类深信世界上所发生的一切都是非理性的，那么这种假设不仅会影响普通人的行为，也会影响各国领导人的行为。由于一种类似于自我实现预言的现象，在这种情况下，具有重大后果的行为可能是由情感反应而不是由清醒和明智的推理所引起的。在法律领域，司法部门认为，在没有法令或先例的强制力的情况下，有不受约束的选择自由，这可能导致由偏见或意识形态偏好引起的决定。无论它在何处突破其适当的界限，对非理性的狂热都可能产生一个理智的社会希望不惜一切代价避免的后果。

我们现在已经描绘了把佩雷尔曼的开拓性成就适当地表现出来所必需的背景。佩雷尔曼对笛卡儿的方法提出了全面的挑战，因为他认为笛卡儿方法持续（尽管可能有所松懈）地坚持学术思维，正在混淆哲学、科学和法律方法论的领域。他提出了这一挑战，但并没

---

① 参见，例如，B. Cardozo, The Nature of the Judicial Process 14 – 18, 112 – 15（1921）; Fuller, *Reason and Fiat in Case Law*, 59 Harv. L. Rev. 376（1946）。

② 参见 R. Descartes, Philosophical Writings 20, 31, 61（E. Anscombe & P. Geach eds. 1971）。

有试图篡改笛卡尔的理性概念本身——这是他的理论的一个特征，本文稍后将对这一特征进行批评。① 但他取得了决定性的突破，在笛卡尔的理性和情感控制的非理性之间开辟了一个广阔的理性和经过理性论证的领域。

佩雷尔曼反对笛卡尔的假设，即智力探索必须产生一套必要的命题体系，关于这些命题，一致是不可避免的。他宣称笛卡尔"在我们的推理和证明能力的行为领域创造了一种完全不合理和不正当的限制"。② 他痛惜笛卡尔的理性和理性的概念导致非理性因素在每一次知识对象没有不言自明的时候都会介入。在他看来，使某一陈述合理的并不仅仅是自我证明或确凿的证据，而且是看似可信的、可信的和有说服力的论证，确定其真实性的可能性。③ 他认为，除非我们采取这种广义的理性观点，否则我们将不幸地得出这样一种二分法：一方面是已被证明的真理，另一方面是独断性，在我们大多数的论证性陈述中，独断性都明显盛行。在佩雷尔曼看来，以事实为依据的论证是对形式逻辑的合理补充，虽然性质不同，但仍在理性的范围之内。④

佩雷尔曼认为，不仅描述性命题，还有价值判断也是理性讨论的恰当主题。⑤ 他反对逻辑实证主义的观点，即价值判断完全取决于个人兴趣、激情、偏见或神话的非理性选择。⑥ 我们分析佩雷尔曼对正义的思考时，将更广泛地讨论他思想的这一方面。⑦

佩雷尔曼还反驳了笛卡尔的假设，即分歧是至少一个讨论者犯错的标志。⑧ 他深信，对话中显然表明敌对双方的两极分化的言论往往是相互补充而不是相互矛盾的。⑨ 他同意

---

① 参见 C. Perelman, The New Rhetoric And The Humanities 117, 119 – 20, 121 (1979); Webster's Third New Int'l Dictionary 1885 (1971); Perelman, Justice and Justification, 10 NAT. L. F. 3, 5 (1965); Perelman, What the Philosopher May Learn From the Study of Law, 11 NAT. L. F. 1, 8, 11 (1966); R. DESCARTES, PHILOSOPHICAL WRITINGS 20, 31, 61 (E. Anscombe & P. Geach eds. 1971), 其中还讨论了将一个极为狭窄的操作领域分配给理性的危险。

② C. Perelman & L. Olbrechts – Tyteca, The New Rhetoric: A Treatise on Argumentation 3 (1969).

③ C. PERELMAN & L. OLBRECHTS – TYTECA, THE NEW RHETORIC: A TREATISE ON ARGUMEN – TATION 3 – 4 (1969).

④ Perelman, *Justice and Justification*, 10 Nat. L. F. 5 (1965).

⑤ 如我之前提到的，佩雷尔曼打算保留笛卡尔关于理性的狭隘定义，但他对于理性如此使用并不总是一致, Perelman, Justice and Justification, 10 NAT. L. F. 3, 5 (1965), Perelman, What the Philosopher May Learn From the Study of Law, 11 NAT. L. F. 1, 8, 11 (1966); 广义上说，除非另有说明，这个术语将在本文后面使用。

⑥ 参见 C. Perelman, The New Rhetoric And The Humanities 8 – 9 (1979); C. Perelman & L. Olbrechts – Tyteca, C. Perelman & L. Olbrechts – Tyteca, The New Rhetoric: a Treatise on Argumentation 512 – 14 (1969); Perelman, Justice and Justification, 10 NAT. L. F. 2 – 5 (1965)。

⑦ 参见 C. Perelman, The Idea of Justice And The Problem of Argument 81, 45, 50 – 54, 60, (1963); C. Perelman, Justice v. 78 (1967); C. Perelman, Justice, Law And Argument 56 – 59, 70, 71, 74, 75 (1980)。

⑧ 根据现代物理学理论，下列两个不一致的说法都是正确的：（1）中子是稳定的；（2）中子是不稳定的。当中子成为原子的一部分时，它是稳定的；当它存在于原子之外时，它是不稳定的。在后一种情况下，它可能变成质子或电子。另请参见 M. COHEN, REASON AND NATURE 166 (1953年，第二版); R. DESCARTES, PHILOSOPHICAL WORKS 2 (E. Haldane & G. Ross trans. 1931)。

⑨ C. Perelman, The New Rhetoric And The Humanities 12 – 14 (1979); C. Perelman, Justice, Law And Argument 165 (1980) (hereinafter cited as Perelman, Justice, Law)。

莫里斯·科恩在这些话中所表达的观点："当相反的陈述通过引用它们是正确的领域来完成时，将它们组合起来就没有逻辑上的困难。"①

在佩雷尔曼的论证理论中起主要作用的一个概念是"观众"。观众是演讲者希望通过他的论点来影响的人的集合。每一次论证的目的都是为了赢得（或加强）观众的支持。"②佩雷尔曼认为，理想的观众只有通过真正"理性"的辩论才能获得支持。它是由开明的、通情达理的人组成的听众。佩雷尔曼称这种观众为"普遍观众"。对佩雷尔曼来说，普遍听众对某一命题的接受程度是其论证合理性的试金石。③

五、佩雷尔曼对于法律方法论的意义

本文一开始就指出，佩雷尔曼的法律方法论观不能脱离其理性话语的一般理论来理解。因此，有必要向这篇文章的读者提供大量的背景资料，以便为讨论与法律过程中使用的辩论技巧有关的具体问题奠定基础。

佩雷尔曼的一般论证理论，尤其是法律论证理论的先例，必然会在亚里士多德的辩证推理学说中找到一部分。④ 与笛卡尔相反，亚里士多德并没有假设所有的知识都是可论证的，也就是说，都建立在无可辩驳的证明之上。⑤ 他认为，推理往往来自于那些被认为是正确或可能是正确的观点。他指出，这样的观点可能为所有人、大多数人或为知识渊博、赫赫有名的人所持有。⑥

当然，大多数人持有的观点完全有可能不被受过良好教育和知识渊博的人所接受。在某种观点是正确的、部分正确的还是错误的问题上，知识精英之间也可能存在分歧。在这种情况下，有问题的观点常常面临来自一个或多个对立观点的竞争。那么对于那些论证某个命题的人来说就有必要在两个或多个前提中做出选择。⑦ 这样一种选择，为了不武断，必须基于令人信服的理由。

---

① M. Cohen, Reason and Nature 166（1953年，第二版），根据现代物理学理论，下列两个不一致的说法都是正确的：（1）中子是稳定的；（2）中子是不稳定的。当中子成为原子的一部分时，它是稳定的；当它存在于原子之外时，它是不稳定的。在后一种情况下，它可能变成质子或电子。说明两个相互矛盾的陈述都可能是正确的，这取决于它们所处的环境。

② C. Perelman & Olbrechts – Tyteca, THE NEW RHETORIC: A TREATISE ON ARGUMEN¬ TATION 17 – 18（1969）C. Perelman, Justice 81 – 83（1967）.

③ C. Perelman & L. Olbrechts – Tyteca, THE NEW RHETORIC: A TREATISE ON ARGUMEN¬ TATION 31 – 33（1969）; Perelman, *What the Philosopher May Learn From the Study of Law*, 11 Nat. L. F. 1, at 12（1966）; C. Perelman, Justice 86 – 87（1967）.

④ C. Perelman & L. Olbrechts – Tyteca, THE NEW RHETORIC: A TREATISE ON ARGUMEN¬ TATION 5（1969）.

⑤ Aristotle, *Analytica Posteriora*, in The Basic Works of Aristotle 114（R. McKeon ed. 1941）.

⑥ Aristotle, *Analytica Posteriora*, in The Basic Works of Aristotle 114（R. McKeon ed. 1941）, p. 188.

⑦ ristotle, *Analytica Posteriora*, in The Basic Works of Aristotle 114（R. McKeon ed. 1941）, p. 65.

关于这一点，佩雷尔曼的"观众"概念脱颖而出。① 无论观众是特定的还是普遍的，无论演讲者或作者是如何处理哲学、物理学、政治或法律问题，他论证的目的都是要赢得观众的支持。如果观众是由专家或希望被可信的和充分证实的理由说服的聪明人组成，论证通常将通过提出某一主张的利弊来进行，还需权衡该主张的优点和替代方案的优缺点。然后，演讲者将试图说服他的观众，证据的优势有利于他所支持的主张被接受。这种论证技巧是辩证推理的精髓。

显然，辩证推理在司法实践中作用显著。正如佩雷尔曼指出，辩证推理诉诸于各种各样的论证（如公平或务实的论证和对正义的诉求），而这些论证不能被简化为演绎或简单归纳方案。② 在后两种情况下，笛卡尔确定性的目标通常可以实现，因此不需要辩证推理。

每个律师都知道，通过直接从成文法或法官制定的规则中进行演绎就可以解决法律问题的案件所占的比例是多么小。据观察，法定条款经常表现出"开放性"：③ 法条中使用的关键用语可以作扩张的解释，也可以作限制性解释，在上诉法院作出这种解释之后，是否应该将某一事实情况纳入先前阐明其含义的条款中，仍然令人怀疑。在成文法的文本而不是成文法的精神适用于诉讼事实的情况下，法院也有可能将在法律上植入衡平例外来处理案件。④

法官造出来的规则比制定法条文更丰富多彩。即使是下级法院，如果得出结论认为上级法院所陈述的判决理由超出了援引为先例所需要的范围，它也可以重述这一规则。⑤

回到归纳推理，我们必须认识到，这种论证模式只有在存在一系列涉及类似事实情况的判决时才有可能，从这些判决中可以提取出一条涵盖所有这些情况的规则。佩雷尔曼所说的"简单归纳法"是一个过程，通过这个过程，法官从一组同类的判决中推断出一个精确的、界限分明的规则。如果可能作为先例的判决与结果不一致，这种推理模式将使律师或法官失败。归纳也不能确定从一组先例中提炼出的规则是否措辞宽泛或狭隘。⑥

类比推理是另一种广泛使用的法律手段。但是某一事实状态是否与另一事实状态足够相似，从而有理由对某一规则进行类似的应用，这常常是一个值得怀疑或争论的问题。此

---

① 参见 C. Perelman & Olbrechts - Tyteca, The New Rhetoric: a Treatise on Argumentation 17 – 18, 31 – 33 (1969); C. PERELMAN, JUSTICE 81 – 83 (1967); What the Philosopher May Learn From the Study of Law, 11 NAT. L. F. 1, at 12 (1966); What the Philosopher May Learn From the Study of Law, 11 NAT. L. F. 1, at 12 (1966); C. PERELMAN, JUSTICE 86 – 87 (1967).

② Perelman, *Justice and Reasoning*, in Law, Reason and Justice 214 (G. Hughes ed. 1969).

③ H. Hart, The Concept of Law 123 – 26 (1961).

④ 参见 E. Bodenheimer, Jurisprudence: the Philosophy And Method of The Law 363 – 67 (1974年修订版).

⑤ 参见 Salmond, *The Theory of Judicial Precedent*, 16 L. Q. Rev. 376, 387 – 88 (1900); E. Morgan & F. Dwyer, Introduction To The Study of Law 155 – 56 (2d ed. 1948); E. Bodenheimer Jurisprudence: the Philosophy And Method of The Law 432 – 35 (1974年修订版).

⑥ 参见 Guest, *Logic in the Law*, in Oxford Essays in Jurisprudence 188 – 90 (A. Guest ed. 1961) (关于演绎推理).

外，类比在英美法系的法定领域中很少使用。①

如果法官在诉讼裁决中无法运用演绎、归纳和类比推理的技巧，他们该如何进行？英国法学家 A. G. 盖斯特认为，在这种情况下，判决是"直觉、情感或偏见的产物"。② 这一观点与杰罗姆·弗兰克和哈切森法官早先讨论过的立场相一致。③ 盖斯特的言论也提供了一个值得注意的例证，说明在笛卡尔的方法下，非理性的范围被极大地扩展了，而在此之前，笛卡尔的方法被认为是不可取的，甚至是危险的。④ 令人遗憾的是，在过去几十年的英美法学中，当法官被迫超越传统公认的法律推理技巧时，理性就消失了，这一信念聚集了许多追随者。

正是在这一点上，佩雷尔曼的论证理论有效地进入了法律的视野。一想到律师或法官把道德原则或社会福利考虑作为其推理工具，沉溺于一场非理性的展示，他理所当然地感到震惊。正如我们所看到的，佩雷尔曼在狭义的笛卡尔理性概念和人类对解决问题的直觉和情感反应之间插入了大量的理性和理性论证。根据佩雷尔曼的观点，如果法律充满了与笛卡尔的确定性标准或历史悠久的法律推理方法不一致的论证方法，那么它作为一种理性工具的地位就不会丧失。用亚里士多德的格言来说，在这种情况下，法律有希望成为"摆脱所有激情的理性"。⑤ 通过深思熟虑的论据来试图说服诉讼的当事人或法律上有利害关系的群体支持某一决定是一种理性行为，而非理性的特点是固执，盲目坚持没有说服力的证据或者甚至没有确凿事实证明的观点。

佩雷尔曼的法律推理方法也产生了有益的效果，恢复了一种尊重法律讨论正义的气氛。早先有人指出，具有影响力的逻辑实证主义学说将所有价值判断从合法的学术努力领域中剔除。⑥ 正义的规范性陈述——区别于某些个人或团体对正义观点的纯粹描述性陈述——涉及对陈述者认为什么是公正和正确的价值判断。逻辑实证主义认为这样的陈述仅仅是情感反应的表达，缺乏认知价值。

---

① 参见 E. Bodenheimer, J. Oakley & J. Love, An Introduction To The Anglo – American Legal System 109, 147 (1980)。另请参见 Guest, *Logic in the Law*, in Oxford Essays in Jurisprudence 190 – 92 (A. Guest ed. 1961)。

② Guest, *Logic in the Law*, in Oxford Essays in Jurisprudence 182 (A. Guest ed. 1961)。

③ 参见 J. Frank, Law And The Modern Mind 3 – 21, 7 (1930); J. Frank, Courts on Trial 146 – 64, 406 – 15 and passim (1950)。弗兰克成为联邦法院的一员后，他在某种程度上缓和了他的激进观点，尤其是他的司法观点。Hutcheson, The Judgment Intuitive: The Function of the 'Hunch' in Judicial Decisions, 14 CORN. L. Q. 274, 275 – 76 (1928)。

④ 参见 R. Descartes, Philosophical Writings 20, 31, 61 (E. Anscombe & P. Geach eds. 1971); 参见 C. Perelman, The New Rhetoric And The Humanities 117, 119 – 20, 121 (1979); WEBSTER'S THIRD NEW INT'L DICTIONARY 1885 (1971); Perelman, Justice and Justification, 10 NAT. L. F. 3, 5 (1965); Perelman, What the Philosopher May Learn From the Study of Law, 11 NAT. L. F. 1, 8, 11 (1966); R. DESCARTES, PHILOSOPHICAL WRITINGS 20, 31, 61 (E. Anscombe & P. Geach eds. 1971), 其中还讨论了将一个极为狭窄的操作领域分配给理性的危险。

⑤ Aristotle, The Politics, Ch. 15, 1287a (E. Barker ed. 1946).

⑥ 参见 Carnap, Philosophy and Logical Syntax, in THE AGE OF ANALYSIS 203, 217 (M. White ed. 1955); H. Kelsen, General Theory of Law And State 13 (1945); A. Ross, Law And Justice 274 (1958)。

在实证主义思维的影响下，二十世纪许多法理学和法律哲学的著作都局限于对法律和法律制度进行实证的、价值中立的分析，避开了作者们所认为的正义的无人之境。实证主义浪潮以一股特别强大的力量冲击了英国。由于其影响，长期以来出现在英文法律期刊上的对司法判决的评论都避免对法院判决结果的可取性做出评价。在美国，罗马天主教法理学对法律实证主义提出了一定的抗衡，它从未将价值论的关注从法哲学中驱逐出去。

在他早期的一部关于正义的著作中，佩雷尔曼坚持实证主义的思维方式。他以纯粹的形式定义了正义的概念："正义的规则要求那些本质上相似的人应该被同等对待。"①他指出，这种正义的概念不受任何道德标准的约束；"它必须遵守的唯一条件是纯逻辑的性质。"② 他愿意承认，正义概念中道德内容的缺失为法律执行中的任意性留下了空间。③ 例如，假设某一法律制度允许对一项轻微罪行实施极其残酷的惩罚。如果对每一个犯下这种罪行的人不尊重地实施残酷的惩罚，就是遵守了正式的司法规则。但是在不注意刑法内容的情况下得出这一结论有意义吗？

考虑到这种困境，佩雷尔曼对他最初对正义的态度并不满意，随着时间的推移，他越来越远离正义。他问道，在确立正义时所预设的价值观和伦理原则，难道真的不过是激情和主观利益的表达吗？正义的正式规则真的足够吗？或者有可能以一种哲学上合法的方式对价值和规范进行推理吗？④

幸运的是，佩雷尔曼自己的论证理论提供了这个问题的答案。法哲学家通过诉诸理性和共同经验，可能通过强有力的论据来说服他的观众，即一种特定的正义观可能比任何可想象的替代方案都更有利于公众福利。因此，法哲学家尽管反对逻辑实证主义，却可能采取规范的立场。他甚至可以把所有通情达理的人组成的"普遍受众"转化为正义问题的某些解决方案。实际上，哲学的特殊作用是向人类提出符合所有理性人意愿的客观行动原则。"⑤这与佩雷尔曼早先的观点相去甚远，即哲学家必须将自己局限于表达纯粹形式的正义概念。

尽管佩雷尔曼一再强调，任何一套实质性的正义原则都不能声称具有绝对和永恒的效力，⑥ 但他似乎认为，至少在一段特定的时期和一种特定的文化中，某种正义秩序可以证明优于潜在的竞争制度。"正如法官在听取各方意见后必须在各方之间做出选择一样，哲

---

① C. Perelman, The Idea of Justice and the Problem Of Argument 81 (1963).
② C. Perelman, The Idea of Justice and the Problem Of Argument 81 (1963), p. 45.
③ C. Perelman, The Idea of Justice and the Problem Of Argument 81 (1963), p. 50 – 54, p. 60.
④ C. Perelman, The New Rhetoric: a Treatise on Argumen – tation (1969) v. 78; Perelman, Justice, Law And Argement 56 – 59 (1980).
⑤ Perelman, Justice, Law And Argement 70 (1980).
⑥ Perelman, Justice, Law And Argement 70 (1980), p. 74.

学家也不能赋予所有意见同样的效力。"① 但哲学家必须谨慎地认识到，既判力原则不适用于正义理论：这种理论必须保持开放性和灵活性，它必须适应人类经验不断变化的环境。②

由此看来，佩雷尔曼的推理理论不仅涵盖了审判过程，而且还涵盖了为公正社会制定哲学蓝图。但问题是，司法过程中的规范推理与司法理论的传播是否存在差异。关于公正社会的推理通常是辩证的，因为基本公理在很大程度上不是预先确定的，而是必须根据不同的社会和经济条件来寻找的。在审判过程中，法官的推理也主要是辩证的吗？佩雷尔曼一度认为，"法官的推理是辩证的，与数学家的推理是对立的。"③ 但是，这种说法是由佩雷尔曼的高度限制性的分析推理观点所引起的，它在本文的结尾部分受到质疑。就实质而非语义而言，佩雷尔曼清楚地意识到，与思辨的思想家相比，法官受到许多权威性法律来源的束缚，他不能无视这些法律来源，对某一结果的公平或不公平进行自由的辩证论证。

在司法过程中，辩证推理是必要的，因为法官必须通过透彻而又往往是复杂的论证，创造性地建立一个主要前提，作为法律结论的合理依据。然而，在大多数已判决的案件中，存在一个主要前提或主要前提的组合为法官提供演绎、归纳或类比推理的出发点。当法官把他的论点建立在一个主要前提之上时，例如宪法条款、法规或先例，他的推理是分析性的而不是辩证的。分析性推理并没有被这样一个事实所排除，即所讨论的主要前提确定其适当的意义和范围之前需要加以解释。④

另一方面，大量的案件中，法院（1）必须在互相冲突的权威来源之间做出选择，或（2）决定否决先例，或（3）在首次处理的案件中面临制定新规则的必要性。在这种情况下，法院将依靠辩证的推理。⑤

一个很好的例子可以说明辩证推理的使用是加州最高法院在 *Muskopf v. Corning Hospital District*⑥ 一案中的判决。在本案中，法院否决了先前承认主权豁免原则的判决，否认国家对其代理人的侵权行为负责。法院指出，主权豁免原则起源于英国，是斯图亚特王朝的一项个人特权，后来被不加考虑地纳入美国法律，随着时间的推移，充斥着例外，并造成了许多严重和不必要的不公正。这种推理（既不是演绎推理，也不是归纳推理，也不是

---

① Perelman, Justice, Law AND ARGEMENT 70 (1980), p.71.
② Perelman, Justice, Law AND ARGEMENT 70 (1980), p.75.
③ Perelman, *What the Philosopher May Learn From the Study of Law*, 11 Nat. L. F. 1, 10 (1966).
④ 参见 C. PERELMAN, LOGIQUE JURIDIQUE 1,77,62,56,79 (E. Bodenheimer, trans. 1976). E. BODENHEIMER, . JURISPRUDENCE: THE PHILOSOPHY AND METHOD OF THE LAW 386 – 91 (1974 年修订版).
⑤ 参见 Bodenheimer, *A Neglected Theory of Legal Reasoning*, 21 J. Legal Educ. 373, at 375 – 84 (1969); E. Bodenheimer, JURISPRUDENCE: THE PHILOSOPHY AND METHOD OF THE LAW 392 – 97 (1974 年修订版).
⑥ 55 Cal. 2d 211, 359 P. 2d 457. 11 Cal. Rptr. 89 (1961).

类比推理）应该被比作"直觉"①还是被认为是"直觉、情感或偏见的产物?"②还是应该把它和佩雷尔曼一起看作是放弃不公平原则的合理论证的一个例子?

在罗伯特·萨默斯发展的法律推理理论中，分析推理和辩证推理的二分法在不同的术语下得到了承认。③ 他区分了做出司法裁决的权威性理由和实质性理由。在萨默斯关注的普通法和衡平法领域，权威性理由主要包括对先例的诉求。它们也可能基于英美法系内在概念的内在逻辑（如合同的性质或信托的结构特征）。④ 另一方面，实质性理由则是那些从道德、经济、政治、体制或其他社会考虑中获得正当性力量的理由。⑤ 这样的原因可能考虑到社会目标（如公共安全、社会福利、促进家庭和谐、公共卫生），或社会道德的正当性规范（如应有的照顾，合理信赖，返还不当得利，相对的责备），或机构需求（如司法机构的有效运作，立法机关和法院的职能分工，法律救济的实用性）。⑥ 很明显，萨默斯的术语中的实质性理由是大部分并不构成权威法律来源的分析应用，但至少在许多情况下，有资格作为论辩的辩证形式，最终导致采用的标准或标准组合适用于案件的判决。

萨默斯强调这种方法论的复杂性和新颖性，这在很大程度上归功于佩雷尔曼。⑦ 由于其新颖性，目前在法律界并没有多少作者采用了佩雷尔曼的推理理论的思路。⑧ 由于佩雷尔曼的方法忠实地反映了法律程序中某些普遍存在的现实，也得到律师和法官的认同，因此，我们希望他的想法将会越来越被接受。

六、对佩雷尔曼理论的批判性评论

当然，对佩雷尔曼处理司法论证问题的方法的普遍接受并不排除对其理论某些方面的批评。然而，应该强调的是，本文这一节中所作的批判性评论涉及的问题并不是佩雷尔曼思想的核心。

早先有人指出，佩雷尔曼在没有改变笛卡尔的理性概念的情况下挑战了笛卡尔真理和

---

① 参见 Hutcheson, *The Judgment Intuitive: The Function of the 'Hunch' Judicial Decisions*, 14 Corn. L. Q. 274, 275-76 (1928)。

② 参见 Guest, *Logic in the Law*, in Oxford Essays in Jurisprudence 182 (A. Guest ed. 1961)。

③ Summers, *Two Types of Substantive Reasons: The Core of a Theory of Common-Law Justification*, 63 Cornell L. Rev. 707 (1978).

④ Summers, Two Types of Substantive Reasons: The Core of a Theory of Common-Law Justification, 63 CORNELL L. REV. 724-25 (1978).

⑤ Summers, Two Types of Substantive Reasons: The Core of a Theory of Common-Law Justification, 63 CORNELL L. REV. 724-25 (1978), p.716.

⑥ Summers, Two Types of Substantive Reasons: The Core of a Theory of Common-Law Justification, 63 CORNELL L. REV. 724-25 (1978), p.717-724, 730-735, 752-759.

⑦ Summers, Two Types of Substantive Reasons: The Core of a Theory of Common-Law Justification, 63 CORNELL L. REV. 724-25 (1978), p.712.

⑧ 与美国法律现实主义的非理性主义作斗争的决策法"理性阐述"的提倡者所持的立场与佩雷尔曼的思想有相似之处。对于这一法学运动在一个有趣的叙述和评价参见 White, *The Evolution of Reasoned Elaboration: Jurisprudential Criticism and Social Change*, 59 Va. L. Rev. 279 (1973)。

正当性的检验。① 佩雷尔曼说,"理性"与数学理性相对应。② 因此,他继续把理性的概念与不言而喻的真理和令人信服的、无可争辩的推理联系在一起。他反对"合理性"这一概念,认为其指的是基于常识、貌似可信,或可能有效的论证。③ 关于法律,在这种观点中,理性因素是演绎的和简单的归纳论点,其特点是完美的逻辑和连贯性,而"合理的"因素则指公众舆论对法律判决的可接受性及其公平和对社会有益的后果。④

佩雷尔曼在理性和合理性之间所作的这种明显的区别,不是出于语义或语用的考虑。也许在佩雷尔曼所采用的主要语言法语中,与"理性"和"合理"相关联的词义差别很大,足以使概念上的区别成为可取的。但在英语中不是这样的。根据韦伯斯特词典,"合理性"的意思是"理由的可接受性:合理性"。⑤ 因此,这一定义将理性和合理性视为同义词。这与日常英语语言的使用是一致的:当我们说一个人的行为是理性的,我们并不是在暗示他的行为是在一种强迫的力量下让他别无选择。在这方面值得注意的是,佩雷尔曼本人偶尔会使用广义上的"理性的"和"合理性"这两个术语,从而陷入不一致的境地。⑥

从效用的角度来看,将理性与合理性等同起来也是可取的。理性和非理性的意见或行为之间的区别被一大片"理性"的灰色地带所掩盖。这就留下了非理性的不确定性边界,并可能通过对非理性普遍存在的膨胀信念来影响人类的行为模式。⑦ 很久以前就有假设认为由审慎的深思熟虑所诱导的行为不能被归入非理性的范畴,应称之为理性的,这其中含有一种自然的智慧。与佩雷尔曼狭隘的理性概念相关的是他对分析推理的高度限制性的观点。他或多或少把分析论证等同于笛卡尔会接受的理由,认为这些理由符合他对理性论述的铁证如山的标准。佩雷尔曼说,"分析论证是那些从必要的或至少是不容置疑的真实前提出发,由有效推论的力量引导得出同样必要或真实的结论的论证。"⑧ 这个定义将分析

---

① 参见 C. Perelman, The New Rhetoric And The Humanities 117, 119 – 20, 121 (1979); WEBSTER'S THIRD NEW INT'L DICTIONARY 1885 (1971); Perelman, Justice and Justification, 10 NAT. L. F. 3, 5 (1965); Perelman, What the Philosopher May Learn From the Study of Law, 11 NAT. L. F. 1, 8, 11 (1966); R. DESCARTES, PHILOSOPHICAL WRITINGS 20, 31, 61 (E. Anscombe & P. Geach eds. 1971),其中还讨论了将一个极为狭窄的操作领域分配给理性的危险。

② C. Perelman, C. Perelman, The New Rhetoric And The Humanities 117 (1979).

③ C. Perelman, C. Perelman, The New Rhetoric And The Humanities 117 (1979), p. 119 – 120.

④ C. Perelman, C. Perelman, The New Rhetoric And The Humanities 117 (1979), p. 121.

⑤ Webster's Third New Intt Dictionary 1885 (1971).

⑥ 参见 Perelman, *Justice and Justification*, 10 Nat. L. F. 3, 5 (1965); Perelman, *What the Philosopher May Learn From the Study of Law*, 11 Nat. L. F. 1, 8, 11 (1966)。

⑦ 参见 C. PERELMAN, THE NEW RHETORIC AND THE HUMANITIES 117, 119 – 20, 121 (1979); WEBSTER'S THIRD NEW INT'L DICTIONARY 1885 (1971); Perelman, Justice and Justification, 10 NAT. L. F. 3, 5 (1965); Perelman, What the Philosopher May Learn From the Study of Law, 11 NAT. L. F. 1, 8, 11 (1966); R. DESCARTES, PHILOSOPHICAL WRITINGS 20, 31, 61 (E. Anscombe & P. Geach eds. 1971),其中还讨论了将一个极为狭窄的操作领域分配给理性的危险。

⑧ C. PERELMAN, LOGIQUE JURIDIQUE 1 (E. Bodenheimer, trans. 1976).

推理的范围主要局限于一些案件，这些案件的法律判决在明确的法律渊源下，如具有清晰明了语言的法规或包含明确的法治思想的先例，通过对已证明的事实状态进行演绎和三段论的分析而得出的。

这种对司法过程中分析因素的狭隘看法，使佩雷尔曼夸大了辩证成分的重要性。他所说的"法官的推理是辩证的，与数学家的推理是对立的"，这一观点引述于本文的前一节。① 根据这种观点，当法官不能从具有准数学说服力的牢固确立的规范中得出结论时，辩证推理就控制着判决。例如，这种立场的后果是会使法律辩证法的范围扩大到法官根据其立法历史来解释一部措辞含糊的法规，也会从分析论证的领域中撤回大量的归纳推理，因为从一组先例中提取规则很少能提供完全的确定性：几乎总是存在着广义或狭义地制定提取规则的可能性。② 第三，成文法或其他法律规范的类比适用是一个辩证的过程，因为类比很少以不可抗拒的强制力强加给法官。

我们已经知道，根据亚里士多德的观点，辩证的结论通常需要在矛盾的前提之间做出选择。③ 我们还发现，当法官在一个没有法律秩序支持的案件中制定并努力为一项新的法治辩护时，辩证推理是必要的。④ 在这种情况下，法官经常面临着在相互冲突的备选方案之间，或在制定司法规则和将问题留给立法机构之间做出选择。上述情况下，与专业人士的做法相反，佩雷尔曼将辩证推理的概念扩展到这些情况，并不涉及在相互冲突的法律权威来源之间进行选择。它们涉及法律的单一来源（或可能是这些来源的组合），法官要么必须对这些来源进行解释，要么从一组已判决的事实中归纳推断，要么将其作为类比的基础。这类司法行动传统上被视为具有分析性质的行动。⑤ 似乎没有任何语言或政策上的理由要求修订这一术语。

早先有人指出，对佩雷尔曼来说，论证的主要目的是赢得"观众"的支持。⑥ 他建议

---

① 参见 C. Perelman & L. Olbrechts – tyteca, The New Rhetoric：a Treatise on Argumen¬ Tation 31 – 33（1969）；Perelman, What the Philosopher May Learn From the Study of Law, 11 NAT. L. F. 1, at 12（1966）；C. Perelman, Justice 86 – 87（1967）。

② 参见 See Guest, *Logic in the Law*, in OXFORD ESSAYS IN JURISPRUDENCE 188 – 90（A. Guest ed. 1961）（关于归纳推理）。

③ 参见 Aristotle, Analytica Priora in THE BASIC WORKS OF ARISTOTLE 65（R. McKeon ed. 1941）。

④ 参见 Bodenheimer, A Neglected Theory of Legal Reasoning, 21 J. LEGAL EDUC. 373, at 375 – 84（1969）；E. BODENHEIMER, JURISPRUDENCE：THE PHILOSOPHY AND METHOD OF THE LAW 392 – 97（1974 年修订版）。

⑤ 参见 E. Bodenheimer, Jurisprudence：The Philosophy And Method of The Laww 386 – 91（1974 年修订版）（附参考文献）。参见 C. Perelman, Logique Juridique 1, 77, 62, 56, 79（E. Bodenheimer, trans. 1976）. E-. Bodenheimer, . Jurisprudence：The Philosophy And Method of The Law 386 – 91（1974 年修订版）。

⑥ 参见 C. Perelman & Olbrechts – tyteca, The New Rhetoric：a Treatise on Argumen¬ Tation 3 17 – 18（1969）；C. PERELMAN, JUSTICE 81 – 83（1967）；C. PERELMAN & L. OLBRECHTS – TYTECA, THE NEW RHETORIC：A TREATISE ON ARGUMEN¬ TATION 31 – 33（1969）；Perelman, What the Philosopher May Learn From the Study of Law, 11 NAT. L. F. 1, at 12（1966）；C. PERELMAN, JUSTICE 86 – 87（1967）。

哲学家应该试图获得"普遍观众"的认可,这是一种象征着所有理性人的共识的理想结构。① 另一方面,在他看来,立法者和法官应该把他们的诉求指向的观众是一个更具体、更现实的观众。"由对人民信任的人选举或任命的立法者、行政人员和法官,必须根据他们所代表的社会的期望行事其职权。"② 这是否意味着,就法官而言,他在作出判决时必须尊重社区的愿望和信念,即使这些愿望和信念是基于党派宣传所引起的偏见?佩雷尔曼的回答似乎是肯定的。他引用卡尔·弗里德里希的声明:"最公正的行为就是与拥有认可人数最多和感情最强烈的价值观和信仰相一致的行为",并补充说,有问题的价值观和信仰是那些是以其名义行使政治(包括司法)权力的社会的价值观和信仰。③

无法接受的是,如果法官发现社区意见是基于错误、偏见或误导性信息,他必须执行社区意见。法官主要是正义的仆人。虽然他在决定时通常必须在什么是公平和公正方面取得社区共识,但如果他确信他会因此而犯下严重的不公正行为,他就不必这样做。④

佩雷尔曼把他的论证理论归入"新修辞学"的标题下。因此,他未能明确区分修辞学和辩证法。在亚里士多德看来,修辞学只是辩证法的一个分支。⑤ 在他看来,修辞学是关于说服而不是得出真理,而非修辞的辩证推理则代表着对真理的"探索"。⑥ 根据这一区别,显然律师在法庭上代表客户的辩护主要是修辞上的:律师试图通过对他的当事人有利的论点来说服法庭,而忽略那些可能对他不利的论点。另一方面,法官在某些情况下运用辩证推理得出一个他认为客观上是正确和公正的结果,尽管他不能以其正确性无可置疑的理由来支持这个结果。佩雷尔曼无所不包地使用"修辞"一词,往往会模糊这一区别。

佩雷尔曼解释了为什么选择使用这个术语。他指出,在黑格尔及其追随者的影响下,"辩证法"一词的含义与亚里士多德的原意相去甚远,而"修辞学"一词则保留了其在古希腊和古罗马传统下的意义。⑦ 他显然觉得,由于英美文化中普遍存在对黑格尔主义及其包括马克思主义在内的知识分子后代的反感,"辩证"一词已被一定程度地污名化。

这个立场缺乏说服力。在亚里士多德和黑格尔对辩证方法的理解有很大的差距。在黑格尔看来,辩证法这个术语指的是整个有机世界的结构和动态,而对亚里士多德来说,它仅仅指的是一种推理理论。但这不应使"辩证"一词成为非黑格尔学派作者禁止或怀疑的领地,只要他在其著作中明确表示他采用的是亚里士多德式的有限概念。

上述对佩雷尔曼论证理论的批评,在很大程度上是语义性质的,并不减损佩雷尔曼的

---

① Perelman, Justice, Law, 48 (1980)。
② Perelman, ustice and Justification, 10 NAT. L. F. 5 (1965)。
③ Perelman, ustice and Justification, 10 NAT. L. F. 5 (1965)。
④ 我曾详细讨论过这个问题,参见 Bodenheimer, *Hart, Dworkin, and the Problem of Judicial Lawmaking Discretion*, 11 Ga. L. Rev. 1143, at 1164-66 (1977)。
⑤ Aristotle, *Rhetoric*, in The Basic Works OF ARISTOTLE 1330 (R. McKeon ed. 1941)。
⑥ 关于这种区别的文本来源的讨论,参见 Bodenheimer, A Neglected Theory of Legal Reasoning, 21 J. LEGAL EDUC. 380 (1969)。
⑦ C. Perelman & L. Olbrechts-Tyteca, The New Rhetoric: a Treatise on Argumentation 5 (1969)。

工作所取得的令人瞩目的成就。正如哈罗德·伯曼指出的那样，佩雷尔曼挑战了一种不可信的假定，即我们无法用数学知道的东西必然是武断的、非理性的和主观的。① 佩雷尔曼认识到"理性的信念"是通向知识的桥梁，尽管他知道这并不是一个完美的认知来源，而只是被证实的确定性。② 通过这种方法，他帮助恢复了理性在人类事务中的适当地位。

特别是在法律领域，认为裁决性论据不是基于形式的三段论逻辑，而只是情感反应和特殊偏好的合理化导致产生了怀疑论或虚无主义，不利于理解法律的适当功能。佩雷尔曼对司法和法学论证的基本理性基础进行了细致而彻底的阐述，这样的论证是以正直和超然的态度进行的，这很容易使法学回归到非理性法哲学统治下所缺乏的可敬性。因此，佩雷尔曼不仅应被尊为一位具有独创性的思想家，而且是在人类活动的许多领域（包括司法行政）中为科学、学术和实践事业作出贡献的人。

（编辑：杨铜铜）

---

① Berman, *Introduction* to C. Perelman, Justice, Law and Argument, at ix (1980).
② 该点参见本文第一节第一段。

法律拟制与排除规则

[加] 西蒙·斯特恩* 著

刘冰琪** 译

摘 要 尽管捏造物在法律中比比皆是,但"法律拟制"一词最好留给阿尔夫·罗斯所描述的"提出命题",即为了确保特定的教义后果而冒险提出一个前提。按照这种观点,法律拟制缺乏隐喻具有的生成潜力,因为拟制依赖于残缺的因果链,该因果链排除了拟制所要确保的教义后果以外的任何后果,而隐喻则刺激人们进一步地联想。我通过研究阅读心理学来探究这一思想,阅读心理学区分了读者在限制使用"人为"信息时所采取的谨慎态度,和整合他们认为是事实的信息的意愿。类似地,法律信息(事实、教义)可以根据信息或窄或宽的适用范围来整理。这种方法使我们能够在拟制的光谱上定位特殊例子,将它们界定为程度的或多或少,而不是简单地将它们归入拟制或排除在外。在阐明这一心理学实证研究的意义之后,我将表明法律拟制是一种作为排除规则的技术,使得实现人为要求变得相对容易,拟制可能通过激发人们对可操作性的信心促进了排除规则的发展。最后,我转向展示类似技巧的法律和文学例子,将重点放在视为条款和王尔德的戏剧《不可儿戏》上。

关键词 法律拟制 隐喻 法律思维 排除规则

尽管捏造物在法律中比比皆是,但其中很少具有属于法律拟制(legal fiction)的创造力或想象力。法律拟制一词本身暗含着,这些特殊的捏造物展现了与文学作品联系在一起

---

* 西蒙·斯特恩(Simon Stern),多伦多大学法学院教授。本文来源:Maksymilian Del Mar, William Twining edit., *Legal Fiction in Theory and Practice*, Springer, 2015, pp. 157 – 173。

** 刘冰琪,女,辽宁省大连人,华东政法大学法律方法研究院博士研究生,上海立信会计金融学院专任教师,研究方向为法律方法论。

的那种创造力。在本文中，我认为符合法律拟制的捏造物比通常设想的还要少，并且它们缺乏控制故事进展的叙事结构的某些关键特征。在此，我根据研究阅读心理学，提供了进一步区分法律拟制和文学虚构的理由。该研究表明，我们可以根据法律捏造物的含义被允许扩张的宽窄程度来区分它们，换言之，根据捏造物是仅针对单个目的而特制的，还是贯穿于法律的一个特定领域，还是广泛地延伸到整个法律领域。根据这种观点，法律拟制表现出一种极具创意和高度人为的结构（artificial structure），这是一种在文学领域也很少出现的捏造物。

这种进路表明，法律规则和概念的适用条件可以被理解为排除规则的版本，该法律手段最明确的目的在于，禁止使用某些可能被用来帮助解决争端的资料。总体上，排除规则的逻辑对于法律论证具有重大意义：在分析层面，法律论证是操作数量不等的复杂的排除规则的艺术，阻止某些类比并促进其他类比。在展示了阅读心理学如何影响我们对法律拟制及其与排除规则的关系的理解之后，我将通过简要地讨论该论点的两个含义来结束，首先考察视为条款（deeming provisions）能否符合该模型，然后再考虑哪些类型的文学类比可能保留下来。

一、法律拟制用途的局限性

在关于法律拟制及其功能的经典文章中，阿尔夫·罗斯（Alf Ross）注意到，他称之为"创造性法律拟制"的类型"只不过是对法律规则进行类比扩展的一种特殊技术"。①正如罗斯所解释的那样，这种特殊性内含于导致扩张的工具，即采取断言对等或等同形式的工具：

说野蛮人是罗马公民，就等于向外国人扩展了迄今仅限于罗马公民的程序规则的适用范围。说波尔多（Bordeaux）在米德尔塞克斯（Middlesex）就是在说……迄今为止……仅限于英格兰的起诉规则……现在……扩展适用到……其他国家的起诉。在这些例子中，拟制的出现是由于罗斯所称的"命题"的作用，"命题只是被提出，而没有被确证"。该命题似乎做出了肯定的陈述，但是因为它只是提出（或提议），所以它仍然是暂定性的，假设性的，并且正如我在下面所论证的那样：因为它仍然处于不完全的困境中，因此它产生任何法效果的能力从根本上受到不适用该规则的限制。②如果这一命题被确证，它将被转化为一个普通的规则，与所有规则一样，具有进一步推广和应用的潜力。通过说非罗马

---

① 罗斯理论的另外两个变体"教条主义"和"理论"法律拟制，很少被他所关注，也未必会被许多评论者视作法律拟制。有关罗斯对法律拟制更全面且非常实用的讨论分析，请参阅 Lind（2014，this volume，Chap. 5，pp. 87 – 8）。

② 由于这些后果的影响是有限的，因此法律拟制的假设性本质要与文学叙事中的反事实区分开来，文学叙事通常会推测出一些确切的可选路径来追究其含义。例如，塞勒（Saler）认为，提出"另类现实"和"虚拟世界"的小说可以使读者习惯于"将叙事视为复杂的，暂时的和务实的"——只有当读者试图理解假设前提在哪里时，这种过程才会发生。

人也是程序规则的主体来扩大程序规则的适用范围,或者通过说英国法院可以受理源自英格兰以外的国家的起诉来扩大管辖规则的范围,则完全不涉及拟制内容,只会表达一个理论上的结论。当法院在考虑了反对采用这些合理依据的各种合理解释之后得出这些结论时,也不会涉及任何拟制内容。尽管罗斯通过谈论提出命题来抵制这种观点,只有当法院根据过往两个案例中所说明的前提作出合理结论而得出法律结论时,我们才会使用到罗斯所说的"特殊技术"。

规则的类比扩展是法律论证和分析的普遍特征,通常在没有罗斯提出的工具的情况下也能实现。该过程本身屡见不鲜,以至于该领域的所有评论者都认为该过程涉及法律拟制的运用,而该拟制被用来筛选一系列更为独特的法律概念和操作。① 法律拟制与推理结论之间的区别也显示了隐喻与明喻之间的对比,从而辨别了野蛮人就"是(is)罗马公民"因此要遵循相同的程序规则,和野蛮人"类似"罗马公民因此要适用相同的规则的区别。也即从规则的目的角度来看具有相同特征的当事人,应该受到相同对待。② 在文学理论和认知心理学的研究中,隐喻被认为比明喻更具影响力,因为隐喻不仅仅局限于相似性的特定领域。至少明喻通常隐含地暗示了两个术语共享的特定特征。因此,他们提出的含义也取决于该特征,而缺乏这种隐含限制的隐喻则发挥着动态的、几乎不可抑制的作用。正如艾伦·斯波斯基所观察到的那样,它们"在大脑中混杂,并在毫无关联或无与伦比的想法之间产生类比"。

就法律拟制而言,生成潜能的作用恰恰相反。拟制(隐喻的法律版本)受到限制,而教义(明喻)则不受约束。如果法学家首先通过确定野蛮人与罗马公民之间的相似性来合理化相同程序规则的应用,那么结果将为平行推理的进一步教义变更留下可能性:在考虑事项同等重要的情况下,这些相似之处可能需要将野蛮人当作罗马公民对待。如果法学家放弃比较(及其附带的理由),只是断言野蛮人是罗马公民,那么结果将会丧失任何扩展的机会。③ 通过用隐喻代替明喻并将这种关系表示为同一性,法学家消除了类比会促进的

---

① 通常,法律拟制的熟悉定义均不适用于类比规则扩展。例如,根据边沁(Bentham)(1840,p.91)的说法,法律拟制是"一个公认的假定事实,在这基础上的推论又似乎是真实的"。梅因(Maine)(1861,p.26)将法律拟制定义为"任何隐瞒或影响隐瞒发生变化的法治事实的假设,其文字保持不变,担其操作被进行了调整。"富勒(Fuller)说,法律拟制是"(1)能够完全地或部分地意识到其陈述所具有的虚假性,或(2)被认为具有效用的虚假陈述。"

② 许多法律拟制没有采取隐喻的形式。例如,在以下两个条件下没有主张同一性,例如,与 Lobban(2014,this volume,Chap.10)讨论的"程序拟制"一样,拟制的前提是基于未发生的事件(例如,诺言或"制造驱逐原因"的行为)。不过,隐喻的结构提供了一个实用的模板,可用来理解这些程序拟制的运行方式。他们没断言与发生该事件的情况相似,也没有政策要求法院将当事方视为发生该事件;相反,程序性拟制只是简单地假设了这一事件,并绕开了任何关于这种断言相似性的讨论,从而以我在此探讨的方式来限制它们的用途。刘易斯(Lewis)(1852,p.423)也暗示,当他观察到法官将拟制作为特定后果的简略表达时,他认为要消除解释性的理论构建以及拟制的针对性后果,而不是"说在某些情况下采取的行为会带来某些后果,并详细列举了这些后果。"所有这些都可能会引起洛班的阐述和解释(2014,this volume,Chap.10,p.215)。

③ 有关更全面的讨论,请参阅 Ando(2014,Chap.14,pp.303-4)。

生成效应。

通过研究阅读心理学找到事实与拟制之间的区别,可以使我们对法律拟制的观点更加清晰。我建议与其根据拟制的内容或引发联想的方式来定义它,不如根据读者在遇到材料时所做出的区分来区分事实和拟制。这种方法的好处是借鉴了经验研究,而不是给出一个由法令般宣布的并由支持者自己的直觉来证成的定义,它使我们能够在拟制的光谱上定位特定的例子,而不是简单地将它们归类到拟制范畴的内部或外部。根据读者的使用方式,命题或多或少是拟制的(fictional),或者用心理学术语来说,或多或少是人造的(artificial)。因此,即使是那些不同意以下关于法律拟制说法的人,也可能会发现它仍然提供了可替代性解释的工具。

在近几十年中,关于读者如何使用他们从文本中收集的材料的研究,特别区分了仅用于理解其内容的和"被纳入一个人关于世界的既有知识"的材料(Potts et al. 1989, p. 304)。作为对这次讨论最有影响力的贡献者乔治·波茨(George Potts)及其同事表明,"人为信息"(即读者认为是专门为手头文本创造的信息)被严格分隔,以免与被公认为真的信息(即"真实信息")混淆。读者将真实信息与既有知识相结合,以产生进一步的假设、见解和想法,同时将人为信息限制在其起源领域,从而仅允许通过与该领域内的其他资料进行交流来产生新的信息。考虑到这种区别的功能效果,波茨指出:"分隔信息(compartmentalized information)……在不熟悉它的语境中很难检索和使用……",而在"将信息组织为一个整体本身可能会阻碍信息在新情况下的应用,"这种存储方式"实际上可能有助于一项记忆任务中的检索,该记忆任务要求只能在新学到的有限信息整体中检索。"(Potts et al. 1989, pp. 305 - 306)。

尽管在拟制之外有许多提供"人为信息"的语境,但在波茨研究启发下进行的大量研究表明,读者确实将这种区别应用于从文学叙事中获得材料。通过"源监控(source monitoring)",读者会在阅读中分隔一些信息,而拟制构成促使这种反应的主要来源之一(Johnson et al. 1993)。正如斯泰西·弗兰德(Stacie Friend)最近所表明的那样,这项关于读者如何管理他们获取的信息的研究可能会澄清关于"虚构的真相"在哲学和美学中堆积已久的某些争论点。借鉴了波茨和其他学者在这一领域的研究,弗兰德主张:与其试图通过识别拟制文本或陈述的特征来列明"拟制的充要条件",不如"考察支撑我们理解各种不同文本的实践基础"。本文采用相同的进路,并使用波茨的人造信息概念来考察分隔性与法律拟制和法律技术的运作之间的关系。

"拟制的真实"问题的评论者区分了那些仅在"故事中真实"的细节与那些也在"现实世界中真实"的细节。① 这种区分解释了为什么即使读者认为夏洛克·福尔摩斯是虚构

---

① 除非作者明确禁止,否则这一领域的学术问题也涉及读者对拟制的认知。正如加拉格尔(Gallagher)所言,"当我们发现常态的小说人物和事件时很可能……将它们置于我们居住的世界中时,不会产生矛盾。"

的人物，他们还是可能会相信不同种类的烟草有各自独特色彩的烟灰，并且更普遍地说，福尔摩斯的推理方法适用于日常生活。法律领域也有一系列相似但可能经过更精细校准的区分。当法律领域中对分隔信息和合并信息的实证研究可能会有益于进一步研究的时候，这些现象的大量例子已经不难找到，如果我们观察法律实践中的论证和引用会发现其形式可以与认知心理学文献中的版本相得益彰。正如文学叙事中的信息可能仅在叙事中适用，而教科书中的信息可能在同一研究领域中更广泛地适用。在法律上，某些类型的分隔信息（译名统一即可）仅限于特定情况，而其他类型的分隔信息则仅限于特定情况，通常仅限于法律情景中。正如教科书所说的"光滑平面，球状行星，（和）……完全理性人"，法院所说的"基于理性的审查"，"禁止反言原则"和"对价"——这些人造概念，不是因为它们是为特定的作品而创建的，而是因为它们是为特定的考察领域（area of inquiry）而创建的。在这两种情况下，概念的价值不取决于它是否准确地对应于分析领域之外的事物，而是取决于它在该领域内解释现象的能力。① 正如 Wolcher 指出的那样，"法律形式流放了所有无关的事实。"其必然结果是，法律形式采用了新的手段来塑造自己的真实。最后，某些法律信息可能会纳入读者对世界的知识中。借鉴哲学家的说法，我们可以说有些细节"在案件中是真实的"，有些在"法律上是真实的"，有些在法律之外的世界中也是真实的。②

在大多数情况下，法律惯例要求可能适用的事实只限于案件中呈现的事实。一旦被证实并作为记录的一部分，这些事实可以与该案件中的其他既定事实相结合，以得出法律结论，但可能不能移用于其他案件。在其他案件中它们甚至可能是错误的。例如，被告可能会因为原告无法确定某些事实而逃脱责任，但是当另一个原告基于相同案情提出诉讼时，他就可能需要负责。因为第二个原告使用了第一个原告无法获得的证据，从而产生了与先前案件中的记录相矛盾的事实记录。为了适用于其他法律纠纷，事实通常必须从系争案件脱离，通过一项明确允许变动的规则，或者通过遵循已决案件（res judicata），或者通过接受司法认知（judicial notice）。

与事实不同，法律规则（甚至是首次阐述的规则）被认为可以转移到新案件中。③ 法院可能会以多种理由拒绝采用该规则，但不能以该规则本质上没有适用于其他纠纷的能力

---

① 正如摩根所言，正是通过将教科书或法律的构架附加到预测上，才使人工信息产生了与系统外现象相对应的事实（例如，经济理论或法律）：可能"变得像事实一样，足以使人们对其采取行动"的预测（而不是构造本身）。例如，关于未来经济的预测不仅需要足够稳定，而且必须在特定框架中与关于当今和过去的事实相一致，也就是说，根据事实采取行动之前必须将它们与事实建立关系。"

② 据我所知，尽管这个问题尚未在哲学文献中得到解决，但可以说拟制还提供了超出特定作品范围的"真相"（以及超出了写同一人物的作者的作品范围）素材。应用于更广泛的文学领域，但不适用于该领域之外的世界。例如，某些通用约定可能属于该类别。

③ 当法院试图避免这种结果时，就会产生怀疑，例如从对美国最高法院在 Bush v Gore 案中的声明"就目前的情况而言，我们的考虑是有限的"的回应中可以明显看出，该规则被认为具有可移植的特点。531 U. S. 98, 109 (2000) (per curiam)。

为由。(在有些领域,将外国法作为事实问题查明的规则,是有争议的例外)。① 很少有规则可以在没有条件限定的情况下被普遍适用;直接和类比扩展的种类(以及对它们的限制)是繁多的,因此在仅限于个案和适用于整个法律领域之间的光谱上存在无穷的渐变。某些规则只能在同一法律领域内推广;其他的则可以跨越普通法领域进行推广,但不能推广至宪法;而大多数受制于该规则更为复杂的背景、基本原理或历史渊源。已经有大量文献讨论了为法律规则的扩展提供正当性的技术,试图根据其扩展规则的能力进行列举或编排,不见成效。可以说,尽管波茨强调了认知负担(它使得在新的情境下应用分隔信息变得困难,并且在原始语境下检索该信息相对容易),但是,常规路径要求法律分析揭示在众多突发事件中理论信息模糊不清的复杂性,信息有可能被合并,但不一定会被允许这样做。关于扩大或缩小理论发展的争论使律师的创造力大增,这无穷无尽的可能性表明,法律分析在很大程度上是操纵信息以使其或多或少地成为人为问题。正如在很大程度上,几乎没有什么理论是"法律上的正确",也只有很少的理论是"案例上的正确"。

最后,正如文学叙事可以向读者提供他们无条件地要接受的信息一样,法律决定也可以提供此类信息。读者未必会接受可能不适用于另一种情况的事实,因为它们揭示了有关当事方或人类行为的信息,当这些信息与其他信念结合在一起时可以产生新的见解。读者可能还会将他们在法律决定的分析部分中找到的信息纳入其中。目前尚不清楚教义信息在多大程度上限于法律领域,以及何种类型的读者(例如,非专业或专业人士,当事人或潜在的诉讼人)。实证研究人员研究了读者对各种媒体(例如,教科书,传记,小说,电影和广告)中遇到的材料的使用情况,但并未将法律决定作为可能的信息来源。由于法院在做解释时不仅参考原则和先前的判决,而且还参考法律领域之外的细节,并且由于法律原则本身可能包含关于非法律现象的假设,因此判决为进一步研究提供了光明的前景。② 如果是这样,那么这个结果可能有助于我们理解法律语言的参考来源。

读者对文学叙事和法律决定的划分和整合的实践表明,我们如何考虑两种写作形式都包含属于拟制范围(或在波茨的术语中为"人为"端)以及位于事实(或"真实")末端的元素。这种区别为重新思考通常被视为法律拟制的各种现象提供了一种处理方法,包括推定占有和推定收回租地或房屋之类的规则,假定认为每个人都了解法律并且视之为类似联邦法规的视为条款。联邦制定法自通过之日起视为生效,无论最高法院如何解释。乍看之下,似乎所有这些条款都是拟制的,就像故事的各个方面都是虚构的一样。也就是说,即使作者可以从这些条款中提取信息并将其应用于非法律现象中,读者的源监控也将阻止

---

① 这种规则使外国法在一个案件之间有所不同,而不是作用与国内法。有关示例,请参见 Fentiman (1998)。在美国,直到 Fed. R. Civ. P. 44. 1 in 1966 通过为止,联邦法院才将外国法视为事实问题。

② 相关且更被熟知的研究是,检验外行作为陪审员如何从各种来源(例如书籍,报纸,电视和电影)中应用信息。"CSI 效应"("Perry Mason"效应的继承)是此类信息传输研究最常用的形式之一,但是其效力最近受到了质疑(Cole and Diosa – Villa 2009)。

任何此类应用。因此可以得出以下结论：这些拟制都应被归类为法律拟制，因为它们与小说读者一样都认为是"故事中的真实"而不具备广泛的真实性。

但是，更深入的研究表明，这种类比是不可持续的。就这些命题所具有的影响力而言，它们超出了自身所出现的范围，它们类似于教科书的人为信息，而不是文学叙述中限制性更强的分隔信息。也许有人会回答说，无论在法律上多真实，只要与我们的经验世界不对应，就仍只是法律拟制，这就是使它成为拟制的原因。① 该答案有助于说明的是，与所有普通法律理论相比，认为应有的规定、推定和建设性的赔偿责任既不能过多也不能过少地泛化。②"干净的双手"和"情绪低落"等教义适用于许多法律领域，但不适用于法律之外的领域。如果我们将隔离化作为人为的符号，那么很明显，法律的手段渗透到了所有法律领域，并且在视为条款等方面没有比在任何原则上的适用或扩展更为突出。如果法律拟制的概念以一种不只是一般法律特征的方式挑选出虚构或人为的某些现象所构成，那么它所涉及的约束必须比仅仅将法律与非法束缚在一起更为严格的约束。

这种观察使我们回到了罗斯的一般类推扩展与由提出的命题得出的法律结论之间的区别。野蛮人是罗马公民的主张，仅在适用哪种程序的问题上，与文学叙事中的人为信息具有相同的划分，只是前者的划分更加严格。由于情节细节在故事中是"真实的"，因此情节细节在整个故事中都是"真实的"，其结果是希望读者将其与随后发生的其他事件联系起来考虑。（我将在最后一节中讨论特例。）相比之下，关于野蛮人的主张与同一争议中的任何其他问题均无关。一旦由当事方之一证明，事实是"在该案件中是真实的"，并可用于得出与该争议有关的任何结论（例如，为涉及该事实的每项索赔确定责任，或表明该事实对方撒谎，或破坏对手的防御手段）；在某种程度上，它类似于文学叙事中的一个情节。但是，"野蛮人是罗马公民"这一命题只是为得出适用程序规则的结论。该主张不能用来表明野蛮人说什么语言，也不能用来确定野蛮人享有的任何实质性权利。相同的条件适用于罗斯所有的此类规定。非婚生子女没有父亲的命题，要解决的是父亲未留遗嘱死亡后的继承问题，不能与其他事实相结合以产生其他法律结果（Del Mar, Chap. 11, p. 230）。"引诱致损"。小孩子到你家来玩受到损害，你要负责，凭什么负责？拟制说是你"邀请"他们来的。这些细节被紧紧地分隔开，以至于根本没有理由进行任何形式的合并。与"在法律中是真实的"或"在案件中是真实的"不同，这些主张仅对于被用来证明其合理性的特定理论结论才是正确的。即使在法律范围内，它们几乎都是错误的。

---

① 有关此观点的合理阐述，请参阅 Ando（2014, this volume, Chap. 14, pp. 312 - 4），Lind（2014, this volume, Chap. 5, pp. 88 - 92），和 Samuel（2014, this volume Chap. 3, pp. 36 - 40）。关于法律拟制所面临困难的更全面讨论，请参阅 Knauer（2010）。

② 这正是 Park 法官在 Garland v. Coleridge（1837）4 Scott 587, 707 - 708 案例中所暗示的，当评论"关系"规则并观察到"该规则未被认为是拟制的，而是一个公正而必要的规则"，部分原因是该规则的广泛应用（参见 Lobban 2014，本卷，第 10 章，第 237 页，第 30 页）(see Lobban 2014, this volume, Chap. 10, p. 237, n. 30）。

这种对比的一个意义在于,当评论者通过将"法律拟制"的标签附加到诸如民事死亡,在推定所有权和夫妻一体之类的规则上来比较文学虚构与法律拟制时,这种做法会给文学作品施加不必要的限制范围。法律中充斥着各种捏造物,这些虚构以类比故事情节中细节的方式被精确调用以产生某种结果。将模型(而不是法律概念)进行拟制时,弗里格遵循相同的类比原则:正如他所观察到的那样,在两个想象的事件中,"这些想象的事业中的细节的展开,通常都是从一个最初的假定中推出来的。"同样地,格林认为拟制通常是一种思维实验,通过"假设"某些前提来进行,从而"确定可能发生的后果"。法律拟制的方法是相同的,在法律上,就像在其他领域一样,对拟制的兴趣广泛涉及以下问题:激发想象力以产生叙事,以及思维如何建构和发展,而不是专注于一些看起来特别奇特的教义实例。①

尽管其他类型的法律主张可能也会受到类似的限制,但对于罗斯的主张而言它们的运行并不一定是必要的。一个还没有被充分接受的规则,无法广泛地融入法律体系,就其本身而言,还不足以使该规则成为拟制的一部分。有争议的或刚刚开始被接受的规则仍然没有被整合,仅仅是因为它们没有机会传播,而拟制也会遇到阻碍,使他们完全没有被整合的机会。如今的异议可能会成为未来的主流观点,但拟制的主张甚至都不是会被采用的候选观点:如果拟制所带来的结果被广泛接受,那么原本用于确保该结果的主张将完全消失。新出现的规则也可能无法生根,但是无论如何,仍然有律师和法学家为进一步发展辩护。对于拟制而言,这将是一种误导性的尝试,人们已经知道该拟制无法以这种方式绽放。

二、技术和排除规则

由于其高度的人为性,法律拟制提供了一种更普遍地思考法律技术的有用手段。由于受到如此严格的限制,法律拟制体现了一种与排除结构相关的技术。② 在法律上不相关的排除规则可能会在确定当事方的责任时大量使用其他信息。禁止传闻证据的行为不包括可能相关且高度可靠的陈述,对倾向性证据的禁止也是如此。刑事诉讼中的排它性规则对非法获得的证据及其衍生词具有相同的作用。排除规则是人为的,不仅因为它们要求裁定者忽略当事方在法庭中未解决争端时倾向使用的信息,而且还因为这些规则通常用于解析同一证据材料的可采用和不可采用方面。庭外陈述不能用作证明其主张的真实性的证据,但是能够证明其他关于说话人的事实(例如,她那天没患喉炎)。因此,在将排除规则用于有限目的有效证据时,其管理技术最为明显。

---

① 塞缪尔(2014年,第3章)Samuel(2014, thisvolume, Chap. 3)敏锐地提出了这个想法,展示了通常情况下如何将法律上的虚构(教义、权利、义务、标准、概念等)视为拟制。
② 边沁(1827,第455页)Bentham(1827, p. 455)在抨击影响英国证据法中排除原则的"荒谬"原理时,给这些用在法律拟制中的原则贴上了相同标签,并称其为"众所周知的虚幻"。见注2。

在16世纪和17世纪首次引入这些规则时，传闻证据规则是绝对适用的。一旦声明被认定为传闻证据，就不能作为证据记录下来。① 在19世纪，这一领域的研究变得更加细致，法院制定了一些规则，承认法院以庭外言论的合法性，而不是为了确立言论本身的真实性。② 在这种情况下，这种技术建立在赋予陈述何种目的或用途上。实验结果对事实发现者有效监控这些技巧使用的能力产生了怀疑。的确，事实的裁判者可能不能区分哪些陈述可被采纳，哪些不能。法院没有放弃禁止采纳，表明法律人倾向于做这种技术性区分。

法律拟制表现出相同的技术。如我们所见，法律拟制引入了一个被允许产生一个特定的结论，并且只有该结论的事实。不允许与记录中的其他事实进行交互。就像庭外陈述一样，是为了证明某个谈话是在某个日期进行的，而不是为了得出关于证人所听到的事实的任何结论，法律拟制从事实前提出发遵循思路。我们再次看到了一种与故事中情节细节类似的对比：法律拟制比传闻证据规则对事实的使用更加严格，因为后者（如"故事中的真实"细节），几乎允许任何暗示，除了那些将交流视为传达事实的情况除外，而法律拟制准确地指出事实是为了得出某个法律结论，而没有说明其他事实。

事实上，可能会有这样的争议：法律拟制与其他法律排除规则之间的结构相似性不仅仅是偶然的，而且法律拟制模仿了促进其他规则演变的概念结构。与19世纪出现的复杂的传闻证据不同，法律拟制在认知上易于管理，并且可能使人们对排除规则的可操作性有一定程度的信心。如果以不征求意见的方式确定事实，而是为了产生特定的法律结果建立事实，并且被理解为仅仅是为了该目的而创建事实（Klerman 2009），就会有被误解或被误用的风险。说非婚生子女没有父亲，只是相对于父亲未留遗嘱死亡的继承纠纷而言的。在其他情形，就不是这样，例如确定血缘关系的结婚条件。就波尔多所在地的建立管辖权主张而言，没有人会试图将其与其他事实结合起来（例如，建立伦敦和波尔多的天气相同的事实）。在这些情况下，事实是如此容易掌握，其地位也显然是暂时的，它们明显是由单一的理论目标所推动产生的，以至于很难将它们称为传统意义上的事实，因此罗斯倾向于"提出命题"。③ 将法律拟制描述为涉及"事实"的趋势无疑是造成这一领域混乱的主要原因。法律拟制与事实之所以相似，仅因为它们在形式上是得到法律结论的辅助步骤。

---

① 从Koch（2006）给出的例子来看，禁止的分类本质主要基于推论。法院在特定情况下拒绝接受庭外陈述作为陈述真相的证据，不能单凭其本身的陈述也不会出于任何其他目的而被采信。但是，传闻证据规则出现的那个时代的法理学并没有提供这样的实例：出于有限的目的而接受此类陈述。

② 据我所知，尽管关于传闻证据历史的学术研究并没有强调这一点，但这种区别从斯通和韦尔斯（Stone and Wells, 1991, pp. 312–313）的例子中可以明显看出。倾向性证据的历史遵循类似的模式，也可以从Stone and Wells (1991, pp. 228–241) 的例子中看出。谣言是另一种形式的证据，可能不会被看作是真相，但可能会被引用为执行某种信息功能。参见威廉姆斯（2013，第93–94页）Williams (2013, pp. 93–94)。

③ 同样地，参见Gama（2014，本卷，第16章，第353页）Gama (2014, this volume, Chap. 16, p. 353)，其指出了传统上将推定与事实问题相关联，而又将拟制与法律问题相关联，则认为对这些推论的"事实"本质持质疑态度。

它们所处的立场与当事方可能会争辩的事实相同,但不会以相同的方式引起争论。① 法律拟制一旦被使用,源监控负担的认知成本就变得微不足道了,因为它们没有以惯例方式得到验证,并且也不会追踪在概念上受到经验证明的信息。因此,他们用来许可特定法律结论的人为手段不会造成误用的风险,因为他们的生成模式和内容都不容易受混乱的影响。

相比之下,传闻规则规则与其他排除规则相似,具有更高的监控成本。涉及证据的排除规则必不可少,它通常与证据类型有关,即使它不能构成记录的一部分,也可能为所有参与者所熟知。因此,尽管两者有相同结构,但是拟制的运作中信心被保障,排除规则中信心不被保障。法律拟制可能提供了概念上的先例,使得法律人乐于接受排除规则并相信它们的可操作性。尽管表面上相似,然而,法律拟制在与可证明的事实和所指向对象的关系上有根本不同。

三、法律拟制可以引导哪些方面?

该论点强调了罗斯的"提出命题"的独特特征,使法律捏造物与文学叙事区分开。同时,该论点试图在法律和文学捏造物之间建立类比关系,表明这两个领域都提供了可能处在纯人造与完全真实之间的例子。该结论简要地研究了这里所分析的与法律拟制的两种类比——一种来自法律,另一种来自文学。

视为条款通常被比作法律拟制,有时被视为该概念的标准说明。根据此处给出的说明,相似性很重要但它最多是偶然的,因为即使是严格限制的视为条款也可能会演变,以涵盖新的情形。这种产生法律的方法就落在拟制和广泛适用的规则之间:与拟制不同的是,视为条款至少可以得到扩展,而且很少有这种条款以独特的拟制形式开始。作为视为条款的案例,请参考《雷斯法案》,该法案规定,任何人如果为了牟利"为非法获得鱼类或野生动物提供引导、装备或其他服务……将被视为违反本法案出售鱼类或野生动物的行为。"② 从表面上看,该规定并没有表明出售服务和出售鱼类是相同的;它仅声明将以相同的方式对待两者。但是,如果它不提出出售服务与出售鱼类是相同的行为这一主张,那么该条款似乎就以法律拟制所具有的特征受到了限制。认为该规定与拟制几乎具有相同的隐喻形式,在这种情况下,该规定在某些行为中将被视为违禁行为的实例,而不是(以明喻的方式)说明其被禁止是因为它们类似于被禁止的行为。视为条款遵循法律拟制的结构,其作用显然是出于目的,并且严格约束了其适用范围。然而,约束取决于有多少种关于该法规对非法出售保护鱼类的行为预想。如果法规仅以一项这样的行为为特征,则认为该规定具有与法律拟制相同的作用。然而,即使在这种情况下,也始终存在扩大该条款适

---

① 这种情况解释了:"不承认证据与拟制相抵触:在拟制冒充真相的地方,真实的证据还有什么用?"的说法("Contra fictionem non admittitur probatio; quid enim efficeret probatio veritatis, ubi fictio adversus veritatem fingit"; Blackstone 1768, p. 43)。
② 《雷斯法案》(《美国法典》第 16 卷第 3372 节 (c) (1)), 16 U. S. C. § 3372 (c) (1)。

用范围的可能。任何法规都会随着时间不断扩大，超出最初规定的覆盖范围涉及大量行为或实体，在此程度上，法规中任何视为条款都可以进行类似地概括。随着其范围的扩大，该规定从其拟制的起源中逐渐消失，并开始具有可转换的特征。它向整个可接受范围的中间移动，而不是停留在极度人为作用的一端。

而且，从开始创建视为条款时就具有较大的适用范围。例如，刑法将"侵占"定义为不仅包括身体持有，还包括"为了侵占人或他人利益的"贮藏"，这里采取直接等同的形式。并且是"如果知情人中的一人侵占，那么所有知情人视为侵占，这里采取的是推定的形式。①该条款的两个部分具有不同的形式：第一部分以一种等同形式说明（实际上是指"控制他人财产属于侵占"），而第二部分则采用一种推定形式（"团体中的一人侵占都被视为团体侵占"）。然而，两个部分都同样扩展了侵占罪的范围。由于普通法论证中不可避免地会出现类比推理，因此即使不是通过成文法则，也更可能对英美法系中确立的规定产生同样的影响。因此，视为条款具有模糊的地位，在某些情况下与法律拟制的位置完全一致，但通常表现得更像普通规则。视为条款不能被视同为法律拟制，而应单独研究它们是否在相同的约束条件下运作。

什么是文学虚构？在一个想象的基础上进行创作，在缜密的情节中可以找到大量的文学类比，让人沉浸在虚构的世界中，让人更容易（或更难）地相信关于早餐前不可能发生的六件事，让人思考合理性与可能性之间的关系。相比之下，一个排除规则允许某些结果，并且禁止以文学类比的方式产生其他结果。连科幻小说也很少被对应这种后果的情节结构所支配。②可以在荒诞的戏剧和某些超现实小说中寻求一个似乎更合适的类比，但是它们的情节趋于在瞎想和无法解释的因果结构中流转，而不是在法律拟制的有限因果关系中。它们描述的是没有后果或具有无法预测后果的事件，而不是被截取了因果链的事件。具有多个结局的故事，例如戈德温的卡莱布·威廉姆斯或狄更斯的《远大前程》（1860 - 1861，1863），都呈现出了相反的结构：这些小说不仅只允许某些预期的后果，还考虑了同一事件甚至相互矛盾的不同结果。

然而，王尔德向他的观众展示了一部类似法律拟制的作品，如《不可儿戏》（1895年）。在这部戏剧中，只有叫欧内斯特的人才有资格结婚。尽管两个严格遵守此要求的女士都声称有充分的理由证明，③但事实证明这只是形式上的问题，正如我们所看到的那

---

① 《加拿大刑法典》R. S. C. 1985, c. C-46, s. 4 (3) (a) - (b) (Can.)。

② 但是，加拉格尔（Gallagher, 2011, pp. 324-325）指出，有些文本随即产生了大量反事实的问题，例如这些文本都尝试着发问"一个人的选择是什么，他可能知道些什么，可能是什么时候知道的，以及他如何利用掌握的知识。"她将这种模式比作"后现代小说的不确定性，多重性和非线性模式……。"在这种情况下，反事实的因果关系都可以被排除。但是，由于这些选项都是从试探中产生然后被放弃的，因此它们在文本中均未产生任何后果。因此，它们比法律拟制更具有不确定性和临时性，法律拟制的前提是明确采用该虚构，以便其后果可以生效。

③ 根据格温多林（Gwendolyn）的说法，"用这个名字可以激发绝对的信心"（Wilde 2008 [1895], p. 262）。塞西莉（Cecily）几乎使用了完全相同的表达（同上，第285页）。

样,戏剧在结局时不仅是杰克(最后被证实叫欧内斯特的人),阿尔杰农(实际上不叫欧内斯特的人)也即将结婚。在一部关注虚伪上流社会的喜剧中,看到严格地遵守惯例以至于要求备选的单身汉必须要具有特定的名字似乎并不奇怪。然而,大多数的应答都采取了相对的形式,围绕着努力从字面上遵守社会惯例并将任何过失都视为道德上的缺失。简而言之,该剧通常的解决方案是将过多的结果附加到每个需求上,而不是切断所有可能的结果。此外,剧中没有人注意阿尔杰农能成功逃避这一虚设条件。剧作的最后一幕完全聚焦于发现杰克的真实姓名以及他未婚妻一直以来坚信的事被证实(欧内斯特·约翰·蒙克里夫,既是杰克又是欧内斯特)。当阿尔杰农和杰克都拥抱自己的新娘时,仍然期望结婚的事实顺理成章,尽管对杰克的名字存有怀疑,但没有人提到阿尔杰农的名字不是障碍。

  几个特征共同导致了这种微不足道的影响。没有人能预先告知这一特殊条件是否是可选择的,而且考虑到王尔德为使杰克的主张正确而采取的缜密铺叙,人们可能会想到从阿尔杰农身上也会有类似的发现。仅在戏剧结束时暗示条件的简单形式地位,因果关系链随戏剧的落幕而被切断。随着剧情的继续,王尔德并没有向观众展示因果关系引起的困惑,而是在最后一刻放弃了激励在剧本过程中采取大量行动的创新。使用了精心设计的剧情后,他在最后运用的机会将其撤回,这表明该剧的创造力甚至超过了其启用条件。也许只有在如此热衷于庆祝自己极致技巧的戏剧中,我们才能发现与法律技术手段的相似之处。

(编辑:俞海涛)

裁判的形式与范围（上）

[美] 朗·L. 富勒[*] 著

张 智[**] 译

摘 要 裁判的"形式"是指组织与进行裁判的方式。塑造社会秩序的基本方式有两类，即基于共同目标的组织与基于互惠的组织。裁判就是塑造社会秩序的方式。裁判是工具，将合理论证对于人类事务的影响以形式化与制度性的方式表达。同样，裁判承受的关于合理性的负担远胜于其他塑造社会秩序的方式。裁判是获取"理性"决策的社会秩序制度设计。刻板地遵循休谟的哲学观点不仅篡改裁判有效运作的必要条件，而且歪曲良好运作的裁判程序的意义，将有损于对裁判问题的认知。

关键词 裁判的形式 社会秩序塑造 合理性 法治

一、本文要解决的问题

本文主题是最广义的裁判。就本文而言，裁判包括某位父亲在孩子们争论玩具归谁所有时试图扮演法官的角色，另一极则包括最为正式，乃至令人敬畏的裁判权行使：参议院弹劾总统、联邦最高法院审判联邦政府的应有权力（联邦最高法院是联邦政府的分支）、国际法庭裁判国家间争端、历史上法学院裁判国王与教皇间的权力斗争、罗马天主教堂听取追封圣徒的利弊。"裁判"的行使主体不限于作为政府分支行使职权的法院，还包括劳资关系及国际法领域中，因当事人协议指定而获裁判权的裁判机构，以及未经当事人任一方同意或上级政府授权即行使裁判权的法庭，最为著名的即是纽伦堡裁判的军事法庭。

---

[*] 朗·L. 富勒（Lon Luvois Fuller），已故哈佛大学法学院法理学教授，1924 年毕业于斯坦福大学，后留校任教，于 1926 年取得法律博士学位。本文来源：Harvard Law Review, Vol. 92, No. 2 (Dec., 1978), pp. 353 – 409。

[**] 张智，男，广东五华人，华东政法大学外语学院 2019 级翻译硕士研究生，研究方向为法律翻译。

题目《裁判的形式与范围》中的"形式"与"范围"已表明本文所关注的问题。论及裁判的"范围",本文将提出如下问题:何种类型的社会任务适于分配至法院及其他裁判机构?此类任务与需要行使政府权力或必须委托规划委员会、公营公司(public corporation)处理的任务间存在何种区别?有观点认为:某些问题本质上即不适于裁判程序,而应交由立法机关处理。观点是基于何种假定之上?广泛而言,援引罗斯科·庞德(Roscoe Pound)的著名论文《论有效法律诉讼的范围》①——立法机关的决定唯有适于司法解释与司法执行之时始为有效。

所谓裁判的"形式"是指组织与进行裁判的方式。例如,劳资关系与国际法领域存在名为"三方仲裁"(tripartite arbitration)的混合裁判形式,由一位"共同选定的""公正的"首席仲裁员与当事人分别指定的两位边裁所构成。三方仲裁与常规形式的偏离引发如下问题:三方仲裁的合理用途为何?特有的范围与风险为何?其他反常裁判形式(如布里德戈斯〈Bridlegoose〉法官通过掷骰子作出裁判)引发的问题均未如是微妙。② 总体而言,有待深思的问题包括:裁判形式可偏离的范围?裁判性质偏离至何种程度将构成裁判程序的"滥用"或"曲解"?自原始社会产生司法权的初级形态以来,裁判的可行形式与合理范围即始终处于讨论的范畴。美国历史上,联邦最高法院早期曾将"政治"问题排除于管辖范围之外,原因并非基于《宪法》明确规定的原则,而基于"某些问题本质而言即不适于裁判"的观点,但是如何界定此类问题至今仍有待争论。国际法领域的重要问题即是"可裁判性"(justiciability)概念。与之类似,仲裁员的合理职能始终是劳资关系领域的热点问题。本文旨在探求的问题在行政法领域最为尖锐:负责分配电视频道的官员意图了解申请者的"真实情况",于是接受申请者邀请共进午餐、进行洽谈。二者会面的事实受到某激进立法者的披露,指控该官员滥用司法职权。随之而来的是大量的指控与反指控,某种程度而言,几乎所有与该行政机构运作相关的人士最终均违反了履行司法职能的准则。如是混乱的论辩中,少有观点质疑分配至联邦通讯委员会(FCC)及民用航空局(CAB)等机构的任务是否真正适于裁判,换而言之,是否处于裁判的可行范围之内。詹姆斯·M. 兰迪斯(James M. Landis)的思想几乎不为学界接受,其原话大意为:民用航空局的职能实质是管理性的,不适于裁判程序或司法审查。③

本文旨在提供有助于回答前文问题的分析思路。显然,即使本文分析已超越大量传统的边界,但若未建立于某种"真正的裁判"概念之上,也仍是毫无意义的:一旦概念不清,将无法区分裁判的适用与滥用。然而,不幸的是,如同"真正的裁判"的概念均与现

---

① Pound, *The Limits of Effective Legal Action*, 3 A. B. A. J. 55 (1917).

② 3 F. Rabelais, The Histories of Gargantua and Pantagruel ch. 39 (J. M. Cohen trans. 1955).

③ 参见 J. M. Landis, Report on Regulatory Agencies to the President – Elect 41 – 45 (December 1960), *reprinted in* Subcomm. on Administrative Practice and Procedure, Senate Comm. on the Judiciary, 81st Cong., 2d Sess., Report on Regulatory Agencies to the President – elect 41 – 45 (Comm. Print 1960)。

代思想格格不入。现代观点认为不存在且不可能存在诸如"真正的科学""真正的宗教""真正的教育"或"真正的裁判"等概念,且标榜现代观点是思想解放的标志。"所谓的'真正'与否完全是定义问题"。现代大学中的哲学家尤为反感本质论,认为谈及"艺术的本质"或"民主的本质"是缺乏哲学素养的标志。然而,尽管现代思想排斥诸如"真正的裁判"等概念,其含义必须得到批判性的审视,例如,国际法律师关于国家间何种争端可提交裁判的探讨是否属于无稽之谈?劳资关系专业的学生关于仲裁程序应如何进行、仲裁适于处理何种问题的研究是否属于空中楼阁?此类讨论的参与者是否自欺欺人地自认为理性?即使特定背景中的裁判需经理性分析,也不能因此先验地假设,扩大背景将使裁判的分析进一步广泛化。

A. D. 林赛(A. D. Lindsay)曾经指出,为理性探讨社会制度①,必须知晓社会制度的存在理由是人类为追求某些目标与理想。人类未曾完整、清晰地认知保持社会制度良好运作的理想,因而,即使现有制度不乏良好初衷,却无法企及其指导原则更为清晰条件下的理想状态。如同林赛引用萧伯纳著作《巴巴拉少校》(Major Barbara)中人物查理·洛马克斯(Charley Lomax)的发言:关于救世军,世人的观点多为无稽之谈。与之类似,美国的裁判程序中存在大量无稽之谈——多余的程序、目的不明的程序规则、沿袭至今的无用措施,本文的任务在于将之与事物的本质相区分,即使本文任务违背了反本质论的现代观点(即:任何社会或人际关系的现象均不存在本质,实际皆是无稽之谈),仍是为完成任务必须付出的代价。若为避免违反现代观点而使讨论流于表面,如是讨论将一无是处,就此层面而言,更为广泛的含义无法得到认知,因而无法予以讨论。

因而,本文将进行探究,界定"真正的裁判"或"完全理想状态的裁判"的概念,该过程必然是就理想状态的描述。然而,唯有借助理想的模式,本文方可完成就裁判成果的明智判断。诚然,唯有如是,方可将现存的裁判制度与其他有权作出决定的社会制度及社会程序相区别。

二、社会秩序的两类基本塑造方式

习惯上认为裁判是处理争端或争议的方式。当然,此即裁判最为显著的要点。诉诸裁判的通常情况是当事人间存在分歧,以至于有破坏社会秩序之虞。然而,更为根本的是,裁判应当被视为塑造社会秩序的方式,管理与调控人际关系的方法。即使不存在正式的"遵循先例"或"既判力"原则,某种程度而言,裁判通常仍将影响当事人未来的人际关系,对于同一案件中其他自认为未来将成为当事人的当事人而言亦然。即使法庭未陈述判决理由,当事人仍能察觉或推测到一定的理由,并据此管理自身的行为。因而,如果裁判是塑造社会秩序的方式,为充分理解裁判,必须比较其与其他方式间的关系。观点指出,

---

① A. D. Lindsay, 1 The Modern Democratic State 42 (1943).

塑造社会秩序的基本方式有两类：基于共同目标的组织与基于互惠的组织。二者缺一不可，否则社会无从诞生。

以上两类塑造社会秩序的方式，即人们通过参与合作，为所有参与人谋福利的基本方法。举例简单说明，首先假设拥有共同目标的两人，缺少其中一人的协助，另一人均无法实现或轻易实现目标。一条路将两农场与高速公路相连接，路中有一巨石阻塞。两名农夫无法独自挪走巨石，二者为移开巨石而联合显然是形成基于共同目标的组织或联合。假设，以上农场的农业多为"自给"，一方洋葱产量大，一方土豆库存多。二者交换各自的一部分农产品，能够使彼此更为富有；对于种植土豆的农夫而言，"最后一个"土豆不如"第一个"洋葱值钱，当然，过量的洋葱也将使另一名农夫由盈转亏。如是，即通过最粗略、最显见的形式阐释所谓基于互惠的组织或联合。应当注意的是，以上两类塑造社会秩序的原则赖以奏效的条件截然不同。欲令基于互惠的组织行之有效，参与人各自所求之物必须不同；基于共同目标的组织则要求参与人追求的应是同种事物。

为使塑造社会秩序的方式与裁判联系更紧密，本文将考量该方式的形式与范围。互惠关系的形式来源于集体无意识——联合将获取优势，然而，无意识几乎不曾为人所识，更勿言发展成高度形式化的书面合同或条约。两人因彼此的陪伴而愉悦，却不知愉悦源于品质的互补，因而两人均需对方的付出。某种程度而言，多数婚姻关系均按互惠原则组织或受互惠原则指导。然而，人们或许不愿认可婚姻关系中的互惠原则，该观点无可厚非；公认的"所有目标均是共同目标"的指导原则更近似于幻想。事实上，如是幻想或将有益，因为人际关系中的无稽之谈并非均是有害的。无论婚姻属于何种类型、基于何种互惠，均是互惠原则最非形式化的表现形式，与之相反的形式则是集体劳动协议（collective labor agreement），其中的条款均源于长期、明确的谈判。

各个基于共同目标的组织，形式化程度各异。程度最低的是小组，其成员积极分担其均能理解的相同目标，前文两名农夫清除路障的例子即属此类。程度居中的是自愿组织、政党、工会与慈善团体。就此，最明智的成员通常主动分担部分总体的目标；除此之外，领导者将公布部分目标，但通常无法真正获得大多数成员的分担乃至认可；最后，领导者将以组织的名义追求部分目标，而该部分目标甚至不为组织以外所知。思考此类目标需谨记一点：长远而言，为组织提供动力的是得到积极分担或至少得到基本理解的目标。程度最高的则是国家，国家堪称非自愿组织，因为不存在成员退出或放弃成员资格的相关程序。而且，成员受制于旨在保障某些目标的规则，无论是否认可乃至理解该等目标。成员（公民）分担政府目标的积极程度因国而异，就同个国家而言则因时而异。战争时期，得到积极分担的目标范围通常急剧扩大；非战争时期，共同分担的目标范围或将收缩至仅剩消极目标，即避免受到革命破坏，维持即使是令人不满的现状。极端情况下，即使是消极目标仍仅有少数公民分担，通过充分地组织将意志强加于其它公民。应当注意的是，无论政府的目标如何消极，分担人数如何之少，某种程度而言均分担有绝对受公民接纳的目标。因而，本文认为政府是"基于共同目标的组织"高度形式化的变种。

关于塑造社会秩序的两种基本方式的限度或适当范围，前文已充分阐释基于共同目标的组织。至于基于互惠的组织，显然，如果交换或相当于交换的行为可使双方获利，基于互惠的组织将发挥适当作用。基于互惠的组织的适当范围在于目标不同的领域，复杂的社会掩盖该简单的真理，因为人类组织刻意进行建立互惠关系的活动，例如，工厂制造高度专门化的零件以扩大收入、限缩市场。有观点认为："不同目标"的例证之一是出售面包，因为消费者对于面包的需求胜过对于二十美分的需求，而杂货商对于二十美分的需求则胜过对于面包的需求。虽然该观点略显愚蠢，但就其他角度而言，该交易所涉的悖论均是一般性悖论：仅根据行为者作出惯常行为时的心理状态，无法理解该行为的本质。

最后，有观点就本文整体分析提出更一般性的批评，认为本文严重夸大理性计算对于人类事务的作用。该分析未能考虑一点：人类的行为通常盲从于习俗，消极默许权威，以致于遵从莫名的利他主义冲动。然而，本文无意否认人类行为动机的多样性和模糊性。本文的分析并未假设人类任何时候均表现理性，而是唯有人类制度的理性内核方可使制度可行与健全，方可防止制度衰败，方可使制度短暂迷失方向后仍重回正轨。总体而言，关于本文所称的"无稽之谈"，必须基于特定情况予以考量与确定，通常是某种环境之下，各种历史力量的特定结合以及各种对立利益经过特定调合之后的产物。为真正评判处于特定环境下的社会制度，则必须考量此类无稽之谈。大量初心良好的改革之所以失败，即是因为忽视该问题。然而，如果过分强调其重要性，乃至认为其是社会秩序的基本来源，本文的分析将毫无建树。如前文所述，关于制度的无稽之谈是各种条件偶然结合产生的事物——换而言之，是有悖于一般规律的现象（可能略显夸大）。一定范围内，可以预测：特定情况或者特定发展阶段之下，制度将存在某种程度的无稽之谈。如果事实如是，本文论点或需部分予以修改，但不得停止分析社会组织固有的理性因素。"理性内核"为制度指引方向，制度得以稳定。为提取该内核，应避免默认：理性行为等同于谋划私利，因而人性的高贵品质本质而言均是非理性的。比较前述两种塑造社会秩序的方式时，该观点尤为显著。观点普遍认为：互惠原则（最为粗鄙的形式是经济贸易或"交易"）表明人性最为自私、最精于谋划的一面。人停止谋划，屈服于超出能力的、无法完全理解的目标时，即人际关系完全受到共同或"社会"目标原则所支配时，即标榜其是"善良的"。

以上观点涉及人性与评判人际关系组织是否健全的原则，本文认为该观点是危险的。首先，互惠关系可能是利他的。例如，两人订立合同建造一所孤儿院，合同一方是富人，希望倾注所有财产为孤儿建造家园。合同另一方是承包商，希望获得资金以供天资聪颖的外甥求学。尽管二者的关系属于互惠，认为自身固然怀有某种动机，但所作所为均是为增进他人利益。其次，效率严重低下的组织不是好组织。目前，共产主义国家，尤其波兰与俄罗斯，热衷于商品定价、计算成本。显然，该任务须由遵守市场原则的经济组织执行，其中工业单位间根据互惠原则管理相互关系。对于独裁者而言，使缺乏互惠直觉的臣民俯首称臣并非难事。然而，若独裁者希望有效地向社会表达善意（乃至恶意），则必须认识自身的行为，如果缺乏衡量经济成本的方法，其初衷是难以实现的。此即意味一点：与经济活动相关的高层人士至少应根据互惠原则管理关系。再次，最根本而言，必须探求两类塑造社会秩序的方式中实际最为突出的人性方面。诚然，为充分利用基于互惠的组织形式，互惠关系中的双方均应为自身辩护。与此同时，必须认识的是，互惠关系要求双方尽可能充分了解对方的实际与对方的需求。受共同目标原则支配的组织，最易产生误解：对方的需求即是己方的需求，即使不然，当对方的认知能力发展至己方水平时，其需求将与己方一致。关于该误解，尚无针对性的纠正措施，大概与人类易犯的错误一般普遍。

然而，互惠关系中，己方欲得偿所愿，必须了解对方所愿。当然，可借鉴汤姆·索亚的做法，汤姆不愿粉刷篱笆，伙伴原本亦兴致缺缺，汤姆却成功说服伙伴相信刷篱笆是件好差事，后者遂欣然从事。亦可借鉴现代广告商的做法，相较于游说，更高级的做法是巧妙操纵舆论。但即使是操纵，亦暗藏对于人类尊严的尊重：至少先应设法改造对方的思想，使其需求与己方相同；而非仅仅将某物强加于对方，说："给你。"现今饱受批评的苏联法哲学家帕舒卡尼斯由康德宣称的伦理原则中洞见资本主义道德的精髓：我们应将同胞视为其目的本身，而非区区工具。帕舒卡尼斯认为，如是箴言，仅有在受交换原则支配的社会，方可产生吸引力乃至切实可行。① 在由共同目标原则塑造的社会中，所有人均是社会与彼此的工具；没有人被视作其自身目的。根据帕舒卡尼斯的分析，互惠关系实际上可以被定义为如是关系：参与双方均将对方视为目的本身。

在评判塑造社会秩序的两种基本方式的相对优缺点时（比较的前提是：双方各存在优缺点），应当回顾杰里米·边沁揶揄似的评论：如果夏娃的每个行为均为亚当而为，亚当的行为亦然，则二者早已双双饿死。② 应当指出，两种现代形式的极权主义均蔑视"交易道德"的法则，将指挥个人活动的动机伪装成：为"众人的利益"。最后，可指出互惠原则隐含在该"黄金法则"中。

以上观点或许与"裁判"的主题稍显偏离。但本文经过分析得出裁判与所谓塑造社会秩序的两种基本方式间的密切联系，因而本文认为，起初即防微杜渐，至少胜过后续出现更明显的误解。然而，下文应将裁判与社会组织的两种基本形式予以适当联系和阐释。

三、裁判——塑造社会秩序的方式

讨论基于互惠的组织与基于共同目标的组织时，本文曾指出，该两种塑造社会秩序的基本方式各自均有着明确化与正式化程度不同的形式。某种程度而言，裁判亦如是。例如，"让舆论评判现实情况"。又如，两人在第三人前争辩，默认：第三人能决定谁为正

---

① 参见 Fuller, *Pashukanis and Vyshinsky: A Study in the Development of Marxian Legal Theory*, 47 Mich. L. Rev. 1157 (1949)。

② 参见 L. Stephen, 1 the English Utilitarians 312 (1900)。

确,但两人均未明确将争端提交该第三人仲裁。然而,非形式化程度高的社会秩序塑造方式均过于混合与模糊,不能富有成效地进行比较。仅当一种塑造社会秩序的方式明确调控一种关系时,才能与其他塑造社会秩序的替代方式进行明确对比。因而,本文将合同视为互惠原则(reciprocity)形式化的明确表现形式,将选举视为基于共同目标的组织最令人熟知的形式。裁判、合同与选举是作出决策、解决争端、界定人际关系的三种方法。本文认为,以上三种社会秩序塑造方式的特征体现于受影响方参与决策的方式,如下图所示:

建立社会秩序的方式	受影响方的参与方式
合同	谈判
选举	投票
裁判	提供证据与合理论证

以上三种建立人际关系的方法的共同特征是变化性:表现为不同的"形式",但各形式均包含一些内在要求,为实现有效运作,必须满足此类要求。"最优条件"将使建立人际关系的形式取得最优表现,而如果没有"基本条件",建立人际关系的形式在任何重要意义上均将停止运作。关于合同原则,就最优条件与基本条件的分析将极为复杂,需要分析市场经济的要求、寡头买卖情况下交易的特殊性质等。然而可以指出,合同制度的前提是不存在某种强迫;受武力强迫订立的合同在任何重要意义上几乎均非合同。然而,如果集中比较选举与裁判,成效将更为显著。选举呈现多种形式,从小镇会议到"是或否"(ja–nein)的公民投票。投票可以通过大量方式组织:简单多数、比例代表(PR)、简单可转让投票(STV)及大量复杂混合的形式。① 与此同时,此类政治民主的表现形式存在相同点:为受决策影响的人员提供参与决策的特殊形式——投票。使选民参与具有最完整意义的最优条件包括:明智且充分了解选情的选民群体,选民群体就争议事项有着积极兴趣,参与公共辩论的人在讨论争议事项时坦白直率——不必说,此类条件在实践中几乎不曾实现过。另一方面,如果没有某些基本条件,选民的参与会完全失去意义。基本条件包括:诚实地核算选票,不存在暗箱操作或恐吓,等等。

本文将不吝笔墨,贯彻分析使裁判运作的最优与基本条件。整个分析源于简单的观点:裁判的突出特征体现于授予受影响方参与裁判的特殊方式,具体是为争取于己有利的裁判而提供证据与合理论证。任何因素,若能提升参与裁判的重要性,均将使裁判愈发接近最优表现。任何因素,若破坏参与裁判的意义,均将破坏裁判自身的完整性。因而,仲裁员因患有精神病,或接受贿赂,或出于极端偏见而失去理性时,以合理论证为方式的参与将失去意义。观点主张,裁判的突出特征体现于赋予受裁判影响一方的参与方式,本文

---

① 参见 W. J. M. Mackenzie, Free Elections: An Elementary Textbook (1958)。

旨在探寻该观点中的隐藏含义。或许有观点反对本文的出发点，即裁判的"本质"体现于赋予受影响方的参与方式，因而有必要首先处理该反对意见。

四、裁判与合理性

或有观点认为，裁判的本质并非体现于受影响方参与裁判的方式，而体现于法官的职责。如果当事人得到法官审理的机会，是否提供证据或合理论证则可有可无。当事人如认为合适，可以完全不提供论证，或者使诉求完全停留在情感层面，乃至明示愿意任由法官通过掷骰子判案。于是，或许本文分析应以法官职责为出发点。根据法官职责，可以推导出一些要求，例如公正，因为要做一个"真正"如是的法官，其人必须公正。此外下一步，若想做到公正，则必须愿意听审诉讼双方，等等。问题在于，大量名为"judge"（"法官"）、理应公正裁判的公职人员，就本文主题而言均未参与裁判。农业博览会或艺术展览会的评委（judge）即是一例，同理，棒球裁判（尽管称呼不为 judge）应当公正裁判。此类公职人员与法院、行政法庭、仲裁委员会内裁判者的区别之处，不在于没有担任政府职务，因为家畜展览会的评委即使担任农业部的官员，职责也几乎与原来一样；而在于，此类公职人员的决定并不在制度框架内做出，该制度框架旨在确保争辩者有提供证据与合理论证的机会。家畜博览会评委可能会也可能不会准许提供证据与合理论证的行为；准许与促成就证据与合理论证的提供并不是其职责所在。另一方面，如果以裁判的概念为出发点，裁判过程中受影响方的参与方式体现为提供证据与合理论证的机会，随之产生的应是法官或仲裁员的职责与公正要求，此乃题中应有之义。逻辑学家弗里奇（Frege）曾以"我指控"的措辞例证最寻常的语言蕴藏有最复杂含义。或可认为，动词"指控"由五个要件构成：（1）指控方，（2）被指控方，（3）就指控进行裁判的人（指控提交至此人），（4）被指控方所为的被指控行为，以及（5）可据以谴责该行为的原则。① 与本节的分析相似；应当注意的是，第（5）点与"合理论证"的概念相一致。当然，弗里奇关注的仅仅是道出一个词组中蕴含的含义，而不是如本文这般，考虑如何创造与维持使含义生效的社会制度。

就此，或有反对观点指出，"合理论证"并非法院程序独有。政治演讲争取选民时同样可以采取合乎逻辑的方式；诚然，政治演讲通常采取其他方式，但法庭上的各种论辩同样如是。该观点忽视本文关于参与裁判方式的概念，该方式是受到制度定义与保证的。某人与他人订立合同时，或将向其提供证据与论证，但一般情况下，无法保证前者必然拥有提供证据与论证的机会，或者保证后者愿意听取其论证（或许唯一的例外是一项稍显特殊的法律义务，即劳资关系的"交易应当诚实信用"）。选举期间，某人积极参与竞选，向

---

① 该分析来自对 Translations from the Philosophical Writings of Gottob Frege（P. Geach & M. Black eds. 1952）in 1952 The Times（London）Literary Supplement 553, col. I. 的匿名评论，评论者提供的分析阐明了"功能表达式"（"functional expression"）的概念。第五个要件是由富勒先生添加的。

选民做出其认为"合理的""论证"。如果某人是高效的竞选者，参与作出最终决定可能远比投出自身的一票重要。然而，仅有投票形式才是制度积极保障的对象。而使某人有权向选民作出论证的保障则近乎是间接与消极的。前方无路障，但某人欲前行，必须自行铺路。即使赋予某人积极权利（例如，在联邦通信委员会的"平等时间"规则下），亦非使他人听取其请求的正式保证。在电视竞选播放期间睡觉的选民不可能受到法官在法庭辩论期间睡觉所受的谴责。

因而，裁判是工具，将合理论证对于人类事务的影响以形式化与制度性的方式表达。同样，裁判承受的关于合理性的负担，远胜于其他塑造社会秩序的方式。作为合理论证产物的裁判必须经受理性的检验。经裁判作出的结果必须具备合理性，合同或选举的结果则无此类要求。关于合理性的高度责任，对于作为塑造社会秩序之方式的裁判而言，既是优点，亦为缺点。订立合同的过程当然受到理性思考某种程度的指导。有过量土豆但仅有少量洋葱的农夫以土豆换取洋葱的行为是合理的。为整合双方利益以使自身获利，贸易因而产生，但关于贸易结果，却缺乏检验合理性的标准可供适用。诚然，以土豆换取洋葱，就交易一方而言是理性行为，但对于洋葱过量而缺少土豆的另一方而言，热衷于此种交换或将是不合理的。如果提问合同一方："您能说明交易的理由吗？"回答可能是："当然，因为双方均有获利。"如果继续提问："问题的意思是，您能基于一般理由为合同辩护吗？"农夫可能回答称无法理解问题。然而这即是法官或仲裁员作出裁判之后通常面临的问题。裁判的结果随后须经受合理性标准的检验，该标准与强加于交换结果的标准不同。

本文认为上述观点同样适用于裁判与选举的比较。区别的关键仍在于受影响方参与决策的方式。如果裁判中，唯一参与方式体现为有提供证据与论证的机会。如果所作的裁判毫无合理性可言，参与的目的将落空，裁判程序将沦为一场闹剧。但是，名为"选举"的参与方式却非如此。或有观点认为，选民的偏好本质而言是情绪化的、难以言喻的，无需予以理性辩护。与此同时，选举需有社会秩序的保障，可以假定，最好的社会秩序是建立于尽可能广泛的民意支持基础上的。因而，对民主进行消极辩护是可行的；多数人的意志控制着一切，不是因为其正确性，而是因为——其"是"多数人的意志。这当然是贫瘠的民主概念，但至少表达了所有民主哲学共同的要素，亦表明为何要求裁判具有选举所无需的合理性。

或可曲径通幽地探讨该问题，只消提问"权利"或"权利主张"的隐含之意为何。如果某人要求他人："给我那个东西！"，未必是主张权利，而可能是乞求施舍，亦可能是威胁强行夺走其无权得到的物品。另一方面，如果某人要求："给我那个东西，我有权得到它"，则必然是在宣称存在验证其"权利"的某种原则或标准。可以肯定的是，先有要求，后有原则或标准。如果一个男孩向另一个男孩提出："把那棒球手套给我，"另一个男孩问："为什么？"第一个男孩回答："因为我是队里最好的接球手，"则前者主张有一项原则，据此，团队的装备应当根据队员的使用能力予以分配。前者必然是暗示，如果二者的能力互换,棒球手套即应归后者所有。但前者并未坚持其依据的原则是为公认原则。诚然,直至提出该原则之际,充当接球手的权利可能并不取决于能力,而取决于谁拥有棒球手套的所有权。如是情况下,全新的基于能力决定论的要求或许将促成球队的实际变革。同时,该要求必然隐含另一项原则:以后就类似情况应类似处理。

分析至此,如若自问:何种类型的问题通常应由法官与仲裁员裁判?答案很可能是:"权利主张。"诚然,较早的文献(尤其是约翰·奇普曼·格雷的《法律的性质与渊源》)中,法院通常与行政机关有别,因为法院的职责是"宣告权利"。① 如果意图界定"裁判范围",回答可能是:法院的可行管辖范围仅限于主张权利的案件。而经再三考虑,可扩大该范围,使之包括指控过错或犯罪的案件(广义上的"审理指控"),因为大量案件中,均是人为地认为指控者(可能是地方检察官)在主张权利。认为违法者违背的是国家的"权利",该观点并非特别牵强;但如认为国家指控违法者是为主张补救性"权利",则或许反映出将民事救济与刑事救济对等的错误冲动。为避免任何违反自然思维方式的穿凿附会,本文将所议标准修改如下:裁判的可行范围是就权利主张中与犯罪指控中所提问题作出权威裁判。

此即描述"裁判范围"的重要方法?本文不敢苟同。事实上,本节提出的观点仅在于:裁判是决策手段,将受影响方的参与定义为提供证据与合理论证。裁判员不止于裁判权利主张中或犯罪指控中所提出的争议焦点。然而,关键是无论裁判的内容为何,或提交裁判的问题为何,最终均将转变为权利主张或就过错或犯罪的指控。该转变受到某种制度框架的影响,当事人与裁判员均在该框架内发挥作用。论证为何当事人与裁判员均发挥作用,详细步骤如下。(1)裁判是授予受影响方参与方式的决策过程,该参与方式体现为提供证据与合理论证的机会。(2)当事人欲使自身参与产生意义,则必须坚持某项或某些原则,且根据该等原则,其论证是合理的,证据是相关的。(3)赤裸裸的要求与权利主张不同,区别在于后者是受原则支持的要求;同样,区区对于不满或忿恨的表达也不同于指控,因为后者有赖于某种原则。因而,(4)由裁判员审理的争议点通常成为权利主张或过错指控。

可通过想加薪的雇员一例来理解上述转变过程。如果某位雇员要求雇主加薪,当然可主张加薪的"权利",就平等对待原则的公平性进行争辩,向雇主指出其能力不逊于近期加薪的乔,但并非必须基于此类理由。雇员可仅仅乞求雇主慷慨解囊,以解决家庭燃眉之需,或者提出交易条件,承诺如果得到加薪将主动承担额外责任。然而,雇员若将其情况提请仲裁员裁决,则无法(至少无法明确)通过乞求或提出交易条件以支持加薪要求,而必须根据某种原则,受原则支持的要求即等同于权利主张。所以,雇员要求雇主加薪时,可以提出权利主张;但若提交仲裁,则"必须"提出权利主张。(本文并未忽略仲裁员建议双方进行"交易",以及雇员得到加薪但应承担额外职责的可能性。然而,该情况下仲

---

① J. C. Gray, The Nature and Sources of the Law 115 (2d ed. 1921).

裁员显然已非裁判者，而是调解者。此种情况下出现了塑造社会秩序的"混合方式"的问题，后文会详细讨论。可以看出，美国仲裁协会极力避免仲裁员担任调解人的角色。无论该政策内含智慧为何，显然建立于裁判可行范围的概念之上，其涉及的问题即是本文所需讨论的。

如果本文的分析正确，裁判的三个方面虽然表面不同，实则却均表达了同一品质：（1）受影响方参与决定的独特方式；（2）裁判过程必须满足的关于合理性的迫切要求；及（3）裁判的适当、"自然"范围限于就权利主张与过错指控作出裁判。因而，认为订立合同或选举投票的一方无"权"指定其结果，即表示：裁判必须经受合理性检验或某种不适用于合同或选举的"原则"检验。关于该问题，或许应回顾兰德尔（Landell）的观点：尽管普通法创设有大量权利，但不存在"衡平法权利"①，因为普通法法院受法律规则约束，而衡平法法院依据的却是自由裁量权。关于行政机构的条例是否属于"权利"创设的问题的，以及某机构内的权利分配属于"权利"或"特权"问题的常见论证均提及与之类似的问题。例如，有观点认为从事法律行业是特权问题而非权利问题，但重要的是认识观点的真正主张：作出拒绝接受律师资格的决定无需任何一般原则的支持。

如前文所述，裁判的可行范围限于主张权利或提出过错指控的观点并非就裁判范围的重要描述，因为主张权利或提出过错指控均涉及循环论证（a circle of reasoning）。然而，如果将是非曲直的正式定义视为裁判过程几乎必然的产物，裁判范围最重要的边界即逐步明晰。对于人类组织若围绕正式定义的"是"与"非"而建立，则将摧毁组织效力的领域而言，裁判并不适于塑造社会秩序。例如，法院通常拒绝执行影响家庭生活内部组织的夫妻协议。其他更宽广的领域之中，"法律机器"的入侵同样是不适合的。裁判委员会可能将一千吨煤分配给三个原告，却几乎不可能通过裁判方式管理即使是最简陋的采煤企业。对于通过自发的、非正式的合作，根据任务转变方式的人类组织而言，均不适于裁判，除非其能够宣布某些基本原则适用于形形色色的活动。

以上观点是模糊的，或许仍是陈词滥调。后文将对以上观点予以更密切关注，尤其是讨论裁判相对无能力解决"多元"问题之时。此外，本文旨在强调一点：人类活动领域对于是与非界定的包容性愈加低下，即愈加难以满足要求"各步骤均应给出明确理由"的严格合理性。如是现象体现的基本事实是：制度规定裁判过程须以合理论证为基础，但人际关系并非该过程的适当原材料。（此处不妨插入一两个令人难解的小点。谈到裁判即是促使当事人以提供证据与论证的方式参与裁判的制度保障时，本文并非指当事人必须始终利用该参与权利。可使当事人通过协议规定事实问题，从而无需在法庭上予以证明。此外，一方或双方还可以放弃论证的权利。此处仅有个真正的难点，即事实上虽然选举为人民提

---

① Langdell, *Classifications of Rights and Wrongs* (Pt. II), 13 Harv. L. Rev. 659, 670 – 71 (1900), *reprinted in* C. C. Langdell, A Brief Survey of Equity Jurisdiction 239, 251 – 52 (1905).

供了参与机会,但大量有资格投票的人均不利用该机会。稍显复杂的例外情况是:由于无须论证,因而未经论证即作出决定。例如,卖方与买方就纺织品"符合样品"与否发生争议时,双方同意遵从某实验室的判定,是否应将该判定过程称为"裁判"不是真正的重点,因为该过程过于简单,本文将不予分析。)

五、裁判与法治

目前为止,本文的讨论还没有到达至关重要与极度困难的地步。观点反复强调,在制度层面,裁判的目标是形成"合理"的、基于"原则"的裁判。但是,就案件进行辩论与裁判时所根据的"原则",其来源又是什么?当事人与裁判者分别从何处获得"理由"?近期关于"法治"的讨论揭示——或很大程度掩盖——原则来源问题所引发的根本性意见分歧。目前一场如火如荼的社会运动旨在将法治扩大到国际关系,协助未曾实现稳定与建立宪政政府的他国人民实现国内法治。由此引发的大量讨论均停留在鼓舞人心与粉饰言语的层面,并未显露出潜在的困难。然而,人们终于直面此类困难时,另一重大问题又浮出水面,可简要概述为:先有法庭还是先有规则?

观点普遍认为,法院对于实现"法治"至关重要。法治的目标是以和平解决争端的方式取代暴力。显然,和平不能仅仅靠条约、协定与立法来保证。必须存在某种机构,能够为具体争议处境中的当事人决定权利归属。然而,除此共识外,人们即开始产生分歧。一方面,"先有法院,后有规则"观点的支持方认为裁判是和平秩序的主要来源。法治的本质即保障裁判程序。人们指望法院合理处理争议,方式是适用法律或条约,若缺乏此类法律渊源,则创造出适于手头案件的规则与衍生自公平公正这一般原则的规则。

该观点的批评者认为该观点有损于宏大又有效的理想。该观点回避整个"可审性"问题,并假定超出裁判范围的问题或争议不存在。该观点幼稚地相信良好意愿,以此代替批判性的判断。该观点未能考虑到人类在道德与法律真空状态下无法公正行事,如果缺少由上级主管机关强加的或争论方愿意接受的判决标准,裁判不可能发挥作用。缺乏判决标准,就法官的公正要求即全无意义,当事人通过合理论证的参与同样将失去意义。沟通与说服的前提是存在部分共同的原则。

而且,批评者认为,不应妄想该空白可以由合同与条约填补。如果协议内文字的含义清晰显然,舆论通常会给予充分支持,以确保协议的履行。唯有就何为合同的适当含义产生争议时,方有必要诉诸裁判。国际条约通常充斥着有目的的歧义;有些问题太敏感,无法藉由协议解决。如果随后围绕此类问题产生争端,协议提供不了任何指导。要求法院"公平地"解决此类问题,即是要求法院就当事人不能达成协议的事项,在不存在裁判该事项标准的情况下作出裁判。此外,条约所引起的最棘手问题通常是,作为各当事方缔约根据的原有情况已被其他各种事态所取代,从而使协议的事实基础归于覆灭。此种情况下,法院或不得不宣布协议不再有效,进而将自身与各当事方置于无判决标准的境地,或不得不大幅修改合同，修改时同样无任何清晰标准的指导。

反对方就关于该观点的论证依次作出反驳：该观点建立于对于历史的全然无知之上。现今主导世界的两大法系——普通法与大陆法——均源于就法律原则的逐案演进。即使现今普通法已有部分发展，通常仍仅在发生一系列案件后，指导原则才变得明晰。在大陆法国家，法院声称其原则源自某法典，该法典通常只提供表述法律结果的词汇。此类法典充斥着提及"诚实守信""公平""良俗"等之类的条款——无需法典帮助，任何法院亦能适用此类标准。现代最好的法典之一《瑞士债法》（the Swiss Code of Obligations）制定规则极少，主要内容是界定司法裁量权的范围，规定供法官查阅的清单，以确保法官不忽略任何与其裁量权行使有关的因素。就此的最终反驳或是：该观点暴露了对于历史的极度无知。与法律相关的发展，发生在如下情况：在法律之外早已存在着强烈的共同体意识，共同体中存在公认的是非观念，此类观念可能逐渐具体化为法律原理。诸如"公平守则"等显然含糊不清的措辞，对于国际关系领域或适才脱离原始封建制度的地区而言依然含糊，而在商人共同体中却已有明确含义。如果某个领域中，法律规则已通过裁判程序演变形成，则法律实际是以共同体为基础的。盲目支持扩大法治者却建议以法律为基础建立共同体，无异于痴人说梦。更决绝的回答或许来自弗里德里希·A. 哈耶克（Friedrich A. Hayek），即"先有法律，后有法院"思想的忠实拥趸。哈耶克在《法治的政治理想》演讲中，宣示了自身信念，即普通法的逐案演进方法同法治理想相悖。① 该惊人结论或许认为，世人常认为有些国家内部拥有和平与公正的秩序，故视其为理想国度，然而恰恰是此类国家违背了法治，原因即出在其裁判制度。哈耶克进一步将欧洲自由主义国家的衰落与极权主义哲学的崛起归因于法典中越来越多地使用模糊规定，例如某些条款要求"善意"与"良俗"等却没有进一步说明意指何种行为。②

本文认为，显然，如果排除哈耶克的极端观点，双方大可唇枪舌战。本文认为，需要认识两个重要真理：（1）有时，没有明确规则亦可有效启动裁判；该情况下，法律原则的逐案演变通常发生。（2）法律原则的逐案演变不总是发生，需要比一般时候更加清晰地分析是何条件促进或阻碍了该演变。而大量监管机构最初设立时的愿望是，随着法律原则的逐案增加，能被所有相关方理解的原则体系将出现，并使该等监管机构经裁判程序所作的裁判符合法治。部分情况下，该愿望至少部分得到满足，其他情况下则几乎全部落空。此处有丰富经验尚待充分利用。可附带指出，监管机构与其所监管行业打成一片的倾向通常备受议论，该倾向或许源于更深层原因，而非仅仅因为双方彼此熟悉、往来密切，或监管机构想要巴结受监管行业以便将来从中获利。本文认为深层原因或在于，监管机构希望在无任何裁决标准的情况下试图充当法官的努力将免遭挫折。为避免道德真空，人们不得不

---

① F. A. Hayek, The Political Ideal of the Rule of Law 19 (1955).

② Id. at 35, 39–42.

参与到某种事物之中,而最明显的参与客体即是受监管行业。

此刻思考法律原理逐案发展过程中的范例将有所裨益。本文提供的模式引自笔者发表过的一篇文章。① 此类案例当然是概要的与假设的。此类案例将根据假定的时间顺序依次编排。每个案件的当事人均不同,但为方便比较,指代当事人的符号将始终相同,表明特定当事人所起的作用;五个案件中,O 指代马的原主,后来有人盗窃该马,有人用欺诈手段骗取该马,该马最后落入 T 的手中。

案例一:T 盗窃 O 的马卖给 G,G 支付与马的价值完全相符的对价,不知且不可能知道马为赃物。O 起诉 G 要求返还该马。O 胜诉。处理赃物的障碍是遏制盗窃的一个因素。如果 G 等买家能够免受真正物主的追诉而取得商品,销售赃物的市场将因而形成,使后人更有盗窃的动机。不管如何,T 没有马的合法所有权,无法将所有权转移至 G;一无所有的人将无法给予任何东西。

案例二:T 从 O 处购得一匹马,支付 O 一张伪造的本票,背书该本票为 X 所有。T 事先知道本票为伪造。O 将马交付后方发现受骗。O 起诉 T,要求 T 返还该马。T 方辩称,O 将马交付给 T 时,目的是转让所有权;马现在为 T 所有,O 的唯一救济是起诉要求偿价。O 胜诉。所有权的转移由于 T 的欺诈行为归于无效;所有权自始至终均为 O 保有。

案例三:本案与案件二相似,只是 T 取得马所有权后将马卖给了 G,G 知道 T 是从 O 处买走马的,却不知且不可能知晓马为 T 的诈骗所得。O 起诉 G,要求 G 将马物归原主。O 方辩称,根据案例二确定的原则,马的所有权仍然属于 O。T 没有马的所有权,因而也不可能移转任何关于马的所有权给 G。G 胜诉。原所有人自愿将马交付到某人手里,而某人现正在售马,如果购马者必须仔细检查原所有人与某人的交易细节,那将给商业带来不堪忍受的负担。欺诈有大量微妙的形式;如果受害者不能够识别欺诈,则无理由要求就受害者与欺诈者的交易不知情的人查明欺诈是否存在。至于案例二,其所言均是关于所有者与欺诈者的法律关系;法院并未考虑 G 等后续购买者介入的可能性。就此,适用的原则是如果马归 T 或其他就 T 的欺诈行为知情的人所有,则 O 有权要求返还马。如果马归 G 等不知情的善意购买人所有,则 O 无权要求返还马,原因已经指出。

案例四:本案与案例三相似,只是 G 将 T 处购得的马后卖给 K。K 从 G 处购马前即已得知 T 就 O 实施的欺诈行为。O 起诉 K,要求 K 返还马。O 方辩称,K 不是善意购买人,后者购马时就 T 的欺诈行为即已知情。根据案例三确定的原则,马落入 K 手中后,O 又变成马的所有人。结果是 K 胜诉。如果 O 提供的论证被接受,则处在 O 位置的人只要将 T 用欺诈手段与其达成交易的事实公之于众,即可以毁坏 G 所获得的所有权的价值。如此,保护善意购买人 G 的目标将落空,因为 G 的财产(那匹马)将再也卖不出去。案例三中法院指出 O 可以要求任何就 T 的欺诈行为知情的人返还马时,该法院并没有考虑

---

① Fuller, *A Rejoinder to Professor Nagel*, 3 Nat. L. F. 83, 96–98 (1958).

到该马在落入恶意购买人手里之前,可能会先经过像 G 如是的善意购买人之手。当 G 从 T 处买走马后,即拥有马的完整所有权,且无论 O 如何质疑 G 的所有权效力,均不影响 G 的所有权。则 G 可自由进行交易。

案例五: 本案与案例四相似,只是 K 不但知道 T 的欺诈行为,而且还曾参与其中,T 支付 O 的本票上 X 的背书即是 K 伪造的。O 起诉 K,要求 K 返还马。K 基于案例四的推理为自身辩护:G 享有马的所有权,可自由进行交易。如果 K 由于任何过错而有罪,那也是刑法的问题;不应该影响到他的财产权利。胜诉?……该系列案例的探讨就此结束,读者可自行作出决定与解释。

尽管本文探讨的案例发展相较于真实的案例简化极多,本文认为,即便是简化的系列案例,律师一般均认同:确实与真实情况类似。此外,本文认为,观点将一致同意:尽管此类裁判模式或许稍显曲折,所阐释的却是"理性的"过程,属于有意义裁判的范围。"理性"的品质来源于何?显然,源于此事实:对于私有财产制度与交换制度,参与案例发展的法院正处在确定其必要含义,或至少是合理含义的过程之中。更广泛而言,本文认为,即使缺乏正式制定或公认的规则支持,裁判或许仍能有意义地运作,因为其已由前文所述的塑造社会秩序的基本方式之中汲取智识养分。公认目标是发展互惠或交换制度的领域之中,过去的裁判即已取得最为显著的成功。学习比较法的学生通常讶异于如是事实:商业交易领域,法律原则环境完全不同的法院就实际案件的裁判却通常得出相同或相似的结果。然而,法律原则逐案发展的可能性绝不囿于商业交易领域。例如,联邦制可行性的要求绝非直截了当、显而易见的。法院逐步发现、阐明使联邦制行之有效的原则即是曼斯菲尔德所称法律"自我净化"过程的例证①。事实上,此即汉密尔顿(Hamilton)在《联邦党人文集》第 82 篇中设想的发展:

建立新政府的工作无论如何明智与细心,仍难免出现复杂与微妙的问题。可以预期的是,为若干主权州实现全面或部分联合而制定宪法的过程中,各种复杂与微妙的问题将以特殊形式不断浮现。唯有历经一定时间方可逐步完善如是复杂的制度,消除各部分的不同意向,融合为一致的整体。② 显然,该发展,即对于已建制度的全部含义的逐步探究,唯有在受共同愿望主导的氛围中方可发生,该共同愿望即要让联邦制行之有效。应当明确指出,本文在此表达的观点与其表面上类似的观点截然相反,后者可能在社会学中变得司空见惯。本文指的是如是一种概念:充分同质化的社会里,某些"价值观"将自动发展,而无需有意予以发展或指导发展。如是社会中,人们认为由法院制定与执行的法律规则将反映此类普遍的"价值观"。然而,本文于讨论中,谈论的"价值观"不是空洞无实质的,而是有关人类目标(human purpose),关键时期,人们出于良好初衷积极、默认地承担人

---

① 参见 12 W. Holdsworth, A History of English Law 551 (1938)。
② The Federalist No. 82 vol. 2, at 130 (A. Hamilton) (Tudor ed. 1947)。

类目标。理解联邦制或交换制度的含义时，法院不是一面反映当前道德观念的惰性镜子，而是阐明共同目标含义的积极参与者。

如果本文提出的概念是合理的，则可推断，将"法治"扩大到国家关系时，法律与目标共同体必须齐头并进，共同发展。同样显然的是，为防止出现两方互相毁灭的情况从而仅仅包含一个共同愿望的目标共同体太过贫瘠，无法为有意义的裁判提供适当基础。如果唯一的共同目标是"防止毁灭"这一消极目标，依赖于证据与合理论证的裁判过程则无从产生意义。当然可以想象，在"防止毁灭"的消极目标驱动下，两个国家（例如俄罗斯与美国）可能将纠纷提交仲裁，但均本着同样的精神，即两国可能诉诸掷骰子的方法——除非两国均认识到部分可以控制判决或赋予判决合理性的原则，即使相当模糊。此类紧急原则或许必须从关于秩序的两套基本原则之一派生出来。实践中，此即意味着此类紧急原则必须源自互惠关系。因而，在俄罗斯与美国关系中，最重要最亟需的是发展两国间一切可能的互惠关系，进行一切有益的交换。此乃促进"理解"与营造善意氛围之必需，亦为创造一个裁判可从中获取智力支持的利益共同体之必备。就此，某一角度而言，两国间互惠关系的发展或将使国际关系中的法治理想沦为无望，但就另一有利角度而言，此即最鼓舞人心的先兆。与外商的协议中，苏联工业界（Soviet industry）坚持引入一项条款，规定由特别设立的苏联仲裁委员会（Soviet board of arbitration）① 就协议争端进行仲裁。从表面看，法治的最基本原则之一，即任何人不得在自身的事务中担任法官，或许遭到了违反。（应当指出的是，仅就形式而言，美国索赔法院同样违反该基本原则。）苏联的律师或许诚心希望苏联仲裁委员会这一公断法庭能够树立公正公平的信誉。② 目前，其判决总体而言或许名副其实，其判决标准从何而来？本质上来自资产阶级贸易共同体。除此之外，何处还能提供关于贸易商公平交易的标准？（该情况让人联想到特拉华州的某些共同体，奉行亨利·乔治所倡导的单一税原则。③ 此类共同体与其成员就土地使用费率产生争端时，仲裁员们不得不求助共同体成员憎恨与排斥的土地市场，认为土地市场能提供唯一有意义的裁决标准。）苏联商事法院不得不从为其自身理念所谴责的体系中提取公平标准时，即已为实现更广泛的理解铺平道路，伴随而来的是将国家置于法治之下的愿望系基于真实基础的氛围。

仍有一点极其重要，但略显深奥。该要点涉及可能阻碍法治发展的因素，而法治发展是为西方哲学所普遍青睐的。本文讲的主要是专业哲学，尤其是英美大学所教授的哲学。虽然该哲学就实际事务的直接影响较小，间接影响却或将是巨大的。滋养一代又一代学生的大学氛围中，弥漫着本文所述专业哲学（philosophers' philosophy）的信条。本文此处应

---

① 译者注：苏联工商会对外贸易仲裁委员会，是常设的公断法庭，它解决不同国家的权利主体之间在进行对外贸易和其他国际经济及科学技术联系过程中、由合同关系和其他民事法律关系发生的争议。

② 参见 Pisar, *The Communist System of Foreign-Trade Adjudication*, 72 Harv. L. Rev. 1409（1959）。

③ H. George, Progress and Poverty（75th ed. 1955）.

当援引大卫·休谟的理论：有且仅有两个领域是由人类理性支配的，分别为经验事实与逻辑蕴涵。① 换而言之，人类的思想体现为两类形式：观察（经验）事实、测试关于该等事实的假设，或探求基于议定前提的逻辑蕴涵（logical implication），两类形式间不存在中间物（tertium quid）。如果任何人类决策的过程存在不属于经验事实或逻辑蕴涵的要素，该要素将必然是"非理性的"，起源于"情感"而非"理性"。彼时，休谟哲学的内涵已得到充分认知，但未真正受到重视。人们继续关于道德、法律及政治问题的所谓"理性"论述，即使其主要内容与经验事实或逻辑蕴涵显然无关。然而，时过境迁，休谟哲学所排除的非理性要素愈加受到重视，应用愈加严格。更为重要的是，如是要素已融入现代（指富勒的时代）的大环境之中。

根据受影响方（即当事人）的唯一裁判参与方式，本文认为：裁判是获取"理性"决策的社会秩序制度设计，应当如何以休谟哲学的视角认识该观点？显然，裁判者的决策极少直接基于经验事实之上，基于的所谓"案件事实"多是人为的过失或人性的缺点，与休谟的考量无关。此类"事实"旨在表达谴责，与休谟所称的"事实问题"（matters of fact）相距甚远。除却经验事实，所需思考的即是裁判的逻辑推论。显然，随着裁判根据预先确立的规则而推进，至少需要涉及部分类似逻辑推论的工作。如果逻辑推论是裁判的唯一理性领域，唯有预先确立的规则适用方可保障其合理性。或许，此即哈耶克惊人结论的基础——普通法体系完全有悖于法治。本文现将根据休谟的理性哲学检验前文法律原则逐案演进的范式（或模型）。前文买卖、偷窃马匹的系列案件中，法院几乎未能发掘任何经验事实：法院的先期案件审理不足以预见后期出现的事实情况，然而，所谓的后期情况却自始至终处于法官的理解范围以内。案件中亦少有明示前提的逻辑推论产物。事实上，案件中逻辑推论的前提或是根据结论逆向生成的，直至结论产生（而非推论之初）方可明确前提。称此过程为"理性"是否合理？根据休谟的理性哲学，答案是否定的，其理性的表象之下是自我欺骗的本质。事实上，该结论显然与本文一位著名的美国逻辑学家弗里奇提出的模型相吻合。

本文认为，理性论述存在经验事实及逻辑蕴涵以外的第三类领域——意图探求、阐释人类共同目标含义的领域。该领域的智力活动类似于逻辑推论，部分重要方面却与之不同。逻辑推论的前提愈加明确，结论即愈加严谨。而第三类领域中，作为"前提"或起点的目标得到一般阐释、与其他相关或相反的目标存在联系时，论述通常可取得最有益的进展。最终的结果不仅是就既定目标可能结论的说明，亦是就作为推论"起点"的目标的重述与澄清。无论第三类领域的定义为何，本文认为：刻板地遵循休谟的哲学观点，不仅篡改裁判有效运作的必要条件，而且歪曲良好运作的裁判程序的意义，将有损于对裁判问题的认知。

（编辑：杨知文）

---

① D. Hume, A Treatise of Human Nature 463 (L. Selby – Bigge ed. i888).

裁判的均衡现实主义[*]

[美] 布赖恩·Z. 塔玛纳哈[**] 著　张昌辉[***] 译

摘　要　本篇讲座表明了法学家们在所谓的形式主义时代持有着相当现实主义的裁判观，还解读了形式主义这一主导性叙事是如何构建和形成的。事实证明，今天被视为当然的形式主义的全面阐述实际上是20世纪六七十年代出于当时的考虑虚构出来的。消解了形式主义时代的标准故事之后，我将讨论它对关于现实主义者的传统观点的影响。今天，现实主义者被视为裁判的怀疑论者，但这其实是一种误读：事实上，现实主义者相信法律并希望推进我们对裁判问题的理解。本篇讲座的首要目的在于阐明我所说的"均衡现实主义"。一个多世纪以来，包括法律现实主义者在内的大多数法学家们一直在使用均衡现实主义的话语来把握裁判问题。我在第二大部分的论证转至当下，对当代形式主义者与现实主义者进行了比较。这一比较表明，主要的法律形式主义者持有着相当现实主义的法律观，而法律现实主义者也接受形式主义法律观的核心要素。两大阵营在风格和侧重点上存在差异，但是用这些差异来框定他们关于裁判问题的论辩则适得其反，从而助长虚假的批判。

关键词　形式主义　现实主义　裁判　法律史

一、导论

一个关于形式主义者与现实主义者的故事主导着美国的司法裁判观。据此一传统故

---

[*]　基金项目：本文系安徽省哲学社会科学规划项目（项目编号：AHSKF2018D10）的阶段性成果。

[**]　原文刊载于《瓦尔帕莱索大学法律评论》2010年第44卷第4期（Brian Z. Tamanaha, Balanced Realism on Judging, 44 Val. U. L. Rev. 1243（2010））。原文基于作者2010年所著《超越形式主义—现实主义之界分：政治在裁判中的角色》（BEYOND THE FORMALIST – REALIST DIVIDE: THE ROLE OF POLITICS IN JUDGING, Princeton University Press, 2010）一书而成，作者感谢普林斯顿大学出版社允许其再次使用这份材料。译文的翻译和发表已获得塔玛纳哈教授的授权。

[***]　张昌辉，男，安徽省寿县人，安徽师范大学法学院副教授，研究方向为法社会学。

事，从19世纪70年代到20世纪20年代，即法律形式主义的鼎盛时期，律师和法官都认为法律是自主而全面的、逻辑有序且具有确定性。他们都相信，法官从事的工作就是在法律体系中进行纯粹的机械推理，从而为每一案件提供唯一正解。但到了20世纪二三十年代，得益于霍姆斯、庞德、卡多佐们的洞见，法律现实主义者彻底败坏了法律形式主义的名声，他们认为法律中充满了漏洞、矛盾和不确定性，大多数法律规则或原则都存在例外，法律原则和司法先例可以支持相反的结论。现实主义者认为，法官先根据他们的个人偏好作出裁决，然后再构建法律分析来证成那个预期结果。这一标准的纪事多次被法史学家、研究法律的政治学家、法律理论家以及美国法律文化中其他许多人所复述。三位政治学家合著的一本关于裁判的著作阐述了这一点：

> 直到20世纪，大多数律师和学者都认为，裁判是一种机械活动，法官只是适用法律并作出裁决，无需诉诸他们自己的意识形态或政策偏好……然而，在20世纪20年代，一群统称为"法律现实主义者"的法学家和法哲学家们承认司法自由裁量是相当广泛的，法律往往并未规定特定的结果。①

一位法史学家也表达了类似看法：

> 1895–1937年间的形式主义法官认为，法律是客观不变的，外在于社会环境，尤其是不同于并优于政治……20世纪二三十年代，受霍姆斯、庞德、卡多佐的指引，法律现实主义者们摧毁了上面这些假设……通过表明裁判行为不是非个人或机械的，而是必然受到法官个人价值的影响，他们试图削弱（如果不是取消的话）这种法律与政治的二分法。②

可以提供许多诸如此类的引证，鉴于大家都知道这个故事，在此不再赘言。

这种无处不在的形式主义—现实主义二分叙事不仅是一个历史故事，它还继续安排着裁判问题的当代论辩和研究。2007年两名法学教授和一位联邦法官合撰的一篇关于裁判的文章开篇便道：

> 法官如何裁判？……据形式主义者的看法，法官以一种有逻辑的机械而审慎的方式将法律适用于案件事实。对形式主义者而言，司法系统是一台"庞大的三

---

① VIRGINIA A. HETTINGER, ET AL., JUDGING ON A COLLEGIAL COURT 30 (2006) (emphasis added).

② WILLIAM M. WIECEK, LIBERTY UNDER LAW: THE SUPREME COURT IN AMERICAN LIFE 187 (1988).

段论机器",法官犹如"技艺精湛的机械师"一样行动。另一方面,法律现实主义形成了鲜明的对照……对现实主义者来讲,法官先"根据感觉而非判断、根据'直觉'而非推理来裁决",随后再运用审思能力"就这一直觉进行自我说服并使其通过批评者的检验。"①

波斯纳法官近来所撰的《法官如何思考》一书被认为是对依然愚弄着法律界的法形式主义谬误的一次抨击。② 政治学家已对司法裁判进行过一百多次的定量研究,目前更多的研究正在进行,其中许多研究都旨在证明形式主义的错误和现实主义的正确。③ 法学界则正忙于发展"新法律形式主义"或"新法律现实主义"。④ 整个法文化都被灌输了形式主义—现实主义之界分。

当人们意识到形式主义—现实主义之界分根本上是错误的时候,这一故事对当代裁判思想的普遍影响就更非同寻常了。法律形式主义的故事很大程度是一种虚构,法律现实主义的故事实质上是一种误读。⑤ 由于对形式主义与现实主义的错误信念,裁判的量化研究呈现出歪曲的倾向。⑥ 关于裁判问题的争论通常被框定在对立的形式主义—现实主义两极之间,而法学家们事实上并不持有那种立场。若要找回对裁判的合理解读,我们就必须摆脱形式主义—现实主义二分框架的束缚。

本讲座的第一部分消解了形式主义时代的叙事。这一点至关重要,因为随之而来的诸多歪曲都可追溯到这一误导性故事上。本篇讲座表明了法学家们在所谓的形式主义时代持有着非常现实主义的裁判观,还解读了形式主义时代的故事是如何构建起来以及何时形成的。事实证明,今天被视为当然的关于形式主义的全面阐述实际上是 20 世纪六七十年代出于当时的考虑被虚构出来的。消解了形式主义时代的故事之后,我将讨论它对关于现实主义者的传统观点的影响。今天现实主义者被视为裁判怀疑论者,但这其实是个错误:事实上,现实主义者相信法律并希望推进对裁判的理解。本篇讲座的首要目的是阐释我所谓的"均衡现实主义"。一个多世纪以来,包括法现实主义者在内的大部分法学家一直在使用均衡现实主义的话语来理解裁判。

本讲座的第二部分转至当下,对当代的形式主义者与现实主义者进行比较。这一比较

---

① Chris Guthrie, et al., *Blinking on the Bench: How Judges Decide Cases*, 93 CORNELL L. REV. 1, 2 (2007).
② RICHARD A. POSNER, HOW JUDGES THINK (2008).
③ Daniel R. Pinello, *Linking Part to Judicial Ideology in American Courts: A Meta - Analysis*, 20 JUST. SYS. J. 219 (1999)(分析了数百项关于裁判的实证研究结果)。
④ See e. g., David Charny, *New Formalism in Contract*, 66 U. CHI. L. REV. 842 (1999); Howard Erlanger, et al., *Is it Time For a New Legal Realism?*," 2005 WIS. L. REV. 335 (2005).
⑤ See Brian Z. Tamanaha, *Understanding Legal Realism*, 87 TEX. L. REV. 731, 732 (2009).
⑥ See Brian Z. Tamanaha, *The Distorting Slant of Quantitative Studies of Judging*, 50 B. C. L. REV. (forthcoming 2009).

表明,主要的法形式主义者持有着相当现实主义的法律观,而法现实主义者则接受了形式主义法律观的核心要素。两大阵营在风格和侧重点上存在差异,但用这些差异来框定他们关于裁判的争辩则适得其反从而助长虚假的批判。

二、"形式主义时代"的现实主义

根据大多数论述,形式主义时代起始于19世纪70年代并持续到20世纪20年代,这之后,法律现实主义开始打破它的魔咒。这种经常重复说法的问题在于,所谓的形式主义时期存在着许多相当现实主义的论说。看一看下面这篇写于1881年但非常现实主义的裁判文章片断吧:

> 对法官来说,从法律汇编中引用一些判例来支撑几乎所有判决的做法是无效的,每个人都知道引证另一些判例可能会得出相反的判决。限定和区分的反常习惯一直延续至今,以致于所有固定的界线都被抹掉了,陈述案情时的一丁点才智就足以将其置于某一规则之下从而得出预期的结论……最诚实的法官知道,其司法意见的权威往往与法院的判决没有多大关系——也许只有在就案件的总体公正作出裁决之后才会看到……他撰写的也许是一篇关于案件法律适用的美文,但真正的判决理由则潜藏于一开始的事实陈述之中。他有权按照自己的看法来陈述事实,正是这一权力维护了法律表面的一致性和确定性,并对粗心人隐藏了明确性和精准性完全缺失的问题。①

威廉·G. 哈蒙德在就任圣路易斯大学法学院第一位全职院长和教授时发表了上述惊人之论,就像五十年后法现实主义者们所说的那样具有怀疑论色彩。然而,他并非法律激进派,实际上被法史学家看作是法形式主义的一位重要贡献者。②

在当时,可以发现许多类似的现实主义考察。例如,1887年,哥伦比亚法学教授门罗·史密斯现实主义地描述了法官在宣称遵循先例的同时明显地变改法律的过程:

> 需要新的法律之时,法院有义务在旧的判例中"发现"它。这通常可以经由重新审查和解释,或在最坏的情况下通过"区分"来实现。综合运用这些方法,甚至有可能废除一条旧规则并代之以一条新规则。当旧规则充满"区分因素"

---

① W. G. Hammond, *American Law Schools, Past and Future*, 7 S. U. L. REV. 400, 412 – 13 (1881) (emphasis added).

② *See* William P. LaPiana, *Jurisprudence of History and Truth*, 23 RUTGERS L. J. 519, 539 – 42, 555, 557 (1992); cf David M. Rabban, *The Historiography of Late Nineteenth – Century American Legal History*, 4 THEORETICAL INQ. L. 541, 567 – 78 (2003).

时，一次非常轻微的再审查便可将其化为灰烬，而对"区分性"案件的再解释将催生出所需要的新规则。①

一如霍姆斯及后来的法现实主义者一样，史密斯认为，法律是社会和个人利益竞争的产物，② 其根本目的在于推进"公共政策"。③

1893年，沃尔特·科尔斯在《美国法律评论》上发表了一篇极具现代性的论文：《政治与美国联邦最高法院》。科尔斯考察了18世纪一些重要的联邦最高法院判决，将法官的政治背景与其裁决系统地勾连了起来。"细致回顾最高法院的历史，宽泛地讲，可以说最高法院的宪法裁判一般都在某种程度上符合了其所任命的大法官目前在法院中占据主导的那个政党的宗旨和传统。"④ 他批评几份最高法院司法意见含糊不清、"软弱无力、语无伦次、拐弯抹角，"⑤ 这最好是通过法官的政治观点而非意见中表达的法律推理来解释。"说没有任何政治偏见左右最高法院，"科尔斯以完美的现实主义口吻指出，"就是在坚称最高法院的法官不受并超越了周知的人性弱点因素的影响，而这些因素在决定其他人的意见方面发挥着极为有力的作用。"⑥ 他断言，特别是在缺乏明晰先例的情况下，法官的"裁判结果将在很大程度上受到他碰巧遭遇的那些影响因素、意见和偏见的制约。"⑦

1904年的《耶鲁法律杂志》上，威尔伯·拉雷莫尔认为，州高等法院法官作出的判决"同情并实现着法外观点。"⑧ 他写道：

> 在这种情况下，法官沉溺于因为援引了先例所以只是在遵循先例的错觉中。而事实是，很大程度上就像专家证人几乎可以给出任何想要的意见一样，律师或法院希望确立的任何主张也都可能找到司法先例来支持。我们并非生活在一个经过科学阐述和发展的抽象原则系统下，而是很大程度上处于一种司法公断下，在此背景之下，法院做他们认为公正的事情，并引用最相近的有利先例作为托辞。⑨

须强调的是，上面引证的法学家们中没有一位是激进分子；所有人都是当时代的知名法律人；他们所说也并不罕见。促使许多这种现实主义表达的是人们对法律令人担忧的不

---

① Munroe Smith, *State Statute and Common Law*, 2 POL. SCI. Q. 105, 121 (1887).
② Id. at 122–23.
③ Id. at 130.
④ Walter D. Coles, *Politics and the Supreme Court of the United States*, 27 AM. L. REV. 182, 207 (1893).
⑤ Id. at 205.
⑥ Id. at 182.
⑦ Id. at 190.
⑧ Wilbur Larremore, *Judicial Legislation in New York*, 14 YALE L. J. 312, 314 (1904).
⑨ Id. at 317–18 (emphasis added).

确定性的关切,这一不确定性问题是当时法学家们共同面对的主题。这种不确定性由两个主要因素所导致:其一,西方出版公司开始不加选择地出版案件判决,造成了不一致先例的激增;其二,一系列主题的立法正在爆炸式涌现,主要在州这一层面,联邦这一级也存在。这两个因素令许多法学家对法律的混乱局面感到悲哀。美国最知名的一位法官约翰·狄龙在1886年撰写的一篇文章中对此进行了总结。

> 每年有成千上万的判决发布。几乎任一主题都可以找到不计其数的判决。任何案件所作的裁决,都必须从对确切事实及可适用立法的细致审查中推导出来。在一些法院裁判中发现的一般性原则,其适当性可能会遭到其他法院的否定或质疑。例外情况是逐渐但肯定会出现的。几乎每一主题都被极端冗余的裁决所淹没,令最有耐心的考察者陷入疑虑。①

狄龙补充说,由于立法是"不规则和零散的",而且起草质量往往很差,上述混乱局面便变得更糟。② 狄龙的考察尤其能说明问题,因为狄龙就像哈蒙德一样被现代形式主义者认定为法形式主义的主要贡献者。③

可以提供更多处于这一时期的较现实主义式的法律阐述。最后一个例子是著名评论员詹姆斯·布赖斯于1907年的论断:

> 无可否认,普通法是不匀称的。有人称之谓混杂,不管构成它的命题有多精确。虽然有一般性原则在运行,但是这些原则往往难以遵循,所以存在很多例外情况。普通法上的判决是不同时间作出的,彼此存在着不一致之处,而这些矛盾又没有得到最高上诉法院或立法机构的解决。普通法中还存在着漏洞。由此,律师中形成了对原则或至少是对法律的哲学和逻辑观进行估价评级的倾向,这些原则或观念与法院作出的任何有效宣告相比地位较低。④

三、形式主义时代的发明:庞德的贡献

"形式主义时代"这一错误的叙事是如何发展起来的?这里只能作一概述。有三代人为这一故事的研制作出过贡献:庞德、弗兰克及其他法现实主义者,以及20世纪70年代的左翼历史学家和理论家。这些人都在确立和传播这一故事中发挥过关键性作用。这些先

---

① John F. Dillon, *Codification*, 20 AM. L. REV. 29, 36 (1886).
② Id.
③ *See* LaPiana, *supra* note 10.
④ James Bryce, *The Influence of National Character and Historical Environment on the Development of the Common Law*, 19 GREEN BAG 569, 571 (1907).

后承续的贡献者皆有其独特动机和关切，但他们对当时的法院都持一种批评态度，而且均属于进步主义者或左派人士。

这一故事形象的开创性工作是由庞德完成的，特别是其于 1908 年发表于《哥伦比亚法律评论》上那篇论文——《机械法理学》。庞德开篇便提出如下问题："何为科学的法律？"① 他的回答是："科学的法律的标志是合乎理性、一致且确定。科学的法律是一套合理的施行正义的原则体系，它的对立面是一种强行专横任性意志的制度，无论这种强行制度显得多么坦诚，也不管其在正义、公平或自然法的名义下伪装得有多好。"② 庞德告诫说，科学的法的危险是"僵化"，它"往往会切断个体未来的主动性、扼杀对新问题以及旧问题新阶段的独立思考，从而将一代人的观念强加于另一代人身上。"③ 庞德认为，当代美国法律便陷入了这种状态：

> 这样一种概念法理学趋于衰落了。各种法律概念被固定下来。各种法律前提不再接受检验。一切都沦为基于概念和前提的简单演绎。各种法律原则不再具有重要性。法律变成了一套规则体。这是社会学家们正在质疑的状况，他们的质疑是正确的。④

庞德认为，当时两大主要法律理论——历史法学和分析法学加剧了法律的僵化状态，因为它们都强调抽象概念和逻辑分析。⑤ 庞德提议，应当颁布立法来满足当下的需求，形成一个新的基础从而使普通法重新得到发展。

使用这些术语来展开自己的批评，庞德由此得以采取了一条批判法律现状的路子，而不是那种挑战法官忠诚的方式。在当时的左翼阵营中，许多进步派批评者严厉斥责法官听从精英资产阶级的操纵。⑥ 相较而言，庞德的批评显得更有分寸。在庞德看来，法官秉持诚意进行裁决；而不幸的是，社会和经济条件的急剧变化意味着，基于既有法律的纯粹逻辑化裁决所产生的后果与现代社会环境不符。

在接下来的几十年间，庞德多次重提了上述看法。比如，他在 1913 年坚称，"律师们相信法律原则是绝对、永恒和普遍适用的，法律是发现的而非制定的。"⑦ 庞德后来成为了哈佛法学院长期任职的院长，同时也是那一代的知名法理学者。他的重复及其名望有效

---

① Roscoe Pound, *Mechanical Jurisprudence*, 8 Colum. L. Rev. 605, 605 (1908).
② Id.
③ Id. at 606.
④ Id. at 611-12.
⑤ Id. at 607-13.
⑥ See Brian z. Tamanaha, Beyond The Realist-formalist Divide: The Role of Politics in Judging 27-43, 67-90 (2010).
⑦ Roscoe Pound, *Courts and Legislation*, 7 Am. Pol. Sci. Rev. 361, 375 (emphasis added); Roscoe Pound, The Formative Era of American Law 110-11 (1938).

地巩固了形式主义时代的形象。

然而，前文中引述的哈蒙德、狄龙、拉里莫尔和布赖斯的话表明，我们必须以怀疑的态度来看待庞德的描述。由于法律的间隙和不一致先例的存在，裁判远非机械的。许多19世纪的法学家公开宣称，法律是"法官发现的而非创制的"这一古老的普通法法谚是虚构的，大家都承认这一点。一位律师在1871年写道，"尽管法官所造的法律规则是针对相应案件的，但其虚构之处在于，这些规则过去早就存在了，并不是制定出来而是宣告出来的。"① 另一位律师在1883年写道，"众所周知，这是一种辉煌的虚构……"② 哥伦比亚法学教授门罗·史密斯在1887年指出，"法院并不创造法律，没有人真的相信这个虚构的神话。"③ 另一位评论者在1888年说道："从久远的时代开始，法院就假装他们只宣告法律而不制定法律；但我们都知道这种伪装是纯粹虚构的。"④

如果说当时大部分法学家真的相信这种十足的形式主义形象，人们就可能期望从其拥护者那里找到明晰而自信的完全形式主义立场的论述——然而，这样的论述一例也没发现。在描绘形式主义形象时，庞德一再提及的是讨论德国法律科学的德国法学家。⑤ 德国法律科学确实使用了类似法律形式主义的术语来形容法律和裁判。但是，不无讽刺的是，如马克斯·韦伯当时就明确指出的，合理组织的大陆法体系与英美法体系形成了鲜明的对照，后者几乎被韦伯定性为形式理性法律体系的反面。⑥

将庞德1908年撰写的文章与埃德温·科温1909年所作的论断进行比较也能说明一些问题。科温是一位杰出的政治学家，或许还是当时一流的宪法学者。他在1909年谈道：

> 以前，法律论者们看待法院判决的惯常方式，与数学家对待代数方程式的 x 差不多：基于案件事实和现存法律，裁判结果是必然发生的。这种非历史的立场现在基本已被抛弃。我们认为，不仅法官发现法律的时候并不像机器人、加法器一样而是创造性地行事，而且决定裁判的各种因素远非完全基于狭隘的三段论，往往非常直接地建立在关于何为可取有用的那些具体而重要的观念上。⑦

---

① Edward M. Doe, *Codification*, 5 Western Jurist 289, 289 – 90（1871）(emphasis added).

② John M. Shirley, *The Future of Our Profession*, in REPORT OF THE SIXTH ANNUAL MEETING OF THE AMERICAN BAR ASSOCIATION 211（1883）.

③ Munroe Smith, *State Statute and Common Law*, 2 POL. SCI. Q. 105, 121（1887）(emphasis added).

④ Editors, *Current Topics*, 29 ALBANY L. J. 481, 481（1884）(quoting a Mr. Seymour) (emphasis added).

⑤ See e. g. Pound, *supra* note 24 Mechanical Jurisprudence, at 606 n. 6, 607 n. 9. 还须指出的是，庞德在最后一句提及的美国社会学家的抗议是一份三页书评中针对援引先例的法院宣告法律无效现象发出的哀叹。C. H. Henderson, *Reviews*, 11 AM. J. SOC. 846, 847（1906）.

⑥ Max Weber, Economy And Society, 656 – 58, 784 – 808, 852 – 59, 889 – 92（Guenther Roth & Claus Wittich eds., 1978）.

⑦ Edward S. Corwin, *The Supreme Court and the Fourteenth Amendment*, 7 MICH. L. REV. 643, 643（1909）(emphasis added).

在《机械法理学》一文断言法官进行机械推理的一年后,科温称庞德的这些观点已经过时了。①

质疑庞德论述的其他理由是,庞德主要参引的是法律科学和抽象法理学理论。19世纪的法学界着迷于法律是一门科学的观点,因为这一观点赋予了法律在大学学习中的名望和地位。然而,整个所谓的形式主义时代,法律从业者们都公开质疑这种法律观。1874年,《阿尔巴尼亚法律杂志》的律师编辑指出了理论与实务界之间的这道鸿沟:"法律是一门科学的观点现在为所有理论法学家所接受;但这一观点还没有达到专业水准,而且大多时候,法学家和法律实务者都没有停止追问法律是否是一门科学的问题……"② 1892年,律师协会成员亨利·怀特在《耶鲁法律杂志》上撰文指出:

> 如果法律是一门精确的科学,提供一套完整的规则体系,可以在没有严重疑难的情况下适用,并就每一个案件产生特定结果的话,那么在解决争议时最好不要超越成文法规定。但是……大多数疑难案件都会呈现法律难题,没有人可以自信地预测相关裁决。法庭上最重要的较量并非针对事实问题而是在法律边界上进行的,在那里,新的规则正在构设,新的先例正在创制。③

1895年,一位学者承认,理论导向的学者与实务界在此问题上存在着巨大的分歧:

> 在法律是不是一门科学的问题上已经进行了大量的争论。有着崇高理念的法学家们的说法在实务律师中激起了不小的反感。律师们看到,他们整个的工作实际上是在法官和陪审员的头脑中制造一种心理结果,这些法官和陪审员受到各种动机、兴趣、同情、反感、偏见和激情的影响;科学上的准确性不管是在裁判过程还是裁判结果上都不会对他们的观点造成多大的影响。④

最后,让我们看一看杰贝兹·福克斯所作的实践性考察,他是《哈佛法律评论》上几篇世纪之交评论的作者。1901年,福克斯写道:"如果你问一位律师他是否真的相信司法裁判是数学推论,他会说这种观念是荒谬的;当四位法官以一种方式表决,其他三名法官以另一种方式表决,这并不意味着这三位或四位法官在加减法上犯了错误。这仅仅意味着,不同的法官对案件中若干竞争性因素给予了不同的权重,而这些因素是无法在任何测

---

① *Id.* at 659 – 72.
② Editors, *Is the Law a Philosophy, a Science, or an Art?*, 10 ALBANY L. REV. 371, 371 (1874).
③ Henry C. White, *Three Views of Practice*, 2 YALE L. J. 1, 6 (1892).
④ Editors, *Is Law a Science?*, 2 UNIV. L. REV. 257, 257 (1895).

量尺度上进行平衡的。"① 福克斯补充说，尽管法官必须遵循那种不能合理区分的先例，但是"除此之外，法官可以根据自己的一般利益观自由地裁决手头的案子……在判决作出之前，没有人能说出社会正义标准将如何对法官产生影响。"②

庞德关于机械法理学普遍信念的论述是经不起推敲的。他的考察并不符合当时其他人之所论。他所描述的法律与司法观，与许多法学家对法律之显著不确定性以及法官所拥有的裁决自由的关切不相匹配。他严重依赖于德国法律科学。他的描述以法理学理论为主导，而法律实务界并不重视这些理论。尽管如此，后世却不加批判地接受了庞德关于机械法理学不可靠的描述，并将他的阐释作为形式主义时代故事的基石。

四、形式主义时代的现代发明：诞生于二十世纪六七十年代的动荡期

尽管看来起要更为久远，但"形式主义时代"实际上是在20世纪70年代首度出现在法律舞台上的。19世纪之交，没有人自称是形式主义者，这是一个贬义词。无论是霍姆斯、庞德还是弗兰克都没有将"形式主义者"或"形式主义"这个标签贴到哪种流行理论或裁判风格头上。相反，他们用的是法律科学、逻辑演绎、机械推理这些字眼。卢埃林在1942年的一篇论文中谈及"形式风格"，③ 不过没有人提到这一文献。在《普通法的传统》一书中，卢埃林再次提及"形式风格"。④ 但形式主义这一标签仍未启用。格兰特·吉尔摩在1961年发表了一篇关于法律现实主义的文章，也没有提及"形式主义"或"形式主义者"，倒是提到了"概念主义"与现实主义"前身"。⑤ 直到1968年，一本关于美国法律现实主义的书仍然没有使用形式主义标签。⑥

20世纪70年代中期，杰出的法史学家和法律理论家们几乎毫无征兆地发表了一批关于法律形式主义的文章。⑦ 吉尔摩1977年出版的那本著名的《美国法的时代》进一步巩固了形式主义时代的现代形象；这本书的预先概要发表在1975年《耶鲁法律杂志》上。⑧ 莫顿·霍维茨也于1975年在《美国法律史》上发表了《法律形式主义的兴起》一文。⑨

---

① Jabez Fox, *Law and Logic*, 14 HARV. L. REV. 39 – 42 (1900).
② *Id.* at 43.
③ Karl Llewellyn, *On the Good, The True, The Beautiful in Law*, 9 U. CHI. L. REV. 224 (1942).
④ Karl n. Llewellyn, The Common Law Tradition: Deciding Appeals 53 (1960).
⑤ Grant Gilmore, *Legal Realism: It's Cause and Cure*, 70 YALE L. J. 1037, 1038 (1961).
⑥ WILFRID E. RUMBLE, AMERICAN LEGAL REALISM SKEPTICISM, REFORM, AND THE JUDICIAL PROCESS (1968).
⑦ 1969年和1973年出版的两部法律现实主义杰作中，爱德华·普塞尔用"法条形式主义"一词来描述当时的推理活动。普塞尔读过怀特的书，讨论了类似的事关实用主义影响美国思想的主题。See Edward Purcell, *American Jurisprudence Between the Wars: Legal Realism and the Crisis of Democratic Theory*, 75 AM. HIST. REV. 424 (1969); Edward a. Purcell, The Crisis of Democratic Theory: Scientific Naturalsm And The Problem of Value (1973).
⑧ Grant Gilmore, *The Age of Anxiety*, 84 YALE L. J. 1022 (1975).
⑨ Horwitz, "The Rise of Legal Formalism," *supra*.

邓肯·肯尼迪在1973年卷的《法律研究》上发表了一篇题为《法律的形式》的理论分析。① 威廉·纳尔逊在1974年《哈佛法律评论》的一篇文章中详细阐述了与反奴隶制度案件相关的法律形式主义的兴起问题。② 法律形式主义是罗伯特·科弗所著的《被控诉的正义》一书的中心主题，这本书讨论的是奴隶制案件的司法处理问题。③ 所有这些学者都供职于精英法学院（哈佛、耶鲁、宾夕法尼亚），他们在政治上都处于左翼立场。肯尼迪和霍维茨则是批判法律研究运动的开创性人物，这一运动对自由法条主义进行了激进的批判。

毫无疑问，这种突然聚集起来的对法律形式主义的高度关注与20世纪六七十年代激烈的政治事件之间存在着关联，这一时期，大学和法学院受到民权和反战抗议的冲击。在左翼阵营，这是一个对法律充满怀疑的时期。④ 1970年《哈佛法律评论》的学生编辑写道，"诚然，在一些司法意见（以及许多哈佛课堂）中，所谓逻辑不过是巧妙的诡辩。还须指出的是，纯粹的逻辑解决不了所有［法律］问题。"⑤ 几乎无需想象即可看出，这些态度与不久便到来的批判理论家对法律形式主义的成见之间的相似之处。科弗在《被控诉的正义》一书致谢中点到了这种关联：他这本书的灵感来自于"越南犯罪的司法共谋"与"不义黑奴制的司法默认"之间的比较。⑥ 在《美国法的时代》最后一章，吉尔摩认为，20世纪70年代正迎来一种类似于形式主义时代的"新概念主义"。他写道："在我们自己的历史中，无论是19世纪末还是当下，形式主义路径既包括寻找被认为具有普遍有效性的理论公式，也包括极力主张所有个别情况都应根据总体理论结构来分析和处理。"⑦

一群左派学者对20世纪70年代的法律深为不满，于是他们重返此前庞德及法律现实主义者所作的不满式研究，从而复活了一幅被视为共同敌人的肖像。一旦给定了名字，法律形式主义观念和"形式主义者"信念便席卷了整个法律文化，并迅速安顿了现在无处不在的形式主义-现实主义之界分。法律形式主义与已经为人熟识的法律现实主义对立起来，两者形成了一个方便易懂的配对，然后，作为对立两极互相定义。

1979年，吉尔摩带着明显的自豪感宣称说，过去二十年的历史研究"促成了一种主张，据我所知，这一主张在二战以前从未听说，但已经以惊人的速度成为20世纪70年代

---

① Duncan Kennedy, *Legal Formality*, 2 J. LEGAL STUD. 351 (1973). 尽管当时在历史学家和理论家中流传，但肯尼迪关于该话题的那本有影响力的著作直到2006年才得以出版。DUNCAN KENNEDY, THE RISE AND FALL OF CLASSICAL LEGAL THOUGHT (2006); 其中一篇是当时发表的，Duncan Kennedy, *Toward an Historical Understanding of Legal Consciousness: the Case of Classical Legal Thought in America*, 1850 – 1940, 3 RES. IN LAW AND SOC. 3 (1980).

② William E. Nelson, *The Impact of The Antislavery Movement Upon Styles of Judicial Reasoning in Nineteenth Century America*, 87 HARV. L. REV. 513 (1974).

③ Robert m. Cover, Justice Accused: Antisavery And The Judicial Process (1975).

④ Brian z. Tamanaha, Law As a Means to an End: Threat to The Rule of Law ch. 6 (2006).

⑤ Editors, *With the Editors*, 83 HARV. L. REV. at xxxi (1970).

⑥ *Id.* at xi.

⑦ GRANT GILMORE, THE AGES OF AMERICAN LAW 108 (1977).

被人们所接纳的思想之一。这一主张就是,从内战到一战的五十年是一个法律形式主义时期。"①

吉尔摩的这一夸口有具体证据的支持。1968 年之前,法律期刊上发表的文章中没有一篇是以"形式主义"或"形式主义者"为题的。② 第一篇包含上述术语的文章正是由吉尔摩写于 1968 年。③ 从 1968 年到 1979 年,有九篇文章题目包含上述术语;从 1980 年到 1989 年,这样的文章有 27 篇;从 1990 年到 1999 年,有 68 篇;从 2000 年到 2007 年,有 48 篇。④ 如上述数据显示,形式主义时代的观念尽管建基于并包纳了早期论述,但它确实是一项现代发明。

一些法史学家和法律理论家对加入这股研究浪潮表达了保留态度。劳伦斯·弗里德曼写道:"形式主义难以估量;始终有一个令人不安的困惑,即这是否是描述法官工作的一种有益方式。"⑤ 哈特认为,形式主义一语是令人困惑的"用词不当",是一个指责的术语而非一个有用的或清晰的观点。⑥ 尽管如此,这一标签和形象还是粘上了。

除个别例外,在法律史学家、法律理论家以及政治学家中,⑦ 形式主义时代的故事很快成为了他们的福音,法律文化中的每个人都接受了专家话语并加入到这一行列。政治学家将形式主义概念纳入裁判模型中。⑧ 法律理论家开始用理论内容来充实法律形式主义观念。

这个故事一个值得怀疑的迹象是,形式主义者完全是由研究法院的政治批评家和法学家们来定性的。当认识到最常被谴责为形式主义者的法学家通常是某种典型的保守派时,人们就会更加怀疑政治才是驱动"形式主义"指责的原因,正如历史学家托马斯·格雷提

---

① Grant Gilmore, *Formalism and the Law of Negotiable Instruments*, 13 CREIGHTON L. REV. 441 (1979) (emphasis added).
② 1934 年发表的一篇文章标题中带有"形式主义",但因为这个词是偶然意义上相对于"非形式的"一词使用的,所以这篇文章就未计算在内。Arthur E. Morgan, *Vitality and Formalism in Government*, 13 SOCIAL FORCES 1 (1934)。
③ Grant Gilmore, *Security Law*, *Formalism*, *and Article* 9, 47 NEB. L. REV. 659 (1968).
④ 对增量的部分解释可能是因为期刊量的增长,但这无法解释整体论文量的增多。比较看来,标题中带有"法律实证主义"(当代主流法律理论之一)的论文量在此期间只上升了一点:1968 – 1979 年间是 4 篇;1980 – 1989 年间是 10 篇;1990 – 1999 年间是 12 篇;2000 – 2007 年间是 11 篇。
⑤ Friedman, A History of American Law, *supra* 623 n. 39.. 苏珊娜·布卢门撒尔发表了一篇杰出的历史研究成果,对形式主义时代形象提出了另一种质疑。该项研究认为,整个十九世纪,人们都很清楚裁判的创造性。Blumenthal, "Law and the Creative Mind," *supra*.
⑥ H. L. A. Hart, *Positivism and the Separation of Law and Morals*, 71 HARV. L. REV. 593, 610 (1957).
⑦ 法律理论家中的一个例外是安东尼·塞博克,他的质疑见于 *Legal Positivism in American Jurisprudence*, supra, Chap. 3. 历史学家罗伯特·戈登也对法律形式主义故事表示了种种疑惑, see Gordon, "The Elusive Transformation," *supra*; Gordon, "Book Review," *supra*. 新一代的历史学家也开始对这一故事发起了挑战。布鲁斯·金博尔辩驳了兰德尔如前所述的形式主义者形象。路易斯·格罗斯曼在下文中驳斥了詹姆斯·卡特的描述: Lewis Grossman challenges the portrayal of James Carter in *Langdell Upside – Down*: *James Coolidge Carter and the Anti – Classical Jurisprudence of Anticodification*, 19 YALE J. L. & HUMAN. 149 (2007).
⑧ *See* Tamanaha, *supra* note 8.

供的这一串名字所表明的那样:"从库利、兰德尔的形式主义到哈耶克、斯卡利亚的形式主义。"① 任何持政治保守观念、信奉自由或忠实于法律规则的法学家都是要被打上形式主义烙印的首要人选。作一个松散的类比,这类似于完全凭借马克思主义者的著作来学习自由主义,反之亦然——尽管这一类比具有误导性,因为这些政治理论代表着一组可识别的思想,而"形式主义"似乎很大程度上是一项拼凑起来的发明。

形式主义标准化故事所存在的另一问题是,普通法是自主的、全面的、逻辑有序的,以及裁判致力于机械推理,这些观点令现代人难以置信。这种反应应当引起理论家和历史学者的警觉。毕竟,一个世纪前的法学家们必定相当熟悉、事实上也确实知道在不完美的法律体系中工作的人类法官抛出的所有问题。

五、均衡现实主义

如果整个形式主义时代都流传着现实主义的法律与裁判观,那么就有理由认为法律现实主义者不可能是今天经常被描绘成的那种开拓性的裁判激进派。更为重要的是,他们的裁判观一点也不激进,其所追随的实际上是我所谓的"均衡现实主义"。对此,我在其他地方进行了完整的论证,② 这里只提供一个简要的概览。

均衡现实主义有着两个面向——规则怀疑面向和规制约束面向。在规则怀疑面向方面,它指的是,对法律的缺陷、局限和开放性的觉知,以及意识到法官有时要进行选择、可能会操纵法律规则和司法先例、有时受到自己的政治观和个人偏见的影响。这些内在于法律与裁判之中的怀疑面向是无法消除的。法律是预先用一般术语进行的表达,并不总是在每一适用情形中都具有精确或单一的含义。无法提前预期到每一种情形;法律规则可能过于包容或狭隘,并不总是与其目的相符;法律并不总是系统化的;在语言与规则方面存在着不确定空间;法官是人类决策者,受到认知偏差、激情、偏见和判断不力因素的影响。

但上述怀疑意识受到法律规则仍然有效这一理解的制约。在规则约束方面,一个运转良好的法律系统中,法官很大程度上是遵守和适用法律的,存在一些制约法官的实践性社会和制度因素,法官作出的裁决通常是可预测并符合法律的。虽然怀疑论者提出了种种挑战,但裁判的规则约束面向仍然稳妥地发挥着作用,尽管这一必须实现的成就永远无法完美达成也不会有什么保证。

卡多佐给出了均衡现实主义的简明表达:

在我看来,那些都是现实主义感引导我们必定得出的结论。毫无疑问,有那

---

① See Thomas C. Grey, *Modern American Legal Thought*, 106 YALE L. J. 493, 512 (1996).
② TAMANAHA, *supra* note 29.

么一些地带，司法裁判不受既定原则的约束。制定法、先例、习惯或道德的模糊，或它们的部分或全部之间的冲突，这些可能会使法律无法确定，从而要求法院有义务行使一种在职能上显然属于立法的权力来溯及既往地宣告法律。这些情况下，争议各方能做的就是尽其所能地预测这一规则的宣告，并据此自我约束。我们绝不能让这些偶然且相对罕见的事例蒙住双眼，从而看不到有无数情形既不是含混的也没有冲突，更不存在作出多种判决的机会。①

与怀疑论者的形象相反，法律现实主义者以类似均衡的话语看待裁判问题。他们并未断言法官经常操纵法律以促成可欲的结果。② 他们最激烈的言辞——尤其来自弗兰克——朝此方向发展，但那并非深思熟虑后的立场。卢埃林这位或许是最为知名的法律现实主义者（与弗兰克一起）一直表现出均衡现实主义姿态，正如其著《荆棘丛》一书中的这段话所反映的：

  虽然有可能从相同案例中建立起若干不同的逻辑阶梯，然后再回到同一类争端中去，然而，并不存在那么多可合理建构起来的逻辑阶梯。这其中，某些或某个逻辑阶梯，先前判例是很显然地朝其推进的。你已经看到法官周围的墙了。③

卢埃林推测说，要一位熟练的律师预测一件上诉案件的命运，他"应该有十之八九的正确预测率。如果他知道双方的上诉律师或看到案情摘要，那就会更好"。④ 在确定如此之高预测度的来源时，卢埃林述及了如下几个"稳定因素"：法律传统对法官进行灌输，从而使他"通过法眼看待事情"；⑤ 包括规则、原则和条例在内的许多法律教义是相当明确并得到很好发展的；⑥ 法官遵循公认的教义技巧，竭力产出公正的结果以及得出正确的法律答案；⑦ 上诉法庭的法官们相互作用"以磨合不平衡的个人脾性"；⑧ 法官履行司法职责、赢得法律受众对其妥当司行为认可的愿望和承诺，以及避免裁判被上级法院推翻的愿望，促使他们进行真诚的努力，以公正无偏地寻求正确的法律结果。⑨

现实主义者们的误导性怀疑形象被形式主义—现实主义二元对立所延续，这使得现实主义者成为形式主义的对立面。卢埃林用 500 页篇幅的专著《普通法的传统》一书驳斥了

---

① BENJAMIN N. CARDOZO, THE NATURE OF THE JUDICIAL PROCESS, 128 – 29 (1921).
② See Tamanaha, *supra* note 8.
③ KARL N. LLEWELLYN, THE BRAMBLE BUSH 70 (1960).
④ LLEWELLYN, *supra* note 45.
⑤ *Id.* at 19 – 20.
⑥ *Id.* at 20 – 21.
⑦ *Id.* at 21 – 25.
⑧ *Id.* at 26.
⑨ *Id.* at 45 – 51.

"法学院的怀疑论者"的说法,① 详尽论述了司法判决是高度可预测的并主要由法律因素所决定。② 他写这本书的目的正是为了中和肤浅的裁判怀疑论所导致的腐蚀性后果。这是有讽刺性的,因为他今天时常被描述成一位怀疑论者。③

六、当代形式主义者的现实主义

形式主义—现实主义这一虚假的二元界分继续组织安排着裁判问题的当代论辩。令人费解的是,争辩各方其实有着实质性的共同基础,那就是均衡现实主义。

让我们从当代形式主义者的现实主义谈起。许多著名的法官和法理论家,包括大法官安东宁·斯卡利亚、大法官弗兰克·伊斯特布鲁克、哥伦比亚的约翰·曼宁教授以及伊利诺伊的劳伦斯·索勒姆教授,等等,他们都自我认同或被贴上现代形式主义者的标签。我这里的论证不是说这些法学家都信奉空洞或不适当的观点;而是说贴上"形式主义者"的标签并没有增添什么与众不同的东西,④ 反而可能具有误导性,因为这些现代形式主义者都接受现实主义的基本见解。

斯卡利亚被认为是当代的形式主义者。他的基本立场是宪法条款和制定法应根据其术语的原初含义来解释。采取这一解释路径并不意味着斯卡利亚对法律或裁判的理解是不切实际的。就普通法而言,斯卡利亚毫不掩饰地指出,法官通过"造法"来解决司法过程中的政策议题。⑤ 斯卡利亚写道:"事实上,在这些领域,由于遵循先例原则受到明显的侵蚀,司法造法可能确实会比以往更加随心所欲。"⑥ 他认为普通法案件中的法官并非机械适用法律,而是寻求"案件最可取的解决办法。"⑦ 他对于采用宽泛标准和"总体情势"以及"平衡"检验感到遗憾,因为它们赋予法官太多的自由裁量权进而增强了法律的不确定性。⑧ 但是他也承认,开放条款有其优势,这些"分析模型(将)永远伴随着我们。"⑨

伊斯特布鲁克也被认为是一位形式主义者,他强调"作为理解语言的一种方式,'平义'是愚蠢。在引人关注的案件中,意义并不'平白'……疑难问题没有正解。让我们不要假装文本回答所有问题。相反,我们必须承认法律法规中存在漏洞。"⑩ 此外,伊斯

---

① LLEWELLYN, *supra* note 45.
② *Id.* at 3 – 7, 19 – 35.
③ *Id.* at 3.
④ 尽管斯卡利亚和伊斯特布鲁克被他人冠以形式主义者之名,但他们自己对这个标签都不予认同。
⑤ Antonin Scalia, Common Law Courts in a Civil Law System: The Role of United States Federal Courts in Interpreting The Constitution And Law, *in* A Matter of Interpretation 6, 9, 12 (Amy Gutman, ed. , 1997).
⑥ *Id.* at 12.
⑦ *Id.* at 13.
⑧ Antonin Scalia, *The Rule of Law as a Law of Rules*, 56 U. CHI. L. REV. 1175 (1989).
⑨ *Id.* at 1187.
⑩ Frank H. Easterbrook, *Text, History, and Structure in Statutory Interpretation*, 17 HARV. J. L. & PUB. POL'Y 61, 67 – 68 (1994).

特布鲁克承认，法的社会意涵与目的必然发挥着解释力。"语词从上下文中获得含义，而上下文背景中还存在许多其他的词语、社会和语言惯例，以及作者正在处理的问题。文本吸引听众，我们有目的地使用它们。"[1]

曼宁是"形式主义"制定法解释路径直言不讳的提倡者，他提出了一系列类似的现实主义主张："现代形式主义者不太依赖于法律就是法律的论证风格"；[2]"现代形式主义者承认语言是一种社会事业，它只在语境中产生意义。因此，他们通常从文本之外的渊源中获取制定法的含义，这些渊源包括未经颁布的材料，诸如界定艺术术语或规定解释原则的案例或论文。"[3]"现代形式主义者承认，所有文本在适用于具体事实情形时都需要阐释，所以，政府机构和法院不可避免地享有某些详述制定法含义之细节的授权。"[4]"形式主义法官通常运用目的来解决歧义。"[5]"如果……法官不可避免地要填补制定法结构之空白，"曼宁断言，"那么，建议他们在宪法规定的结构性关系网络中制定合适的规范，这对形式主义来说无伤大雅。"[6]

索勒姆是形式主义宪法解释路径精致老练的声援者，他也提出了一个完全现实主义的立场："形式主义要求遵循规则……但规则的遵循不必拘泥于词语的字面意思。适用于特定事实的规则需要对语境和目的保持敏感……形式主义者可以通过各种方式将规则的目的纳入考量。"[7]"形式主义没有理由拒绝衡平，而衡平会在规则将导致荒谬后果时拒绝适用它。"[8]"形式主义可以而且应当接受这样的主张，即某一案件中法律上正确的结果不止一种。形式主义可以而且应当接受这样的观念，即法律有时赋予法官等法律行动者以自由裁量权。"[9]"规则适用于特定情形必定涉及实践判断，法律形式主义并不试图否认这一点。"[10]

面对这种不容小觑的现实主义，有人可能要问，当代形式主义者的立场究竟是什么，从而使他们的形式主义与众不同？对此，索勒姆作了如下概括："形式主义的核心观点是，法律（宪法、法规、规章和先例）提供了规则，这些规则可以、确实且应当为合法与否提供一种公共判准。"[11] 除此一般性立场外，"形式主义者们"彼此各有侧重且存在分歧（例如索勒姆和斯卡利亚，两人虽然都支持原旨主义，但在宪法解释上却走向了明显不同的方

---

[1] *Id.* at 61.

[2] John F. Manning, *Constitutional Structure and Statutory Formalism*, 66 U. CHI. L. REV. 685, 685 (1999).

[3] *Id.* at 688 (footnotes omitted).

[4] *Id.* at 688 – 89.

[5] *Id.* at 693.

[6] *Id.*

[7] Lawrence B. Solum, *The Supreme Court in Bondage: Constitutional Stare Decisis, Legal Formalism, and the Future of Unenumerated Rights*, 9 U. PA. J. CONST. L. 155, 171 – 72 (2006).

[8] *Id.* at 173.

[9] *Id.* at 174.

[10] *Id.* at 175.

[11] *Id.* at 169 – 70.

向)。

似乎有理由推测,当代大多数律师、学者和法官都会认同索勒姆所辨识的"形式主义的核心思想"。诚然,如果大部分律师和法官都不相信法律规则提供了指引性和约束性的公共标准,那么法律系统将功能失调。如果我的推断无误,当代大部分律师都可以视为核心意义上的"形式主义者"(不管他们是否被这一标签所排斥)。

七、当代现实主义者的形式主义

现在让我们看一看当代现实主义者的形式主义。波斯纳法官是当今最杰出的裁判现实主义者。他的《法官如何思考》一书是对形式主义谬误的持续批判。波斯纳用"法条主义"替换了形式主义一语,因为"法条主义背负的包袱更少",[1] 而含义未变。

> 法条主义者通过适用先存规则来裁决案件,或者在某些版本的法条主义看来,是通过使用诸如"类比法律推理"等所谓的独特法律推理模式来裁决。除了在一些诸如日程安排等行政性事务上,他们并不立法,不行使自由裁量权,不掺和政策问题,也不诉诸常规法律文本——主要指法规、宪法规定、先例(权威司法判决)——之外的东西来指引案件的裁决。对法条主义者来说,法律是一个自主的知识和技术领域。[2]

在这本书中,受骗的法条主义者形象充当了波斯纳自己的实用主义裁判观的陪衬。[3] 他斥责法学教授是天真的法条主义/形式主义裁判观念的主要供应者。[4] 在法学院,"作用于法官的动机和制约因素及由此导致的司法心态被忽略了,似乎法官就是些计算机,而不是不确定性海洋中智力有限的人类航行者。"[5] 法条主义因其愚蠢的幻想屡次遭到波斯纳的痛斥。他重复地说,"法条主义将法律视为一门自主的学科。"[6] 法条主义相信司法裁判纯粹是一种"逻辑操练"。[7]

---

[1] POSNER, supra note 4, at 7. 近来一位法官对形式主义发起了又一次攻击, see E. W. THOMAS, THE JUDICIAL PROCESS: REALISM, PRAGMATISM, PRACTICAL REASONING AND PRINCIPLES xix (2005) ("正是对形式主义挥之不去的司法承诺解释了何以有如此之多的司法推理依然是法条主义的、勉强机械的。")。

[2] POSNER, supra note 4, at 7-8. 无疑,波斯纳说到法条主义时意指着形式主义。波斯纳引用了格雷所作的"法律形式主义者"概述,参见 Thomas C. Grey, *Judicial Review and Legal Pragmatism*, 38 WAKE FOREST L. REV. 473, 478 (2003). 在波斯纳这本书的索引里,"形式主义"条目处说"参见法条主义"。

[3] POSNER, supra note 4, ch. 1.

[4] Id. ch. 8, especially 219-21.

[5] Id. at 377.

[6] Id. at 42.

[7] Id.

理想的法条主义裁判是三段论的产物，其间，法律规则提供大前提，案件事实提供小前提，判决则是结论。规则可能必须从某项制定法或宪法条款中提取，但法条主义模型有一套完整的解释规则（"解释原则"），由此解释也成为一项受规则约束的活动，排除了司法裁量。法条主义的口号是"法治"。①

在这里，波斯纳引用了我本人的相关论述。② 我批评过他的实用主义裁判理论，③ 这里只消说我从未表达过波斯纳附于法条主义者身上的那套立场。前文中提到的当代形式主义者中没有人坚持这套法律或裁判信念，其他任何法学家也无人信奉之。

上面考察的结果不是说波斯纳构设了一个假想敌，而是为了证明，经典的法律形式主义的故事持续塑造着最高层面关于裁判的争论。波斯纳是美国最富影响力的法官之一，同时也是一位最受尊敬的法律理论家，所以，他关于裁判的论断是举足轻重的。

波斯纳不仅复活了经典的法律形式主义以供自己批判的靶子，他还呈现出一种鲜明的现实主义立场。对于不太细心的读者来说，波斯纳听起来就像弗兰克这位最极端的现实主义者一样。

由于法条主义的决策材料未能就美国法官必须裁决的所有法律问题给出可接受的回答，法官们不得不偶尔——事实上相当频繁地——诉诸其他裁判渊源，这包括他们自己的政治观点或政策判断，甚至是他们的个人癖好。由此，除了不符合法条主义决策模型之外，法律还充满了政治及其他许多东西。④

法官经常遭遇开放地带，"在这些领域中，正统（法条主义）分析方法得出的结论不如人意，有时甚至给不出结论，从而允许或甚至要求情感、个性、政策直觉、意识形态、政治、背景和经验来决定法官的裁决。"⑤ 波斯纳直率地宣称："裁判是政治性的。"⑥

此类表述散见于波斯纳的整本书，它们就像抛向热切的裁判怀疑论者的红肉一样——波斯纳很清楚这一点。一位政治学家满怀热情地评论了这本书，以一种辩护的口吻说道："这本书由一位备受尊敬的现任法官所撰，它证实了社会科学家们已经证明了的东西。政

---

① Id. at 41.
② 在上面所引段落的最后处，波斯纳引证了我的 LAW AS A MEANS TO AN END: THREAT TO THE RULE OF LAW 227 – 31 (2006), and Brian Z. Tamanaha, *How an Instrumental View of Law Corrodes the Rule of Law*, 56 DEPAUL L. REV. 469 (2007)。
③ See TAMANAHA, *supra* note 55, ch. 13.
④ POSNER, *supra* note 4, at 9 (emphasis added).
⑤ Id. at 11.
⑥ Id. at 369.

治、意识形态和策略考量介入并影响司法决策。"①

然而,那些上了批判成瘾的波斯纳当的怀疑论者误入了歧途。波斯纳的立场并不像乍看起来那样激进。过去的一百多年里,法官们已多次承认,法律会用尽或支持相反的结果,他们的个人观点可能会介入法律解释中。

拿80年前与卡多佐共事的法官们所作的现实主义陈述为例来说吧。在1924年纽约市律师协会的一次演讲中,联邦上诉法院首席法官弗兰克·哈里斯·希斯科克回顾了一系列近期的判决并公开透露说:"所有这些案件都可以以另一种方式裁决。"② 他告诉听众说,要求法院裁决的事关权利和自由的宪法问题,与其说是法律问题不如说是"政策和治国技艺问题。"③ 由此,裁决随着"法院的政策和视角"变化而变化,而法院的政策和视角也可能随着法院组成人员的变化而改变。④ 该法院的另一位法官欧文·莱曼于1924年在康奈尔法学院发表了一份反思性演说。他指出,法官有时会遇到相互冲突的先例或错误的先例又或实际上没有先例的情况,他们有时就必须出于公共政策的考虑而改变法律。⑤ 作为一名法学生的时候,他就意识到"法律并非一门建立在不可变原则基础上的精确科学";成为一位法官后,他"认识到许多案件中并不存在可供具有逻辑确定性的推理的前提。"⑥ 他补充说:"任何深思熟虑的法官都会注意到,法庭会议上的司法意见分歧至少在某种程度上是基于视角的分歧";⑦ "法官在权衡个体权利与集体利益冲突的时候,必然会在一定程度上受到自己个人观点的影响。"⑧ 同样供职该法院的卡斯伯特·W. 庞德法官详尽阐述了法律不确定性的来源。他指出,法律教义"常被推导至一种消失的地步。法官可能会在趟过裁决的泥沼后却又陷入不确定性的流沙中。"⑨

上面这些是20世纪20年代同一法院的几位法官所作的率直坦白。在前后几十年间,还有其他许多法官说过同样的话。⑩ 然而,法官们也一致地立即强调说,尽管存在法律的开放性和法官的局限性,司法裁判大体上还是由法律所决定的。在波斯纳法官那里也不例外。在直截了当地宣称(为达到最佳效果)"裁判是政治性的"之后,波斯纳很快就转到了相反的方向:

> 但是,裁判不仅仅是个人性和政治性的。它还是非个人的和非政治性的。这

---

① Mark Kessler, *How Judges Think*, LAW AND POLITICS BOOK REVIEW, Aug. 24, 2008, http://www.bsos.umd.edu/gvpt/lpbr/reviews/2008/08/how-judges-think.html.
② Frank Harris Hiscock, *Progressiveness of New York Law*, 9 CORNELL L. Q. 371, 376 (1924).
③ Id. at 381.
④ Id. at 374.
⑤ Irving Lehman, *The Influence of the Universities on Judicial Decisions*, 10 CORNELL L. Q. 1 (1924).
⑥ Id. at 2-3.
⑦ Id. at 6.
⑧ Id. at 12.
⑨ Bulletin, Cuthbert W. Pound, *Defective Law—Its Cause and Remedy*, New York State Bar Association, September 1929, 279, 281.
⑩ See Brian Z. Tamanaha, *The Realism of Judges Past and Present*, 57 CLEV. ST. L. REV. 77 (2009).

就是说，有许多，实际上是大多数，司法判决确实是中立地将规则适用于公正发现的事实的结果，这些规则并非临时编造出来的。此类裁决典型地体现了通常所谓的"法律形式主义"，尽管我更愿意用"法条主义"一词。①

尽管在他那刺耳的怀疑论断言下很容易被忽视，但波斯纳多年来一直这样说过："法律义务确定性的社会利益，要求法官在大多数案件中严格遵循制定法文本和司法先例，从而至少大部分时候以一个形式主义者行事。"② 波斯纳经常重复地说，法官在很大一部分时间里适当地遵循先例，这是其角色所要求的。③ "法官的公务就是执行法律，"④ 这就是法官之所为。

波斯纳关于政治和意识形态的表述涉及到"开放地带"⑤ 的裁判、"法律不确定性"⑥ 案件。但是"大多数案件是常规案件"，⑦ 他告诉我们，"常规案件是那些可以用法条主义技巧来裁决的案件。"⑧ 波斯纳承认，大量的纠纷从未诉诸法院，因为预期的法律结果是明确的；绝大多数司法判决未被上诉，"因为案件确实受到先例或明确的制定法语言的'制约'。"⑨ 人们肯定会想，既然根据波斯纳自己的说法，法条主义立场（现实主义那种，而非波斯纳复活的经典形式主义）之于大量常规案件根本不是一种谬见，为什么波斯纳还认为他这本书有必要说成是对盛行的法条主义妄想的抨击呢。

抛开过激的修辞不说，波斯纳与其对手之间的分歧是在尽管重要但相对有限的层面上展开的。法条主义者希望法官尽其所能地遵循法律文本、司法先例和方法。⑩ 波斯纳同样坚持认为实用主义法官通常遵循也应当遵循清晰的文本和先例。⑪ 这涵盖了大部分案件，在这一点上双方是一致的。

波斯纳对同一层面的问题给出了不同的解释。法条主义者说法官有义务遵循法律；波斯纳说法官应当做那些促进社会利益的事情，但他又补充说，社会受益于对法律规则的一致解释和对先例的遵循。法条主义者说法官有责任为他们的裁决提供合理、合法的支撑；尽管承认法官乐意遵循规则并从中获得满足，但波斯纳说这些规则指的是"司法博弈的规则"。⑫

---

① *Id.* at 370（emphasis added）.
② RICHARD A. POSNER, THE PROBLEMATICS OF MORAL AND LEGAL THEORY 209（1999）.
③ POSNER, *supra* note 4, at 45, 61, 71, 125, 145.
④ *Id.* at 213.
⑤ *Id.* at 15.
⑥ *Id.* at 11, 82.
⑦ *Id.* at 46.
⑧ *Id.* at 76, 373.
⑨ POSNER, *supra* note 4, at 44–45.
⑩ See TAMANAHA, *supra* note 29, ch. 13.
⑪ POSNER, *supra* note 4, at 253.
⑫ *Id.*

当法律没有给出明确的答案或法律用尽，事情就会变得棘手，这对于法条主义者与实用主义者来说是一样的。正如波斯纳所指出的，"法条主义者承认他们的方法不可能每次都能奏效。"① 在没有更强有力的法律答案时法官应当何为的问题上，"法条主义者们"并无统一的立场。就其偏好的方法来讲，波斯纳承认，实用主义也没有告诉法官如何找出社会的最佳目标是什么。② 他还承认，法官只能猜测他们裁决的可能后果。③ 他最后给实用主义法官的建议也无甚指引意义："之于想成为实用主义者的法官，并没有太多的话可讲，我只想说你要通盘考虑、尽其所能地作出最合理的判决。"④ 实用主义法官们对理想的社会目标有着不同的看法，他们往往缺乏可靠的经验信息来明智地判断哪种判决最能促进那些理想目标的实现。预测判决的未来后果所涉及的复杂性和不确定性是巨大的。实用主义裁判观的对手们强调了这些缺陷，他们反对说，波斯纳所偏好的实用主义路径诱导法官从事不受控制的政治决策，而这是一项与法官的司法角色相悖且装备不足的任务。⑤

这里讨论的核心是，波斯纳与其对手之间的分歧主要涉及的是相对较少量的法律不确定性案件（确切比例未知）。这个案件量永远不可能消除，因为法律在其边缘地带不可避免是开放、不确定的。这关涉到均衡现实主义的怀疑面向。关于法官应当如何应对这些情形，由于相互冲突的路径都有着确凿论据（一些是规范性的，一些是实证的）的支撑，所以，还没有一致的答案。但是，就大部分案件而言，对法官做什么以及应当做什么，各方的意见基本一致（尽管就他们为何要这么做，各方的理由不一）。这是均衡现实主义所承认的规则约束面向。

从最广泛的概括性层面来看，当代法学家中的形式主义者和现实主义者之间可作如下松散的对照：形式主义者倾向于强调法律规则、文本及先例能够以及应当产生约束作用的原因和方式；现实主义者则侧重于强调法律规则的局限性。两者的态度和侧重存在差异，但除此之外，几乎没有什么可说的（并且要谨记的是，形式主义阵营内部在一系列问题上也存在分歧，现实主义阵营同样如此）。区分形式主义者与现实主义者的那些差异既不够敏锐也不够深刻，无法维系形式主义—现实主义的二分对立。任何一方都不接受通常与另一极相关的那套言过其实的信条。

八、出路

如果前面的论述完全有说服力的话，那么我们在超越形式主义—现实主义二元界分上已经走出了第一步。通过阐明形式主义时代形象是值得怀疑的，我们就摆脱了这个二元界

---

① Id. at 47（identifying Tamanaha）.
② POSNER, *supra* note 4, at 240, 253.
③ Id. at 334.
④ RICHARD A. POSNER, LAW, PRAGMATISM, AND DEMOCRACY 64（2003）.
⑤ RONALD DWORKIN, JUSTICE IN ROBES 84 – 104（2006）.

分的一面。认识到现实主义者并非激进的怀疑论者，而是持有着均衡现实主义的裁判观，我们便摆脱了二元界分的另一面。承认当下以及一个多世纪以来的大多数法学家坚守的都是一种均衡现实主义的裁判观，这为裁判问题争辩提供了一道共同的基线。"均衡现实主义"亦可称之为"均衡形式主义"。承认这条共同的基线本身并不能解决当前的争辩，然而，它确实有望减少误解和精力浪费，从而将争论聚焦到真正的分歧点上去。从来没有形式主义者相信裁判是机械的推理活动；也没有理由认为法官的判决就是由他们的意识形态偏好所驱动的。越早抛开这种虚假的二元对立，我们的研究才会变得更好。

（编辑：杨铜铜）

法律方法理论

体系思维对法治的意义[*]

周　磊[**]

摘　要　体系思维与逻辑关系密切。法学思维、法治逻辑都离不开体系思维。体系思维对当代中国的法治建设有重要而积极的意义。一方面体系思维对改变不重视逻辑的整体、实质主义具有重要作用，另一方面对塑造法律方法、法治思维有积极意义。根据法律思考的法治逻辑，不能仅仅是根据法律某一方面的规定，还必须正确理解把握法律的整体意义。法律是一种体系性的存在，不能进行碎片化理解适用。体系思维对解决机械执法、司法，协调法律与社会、政治、经济、文化、价值、道德之间的关系有重要作用。

关键词　体系思维　法治逻辑　法律方法　法治体系　法学思维

体系思维对中国法治建设具有重要而积极的意义。其突出的表现就是构建完善、理性的法学思维模式。完善主要表现在可以改变单一依靠文义解释、演绎推理思维模式的缺陷；理性主要表现在体系解释的逻辑模型。在社会主义法律体系初步形成后，许多学者发现仅有法律规范体系或者部门法体系还不够，还需要有法治体系来促成法治的实现。因而设计了法治体系的五个子体系，根据在十八届四中全会的公报这五个子体系包括完善的法律规范体系，有效的法治实施体系、有力的法治实施保障体系以及严密的法律监督体系等。这些子体系相互依存，共同塑造法治实现的思维路径。法治体系既是理论性的创建也是法治实现的中国式路径。这种体系设计对现实的法律运行作了非常全面的刻画，不仅有全面的平面设计还在于动态措施。如果说体系思维就是逻辑及其思维规律的运用的话，那

---

[*] 基金项目：本文系司法部课题"儒学中的实用主义对重塑司法公信力的可能影响研究（项目编号：15SFB2004）的阶段性成果。

[**] 周磊，男，上海人，华东政法大学法政治学博士研究生，上海立信会计金融学院教师，研究方向为法政治学、法律解释学。

么这五个子体系还必须符合法治思维和法治方式的运转,即需要基于法治逻辑的粘合。不然仅仅是言辞的表达方式,还难以开展法治方式的运作。其中的理论问题有两个:一是如何在五个子体系之间建构逻辑一致的关系。诸如,国家立法机关所创设的法律规范体系与党法党规体系逻辑一致的衔接;法治实施体系、法治实施保障体系与法律监督体系之间的能否建构起符合逻辑一致性的关系。只有在逻辑上取得一致性才能形成促成法治的合力,否则还是各行其是就不会出现社会治理的法治化转型。以体系之名所概括法治体系,其理论论证还需要进一步详实。现在的体系还是粗线条的,其理论构建还没有最终完成。因而还需要进一步符合逻辑的行为规范协调,以及主体分工体的进一步明确。仅仅建立在辩证矛盾思维之上的体系设计,很难满足法治运行的要求。二是如何在解决上述问题基础上建构中国社会主义法治话语体系。在全面推进法治中国建设的过程中,既需要法治引领行为的方式,也需要以法治之名建构话语体系,从而实现法律对思维方式指引。从理论上看,体系之维至于法治思维的形成以及法治话语体系的建构,就是要把权力圈在法律笼子里面。这里的法律既包括制度意义上法律,也包括体系性的法律。体系思维不仅要解决法律意义的恰当性,还应解决法治机制体制的合理、合法设置。法治体系意味着,法律意义的变化需要在体系符合逻辑的探寻。法治的实现离不开逻辑对思维的约束。这是法治区别于其他治理方式的显著特征。

一、体系思维对法治逻辑的影响

法治体系的建构需要体系思维,不然法治体系就难以运作。以体系之名的法治逻辑或法治思维对法治中国建设具有基础性意义。

第一,体系思维是塑造法学思维、法治逻辑不可缺少的工具。符合逻辑地使用法律,对法治发挥着极为重要的作用。虽然在整体、辩证、实质思维模式之下,人们对体系逻辑不是很重视,但随着西法东渐,中外法学研究方法不断交融,体系的观念以及体系思维、体系解释方法等已经开始被不断地接受并运用。同时,由于法律本身就是一种体系性的存在,因而在现有的法学研究中以"体系"之名的研究日益增多。目前存在的问题是:对法治机制、体制的建构没有开展逻辑论证;没有把体系自觉地与逻辑深度关联起来;没有认真研究构成体系的逻辑要素以及法律意义重生功能;以至于体系思维与整体思维的区分还不是很清楚。体系思维对法治中国建设的重要性还没有来得及进行充分论证。本来来自西方的法学原理、知识体系等都是体系性的,在规范法学原理的基础上很容易形成体系思维,然而由于对来自西方的法律知识体系、法律规范体系、法律关系体系等,没有开展深入的基础性研究;没有搞清楚它的来龙去脉及其相互关系以及意义功能。因而只能采取以单元为单位的研习;或者选择某两个要素纳入对立统一的思维模式中开展思辨。这造成了体系性的法学及法律,在传到中国后出现了碎片化现象。构成法学整体的法律概念、法学原理、法律原则、法律规范以及法律思维规则之间是存在体系性关联的。可在进行了单元式研习以后，特别是在后现代法学以及批判法学的解构之后，具有逻辑关联的法学原理、法律规范的体系性不见了。因而也就造成了很难做到全面、系统地理解法学、法律和法治及其实现方法。中国的法学研究已经恢复了四十多年，对法律方法的研究也持续了多年，但人们现在却只是对"一般优于个别"的涵摄思维模式较为专注；并在此基础上接受文义解释、法律推理意义上的"依法办事"思维模式；对于体系思维及体系解释方法还不能娴熟地使用；类比推理、法律论证等方法在很多场景下被忽视；甚至在一些案件中出现了依法掩盖下的错误。这使得现有的法学思维呈现出缺少体系的缺陷。

需要意识到"在法学上致力于法律体系的建立，使其纳入整体法律秩序之中，以避免法秩序的混乱无序，欠缺可预测性。"[1] 以体系之名塑造法学思维，不仅能增加对法律的正确、全面理解，而且对塑造法治思维具有极其重要的意义。对不重视逻辑的中国来说，甚至还可起到矫正传统思维方式的功效。以法治为目标的体系思维，是以法律为核心而展开的关系思维。但这种关系不仅是在人们所选定的两个要素之间进行关系思辨，而是要开展更为全面的思考。体系思维以及体系解释方法的展开使用，不仅需要姿态上的重视，而且还需要对构成体系的要素予以明确，并在明确的基础上开展逻辑思考。只有这样才行形成对法律全面、正确、恰当的理解、解释和运用。"当正确的体系性解决方法作为一种事先评价的结果表现出来时，体系性结论及其希望达到的事实上的正确性之间的一致性，从一开始就可以得到保障"，[2] 如此对法律的正确、恰当理解就会减少很多困难。体系思维旨在建构符合正义、法律安定性的要求法治秩序；对改变传统的不重视逻辑的思维方式的改变有重要的意义。法律人需要尊重法律定义、利用对法律概念的思考衍生法律规范；在体系建构过程中，还可以利用概念的比较，认知期间的逻辑一致性，可以一并获得新的规范；在执法、司法过程中对法律再次开展体系化思考具有非常重要的意义。

第二，利用体系思维正确把握法律、法治的整体与部分的关系，解决法律实施以及解释的循环难题。在中国语境下开展体系思维需要区分整体与体系的概念。就语词的基本含义来看，整体与体系的语义似乎没有大的区别。整体就是体系，而体系是由要素构成的整体，对法律整体性的理解包括体系思维的使用。然而，在很多人的脑海中，整体是一个模糊的概念，体系要素被一些人"偏执"地理解为一分为二，对立统一等辩证思维，这使得人们心目中的整体，不是由系列要素构成，而陷入只有两个要素的对立统一。简单地归结为天与人、官与民、法律与道德等之间的关系，对体系的思考就成了在两个要素间进行关系思辨，两要素以外的其他要素就可能被忽略。仅仅在对立统一的两个要素间思辨，意味着人们对体系的使用是粗线条的，没有对构成体系的要素进行系统地全面把握。世界万物构成体系的要素不可能只是两个，只是为了方便识别，才把众多的体系要素分解为两

---

[1] 陈清秀：《法理学》，元照出版有限公司2017年版，第450页。
[2] ［德］克劳斯·罗克辛：《德国刑法学总论》，王世洲译，法律出版社2005年版，第133页。

个。好像法律就是由政治决定的，或者由经济所决定，或者由道德所制约，或受文化所支配，等等，不一而足。在对立统一的思维模式之中，法律的意义是流动的、不确定的，要害的问题在于：这会使得一些人很容易忘记法律的体系性对法律意义的约束以及对构成法治体系的机制体制进行体系反思。并且，完整的法律体系链在对立统一的关系思辨中被人为地隔断了。在很多人的整体观念之中，只有宏观的整体而没有要素构成的体系。特别是在法律社会学、政治法理学等话语体系引导下，中国的法律被赋予了多种属性，诸如，法律的正义性、人民性、阶级性、社会性、规范性、程序性、整体性、辩证性等，对法律的这些属性如何处理着实在考验着体系思维的恰当运用。虽然法律的这些属性深深地影响着人们对法律意义的理解和解释，但能否纳入体系的要素却值得认真研究，因为无论哪种属性只要占据了制高点都可能影响法律体系功能的发挥。

第三，体系思维包括构成性体系，这对克服辩证思维缺陷有积极意义。这一提醒对没有受过法学训练的执法者特别重要。因为在很多依法办事的旗帜下，抓住一点不顾其余的决策方式时常出现。所以，体系思维至于法治逻辑就是要注意运用法律关系理论、犯罪构成理论等。这其实是在运用体系思维使用严密的法学原理，只不过建立在法学原理基础上体系思维，是根据法学原理的构成性思维。一般来说，中国的多数人都会在思维方向上，反对机械司法、执法，但在对法律的具体操作中机械执法能满足权力张扬时，也会毫不犹豫地抛开构成性的法学原理。我国传统文化中有丰厚的整体、辩证思维基因，但缺乏在整体思维中建构要素以及逻辑关系思考。这使得人们的思维过于宏观，不经逻辑论证，缺乏法治所需要的细腻。以致于很多正确的思维方式可能被误解、误用。诸如，在法律实施过程中讲大局、讲政治、讲正义等都是一种整体、辩证的思维方式，从事物都具有普遍联系的观点来看是正确的观点。但如果偏执一端，就没有办法和法学原理相衔接。要想在整体、辩证为主的思维方式的国度中实施法治，就需要把捍卫文义的契约精神及逻辑思维方法与整体、辩证思维方式有机结合起来，使大局、政治、社会等不致于危及法律的权威。这种所谓"有机"就是把体系之维融进整体、辩证思维之中，通过体系的概念，以法之名把整体、大局、社会、政治、文化等纳入法理思维的视野，经拟制、体系、批判思维的历练，最终使"综合治理"演变成法治治理。同时，在辩证思维模式之下，人们的思想具有太强烈的实用主义色彩以及太多的灵活性。如何解决（严格执法、司法的文义解释与适度开放的体系解释思维）这样一种相互矛盾的走向。封闭意义上的依法办事与开放法律整体解释之间的矛盾思维，在中国已经持续了很长时间。这一方面在考验着人们究竟能在多大程度上接受依法办事、依法决策的法治思维走向；另一方面也在拷问综合治理的思维方式能否引领人们的思维走向现代法治。

第四，为流传了一百多年的结合论找出结合的逻辑方法。现在人们的思维方向基本是强调把法律的各种属性结合起来，统一为整体的法律。结合论目前面临的最大问题是：只有法律与其他社会现象的关系思辨，而没有解决问题的具体方法。虽然体系论能否最终解决问题还值得研究，但没有方法的结合论，只能停留在认识论层面，只是表达了结合的意向，演绎不出解决问题的方法。体系思维则要求对需要结合的对象进行要素间逻辑思考，是用内外体系的逻辑一致性化解要素间存在的各种矛盾。做到这点，首先需要明确需要结合的内在要素，并关注外在体系的关联。在解决了内在体系要素间的逻辑一致性后，再在内外体系之间开展逻辑一致性的探寻。这里的体系思维其实就是逻辑思维规则的运用。具体说就是以法之名在各种要素间建构逻辑一致性关联；在一致性的基础上直接导出解决问题的方法。之所以要以法之名，是因为所谓逻辑一致性本身还可归结为认识论。只有以法律之名并使用法律思维规则，才能将体系思维引向法治方法。现在，我党已经选定了法治中国战略；要把法治当成治国理政的基本方式，要全面推进法治国家、法治政府和法治社会建设。这意味着，即使是在思维方式倡导"综合治理"，也不能继续实施以压服为主的管理方式。法治中国建设需要用法治思维和法治方式化解社会矛盾。要全面推进法治建设就需要思维方式的法治化转型，在思维方式做到遇事找法、化解矛盾用法、解决问题靠法。我们不能把法治的实现，寄希望于各种形式的结合论。①

二、体系思维对法律方法的完善

魏德士提出了一个非常重要的问题值得思考，即"方法之法的缺乏"问题。所谓"方法之法"其实就是指法律运用的思维规则。现在有些法学家，只承认法律是行为规范，但没有看到，如果这些行为规范不能首先约束思维过程，对法律正确理解、解释和运用也是有困难的。有人已经发现并论证，在法律之秩序形成的过程中，并没有专门的法律来约束法律适用者的法律解释或法律适用的特定方法。在制定法出现后，文义解释方法的使用似乎是自然的。然而，文义解释虽然有很多优点（诸如，文义解释优先对保障法律意义的稳定性、安全性有重要意义），但其缺点也是非常明显的。因为在法律的解释和运用过程中，仅靠文义解释是不够的，甚至会出现死抠字眼的机械执法司法。所以，在文义解释方法之外，还需要探寻其他方法。在实证研究兴盛以后，对法律意义探究的社会学方法也出现了。在自然法学派的观念中，自然法是高于实在法的。如果实在法与自然法发生冲突就应该按照自然法意义进行解释。这样还出现了以正义、人权等法律价值对实在意义的衡量。由于平等、自由等价值之间难以区分高低，价值衡量之后又出现了把价值换算成利益的利益衡量。随着新修辞学的兴盛，在逻辑论证的基础上又出现了对法律的外部证成。法律方法增多，就需要从体系的角度对这些方法进行分类，其分类的结果就是衍生出了法律方法论体系。

近些年法律方法论体系的发展，表现为法律方法论"家族"中出现了法律论证方法，这种方法的出现与法律的体系性思维有很大关系，体系思维属于论证思维，或者说法律的

---

① 陈金钊：《用体系思维改进结合论、统一论》，载《东方法学》2018年第1期，第91页。

体系性衍生出法律论证的必要性。体系解释能解决法律意义的恰当性、正确性问题。如果说文义解释强调了根据法律解释或推理，属于意义寻找的法律独断论，那么，体系思维之中法律论证则是对意义寻找的意义探究论，在这种探究中体系思维是重要的工具。"法律明确性的要求，从一开始就使得与体系性相联系的思考获得了优先权。不过人们经常忽视，在体系性思考和问题思考之间进行综合是富有成效的，并且在一定意义上是可能的。"① 法律的使用都要受法律的约束，对此，人们并没有争论。然而对于法律是什么却很难有一致的意见，能够寻求的也许只有最低意义上的共识，这就是大家都认同的"法律是行为规范"。用行为规范可以衡量人行为的"合法""违法"以及既不合法也不违法的"非法"。② 可问题在于，人们是如何确定"合法""违法"呢？带着对这一问题的思考，我们就会发现，法律不仅仅是行为规则（用于指引和评判人们的行为），还包括思维规则（用于对法律人思维的约束）。只是，很多人并不承认法律思维规则的存在。③ 因而，对思维过程无法进行对错评判。"如果在解释'方法'问题上达成基本一致，那么这种一致很明显将使'检验'、监督以及关于法律适用结果的讨论更加容易。"④ 法律运用就是思维过程需要遵循思维规则。法律人应用法律是可以自由选择的，但自由绝对不是任意。执法、司法过程中，无论是法律发现、法律解释、法律推理、法律修辞、法律论证、法律论辩等活动，都需要遵循其基本的思维规则。

　　从逻辑的角度看，法律方法论之所以能够成为体系，其实就是因为文义解释、法律论证、法律推理、法律发现等可以作为相对独立的方法。根据法治基本原则的要求，法治要实现依据"法律"的治理，因而一些"脱离"法律文本的目的解释、社会学解释、实证分析、价值衡量等都不宜作为独立法律解释方法。离开条文分析的纯粹目的解释、社会学解释所铸造的"法"，可能会在一定程度上危及法律的安定性。法的安定性要求法律的实在效力。"法的目的问题必然以相对主义终结，只要它依据伦理利益来安排。"⑤ 目的解释只能作为辅助方法运用。由于执法、司法是综合各种法律方法的运用过程，因而法律的运用者需要在各种方法间进行体系连贯的思维。然而，演绎推理的解释是根据法律的导出的，但体系解释的结论是如何导出的呢？这对体系解释方法的运用来说，这既是一个重要

---

① 对体系思维优点这四个概括参见［德］克劳斯·罗克辛：《德国刑法学总论》，王世洲译，法律出版社2005年版，第132页。
② 人们平常所说的违法，表面上看是对某一个法律规范的违背，但由于法律原本就是一个体系、整体性概念，因而，不遵守某一个法律规范的规定，就对整个法律的违背。这意味着法律是体系性的，无论文义解释与体系解释都需要解释，但体系解释与文义解释一样的地方就在于，文义解释是带着问题意识，搞清楚法律文本语词的基本含义。而体系解释却把问题带向了逻辑，寻求的是法律要素间的逻辑一致性。多少有抛开问题的思维走向。
③ 即使在法学非常发达的德国，对法律思维规则的认同，也只是在部分领域。见［德］伯恩·魏德士：《法理学》，丁小春、吴越译，法律出版社2003年版，第314页。
④ ［德］伯恩·魏德士：《法理学》，丁小春、吴越译，法律出版社2003年版，第314页。
⑤ ［德］古斯塔夫·拉德布鲁赫：《法哲学入门》，雷磊译，商务印书馆2019年版，第84页。

的理论与实践相间的问题,也是体系解释方法必须解决的问题。在体系思维和体系解释的过程中法律评价不可避免,体系思维其实就是如何进行较为全面的法律评价。法律评价在法律学上就是关于容许与禁止的兼容性问题;在价值上是指本质与存在间存在的差距认识;在法哲学上就是规范法与实证法的差距问题。"在每一个体系当中,都会有既定的知识甚或决定在其中。……但是,体系并非知识本身,而是知识的工具;对于解决较为复杂的任务来说,这个工具无论如何是不可或缺的。就此而言,体系绝对可以与计算机程序相似。"① 体系解释的逻辑是根据评价得出的选择。这个评价主要是针对系争问题,依据法学原理、法律规则、法律思维规则等开展逻辑思维规律的运用;找出规范之间的矛盾,并用逻辑思维规则化解矛盾。换个角度说,体系解释方法其实属于法律论证的一种方式。

对法律方法论体系有不同构建逻辑标准。笔者感觉哲学上的形式实质的划分对法律方法论体系建构有重要影响。诸如,与形式法治相对应的法律方法论体系包括文义解释、法律推理、内部证成、体系解释等。与实质法治相对应的法律方法有:目的解释、价值衡量、利益衡量、社会学解释等。与此相对应,行为的心理姿态也可以作为方法论划分的标准。克制主义的法律方法与形式法治的方法论一致;而突破法律规则和程序的能动主义,其方法论与实质法治的方法论一致。值得注意的是,在我国前一阶段也出现能动司法的概念,并且炒得很热,甚至有些学者主张把其当成司法理念。其实,如果不介入对社会背景的分析,就看不到这一命题对中国法治的风险。很多美国法学家之所以主张对法律的能动使用,并把司法活动的创造性当成司法的本质,是因为,在法治搞了多年以后,发现了克制法律方法的过度使用,对法律意义的探寻出现了过于封闭的现象。因而主张开放的法律姿态从实质法治的角度解释、论证法律。但在美国能动司法不会导致法律权威的丢失,因为有一套较为成熟的法律话语系统和法律方法论系统。与能动司法相伴而生的是一整套实际发挥作用的教义学法学的思维规则体系。在西方由于有些人过于重视严格的法律思维规则,以至于出现了很多荒唐的结论。然而,在我们倡导能动司法的时候,人们还没有意识到法治逻辑的重要性,也没有与能动司法相匹配的法律方法体系。

三、体系思维对法治思维的意义

权力体系、权利体系、法律责任体系、法律话语体系、法律方法论体系、行为规范体系、思维规范体系、法律渊源体系、法律价值体系、法律概念体系等无不显示着体系思维的作用。体系思维对于法治思维的意义在于:

第一,对制度和法律的体系建构解决法律的碎片化的问题,从而使法律能够释放出整体的意义。立法者所进行的体系化努力就是在原则体系之下设置规范体系。体系化思维就

---

① [德]英格伯格·普珀:《法学思维小学堂——法律人的6堂思维训练》,蔡圣伟译,北京大学出版社2011年版,第185页。

是要在规则与原则之间进行思考。由部门法构成以宪法为龙头的法律体系；在这里的体系思维就是合宪性解释，即违背宪法的规定被视为是无效的。在同一部门法体系之中，还有特别法由于一般法的解释规则。还有同级别法律规范之间，体系解释规则要求使用更清楚的规则。对于存疑的规则解释时不能导致其他规定被废弃。新法优于旧法。上位法优于下位法等。"没有一个法律规范是独立存在的，它必须作为整个法律秩序之一部分来加以理解；只有在理解一个法律规范在该规范群、法典、部门法领域（私法、劳动法、税法等）或整体法秩序中之地位，才能对该规范内容切合实际的理解。"① 这种体系解释还只是内部体系的范畴。尽管已经超越了联系上下文的体系解释，但属于在法律体系的内部要素寻求法律意义。内部体系的概念牵涉，宪法与部门法的关系、民法与行政法的关系、刑法与民法的关系、民法与劳动法的关系、法律与规范性解释之间的关系，等等。在有些人看来，这还是回避了法律与政治、社会、文化要素之间的联系。因而主张内部体系还需要进一步开放，在使用法律的时候，还需要讲政治、大局，还需要与社会进一步强化联系。这可能就是法律解释的国内外现状。魏德士说："法律解释的自由有时应当受到限制，有时则应当得到扩大，其根据就是法律适用时的法政策意图和时代精神。法律的解释学说总是具有法政策功能；它限制或扩展法律适用过程中的解释的调整权力。"② 不同方法的选择，所塑造的法律秩序是不一样的。对中国法治建设来说，也许最主要的问题是：如何理解、解释和应用法律才能满足法治的要求。体系思维以及体系解释方法是探寻解决中国法治的思维方式问题。

第二，解决社会中实际存在的法律与价值、道德关系的冲突问题。法律实施不能背离法律价值体系。"在没有一个价值前提参与的情况下，无法仅从事实判断中得出一个价值判断。"③ 法律秩序是由法律规范体系与价值体系等的协调运用所促成的。体系解释需要从司法、执法立场的法律界定——法律价值或其他社会规范融入法律意义的路径。在法律运用过程中，首先需要贯彻法律价值的一致性，使法律价值与法律规范一以贯之。就行为规范和思维规则之间的关系来看，司法执法过程中所认定的行为规范的内容应该接受思维规范的监督。只有这样才能保持行为规范和思维规范的统一性。否则，就可能会用错行为规范。体系思维的目标就是在法律要素间建立统一性和一致性。"法律秩序被设计为越来越协调的、深思熟虑的、无矛盾的法律的（和法官法）的价值判断体系。"④ 在法律秩序中，不仅法律规范指引着人们的思维和行为，而且价值判断对人们的思维决策也有非常大的影响。即使在已经成文的法律规范之中，也都蕴含着价值要求。法律适用、法律解释等总是一种价值实现的行为。对法律价值的尊重，对理解法律具有基础性意义。在法律与道

---

① ［德］伯恩·魏德士：《法理学》，丁小春、吴越译，法律出版社2003年版，第329页。
② ［德］伯恩·魏德士：《法理学》，丁小春、吴越译，法律出版社2003年版，第312页。
③ 李晓辉：《比较法研究中的"法律体系"》，载《国家检察官学院学报》2011年第5期，第103页。
④ ［德］伯恩·魏德士：《法理学》，丁小春、吴越译，法律出版社2003年版，第330页。

德关系的问题上，人们片面强调了道德的作用，认为在道德与法律的冲突中，法律的意义应该迁就道德，甚至让位于道德，因为法律是最低限度的道德。但是，最低限度如何获得人们很少研究。实际上也很难研究，道德存乎于内心比法律有更大的不确定性。体系解释其实是一种论证方法，所以我们不能简单地在法律与道德之间进行对立统一的思辨。由法律统一道德，或由道德统一法律都是有问题的。我们需要把两者的冲突放在更宽泛的体系之中，寻求更大范围的逻辑一致性。比如，解释者所倡导的道德是否与正义冲突，是否与人权背离。实践之中只要在对立的两个体性系要素之中多加一个要素，人们对事物的认识就多一分恰当或更加接近正确。

第三，协调法律与政治、经济、文化、社会的关系问题需要体系思维。这主要通过外在体系思维方式的确定来协调法律与社会的关系。内在体系思维主要是确定法律规范之间、法律规范与其他社会规范之间的关系。外在体系思维的优势是对所思考对象进行彻底、系统的思考，不仅以法源之名考虑社会规范之间的关系，还要以体系思维的方式，把法律与社会系统联结起来。从逻辑的角度看，法律是独立的规范系统，法治需要法律的独立性，然而，从社会学的角度看，绝对独立的法律是不存在的，法律与政治、经济、文化、社会等之间有着极为密切的关系。外在体系其实只是一种思维方式，并不是说政治、经济、社会、文化是法律体系的要素，而是说法律与社会等之间联系，需要解释者具有面向社会等开放的体系思维。不能仅仅在规范系统之中寻求法律的意义，还需要积极探寻法律与社会系统的关系。但我们必须注意，法律与社会的关系不宜用简化的对立统一思维来完成。因为，对立统一的关系思维不是随意搭建的。诸如，法律与政治、法治与德治、法律与经济、法律与文化、法律与社会不是对立统一的关系。然而，对这些问题的对立统一观察模式，已经定型并深深地影响了人们的思维。诸如，政治与法律的辩证关系是，政治是大局、方向、根本，法律只能服务于政治，但法律对政治也有影响。在法律与经济的关系上，法律是有经济基础决定的，要为经济服务，法律知识经济的反应。不做其他更多的分析，只要在这两种对立统一关系之中，我们已经搞不清楚究竟谁决定谁了。更遑论加入更多的对立统一。还有如果依据这种简单、肤浅的思维，就决定法律与政治的关系，根本就无法把政治权力圈在法律的笼子里面。

外在体系的融贯论或开放体系思维，不是要把系统分为多种双元素的对立统一，而是要把政治、经济、社会、文化等都纳入体系思维之中，开展整体性协调。把法律当成一极，又随便找出一极，就开始进行对立统一的思辨。这不符合体系思维，达不到对法律的整体性认识。可我国大多数法理学教科书，在做完了法与政治关系的思辨以后，就开始思辨经济与法律的关系。目前较为符合法治，即市场经济就是法治经济。但在法律与社会的关系中，人们的观念还是存在不少问题。在法律与社会的对立统一的思辨中，法律是社会关系中的法律，法律的意义不是概念决定的，而是由社会来定义的。这就使得法律对社会的调控、改造功能被忽视，一味强调法律对社会、历史、现实的适应。文化与法律之间的关系思辨中也出现了文化决定论，因为这样诠释法律没有政治风险。总之，我们发现，法治在与其他社会现象的关系思辨中，法律已经失去了独立性，法治也没有了实现的可能性。法治悲观主义在思辨中产生。因为，法律只要和其他社会现象对立统一，它总是不能独立存在的，属于被统一的对象。所以，我们对法律的意义探寻不能仅仅在对立统一的思维模式中进行，而需要把法律视为一个独立的系统，在法治、政治、经济、文化、社会等诸要素开展体系思维，以便使法律、法治能独立、正确、恰当地发挥作用。

（编辑：杨铜铜）

法的自主性及其对法治的意义

翁壮壮[*]

> **摘　要**　法的自主性是法理学的经典命题，但其内涵与外延并非是不言自明的。就内涵而言，法的自主性作为拟制的概念，并非指法彻底独立并自闭于社会环境，其拟构的自主性是以法的客观性、独立性、自足性为基础、在认知层面对社会环境保持开放的法律决断论。法的自主性之外延则较为丰富，包括内容自治、制度自治、方法自治与职业自治四个方面，分别是法的自主性之基石、保障、工具和底色。法的自主性对法治的意义主要表现在防止形式法治的瓦解、协调形式与实质法治、提供法治成立的理由，以及明确法治并非是纯粹的拟制这四个方面。基于法的自主性之法治是现代社会才有的制度性事实，这也是一项保护公民尊严与权利的事业，故而其应当被全体公民认真对待。
>
> **关键词**　法的自主性　形式法治　实质法治　拟制

在改革开放后高扬法治旗帜的中国，"法的自主性"似乎已经成为了中国法学界一个不言自明的经典命题，其内涵与外延虽含蓄隽永，却也显得幽昧经年，至今"犹抱琵琶半遮面"。近代中国自鸦片战争以来，经历了从"器物"到"制度"再到"思想"的学习过程，在这一过程中对于法律制度的引入，其根本目的是为了救亡图存，法律本身被当成救亡图存的工具，其独立价值并未得到认真对待。新中国建立之后得到了有限的发展，却因文革十年浩劫对于宪法与法律的漠视，而使得新中国的法治现代化满目疮痍，百废待兴。改革开放以来，仍旧存在着同样发源自西方暗流涌动的反基础和解构主义法学思潮，法

---

[*] 翁壮壮，男，山西大同人，华东政法大学法律学院2019级硕士研究生，华东政法大学法律方法研究院研究人员，研究方向为法治理论。感谢陈金钊老师为本文提供的宝贵建议，从文章选题、内容结构到文字细节，对本文都大有裨益。当然，观点不妥之处，笔者文责自负。同时感谢德国波恩大学博士候选人张焕然提供的关键性文献。

学、法律、法治、法理的基本含义均面临着不同程度的解构，法律的定义、规范、预测等作用被否定，法律的一般性、独立性、体系性等被消解，使得法治始终难以在我国深深扎根。① 这股发源自西方的反基础和解构主义法学思潮，是建立在西方相对完善的形式法治基础之上的，但作为法治后发国家的中国则恰恰相反，在尚未具备相对完善的形式法治的前提下，就贸然鼓吹此种思潮，难言审时度势。同时，由于把此种研究视为前卫法学，所以在整体赶超思维的支配下，反基础和解构主义的法学思潮在中国得到广泛传播。② 在此背景下，"法的自主性"（autonomy of law）与"法治"（rule of law）始终未被充分强调与关注，更遑论认真对待。对正处于变革与转型之中的中国而言，法治现代化乃国家现代化中的重要环节，清晰界定"法的自主性"之内涵，认真对待"法的自主性"，对从根基上捍卫法治，显得尤为重要。

一、法的自主性之内涵

法的自主性并非是从来就有的，是自宗教改革以降，特别是自启蒙运动以来，法律文明秩序取代宗教文明秩序之后，经过无数法官和法学家的努力才成就的理想。从学派来看，"法的自主性"系自然法学、法实证主义③、法社会学、现代主义、后现代主义讨论之焦点，但法的自主性之概念也似乎伴随着视角的多元而显得更加晦暗不明。④ 法的自主性这一拟制的概念，为法律秩序避免外部环境干涉而进行自我建构提供了现实空间，其内涵却又时而羁绊于政治诉求和社会感情而臃杂不纯，聚讼是非，因此有必要对法的自主性之内涵做出界定。

（一）语境为何？

法治是法的自主性之语境，法的自主性乃法治之下位概念，讨论法的自主性，特别是基于法的自主性之法治，必须明确所使用的法治究竟为何。法治之内涵是一个随着历史发展不断变迁的概念，也由此法的自主性之内涵也会随之变迁，并取决于法治之内涵。由于法治概念本身具有复杂性，故而必须首先对其加以考察。美国学者塔玛纳哈在对形式法治与实质法治进行考察之后，归纳出了如下图所示的"薄版本"和"厚版本"的形式法治和实质法治，一方面揭示了此种张力与鸿沟，另一方面又对形式和实质法治众多版本的概念进行了严谨的归纳。⑤

---

① 陈金钊：《逻辑对法治原则性命题的意义》，载《扬州大学学报》（人文社会科学版）2010年第3期，第19-27页。
② 陈金钊：《缘何需要正视法治逻辑？》，载《南开学报》（哲学社会科学版）2020年第2期，第23页。
③ 考虑到不同学者对法律实证主义的概念使用不同，为避免概念使用之混乱，本文将法律实证主义限定为分析法律实证主义即分析实证主义法学，并不包括历史实证主义和社会实证主义，下文使用概念与之等同。
④ 与此相伴而生的，是法治概念的晦暗不明。详见於兴中：《"法治"是否仍可以作为一个有效的分析概念》，载《人大法律评论》（总第17辑），法制出版社2014年版，第3-16页。
⑤ Brian Z. Tamanaha, *On the Rule of Law: History, Politics, Theory*, Cambridge University Press, pp. 91-93.

	备选的法治构想		
	比较薄弱————————→到————————→比较浓厚		
形式版本	1. 以法而治 ——法律是政府的工具	2. 形式合法性 ——普遍，面向未来，明晰，确定	3. 民主＋合法性 ——合意决定法律的内容
实质版本	4. 个人权利 ——财产，隐私，自治	5. 尊严权和/或正义	6. 社会福利 ——实质平等，福利，共同体的存续

在法治理论中，标准的做法是把法治观念区分为形式法治和实质法治两个分支，尽管这一区分具有启发性，但不能将其看作是绝对的，因为形式法治观带有实质意蕴，实质法治观则吸收了形式要求。包括哈耶克和拉兹在内的大多数英美法理论家采纳了"薄版本"的形式法治，即带有"形式合法性"（formal legality）之法治，而中国采纳的法治版本则常常被西方归结为"弱版本"的"以法而治"（rule by law）[1] 或者"政府凭法办事"（government acts through law）[2] 而被西方诟病。[3] 诚然在我国过去偏好于此种薄版本的形式法治观，但伴随着法治建设的推进，应当认为我国已经在向厚版本的形式法治与实质法治过渡。这种过渡最终能否完成，以及形式法治和实质法治之间的鸿沟能否被弥合，很大程度上取决于法的自主性能否被明确，以及采用何种方式并在何种程度上被明确。综上所述，讨论法的自主性的法治语境，应当包含"厚版本"的形式法治与实质法治两个维度。在明确了讨论的语境之后，对于讨论法的自主性之内涵将事半功倍。

（二）形式法治中法的自主性

形式法治由于其自身抽离了价值判断，因而不论是"薄版本"，还是"厚版本"的形

---

[1] 拉兹认为此种"以法而治"，无异于空洞的同义反复。See Joseph Raz, *The Rule of Law and its Virtue*, in *The Authority of Law*, Oxford: Clarendon Press, 1979, pp. 212-213.

[2] See Michel Rosenfeld, *The Rule of Law and The Legitimacy of Constitutional Democracy*, Southern California Law Review, Vol. 74, 2001, pp. 1307-1329. 需要注意的是，通过笔者考察，德文的"法治国"（Rechtsstaat）并不能等同于"以法而治"（rule by law）的工具观，而是同样包括了形式与实质法治，特别是强调厚版本的法治。大体上可将 Rechtsstaat 与更加接近 rule by law 的 rule through law 视作等同概念，将二战之后的 Rechtsstaat 与 rule of law 视作等同概念。但需要注意的是，从时间上看，Rechtsstaat 在康德和后来的俾斯麦法律实证主义那里，具有不同的内涵，康德的 Rechtsstaat 的内涵需要放置于 Rechtsstaatlichkeit 之中理解，易言之，康德的 Rechtsstaat 与 rule of law 为等同概念。

[3] Chinese Movement Seeks Rule of Law to Keep Government in Check, by Steven Mufson, Washington Post, 5 March 1995, A25.

式法治,都会面临实质空洞化的指责,但倘若因此则轻易放弃形式法治,可谓因噎废食。① 沃尔德伦指出,形式法治理论的集大成者包括约瑟夫·拉兹、哈耶克和昂格尔在内的所有采纳形式法治立场的学者都同意,法治提供可预测性与安定性,允许人们在事先已知的法律框架之内规划其活动,从而增进个人自治和尊严,继而经由法的客观性和独立性,实现人的自主权利。② 与之呼应,哈贝马斯尤为深刻地指出,现代法律秩序只能从自主性理念之中获得其正当性,公民应该总是能够将他们自己理解成他们作为接受者所要服从的法律的创制者,这一过程便暗含了公民的自主性③,而在自然法衰落缺乏评判法律之道德性的终极标准的情况下,法的正当性来源便是其形式法治层面的形式合理性。④ 由此观之,经由法的自主性实现人的自主性,成为了法的自主性的重要使命。

为了完成此种使命,拉兹明确地指出了法治的要素:可预期的(prospective)、普遍性(general)、清晰的(clear)、公开的(open)、相对稳定性(relatively stable)、独立的司法(The independence of the judiciary)、公正公开审判(natural justice)、权力审查(review powers)及对警察自由裁量权之控制。⑤ 颇为有趣的是,被认为是自然法学者的朗·富勒也使用了几乎相同的术语完成了自己对形式法治(legality)的理论表达。富勒认为,形式法治要求普遍性、明确性、公开性、持久的稳定性、行为与法律的一致性、禁止溯及既往、禁止矛盾、禁止要求不可能之事。⑥ 菲尼斯所列举出的法治要素也是八项,表述亦有重复之处,并指出法治是法制的一种特定德性。⑦ 富勒、拉兹和菲尼斯在侧重和表述上虽有不同,但他们都把法治作为法律制度的一种特定品德,并在相当程度上对这种品德的把握保持一致。法律的特定品德并不等同于法律的一般特性,法律的一般特性包括强制性、规范性等,这也是法律有别于道德、宗教和政策的原因。法制通常都有法律的一般特性,但并非法制都有法治此种特定德性。由此观之,不论是惯常讨论中自然法阵营,还是法律实证主义阵营的学者,在讨论形式法治时,都强调形式法治中的可预期性、普遍性、清晰性、公开性等要素,而这些要素都要求法的独立性与客观性,即法律不能轻易受到外在因素的干扰而使得内容含混不清,从而导致法律被任意解释,继而丧失自主性。总而言之,

---

① Brian Z. Tamanaha, *On the Rule of Law: History, Politics, Theory*, Cambridge University Press, 2004, pp. 93 - 95.
② See Jeremy Waldron, The rule of Law in Contemporary Liberal Theory, *Ratio Juris*, Vol. 2, 1979, pp. 84 - 85.
③ Jurgen Habermas, *Beyond Facts and Norms*, translated by William Rehg, Cambridge: MIT press, 1996, p. 449.
④ Jurgen Habermas, *Beyond Facts and Norms*, translated by William Rehg, Cambridge: MIT press, 1996, p. 453.
⑤ See Joseph Raz, *The Rule of Law and its Virtue*, in *The Authority of Law*, Oxford: Clarendon Press, 1979, pp. 214 - 218.
⑥ See Lon L. Fuller, *The Morality of Law*, Revised Edition, New Haven: Yale University Press, 1969, pp. 33 - 94.
⑦ John Finnis, *Natural Law and Natural Rights*, Oxford: Clarendon Press, 1980, pp. 270 - 271.

法的自主性为形式法治所内蕴，其最终指向的是沃尔德伦和哈贝马斯言及的人的自治或公民的自主性。

（三）实质法治中法的自主性

自然法与法律实证主义的重要分歧领域是，法治是否是一种道德层面的基本价值（basic good），其本质是关于形式合法性道德性的争论。排他性法律实证主义阵营中，拉兹认为，形式法治在道德上是中立的，此种中立是其被广泛接受的特殊优点，法律是否具有道德性取决于其目的，与形式法治这把"锋利的刀"无关。① 在包容性法律实证主义之中，被哈特最终转向承认了"法律是最低限度的道德"的观点。② 由此观之。法律实证主义通过主张，法律与道德在概念上是可分离的，甚至是全然无关的，采取了一种与道德判断保持了一定距离的立场，体现了形式法治立场所捍卫的法的自主性。但由于坚持形式法治的威权政府在现实中确实存在过，例如纳粹德国和实行种族隔离的南非所推行的法治，便具有极大的危害。由此产生了非常有力的反对意见，使得我们不得不去关注自然法学派学者和德沃金的观点。

就反对意见而言，自然法学派阵营中，富勒认为，法治本身是道德层面的基本价值，因为其强化了个人自治。③ 可见，在富勒看来，法律与道德并非是分离的，而是水乳交融在一起的，实质法治是道德层面的基本价值。沃尔德伦指出，法治本身意味着，官方对民众可获得法律救济的承认，其背后为道德性价值。④ 可见，在沃尔德伦看来，实质法治内蕴了道德性价值，体现了实质法治的德性追求。约翰·菲尼斯更是认为，致力于邪恶目标的暴政并无自立的理由。⑤ 可见，在菲尼斯看来，不具备正当目标的法治并不能被当作法治，过去讨论法治是否会支持极权体制的讨论也是不必要的，因为其并不具备真正的法治资格，特别是实质法治的。被称作自然法与法律实证主义之外"第三条道路"的德沃金则提供了最为普遍的实质法治版本，此种实质法治纳入了个人权利，对法治与实质正义不再区分，将规则表达与道德权利融贯于其实质法治理想之中。与此同时，德沃金坚持权利并非是由实在法赋予的，相反，这些权利构成了实在法之背景。⑥ 由此观之，德沃金认为，

---

① Joseph Raz, The Rule of Law and its Virtue, in *The Authority of Law*, Oxford: Clarendon Press, 1979, pp. 225 - 226.
② See Jules Coleman &Scott J. Shapiro, *The Oxford Handbook of Jurisprudence and Philosophy of Law*, Oxford University Press, 2004, pp. 97 - 124.
③ Lon L. Fuller, *The Morality of Law*, Revised Edition, New Haven: Yale University Press, 1969, pp. 209 - 210.
④ See Jeremy Waldron, The rule of Law in Contemporary Liberal Theory, *Ratio Juris*, Vol. 2, 1979, pp. 93 - 94.
⑤ John Finnis, *Natural Law and Natural Rights*, Oxford: Clarendon Press, 1980, pp. 273 - 274.
⑥ See Ronald Dworkin, *Political Judges and the Rule of Law*, in proceedings of the British Academy, Vol. 64, 1978, pp. 259 - 268.

道德权利作为实在法之背景,是实质法治的应有之义。

通过此种强度逐渐增加的谱系描绘,可以看出,"最厚版本"的实质法治的范围最广,包括了形式合法性、个人权利和民主。[①] 表面上看,似乎实质法治比形式法治参杂了更多的道德性价值,但经过仔细推敲,可以发现在强调法的自主性方面,二者并不矛盾。对于形式法治而言,其所强调的法的自主性是"纯粹的"法的自主性,也即并不直接体现道德,但却容许道德作为一种法律品性(integrity)的判断标准,来评价实在法是否是恶法。对于实质法治而言,法的自主性不仅包括"纯粹的"法的自主性,其对法的自主性抱有了更高的期待,即主张此种法的自主性中的"法",必须是"良法",否则便没有任何谈论其自主性之必要。易言之,"良法"成为了讨论法的自主性之必要前提。综上所述,那种片面主张实质法治与形式法治对立,以及认为实质法治和形式法治在法的自主性问题上立场相反的观点,都是欠妥的,盲目激进地解构法的自主性,甚至否定形式法治乃至于法治的做法更是不可取的。实际上,对现代法治而言,形式法治与实质法治皆为其本质内容,二者不可偏废,从根本上看,二者都要求法的自主性,最终目标是通过法的自主性实现人的自主性。

综上所述,无论是在形式法治还是实质法治层面,法的自主性之内涵主要包括以下三个层次:第一,法是客观的,是自成体系的客观知识体系,通过严密而富于逻辑性的规则体系和一丝不苟的正当程序来表述;第二,法是独立的,其不受政治、宗教、及各种意识形态等因素的不当干涉,由训练有素的专业人员予以运行;第三,法是自足的,在一个制定良好,机制健全的法治国家中,人为的因素是微不足道的。[②] 以上三个层次是循序渐进的,即法首先通过形成自成体系的客观知识体系,来实现理论层面的自主性,其次通过法在现实中的独立运行,来实现现实层面的自主性,最后通过法的自足性来实现法治国家的建立、成熟与完善。客观性、独立性和自足性三个层次呈现出了一种辩证的上升状态,既兼顾了历史与未来,又兼顾了封闭性与开放性,构成了法的自主性之动态内涵。

二、法的自主性之外延

根据语言学的观点,对内涵过于抽象凝练而不易被说明和理解的概念,可以通过其丰富的外延去更好地形成对这个概念的认识。"法的自主性"就属于这样的概念,故而有必要对法的自主性之外延进行考察,以更好地说明法的自主性究竟为何物,也可以帮助我们更好地理解法的自主性对法治之意义。简言之,"法的自主性"之外延包括内容自治、制度自

[①] Brian Z. Tamanaha, *On the Rule of Law*: History, Politics, Theory, Cambridge University Press, pp. 93–95.

[②] 2020年3月29日,在华东政法大学科研处主办、科学研究院承办的"东方明珠大讲坛"第1期的讲座中,於兴中先生主讲了《法的自主性:神话亦或现实?——世界3与法的自创生系统》,期间於兴中先生界定了"法的自主性"之内涵。对于本文界定法的自主性概念颇具启发。

治、方法自治和职业自治四个方面,这四个方面的自治,都已经在不同程度上基本实现。①

(一) 内容自治:"法的自主性"之基石

内容自治是"法的自主性"之基石,即法的内容应当中立客观,不能与政治、经济、道德等其他内容杂糅不清。② 法学学科内部对法的实质自治的讨论比较充分,但缺乏较为清晰的梳理,同时对于法学学科之外关于法的自治的讨论关注较少,下文将按照不同学科与流派的分类,选择法的实质自治方面具有代表性的学说进行梳理。

1. 法律实证主义的理解

伴随着近代科学主义思潮的兴起以及自然法的衰落,"法的自主性"成为了法学自足性的一项重要主张。约翰·奥斯丁将法区分成为三大类:上帝之法、实在法与实在道德,但只有主权者颁布的实在法,才是作为科学的法学之研究对象。③ 为了保障法的内容自治,奥斯丁在边沁的基础上,再度限缩了法律内容的范围,将国际法、宪法、习惯法排除在了法律系统之外。④ 凯尔森则反对将自然法与政治、文化等现实要素纳入法律之中,强调规范效力的理由始终应当是一个规范⑤,建立起了由基础规范、一般规范和个别规范构成的自足规范体系⑥,此种高度形式化的尝试也被称作纯粹法学。哈特反对奥斯丁这种忽视法律规范形式多元性的归约主义做法⑦,并反对在思考"法律是什么"时的本质主义立场。⑧ 哈特借鉴维特根斯坦的"游戏"概念,在"法律是一种游戏"的基础上,构建起法律规则说,并将法律规则区分为初级规则与次级规则,两者共同担保了法律体系内容区别于其他外部内容的实质自治。⑨ 相较于奥斯丁,哈特引入的承认规则、变更规则与裁判规则三种次级规则,保障法律体系的确定性、动态性与效率性,从内在视角解释了人们服从法律的原因。

法律实证主义内部在"法律与道德的关系"问题上认识存在分歧,继而区分成包容性实证主义与排他性实证主义。⑩ 其中,哈特、科尔曼和瓦卢乔等包容性实证主义者认为,

---

① 於兴中:《"法治"是否仍然可以作为一个有效的分析概念》,载《人大法律评论》(总第17辑),法制出版社2014年版,第15页。相同观点详见 [美] 昂格尔:《现代社会的法律》,吴玉章、周汉华译,译林出版社2008年版。昂格尔认为法的自主性包括四个方面:实质性的、制度性的、职业性的、方法性的,其中昂格尔所言的实质自治,便是於兴中先生所讲的内容自治。

② Owen M. Fiss, The Autonomy of Law, *Yale Journal of International Law*, Vol. 26, 2001, pp. 517 – 520.

③ [英] 雷蒙德·瓦克斯:《法哲学:价值与事实》,谭宇生译,译林出版社2013年版,第245 – 247页。

④ [英] 约翰·奥斯丁:《法学讲演录》,支振锋译,中国社会科学出版社2008年版,第22 – 26页。

⑤ [奥] 凯尔森:《法与国家的一般理论》,沈宗灵译,中国大百科全书出版社1996年版,第124 – 126页。

⑥ [奥] 凯尔森:《纯粹法理论》,张书友译,中国法制出版社2008年版,第90页。

⑦ H. L. A. Hart, *The Concept of Law*, Oxford University Press, 2012, pp. 26 – 27.

⑧ [英] H. L. A. 哈特:《法哲学诸问题》,载 [英] H. L. A. 哈特:《法哲学与哲学论文集》,支振锋译,法律出版社2005年版,第22 – 26页。

⑨ 陈锐:《多面的法律实证主义》,中国政法大学出版社2016年版,第187 – 195页。

⑩ See John Finnis, "Propter Honoris Respectum: On the Incoherence of Legal positivism", *Nature Dame Law Review*, Vol. 75, 2000, p. 1597.

承认规则可以包容道德准则，但是法律与道德在概念层面是可分离的。① 拉兹、夏皮罗和马默等排他性实证主义者则否认此种包容性，主张一切合法性标准都必须是它的主要倡导者拉兹所称的"社会渊源"，法律可以被认定为一种社会事实，无须涉及道德因素，这意味着一条具体法律的存在，并不依赖于它是否应当是那条法律。② 被称作自然法和法实证主义之外"第三条道路"的德沃金极力鞭挞法官的强自由裁量权，法律是从基本权利的若干法律原则生发出来的法律素材，包括了法律、原则与政策。③ 在疑难案件之中，哈特式的法官类推式自由裁量与德沃金基于"品格性法律"（law as integrity）的"建构性阐释"（constructive interpretation）理论颇为相似，差异之处仅在于，相较于法律实证主义，德沃金在诉诸各项道德原则时显得更为"从容不迫"。④ 不同于德沃金直接将道德原则作为疑难案件中法官解释法律素材的观点，拉兹认为某些时候道德原则可以对官员具有约束力，但却无须成为一个社会的法律。⑤ 但德沃金并非否认法的内容自治，其法律素材之核心仍旧是基本权利，其对于法律素材的宽泛理解，乃是为了维持法律作为一个"无缝系统"（gapless）的融贯性⑥，从而更好地给法律这一无生命的主体，赋予人一般道德主体式的融贯性品格⑦，最终实现更高程度的法的内容自治。由此观之，即使是包容性实证主义者，也主张法律与道德的相对分离，而排他性实证主义者则直接将道德因素排除于法律之外，以此确保了法的内容自治，最终保障了法的自主性。即使是在惯常理解中反对法律实证主义的旗手德沃金那里，法律仍旧被赋予人的"品格"，体现了对良法之追求，以更好地实现和维护法的内容自治。

2. 西方马克思主义的理解

西方马克思主义在继承和发展马克思主义的基础之上，提供了对法与政治、法与经济关系的新理解。早在 20 世纪初，西方马克思主义就已经萌芽，当时奥地利的马克思主义者卡尔·沃伦指出，法律不仅仅是经济状况的反映，也是游离于经济之外的，法律有自己的存在条件与来源。⑧ 在沃伦的基础上，结构主义马克思主义者阿尔都塞对法、国家与意

---

① See Jules Coleman &Scott J. Shapiro, *The Oxford Handbook of Jurisprudence and Philosophy of Law*, Oxford University Press, 2004, pp. 97 – 124.

② See Jules Coleman &Scott J. Shapiro, *The Oxford Handbook of Jurisprudence and Philosophy of Law*, Oxford University Press, 2004, pp. 83 – 96.

③ See Ronald Dworkin, *Taking Rights Seriously*, Mass Harvard University Press, 1977, pp. 84 – 85.

④ Jules Coleman, *Markets, Morals and the Law*, Cambridge University Press, 1988, pp. 19 – 20.

⑤ Jules Coleman, *The Practice of Principle: In Defence of a Pragmatist Approach to Legal Theory*, Oxford University Press, 2001, pp. 106 – 107.

⑥ Neil MacCormick, *Legal Reasoning and Legal Theory*, Oxford: Clarendon Press, 1994, pp. 152 – 194.

⑦ 与之类似通过"拟人化"（Personification）的手法来强调法的自主性尝试还有美国的小霍姆斯法官，他指出，法律的生命从来就不是逻辑，而是经验。霍姆斯的这个观点首次出现在 1880 年"对兰德尔论合同法"的书评中，即 Olive Wendell Holmes Jr., Review of A Summary of The Law of Contract by C. C. Langdell, *American Law Review*, Vol. 14, 1880. 从 1880 年对兰德尔的书评到 1905 年在洛克纳诉纽约州一案的反对意见，他都坚持了此种主张，其本质是为法官的自由裁量权提供依据，最终实现法律的实质自治。

⑧ 谷春德：《西方法哲学探究》，中国人民大学出版社 2018 年版，第 217 页。

识形态国家机器进行分析，指出法律作为上层建筑的一部分有其独立的有效性标准（indices of effectivity），从而相对于国家保持其相对独立性。① 深受阿尔都塞影响的普兰查斯（Poulantzas）继承了阿尔都塞的观点，提出了法与国家应当在经济利益面前保持相对自治，法与经济的关系并非简单的单线决定关系，而是多因素的决定作用（Overdetermined）。② 哈贝马斯更为深入地指出，法律与道德的分离是法律现代化的标志，法律是由根据目的合理地行动着的法律主体战略合理性地制定的，人们遵循法律追求自身利益而不考虑道德，并根据法律中的利益定向，在现行法律框架内做出自己的最佳判断。③ 从整体上看，西方马克思主义学者认为，就法与政治的关系而言，在现代资本主义社会，法与政治的关系变得更为复杂，法律偶尔也会反映被统治阶级的政治利益，法律内部的多元性导致了法律不可能完全与国家政治功能合为一体，而是具有独特的地位。就法与经济的关系而言，西方马克思主义拒绝了将马克思主义理解为简单的经济一元决定论，并指出在当代资本主义社会中，法律是以中立的非政治化面目出现的，不但维护了统治阶级的经济利益，也维护了非统治阶级的经济利益，法律在经济发展中有着特殊的效用和影响，法律相对独立于经济。

通过对法学内外法律内容实质自治的广泛理论考察，可以发现，不论是对法律进行本质定义式的概念限缩，还是对法律进行家族相似式的考察，抑或主张法律的人格化，乃至于对法律的社会学进路考察，都反映出在现代社会，法的内容自治是法的自主性乃至法治的一项基本命题。唯有在这个前提下，讨论法的制度自治，方法自治和职业自治才有其意义。

（二）制度自治："法的自主性"之保障

制度自治是"法的自主性"之保障，即通过配套的司法系统、立法系统与反映当事人之间合意的契约系统，来维护法的自主性。在卢曼看来，现代社会的法律系统中，司法处于法律系统的中心地位，维持着法律系统的封闭性，而立法和合同处于法律系统的边缘地位，分别与政治系统和经济系统形成结构耦合，最终在法律系统内演化出公法与私法的重要组成部分。

1. 司法系统的运作

从系统论法学出发，在现代社会中法律系统承担"稳定规范性预期"的特定功能，其他如社会调控、冲突解决、社会效果、个案的绝对正义等效果，仅为法律系统之功效

---

① Louis Althusser, Ideology and Ideological State Apparatuses (Notes towards an Investigation), Transcribed: by Andy Blunden, in "Lenin and Philosophy" and Other Essays, Monthly Review Press, 1971, p. 6.

② Nicos Poulantzas, *Political Power and Social Classes*, Translated by O'Hagan, London: NLB and Sheed&Ward, 1973, p. 14.

③ ［德］哈贝马斯：《重建历史唯物主义》，郭官义译，社会科学文献出版社2000年版，第255－256页。

(Leistung),而非法律系统之功能。① 司法系统围绕法律系统的此项特定功能展开运作,细言之,司法系统依托于法律系统合法/非法的二值符码,通过"条件程式""目的程式"以及融贯两者的"合目的之条件程式"来针对个案做出司法裁判。司法系统具体裁判的展开会遇到来自事物维度、时间维度、社会维度的悖论,分别为裁判论证不足悖论,基于过去约束未来悖论和无法彻底解决纠纷悖论。

首先,解决裁判论证不足悖论的两个途径是:(1) 充分论证,即在裁判文书中给出充分的论证理由,对于容易引起当事人争议的地方,必须强化论理;②(2) 在司法裁判中贯彻同案同判,通过在先判决已经确立下来的判决理由,减轻相关案件的说理负担。③

其次,解决基于过去约束未来悖论的两个途径是:(1) 案件区分,即在司法裁判中,不同案件做出不同判决,以应对未来案件的多样性与复杂性,避免裁判中的机械性;④ (2) 在法律系统内部构筑适用规范与案件事实,即通过法律解释、法律续造、漏洞填补和利益衡量等途径构筑案件适用的大前提,并通过诉讼程序法和证据法将晦暗不清的生活事实构筑成符合法律规定的案件事实,以法律之确定性化约未来之复杂性。⑤

最后,解决无法彻底解决纠纷悖论的两个途径是:(1) 尽可能发挥裁判程序之作用,司法系统形成了不同地域与审级的法院体系,通过系列诉讼满足当事人对于程序正义之诉求,在此基础之上,尽可能地实现个案正义,并通过既判力终结法律程序中的案件争议;⑥ (2) 稳定民众对法官的角色期待,法官这一角色的人物在于运用合法/非法这对二值符码解决纠纷,以实现法律系统内的相对正义,法官并不能直接运用法律系统之外的其他符码解决当事人纠纷,这也决定了法官无法开启上帝视角,让每个案件之中都能实现绝对正义。⑦

由此观之,司法系统通过前述六条途径,基本上展开(unfold)了相关悖论,最终成功地确保了法律系统的运作封闭与制度自治。

2. 立法系统与契约系统的运作

不同于司法系统,立法系统与契约系统处于法律系统之边缘,主要通过纲要化的方式吸收包括政治系统、经济系统在内的其他系统的要素,并通过立法纲要或契约纲要转化成为法律或当事人之间的法律。

从功能上看,立法纲要主要面向政治系统,认知政治系统的意志,在现代民主国家,

---

① See N. Luhmann, *Ausdifferenzierung des Rechts*:*Beiträge zur Rechtssoziologie und Rechtstheorie*,Suhrkamp 1999,S. 73ff.
② [德] 鲁曼:《社会中的法》,李君韬译,台湾五南图书出版公司2009年版,第406-408页。
③ [德] 鲁曼:《社会中的法》,李君韬译,台湾五南图书出版公司2009年版,第39-40页。
④ [德] 鲁曼:《社会中的法》,李君韬译,台湾五南图书出版公司2009年版,第239页。
⑤ [德] 鲁曼:《社会中的法》,李君韬译,台湾五南图书出版公司2009年版,第406页。
⑥ [德] 鲁曼:《社会中的法》,李君韬译,台湾五南图书出版公司2009年版,第207页。
⑦ [德] 鲁曼:《社会中的法》,李君韬译,台湾五南图书出版公司2009年版,第412-415页。

立法具有可变性，既反映民众商谈之结果，但又不必做到随时回应社会民众之诉求，可以对具有重大争议的事项暂缓立法。对于立法，公民享有平等的立法参与权利。在立法过程之中，立法机关并不存在像行政机关和军队系统内部令行禁止的行政命令与服从关系。特别是在现代福利国家，立法者逐渐成为公共行政部门，并且在远较此为狭隘的范围内，也为法院预先给定了一些目的性的陈述，最终通过探求立法者意图的方式影响法院的相关解释活动。①

契约纲要则面向经济系统，认知相关当事人的意志。在现代社会，契约是对传统基于血缘的身份制度的打破，双方当事人享有自由缔结合同的权利，在存在合同错误的场合，必须暂时悬置合同效力。当涉及契约是否在法律上有效成立此一问题时，法院总是保留了最终决定权。比较特殊的情况是税收与其他社会法领域，此乃法律系统、政治系统与经济系统三部分之结构耦合，尽管结构耦合的复杂性程度增加，但处理方式仍旧遵循如下范式，即系统的开放性是奠基于其运作的封闭性上。此种开放性是借由法律系统与政治系统和经济系统间的结构耦合的扩展。②

通过司法系统、立法系统和契约系统之配合，法律系统内部得以协调运作，使得公法、私法、社会法三大法领域的灵活性与变动性得到不同程度的延展，最终实现了法律系统"封闭中开放"的制度理想。可见法的制度自治已经在很大程度上成为了现代法治的一项制度性事实。

（三）方法自治："法的自主性"之工具

方法自治是"法的自主性"的工具，即法的自主性要求法律实践必须拥有独属于自身的法律方法，否则难以确保自身的方法自治，继而危及法的自主性。法律方法的独立性表现为法律思维、法律解释、法律论证、法律逻辑、法律推理、法律修辞这六个方面的自主性。

1. 法律思维的自主性

传统的规范法学比较重视对法律思维的研究，政治法理学则重视对法治思维的研究。然而，两者都对根据法律思考的法理思维重视不够，经常出现逻辑断裂的思维现象。为了克服前述两种思维之弊端，陈金钊教授在尊重实在法的基础之上，提出了融贯两者的法理思维，它既强调思维决策过程的法治之理，又主张对所有的法律假定和拟制使用批判思维、体系思维和反省思维，以保证决断的正当性。③可见，多元复合性是法律思维成熟的标志，此种根据法律思考的自主性法律思维，也随着法学教育和法律实践的推动，正在逐步成为法律人的共识，这也为方法自治奠定了法律思维基础。

---

① ［德］鲁曼：《社会中的法》，李君韬译，台湾五南图书出版公司2009年版，第220－225页。
② ［德］鲁曼：《社会中的法》，李君韬译，台湾五南图书出版公司2009年版，第490－533页。
③ 陈金钊：《法理思维及其与逻辑的关联》，载《法制与社会发展》2019年第3期，第5－22页。

2. 法律解释的自主性

法律解释要求在法律实施过程中融贯统一论、结合论与法律方法论。此种依托于体系思维的融贯需要打开内在法律体系的封闭性,通过法律论证、体系解释、价值衡量等方法寻求融贯、整体的法律意义。① 基于文义解释方法而衍生的思维方式只能解决行为判断的合法性,难以解决法律解释和运用的恰当性问题。② 法律解释不仅包括文义解释,还包括体系解释、历史解释、目的解释等其他方法,现有的法律解释学已经形成了较为完整的解释理论,为司法实践提供了有益的工具,也极大地促成了方法自治。法律解释的自主性之关键在于有权解释特别是通过司法裁判终结争议的独断性,并以此调整民众无权解释背后的认知性预期。

3. 法律论证的自主性

内部证成乃法律论证自主性之关键,是法律系统维持自身稳定之核心装置。法律论证是赋予相关案件裁判理由的司法裁判作业,有权解释则是依据法律论证关系特别是内部证成,来排除文本其他解释可能特别是无权解释的司法裁判作业。法律论证理论遇到的两个悖论是"诉诸后果主义论证"和"判决论理无限循环"。就前者而言,围绕法律规则的解释总会出现多种不同的解释结果,仅靠法律规则的循环将会面临裁判合理性的追问困境,故而法官需要求助于提供规范意旨的法律原则。围绕多种解释可能性,在案件事实与规范意旨之间来回穿梭,最终确定法律规则的最终含义,此过程仍旧在内部证成中完成。③ 就后者而言,后果主义论证在外部证成中事实-证据进路提供协助,最终在内部证成环节被法教义学论证吸收。④ 不难发现,从法律原则的表面安定性推导出法律整体安定性,并通过外部证成吸收法外要素到内部证成的方案,有效解决这两个悖论的方式,其核心都在于内部证成。

---

① 陈金钊:《用体系思维改进结合论、统一论——完善法治思维的战略措施》,载《东方法学》2018 年第 1 期,第 91 - 99 页。

② 陈金钊:《现有法律思维的缺陷及矫正》,载《求是学刊》2018 年第 1 期,第 75 - 87 页。

③ 卢曼同时指出,随着时间的推移,民众对法律形成信任,而对法律原则表示异议的民众,则需要承担法律原则适用是否适用的证明责任,尽管法律原则可能在个案中不被适用,但这并不能否认法律原则的存在。参见 [德] 鲁曼:《社会中的法》,李君韬译,台湾五南图书出版公司 2009 年版,第 382 - 433 页。

④ 德勒兹在论述到解域的运动和再结域(reterritorialization)的进程时,举出了黄蜂与兰花的例子,即当黄蜂在兰花上采粉的时候,黄蜂就变成了兰花的「生殖器」,而兰花就变成了黄蜂的「伴侣」,此时「生殖器」与「伴侣」既非是兰花,也并非是黄蜂,而是处于「兰花—黄蜂」这样一个中间状态。这两种生成都确保了其中一方的解域和另一方的再结域,两种生成在一种强度的流通之中相互关联、彼此承继,而此种流通则总是将解域推进得更远。不存在模仿和相似,只有两个异质性的系列在一条逃逸线之上的爆裂,它由一个共同的根茎构成,后者不再能够被归属、从属于任何示意之物。[法] 德勒兹、加塔利:《资本主义与精神分裂:千高原》(第 2 卷),姜宇辉译,上海书店出版社 2010 年版,第 11 页。在法律论证领域,与之类似,会产生处于法教义学论证与后果主义论证之间的"法教义学—后果主义论证",其与两者有关,但又非两者。详见翁壮壮:《后果主义论证取代法教义学论证?——基于系统论法学和新 Toulmin 论证模式的考察》,载《研究生法学》2020 年第 1 期,第 13 - 22 页。

4. 法律逻辑的自主性

法律是体系性的存在，体系性要求法律逻辑的自主性。无论是立法还是司法执法活动，以法律逻辑为内核的法治逻辑在其中都发挥着重要的作用。法律是一种基于逻辑的设计，法律逻辑的自主性反映的是法学、法律的基础内涵以及法治的基本要求。① 法律逻辑立足于形式逻辑又超越形式逻辑，具备了自足性。诚然，某种意义上，法律逻辑甚至法治逻辑都是拟构的产物，对其需要从内在参与者的角度进行理解，但当法律被广泛信任并被贯彻于立法与司法实践之中时，以法律逻辑为内核的法治逻辑便也随之获得了哈特意义上"巴黎标准米"那样不证即明的自主性地位。

5. 法律推理的自主性

从表面上看，法律推理与一般推理没有区别。但是，法律推理发生在独特的环境之中，法律的某些特征，诸如作为推理前提的规范性、体系性、程序性都会对法律推理产生重大影响。② 法律推理是一项具备自主性的二阶证立活动，其并非只是对司法裁判过程的描述，同时也扮演着为法律规则提供正当性和可接受性的规范性作用，由此体现出法律推理的自主性。法律推理符合法律逻辑规律和法律推理规则，法律推理的自主性带来了法律推理的准确性、明确性、无矛盾性、一贯性和不容辩驳的内在证明力。此种自主性也最能体现法的自主性。

6. 法律修辞的自主性

司法过程中存在法律修辞与政治修辞、道德修辞不加区分混杂使用的现象，此种现象并不值得被提倡。在法治社会中，应该抑制过度的政治与道德修辞，防止政治与道德判断径直介入到法律修辞之中，危害法治的安定性。③ 法律修辞不同于政治修辞和道德修辞，其必须以现行的实在法为准据，不能逾越实在法的规范调整范围，更不能肆意带入其他政治判断与道德判断。强调法律修辞的自主性，正确运用法律修辞，有助于在司法裁判中把逻辑与修辞有机地结合起来，实现司法裁判过程中讲法与说理的贯通。

通过对于法律思维、法律解释、法律论证、法律逻辑、法律推理和法律修辞这六个方面自主性的简要考察，可以得出方法自治已经很大程度上成为了制度性现实。就现实而言，包括我国在内的法治国家的法律方法论研究都已经蔚为大观，也被广泛地应用到司法实践之中，可以得出方法自治是法的自主性的应有之义。

(四) 职业自治："法的自主性"之底色

职业自治是"法的自主性"之底色，即必须具有一批法律专业人士来有效从事相关的法律实践活动，否则法律实践的专业化与自主性难以得到保障。社会对法律职业工作者的

---

① 陈金钊：《缘何需要正视法治逻辑?》，载《南开学报》（哲学社会科学版）2020年第2期，第29页。
② 陈金钊：《缘何需要正视法治逻辑?》，载《南开学报》（哲学社会科学版）2020年第2期，第28页。
③ 陈金钊：《把法律作为修辞——法治时代的思维特征》，载《求是学刊》2012年第3期，第74-83页。

职业期待能否得到满足,很大程度上影响职业自治能否被公众承认,这也关系到职业自治这一法的自主性之底色是否够格的问题。由于现代社会法律职业的多样性,讨论无法兼顾到所有职业种类。如前所述,司法系统乃法律系统之中心,故而司法裁判中直接涉及到的职业工作者便显得最为重要。不论在大陆法系国家,还是在英美法系国家,不论是在民事诉讼,还是在行政或者刑事诉讼中,法官和律师对于完成司法裁判而言,都是不可或缺的。故而,明确何为公众对这两类职业工作者合理的职业期待,便成为了职业自治能否成立之关键。

1. 对法官的职业期待

哈贝马斯认为,职业自治是法律自主性的重要因素,现代的法律从特殊意义上讲,是法官们的法规,随着受过法律教育的法官出现,司法职业化也随之形成。[①] 民众对于法律系统的观察属于无意识的一阶观察,其对于法律的理解也是一种无权解释,而立法机关对法律的解释和司法机关在法律适用过程之中对法律的解释,属于有意识的有权解释,同时也是一种对于法律系统的二阶观察。由此观之,法官在司法裁判过程中对相关法律规范的解释同样属于对法律系统的二阶观察。[②] 公众对于法官的职业期待应当是,法官要维护法律系统的安定性,运用合法/非法的二值符码在法律系统内部构筑起法院处理相关案件的法律规范和案件事实,在程序约束的范围内及时解决当事人的争议。此种职业期待不能过高或者过低,期望过高则容易落空,也给法官徒增负担,期望过低则容易纵容法官恣意裁判,危及法治的安定性。

2. 对律师的角色期待

律师伦理要求律师必须为当事人服务,但是律师为当事人提供的有利理由并非是任意的,而是具有说服力的,其只能在法律论证的限制下出现,其理由往往基于法律系统已有的冗余性。但法律系统不能仅仰赖冗余性,法律实践之中诸案件的变异性迫使包括律师在内的民众进行持续的重新思考。借此方式,人们就获得了关于所有法律论证理由之非必然性的必然性,并且因而理解裁判文书所具有的吊诡与丰硕这双重效应。[③] 由于律师的介入,纠纷在诉诸法院之前已经得到法律的过滤;法律顾问对契约进行合规审查,设计避免诉讼的法律手段,以其预防性实践缓解了裁判压力。[④] 相较于法官对法律系统二阶观察,律师对于法律系统的观察同样属于二阶观察,不同之处在于,律师并非是解释和适用法律的有权主体,而是与一般社会民众一样,属于无权解释的主体。但较之于社会一般民众,律师往往在法学院之中经过专业化的学术训练,其对于法律的观察、理解与解释并非是空

---

① [德] 哈贝马斯:《重建历史唯物主义》,郭官义译,社会科学文献出版社 2000 年版,第 254 页。
② [德] 鲁曼:《社会中的法》,李君韬译,台湾五南图书出版公司 2009 年版,第 342 - 343 页。
③ [德] 鲁曼:《社会中的法》,李君韬译,台湾五南图书出版公司 2009 年版,第 412 - 415 页。
④ [德] 尼可拉斯·卢曼:《法院在法律系统中的地位》,陆宇峰译,载《清华法治论衡》2009 年第 12 辑,第 147 - 150 页。

穴来风，而是更大程度上接近法律规范的本义。

3. 小结

尽管前文只对法官和律师这两种司法系统之中最为重要的职业进行了分析，但鉴于其在司法系统之中的普适性、典型性与代表性，可以初步得出职业自治并非是神话而是现实的结论。实际上，公众对于检察官的职业期待分析类似于公众对法官的职业期待，公众对公司法律顾问的职业期待也类似于公众对律师的职业期待，其他法律职业也与之类似，都承担了公众对其角色要求的不同职业期待，现代社会的公众应当接受"人是具有有限理性的主体"和"法律是由作为有限理性主体的人通过协商制定出来的不完美产物"这两个预设，从而对法律职业者的期待不可过高，也不可过低，以更好地维护现代社会法律职业自治这一现实。

三、法的自主性对法治的意义

既区别于以往实证主义法学仅从法律内部建构法律体系的做法，又区别于西方马克思主义从法律外部观察法律系统的做法，系统论法学从全社会（Gesellschaft）领域出发，详细地阐述了法律系统从全社会中分出的方式与过程，并极大地加深了法律系统观察自身与观察外部环境的理论深度，成功的衔接起了法律系统内部与外部两个视角，阐释了法的自主性对法治的意义。细言之，法的自主性对法治的意义主要表现在四个方面：防止形式法治的瓦解、协调形式与实质法治、提供法治成立的理由，以及明确法治并非是纯粹的拟制。

（一）防止形式法治的瓦解

反基础与解构主义法学通过否认法律的确定性、一般性、稳定性、客观性、安定性等"神话"，最终其实否定的是法律的自主性，而否定法律的自主性其实就否定了形式法治。在中国法学体系的形成过程中，轻视逻辑的传统与西方反基础和解构主义法学的思潮相汇流，使得形式法治被瓦解这一问题更为突出。① 通过明确和强调法的自主性，可以有效防止形式法治的瓦解。

1. 法律系统是自创生系统

系统论的代表人物尼可拉斯·卢曼借鉴韦伯理想类型的形式，将社会演化的历史区分为三个阶段，并指出从16世纪末到19世纪中叶，欧洲社会呈现出功能分化的雏形，20世纪初这一社会形态才完全成熟，政治系统率先从宗教系统之中分出，成为独立的运作领域，此后教育系统、科学系统、经济系统与法律系统也逐渐从全社会之中分出。② 伴随着

---

① 陈金钊：《缘何需要正视法治逻辑？》，载《南开学报》（哲学社会科学版）2020年第2期，第22页。
② 参见［德］G. Kneer&A. Nassehi：《卢曼社会系统理论导论》，鲁贵显译，台北巨流图书公司1998年版，第166－169页。

现代社会复杂性（Komplexität）之增加①，现代社会呈现出功能分化社会之样态，各个子系统分别承担特定的全社会功能，不受其他子系统运作状态的支配，从而便于应对高速变迁的外部环境。② 就法律系统而言，其应对复杂性之方式为法的高度实证化，并以效力作为法律系统内沟通之媒介衔接要素，通过自我生产与自我指涉，将法律系统的内容与外部环境的内容区分开来。③ 卢曼指出，法律系统在运作上是封闭的，但由于其与其他社会系统之耦合，其在认知意义上又是开放的，最终处于"封闭中开放"的状态，从而获得了以"自创生"为特征的自主性。

2. 封闭运作保障形式法治

在现代社会中，包括法律系统在内的社会子系统都从全社会之中分离出来，而各个子系统之间的首要区分便在于各个子系统所仰仗的二值符码：政治系统的二值符码为执政/在野，经济系统的二值符码为支付/不支付，科学系统的二值符码为真/非真，法律系统的二值符码为合法/非法。每个社会子系统都围绕各自的二值符码，形成了独属于其自身的运作逻辑。④ 合法/非法的二值符码捍卫了法律系统分出之后不被其他系统干涉的地位，通过标示属于法律系统内部这一边的要素，从而形成了法律系统/环境的区分。⑤ 由此，政治权力、经济利益、文化传统、意识形态、道德理由等要素，都无法直接干涉法律系统之运作，法的自主性得到了相当程度的保障。法律系统借助符码在运作层面保持封闭，通过前文所述的自我生产与自我指涉，可以处理绝大多数简易案件，从而保障了形式法治，有效地防止了形式法治的瓦解。

现代法治之所以需要强调法的自主性，是因为科学、实证、权力等外部要素都有可能瓦解法治，特别是法治的形式层面。只有法具有自主性，通过自我观察、自我描述、自我参照、自我指涉、自我运作，才有可能接近法治，并防止形式法治的瓦解。

（二）协调形式与实质法治

现代法治蕴含了形式法治与实质法治两者方面，两者不可偏废，但是两者之间也存在着巨大的张力和鸿沟，成为困扰法治的重要问题。通过明确与强调法的自主性，可以有效地协调形式与实质法治，最终更好的维护法治。

1. 韦伯"形式合理性法"的失败方案

德国社会学家马克斯·韦伯认为，现代社会的法律是由国家制定和实施的正式的规则

---

① 社会系统所包含的诸多沟通，并非都在同一时刻出现，也就是说，所有元素并非同时出现于社会系统当中，也因此，元素之间的关系也并非同时出现于社会系统当中。这就是卢曼所谈的复杂性。Niklas Luhmann, *Essays on Self - Reference*, New York: Columbia University Press, pp. 80 - 86.

② Niklas Luhmann, *A Sociological Theory of Law*, London: Routledge&Kegan Paul, 1985, pp. 147 - 158.

③ 参见[德]鲁曼:《社会中的法》, 李君韬译, 台湾五南图书出版公司2009年版, 第110 - 120页。

④ [德]鲁曼:《社会中的法》, 李君韬译, 台湾五南图书出版公司2009年版, 第213页。

⑤ [德]鲁曼:《社会中的法》, 李君韬译, 台湾五南图书出版公司2009年版, 第108 - 110页。

体系，由此提高资本主义经济和科层制政治体系的可预测性，故而现代法律应当是形式合理的法律，而非被政治、宗教、伦理、道德等外部要素支配的实质合理的法律。① 从本质上看，韦伯给出的协调形式与实质法治的方案是，通过突出现代法治的形式层面，抵制现代法治的实质层面，即尽可能地降低法律的不确定性。但伴随着现代社会复杂性与风险的增加，此种单纯拒斥法律外部复杂性与风险的做法，已经难以适应时代的发展。与此同时，福利国家的出现要求政府行政服务的行为增加，此种方案因不具备向外部环境进行学习的功能，最终沦为了韦伯的一厢情愿，并没有很好地协调形式法治与实质法治两者之间的关系。

2. 卢曼"封闭中开放之法律系统"的有效方案

在韦伯的基础上，卢曼创造性地指出法律系统的开放性与封闭性互为条件，形成了循环指涉的悖论关系，由此卢曼的系统论法学既不同于单纯强调法律封闭性的传统法律实证主义，也不同于单纯强调法律开放性的自然法学或法社会学，更不是对"封闭/开放"二元对立的庸俗折衷，而是成为协调两者的"理论容器"。② 如前所述，卢曼指出，"过度"的符码化将会造成法律系统的"崩溃"，规范上的冲突总是会出现，而鉴于其后果所带来的损害性，也会促使人们努力寻求冲突解决方案。由此，对于合法/非法二值符码的单调运用将使得法律系统陷入无穷的悖论、套套逻辑与矛盾之中，最终使得其陷入运作不能之境地。为克服悖论、矛盾与套套逻辑，继而维持法律系统自身之运作，必须引入纲要对符码进行有益补充，以维持法律系统的运作。引入纲要的过程，类似于哈特诉诸符合承认规则的道德，以处理疑难案件。具体到司法裁判之中，少数疑难案件无法单纯仅凭严格的二值符码来做出解释，由此产生了形式法治与实质法治之间的张力，此种张力由纲要通过法教义学论证的开放性和一般法律原则予以化解，并允许后果主义论证在事实－证据进路对此予以补充。③ 在纲要的层次上，法律系统认知环境，处理引起惊异的信息，展开悖论，保障了法律系统的"学习"能力，使之在保持自身自主性的同时，保持了对环境的适应性和敏感度。从而，开放性与封闭性互为条件、在封闭中开放的法律系统有效地协调了形式与实质法治。

倘若法没有自主性，不能主动地依据社会现实的不断变化与发展，不能在不同时期和不同历史阶段合适地增补自身的形式要素和实质要素，便会造成法治最终成为自动售货机式的机械法治，或者被人治所架空，最终会导致法治的概念朝着两个相反的方向分崩离析。由此观之，协调"薄版本"和"厚版本"的形式法治与实质法治，离不开法的自主

---

① ［德］马克斯·韦伯：《法律社会学》，康乐、简惠美译，广西师范大学出版社2005年版，第216页。
② 详见宾凯：《卢曼系统论法学：对"法律实证主义/自然法"二分的超越》，载《云南大学学报》（社会科学版），2010年第6期，第56－66页。
③ 翁壮壮：《后果主义论证取代法教义学论证？——基于系统论法学和新Toulmin论证模式的考察》，载《研究生法学》2020年第1期，第13－22页。

性。通过强调法的自主性，通过"封闭中开放之法律系统"范式，避免法治概念分崩离析，同时更好地协调形式法治与实质法治。

（三）提供法治成立的理由

试想，如果法没有自主性，可以被法律之外的因素恣意干涉，那么所谓"法治"，也只是披着"法治"外衣的"人治"。现代法治的成立需要法的自主性提供理由，法的自主性是现代法治的应有之义，若无法律系统之自治，则无现代法治之成立可言。由此观之，法的自主性为法治提供成立的理由。

1. 诺内特和塞尔兹尼克"回应型法"的欠妥理由

诺内特和塞尔兹尼克将法律发展的过程分为"压制型法"（Repressive Law）、"自律型法"（Autonomous Law）和"回应型法"（Responsive Law）三个阶段，法律发展的初期属于低阶次的压制型法，法律世俗化特别是实证化以来的自由主义阶段的法对应自律型法，而后自由主义阶段的法则对应回应型法。① 其中，自律型法以程序正义为目标，回应型法以实质正义为目标，展现出了法律从低级向高级的进化过程。托伊布纳的"自省法"受到了"回应型法"的影响，但托伊布纳认为两人采纳的法律进化论视角考察并未对法律系统与政治、经济等其他社会系统之间的关系进行充分讨论，并且两人将外部要素简单地当作了边缘性要素（marginal element），并未对法律系统与其他社会系统之间的关系进行明确讨论，也没有像卢曼和哈贝马斯那样，强调法律系统与环境之间的相互性。此种自律型法到回应型法的法律一元论的变动范式，混淆了现代社会法律系统的"实质合理性"（Substantive Rationality）与"自省合理性"（Reflexive Rationality）这两项要求。② 由此观之，回应型法背后的"法的自主性"，并不能提供现代法治成立的理由，原因在于，此种回应型法割裂了法的形式法治与实质法治，无法回应现代社会中当事人要求法律系统化约社会纠纷之复杂性的诉求，此种"法的自主性"显得过于封闭与僵化，并未很好地阐述出法的自主性应当形成封闭性与开放性的良好互动关系。

2. 托伊布纳"自省法"的合适理由

托伊布纳在卢曼社会系统理论的基础之上，借鉴了哈贝马斯理性沟通的程序要素，开创了以类似生物体细胞的"自省法"为核心范式的法律自创生理论。③ 托伊布纳明确将自己的自省法定位到卢曼的自我指涉（Selbstreferenzierung）之中，法律系统坚持以自身的

---

① Nonet &Selznick, *Law and Society in Transition: Toward Responsive Law*, New York: Harper and Row, 1978, pp. 21, 23, 116.

② Teubner, Substantive and Reflexive Elements in Modern Law, *Law and Society Review*, Vol. 17, 1983, pp. 245 – 246.

③ Teubner, Reflexives Recht: Entwicklungsmodelle des Rechts in vergleichender Perspktive, *Archiv für Rechts und Sozialphilosophie*, Vol. 68, 1982, S. 13ff.

法律概念描述外部世界。① 托伊布纳针对法律系统与其他系统之间的相互关系，将法律划分为规则取向的形式法、结果取向的实质法和程序取向的自省法三种范式，并从法律合理性的三个层面分别进行考察，这三个层面即结构层面的内部合理性（interne Rationalität）、正当性层面的规范合理性（Normrationalität）与功能层面的体系合理性（Systemrationalität）。② 细言之，在自由法治国时代，法律主要呈现为形式法模式，形式法之核心为"构成要件 + 法律后果"的条件程式，体现了法教义学的体系思维。在社会法治国时代，法律主要呈现为实质法模式，实质法之核心为"不确定规范 + 一般性法律条款"的目的程式，体现了论题学思维。在自由法治国与社会法治国意味交错的当代，法律主要呈现为自省法模式，自省法之核心为"关系导向的制度结构 + 决策程序"。③ 最终，托伊布纳通过法律系统的内部装置及外部协调的方式，形成了旨在克服危及法律安定性与内在结构的法律实质化现象的自省法范式。自省法范式强调法律系统应当从自身的构造出发，将外部环境中的要素按照自我运作的方式进行构筑，避免法律系统受到外部环境的直接干涉，同时保持法律系统对外部环境的敏感性，以适应不断变化发展的现代社会对于法律系统的功能要求。此种自省法范式，经由程序正义整合了法律系统与外部环境，提供了以"封闭中开放"为内核的法的自主性，最终为法治成立提供了合适的理由。

法的自主性并非僵化地强调某种"彻底独立"或者"相对独立"的主张，而是强调从法律系统自身出发，去与全社会形成良好的互动关系，与此同时，又不至于被政治、经济、宗教等其他系统的逻辑予以同化，最终丧失法律系统自身的特性。唯有此种自主性，才是法治成立的理由。

（四）法治并非纯粹的拟制

法的自主性的出现，反映出法治已经成为一种社会现实或制度性事实，在法治国家的建设之中，存在着某种法治虚无主义的倾向，此种倾向力图揭开"法治不过是人为拟制"的"真相"，并利用此种"真相"，主张既然可以承认"被拟制的法治"，也可以不承认此种"被拟制的法治"，甚至主张倒退回"人治"，此种倾向的推论具有较大的迷惑性，也对法治产生了极大危害。从理论诚实的角度出发，应当承认在某种程度上"法治是一种理论上的人为拟制"，但其并非全然是人为的拟制，更加不是一种可有可无的虚构。

---

① Teubner, Autopoiesis in Law and Society: A Rejoinder to Blankenburg, *Law &Society Review*, Vol. 18, 1984, p. 291.
② Teubner, Reflexives Recht: Entwicklungsmodelle des Rechts in vergleichender Perspktive, *Archiv für Rechts und Sozialphilosophie*, Vol. 68, 1982, S. 23ff.
③ 此部分的整理，参考了苏永钦：《私法自治中的经济理性》中国人民大学出版社 2004 年版，第 248 页；顾祝轩：《民法系统论思维：从法律体系转向法律系统》，法律出版社 2012 年版，第 54 页。

1. 法治属于客观知识世界

卡尔·波普尔认为,全世界(the universe)至少可以分成三个不同却相互影响的子世界(sub-universes):第一世界是物理世界或者物理状态的世界,即哲学范畴中的"是的世界",第二世界是精神世界或者精神状态世界,即哲学范畴中的"应当的世界",第三世界是思想、理论、真理、和逻辑关系的世界,即哲学范畴中的"概念世界"或者"客观知识世界"。这三个世界之间是相互作用的。① 依据波普尔的三个世界的划分,法律应当属于客观知识世界,具体而言,立法机关制定的法律、行政机关制定的相关法规乃至于英美法系国家的判例法,尽管承载了它们的文本属于物质世界,但是其内容本身却都属于客观知识世界。与之类似,由法律要素凝结而成的、强调法的自主性的法治,也属于客观知识世界,尽管客观知识世界与物质世界和精神世界会相互影响,但其并不受物质世界与精神世界的直接制约。从系统论的本质看,基于法的自主性的法治是观察者对法律系统进行的二阶观察,由法律职业工作者为"最初被启蒙者",其通过从事法律职业活动,将此种关于法治的客观知识,传递给现代社会的民众。易言之,包括法官和律师在内的法律职业工作者为最初的观察者,最终现代民主法治社会所要求的合格公民,都将成为从事此种二阶观察的观察者。最终,此种客观知识会真正逐步成为全社会的共识,最终形成对基于法的自主性之法治这一制度性事实的巩固。

2. 法治是符合现实的拟制

过往哲学家大多采用伪多元性的树状模式和簇根模式来分析法治问题,这两种观察社会的视角过于僵化和机械。对此,根据结构主义语言学大师索绪尔的观点,语言是外在独立于其他系统的符号系统,而法律用语言来描述,因而语言为现实中的法律自主性提供了一定程度的保障。由此,深受马克思影响的法国后结构主义者德勒兹(G. Deleuze)借鉴了索绪尔、乔姆斯基和本维尼斯特的语言学研究,在《千高原》中,提供了区别于前述模式的根茎模式。按照德勒兹的归纳,根茎(rhizome)的大致特征有六项:联系性原则和异质性原则、多元体原则、非示意的断裂的原则以及绘图法与转印法(déalcomanie)的原则。② 易言之,在根茎模式中,政治、经济、宗教、法律等组多"高原"组成了整个世界,每一座高原都拥有一个独属于自己的视角,而不受其他高原的影响,各个高原之间的观察是相互独立的。通过对国家的形式与法律的三个时期的考察,德勒兹展现出法律发展之双重图景:从罗马法到现代民法的发展过程之中,一方面民法被不断地加以理性体系化,另一方面民法在保持自身独立性的前提下,从其他"高原"的基础上汲取养分。③ 此

---

① Karl Popper, *Three Worlds*, The University of Michigan, 1978, pp. 143-146.
② [法]德勒兹、加塔利:《资本主义与精神分裂:千高原》(第2卷),姜宇辉译,上海书店出版社2010年版,第1-34页。
③ [法]德勒兹、加塔利:《资本主义与精神分裂:千高原》(第2卷),姜宇辉译,上海书店出版社2010年版,第642-656页。

种"高原"的拟制方法,并非是纯粹的拟制。德勒兹对民法发展史的历史考察,也反映出基于法的自主性的法治,逐渐地成为了当代社会的现实。① 故而,此种基于法的自主性的法治,并非是纯粹的拟制,而是符合社会现实的拟制。

3. 法治是实用有益的拟制

德勒兹这种假设政治、经济与法律为高原的观点,与同样是康德研究的大师法依兴格尔(Vaihinger)的"假如哲学"(The Philosophy of "As If")神似,都不同程度受到了康德《纯粹理性批判》的影响。法伊兴格尔指出,"假如哲学"能讲通这些"假如",说明它们在哲学、科学、社会、法律、经济、艺术甚至宗教里的作用,以及人虽"自骗",却能自知被骗的道理,所以说到底它还是一种"真如哲学"。② 由此观之,将德勒兹将法律作为一个高原的设想,当作一个实用于人类应对当代社会复杂性的"拟构"(fiction),也并无不妥之处。不论是"拟制",还是"拟构",其落脚点都在于"拟",即对于社会现实或者制度性事实的理论类比和同构,其并非是恣意的天马行空,更非是顾影自怜的自说自话,而是体现了人类法律文明发展的产物。强调基于自主性的法治,一方面反映出法的自主性和法治很大程度上已经成为社会现实或者制度性事实,另一方面也有利于讲清楚此种"自知被骗的道理",最终将"假如"层面的法治,变成"真如"层面的法治。

任何有关怀的理论都必须回应现实问题,其绝非是纯粹拟制的文字游戏和凭空想象,法治同样并非是纯粹的拟制,其很大程度上反映了现实的发展需求与民主国家的发展潮流。法治属于独立于物质世界和精神世界的客观知识世界,也是一种符合现代社会现实的有益拟制,更是一种顺应世界法治发展潮流的拟制。

四、结语

通过对法的自主性的内涵、外延及其对法治的意义的考察,可以明确,法的自主性并非是神话,而是应当是当代社会的现实或者制度性事实。也正是因为,在人类漫长的发展过程之中,只有在现代社会,法的自主性乃至于法治才被真正当作一项保护公民权利的事业,故而也应当是值得每个公民珍惜和呵护的现实,而不能对其置若罔闻,或者以白诋青,更不能对基于法的自主性之法治面誉背毁。诚然法治的发展并非是一帆风顺的,在法治的发展过程中会遇到各式各样的难题与困境,甚至遭遇挫折,但这并不能成为法治动辄

---

① 维亚克尔同样通过古罗马到近代私法的详细考察,认为处理好自由法治国与社会法治国、形式法治与实质法治之间的关系,已经成为了法律实证主义的当代使命,而法律实证主义也正在努力地平衡法律内部要素与外部要素,既保持自身的确定性与安定性,同时保持对外部要素的学习能力和敏感度。参见 [德] 维亚克尔:《近代私法史:以德意志的发展为观察重点》,陈爱娥、黄建辉译,上海三联书店2006年版,第584 - 588页。

② 关于假如哲学,详见 Hans Vaihinger, *The Philosophy of As if: A System of the Theoretical, Practical and Religious Fictions of Mankind*, Translated by C. K. Ogden, 2009. 对 Vaihinger 的中文介绍,详见高山杉:《法依兴格尔》,载《读书》2005年第12期,第55 - 63页。

得咎的借口。在这个基于法的自主性之法治并未得到应有重视的年代，有必要重温德沃金振聋发聩的忠告，只不过换成了"认真对待基于法的自主性之法治"。

（编辑：杨知文）

法律论证在理论认知中的困境及其出路

——以哄抬物价类非法经营罪为例

李 华[*]

摘 要 法律论证所涉及的是法律判断的证成,这一证成分为两个层面:内部证成和外部证成,其中外部证成最为关键。法律论证(尤其是外部证成)在司法实践中能够使司法活动具备持续反思功能,为法律及法律的活动保持一种理性本质提供理论上的保障,而人类只有在一种理性本质的法律指导下才能过一种和谐的生活,也只有这种法律才能带来长久可持续的秩序与和平。但法律论证长期在理论认知上存在模糊,这使得最高院在发布哄抬物价类非法经营罪典型案例时,忽略该案例在法律论证上存在的瑕疵。对于这一困境,除了从理论上完整掌握法律论证结构外,还要借助哲学上的真理认知证成理论对外部证成上已存在的两种对立的指导理论(即融贯论和基础论)进行综合,以基础融贯论作为外部证成理论与方法上的一般性指导。

关键词 法律论证 外部证成 认知证成 基础融贯论

新冠疫情期间,为保障防疫、生产和生活物资的正常供给秩序,司法部门在各领域尤其是刑事领域对妨害疫情防控与生活生产恢复的行为进行依法打击。从适用法律认定犯罪的层面看,法院在此次行动中显然是处于中心地位。因此,最高人民法院于 2020 年 3 月 10 日和 4 月 2 日接连发布了两批依法惩处妨害疫情防控犯罪的典型案例,以供全国各级人民法院在审判类似案件时参考。但是在这 18 个公布的典型案例中,我们发现哄抬物价类

---

[*] 李华,男,四川省宜宾人,华东政法大学法律学院硕士研究生,研究方向为法学理论。

非法经营罪案例在法律论证方面存在瑕疵，① 这是源于在法律论证中存在理论认知上的困境所导致的。鉴于最高法院公布的典型案例在实践层面上对地方各级法院的审判实践活动具有重要的指导意义，故而本文拟对法律论证方法展开进行分析，尝试用哲学上的真理认知证成理论来解决法律论证在理论认知中的困境，帮助法院更好地适用法律审理此类案件，以期法院为防疫、生产和生活物资的正常供给秩序提供更好的司法保障。

一、法律论证认知困境的逻辑起点——内部证成与外部证成的混淆

法律论证所涉及的是规范性命题之特殊情形即法律判断的证成（证立）。这可以区分为两个层面的证成：内部证成和外部证成。内部证成处理的问题是：判断是否从为了证立而引述的前提中逻辑地推导出来；② 外部证成的对象是：这个前提的正确性问题，换言之，法律判断的外部证成不仅检验推导的有效性，而且检验前提的可靠性。③ 因此，法律裁决的可接受性由裁决的有效性、合理性和正确性④三者组成。我们知道，概念涵摄是指，某个案例 c 中的对象 a 是否为相关规则 R 中的一般概念 M 的一个实例，或者说，a 是否在 M 的外延之内。规则适用是指，规则 R 应否适用到个案 c 上。⑤ 所以，内部证成的关键在于概念涵摄⑥，而外部证成的关键则在于规则适用⑦。因此，简单地说，法律论证就是举出法律上的理由与事实上的理由来支持某个法律决定，⑧ 这一活动的关键在于解决概念涵摄与规则适用两个层面的问题。

在法律论证中，单纯地涵摄模式之所以经常遭受非议，原因在于此处法律适用仅关注推理形式及其规则，而对推理的前提关注不够。换言之，其混淆了内部证成与外部证成，本质上是将概念涵摄与规则适用混为一谈，认为当解决了概念涵摄问题后，规则自动适用

---

① 最高人民法院于 4 月 2 日在官方微信公众号上发布的上海某工贸有限公司及谢某某非法经营一案，在外部证成上存在瑕疵。参见最高人民法院：《最高法发布第二批 8 个依法惩处妨害疫情防控犯罪典型案例》，载最高人民法院微信公众号 https://mp.weixin.qq.com/s/oWcfA8cACZEIe1mtWB6mJA，2020 年 4 月 5 日访问。
② 换言之，内部证成所处理的是从既定的大前提推导出作为其结论的法律判断之有效性。
③ ［德］罗伯特·阿列克西：《法律论证理论——作为法律证立理论的理性论辩理论》，舒国滢译，中国法制出版社 2002 年版，第 274 页。
④ 有效性指逻辑推导的形式是正确，合理性指实在法规范的适用是合理的，正确性指经验命题的认定是正确的。
⑤ 陈坤：《概念涵摄与规则适用：一个概念与逻辑的分析》，载《法制与社会发展》2017 年第 5 期，第 149 页。
⑥ 也就是说，只要小前提中的案件事实能被大前提中的法律规定所涵摄，那么自然可以得出在逻辑上有效的结论。
⑦ 同理，只要我们能为某一法律规则适用于某一案件提供充分的依据，那么自然可以得出某一规则适用于某一案件上是可靠的。
⑧ 雷磊：《法律论证中的权威与正确性——兼论我国指导性案例的效力》，载《法律科学（西北政法大学学报）》2014 年第 2 期，第 39 页。

到相关的案例上而无需再进行证立①。但正如波斯纳所指出,"司法三段论(即涵摄模式)表面上的严谨往往只是一种假象。对前提的选择在很大程度上取决于法学家的直觉,这会使结论变得不确定"。② 若我们在理论认知上第一步就将内部证成与外部证成相混淆,那么法律论证的理论认知困境问题就永远无法得以解决。因此分清内部证成和外部证成是解决问题的第一步。不过,为了更深入的理解法律论证以解决疫情期间哄抬物价类非法经营罪案例在法律论证方面存在的瑕疵,本文接下来将对内部证成与外部证成进行考察。

二、内部证成中的困境及出路

(一)内部证成的结构

在内部证成中,概念涵摄始终处于核心地位,但概念涵摄并不是内部证成的全部。任何法律论证,都至少要包括三个不同的语句或命题,即规范命题、事实命题与结论。这说明,内部证成除了概念涵摄外尚有别的要求,这些要求主要包括:第一,法律论证的前提必须连贯即无矛盾;第二,论证的前提中必须至少包含一条普遍性的规范和一个充分描述具体案件事实的命题。③ 所以,内部证成是由概念涵摄 + 前提连贯性 + 前提可普遍化组成,三者共同保证法律论证在形式逻辑上的有效性。正如麦考密克所言,"一个演绎性判断(即概念涵摄 + 前提连贯性 + 前提可普遍化所组成的判断),亦即一个结论性命题隐含于另一个或者若干个命题当中,后者是前者的'前提'。无论前提和结论内容是什么,只要从形式上前提中包含着(或者等同于)结论,一个演绎性判断就是成立的"。④ 这意味着概念涵摄、前提连贯性和前提可普遍化三者在形式逻辑意义上确保了法律结论是从前提(即抽象的法律规则和具体的案件事实)中推论而来的,并且在推论过程中没有添加前提之外的其他因素,使得法官"以事实为根据,以法律为准绳"在逻辑上成为可能。故而,内部证成可用一阶谓词逻辑的形式简化地表述如下:

(1) (x)[M(x) →OG(x)];

(2) M(a);

(3) OG(a)。⑤

---

① 换言之,其认为内部证成一旦证立,外部证成也会随之成立,而无需对外部证成进行单独的证立。陈坤教授认为,概念涵摄是否成立为法官是否应当适用相关规则提供了推定的理由,所以,当概念涵摄成立(不成立)时,法官才可以直接推定规则应当(不应当)被适用。然而,如果法官明确地意识到(或被告知)存在反对(支持)规则适用的理由,那么就应当在权衡之后再做出决定。参见陈坤:《概念涵摄与规则适用:一个概念与逻辑的分析》,载《法制与社会发展》2017年第5期,第155页

② [美]波斯纳:《法理学问题》,苏力译,中国政法大学出版社1994年版,第55页。

③ 雷磊:《为涵摄模式证成》,载《中外法学》2016年第5期,第1212页。

④ [英]麦考密克:《法律推理与法律理论》,姜峰译,法律出版社2005年版,第20页。

⑤ 有人批判说这只能表述简单案件中的内部证成,在复杂案件中,往往会存在好几个不同性质的前提。确实,这个形式无法对现实司法活动中的内部证成进行完全的描述,但是其能抓住内部证成的关键特征。

其中，（1）是对规则内容的表述。规则被理解为一种带有全称量词与应当算子（"O"）的条件式：对于任意的 x（x 可能是一个事物、状态、行为或主体，这取决于规则的内容，下面统一称为"对象"）来说，如果 x 是谓词 M 的一个实例，那么应对其赋予法律后果 G。（2）是对事实小前提的表述，a 是一个特定的对象，M（a）表示对象 a 是 M 的一个实例。（3）是将规则（1）适用到事实（2）上所得出的结论，OG（a）表示应当对 a 赋予法律后果 G。

（二）内部证成的逻辑特征

依据上文对内部证成的描述，我们可以将内部证成视为一种演绎推理①。所谓演绎推理是指从一般推到特殊的推理。从实践的角度出发，所谓"一般"，就是一类事物所具有的同一性质，所以不妨将具有同一性质的一类事物看作一个集合，将此类事物中的某个事物看作集合中的元素，即所谓"特殊"。演绎推理基于一种理想化的大前提，相信集合中所有元素都具有某种性质，从而推断其中的某个元素也具有此种性质。② 所以，在进行内部证成时，要确保其运用符合逻辑学上的法则。这里需要注意的是不能忽略内部证成中存在概念涵摄的难题。法条主义或法律形式主义正是因为犯了这样的错误，才会将法官长期设定为"自动售货机"或者"法律喉舌"的角色，他们没有认识到语言的开放结构和人类认识能力的局限性，将法官适用法律裁判案件的活动等同于逻辑三段论的简单应用。这一司法角色完全无视法官在法律适用中的能动性和创造性，必然会使法律和社会产生巨大的隔阂。

（三）内部证成中的概念涵摄难题及解决办法

概念涵摄的目的在于判断相关对象是否在法律规则所采用概念的外延之内，因此其是内部证成的关键步骤。③ 在内部证成中，概念涵摄问题也是最难解决的一步。概念涵摄难题根源于一般概念所固有的不完备性，换言之，其是由意义的不明确所造成的，因此它的解决方案是旨在明确意义的法律解释。本文由于篇幅所限，不对法律解释进行过多阐述，在此仅指出，法律解释的目的在于探究一般性法律概念的意义，但什么是一般性法律概念的"意义"本身就是一个需要解释的问题。这个"意义"究竟是立法者制定法律时的立法意图还是存在于法律中的客观意思？对此，法律解释学研究中有主观说与客观说两种主张。主观说认为，法律解释的过程（即确定法律概念内涵的过程）不是概念界定，而是语义探知（探明立法意图）。当我们在进行法律解释时，需要解决的问题是"立法者所使用

---

① 演绎推理在此处指明了内部证成的逻辑特征。
② 林玉慈：《论演绎与归纳推理在实践活动中的应用》，载《学术交流》2018 年第 6 期，第 53 页。
③ 在上述表达中，如果我们不能将 x 涵摄于法律概念 M 之中，那么整个内部证成的链条就会断开。

的某个词语究竟指称何种概念",而不是"我们应当用该词语来指称何种概念"。① 客观说则认为,法律解释的本质在于概念界定,② 而非去探知立法意图,其认为法官在法律解释时,不应追问立法意图,而是赋予一般性法律概念满足当今正义要求的意义。因此,一般性法律概念便脱离了立法者而具有本身的目的。法官根据案件当时的客观情况不再拘泥于立法意图进行判决,应视为契合法律的目的之范畴,具有其正当性。③ 很明显,主观说体现了实证分析法学的特点,拒斥法学中任何形而上的东西,采用语言哲学的方法来分析法律解释。而客观说则体现了自然法学的特点,认为法律的本质是理性,而非意志,采用形而上学的方法来分析法律解释。④ 从法哲学的层面上看,主观说与客观说的争论实质上反映了权威意志与永恒理性的法本质之争。那么,我们究竟应该选择何种法律解释的方法呢?这一问题实际上涉及法律解释的证成问题,⑤ 属于外部证成所讨论的范围,因此在这里我们暂时不下定论。

最高人民法院公布的上海某工贸有限公司及谢某某非法经营一案,内部证成上最关键的问题就是如何认定"哄抬物价行为",这实际上就是一个概念涵摄的问题。对于这一点,最高人民法院只给出了一个较为笼统的认定标准:"在疫情防控期间,……哄抬疫情防控急需的口罩等防护用品价格的行为……此类行为情节严重的,应当以非法经营罪定罪处罚。需要注意的是,对于虽然超出有关价格管理规定,但幅度不大,违法所得不多,对疫情防控没有重大影响,不应当纳入刑事处罚范围…。"⑥ 可以看出,认定的关键点在于涨价幅度,但这个"幅度"应当参照什么标准进行界定(按照什么方式进行解释),最高人民法院没有进一步在裁判要旨中阐明。这一步骤的遗漏会使得该典型案例在统一法律适用的参照效果上大打折扣,各地方法院在审理类似的案件时很可能会采用截然不同的认定标准。⑦ 因此,最高人民法院于4月2日发布的疫情期间哄抬物价类非法经营罪案例在法律论证方面存在的第一个问题就是遗漏了对法律解释方法的证立。

（四）内部证成的意义

内部证成的意义在于提醒司法者注意,到底什么样的前提需要从外部来加以证成。从

---

① 陈坤:《疑难案件中的法律概念与立法意图——兼为主观解释论证成》,载《法制与社会发展》2014年第6期,第160页。
② 概念界定究竟是一种客观发现活动还是主观命名活动,这取决于实在论和唯名论孰对孰错的问题。不过,客观说通常认为概念界定是一种客观发现活动,而主观说则通常认为概念界定是一种主观命名活动。
③ 吴煦:《论客观目的解释》,载《江西社会科学》2016年第7期,第179页。
④ [德]海因里希·罗门:《自然法的观念史和哲学》,姚中秋译,上海三联书店2007年版,第37页。
⑤ 苏晓宏:《法律解释还是法律解释的证立?》,载《求是学刊》2014年第6期,第78页。
⑥ 最高人民法院:《最高法发布第二批8个依法惩处妨害疫情防控犯罪典型案例》,载最高人民法院微信公众号 https://mp.weixin.qq.com/s/oWcfA8cACZEIe1mtWB6mJA,2020年4月5日访问。
⑦ 比如,有的地方法院可能会依据相关的规范性法律文件对"幅度"进行认定(主观说),有的地方法院可能会依据经济学原理对"幅度"进行认定(客观说)。这很可能造成,同样或相似的涨价幅度,在一个地方被认定成哄抬物价类非法经营罪,在另一个地方则无罪。

上面的分析我们可以得出,作出结论本身不需要我们费太大的力气①,主要的困难在于寻找前提。但内部证成的要求并非毫无意义,在内部证成的过程中,愈来愈清楚地显示:到底什么样的前提需要从外部来加以证成。因此,内部证成提高了识别错误和批判错误的可能性。对一般规则进行论述最终将能够容易做到裁决的一致性,并同时促进达成正义和法的安定性。不过,内部证成只能保证法律裁决的有效性,并不能确保法律裁决的合理性和可接受性,原因在于推论的前提本身需要证立。最高院发布的疫情期间哄抬物价类非法经营罪案例在法律论证方面存在的瑕疵也均集中在外部证成之中。因此,我们紧接着讨论外部证成。

三、外部证成中的困境及出路

（一）外部证成的结构

外部证成的对象是对在内部证成所使用的各个前提的证立。这些前提包括三类:(1) 实在法规则;(2) 经验命题;(3) 既非经验命题、亦非实在法规则的前提（在我国指法律解释的方法）。② 外部证成的目的在于说明这三类前提的正确性与合理性。③ 外部证成保证了法律裁决的正确性与合理性,其和内部证成一起保障了法律裁决的可接受性。正如佩策尼克指出,在"法律语境内充分证成"（内部证成）之后就应当转向"深度证成"问题的研究。通常,法律（内部）证成发生在一个法律共同体所默认的出发点之框架之内。或者说,在（内部）法律证成中,法律渊源、建构规则、解释规则和论证规则被认为是普遍接受的意义上被使用的。为了维护上述法律出发点在证立中的使用,出发点的选择必须在"深度证成"（外部证成）中获得支持。④

实际上,最高人民法院于4月2日发布的疫情期间哄抬物价类非法经营罪案例在法律论证方面存在的瑕疵均集中于外部证成之上。首先,该案件的法官在适用具体的法律条文时,并没有对该法律条文本身以及该法律条文适用于此类案件之上是否合理进行证立,而最高人民法院在该案的裁判要旨中也只作了极为笼统和简单的说明,因此该案缺乏对实在法规则的外部证成;其次,关于哄抬物价行为的认定标准,也就是关于涨幅的认定标准,该案法官以及最高人民法院的裁判要旨都没有对这一认定标准进行证立,因此该案也缺乏对法律解释方法的证立。这两个关键地方证立的缺失,使得此案的外部证成基本缺失,由

---

① 就算是内部证成中的概念涵摄难题,本质上也是一种客观的"事实"发现活动。因为无论是主观说（发现客观存在的立法意图）还是客观说（发现万事万物背后不变的本质,即概念）,均认为概念涵摄是一个客观发现活动。参见陈坤:《概念涵摄与规则适用:一个概念与逻辑的分析》,载《法制与社会发展》2017年第5期,第161页。
② ［德］罗伯特·阿列克西:《法律论证理论——作为法律证立理论的理性论辩理论》,舒国滢译,中国法制出版社2002年版,第285页。
③ 所谓正确性是指经验命题;所谓合理性是指实在法规则和既非经验命题、亦非实在法规则的前提。
④ 舒国滢:《亚历山大·佩策尼克的法律转化与法律证成理论》,载《北方法学》2020年第1期,第44页。

于该案作为最高人民法院发布的依法惩处妨害疫情防控犯罪的典型案例,对下级法院在审理类似案件时具有重要的参照意义,因此很可能会使得下级法院在审理此类案件时也忽略外部证成。从长远看来,案件外部证成的缺失对司法活动是致命的,因为法律及法律的活动(以法院为中心)毕竟是理性的活动,司法权本质上是一种判断权,它讲求一种合理性,人类只有在一种理性思维的指导下才能过一种和谐的生活。缺乏外部证成的法律及法律活动极易变异为一种非理性的意志和权力活动,这种非理性的意志和权力活动是不可能带来秩序与和平的,也不可能在法律的实践中走得太远。因此,法院在对疫情期间哄抬物价类非法经营罪进行认定时,绝不能忽略掉外部证成。

(二) 外部证成的困境——基础论与融贯论的对立

那么,我们用什么标准来证立这三类前提呢?换言之,我们用什么来保障法律裁决的正确性与合理性?由于外部证成中的三类前提性质不同,因此其证立的方法也不同。但是,由于这三类前提的证立涉及到法律实践的正确性与合理性的认知证立,而这一证立过程本质上是一种关于真理①的认知证成,因此哲学上的认知证成理论能够为外部证成提供理论与方法上的一般性指导。在当下的认知证成理论中,有三种不同的理论类型,分别为基础论、融贯论与基础融贯论。在下文的分析中将表明,三类前提的证立只有均以基础融贯论为理论与方法上的一般性指导,才能保证外部证成目的的实现。由于基础融贯论是建立在批判两个相互竞争的认知证成理论——基础论和融贯论的结果之上,因此我们先对基础论与融贯论进行分析,看看它们为什么无法确保外部证成目的的实现。

基础论主张,认知证成须立足于这个世界,得到证成的经验信念可以解释为直接由一个主体的感觉的和/或内省的经验所证成的信念,或者是由被如此证成的信念所支持的信念。② 因此,基础论有两个可简称为 FD1 和 FD2 的基本论题:FD1 主张,某些基本信念③构成了认识论的基础,是直观明显、确实可靠、无需证成的。④ FD2 则主张,所有其他得到证成的信念都是导出性的;一个导出信念要得到证成,须借助于一个或多个基本信念直接或间接的支持。⑤ 从逻辑哲学角度看,与基础论在概念上最为接近的是真理的符合论。

---

① 真理具有两个面向,一个是认知面向,一个是实践面向。认知面向的真理是描述性的,因此追求正确性;实践面向的真理是规范性的,因此追求合理性。
② 夏国军:《基础融贯论:哈克、戴维森和蒯因》,载《哲学研究》2010 年第 12 期,第 74 页。
③ 如果这个基本信念是经验性的,则为经验基础论;如果这个基本信念是非经验性的,则为非经验基础论。
④ 根据基本信念得到证成的依据,FD1 可以分为感觉-内省论、外在论和内在论:感觉-内省论主张某些基本信念是凭借主体的经验(内省经验或感觉经验)得到证成的,而不凭借任何其他信念的支持;外在论主张某些基本信念得到证成,不是凭借任何其他信念的支持,而是因为在该主体的信念与使得该信念为真的事态之间,存在着因果或似规律的联系;内在论主张某些基本信念得到证成,不是凭借任何其他信念的支持,而是依据它的内容,即它内在具有的自我证成的特性。
⑤ [英]苏珊·哈克:《证据与探究—走向认识论的重构》,陈波、张力锋、刘叶涛译,中国人民大学出版社 2004 年版,第 14 页。

符合论的基本思想是：语句的真（正确性与合理性）在于语句所表达的内容与对象在世界中的存在方式或存在状况相符合或相对应。把基础论理论转换到法律论证中则表现为：（法律）外部证成的合理性取决于实在法规范是否符合案件争议点背后所蕴涵的关于万事万物的知识与客观本质；外部证成的正确性则取决于经验命题的信息源是否独立并且依据理性/经验/常识具有部分可靠性；在法律解释的方法上倾向于客观说。融贯论则视认知证成为仅存于信念间的关系，得到证成的信念可以解释为与一个主体的其他信念相融贯的信念。融贯论主张，证成只关涉信念间的关系，并且一个集合内信念的融贯为那些作为其元素的信念提供了证成。因此，融贯论赞成下述论题：一个信念之得到证成，当且仅当，它属于一个融贯的信念集合。① 关于认知证成的融贯论，其与逻辑哲学意义上的真理的融贯论的基本思想也是一致的。真理的融贯论的基本观点是：一个命题的真不在于其与实在或事实的符合或对应，而在于其与所从属的命题系统中的其他成员是否融贯，融贯者为真，不融贯者为假。而把融贯论理论转换到法律论证中则表现为：（法律）外部证成的合理性取决于实在法规范在逻辑和价值理念上是否与整个法律秩序相符合；外部证成的正确性则取决于经验命题与经验命题之间是否融贯；在法律解释的方法上倾向于主观说。

基础论认为融贯论存在着"无穷倒退论证""要求过多"的反对意见和"醉酒的水手论证"等三个问题。"无穷倒退论证"的要义是，融贯论的主张——一个信念得到证成，是受到另一个信念的支持；另一个信念得到证成，又是受到再一个信念的支持……如此往复——构成了一种恶性的无穷倒退的链条。除非这种倒退走到一个终点，否则原初信念将无法得到证成。这一缺陷在法律论证中表现为对实在法规范依据和经验命题理由的无限追问，导致论据链无限延长，这样一个没有结尾的论据链，在论证实践中是不可行的。② 所谓"要求过多"的反对意见，其大意是：相容性要求作为融贯的必要条件对于证成而言太强了。因为融贯论似乎主张，一个主体如果具有不相容的信念，则他的任何信念都不能得到证成。但是，即使一个得到证成的信念被其他信念的整体所容纳，也不是所有的信念都彼此相关。这一缺陷在法律论证中表现为，作为融贯依据的和谐法律秩序只是一种理论假设，现实中法律秩序内部矛盾是常见的，这个时候就会出现谁来融贯谁的问题。基础论者刘易斯还以"醉酒的水手论证"给予融贯论以致命一击。他说，融贯论主张经验信念仅仅能够凭借相互支持关系得到证成就像下述主张一样荒谬：两个醉酒且没有任何东西支撑的水手能够通过背靠背来相互支撑。③ 这一缺陷在法律论证中表现为，当经验命题存在合谋

---

① ［英］苏珊·哈克：《证据与探究—走向认识论的重构》，陈波、张力锋、刘叶涛译，中国人民大学出版社2004年版，第17页。

② 针对这一问题，侯学勇教授提出，为了避免论据链的无限延长，可以把这些论据之间的支持关系描述成一个循环。但是，这又陷入了一种同义反复、循环论证的困境之中。参见侯学勇：《融贯论在法律论证中的作用》，载《华东政法大学学报》2008年第4期，第9页。

③ 例如，一部推理严密的小说就可以是十分融贯的——甚至可能会比事实本身还更加融贯，但是它的每一个内容细节都可能是假的。

的虚假陈述或者共同受第三方强迫的虚假陈述时，经验命题整体是融贯的，但每一个经验命题都是错误的；当某一领域的重要实在法规范不合理时，融贯性无法保证与这一领域相融贯的某条实在法规范的合理性。融贯论则认为基础论也存在着三个问题，首先，对于所有类型的基础论来说，作为认识论基础的基本信念存么？基础论对此没有办法给出令人信服的回答，往往只能诉诸信仰或权威。这一缺陷在法律论证中表现为当我们将实在法规范的合理性诉诸于万事万物背后的客观本质时，我们无法证明这一本质究竟是真实存在的还是我们人类看待世界的一种方式。① 其次，外在基础论违背了这样的直观，即证成一个信念的东西应该是持有信念的主体意识到的某种东西，而不是外在于主体的客观物。② 最后，感觉—内省基础论则会遭到融贯论的"因果不相干论证"的如下反驳：基本信念被主体的经验所证成是不可能的。因为证成是一个逻辑问题，它只与信念之间的关系有关；而一个人的经验和他的信念之间只有因果关系，却不可能有逻辑的关系。③ 基础论的后两个缺陷在法律论证中均表现为一个问题：我们不能从实然中推出应然，我们不能从世界实际上是怎么样中推出世界应当是怎么样，这一困境也被称之为摩尔的自然主义谬误④。由此，可以看出无论是基础论还是融贯论都面临着不可克服的困难，它们无法为外部证成提供理论与方法上的一般性指导。那么我们来考察下基础融贯论，看看它为什么能保证外部证成目的的实现呢？

（三）外部证成困境的解决办法——基础融贯论

"基础融贯论"是苏珊·哈克在批判基础论和融贯论的基础上提出的一种新的认知证成理论。基础融贯论承认渗透在一个人信念之间的相互支持；但是，它既不要求由一个主体的经验所证成的某个信念具有特殊地位，也不要求一个对于证据性质的简单的、单向度的模型。具体来说：在结构上，它……既允许渗透于信念之间的相互支持，也允许经验对经验证成做出贡献；在内容上，它既不是纯粹因果的，也不是纯粹逻辑的，而是一个双面的理论，部分的是因果的，部分的是逻辑的；并且在本质上是有程度之分的，它不把"A

---

① 康德认为，超出现象，对自在之物的超验的知识是不可能的。人的实践可以涉及自在之物，但无法对它进行科学的认识，其归根结底是一个信仰问题。而信仰是一种个人内心的活动，这就很容易导向多元主义和价值虚无主义（承认所有价值都是有意义的就等同于承认所有价值都是没有意义的）。参见邓晓芒：《纯粹理性批判讲演录》，商务印书馆2013年版，第25页－26页。

② 例如，如果在一种信念状态和使该信念为真的事态之间存在适当的关联，即便信念主体没有掌握支持该信念的证据，或者有反对它的证据，外在基础论也会认为该信念得到了证成。

③ 例如，A看见一条狗，这一经验引起他去相信自己眼前有一条狗。此处的"引起"是因果性的，这种"引起"是由A的感觉—内省的经验造成的。但是，另一方面，A看见一条狗这种经验并不能蕴涵或确证"A眼前有一条狗"这个命题。这里"蕴涵"和"确证"分别属于演绎逻辑和归纳逻辑的概念。于是，A的感觉内省的经验不能逻辑地证成相应的命题。这是证成的逻辑方面。

④ 摩尔的"自然主义谬误"认为，"善"是不好被界定的，任何形容词的"善"必须要适合于名词形式。善良具有一种非自然的、独特的和非确定性的属性。任何人尝试用自然属性来界定"善"都会导致"自然主义谬误"。

的信念 p 得到证成，当且仅当……"① 当作被解释项，而是把"A 的信念 p 在 t 时或多或少地得到证成，这取决于……"当作被解释项。②

哈克的基础融贯论在理念上超越了感觉—内省论。基础论的感觉—内省论版本认为，基本信念要由主体的感觉—内省的经验来证成。但是，这种证成只涉及证成的一个方面，即因果方面。而哈克认为惟有把逻辑的因素和因果的因素结合起来进行说明，才能够实现经验与证成实质地相干。③ 可是，问题的关键在于经验与证成何以相干？哈克认为，解决该问题的基本原则是区分信念状态含义（简记为"S-信念"）和信念内容含义（简记为"C-信念"），即区分某人相信某事和他所相信的东西。④ 在一个信念状态与那个人的经验之间能够有因果关系；在一个信念内容与其他的信念内容之间能够有逻辑的关系。这表明一个人具有某种经验，此经验在因果上有助于他相信某事这个事实如何使得下述观点或多或少成为可能：他所相信的东西是真的，对于这一点的充分解释将不得不利用信念状态和信念内容之间的区分。他的特定的信念状态构成"S-证据"，而特定的语句和命题构成他的"C-证据"。对"他关于 p 的 C-证据"的刻画取决于对"他关于 p 的 S-证据"的刻画，后者是该理论的因果部分提供的；也就是说，哪些语句或命题组成了他关于 p 的 C-证据，这取决于什么状态在支持他的 S-信念 p 的力量中起重要作用。这样，他就可以依据下述转换实现从 S-证据到 C-证据的过渡："他相信 p 的 C-理由"指他所相信的 C-信念，它构成了他相信 p 的 S-理由；"他相信 p 的感觉—内省的 C-证据"是指语句或命题，其大意是：他处于某个或某些特定的状态中——这样的状态构成了他相信 p 的感觉—内省的 S-证据；"他相信 p 的 C-证据"是指他相信 p 的 C-理由和他相信 p 的感觉—内省的 C-证据。⑤ 这表明，哈克的感觉-内省论的基础融贯论在从事一种双面的、状态-内容的探索。⑥ 对此，斯特劳森评价说："它清楚地揭示了基础论和融贯论说明的

---

① 基础论认为，A 的信念 p 得到证成，当且仅当 p 符合某些基本信念。融贯论则认为，A 的信念 p 得到证成，当且仅当 p 与其它信念融贯。

② 这说明哈克的真理认知证成理论已经暗示了一些实质性的预设：第一，它是与人有关的用语，而不像"信念 p 被证成"那样的原始的与人无关的用语；第二，证成有程度之分；第三，一个人相信某事是否被证成，或者在何种程度上被证成，可以随时间而变化。这些假定的根据将随着精确论述的展开而变得更加明显。

③ 只有这样才能反驳融贯论对基础论提出的三个疑问，尤其是因果不相干论证。

④ 例如，哥白尼相信地球围绕着太阳旋转。哥白尼相信地球围绕着太阳旋转是信念状态含义；地球围绕着太阳旋转是信念内容含义。哥白尼相信地球围绕着太阳旋转这个信念状态含义是他的日常经验观察所引起的；但地球围绕着太阳旋转这个信念内容含义本身却不是哥白尼的日常经验观察所引起的（哪怕哥白尼不去观察，地球仍然是围绕着太阳旋转的），而是由其它信念内容含义演绎或归纳出来的。

⑤ ［英］苏珊·哈克：《证据与探究—走向认识论的重构》，陈波、张力锋、刘叶涛译，中国人民大学出版社 2004 年版，第 75-78 页。

⑥ 在此有一个不是很恰当的例子，但有助于不具备哲学功底的人理解此处的论述。哈克认为：在真理的认知证成中，一个人的感觉经验证据和他的理由是同时起作用的（而不像基础论或融贯论那样只认为其中一个起作用），就像字谜游戏中的提示和已经填好的那些格一样。

失败,并令人满意地综合了这两者中的合理因素"。① 哈克的基础融贯论既能克服基础论的不足,又能弥补融贯论的缺陷。因此,只有基础融贯论能够为外部证成提供理论与方法上的一般性指导。

把基础融贯论的逻辑转换到法律论证中则表现为:(法律)外部证成的合理性取决于实在法规范在具体个案中的应用是否与先前类似的案例判决中所蕴涵的行为规范体系以及规范体系背后所承载的实践理性②相符合;外部证成的正确性则取决于经验命题在满足融贯性的提前下,其信息源是否独立并且依据理性/经验/常识具有部分可靠性;在法律解释的方法上倾向于整合主观说与客观说,主张主观说对客观说的初步优先性,即在一般情形下,主观意思优先。在特殊情形中,客观意思优先于。③ 以基础融贯论为指导的法律论证能够克服融贯论和基础论下法律论证的困境。首先,由于基础融贯论下的外部证成合理性不仅诉诸于实在法规范之间的融贯还诉诸于审慎的实践理性,因此避免了"无穷倒退论证""要求过多"的反对意见和"醉酒的水手论证"这三个问题。其次,由于基础融贯论下的外部证成认为虽然不存在作为认识论基础的基本信念,但是存在着作为实践基础的基本信念(即实践理性原则)④,因此克服了基本信念是否存在这一问题。最后,由于基础融贯论下的外部证成是基于实践理性原则展开的,因此外部证成不是基于思辨理性从"是"推出"应当",而是基于实践理性从"善"或者"信仰"中推出"应当",⑤ 从而避免了自然主义谬误的攻击。

换言之,法院对疫情期间哄抬物价类非法经营罪案件的外部证成,在实在法规范方面应当基于先前类似的国内外案例、实践理性原则和相关的经济学与社会学原理进行证立,而不能仅仅诉诸于法律体系本身。在法律解释方法的证立方面,应当首先依据相关的规范性法律规定及其立法意图进行法律解释,只有当这一证立方式导致的解释结果明显地与相关的实践理性原则、经济学与社会学原理不符时,才采取客观目的解释。不过,这里有一

---

① [英]苏珊·哈克:《证据与探究——走向认识论的重构》,陈波、张力锋、刘叶涛译,中国人民大学出版社2004年版,封底评论。
② 这里的实践理性,不是指康德哲学中与理论理性截然分开的那个实践理性,而是指一种融合了理论理性的审慎的实践理性。
③ 雷磊:《再论法律解释的目标——德国主/客观说之争的剖析与整合》,载《环球法律评论》2010年第6期,第53页。
④ 在传统法学理论中,也存在这样的观点。例如,神学自然法的著名代表人物阿奎那认为,自然法不是客观存在着有待人们去发现的某种外在世界的客观规律,而是由人们在信仰的指引下,通过实践理性所创设的与人的生存有关的行动规范。简言之,自然法不是被发现的,而是被人们在信仰的指引下用实践理性所创设的。这一实践理性就如同古希腊悲剧中支配万物的命运一样,表面上看人们似乎可以用自己的自由意志去违背它,但实际上只能给自己和他人带了悲剧。斯多葛学派代表人物塞涅卡曾对此有过经典的表述:"顺应命运的人,被命运领着走;不顺应命运的人,被命运拖着走。"参见杨天江:《凯尔森对自然法学说批判的再思考——基于阿奎那自然法传统的反驳》,载《法制与社会发展》2013年第2期,第153页;赵林:《西方文化概论》,高等教育出版社2008年版,第46-47页。
⑤ 杨天江:《凯尔森对自然法学说批判的再思考——基于阿奎那自然法传统的反驳》,载《法制与社会发展》2013年第2期,第154页。

个极易产生误解的地方需要澄清。以基础融贯论为一般性指导的外部证成的实现首先需要人们对所有的案例按照一定的标准进行分类并整理出蕴涵在这些案例中的被人们的行动所创设的规范体系以及规范体系背后所承载的审慎的实践理性。问题在于本文是不是在主张应当由法官来做这件事呢？答案是否定的，法官不可能有这么多的时间和精力来做这件事，他们能做的是为这一研究提供案例素材和案例反馈。那么，究竟谁有责任去做这件事呢，我们认为答案很明显，那就是法学学者。

四、余论

为保障防疫、生产和生活物资的正常供给秩序，最高人民法院发布了哄抬物价类非法经营罪案例，以供全国各级人民法院在审判类似案件时参考。但我们发现该案例在法律论证上存在瑕疵，即基本忽略了外部证成，这一忽略对于司法活动是致命的。因此，要想解决这一法律论证上的瑕疵，就必须在此类案件中进行完整的外部证成。而要想使完整的外部证成在司法实践中成为可能，首先就得从理论上正确的把握法律论证理论。

传统法学理论认为法律论证存在着内部证成与外部证成两个层次，内部证成的关键在于概念涵摄，外部证成的关键在于后果主义的利益衡量。[①] 本文通过对法律论证进行理论分析得出：首先，内部证成中概念涵摄难题的解决办法在于法律解释，但采取何种法律解释方法属外部证成的范围，所以在法律论证中外部证成最为关键。其次，外部证成虽要解决规则适用与否的难题，但其最佳的解决方案并不在于后果主义的利益衡量，[②] 而是基础融贯论。因此，本文主张要想解决法律论证（尤其是外部证成）在理论认知上的困境，就必须要以基础融贯论为理论与方法上的一般性指导，以案例为法律论证研究的中心，在保证这一前提的条件下去接纳其他社会科学。[③]

（编辑：吕玉赞）

[①] 王彬：《逻辑涵摄与后果考量：法律论证的二阶构造》，载《南开学报（哲学社会科学版）》2020年第2期，第39页；陈坤：《概念涵摄与规则适用：一个概念与逻辑的分析》，载《法制与社会发展》2017年第5期，第149页。

[②] 后果主义的利益衡量本质上是一种基础论，就算是建立在商谈理性基础上的后果主义利益衡量也是一种基础论。因此，后果主义的利益衡量必然会遭受上述融贯论对基础论的攻击。

[③] 这样做，既能避免错误的将法律视为一个自创生系统（走向自我封闭的极端），使得法律极易和社会产生巨大的隔阂，又能避免出现将法学无条件地向其他社会科学全面开放的极端，使解构主义和虚无主义在法律领域横行。

智能论证的方法论基础及逻辑证成*

周　林**

摘　要　人工智能运用于法律论证领域产生了智能论证。智能论证与法官论证都有遵循先例的习惯，两者在相似性比较上的共似性是人工智能成功进入法律论证领域的基本前提。人工智能本身并不能依据规则直接进行法律论证，而是依赖于一个能够集成先例以及法官裁判经验的开放性论证系统。智能论证凭借人工智能强大的数据支撑与出色的运算能力，运用相似性对比找到类似案例，进而通过类比论证的方式证立裁判结果。智能论证遵循类比论证的一般规则、区分规则以及推翻规则，这为智能论证的最终结论提供了逻辑化证成。随着人工智能技术在法律论证领域的深度运用，法律论证的模式必将发生深刻的变革，这对未来司法裁判的进一步科技化发展是有益的。但同时，我们也应当避免这些科技因素对法官司法裁判构成潜在性压力，从而避免司法活动被科学技术所"绑架"。

关键词　人工智能　法律论证　类比　逻辑证成

一、问题及其缘起

当我们在回答法律是不是一门科学或者说法律能不能变成可量化、具有高度实证性的科学知识的时候，我们总是容易受到一些因素的左右。较为普遍的反对性观点认为，法律处理的是文明进程造成的紧张关系，并不处理物质的物理结构，不受普遍的、不变的规则控制，①尤其是法律决策中法官被赋予了不同程度的自由裁量权使得法律秩序及其可预测

---

* 基金项目：本文系司法部2017年度重点课题"我国高端法律服务整合提升对策研究"（项目批准号：17SFB1001）以及国家社科基金项目"我国地方立法权配置的理论与实践研究"（项目批准号：13BFX024）的阶段性研究成果。

** 周林，男，江西省赣州人，厦门大学法学院博士研究生，研究方向为立法学和法律方法。

① E. C. Jr. Lashbrooke, *Legal Reasoning and Artificial Intelligence*, 34 Loy. L. Rev. 287 (1988).

性大大降低，使得法律成为一门"伪科学"。法律作为一门科学的支持者则通过大量的实验来增强法律的可预测性，早期的计算机科学家曾经尝试通过算法将法律与计算机结合在一起，主要用于数据库管理与法律检索。

在法律论证领域，早期的法律理论学家与计算机科学家对法律论证算法化进行了不同程度的尝试。这些人大致可以分为"实用主义者"和"纯粹主义者"，两者的分野在于实用主义者的首要目标是开发和实现能够实际帮助解决法律问题的计算机系统。相比之下，对于纯粹主义者来说，即使是一个适度的原型的完成也不一定是成功的必要条件，因为他们的主要目标是阐明法律推理、人类和人工智能以及法律计算模型的本质。① 沿着实用主义者的路线，从二十世纪七八十年代以来，欧美高等院校已经投入一定的科研力量进行法律论证系统的开发，一批具有较强的应用性的法律推理系统，如"罗德尔式"专家系统（Expert System）②、"HYPO"③"Deep Blue"④、ArguMed3.0⑤ 相继诞生。我国虽然起步较晚，但在法律论证的智能系统方面已经取得丰硕的成果。根据亿欧智库发布的《2018年人工智能助力法律服务研究报告》显示，目前，我国人工智能主要运用包括文书处理、法律咨询、同案分析、语音转录等，其中，具有较为突出的案件分析和法律论证功能的智能系统包括"搜狗大律师""法里""法狗狗""无讼"和"ROSS"。⑥ 这些智能论证系统的共性在于通过建立大数据来集成大量判例，在此基础上，人工智能通过相似性对比的方式类比解释案件事实、类比适用法律规则，从而得出与判例类似的法律结论。那么，这种智能论证系统的方法论基础是什么？智能论证的论证结果在逻辑规则上是否得以证成？这是本文需要重点探讨的问题。

一、智能论证的基础：遵循先例与类比论证

（一）一种司法习惯：遵循先例

英美法系和大陆法系对先例持有两种不同的态度。在英美法世界里，先例是规范体系最重要的组成部分，⑦ 法律规则通过判例的形式得以呈现，在先的司法判例对后发生的诉

---

① Richard E. Susskind, *An Artificial Intelligence Approach to Legal Reasoning*, 4 Y. B. L. Computers & Tech. 221 (1989).

② E. C. Jr. Lashbrooke, *Legal Reasoning and Artificial Intelligence*, 34 Loy. L. Rev. 287 (1988).

③ Cass R. Sustein, *Of Artificial Intelligence and Legal Reasoning*, 8 U. Chi. L. Sch. Roundtable 29 (2001).

④ Jack Watson, *Artificial Intelligence*, 22 LawNow [36] (1997).

⑤ ArguMed3.0 是在 Argue!、ArguMed 和 ArguMed2.0 的基础上发展起来的实验性论证助手程序。作为一种论证辅助，ArguMed3.0 较前几代最著名的优势在于其对理由支持与底切例外同时进行了表示，也就是说，在论证过程中，能够通过论辩性论证充分讨论相关争议。参见［荷］巴特·维赫雅：《虚拟论证：论法律人及其他论证者的论证助手设计》，周兀译，中国政法大学出版社 2016 年版，第 27 页。

⑥ 参见《2018 年人工智能助力法律服务研究报告》，载 https：//www.iyiou.com/intelligence/report551.html，2018 年 12 月 31 日访问。

⑦ 参见刘风景：《司法案件间"家族相似"理论述评》，载《法律方法》2014 年第 2 期，第 135－149 页。

讼案件具有法律约束力,这便是最初意义上判例法的遵循先例原则(the principle of stare decisis)。① 遵循先例是普通法审判的技术性特征,基于这种技术性特征,我们可以区分拘束性判例和说服性判例,② 其中只有拘束性判例具有法律约束力。在不同国家,遵循先例原则的具体样态呈现一定的差异性。在美国,普遍的做法是,管辖区内最高法院的判决对该管辖区内的所有下级法院都有约束力;然而,终审法院不受以前判决的约束。③

而在大陆法系国家,人们不仅没有赋予先例法律约束力,甚至没有产生任何一门关于先例的系统性理论,但并不意味着司法实践中不存在先例适用的技术与问题。④ 大陆法系国家普遍重视成文法的编纂,要求法官严格依照规则进行裁判。《法国民法典》第四条规定:"一名法官以法律是沉默、含糊或不足为借口来拒绝裁判案件,可能因司法不公而被起诉有罪。"《西班牙民法典》第六条规定:"以沉默、晦涩、不充分为借口而拒绝适用法律的法庭将承担刑事责任。"《瑞典宪法》第四十七条规定:"王国和其他所有法院的上诉法院应根据法律和法规决定案件。"⑤ 因此,大陆法系法官适用成文法不仅是司法裁判的需要,同时也是法官的法定义务。

与理论相悖的是,无论是英美法系还是大陆法系的法官和律师都在司法实践中形成了"约定俗成"的先例遵循技术与先例回避技术。Jacob对欧盟法院使用先例的做法进行了深入的分析,他指出,欧洲法院不仅以不同的方式提到先例,而且还在不同的职能范围内使用先例。法院采用先例的方式并不是由对先例的具体方法论或理论信念决定的,而是取决于法院判决案件的具体背景。⑥ 对此,他认为这种做法可能会在长时间内运行,(但会)削弱了欧盟法律的可及性并削弱了法院的合法性。⑦

英美法系国家普遍注重判例法的发展,但同时,往往会限制法院的立法能力。他们允许法官偏离先例,但同时又通过限制法官规避先例的方式来将法官的自由裁量权限制在可控范围之内。因此,对于法官"适度"地偏离先例,他们需要承担更重的说理负担。在早期英国法中,法院或者法官在某些案件中如果不想适用某一先例,通常会找一个"体面"的理由将该先例"搁置"一旁。⑧ 而在美国,经公报的判例之多数意见将会创造先例,成

---

① 参见徐卫东:《普通法"遵守先例原则"研究》,载《吉林大学社会科学学报》1992年第4期,第13 - 18页。
② Roscoe Pound, *What of Stare Decisis*, 7 Current Legal Thought 295 (1941).
③ E. POLLACK, *Fundamentals of Legal Research* 7 (1967).
④ 参见R. B. 施莱辛格:《大陆法系的司法判例——两大法系判例拘束力之比较》,吴英姿译,载《环球法律评论》1991年第6期,第32 - 36页。
⑤ Albert P. Blaustein, *Legislative Interpretation and the Foreign Codes*, 16 J. Legal Educ. 317 (1963).
⑥ Mehrdad Payandeh, Marc Jacob, *Precedents and Case - based Reasoning in the European Court of Justice*, 12 Int'l J. Const. L. 832 (2014).
⑦ Mehrdad Payandeh, Marc Jacob, *Precedents and Case - based Reasoning in the European Court of Justice*, 12 Int'l J. Const. L. 832 (2014).
⑧ 参见李游:《"遵循先例"原则在英美法中的适用》,载《中国司法》2001年第8期,第60页。

为后续法院的裁判依据。① 但法院之间，后案件审理法院如果认为前判决有错误，可直接推翻前判决而自行判决，但必须充分说明理由。② 在实践中，法院以及法官往往不会公开宣布推翻他们的先例，他们往往会通过各种方式限制先例的适用范围，采用不同的区分技巧，从而有时隐含地修改甚至推翻先例而没有明确承认。③

而作为一种法律方法，法律论证主要在两个层次上进行，第一个层次是由常识或人的因素组成，是决定期望结果的地方。法律论证的第二个层次是用法律术语证明决定的正当性的地方。④ 这一层次的法律论证由法官的法律常识与经验，或者"法感"⑤ 构成，在这个阶段，如果法官能够找到相似的先例，那么，法官极有可能以这一先例作为裁判基准。同时，当法官面对疑难案件没有解决思路的时候，他们常常会从过去的案例中寻找线索，或者在已决的同类案件之中寻找相似之处，进而参照性地得出初步的法律结论。第一层次的法律论证并没有太过严密的论证过程，但对案件的最终结论性意见可能具有决定性作用，因为按照法官的思维方式，在得出初步法律结论之后，法官会有目标地寻找相应的规范依据证成法律结论，即通过逆向回溯论证的方式，从结果出发逆向倒推法律论证过程。⑥ 这是大陆法系严格文本主义所意料不到、也是无法规避的难题，因为严格文本主义从来就不具备第一个层次法律论证的适用性，它只能通过第二层次的法律论证来实现。如此，在现实司法裁判之中，真正对案例进行分析的部分可能恰恰是在掩饰真正的决策（法律推理）过程，这种结果导向的司法裁判是具有一定主观性、"迷惑性"的。⑦

无论是英美法系法官还是大陆法系法官，在具有决定意义的第一层次的法律论证中，法官颇为关注在先的司法判例，这在某种程度上已经成为法官的一种司法习惯。⑧ 对于英美法系的法官来说，先例具有法律约束力，是法官作出司法裁判的依据。而大陆法系法官，以及中国法官，他们虽然掌握非常完备的规范文本，这是"法官实际行动的预言"⑨，但这种"行动的预言"却往往不能明确告诉法官应该怎么做。法官需要向过去的案例寻找解决法律问题的智慧。同时，对于大陆法系法官来说，虽然先例不具有法律约束力，但是关注先例依然是一名优秀的法官在作出裁判前必须做的事情，因为两个相似案件的裁判结

---

① 参见林彦：《美国法院如何遵循先例》，载《中外法学》2009 年第 6 期，第 951 页。
② 参见李游：《"遵循先例"原则在英美法中的适用》，载《中国司法》2001 年第 8 期，第 60 页。
③ Mehrdad Payandeh, Marc Jacob, *Precedents and Case – based Reasoning in the European Court of Justice*, 12 Int'l J. Const. L. 832 (2014).
④ E. C. Jr. Lashbrooke, *Legal Reasoning and Artificial Intelligence*, 34 Loy. L. Rev. 287 (1988).
⑤ 参见徐雨衡：《"法感"在法律推理中的价值及其适用》，载《法制与社会发展》2020 年第 2 期，第 216 – 224 页。
⑥ 参见王彬：《司法裁决中的"顺推法"与"逆推法"》，载《法制与社会发展》2014 年第 1 期，第 75 – 90 页。
⑦ 参见王强军：《论刑事裁判中的结果导向及其控制》，载《法学》2014 年 12 期，第 110 – 117 页。
⑧ 参见林喜芬：《美国法院遵循先例的运行机制及启示》，载《比较法研究》2015 年第 2 期，第 73 – 84 页。
⑨ O. W. Holmes, *The Path of the Law*, in Collected Legal Parers 167, at 173 (1920).

果会直接影响民众对司法公正的感知。同时，关注先例可以降低裁判风险，① 如果下级法院能够参照上级法院判决进行裁判，那么，他的裁判在上诉阶段被推翻的可能性就可以大大降低。

（二）人工智能如何寻找先例

智能论证在本质上就是一种遵循先例，即通过类比来证成裁判结果。智能论证是否能够发挥应有的作用关键在于事实认定规则、法律解释规则的经验集成，这个经验集成为人工智能进入法律论证领域提供了坚实的基础与支撑。智能论证是依靠计算机系统完成的机械性类比论证过程，在法律论证的两个层次中，人工智能面对第一层次的法律论证是无能为力的，因为人工智能可以进行高深的数理运算，但往往缺乏最基本的常识性判断能力。在第二层次的法律论证中，人工智能依靠强大的运算能力，可以快速匹配相似判例，根据先例进行类比，得出裁判结果，这相对于法官和律师人工匹配而言，速度和效率得到了大大提高。

人工智能会"思考"吗？这样一个问题放在这个语境当中就是：人工智能能够像法官以及律师那样找到相似的先例吗？人工智能是计算机科学的一部分，与设计智能计算机系统有关，即展示我们与人类行为智能相关联的特征的系统。② 因此，我们需要根据人类行为的特性来构造人工智能的"行为特征"，人工智能进行相似性对比也可以尝试分为以下几个部分：

第一，对整体进行结构化拆解。相似性比较可以分为两个阶段，第一个阶段是结构化拆解，第二个阶段是要素对比。在结构化拆解阶段，人类需要对待比较的整体按照一定的逻辑思路进行拆解，使之成为若干相同类型的要素，然后再对相同的要素进行一次比较。在法律论证中，常见的整体包括法律规则和案件事实。法律规则中，我们通常可以根据其逻辑结构将其拆解为构成要件和法律后果两个部分，③ 从而便于进行要素的对比。同时，构成要件又可以进一步拆解为主体、行为、客体等要素，法律后果又可以拆解为法律后果的种类、法律后果的额度或者数量、法律后果的实现方式等要素。案件事实中，我们通常可以将其拆解为主体、客体、时间、地点、行为等要素。人工智能需要模仿人类的这一思维方式，进行相似性比较的第一阶段就是对待比较的样本与先例进行结构化拆解，使之成为类型化的构成要素，从而在计算机系统中对两者进行相似性比对。

第二，在不同的情况下找到相似之处。④ 在对整体进行结构化拆分后，我们需要对整

---

① 参见彭中礼：《最高人民法院司法解释性质文件的法律地位探究》，载《法律科学（西北政法大学学报）》2018年第3期，第16-31页。
② A. BARR & E. FEIGENBAUM, *The Handbook OF Artificial Intelligence* 3 (1981).
③ 参见雷磊：《法律规则的逻辑结构》，载《法学研究》2013年第1期，第66-86页。
④ D. Hofstadter, Godel, Escher Bach: *An Eternal Golden Braid* 26 (1980).

体的要素之间进行对比。整体的相似性对比是构成要素对比的有机统一,而非外观的感性对比。因此,智能系统必须对比两个整体的核心要素,从中发现两个整体的相似之处。人类可以凭经验与直觉发现两个案例的相同要素,从而对两个案例的相似性作出判断。但是人工智能无法凭借直觉进行判断,它需要在对案件事实或者法律规则进行结构化拆解之后,通过比对其中的相似性要素来寻找与先例的相似之处。如果两个案例的"比较点"之间存在相同或者相似之处,① 那么,人工智能可以推断出两个案例之间是存在相似性的。

第三,区分两种相似的情况,② 即在相似的情况下找到不同之处。如果仅仅寻找整体之间的相似性,那么,我们虽然可以找到整体之间的相似性,但同时也掩盖了整体之间的差异性。因此,相似性对比不仅需要对比整体的相似性,同时,也要对整体进行明确的区分,找到并排除其中明显差异的整体,从而提高相似性对比的准确性。人工智能通过第一次相似性的对比,通常能够获得大量的相似性先例,但这些先例与样本案例之间差异性并没有进行比对。因此,人工智能通过第二次的筛选,通常能够在众多相似先例之中寻找到"最佳相似"先例。

二、智能论证的前提:开放性系统及其集成

(一)基于规则的事实系统

人工智能无法直接解释先例或者适用先例,同时也无法识别未经计算机处理的先例的构成要素。在方法论上,人工智能与类比论证的结合就是要运用计算机技术,借由一定的技术手段使法律论证相关的事实要素、规范要素格式化、规则化(Regularization),使法律论证的过程程式化、流程化,如此才能使智能论证在实践运用中成为可能。智能论证最终实现于一个特定的论证系统,这个论证系统可以将样本案件与先例进行对比,找到相似案例,并通过类比相似案例得出样本案例的裁判结果。因此,智能论证存在一个基本前提:一个用以支撑案例类比过程的开放性系统。

这个开放性系统能够集成先例以及法官裁判经验,并将"法律规则和事实情景"以特定形式"编排""存储"在数据库当中。③ 作为这个开放系统的基础和支撑,人们需要建立一个规则(Rule)与先例(Case)或事实数据库,用以完成对法官事实认定规则、法律解释规则的经验集成。因此,整个开放性的数据库系统包含规则(Rule)与事实两个部分。系统中的规则(Rule)是经过类型化的法律规范,基于法律规范的类别、位阶,以及所要规制的对象、内容等要素,对其进行结构化拆分,使法律条文成为相对较为"规则(regular)"的部分。其中,根据法律条文的逻辑结构,我们可以将法律规范的内容拆解为

---

① 参见张骐:《论类似案件的判断》,载《中外法学》2014年第2期,第520-543页。
② D. Hofstadter, Godel, Escher Bach: *An Eternal Golden Braid* 26 (1980).
③ 参见[美]布鲁斯·布坎南、托马斯·黑德里克:《人工智能与法律推理之展望》,陆幸福译,载《法律方法》2019年第2期,第91-107页。

构成要件和法律后果两个部分。① 以我国《侵权责任法》第六条规定的"过错责任"为例,我们可以将其拆分为:A. 行为人侵害他人民事权益;B. 行为人存在过错;C. 行为人承担侵权责任。其中 A、B 为构成要件,C 为法律后果。

这是一种极为模糊的拆分,在计算机系统处理具体案件时是很难被准确识别的。但是基于规则的事实系统可以克服法律条文不够明确,难以被系统识别与适用的问题。在对规则进行结构化拆分后,我们还需要对案件事实也进行结构化拆分。但是,这种拆分并非盲目拆分,而是以规则为基础进行的案例事实要素的拆分。以"行为人过错致人损害承担过错责任"的先例为例,根据我国《侵权责任法》第六条规定,我们可以基于法条 A、B、C 三部分内容将这一先例拆分为三个部分:A_1. 行为人侵害他人民事权益的事实;B_1. 行为人故意或者过失的事实;C_1. 行为人承担 X 量的法律责任。根据司法裁判可能出现的情形,我们需要进一步完善这一系统,以 A_1、B_1、C_1 为基础,进一步细化各个要素的具体内容,例如,我们需要进一步细化行为人侵害他人民事权益的时间、地点(场域)、方式、后果等,以及根据法官的裁判经验对过错程度进行一定形式的量化。这样才能更加科学、具体地确定我们所要解决的案例中 C 的内容。简而言之,这一系统实质上就是基于规则(Rule)的基本要素存储事实的基本要素,因此,我们可以将这一系统称之为"基于规则的事实系统"。

基于规则的事实系统需要以规则的拆解作为基础,将事实性属性存储在相应的框架中,以便于在先例的匹配中快速抓取相应属性进行比对,同时,又能避免系统盲目抓取属性值。而这一步骤实现的可能性源于规则与事实两者内在固有的结构匹配性,立法者在法律制定过程中,规则的构造一定意义上在参照法律事实的构造。因此,规则本身对事实具有结构上的适应性。这种法律规范与案件事实的处理方式能够使法律规范与案件事实尽可能成为"规则(regular)"的部分,同时,又能较好地处理规则(Rule)与事实无法对应的问题。在基于规则的事实系统中,人们可以根据规则的要素来存储事实的要素,不断集成法官的经验,以此推动系统不断臻至完善。

(二)规则与事实经验的集成

基于规则的事实系统由模型和集成两部分构成,系统的模型是相对固定的,系统的集成在模型的基础上保持开放。系统的模型由一个经典先例组成,系统将记录整个先例的事实要素与裁判过程,包括规则的选取与适用规则,事实与规则如何通过系统产生对应关系等一系列逻辑判断过程以及规则与事实要素内部相对重要性的比较过程。这样做的目的在于挑选这个领域最合格的法官、律师的大脑,并将这些信息以一种人类和机器都能够理解

---

① 参见雷磊:《法律规则的逻辑结构》,载《法学研究》2013 年第 1 期,第 66 – 86 页。

的方式输入计算机。① 通过集成法官案件事实和法律规则的解释经验,辅助法官、律师的案件处理,加速新任法官、律师的成长过程。

确立了先例的模型之后,需要将现有先例录入数据库中作为模型的补充。因为单一的先例并不能囊括现实中所有的可能情形,无法完成司法实践所需相似先例的匹配。数据库的理想状态是:通过计算机算法,能够为任一特殊情形匹配相似性先例。在数据库建立后,不断地有新的司法裁判需要进入数据库。对于模型来说,其他先例的加入将会使模型不断完善,并使得系统能够处理极大多数的、常见的案例,而新的判例的加入则意味着系统逐渐接受规则的新适用,意味着这一类型的案件在实践中出现新形态。这些新适用、新形态被系统所接纳,并能够在后续案件中自主匹配这一先例用以处理同类情形,这意味着系统开始"学习"新的知识,并有可能成为一个理想的"自学系统"。②

计算机算法本身并不做判断,它本身更像是人类判断的产物。③ 通过规则与事实经验的集成,这一开放的系统可以实现数据的集中控制。人工智能系统能够识别法律问题,关键在于其并非一个封闭的系统,而是能够持续从经验丰富的法官的在先司法判例中获得信息资源。通过长期的经验集成,人工智能系统不仅能够保持裁判信息的高度集中,而且能够不断同步更新数据库资源。通过吸收最新判例,使得智能论证能够在一定程度上弥补法律的滞后性。同时,正如美国的判例法一般,只有经过公报的先例才具有法律效力。而在人工智能系统中,无论是先例的模型,还是集成的先例,都是经过甄别的具有代表意义的司法裁判,每一个先例的存储,都可以为系统添加相应的属性值,使得先例不断得到集成。

三、智能论证的逻辑证成:一般规则与特殊规则

(一) 一般规则

先例司法适用的基础是可普遍化原则,其为一切形式条件的正义理念(即同样的事情应当同样地对待)提供了可能。可普遍化原则是对法律论证提出的最重要的要求,每一论证必须被某种或者某些理由证明是合理的,同时,被用以证明论证合理的理由必须可以同等地适用于类似的情形。④ 可普遍化原则要求对于规则所指涉的不特定对象必须被同等对待,若被区别对待则须征得对象的同意。⑤ 由此,在法律论证中,无论是类比这种颇为简

---

① Nancy Blodgett, *Artificial Intelligence Comes of Age*, 73 A. B. A. J. 68 (1987).
② 参见[爱沙龙亚]塔内尔·克瑞科密、桑德·拉萨拉夫:《逻辑与法律推理的自动化模型》,吕玉赞译,载《法律方法》2018年第1期,第82-95页。
③ Christopher J. Sprigman, *Will Algorithms Take the Fairness out of Fair Use*, 2018 Jotwell: J. Things We Like 1 (2018).
④ 参见李桂林:《法律推理的实践理性原则》,载《法学评论》2005年第4期,第3-9页。
⑤ 参见夏辰旭:《可普遍化原则——法律实践的基础性原则》,载《云南行政学院学报》2010年第4期,第145-147页。

单（相对三段论而言）的论证结构，还是司法三段论的演绎推理，都必须承认并确保以下两个条件是具备的：一是可普遍化的前提，二是可普遍化的逻辑结构，前者是共同适用的规则体系，后者是通过前提推导出裁判结果的逻辑化方法。这两者可以说是构成了法律论证的全部内容，我们进行法律论证无非也就是"一个建构法律推理的大前提及其证立大小前提之间逻辑关系的过程"。① 具体来说，就前者而言，在司法三段论中，可普遍化前提就是对现有规则体系的承认，也即是"法官对其所应用的规范不能怀疑，不能非议，只能适用"。② 在先例的类比中，也必须以某种方式确立先例的法律地位，"不能怀疑，不能非议，只能适用"，这是判例法系国家不能回避的基本原则，也是类比论证可能成立的先决条件。

对于可普遍化的逻辑结构而言，其对于法律论证的重要性同样是不言而喻的。逻辑是法律论证可普遍化的第一要素，法律论证的逻辑要素需要使规则与规则的平等适用得到理所当然的保证，从而防止司法自由裁量成为压迫弱者、产生司法不公、实施野蛮与残酷的工具。③ 传统的司法三段论可普遍化的方法是基于规则的"涵摄"，④ 使普遍接受的规则平等地适用于不特定的对象。法律论证在总体上，我们也可以将其描述为一个寻找大前提、小前提，推导法律结论的逻辑化过程。⑤ 当然，司法三段论也并非如此简单，而且这种演绎推理模式也存在一定的争议，但在司法裁判中坚守这一说理规则表达了其所坚持的最低限度的理性要求。⑥ 这种最低限度的理性对普通民众来说，就是平等地适用规则可能带来的安全感。智能论证的类比方法是否也具有这种可普遍化的逻辑结构，是否也能带来最低限度的理性要求，决定了其论证结果能否获得合理性与可接受性。

法律论证过程为司法正义提供了最基本的表达方式。如果一个案例与在先的司法案例已经非常相似了，那么，法官或者律师很可能会主张这个案例应当参照先例作出裁判，因为"同样的事情应当同样对待"或者"类似的情形类似处理"，⑦ 这不仅是符合道义的，同时也符合公平正义这一可普遍化原则。从理论上看，如果一个先例被承认或者被认为是合理、合法（legality）的，那么，该先例（及先例的内部构成）在下述两个方面已经得到证成：一是在逻辑上不证自明；或者，二是在逻辑上已经得到确证。具体而言，逻辑上不证自明的部分通常是在法律论证中无需证明，在所有类似案例中均作为前提被承认的内

---

① 陈金钊：《法律论证及其意义》，载《河南省政法管理干部学院学报》2004年第4期，第39－42页。
② 陈金钊：《法律论证及其意义》，载《河南省政法管理干部学院学报》2004年第4期，第39－42页。
③ 参见李桂林：《法律推理的实践理性原则》，载《法学评论》2005年第4期，第3－9页。
④ 参见雷磊：《法律规则的逻辑结构》，载《法学研究》2013年第1期，第66－86页。
⑤ 参见焦宝乾：《当代法律方法论的转型——从司法三段论到法律论证》，载《法制与社会发展》2004年第1期，第97－103页。
⑥ 参见焦宝乾：《三段论推理在法律论证中的作用探讨》，载《法制与社会发展》2007年第1期，第65－74页。
⑦ 陈锐：《宋代的法律方法论——以〈名公书判清明集〉为中心的考察》，载《现代法学》2011年第2期，第36－47页。

容，例如现行有效的规范体系。而在逻辑上已经得到确证的部分则需要在该先例中进行充分的说理，在该先例中得到证明，并基于该先例给出的理由、逻辑上成立的事实，我们承认该先例而自愿（如果先例还不是正式法律渊源的话）在后续的类似裁判当中考虑作出类似的判决。这时，如果一个案件与已被公众广泛接受、未被推翻的先例具有高度相似性，对法官来说也会形成某种和先例保持一致的内在性压力。法官如果没有充分的理由支持他的裁判偏离先例，他的裁判动机可能无法满足社会公众对公平与正义的基本要求。

公平正义的原则可以为类比论证中的法律命题提供可普遍化的证成。相比教义学论证对概念—体系的彻底阐释，① 类比论证对论证过程的规范化描述（从前提到结论）——司法正义的逻辑化表达确实单薄许多。类比论证并非如司法三段论一般，从前提到结论进行逻辑涵摄，其中涉及对大前提、小前提的概念、理论、制度的阐释与论证，最后对推导出的结论还可能需要进行价值判断。相对而言，类比的方式推导出法律结论更为简单，它所基于的先例是已经得到了论证的，因而没有相反的理由类比的前提是不会被质疑的。但从类比论证的内部来看，每一个先例内部都包含了一定的教义学论证，很多构成先例的法命题已经通过教义学论证得到证成。因此，通过类比论证的方式可以使论证结果普遍化，即公平地对待每一个类似案件当事人。

因而，对于类比论证来说，它的一般规则是："当一项判例可以引证来支持或者反对某一裁决时，则必须引之。谁想偏离某个判例，则承受论证负担。"② 基于类比论证的一般规则，对已经得到论证的先例的遵循可以减少后续论证负担，除非有较为迫切的理由需要背离先例，否则遵循先例就是最稳妥的司法策略。③ 这样，一个复杂的教义学论证在某种程度上就被类比论证简化了，同样，它的论证技巧、论证难度也大大降低了。

这有利于人工智能在法律论证领域的运用与普及。类比论证可以表述为一个有效的逻辑推论并为智能系统所识别，用"F sim x"表示"x 类似于某个 F"，那么，在智能论证中，类比的过程就可以用阿列克西的类比论证逻辑化表达式来描述：

· (1) (x) (Fx ∨ F sim x → OGx)
· (2) (x) (Hx → F sim x)
   (3) (x) (Hx → OGx)   (1)，(2)④

---

① 参见 [德] 罗伯特·阿列克西：《法律论证理论——作为法律证立理论的理性论辩理论》，舒国滢译，中国法制出版社 2002 年版，第 281 页。

② [德] 罗伯特·阿列克西：《法律论证理论——作为法律证立理论的理性论辩理论》，舒国滢译，中国法制出版社 2002 年版，第 341 页。

③ 参见叶榅平：《遵循先例原则与英国法官的审判思维和方法》，载《比较法研究》2015 年第 1 期，第 16 - 33 页。

④ [德] 罗伯特·阿列克西：《法律论证理论——作为法律证立理论的理性论辩理论》，舒国滢译，中国法制出版社 2002 年版，第 345 页。

在阿列克西的表达式中,"x"是变量,"→"表示"那么",是前提之结果,在法律规范或者案件事实中也可以用来作表征因果关系。"O"表示"应该",在法律规范中可以用以表示规范的强制性。以一般性情形为例,我们可以这样描述上述类比论证的逻辑化表达式:

- (1) 如果"F"类型的"x"或者类似"F"的"x"应该适用规范"G";
- (2) 如果"H"类型的"x"是类似于"F"类型的"x";
- (3) 那么,"H"类型的"x"应该适用规范"G"。　　　　(1),(2)

当用这种较为抽象化的逻辑表达式来描述类比过程的时候,类比与司法三段论的相似之处便表现出来了。两者之间存在较为密切的联系,不管类比还是司法三段论,在本质上都是从已知的前提推导出待证法律结论的一种司法活动,在某种程度上,类比也可以称之为基于类比的"演绎"。① 因此,正如上文所述,在所有法律论证中,均需确保两个基本条件:可普遍化的前提以及可普遍化的论证结构。两者的区别在于类比是从作为前提的先例推导到拟解决的案例,是从个案到个案的论证方式。在论证过程中,先例是已经被承认与接受的,无需进行进一步的阐释与论证。司法三段论是从前提到结论的逻辑涵摄,作为论证的前提往往需要作进一步的阐释,这个阐释的过程恰恰也是对拟解决的案例进行论证的过程。因此,司法三段论在某种程度上是拒绝从个案到个案进行类比的机械适用的。

在类比论证中,我们通过给定的先例类比得出结论:从(1)到(3),这个过程是可普遍化的,在其他的类似案例中,我们依然可以通过这一模型得出类似的结论。

以 A 的行为构成侵权为例:

- (1) 如果 A 的行为构成侵权,那么,A 应当受到 S 国侵权法的制裁;
- (2) A1 类似于 S,具备同样的国籍,并实施了类似的侵权行为;
- (3) A1 的侵权行为也应当受到 S 国侵权法的制裁。　　　　(1),(2)

这个过程用更为形象的话来说就是"类案类判",基于司法大数据所集成的法官、律师以及其他法律人的司法经验,通过计算机系统进行快速检索、匹配相似案例,根据相似案例提供的裁判结论,为人工智能解决法律问题提供备选方案。

通过这一逻辑推理过程使得从案件事实推导出法律结论成为一个能够反复适用的普遍化规则。这也使得法律推理可能将事实归纳为一种有秩序的科学结构,通过这种结构能够

---

① 参见孙海波:《告别司法三段论?——对法律推理中形式逻辑的批判与拯救》,载《法制与社会发展》2013 年第 4 期,第 135 - 146 页。

预先就法律问题得出相对较为确切的答案。而在智能论证中,这一一般规则也进一步简化为人工智能模仿先例进行司法裁判,最终成为我们所感知到的从先例到案例的适用过程和状态。

(二) 两个特殊规则

不过,判例适用的一个有待解决的难题立即显现出来:从来没有两个完全相同的案件。① 即便是通过人工智能进行相似性匹配,我们还是可以发现其中的差异性。2010年最高人民法院发布《最高人民法院关于案例指导工作的规定》,其中第七条规定:"最高人民法院发布的指导性案例,各级人民法院审判类似案例时应当参照"。② 司法实践中,我们很难发现两个完全相同的案例,判定两个案例相同基本上是不可能的,我们所能发现的更多的是类似案例。③ 从这个角度来看,准确识别两个案例之间的差异也是我们正确适用先例的重要任务。同样的,人工智能通过对先例进行类比得出法律结论,并使这一法律结论在形式逻辑上得以证成,也必须妥善处理个案之间的差异性问题,否则人工智能将在大量先例之中陷入混乱的状态。如果人工智能无法发现案例之间的差异性,就不能在逻辑上对不同案件的差异性判决作出证明。例如,两个行为人实施了同样的侵权行为,为何所承担的法律责任比例不同,两个案件的差异在哪里?同时,人工智能还必须具备一定的识别过时、错误(判决时可能是正确)的先例,以保证人工智能的"智慧"能够与规范体系、社会实践的发展保持一致。

因此,一般的先例引用规则并不能解释所有问题,或者说这仅仅提供了人工智能进入法律论证领域的基础性规则。智能论证除了需要具备可普遍化的特征与能力外,还需要能够准确识别案例之间的差异性,以及有效判断先例的正确性,并及时清理过时、错误先例的特征与能力。也即,智能论证得以证成的逻辑规则分为一般规则和特殊规则,一般规则为先例的引用规则,在一般规则之外还有两个特殊规则,即区分规则和推翻规则。先例的引用规则与区分规则、推翻规则构成遵循先例的"一体两面"。④ 在对先例的适用进行研究时,我们通常只注意到了先例的引用规则,即一般规则。但司法实践中,两个特殊规则并非没有发挥作用,恰恰相反,两个特殊规则在先例适用过程中一直发挥了非常重要的作用,尤其是在控辩双方激烈交锋时,两个特殊规则往往成为一方对另一方主张进行反驳的有力论据。

区分规则是从一般规则中衍生出来的样本案例与数据库中先例之间差异性的识别规

---

① [德] 罗伯特·阿列克西:《法律论证理论——作为法律证立理论的理性论辩理论》,舒国滢译,中国法制出版社2002年版,第338页。
② 最高人民法院:《最高人民法院关于案例指导工作的规定》,载《人民司法》2014年第6期,第111页。
③ 参见张骐:《论类似案件应当类似审判》,载《环球法律评论》2014年第3期,第21-34页。
④ 参见李桂林:《美国法中的遵循先例与推翻先例》,载《法律方法》2013年第2期,第240-248页。

则。在教义学论证中，差异性识别一直居于次要地位，因为其中的论证重点并不在于案例之间的相似性，而在于案件事实本身以及相关规则的教义学阐释。教义学论证的重点不在于相似性对比，而在于法命题的逻辑性证成。而类比论证的重点并不在于前提条件的逻辑性证成，因为在进行类比之前，我们就已经预设了先例中的法命题是已经得到逻辑性证成的，即作为类比论证的前提之外部论证的证成是预设的。

因此，在类比论证中，能够区分两个案例的只能是需找两个案例的差异性，而不是效仿教义学论证从法命题的内部去证成两个案例的差异性。只要寻找到案例的差异性，法官或者智能论证系统就能够区别对待两个案例，而无需遵循先例。但问题在于，何种性质、何种程度的差异可以构成案例之间的区分？或者是否只要两个案件之间存在差异性就可以拒绝适用这一先例？判断案例的相似性是一个理性思考的过程，首要方法是确定案件的比较点。① 根据比较点来确定案件之间是否具有类似性或存在何种差异，进而考虑案件对于先例来说是否构成例外而拒绝适用先例。因而，对于类比论证来说，它的区分规则是："当一项判例对某一裁决构成例外时，则可以回避之。"

那么，在智能论证中，区分规则可以用以下逻辑化表达式来描述：

- (1) $(x)(Fx \lor F\,sim\,x \to OGx)$
- (2) $(x)(Hx \to F\,sim\,x)(G\,exc\,x)$
- (3) $(x)(Hx \neg OGx)$ (1), (2)

在上述表达式中，我们同样用"x"表示变量，"→"表示"那么"，"O"表示"应该"，"exc"表示"例外"，"¬"表示"否定"。以一般性情形为例，我们同样可以较为形象地描述上述类比论证的逻辑化表达式：

- (1) 如果"F"类型的"x"或者类似"F"的"x"应该适用规范"G"；
- (2) 如果"H"类型的"x"是类似于"F"类型的"x"；但"H"类型的"x"构成规范"G"的例外；
- (3) 那么，"H"类型的"x"不适用规范"G"。 (1), (2)

在上述类比过程中，虽然两个案例之间存在一定的相似之处，但是由于存在一个特殊的例外条件，该案件与先例之间需要进行区分。我们增加了一个例外条件来区分"x"，使得"x"相对"G"来说构成一个例外（G exc x）。最后，我们得出结论："H"类型的"x"不应该适用规范"G"。在这种情形下，如果仅仅进行相似性的筛选，人工智能是无

---

① 参见张骐：《论类似案件的判断》，载《中外法学》2014年第2期，第520–543页。

法准确找到合适的先例的,甚至可能匹配错误的先例。对于人工智能来说,一旦识别到案例构成先例的一个例外,论证系统将会自动将这一先例排除在类比的目标先例之外,从而避免出现盲目的、错误的类比。

以 A2 的行为构成侵权为例:

- (1) 如果 A 的行为构成侵权,那么,A 应当受到 S 国侵权法的制裁;
- (2) A2 也是 S 国人;A2 受豁免法的保护;
- (3) A2 的侵权行为不应当受到 S 国侵权法的制裁。 (1),(2)

在该种情形中,虽然 A2 与 A 都是 S 国人,如果两人均实施了类似的侵权行为,两个案例之间是存在相似性的。但是,由于 A2 或者 A2 所实施的侵权行为依照 S 国法律是可以豁免的,这一特征使得该案与先例之间构成明显的区分。最终,人工智能可以得出结论,A2 的侵权行为不应当受到 S 国侵权法的制裁。

当完成这样的一个过程时,人工智能其实已经完成了一次论证,通过这一论证,人工智能证明了案例与先例之间存在的差异,因而不宜在该案中适用这一先例,人工智能获得了排除这一先例的理由。同时,可以看到,我们主要可以通过两种方法来进行案例区分:一是案例中新事实要素的增减;二是对先例的构成要素作狭义的解释,限制先例的适用范围。这一规则在司法实践中具有重要的作用,当行为人被控告存在违法行为,需要追究法律责任时,他的辩护律师需要尽可能地寻找例外条件,使得案件与先例之间明显区分,从而豁免法律的制裁。法官在遇到此类案件时,也需要与先例进行更加详细的比较,确保不存在例外条件的情形时,方可参照先例进行裁判。

推翻规则是对先例进行真假判断,并否定先例之效力的规则。在判例法国家,法官可以对先例采取保留态度,甚至可以公开推翻先例,否定先例的法律效力。① 英美法系国家形成了较为成熟的先例回避技术,通过规避先例,判例法系国家的法官获得了发展法律的能力,使得判例法不断适应社会的发展。② 因此,先例推翻技术并不削弱先例在英美法系国家的法律地位,相反的是,这为英美法系国家司法实践中先例的遵循提供了更为完备的技术支撑。相比区分先例仅仅寻找两个案例之间的差异性,推翻先例显得更加复杂一些,因为这需要充分说明推翻的理由,③ 与之相对应的是,推翻规则需要提供充分的理由来说明为什么先例是无效的。一般来说,可以从两个方面推翻先例:一是从外部论证的角度否定论证的前提性条件的正确性;二是从内部论证的角度否定构成性法命题的正确性。

---

① 参见王洪:《论判例法推理》,载《政法论丛》2018 年第 3 期,第 52 - 64 页。
② 参见叶榅平:《遵循先例原则与英国法官的审判思维和方法》,载《比较法研究》2015 年第 1 期,第16 - 33 页。
③ 参见李游:《"遵循先例"原则在英美法中的适用》,载《中国司法》2001 年第 8 期,第 60 页。

以第一种方式为例，任何法律结论的正确性都需要其外部论证得到证成。无论是类比论证还是教义学论证，外部论证都是必要的，但并不意味着每一次法律论证都必须进行外部论证。因为外部论证可以是在逻辑上不证自明的，也可以是在逻辑上已经得到确证的。类比论证对外部证成的依赖是很低的，因为它的外部论证通常由上述两种方式提供。这也反映出类比论证在外部论证上要比教义学论证薄弱的多，所以常常容易成为类比论证的"软肋"。对于智能论证来说，如果人工智能经过识别，发现先例之中被认为"不证自明"的前提性条件，或者已经得到证明的法命题在当下的规范体系、社会经济秩序之中被认为是错误的，如规范的变迁导致原有规定失效等，人工智能便获得了推翻这一先例的理由。因而，对于类比论证来说，它的推翻规则是："当一项判例得以证成的前提或者条件明显错误或者不当时，则可以推翻之。"

在智能论证中，推翻规则可以用以下逻辑化表达式来描述：

- (1) (x)（Fx ∨ F sim x → OGx）
- (2) (x)（Hx → F sim x）（Gx→Nx）
-    (3) (x)（Hx → ONx）   (1), (2)

在上述表达式中，我们同样用"x"表示变量，"→"表示"那么"，"O"表示"应该"。以一般性情形为例，我们可以较为形象地描述上述类比论证的逻辑化表达式：

- (1) 如果"F"类型的"x"或者类似"F"的"x"应该适用规范"G"；
- (2) 如果"H"类型的"x"是类似于"F"类型的"x"；但规范"G"变更为规范"N"；
-    (3) 那么，"H"类型的"x"应该适用规范"N"。   (1), (2)

在这里，内部论证的基本内容并没有发生任何改变，但是外部论证的内容已经发生了改变：变量"x"应该适用的规范由"G"变更为"N"。这时，法律论证的前提性要素发生了改变，在先例中有效适用、用以支撑法律结论的前提，由于规范变迁等原因，已经由其他要素所取代，不能继续适用。如果我们继续参照先例进行裁判，将产生错误的司法裁决。在这种情形下，人工智能可以识别这一要素，并作出推翻该先例的法律结论。

以 A3 的行为构成侵权为例：

- (1) 如果 A 的行为构成侵权，那么，A 应当受到 S 国侵权法的制裁；
- (2) A3 也是 S 国人；调整该行为的规则由侵权法变更为刑事法；
-    (3) A3 的侵权行为应当受到 S 国刑事法的制裁。   (1), (2)

在该种情形中，虽然 A3 与 A 都是 S 国人，如果两人均实施了类似的侵权行为，那么，两个案例之间存在一定的共似性。由于在 A 实施这一侵权行为时，该行为受 S 国侵权法的规制，因此，A 的先例中依据侵权法作出裁判最终只承担了侵权责任。但是，在 A3 实施这一侵权行为时，由于法律规范的变更，该行为受 S 国刑事法的规制，最终需要承担刑事责任。在 A 的先例中由于适用了在当前看来错误的规范依据，该先例将丧失法律效力，应该推翻。在智能论证中，先例一旦被推翻就将从数据库中永久删除，不再作为相似性对比的目标。

当然，现实中，我们需要构建一个比上述内容更加详实、结构更加复杂的逻辑结构来容纳裁判实践中可能出现的情形。由于智能论证系统的基础是一个开放性的基于规则的事实系统，这涉及大数据的建设与运用，因此，这往往需要很长的时间来综合大量法官、律师的裁判观点和论证策略，这并非一朝一夕能够完成的。这个过程也正是人工智能不断"学习"的过程，最终人工智能能够通过"学习"获得足够的智慧，来帮助法律人论证那些反复出现的类似的法律问题，为法律人解决法律问题提供备选的解决方案。

四、结语：智能论证的当下与未来

人工智能进入法律论证领域必然带来司法裁判方法论的变革。长期以来人们所讨论的法律到底是不是一门科学，或者说法律是不是一种可以量化、高度实证的科学知识，无论站在哪一方，我们都无法完全坚守理论的堡垒。当我们尝试用一个结构化、程序化，且隔绝外界干扰的计算机程序对司法裁判过程进行模拟时，我们发现法律规则、案件事实的某些片段似乎总是在一些案件中反复出现。尽管我们不承认法律的类比适用（尤其在刑事法领域），我们不承认我们国家存在判例法，甚至不承认我们存在任何形式的"遵循先例"原则，但在司法实践中，我们的法官、律师却总是倾向于从"过去"中寻找解决法律问题的智慧。我们总是在比较案件的相似性，并将我们认定的"最佳相似"案例作为我们辩护、裁判的基准，我们在有意无意地使用类比论证，并掩饰了真实的论证过程。人工智能引入法律论证中后，我们逐渐解开了法律论证的面纱，因为我们把案件处理中最常见、最反复的部分剥让给了人工智能系统，我们再也无法掩饰这一部分法律论证中的类比适用与方法。随着人工智能技术在法律论证领域的深度运用，法律论证的模式必将发生深刻的变革，论证效率也将大幅提高，这对未来司法裁判的进一步科技化发展是有益的。

但同时，越来越多的证据表明人工智能不能脱离"法律人"的智慧，人工智能的发展是一个不断向人"学习"的过程。不管怎么神化人工智能技术，智能论证在本质上只是一种类比，是一种计算机技术发展的产物，是人类司法理性与司法经验集成的产物。在人工智能技术发展到"强人工智能"[①] 阶段之前，我们无法、也不能对智能论证抱以过高的期

[①] 有学者将人工智能区分为"强人工智能"与"弱人工智能"，如莫宏伟：《强人工智能与弱人工智能的伦理问题思考》，载《科学与社会》2018 年第 1 期，第 14 - 24 页；刘宪权：《人工智能时代的刑事责任演变：昨天、今天、明天》，载《法学》2019 年第 1 期，第 79 - 93 页。

望。同时，随着智能论证的高度发展，"类案类判"也在无形之中对法官裁判构成一种潜在的压力，并有可能直接干扰、左右法官的裁判结果。那么，人工智能时代的司法裁判是否应当一律"类案类判"呢？我们如何做到在将科学技术引入法律论证中后，避免这些科技因素过分干扰司法裁判，使司法活动不致于被科学技术所"绑架"？这是值得我们进一步高度关注的问题。

（编辑：吕玉赞）

人工智能司法应用的方法论难题及其破解[*]

王玉薇[**]

> **摘 要** 近年来,随着智慧法院建设的推进,司法中人工智能的应用越来越广泛,并促进了法律方法论的新变革。比如司法论证的建模化、司法推理的算法化和司法解释的智能化发展。但是,人工智能在提高司法裁判精确性、可预测性和高效性的同时也面临诸多现实难题,建模化的过程黑箱直接影响司法论证的有效性,算法的形式机械造成司法推理的结果不公、人工智能系统解释存在不确定风险。破解这些难题的路径在于,为司法论证中的人工智能建模论建构设置严格的程序规则,嵌入算法推理的矫正机制,全面提升依法防控人工智能系统风险的能力,并依法建立个人的算法解释权制度,从整体上促进人工智能司法应用在方法论上革新与规范化发展。
>
> **关键词** 人工智能 算法推理 算法解释 智慧法院 司法推理

一、问题的提出

伴随人工智能技术的迅猛发展和智慧司法改革的深入推进,人工智能的司法应用"呈现出范围全面性、功能根本性、地位关键性与态度开放性等时代特征"。[①] 同时,"智能辅助文书处理、智能转化庭审笔录、智能辅助案件审理、智能辅助司法服务等应用越来越多",[②]

---

[*] 基金项目:本文系中央高校基本科研业务费专项资金资助项目"人工智能的致害类型、法理基础及归责路径"(项目批准号:2572019BN01)、国家社科重大项目"新兴学科视野中的法律逻辑及其拓展研究"(项目批准号:18ZDA034)和国家社会科学基金重大项目"中国特色网络内容治理体系及监管模式研究"(项目编号:18ZDA316)子课题二的阶段性成果。

[**] 王玉薇,黑龙江哈尔滨人,东北林业大学文法学院副教授,法学博士,研究方向为人工智能法治建设。

[①] 王禄生:《司法大数据与人工智能技术应用的风险及伦理规制》,载《法商研究》2019年第2期,第101页。

[②] 崔亚东:《人工智能与司法现代化:"以审判为中心"的诉讼制度改革:上海刑事案件智能辅助办案系统》的实践与思考》,上海人民出版社2019年版,第38-39页。

这在相当程度上实现了司法论证的建模化、司法推理的算法化和司法解释的智能化发展，从而使智慧时代的司法活动更加高效和精确化。在国外，早在 20 世纪 70 年代，美国等发达国家就研究出了人工智能法律推理系统，人工智能法律模拟分析系统和人工智能法律专家系统并应用于司法实践。

从人工智能司法应用与法律方法论的研究看，可以说，"中国的法律界向来缺乏运用科学技术方法模拟法律、运用法律的思维"。① 从本质看，"法律人工智能在某种意义上就是机器对法律人进行法律思维和运用方法的模拟和拓展"。② 目前，学界注重关心人工智能的理论建构、法律规制探讨等方面内容，分析主要集中在人工智能介入司法的中国进程③、难题④、路径⑤、算法司法⑥、算法裁判⑦、司法权之变⑧、价值取向与逻辑前提⑨、法理反思⑩等问题。对于人工智能司法应用导致的方法论变革这一关键问题，基础理论的探讨比较匮乏，对破解难题的方法也相对不足。在此背景下，本文拟重点分析人工智能司法应用给传统法律方法理论带来的影响，详细阐释人工智能司法应用所带来的方法论难题，进而找出破解的路径，为智慧司法的改革和推进提供理论支持。

二、人工智能司法应用方法论之变革和影响

人工智能在司法领域的广泛应用，为智慧时代的司法活动带来了重大发展与创新，也促进了法律方法论的革新和演进，如司法论证的建模化、司法推理的算法化、司法解释的智能化发展，这大大提高了司法审判的效能和精准化，也有效防止了冤假错案的发生。

（一）司法论证的建模化

法律论证的建模化是人工智能与法学研究的重要议题。这是"一种基于人工智能逻辑

---

① 左卫民：《热与冷：中国法律人工智能的再思考》，载《环球法律评论》2019 年第 2 期，第 60 页。
② 刘鲁吉：《类比推理在法律人工智能中的应用——以指导性案例智能推送系统的构建为例》，载《法律方法》第 27 卷，第 119 页。
③ 钱大军：《司法人工智能的中国进程：功能替代与结构强化》，载《法学评论》2018 年第 5 期，第 138 页。
④ 马靖云：《智慧司法的难题及其破解》，载《华东政法大学学报》2019 年第 4 期，第 110 页。
⑤ 潘庸鲁：《人工智能介入司法领域路径分析》，载《东方法学》2018 年第 3 期，第 109 页。
⑥ 杜宴林、杨学科：《论人工智能时代的算法司法与算法司法正义》，载《湖湘论坛》2019 年 5 期，第 64 页。
⑦ 于海防：《人工智能法律规制的价值取向与逻辑前提—在替代人类与增强人类之间》，载《法学》2019 年第 6 期，第 17 页。
⑧ 季卫东：《人工智能时代的司法权之变》，载《东方法学》2018 年第 1 期，第 125 页。
⑨ 高学强：《人工智能时代的算法裁判及其规制》，载《陕西师范大学学报（哲学社会科学版）》2019 年第 3 期，第 161 页。
⑩ 孙跃：《法律方法视角下人工智能司法应用的法理反思》，载《上海法学研究集刊》2019 年第 9 卷，第 158 页。

的法律论证建模方法"。① "当前关于如何识别法律论证的要素之讨论的趋势主要集中在寻找更有效的逻辑处理工具上"。② 可以说，AI法律论证理论的发展是从对既有司法案件进行概率建模开始的。如规则专家系统、案例专家系统和数据专家系统这三类专家系统的目标都是建构法律论证的逻辑模型。通过这样的建模可以简单刻画和描述形式论证的过程和结果。如"TaxMan系统是美国麦卡锡（T. Mc – Carthy）在1977年针对税法构造的最早的法律论证形式化"。③ 从发展过程看，又可以分为三类："案例的法律论证建模、法律论证的表达和解释的建模、法律概念冲突等非单调问题的建模和作为论证过程的法律论辩及对话博弈的建模"。④

此外，根据近年来研究的最新成果，法律论证适用的人工智能模型还可以划分为"框架模型（Framework）和语义模型（Semantic）两大类"。⑤ 框架模型着眼于法律论证的要素构造，较少考虑多个论证要素间的关系及紧密性；而语义模型重在考虑公民对司法论证效果的可接受性及可信度的评价，侧重对法律论证要素间的关系分析。二者的有机配合，可以有效克服法官将法律规范、案件事实以及证据融入论证中的时间限制。不仅如此，在某些重大疑难案件中，还可为"人类专家提供必要的时间来收集、理解分歧的来源，并根据对产生分歧的专家意见基础理论（机器人与人类）的审查作出决定"。⑥

AI论证建模理论的基本观点是试图"建构相应的诉讼论证人工智能逻辑模型，然后用计算机程序来实现"。⑦ 在具体的运用和实践操作中，AI论证模型的构建是以归纳相关案件的共性为首要前提的，而它的全部价值就体现在简约逻辑和速率上，进而为待决案件高效审判提供精准性的分析报告和预见性结果。其表现形式多为裁判文书的智能生成、法律模拟分析与推理、裁判结果预测、案件智能推送、量刑辅助等应用。

相较于传统的司法论证理论，算法和数据成为了AI论证的基础规则和重要前提。其主要是运用人工智能技术通过对海量司法大数据进行深入挖掘和机器学习，最后对司法案例进行智能分析并形成统一的智能化裁判标准，进而指导和服务智慧时代的司法审判。具

---

① 梁庆寅、魏斌：《法律论证适用的人工智能模型》，载《中山大学学报（社会科学版）》2013年第5期，第118页。
② 参见[爱沙尼亚]塔内尔·克瑞科密、桑德·拉萨拉夫：《逻辑与法律推理的自动化模型》，吕玉赞译，载《法律方法》（第23卷），第89页。
③ T. McCarthy, *Reflections on TaxMan*: An Experiment in Artificial Intelligence and Legal Reasoning, Harvard Law Re – view, 90: 837 – 893, 1977.
④ T. Bench Capon, *Argument in Artificial Intelligence and Law*, Artificial Intelligence and Law, Kluwer Academic Pub Lisher, 5: 249 – 261, 1997.
⑤ 梁庆寅、魏斌：《法律论证适用的人工智能模型》，载《中山大学学报（社会科学版）》2013年第5期，第119页。
⑥ [美]瑞恩·卡洛、迈克尔·弗鲁姆金、[加]伊恩·克尔：《人工智能与法律的对话》，陈吉栋、董惠敏译，上海人民出版社2018年，第121页。
⑦ 熊明辉：《从法律论证到诉讼论证——谈谈法律论证逻辑研究对象的转变》，载《求是学刊》2017年6期，第26页。

体的步骤主要是运用人工智能技术搜集与查找案件事实认定的关键性数据信息，以及其间的数据逻辑关联和同类案件的相似性具体要件要素。这样操作的好处是"最大限度地避免要点遗漏、失真、重复等"，①从而限制法官的自由裁判权，防范冤假错案的发生。

（二）司法推理的算法化

众所周知，算法是人工智能进行司法推理的主要规则。当司法引入算法，在"推理不过是计算"②的运作模式下，简约逻辑和效率显然成为人工智能进行司法推理的显著优势。司法推理算法化的本质就是根据预先设计好的计算机程序进行数字化操作，以期获得可预见和可期待结论的一套计算机指令或数字代码。人们只需根据个案情况在输入端键入个别数据或参数，那么原则上就会自动生成清晰的结果或判决结论，从而助推司法推理的精确性和可预测性。

进一步来说，司法推理算法化运作的基本机理主要是通过人工智能技术方法模拟人脑神经网络，利用大数据技术抓取案例中的关键事实，并将这些关键事实进行编程，从而成为AI司法推理的编程数据。比如在现有的大数据系统中，只要数据结构是固定的、统一的，只要机器遵守司法推理的逻辑，司法推理的过程就会变得思辨化、精细化和可计算化，从而得出唯一正确合法的判决。其理论基础来源于法律形式主义的助推和支撑。法律形式主义的核心主张就是"遵循三段论的推理逻辑，即以法律规范为大前提，以具体的案件事实为小前提，进而推导出裁判结果，其最基本的两个要素为机械的演绎推理和封闭的规则体系"。③

可以说，司法推理中人工智能的应用和发展恰恰符合司法活动的特性，在一定程度上，更好地诠释了法律形式主义对司法推理机械论的解释，也使得"自动售货机"的裁判理想由理论变为了现实。从人工智能和法律推理的理论发展进程看，布坎南和黑德里克于1970年发表的《关于人工智能与法律推理的思考》论文可谓是AI法律推理的标志性成果。随后 Walter G. Popp 和 Bernhard Schlink 又开发了 JUDITH 律师推理系统。紧接着，Jeffrey Meldman 于1977年又开发了计算机辅助法律分析系统。上述这些人工智能法律推理的论文和成果，为人工智能在司法推理中的广泛应用奠定了坚实的理论基础和前提条件。实践中，目前司法推理中的人工智能主要运用在类推案件和指导性案例中。在具体的应用中，"在贵阳政法大数据办案系统在部分地区5个月的试运行为例，服判率同比上升8.6%。④ 在国外，"人工智能对美国最高法院未来裁判的预测准确率可认79.46"。⑤

---

① 侯晓燕：《人工智能在参照援引指导性案例中的应用及其完善研究》，载《西部法学评论》2019 年第 3 期，第 39 页。
② ［英］霍布斯：《利维坦》，黎思复、黎廷弼译，商务印书馆 1986 年，第 28 页。
③ 朱景文：《对西方法律传统的挑战》，中国检察出版社 1996 年，第 292 页。
④ 贵阳政法大数据办案系统：运用大数据技术破执法司法难题，载 http://www.sohu.corn/a/156181562119562，2020 年 5 月 10 日访问。
⑤ 左卫民：《热与冷，中国法律人工智能的再思考》，载《环球法律评论》2019 年第 2 期，第 57 页。

(三) 司法解释的智能化

众所周知，传统法律解释的主体是人，而在人工智能时代，法律解释的主体则变为了人工智能系统或智能机器，因此可以大大提高司法解释的效能。在传统的法律理论里，"机器的设计是为了改善、提高人类能力，人为主体，机器为客体，将 AI 融入法律便不会存在体系性障碍"。① 而目前的人工智能系统解释则具有了很大的自主性，其优势在于：第一，用机器智能模拟人类智能和思维，以形成类似于人类的司法解释能力。如"人工智能中的法律解释程序可优化参照援引指导性案例的结论"。②

进一步来说，在人工智能时代，人工智能系统运作的目标是"通过机器学习，对海量数据进行自动挖掘与预测，以形成统一的智能化算法或参考指引"。③ 此时，人工智能系统成为了司法解释的直接参与者。其明显在的优势在于可以克服价值要素对司法解释效果的影响。旨在帮助法官作出以数据为中心的司法解释结果，实现人工智能与司法实践的对接与融合，并提升司法解释的效果和能力。

随着人工智能的代际演化，很多 AI 具有了自我学习能力，能够从复杂的法律数据库中挖掘有价值的内容，如对海量数据、海量判决文书、海量案例的实时跟踪和分析预测，从而较为准确的把握司法解释规律，预测司法裁判结果与匹配需求，并基于有效数据给出最优方案，进而生产出正确的解释规则。实践中，机器可以根据法院提供的数据指导决策过程，"科学技术的运用可以通过法院效率和提高程序质量来克服效率和公平之间固有的'负相关'矛盾关系"。④ 在上述提到的 TAXMAN 系统运行中，只要"在其 TAXMAN 系统中植入指导性案例中的法律解释方法，得出的结论可成为优化法官判断是否应当援引指导性案例裁判规范的重要参考依据"，⑤ 从而推动智慧时代司法解释模式的变革和发展。

三、人工智能司法应用的方法论难题

(一) 建模化的过程黑箱直接影响司法论证的有效性

如前所述，司法论证中人工智能建模备受质疑的一点就是论证过程的黑箱问题，这恰恰是由建模化论证本身所具有的符号性、封闭性和归纳性等特征所形成的。司法论证中的

---

① 于海防：《人工智能法律规制的价值取向与逻辑前提——在替代人类与增强人类之间》，载《法学》2019年第6期，第22页。

② 侯晓燕：《人工智能在参照援引指导性案例中的应用及其完善研究》，载《西部法学评论》2019年第3期，第40页。

③ 参见蔡自兴、刘丽钰、蔡竞峰、陈柏帆：《人工智能及其应用》（第5版），清华大学出版社2017年，第125页。

④ ［美］伊森·凯什、［以色列］奥娜·拉比诺维奇·艾尼：《数字正义：当纠纷解决遇到互联网科技》，赵蕾、赵精武、曹建峰译，法律出版社2019年，第262页。

⑤ 侯晓燕：《人工智能在参照援引指导性案例中的应用及其完善研究》，载《西部法学评论》2019年第3期，第40页。

人工智能建模之所以能够快速发展并成为法律方法持续研究的新议题，其法律意义正是在于"人工智能所有者将信息取舍的价值评判标准提供给了机器，机器后续的学习、创造等类人行为就是在这种标准之下完成的"。① 这样一来，"算法在很大程度上就是一个黑箱子，普通人根本不知道算法决策是如何出来的，也不知道算法决策依据的具体数据和遵循的决策原则是什么"。② 这严重阻碍了 AI 论证的程序正义和实质正义进程的实现。尽管近年来很多 AI 研究者试图尝试打开"黑箱"，但总体上，通过 AI 黑箱运作分析得出的论证结论客观上存在很大的风险性和局限性，其效果并不是很理想。具体表现为：

第一，司法案件的复杂性决定了人工智能建模的不全面，无法回应案件的真实性诉求。可以说，法律论证不仅是一个讲法说理说服当事人的过程，更是一个对判决结论的证立过程。这就要求法律论证应当说明"判决结论不仅在法律上是合法的，而且在事实上是合理的，可接受的"。③ 而由于 AI 论证建模是"按照设定程序运行以期获得理想结果的一套指令"，④ 这就天然的使其对案件真实性的回应是无力的。一方面，传统的形式逻辑论证的条件是从真前提开始演绎和论证的，但如何判断前提的"真/假"已明显超出 AI 指令和理解的范围，尤其是案件事实的假定以及案件背后所涉的价值、原则、伦理等要素；另一方面，AI 论证建模建构本身所依赖的数据本身并非完全真实、可靠和丰富。如学者调查结果表明的，"当下的法律数据不充分、不真实、不客观且结构化不足"。⑤ 此外，AI 论证还需努力在实质方面令人接受。如上海政法系统研制的"刑事案件智能辅助办案"系统"在实质审查方面还有一些障碍"。⑥

第 2，司法论证中人工智能建模的封闭性和机械性，使其很难考虑到论证过程的对话性、论证结论的可辩驳性以及个案中所涉的利益、道德和情感。法律的实质论证强调通过对话寻求对纠纷的解决途径，其中"存在更多的'论辩空间'，或者更多的'分歧空间'"。⑦ 如学者主张的，"法官的任务就是在各种价值冲突中，寻找一种和谐状态的平衡点，以便当事人所接受"。⑧ 从操作逻辑看，由于 AI 论证具有机械性，其只能按照事前设计好的算法根据一个数字符号推演出另一个数字符号，因此个案所涉及复杂利益关系和人类的情感以及道德要素，人工智能是无法进行选择和标识的。理由恰是，"人工智能是依

---

① 王文亮、王连合：《将法律作为修辞视野下人工智能创作物的可版权性考察》，载《科技与法律》2017年第4期，第66页。
② See Maayan Perel & Niva Elkin — Koren, Black Box Tirrkering: Beyond Disclosure in Algorithmic Enforcement, 69 Fla. L. Rev. 181, 184（2017）.
③ 陈金钊：《法律方法论研究》，山东人民出版社2010年，第418页。
④ ［美］克里斯托弗·斯坦纳：《算法帝国》，李筱莹译，人民邮电出版社2014年，第98页。
⑤ 左卫民：《关于法律人工智能在中国运用前景的若干思考》，载《清华法学》2018年第2期，第108页。
⑥ 参见刘品新：《大数据司法的学术观察》，载《人民检察》2017年第23期，第31页。
⑦ 参见［荷兰］哈姆·克鲁斯特威斯：《法律判决中形式论证的策略运用》，吕玉赞译，载《法律方法》（第25卷），第8页。
⑧ 陈金钊：《法律方法论研究》，山东人民出版社2010年，第418页。

靠逻辑算法堆积而具有强大的推理能力，在面对相同或相似的问题时，很难摆脱逻辑算法而形成不同的对策。① 这就会使得人工智能即使嵌入了概率程序也很难作出合理公正、符合个案正义的法律判决。相反，其所形成的结果极可能是千篇一律的。

第3，司法论证中的人工智能建模导致潜在的"法律论证要素的限缩"，使其很难作出公正合理的个案判断。由于AI技术是无法涵摄复杂的法律论证的全部信息，从而使得法律论证过程在智能技术的控制下变得扁平化，进而致使法律论证要素的限缩和信息化。比如传统的法律论证理论更侧重于审方论证、控方论证和辩方论证间的互动性与对话性，但在人工智能法律建模下，审方论证、控方论证和辩方论证很自然的实现了智能化和一体化。比如，传统整体式"同案同判"下的"同案"与"同判"的关系是演绎关系，相反，人工智能下"同案"与"同判"是归纳关系。由于法律论证是一个相当复杂的集合体系，不仅涉及内部证成的逻辑性和有效性，还涉及外部证成的合理性和正当性等方方面面的多维度的要素集合，这些要素往往只能以一种形式被AI大数据所抓取和描述，这会造成概率建模对于案件情境信息和隐藏信息的涵涉不足，影响个人裁判的公正。

（二）算法的形式机械造成司法推理的结果不公

在人工智能时代，司法推理的过程越来越多的被算法预先设定，机器只要按照算法提前设计好的形式和逻辑，如计算机以"如果A和B，那么C"方式对三段论加以描述和设计，就可以得出精确的推理结果。其理论基础来源于法律形式主义的助推和支撑。但正如法律形式主义的发展遭受到法律现实主义和批判主义法学的抨击和批评的那样，AI司法推理也面临一系列的问题。

第一，算法推理的"逻辑骨架"是无法完成复杂的法律推理过程的。算法推理其实是一种单向度、线性的推理，因此很难适应法律推理的多维度需求。在推理即计算的模式下，法律推理的过程实则为算法的堆积，然而"计算机没有意识，不存在对案件的理解，只是作机械的运算"。② 因此，算法推理是无法考虑到司法工作的亲历性、经验性和判断性等司法自身规律的，也难以如具体数据那般将上述规律纳入赖以参照的数据库中，更无法将其编辑为算法程序，因此是无法实现法官对审判经验的复制的，更无法替代法官的自由裁量。由于法院的审判过程并不是机械的适用法律条文做出生硬的判决结果，而应是结合案件的主体、客体、主观方面、客观方面等要素做出的权威、有公信力的判决。然而，由于AI司法推理的算法化和数学化，AI司法推理实际上根据数据得出的一个推理结果。"在这个过程中，争议双方只能看到输入的数据和得出的结果，而对其中的运算过程则一

---

① 程凡卿：《我国司法人工智能建设的问题与应对》，载《东方法学》2018年第3期，第124页。
② 邹军平、罗维鹏：《智能司法模式理论建构》，载《西南民族大学学报》（人文社会科学版）2019年第10期，第77页。

无所知,由此也会导致算法黑箱或算法独裁的出现"。① 同时由于 AI 司法推理的机械化和信息化,常常使得 AI 推理无法考量道德、情感、正义等实质推理所追求的价值要素,很容易使得 AI 推理陷入僵硬的机械推理的困境。

第二,算法推理无法协调形式正义与实质正义间的价值冲突。如前所述,算法推理是按照预先设定好的程序运行并归纳出共性规则,进而获得确定案件裁判统一标准的一套指令。但在司法实践中,真实发生的法律案例却是五花八门和千奇百态的,而这些个案中所涉及的诸多要素却无法在 AI 推理图谱中精确匹配,这会导致 AI 推理结果并不能真实反映出司法裁判规则的客观需求,还会加重人们对算法推理结论以及法官据此结论所做出的判决结果的严重质疑。因为 AI 推理的本在于模拟人类的大脑进行思维和推理,但 AI 毕竟不具有人所具有的基本特征,因此 AI 并不可能真正像人那样进行司法推理和做出司法判决,在考虑个案差异性问题上 AI 也是无法做出弹性和适合个案正义有温度的推理的。这容易导致在具体的案例推理中使 AI 司法推理偏离预设的目标和方向,使得其推理沦落为一种基于算法的生硬的机械性行为。

第三,还有最为重要的一点就是机器在数据的筛选和处理上也难免会出现错误,影响司法正义的最终实现。从 AI 介入司法的实践看,"司法算法是作为技术决策,达致的是一种预测正义(Predictive justice),产出的是算法场域的最优解"。② 而这个最优解未必是最公平正义的,最能满足人民群众对美好司法愿景的追求。实践中,其实并没有建立专门的指导性案例智能推送系统,推送系统的算法不明晰,没有与司法实践真正结合。

(三)人工智能系统解释存在不确定风险

传统的司法解释活动主要是指国家司法机关在法律适用过程中,对具体应用法律问题所进行的解释,遵循的是依法解释的法律逻辑。与此相对,人工智能系统解释活动则遵循的是技术治理的算法规则和自我偏好逻辑。人工智能系统解释因其固有的隐蔽性/不可解释性而往往使得相关判决产生诸多争议并引发诸多不确定风险。

第一,算法的不可解释性风险引发人工智能系统解释结论的可接受性担忧。如前所述,AI 算法从本质上看,它就是一种计算机编程技术,其独有特征恰是隐蔽性或不具有可解释性。客观看,"这种算法向我们(包括编程人员)解释的困难,在某种程度上,这就像是向一只狗解释莎士比亚是谁一样,无从解释"。③ 前述的威斯康星州诉卢米斯一案难就难在"COMPAS 系统的原始算法及其过程具有不可解释性,而相关裁决也无法给人

---

① 高学强:《人工智能时代的算法裁判及其规制》,载《陕西师范大学学报(哲学社会科学版)》2019 年第 3 期,第 165 页。
② 杜宴林、杨学科:《论人工智能时代的算法司法与算法司法正义》,载《湖湘论坛》2019 年 5 期,第 72 页。
③ 参见杨学科:《论智能互联网时代的算法歧视治理与算法公正》,载《山东科技大学学报(社会科学版)》2019 年第 5 期,第 35 页。

足够的说服力"①。同时，该系统"被证明存在着种族歧视的问题"，② 这将对人工智能系统解释结果的公平性造成很大影响，甚至会破坏司法权威和消减司法公信力。

第二，人工智能系统对数据的天然依赖性决定了其解释偏见的不可避免。如人工智能司法研究者所熟知的，人工智能系统解释的逻辑或路线实际上是在用过去已有的法律案例数据、裁判文书预测和裁剪未来发生的错综复杂、千奇百怪的法律事实和案例的。然而在实际社会生活和交往中，司法解释活动则是纷繁复杂的和纵横交错的，这是人工智能系统解释无法实现和做到的，更不能及时做出有效的应对和准确的判断，那么就会导致依据既得大数据库资料所做出的算法解释结果的效力大大折扣。如此一来，"当法官受到大数据判决方案的影响，多数判决就会被进一步强化，最终导致整个司法实践固化。"③ 司法实践中，"由于司法机关本身不擅长人工智能核心算法的研究工作，所以一般将核心算法的编辑任务大量外包，这就为部分别有用心的 AI 开发者不当干预司法判决留下了隐患和空间，使得"司法公正"就难免会被算法绑架"。

第三，人工智能解释系统本身所存在的技术性缺陷会引发歧视风险。如前所述，人工智能系统解释的核心就是其所依靠的智能系统或机器。当机器成为法律解释的直接参与者时，其局限性还是很明显的，如"目前程序智能处理有限的事实和概念"。④ 从本质上看，这样的辅助或参考却难免将本应个殊化裁判、个别化量刑的个案被智能地规划为貌似相同的类案进而对法官产生相应的锚定效应，因而存在着被智能技术操控的风险。⑤ 更重要的是，任何人工智能系统本身都存在一定的不确定风险，即使法官和被告人知晓了智能系统的确切决策过程，研发公司也未必能确切描述其分析和决策过程，法官和公民要求超强的逻辑能力理解能力，对公司而言要成立专门的解释团队，那就偏离了公司的功能。在我国人工智能司法应用的实践中，人工智能系统解释的算法不科学、不透明和比较模糊，更没有体现对法律方法的理解和尊重，从而使人工智能系统所做出的智能化参考结论陷入无力解释的深层困境。

四、人工智能司法应用之方法论难题的破解路径

对人工智能司法应用的现实难题进行深入的研究和反思，并试图探寻破解路径，是法律人乃至全社会的共同使命和责任。

---

① 杜宴林、杨学科：《论人工智能时代的算法司法与算法司法正义》，载《湖湘论坛》2019 年 5 期，第 68 页。

② 雷震文：《算法偏见对"智慧司法"的影响及其防范》，载《法制日报》2017 年 12 月 27 日，第 11 版。

③ 转引自王禄生：《司法大数据应用的法理冲突与价值平衡——从法国司法大数据禁令展开》，载《比较法研究》2020 年 2 期，第 138 页。

④ 转引自［美］布鲁斯·布坎南、托马斯·黑德里克：《人工智能与法律推理之展望》，陆幸福译，载《法律方法》（第 27 卷），第 94 页。

⑤ 朱体正：《人工智能辅助刑事裁判的不确定性风险及其防范—美国威斯康星州诉卢米斯案的启示》，载《浙江社会科学》2018 年第 6 期，第 79 页。

（一）为司法论证中人工智能建模建构设置严格的程序规则

如前所述，司法论证中的人工智能应用备受批评最多的地方就在于论证过程的黑箱问题，即便是根据最先进的技术构建的模型也有可能存在与个别案件的不兼容性。因此，为了使人工智能时代的司法论证更加科学、规范和正当，建议在设置司法论证的人工智能建模时，首先应建立严格的程序规则，从事前评估到事中审查，再到事后问责，通过严格的程序规则对算法的黑箱性加以检验和审核，以程序公正价值防控算法黑箱问题的增长，进而增强 AI 论证的有效性、可接受性和可辩驳性。这就要求做到：

首先，应为司法论证中人工智能建模建立事前评估机制。确立司法论证中的人工智能建模的研发规则，要求司法论证中的人工智能研发者在设计法律论证建模时将伦理代码嵌入 AI 司法论证建模的全过程，尽量预防伦理缺失所带来的价值失控风险。诚然，算法是人工智能进行司法论证和建模的基本规则，但实际上，人工智能法律论证作为一个开放系统，其算法决策规则通常是有漏洞的。因为"人们不可能预见到生活中的一切场景，并通过算法将其翻译成行动指令，而且系统在应用过程中会自主学习，因此，基于算法的决策行为并非总是可以预测的"，① 特别是具有自主学习能力的强人工智能，往往超越了人的想象和控制。其原因主要有二：一方面，由于我们很难将抽象的法律规范转化成机器语言；另一方面，基于建模化构建的人工智能法律论证系统的算法决策是存在漏洞的。基于此，主张成立人工智能司法论证评估委员会，这些委员会的成员应由计算机技术专家、法律方法专家、律师、互联网企业、司法部门人员以及社会公众等相关人员参与，以此增强司法论证的参与性和透明度，也更容易使 AI 论证结论更具有可接受和公正性。

其次，应为司法论证中人工智能建模建立事中审查机制。在 AI 使用方面，确立审判等敏感领域中的 AI 准入规则与使用规则，确保系统性风险的预防和人类的最高决策权。这就需要做到：第一，通过法律明确算法决策者和使用者的算法决策披露义务，尽可能地"矫正算法自动化决策过程中出现的权利失衡"。② 第二，构建公开、透明的人工智能建模的监管制度，实现对人工智能建模设计成果的全流程监管，从而确保 AI 论证结论的可接受、正当性和可辩驳性。第三，法律论证过程中人工智能建模的应用要经过相关领域专家反复的论证，并注重持续的检验和审查，确保其论证结果的合理和高效。

再次，应为司法论证中人工智能建模建立事后检验机制和问责制度，确保其结果的公平和透明。除了上述的事前规制和事中规制，事后检验和问责机制也尤为重要，这是司法论证应用人工智能的的落脚点和实效的根本保障。事前规制尽管在某些情形下有可能实现

---

① 转引自李飞：《无人驾驶碰撞算法的伦理立场与法律治理》，载《法制与社会发展》2019 年第 5 期，第 184 – 185 页。

② 郑智航、徐昭曦：《大数据时代算法歧视的法律规制与司法审查—以美国法律实践为例》，载《比较法研究》2019 年第 4 期，第 121 页。

"防患于未然"的作用,但是,我们并不能夸大其在规制重点效用。事后规制的手段也很重要,为此应积极推动 AI 司法论证的事后检验机制和问责制度。"一方面,应当要求研发者尽可能保障 AI 技术可回溯性;另一方面,应当强化研发者责任,迫使研发者适度矫正 AI",① 确保法官审判的主体地位。具体的制度建构中,还需要"借助于技术程序的正当性来强化智能决策系统的透明性、可审查性和可解释性。"②

(二) 嵌入算法推理的矫正机制

如前所述,人工智能在司法推理应用中备受批评最多的地方就在于算法推理结果的不公,因此,为了使人工智能时代的司法推理更加合理和正当,建议应在技术层面将算法正义的价值观嵌入到司法算法中。通过公正的矫正机制和算法正义规则主动影响 AI 推理的过程和结果。这就要求做到:

首先,建立司法工作者证据审核制度。如前所述,算法推理其实是一种单向度、线性的推理,因此很难适应司法推理的多维度需求。因此是无法实现法官对审判经验的复制的,更无法替代法官的自由裁量。算法推理无法协调形式正义与实质正义间的价值冲突。这就需要"培养算法监督专员,规范算法制度,透明决策过程",③ 进而增加 AI 算法推理结果的合理性和正当性。这就要求做到,其一,必须在 AI 算法设计中嵌入公民权利优先保障的原则,以平衡和消解算法权力;其二,推动算法审计制度的建立,减少算法推理的安全风险。实践中,"在运用人工智能援引指导性案例时,还需要法官对案件作定性分析,增加指导性案例的数量"。④

其次,建立对机器漏洞进行矫正的监管体制和法律制度。如前所述,机器在数据的筛选和处理上也难免会出现错误,影响司法正义的实现。"当机器学习的结果与数据模型出现偏差,需要对机器建立的数据模型重新校对、修正,通过人机交互再次参与到数据训练中,以达到可期待的理想结果"。⑤ 在运用人工智能进行司法推理中,算法凸显出机械性,最优化等不足,错误,诚如学者解释的算法没有"道德想象力",所以必须"将更好的价值嵌入到我们的算法中,创造出符合我们道德 (moralimagination) 标准的大数据模型。"⑥ 为此应当提前研判和化解司法中人工智能的应用对司法结构和司法秩序的冲击和破坏。理

---

① 于海防:《人工智能法律规制的价值取向与逻辑前提——在替代人类与增强人类之间》,载《法学》2019 年第 6 期,第 25 页。
② 苏令银:《透视人工智能背后的"算法歧视"》,载《中国社会科学报》2017 年 10 月 10 日,第 005 版。
③ 程凡卿:《我国司法人工智能建设的问题与应对》,载《东方法学》2018 年第 3 期,第 128 页。
④ 侯晓燕:《人工智能在参照援引指导性案例中的应用及其完善研究》,载《西部法学评论》2019 年第 3 期,第 36 页。
⑤ 王文亮、王连合:《将法律作为修辞视野下人工智能创作物的可版权性考察》,载《科技与法律》2017 年第 4 期,第 065-066 页。
⑥ O'Neil, Cathy, Weapons of Math Destruction: How Big Data Increases Inequality and Threatens Democracy, New York: Crown, 2016, p. 204.

由是，人工智能归根到底还是一种机器智能，归根到底，依存的还是以计算机为代表的电子化机器，而机器的设立是为了改善、提高司法效能，人始终处于法律论证的中心地位，从而实现算法公平和正义。

再次，将司法正义作为司法推理中应用人工智能的主要原则和方法论上的基本面向。此处主要从两个方面着手：一是，司法人工智能初始程序设定上应该强化算法自身程序设定的公平性和公正性；二是，在司法人工智能数据选取中，应做到数据具有代表性且足够多进而预防算法偏见和算法独裁对司法审判公正和司法审判模式固化的影响。

（三）全面提升依法防控人工智能系统风险的能力

如前所述，人工智能系统解释的主要困境在于其在模仿法官思维进行解释或为法官解释提供自动化决策时常常使得其解释结果面临不确定风险和合法性危机。据此，人工智能系统解释仍应在法治的框架下运行，需要遵守传统法律解释所应遵守的合法性原则，做到据法解释。

首先，人工智能系统所做出的自动化决策必须遵守合法性解释原则。法律解释的原则体现法律适用者站在法治的立场上，运用法律概念、原理与精神解决诉讼争端的某些基本要求和指导性方针。从认识论的角度而言，"法律解释活动也必然遵循特定的司法意识形态，并在该司法意识形态的指引下运行。法治国理念从本质意义上意味着法律规则的治理，要求法官等法律人尊重规则，奉行规则意识，践行规则治理的事业"。但是，"如果忽视立法者关于如何解释其制定法的各种预期，那么这些方法论理论以及所包含的各种特定的解释规则，就会非常容易遭受缺乏权威性这样的批评，因为他们都不是立法者的作品"。① 一方面，全面提升依法防控依法治理人工智能系统风险的能力，必须树立人工智能辅助系统的工具性价值，无论技术如何发展和发达，都应当服膺于依法治国的本质要求，尊重法律解释的合法性原则；另一方面，依法防范人工智能系统对法官自由意志的削弱。司法裁判作为一项经验性和价值性兼具的复杂作业，应当坚持法官的主体性和裁判的独立性，避免"智能主义""数据主义"对法官自由意志的侵蚀。② 总的来说，合法性仍然是人工智能系统解释所应遵循的最基本原则，在人工智能系统解释制度的建构中要始终奉行法治原则，只要这样才能拯救人工智能系统在解释过程中出现的不可解释性和隐蔽性风险，从而用法治来为人工智能系统的决策和风险提供保障。

其次，依法建立个人的算法解释权制度。如前所述，人工智能系统解释活动遵循的是技术治理的自我偏好逻辑，因其固有的隐蔽性和不可解释性而往往使得相关判决产生诸多

---

① 参见［美］雅各布·斯科特：《解释的普通法及其法典化规范》（上），吕玉赞译，载《法律方法》（第19卷），第131页。

② 朱体正：《人工智能辅助刑事裁判的不确定性风险及其防范——美国威斯康星州诉卢米斯案的启示》，载《浙江社会科学》2018年第6期，第82页。

争议并引发诸多不确定风险。在人工智能系统解释中，当事人其实并不知道人工智能系统解释的具体规则、依据、各种数据库、关键词选择的标准和以及解释遵循的基本原则，而这些都与公民切身利益和对美好生活的愿望息息相关。因此，主张建立依法建立个人的算法解释权制度，以限制"算法霸权"的产生和"算法歧视"对公民权利的过度破坏。这就要求做到，为了防止人工智能系统的不可解性和黑箱性对公民权利的伤害，需要赋予公民对 AI 智能系统的决策报告有提出异议并依法行使救济的权利，以提升人工智能系统解释的透明度和公正性。例如，在当事人对人工智能系统解释的结果觉得明显不公或认为侵犯了个人有权获得正当程序权利的情形下，相对人有权向算法使用人提出异议，要求其解释算法、披露算法信息，并要求其提供自动化解释决策做出的理由和依据，从而做到从制度上防范和化解人工智能系统解释的不确定风险

再次，依法提升人工智能系统解释的自我反思能力和自我纠错能力。法治为人工智能系统解释的自我反思和自我纠错提供了基本原则和根本保障。人工智能系统解释必须以法治目标为取向和任务，而不是简单的机器解释或数学解释。人工智能系统解释必须秉持传统法律解释所应秉持的原则、立场，并在法治的框架下对人工智能系统解释的功能和地位进行清晰合理的设定，预防人工智能系统解释的隐蔽性和机械性所带来的风险。此外，还需要利用人工智能系统解释自身的机器挖掘和深度自我学习能力进行自我纠错并及时进行自我矫正，由此可以在人工智能系统解释中嵌入核查程序，从人工智能系统内部有效消除智能解释所存在风险隐患，定期进行自我排查和自我反思，为其正常运作提供创造良好的内部环境。

五、结语

本文探讨了人工智能司法应用之方法论难题与破解的路径，并围绕法律论证、法律解释和法律推理三种方法在人工智能司法中的具体应用实践详细展开论证。文章首先分析梳理了人工智能司法的应用之法律方法的变革与影响，如司法论证的建模化、司法推理的算法化和司法解释的智能化。其次本文无意否定或轻视人工智能司法应用对法律方法论的贡献，只是在强调面对快速发展的人工智能、区块链、大数据等新技术司法广泛应用时所产生的方法论难题，如建模化的过程黑箱直接影响司法论证的有效性、算法的形式机械造成司法推理的结果不公、人工智能系统解释引发不确定性风险。除了司法论证建模有效、司法推理算法公正和司法解释结论合理，有时候也需要直面司法人工智能应用的利益衡量和漏洞补充等重要的法律方法并作出选择。最后，说到超越和路径选择，如果说国外的算法解释、算法问责、算法伦理制度已经为我们提供了路径依赖，如个人算法解释权制度、算法审计制度等的构建。那么在别的方法，理论和实践上是否还有必要遵循这种路径依赖，这同样是一个值得思考的问题。

（编辑：宋保振）

司法方法论

裁判说理中的立法资料：语词、内涵及基本类型

程 能*

> **摘 要** 最高人民法院关于裁判文书释法说理的指导意见肯定了立法材料的实践价值，然而学界对立法材料本身了解较少。与其他相关表述相比，"立法资料"能够更加准确、妥帖地指称这类材料。就本质属性而言，立法资料是形成于立法过程中的，区别于实定法律的，由特定机构或者个体整理的，通常承载立法意图的材料。这决定着立法资料同立法解释、立法事实等事物存在一定区别。立足于我国语境，立法资料的基本类型主要包括：立法提案及其说明，审议阶段形成的审议意见、报告，修法草案及其审议意见、报告，立法解释草案及其审议意见、报告等。深入认识立法资料的语词、属性和基本类型，有效助推着立法资料在裁判说理实践中的应用。
>
> **关键词** 裁判说理 立法资料 立法过程 立法意图 立法事实

在立法过程中，通常会生成大量的辅助性材料。由于这类辅助性材料与实定法律存在紧密联系，它往往在实施过程中表现出重要的功用。[①] 2018年6月1日，最高人民法院颁布的《关于加强和规范裁判文书释法说理的指导意见》（以下简称《指导意见》）中提出："除依据法律法规、司法解释的规定外，法官可以运用下列论据论证裁判理由，以提高裁

---

* 程能，男，湖南益阳人，中国人民大学2017级宪法学与行政法学博士研究生，研究方向为合宪性审查、法学方法论。

① 目前，少数学者关注到立法资料在法律实施中的重要作用，参见郑泰安、郑文睿：《立法背景资料的二元性视角》，载《法学论坛》2016年第6期，第85－91页。刘怡达博士以全国人大法工委编撰的"法律释义性材料"为线索，指出这类兼顾有权解释和学理解释性质的"立法释义性材料"在法院审判、行政执法等法律实施场域中的重要功用。参见刘怡达：《隐性立法解释："法律释义"的功能及其正当性难题》，载《政治与法律》2017年第8期，第65－76页。

判结论的正当性和可接受性……立法说明等立法材料",首次肯定了立法说明等立法材料在裁判说理中的运用。据此可见,这类承载立法信息的材料具有重要的实践价值。

目前,国外学界围绕这类立法辅助性材料及其运用业已形成一定的研究成果。① 与之相对,国内学界迄今为止对这类材料却并未给予应有的重视,因而整体研究略显薄弱,尚待进一步开掘。为了深化学界对这类立法辅助性材料的认识,助推这类材料在裁判说理实践中的应用,首先要求我们准确把握这类材料。本文认为,具体需要回答如下问题:(1)如何把握这类立法辅助性材料在中国语境下的"称谓"?最高人民法院在《指导意见》中以"立法材料"命名这类立法辅助性材料是否准确、妥帖?(2)《指导意见》中的"立法材料"究竟指涉什么?这类立法辅助性材料与立法解释、立法事实等事物存在何种关联、区别?(3)除立法说明外,这类立法辅助性材料是否存在其他类型?

一、"立法资料"的语词考察

从语言哲学的视角而论,语词的所指与能指并不存在一一对应关系,这表现为:人们可以通过任意约定符号联结概念,因此,命名事物的实践具有任意性、约定性。② 与此同时,受到语言习惯、生活经验等因素的影响,人类的命名实践越发强调事物与符号之间的联系性,因而命名实践本身表现出程度不一的理据性。基于此,为贴合人们的认知习惯,避免在复杂的社会交往过程中产生误解,人类命名事物的实践不仅应当注重命名的统一性,而且应该注重提升命名的理据性,追求特定语境下有关表述的妥适性。笔者认为,熟悉此语言学原理,有助于我们通过选择恰当的符号表述概念。

根据历史传统、语言习惯的不同,不同国家通过约定这类立法辅助性资料的称谓,进而形成了颇具特色的表达。首先,整体来看,许多国家(主要包括法国、德国、波兰、瑞典等大陆法系国家)沿用法语词汇"travaux préparatoires"来指称这类立法辅助性资料。法语词典中,"travaux"乃是"工作"之意,"préparatoires"是"预备、准备"之意,因而"travaux préparatoires"一般被学界统称为立法准备材料。根据上述国家的历史传统和语言习惯,人们无论在理论研究中抑或在司法实践中对立法准备资料的用语并无太大争议,因而,立法准备资料符合表达妥适性的要求,契合不同国家的语言传统,显得不惹争议。与此相对,以美国、英国为代表的普通法系国家则通常采用"legislative history"一语,也即常说的"立法史"。虽然通过梳理英国、美国、澳大利亚等国学者们的有关著述,还可以发现诸如"legislative records"(立法记录)、"legislative materials"(立法材料)、"extrinsic materials"(外部材料)等命名,但这些表述整体来看较为罕见。总之,普通法

---

① 这突出表现为国外学界对法官运用立法史资料(legislative history)、立法准备性资料(travaux préparatoires)实践的讨论已经较为成熟。

② 参见[瑞士]费尔迪南·德·索绪尔:《普通语言学教程》,高声凯译,岑麒祥、叶斐身校,商务印书馆2009年版,第95-99页。

系国家对人们用"立法历史"(legislative history)来指称这类生成于立法过程中的辅助性资料争议不大。① 与此同时,通过考察中国学者的著述和有关机构的信息,笔者发现中文世界对于命名这类资料呈现出较多分歧,② 因而有必要梳理并寻求一种更加简明、妥帖、统一的表达来指称这类材料。

首先,与英美国家俗称的"立法史"不同,立法资料符合中国语境的表述习惯,能够减少争议。有人认为在中国语境下使用"立法史"这种表达,容易使人们将其与法制史或者法律思想史联系起来,进而招致混淆,偏离"立法史"一词的语义。③ 鉴于我国法学二级学科中法制史学科被单设并形成了相应的教材或者书籍,"立法史"的命名的确容易与"法制史"教材或者书籍混淆,不符合表达应当简洁、妥适的原则。对此,笔者认同这种观点并且主张应该放弃"立法史"这种表述。总之,英美国家语境下的"立法史"表述并不适合在我国语境下使用,相较而言,"立法资料"的表述符合中国语境下学者们的表述习惯。

其次,与"立法准备资料"相较,"立法资料"此种表达更加准确、简明。人们通常认为"准备"包括如下两重含义:(1)预先安排或者筹划;(2)打算。据此,准备资料意味着正式立法过程开展前立法者为法律通过所准备各种资料,等等。因而,一旦我们沿袭大陆法系国家的命名——立法准备资料,在内涵层面将排除立法过程中所生成的法律资料(尤其是从法案提出到法律最终颁布阶段所形成的审议资料),进而容易招致人们对立法资料的误解。由此视之,"立法准备资料"的语词意蕴太过狭窄,不足以概括生成于立法过程中的其他类型资料,这使得我们不得不放弃部分国家所采用的"立法准备资料"此种表述,寻求更为准确的表述方式。相较而言,本文认为,"立法资料"此种命名凸显了这类资料与立法过程的关联性,更为简明、准确,符合中国语境下人们的认知习惯。

复次,部分学者将该类材料命名为"立法背景资料",但并未详细考察立法资料与立法背景资料之间的意蕴差异。为避免误解,本文认为有必要揭示区别于立法资料的"立法背景资料"之表述的内涵。所谓背景,一般认为具有四层含义:"(1)舞台上或电影里的

---

① 参见[美]雅各布·斯科特:《解释的普通法及其法典化规范(下)》,吕玉赞译,载《法律方法》2016年第2期,第139-140页。

② 例如,黄茂荣教授将其表述为"立法文献",参见黄茂荣:《法学方法与现代民法》,中国政法大学出版社2007年版,第341页;王泽鉴教授将其表述为"立法史与立法资料",参见王泽鉴:《民法思维:请求权基础理论体系》,北京大学出版社2009年版,第178页;梁慧星教授将其统称为"立法史及立法过程中的有关资料",参见梁慧星:《民法解释学》,中国政法大学出版社1995年版,第219页;王利明教授则将其命名为"历史资料",参见王利明:《法学方法论》,中国人民大学出版社2012年版,第387页;郑泰安教授等将其命名为"立法背景资料",参见郑泰安、郑文睿:《立法背法景资料的二元性视角》,载《法学论坛》2016年第6期,第85页。此外,在北大法宝数据库上,该类材料被称为"立法背景材料",而北大法意数据库法律资源一栏,则将其命名为"立法资料"。

③ 参见陈晨:《立法资料在法律解释中的运用》,山东大学2012年硕士论文,第2页。

布景,放在幕布后面,衬托前景;(2)图画、摄影里衬托主体事物的景物;(3)对人物、事件起作用的历史情况或现实环境;(4)指背后仰仗的力量。"① 显然,立法背景资料在此主要同第三种含义关联。由此,结合语义分析,可以认为"立法背景资料"是指对立法者或者立法起作用的历史情况或者现实环境的资料。笔者认为此种表达意蕴过于宽泛,显得异常笼统,不便于清晰认知。总之,"立法背景资料的表述不具备准确性与妥适性,笔者认为应该放弃"立法背景资料"此种表述。

最后,国内学界、有关机构还提出了包括"立法材料"和"立法文献"等与"立法资料"相近、容易引起混淆的表达。例如,《指导意见》中,最高人民法院采用"立法材料"指称这类立法辅助性材料。对此,本文认为这种命名实践值得商榷,有待校准。因为"材料侧重于表示未经加工的素材和原料,资料侧重于表示用作依据或凭证的,加工了的材料,立法过程的资料,一般是法律委员会的报告、立法理由书、法律草案说明、议会议事录、国会议事录等公开发表的书面文件,并非是一堆原始素材的堆积,所以资料比材料要好"。② 此外,就"立法资料"与"立法文献"的区别来看,有学者进一步指出"'立法文献'可以理解为将相关'立法资料'整理汇编而成的综合性图书。而我们在法律解释中使用的'立法资料'一般是成文报告或者说明,并不一定集中体现在某一文献图书中。"③ 由于生成于立法过程中的信息、材料芜杂,通常依赖于相关管理者对立法过程中生成的信息加工、整理。④ 因而,本文认同上述观点,相较于立法材料、立法文献等表达,立法资料更为贴近于法律制定过程中被立法者所提出,被用作立法依据的成文报告或者说明。总之,鉴于立法资料与立法文献、立法材料的区别,本文将因袭立法资料之表达。

综上所述,通过梳理不同国家对这类立法辅助性材料的具体表述,笔者揭示了受制于语言习惯与历史传统,不同国家命名这类法律材料的实践。与此同时,围绕我国学者、有关机构对立法辅助性材料开展的命名实践,笔者尝试寻求妥帖、准确的语词来指称中国语境下的这类材料,指出区别于"立法历史""立法材料""立法史材料""立法背景资料""立法文献"等表达,立法资料最为准确、简明、妥帖地揭示了这类立法辅助性材料的特质,符合人们的认知习惯。

二、立法资料的内涵界定

为了准确把握裁判说理中的立法资料,笔者在前述部分通过厘定语词,反思了学术研

---

① 中国社会科学院语言研究所词典编辑室编:《现代汉语词典》(第五版),商务印书馆2010年版,第60页。
② 陈晨:《立法资料在法律解释中的运用》,山东大学2012年硕士论文,第2页。
③ 陈晨:《立法资料在法律解释中的运用》,山东大学2012年硕士论文,第3页。
④ 对此特征,笔者在下文中将详细阐释。

究、官方文件中的一系列命名,确证了立法资料此种称谓在中国语境下的妥适性。与此同时,尚需进一步把握立法资料究竟指涉何种事物。国内学界虽有一定探索,但存在纠谬、补强的空间。部分学者对立法资料的性质有所体察,① 揭示了立法资料与立法过程的相关性,但多数研究并未深入分析,也未全面总结立法资料的特征。对此,笔者在本部分将重点考察立法资料的本质属性,明确立法资料这类事物的具体内涵。那么,究竟何为立法资料的本质属性呢?笔者认为这体现在如下方面:

(一)立法资料形成于立法过程中

从发生学的视角来看,实定法律之生成依赖于具有阶段性、时序性的立法过程的复杂作用,因而立法过程是指实定法律得以生成的步骤、程式。实定法律最终定型前,立法主体在立法场域内生成了大量的原生性素材,这类生成于立法过程中、承载着立法者价值取向、通常能够促进实定法律完善的材料,便是立法资料的原初形态。② 因而,笔者认为,立法资料的首要特征便是形成于立法过程中。

那么,究竟何为立法过程呢?通常而言,人们习惯将立法过程与立法程序相等同,主张立法过程便是法律明确规定的立法步骤。对此,有学者检讨了此种观点,指出为了保证立法活动的有效进行,完整的立法过程(legislative process)不仅包括从法案提出到法案颁行的阶段,而且包含正式立法前的准备阶段以及法律完善阶段。③ 其中立法准备阶段,是指立法机关在立法程序开始前、围绕法案起草作出的准备活动。虽然这一阶段的主要环节、步骤并未法定化,但包含着确立立法规划、形成立法草案等重要环节。而立法完善阶段通常被称为后立法阶段,主要指法律颁行后,为了使法律更好地适应社会生活的发展,有关机关开展的立法工作。通常来说,立法完善阶段包括对法律的修改、废止等环节。对此,笔者主张,形成于完整的立法过程中的立法资料包括立法准备阶段形成的资料、法案提出到法案颁行过程中形成的资料以及法律完善阶段形成的资料。

本文前述部分已经明确了立法资料形成于立法过程中的特征,指出了立法过程在理论上包含的环节,笔者认为这有助于避免立法资料此一事物指涉过度宽泛,排除与立法过程

---

① 在美国,马门教授指出:"立法史主要是指立法过程前或者立法过程中由国会及其分支机构产生的资料。" See Christian E. Mammen, *Using Legislative History in American Statutory Interpretation*, New York: Kluwer law international, 2002, p. 1;黄茂荣教授认为:"立法文献,包括立法过程中的一切记录、文件,如预备资料、预备、草案、立法理由说明书,参与起草部会的有关记录,立法机关之大会即审查委员会的记录",黄茂荣:《法学方法与现代民法》,法律出版社2009年版,第341页;梁慧星教授认为:"立法史以及立法过程中之有关资料,如一切法律草案、审议记录、立法理由说明书等,均为法意解释之主要依据",梁慧星:《民法解释学》,中国政法大学出版社1995年版,第219页;王维静指出:"立法背景资料是在立法者在立法过程中所形成通过合法程序保留下来、法律文本以外的对于立法原初意图具有证明力的权威性资料",王维静:《立法背景资料的规范化研究》,厦门大学2012年硕士论文,第9页。

② 不过这类原生性材料尚需特定机构或者个体的整理。

③ 关于立法过程中不同阶段的认识,参见周旺生:《关于中国立法程序的几个问题》,载《中国法学》1995年第2期,第58~60页。

并无关联的材料。一般而言，实定法律颁行后，许多学者通常会争相开展学理研究，发表评论意见，由此形成了种类多样、内涵丰富的解释性说明，但鉴于大多数学者并没有（或者难以确定是否）参与正式的立法过程，因而法律颁行后，不同学者所撰写、编辑的有关记录、说明通常既不是针对立法实践中第一手素材的整理，也不是对立法过程中信息的准确记录，而是学者针对法律解释适用作出的学理说明。尽管在实质意义上，这类法律说明材料通常具有一定的理论说服力，但严格而论并不属于正式的立法资料。对此，本文主张将这类学理解释性材料排除于正式的立法资料之外。

（二）立法资料是一种区别于实定法律的材料

诚如前述，立法活动的终极产品便是实定法律，而立法过程中不同立法者所产生的信息，则构成着实定法律得以生成的背景、素材。笔者认为，无论在形式层面抑或在实质层面，立法资料均区别于实定法律。

一方面，从形式层面而言，立法资料的载体具有多元性，而实定法律则表现为文本形态。通常而言，立法资料不仅表现为大众所普遍认可的书面记述材料，而且包括其他涉及立法过程的信息载体（例如视频、录影类资料、图表类资料等形态）。例如，有学者指出台湾语境下的立法背景资料除包括议案关系文书、议事日程、议事录、立法报章剪报资料之外，还包括议事录影资料。[①] 由此来看，立法资料的表现形态具有多样性，主要为文本形态但并不限于文本形态。[②] 与之相对，实定法律则是由立法机关创制的、旨在传递立法价值取向的书面话语的集合，表征出文本形态。

另一方面，从实质层面而论，实定法律具有规范效力，而立法资料则不具有规范效力。在现代社会，实定法律须由特定的国家机关，经过严格的立法程序所制定，并为国家强制力保障实施，因而实定法律具有规范效力。与此相对，立法资料虽然与实定法律相伴相生，构成着实定法律最终定型前的背景，但立法资料未经完整的法律提案、立法审议、立法表决、法案公布等环节，并未获得国家意志的最终承认，不具有规范效力。由此可见，无论在形式层面抑或实质层面，立法资料同实定法律相区别。

（三）立法资料依赖于特定机构或者个体的整理

鉴于立法过程充斥着利益交涉，由此产生了繁杂多样的、承载立法过程中事实性信息或者价值判断的材料。通常而言，这类材料并未获得国家意志的承认，并未定型，而是表现出原生性、粗糙性，因而有赖于特定机构或者个体对这类材料予以体系化规整。例如，在美国，立法实践中有专门的立法助手（legislative staff）负责协助立法，并在法律通过后

---

① 参见王维静：《立法背景资料的规范化研究》，厦门大学2012年硕士论文，第35-36页。
② 有学者也肯认了立法资料的表现形态具有多样性，并将其主要划分为文本资料和影像资料两类。参见郑泰安、郑文睿：《立法背景资料的二元性视角》，载《法学论坛》2016年第6期，第88页。

将整理好的立法史材料加以公之于众。① 在中国，由于全国人大常委会法工委通常直接参与法案的起草工作，甚至参与立法审议等环节，通常熟悉立法过程中的各种信息，经由其编著、发布的法律释义性图书、资料等，实质是全国人大常委会法工委对立法过程中生成的原始立法材料整理后的成果。因此，本文认为，立法过程中的辩论意见、审议报告、立法理由说明等资料正是经由特定机构或者个体对立法材料的规范化整理后方才得以面世。总之，经由特定机构或者个体的整理构成着立法资料的重要特征之一。

（四）立法资料通常承载着立法意图

针对立法资料的此项特征，需要追问如下子问题：第一，立法意图是否存在？第二，立法意图是否可知？立法资料与立法意图存在何种关联？若能确证立法意图通常存在，并且立法意图通常可被认识，那么人们便可以通过相关线索识别立法意图。

第一，立法意图通常存在。对此，学界聚讼纷纭。其中，部分学者质疑本体论意义上的立法意图并不存在。代表性观点认为：通过将公共选择理论应用于立法过程，有学者指出立法机关并非由单一的、同质的立法者构成，而是由一群立法动机各异的立法者组成，因而实定法律的背后往往并不存在统一的立法意图。② 限于篇幅和主题，本文无意全面梳理、评述，而是试图指出：作为公共决策的立法过程，旨在向社会生活传递特定的价值取向，以确认或者建构生活秩序。在一定意义上，立法过程可视为规范的发出者尝试向规范的接受者传递信息的过程，而实定法律则被视为传递信息的载体。据此，本文认为，那种基于理论推演，绝对地、全面地质疑立法意图存在的观点，有待商榷。我们需要承认：作为沟通文本，实定法律背后通常在抽象或者相对具体的层次上存在着立法意图。

第二，立法意图通常可知。其中，立法资料构成着立法意图的重要载体之一。

尽管存在立法历史只是立法意图一种靠不住的显示器这种批评③，但一般而言，立法资料仍为立法机关颁行的实定法律乃是立法意图的集中体现，成为承载立法价值取向，反映立法意图最为权威的证据。对此，文本主义者通常强调立法意图仅体现于正式颁行的实定法律中，主张除实定法律外，其他材料并不能反映立法意图。然而，人类通过符号的表意活动存在局限性，难以全面指涉无限的世界，有时难免会出现词不达意的情况。因而，当人们试图把握实定法律背后的立法意图时，有时会发现立法意图不够完整而不得不依赖

---

① 美国司法实践中，部分学者质疑法官运用立法资料的重要论据之一便是立法资料通常为立法助手（legislative staff）整理，存在立法原意被篡改的可能性，因而可信度不高。

② 通常，社会选择理论不承认存在立法意图，因而法官在个案裁判实践中诉诸立法意图毫无意义。See Nicholas S. Zeppos, *Legislative History and the Interpretation of Statutes*: *Toward a Fact - Finding Model of Statutory Interpretation*, Virginia Law Review, Vol. 76. 1990, p. 1307.

③ 参见［美］雅各布·斯科特：《解释的普通法及其法典化规范（下）》，吕玉赞译，载《法律方法》2016年第2期，第139 - 140页。

其他线索去确证立法意图。由于形成于立法过程中的立法资料,与实定法律具有较强的关联性,实际上参与着实定法律的意义构建,本质上可被视为一种扩大了的、可能的意义集,因而人们透过立法资料,通常可以重构立法过程的背景,进而识别立法者规整社会关系的意图。例如,立法过程中产生的立法理由说明通常清晰记载着立法目的,对此,人们可以清晰准确地把握立法意图。与此同时,虽然某些立法资料未明确载明立法者的具体意向,但人们综合立法资料中体现的相关信息,通常能够推断出"立法参与者所言之一切或至少与他们最重要的观点一致的那个最为融贯的价值陈述与规范体系。"① 综上所述,本文认为人们通过把握立法资料,开展推理实践,通常可以识别立法意图。

总之,如果我们承认了实定法律的沟通性质,认识到人们通过综合把握立法资料一般能够在或抽象或具体的层面识别立法意图。那么,便可以肯认:立法资料通常承载着立法意图。

此外,还有观点认为,立法资料具有权威性。本文认为,这种绝对地、一般地阐述立法资料具有权威性的命题并不准确。所谓权威,通俗而言,是指令人信服、认同的力量。由此可见,权威这一概念在本质上预设了不同主体之间的力量比较,凸显了不同主体间心理层面的依赖关系。因而,若欲论述立法资料是否具有权威性,那么便需选择参照系进而确定在何种意义上阐述立法资料的权威性。本文认为,相较于学者们出版发行的、旨在解读法律的图书或者释义性资料,立法资料与立法过程具有高度关联性,并为特定机构或者个体予以整理,通常能够直接用来确认立法意图,表征出较强的权威性、可信性。例如,相较于出版市场上发行的一般的法律解读类的图书,全国人大法工委出版发行的立法释义类图书、资料等通常具有较强的权威性。但与此同时,相较于实定法律而言,立法资料由于不具有规范效力,执法者、司法者在法律实施过程中对立法资料并无强制适用义务。对此,同实定法律相比较,多数学者通常认为立法资料不具有权威性。笔者主张沿袭学者们的通常看法,认为立法资料不具有权威性。

综上所述,通过梳理有关学者的见解,分析立法资料的本质属性,笔者尝试设定立法资料的操作性定义。② 本文认为,立法资料是形成于立法过程中的,与实定法律区别的,由特定机构或者个体整理的,通常承载立法意图的材料。

三、立法资料与相关事物的辨析

在中国语境下,立法资料与立法解释、立法事实等事物均存在联系,有必要进一步考察辨析上述事物,揭示立法资料与立法解释、立法事实等事物的关联、区别,以便法官加以应用。

---

① [瑞典]亚历山大·佩策尼克:《论法律与理性》,陈曦译,中国政法大学出版社2015年版,第323页。
② 提出一种操作性定义有助于开展研究并方便学界对话。操作性定义会伴随着人类对于事物理解的不断深化,最终在历史的延长线上被不断修正。

(一) 立法资料与立法解释

立法资料是形成于立法过程中、隐匿于实定法律背后的明珠，颇具应用价值。例如，法官有时通过援引立法资料解释适用法律，这成为司法实践中一类值得考究的现象。与此同时，根据某些国家的政治架构，立法机关不仅享有创制法律的权限，而且通常被规定为法定解释主体，享有解释自身创制的法律的权限，由此形成了立法解释此一现象。由此来看，立法资料与立法解释存在混淆的可能性，有待辨析。

为了健全社会主义法制，加强法律解释工作，全国人民代表大会常务委员会（以下简称为全国人大常委会）于1981年曾通过了《关于加强法律解释工作的决议》（以下简称为《决议》）。① 其中，《决议》将法律解释活动进一步划分为"关于法律、法令条文本身的解释"与"关于法律、法令具体应用的解释"两类，并规定将"法律、法令条文本身需要进一步明确界限或者加以补充"的解释权限归于全国人大常委会。此外，《立法法》第45条规定："法律解释权属于全国人民代表大会常务委员会。法律有以下情况之一的，由全国人民代表大会常务委员会解释：（一）法律的规定需要进一步明确具体含义的；（二）法律制定后出现新的情况，需要明确适用法律依据的。"该条在前述《决议》的基础上进一步明确了全国人大常委会的法律解释权限和解释场景。据此可知，我国语境下的立法解释，是指全国人大常委会针对法律实施过程中法律条文本身的问题作出的说明。因而，立法资料在如下方面同立法解释相区别：

首先，在创制（或者制作）主体上，立法资料与立法解释存在区别。诚如前述，根据《决议》及《立法法》的规定，法律解释权为全国人大常委会所独占，其他机关未经授权，不得解释法律。由此可见，作为法律创制的主体，全国人大常委会垄断了解释法律的权能；与此相对，立法资料则是附随于法律生成的材料，未经立法机关通过或者承认，而是由特定机构或者个体所整理。因而，在创制（或者制作）主体上，立法资料与立法解释存在区别。

其次，在规范效力上，立法资料区别于立法解释。根据《决议》的内含理念，立法解释与个案裁判场景相分离，实质上是全国人大常委会对法律条文本身含义的进一步明晰或者内容补充，表现出实定法律的一般性、抽象性，因此立法解释的效力一般等同于全国人大常委会创制的法律，并为国家强制力保障实施。例如，《立法法》第50条规定："全国人民代表大会常务委员会的法律解释同法律具有同等效力"。与此相对，由于立法资料区

---

① 该项决议主要包含如下四项规定：（1）凡关于法律、法令条文本身需要进一步明确界限或者补充规定的，由全国人大常委会进行解释或者用法令加以规定；（2）凡属于法院审判工作或检察院检察工作中的具体应用法律问题，由最高人民法院和最高人民检察院解释；（3）不属于审判和检察工作中的其他法律、法令如何具体应用的问题，由国务院及主管部门进行解释；（4）凡属于地方性法规本身需要进一步明确界限或者作出补充规定的，由制定法规的省、自治区、直辖市人大常委会进行解释或者作出规定，凡属于地方性法规如何具体应用的问题，由省、自治区、直辖市人民政府主管部门进行解释。

别于实定法律，未获得国家强制力保障，则不具备规范效力。

最后，在表现形态上，立法资料区别于立法解释。诚如前述，由于立法解释本质上是立法机关针对法律条文本身的含义澄清和内容补充，实质上属于规则创制活动，因而立法解释与实定法律一样，均是立法者通过书面符号记录所形成的文本。而关于立法资料的形态，本文前述部分已有阐明，不复赘述。

（二）立法资料与立法事实

一般而言，在宪法文本设定的框架秩序下，立法机关受宪法委托负有具体化宪法内容的义务。对此，为增强立法活动的合理性，立法机关在具体化宪法时应当尽到以最佳的方式立法的宪法义务。那么，如何判断立法机关尽到以最佳的方式立法的宪法义务呢？对此，学界在合宪性审查语境下引入立法事实（legislative fact）理论，[1] 希冀通过审查立法机关所创制的法律背后是否具有社会事实基础，进而确证法律的合宪性——因为"法律的合宪性很大程度上取决于立法是否具有社会经济方面的事实基础。"[2] 据此而论，立法事实，实际上指立法者通过调查法规范所指涉的社会生活领域，进而形成的事实陈述（statement），具有客观性、可验证性。与此相对，立法资料则是生成于立法过程中，与实定法律区别的，为特定机构或者个体整理的，通常承载立法意图的材料，通常表现出主观性。那么，立法资料与立法事实之间存在何种关联、差异呢？笔者认为立法资料与立法事实虽然存在紧密联系，但实质上是两类不同事物。

首先，立法事实经由立法者在立法过程中忠实反映，可以转化成立法资料的重要内容。通常而言，在立法过程中，立法者应当注重立法时的社会事实背景，论证立法的必要性、可行性等问题，这其中便包含着立法者阐明规范背后事实基础等问题。例如，根据《立法法》第54条，提案主体在提出法律草案文本时必须提交说明和必要的参阅资料。一般而言，这类为立法者提出的草案说明以及参阅资料承载着包含立法时社会状况等信息，并为立法者反映于立法过程中，最终由特定机构或者个体整理，转化成为了立法资料的重要内容。由此来看，人们通过考察立法资料便可在一定意义上确证立法事实。

其次，部分立法事实，由于立法者未能反映于立法过程中，并未包含在立法资料中。诚如前述，立法事实是立法者据以形成规范的事实基础。因而，从广义来看，凡承载立法背后事实状况信息，凡有助于还原立法时社会状况的陈述均构成立法事实。例如，有学者指出："司法审判的实践表明：鉴定结论、公共意见调查报告、统计数据等事实性

---

[1] 有关研究可参见凌维慈：《美国诉讼中的立法事实认定》，载《浙江社会科学》2006年第6期；蒋红珍：《论适当性原则——引入立法事实的类型化审查强度理论》，载《中国法学》2010年第3期；陈鹏：《合宪性审查中的事实认定》，载《法学家》2017年第1期等。

[2] 陈鹏：《合宪性审查中的事实认定》，载《法学家》2017年第1期，第12页。

材料，是立法事实的典型载体。"① 由此视之，立法事实颇为广泛，包括立法者在立法过程中未能反映、阐述，进而整理、收纳进入立法资料中的其他材料。例如，社会科学学者的著述、社会科学统计数据、报告，等等。② 无疑，这些社会实证性材料有助于还原立法时的社会状况，构成着立法事实的重要载体，但却不一定记录于立法资料中。因此，笔者认为，部分立法事实，若是未经立法者反映在立法过程中，则并未包含在立法资料中。

最后，立法资料不仅包括反映立法时社会事实状况的立法事实材料，还包含着立法者在立法过程中提出的立法意见。理论上，立法机关虽然受宪法委托，在具体化宪法内容时必须尽到以最佳的方式立法的义务，阐明立法背后的事实基础，但立法实践本质上是公共决策过程，充斥着多重主体的利益交涉、妥协，这可能会在一定程度上曲解反映社会状况的立法事实。③ 这突出表现为，立法过程生成的、繁杂的立法资料中通常也包含着个别立法者或者利益团体提出的立法意见。通常而言，这类立法意见仅是个别立法者或者利益团体的主观价值判断，其背后并无确切、可经验证的事实基础。因而，本文认为这类通常被收纳于立法资料中的立法意见并不属于立法事实。总之，立法资料不仅包含着立法者在立法过程中提出，能够反映社会状况的部分立法事实，而且包含着立法者在立法过程中提出的立法意见等材料。

综上所述，本文认为：在我国语境下，立法解释本质上是一种规则创制活动，同立法资料相区别；而立法事实则是指客观反映立法时社会状况的陈述，虽然其与立法资料存在着一定的关联，但实质上是两类不同事物。

四、立法资料基本类型的展开

为了准确把握立法资料，本文在前述部分已经为它设定了操作性定义，并厘定了立法资料与相关事物的关联、区别。然而，下定义本身仅是对事物之间共性特征的提炼，通常难以展示事物形态的多样性、开放性。对此，越来越多的学者主张在通过概念把握事物的基础上，考察事物的类型进而克服概念本身过于抽象、缺乏开放性的弊端。本文认为，着眼于微观视角考察立法资料的基本类型，有助于我们更为直观地把握不同类型的立法资料，展现不同类型立法资料之间的差异。

---

① 蒋红珍：《论适当性原则：引入立法事实的类型化审查强度理论》，载《中国法学》2010年第3期，第68页。

② 例如在美国语境下，关涉立法事实的典型性案例为 Muller v. Oregon 一案。在该案中，法院根据布兰戴斯提交的辩论摘要中的事实信息，证明了有关法律限制女工工作时长并不违宪。此外，在 Brown v. Board of Education 一案中，法官通过援引社会心理学的知识论证了美国种族隔离政策的不合理性。

③ 参见于立深：《行政立法性事实研究》，载《法商研究》2008年第6期，第31-32页。

在我国大陆地区,① 既有研究成果对立法资料的基本类型已经有所列举,② 但有关研究对立法资料类别的划分要么太过笼统,③ 要么未加详细说明。为了详尽把握此类立法辅助性材料,便于法官在裁判说理时加以应用,本文认为有待深入刻画、分析。

鉴于立法过程被视为认识立法资料的重要线索,因此,笔者在本部分将聚焦《立法法》、全国人大及其常委会的《议事规则》等文本关于立法程序的规定,审视我国大陆地区立法资料的基本类型。④ 本文认为,具体而言,我国语境下的立法资料主要包括如下类别:⑤

(一) 立法提案及其说明

根据《立法法》《议事规则》,理论上有权向全国人大提出法律案的主体包括如下两类:一是有关国家机关或者国家机构。全国人大主席团、全国人大常委会、国务院、中央军事委员会、最高人民法院、最高人民检察院、全国人大各专门委员会,可以向全国人大提出法律案。二是代表团或者一定数量的代表。对于全国人大常委会而言,能够向全国人大常委会提出法律案的主体则包括委员长会议、国务院、中央军事委员会、最高人民法院、最高人民检察院、全国人大各专门委员会,以及一定数量的常委会组成人员。⑥ 通常而言,立法实践中,有权主体提交的法律草案构成着全国人大及其常委会审议决策的逻辑起点,是后续立法环节得以展开的前提,也是实定法律最终定型的原始形态。提案主体提交的法律草案经由特定机构或者个体的整理、编辑,最终成为了立法资料的重要形态。与

---

① 限于研究对象的代表性、可操作性,笔者此不详述我国香港、澳门、台湾地区的立法实践,而是着重阐述大陆地区的立法实践。

② 有学者指出具体包括:(1) 法律的演变过程;(2) 立法例;(3) 法律草案及说明;(4) 关于草案审议的意见、报告、汇报;(4) 立法过程中获得立法机关认可的其他资料;(6) 立法背景资料等共六类。参见陈晨:《立法资料在法律解释中的运用》,山东大学 2012 年硕士学位论文,第 8-11 页。还有学者指出我国大陆地区立法资料的主要类型,具体包括:(1) 法律草案及其说明;(2) 立法过程的审议记录;(3) 法律草案审议结果的报告;(4) 法律草案修改稿和表决稿;(5) 法律解释及其草案。参见王维静:《立法背景资料的规范化研究》,厦门大学 2012 年硕士论文,第 48-50 页。此外,有关机构亦对我国大陆地区立法资料的基本类型有所刻画。例如北大法宝数据库将立法资料的基本类型概括为立法草案、法规解读(问答、解读、理解和适用、其他)、白皮书、工作报告、机构简介等五类。其中,立法草案又进一步具体划分为征求意见、草案及其说明、审议意见、其他四类;法规解读划分为问答、解读、理解和适用以及其他等类型;工作报告具体划分为全国人民代表大会常务委员会(以下简称"全国人大常委会")报告、全国人大常委会执法检查报告、国务院政府工作报告、最高人民法院工作报告、最高人民检察院工作报告等类型。

③ 部分研究甚至不加区分将所有官方机构材料全盘纳入立法资料的类别中。比如说国务院政府报告、最高检察院报告、最高人民法院报告并不体现立法意图,也不具有典型性;此外,机构简介等内容在性质上仅仅是知识上的说明,并不构成立法资料的一类。

④ 虽然在实质意义上,我国许多国家机关均享有规则创制权能、开展规则创制实践,但由于全国人大、全国人大常委会均是国家立法机关,其立法过程颇具代表性,因而笔者将主要考察全国人大及其常委会在立法时生成的资料。

⑤ 值得说明的是:由于目前我国立法实践的公开性有待改善,笔者对我国语境下立法资料基本类型的考察思路主要依赖于立法程序等规范依据,附带考察了目前实践中产生的、可以被识别的立法资料。

⑥ 通常为十人以上。

此同时，与立法提案相伴，《立法法》还规定了提案主体在提案时应当提交的文件、资料。根据《立法法》第54条："提出法律案应当同时提出法律草案的文本及其说明，并提供必要的参阅资料……法律草案的说明应当说明制定该法律的必要性与主要内容以及起草过程中对重大分歧意见的协调处理情况。"对此，有学者解释道："法律草案说明是法律案的提案人向立法机关就法律草案中的有关问题所做解释而制作的说明性文件……法律草案说明的制作目的与立法目的相一致，服务于立法，为立法提出具备必要性、可行性的解释、阐释和论证的材料。"① 而立法者提出的必要的参阅资料，通常包括党和国家的政策方针、有关机构的立法调研报告、现行法律法规的实施情况等内容，这往往有助于辅助立法者作出立法判断，载明着立法信息，也被视为立法资料的重要来源之一。由此可见，在立法过程中，立法提案及其法案说明往往承载着立法意图，具有较强的可信度，是中国语境下立法资料最为重要的类型。

（二）审议阶段形成的审议意见、报告

提案阶段结束后，通常进入到审议法律草案的阶段。梳理《立法法》的规定，具体参与法案审议的主体或者机构包括：提案人（《立法法》第18条、第29条）；全国人大代表（《立法法》第36条）；各相关代表团（《立法法》第18条、第21条）；法律委员会（《立法法》第20条）；其他专门委员会（《立法法》第20条、第32条）；全国人大主席团（《立法法》第20条）；有关部门、组织（《立法法》第31条、第34条、第36条）、有关专家（《立法法》第36条）；常委会工作机构（《立法法》第39条），等等。审议法律草案过程中，上述参与法案审议的主体、机构，通常会针对法律草案表达自身意见，反映自身利益诉求，方便审议报告的最终形成。在此阶段，审议法律草案过程中形成的审议意见、记录、报告等资料虽然相对杂糅，但对消除法律草案中的违宪、违法疑义，提升法律草案的整体质量，并对促进立法共识的形成以及实定法律的最终定型具有重要意义。实践中，鉴于我国有待进一步加强、改善立法资料的管理工作，这类生成于立法审议阶段的资料大多未能以合适的形式、完整地对外公开，② 但笔者认为这些审议阶段形成的审议意见、报告等资料无疑满足立法资料的属性要求，构成着我国语境下立法资料的基本类型之一。

值得关注的是，从我国立法实践而论，法律草案审议结束后，全国人大及其常委会正式表决前，通常会进行由特定机关阐明立法理由的程序实践。我国语境下，立法理由说明通常集中体现了法案起草的背景、总体思路、内容以及审议阶段的讨论意见，展示了立法过程中形成的共识，是我国语境下能够较为完整体现立法原意的资料，也是法官在裁判说

---

① 冯玉军、赵一单主编：《新〈立法法〉条文精释与适用指引》，法律出版社2015年版，第187页。
② 虽然全国人大常委会法工委编著发行的"法律释义"对法律审议过程的相关意见有所论述、整理，但整体而言，并不够完整、精细。

理实践中最为偏爱的立法资料的类型。①

（三）修法草案及其审议意见、报告

由于社会生活具有流动不居的特性，为了缓和规范与现实之间的张力，立法机关通常会对现行有效的法律进行删减、补充，以进一步完善法律。由此可见，法律修改实践本质上属于一种广义上的立法活动。对此，根据《立法法》第59条，由于法律修改过程参照法律创制的程序，因而法律修改的过程通常也包括了提出修法草案、审议表决修法草案、公布通过的修法案等环节。无疑，修改法律过程中生成的修法草案以及修法审议意见、报告等，通常承载着修法者的立法意图，构成着立法资料的基本类型之一。

（四）立法解释草案及其审议意见、报告

根据前述分析，在中国语境下，立法过程除了通常所说的法律创制、法律修改等阶段外，解释法律通常被视为法律完善的重要环节。因而，立法机关开展立法解释所形成的解释性资料，本质上也属于一类重要立法资料。根据《立法法》第45条，全国人大常委会在法律的规定需要进一步明确具体含义或法律制定后出现新的情况，需要明确适用法律依据的情况下，负有开展立法解释职责。与此同时，全国人大常委会解释法律的规范要求具体包括：（1）提出解释法律的要求；（2）研究拟订法律解释草案；（3）审议解释草案；（4）表决和公布法律解释草案。据此可见，立法解释程序也包括提出解释草案、审议和表决解释草案、公布解释草案等环节。全国人大常委会开展立法解释时，有权主体提交的解释草案以及参与审议表决主体的的意见、报告等资料承载着立法信息，通常反映了释法者的价值取向，经过特定机构或个体整理后，也应被视为立法资料的重要类型。

五、结语：认真对待立法资料

作为隐藏于立法过程中一种产物，立法资料与实定法律相生相伴，表现出重要价值。法律制定过程中，立法资料承载着立法者的价值取向，有效助推着实定法律的生成；法律

---

① 代表性案例，例如：在"重庆正通药业有限公司、国家工商行政管理总局商标评审委员会与四川华蜀动物药业有限公司商标行政纠纷"一案的提审中，最高人民法院在裁判文书中阐述道："该条规定系2001年10月27日修改的商标法增加的内容。原国家工商行政管理局局长王众孚受国务院委托于2000年12月22日在第九届全国人民代表大会常务委员会第十九次会议上所做的《关于〈中华人民共和国商标法修正案（草案）〉的说明》指出，'巴黎公约第六条之七要求禁止商标所有人的代理人或者代表人未经商标所有人授权，以自己的名义注册该商标，并禁止使用。据此，并考虑到我国恶意注册他人商标现象日益增多的实际情况，草案增加规定：'未经授权，代理人或者代表人以自己的名义将被代理人或者被代表人的商标进行注册，被代理人或者被代表人提出异议的，不予注册并禁止使用'"，指出应当对"商标法第十五条规定的代理人应当作广义的理解，不限于接受商标注册申请人或者商标注册人委托、在委托权限范围内代理商标注册等事宜的商标代理人、代表人，而且还包括总经销（独家经销）、总代理（独家代理）等特殊销售代理关系意义上的代理人、代表人"。可见，最高人民法院通过援引商标法的立法理由说明，在裁判文书中解释了《商标法》第15条中代理人的内涵。

实施过程中，人们通过立法资料可以窥探立法意图，认识实定法律制定过程背后的刀光剑影……与此相对，便是人们目前对立法资料本身认识不足的现状。目前，官方已经肯认了法官在裁判文书释法说理实践中运用立法资料的重要价值。基于此，笔者考察了立法资料在不同语境下的语词表述，分析了立法资料的内涵，辨析立法资料与相关事物的关联、区别，展示了立法资料的基本类型。通过深化对立法资料的认识，将有效助推立法资料在裁判说理实践中的应用。

（编辑：杨知文）

我国立法理由说明的现状检视与制度完善*

李光恩**

摘　要　当前我国的立法理由说明在立法层面尚无直接规定，在具体实践中亦存在未说明理由或理由过于抽象、立法理由说明与立法说明混同以及理由说明缺乏充分性等问题，致使立法理由说明的效果不甚理想。确立立法理由说明制度对于彰显现代法治理念、落实立法基本原则、促进法律得到准确适用和良好遵循等均具有不可替代的功能。规范化的立法理由说明一是应在形式上附具立法理由书，确保立法理由的具体性、独立性和全面性；二是应在内容上保证立法理由说明的论证充分性。完善我国立法理由说明需要在立法层面予以明确规定，优化立法理由说明的表达结构，加强对立法（草案）理由的审议评估，最终形成专门的立法理由书于法律公布后公开出版。

关键词　立法理由　立法说明　立法理由说明　立法理由书

立法理由说明是立法者解释法律规范形成过程的有效途径，亦是社会各界了解法律、准确理解和把握立法原意的重要渠道。近年来，我国立法实践中正在通过各种方式积极探索推进立法理由说明工作，对于一些影响较为重大的法律或法律修正案，全国人大常委会法工委还编写了"立法理由"予以公开出版。① 但是从目前立法理由说明的实际情况和已公开的文本来看，仍然存在着诸多问题，严重影响了立法理由说明的理想效果。因此，如

---

* 基金项目：本文系2018年度国家社科基金重大项目"新兴学科视野中的法律逻辑及其拓展研究"（项目批准号：18ZDA034）之子课题"新型法律逻辑的建构"的阶段性成果。

** 李光恩，男，湖北恩施人，中南财经政法大学法学院博士研究生，研究方向为法学方法论。

① 全国人大常委会法工委为了宣传法律、使社会各界了解法律、保证法律的顺利实施，组织编写并由北京大学出版社公开出版了《〈中华人民共和国民法总则〉条文说明、立法理由及相关规定》《〈中华人民共和国刑法〉条文说明、立法理由及相关规定》《〈中华人民共和国物权法〉条文说明、立法理由及相关规定》等系列书目，对法律逐条说明、并附上立法理由和相关规定。此外，由立法起草组编写出版的"条文释义"也逐条解析了立法原意、立法宗旨等，其中部分内容同样具有立法理由说明的作用。

何规范化地进行立法理由说明、提高立法理由说明的整体水平就成为紧迫的现实课题。本文试图在审视既有实践的基础上，对我国立法理由说明的制度完善提出几点建议以供参酌。

一、我国立法理由说明的现状检视

（一）立法层面尚无直接规定

在立法层面，《立法法》是开展立法活动的法律依据和具体指引，然而在现行《立法法》中却并没有直接对"立法理由"和"立法理由说明"作出规定，立法理由说明制度实际上并未真正确立起来。2000年颁布的《立法法》第48条曾规定："提出法律案，应当同时提出法律草案文本及其说明，并提供必要的资料。法律草案的说明应当包括制定该法律的必要性和主要内容。"其中，"法律草案的说明应当包括制定该法律的必要性"可以看作是关于立法理由说明的要求，但这一规定过于原则化，而且"制定该法律的必要性"也并未涵盖立法理由的全部内容。2015年修正后的《立法法》第54条规定："提出法律案，应当同时提出法律草案文本及其说明，并提供必要的参阅资料。修改法律的，还应当提交修改前后的对照文本。法律草案的说明应当包括制定或者修改法律的必要性、可行性和主要内容，以及起草过程中对重大分歧意见的协调处理情况。"该条虽然增加了关于"修改法律"的规定，并要求说明"制定或者修改法律的必要性、可行性"以及"起草过程中对重大分歧意见的协调处理情况"，但仍未明确提及"立法理由"或"立法理由说明"。换言之，在直接调整立法活动的法律中，诸如制定或修改法律的必要性、可行性等内容尚未被提升到"立法理由"的高度。不仅如此，现行《立法法》也只是规定了法律（法规）签署公布后及时在机关公报、网站和报纸上刊载，而对于制定或者修改法律的必要性、可行性等（立法理由）是否应予公开说明则未作要求。

（二）未说明立法理由或理由过于抽象

正因为目前立法层面并没有直接规定立法理由说明制度，导致立法理由说明缺乏刚性的制度要求，所以实践中对于大多数法律并未说明具体的立法理由，一般只在法律草案的说明性材料中从整体上阐述立法的必要性、可行性等内容。例如，我国立法机关公布的法律草案或征求意见稿中的"说明"部分主要就是对立法的意义、必要性、起草情况以及草案主要内容等问题进行阐述。虽然立法的必要性、可行性在实质上属于"立法理由"，但是"草案说明毕竟篇幅有限、内容简略，并非是对该草案中各条文尤其是关键性、争议大的条款的具体内涵、背景、理由的具体介绍"。① 换言之，法律草案说明中所阐述的立法

---

① 李友根：《论法治国家建设中的科学立法——学习〈中共中央关于全面推进依法治国若干重大问题的决定〉的一点思考》，载《江苏社会科学》2015年第1期，第12页。

必要性、可行性等只能算作整体上、宏观上的立法理由,并未说明法律条文具体的、微观上的立法理由。再例如,在法律草案的修改意见报告中,修改机构也仅仅是简略提及修改过程,绝大多数的表述都只是按照"草案修改稿情况+审议过程中的意见和建议+修改结果"的结构,简要列出审议过程中的意见和建议,而对为什么作出这一修改则只是以"经研究""建议采纳"等表述一笔带过,并没有说明具体的修改理由。此外,在全国人大常委会法工委编写出版的立法理由中,虽然设有"立法理由"部分,但对许多法律条文并没有给出立法理由。例如在《物权法条文说明、立法理由及相关规定》中,《物权法》第33至38条的"立法理由"部分就仅有一句"本条规定了……"的表述。①

(三)立法理由说明与立法说明彼此混同

理由用于支持主张或结论,立法理由说明是在为立法结论(法律规范)提供说理论证,是为了指出法律规范之所以如此规定的根本依据所在。而立法说明则是立法机关或其内设机构针对某项立法所作的工作汇报,② 其作用在于介绍法律法规的制定情况,或者是对法律条文的说明,阐述法条的基本内容和含义。因此,立法说明不能取代立法理由说明,更不能彼此混淆。当前,我国立法机关在进行法律草案说明时,通常将"立法的必要性、可行性"等放置在"立法说明"当中,这实则削弱了那些本应作为"立法理由"而被说明的内容的重要地位。此外,即便是在编写了立法理由的官方文本中,虽然通常都设有"立法说明"和"立法理由"两部分内容,但二者经常出现内容彼此交叉、前后错置等情形。例如,我国《刑法》第2条规定了刑法的任务,其"立法理由"为:"刑法是国家的基本法律,是规定什么行为是犯罪以及对犯罪行为处以何种刑罚的法律。因此,应当首先在总则中明确规定通过执行这部法律要保护什么,即要明确刑法的任务。根据刑法提出的任务,刑法分则才能针对各种犯罪行为做出具体规定,有效地落实刑法的任务。"这里的"立法理由"其实是在阐述为什么要在刑法中规定刑法的任务,而刑法任务的立法理由实际上应该围绕各个任务本身有针对性地论证,即为什么提出该任务,但是这些内容却被放在了"立法说明"中。③ 类似的情形还可见于《物权法》第245条占有制度的"立法说明"和"立法理由"的安排上,即该条的"说明"部分阐述了"占有保护的理由在于,已经成立的事实状态,不应受私力而为的扰乱,而只能通过合法的方式排除,这是一般公共利益的要求",而在该条的"立法理由"部分则是对条文的释义。④

---

① 参见全国人大常委会法制工作委员会民法室编:《〈中华人民共和国物权法〉条文说明、立法理由及相关规定》(第2版),北京大学出版社2017年版,第66-74页。
② 参见米健:《附个立法理由书如何》,载《法制日报》2005年8月24日,第11版。
③ 参见全国人大常委会法制工作委员会刑法室编:《〈中华人民共和国刑法〉条文说明、立法理由及相关规定》,北京大学出版社2009年版,第6页。
④ 参见全国人大常委会法制工作委员会民法室编:《〈中华人民共和国物权法〉条文说明、立法理由及相关规定》(第2版),北京大学出版社2017年版,第484页。

（四）立法理由说明在内容上缺乏充分性

立法机关说明立法理由必须具有充分性，对于为什么得出相应的立法结论应该给出详细完整的论述，否则就难以为法律规范的制定提供足够的支持。再者，由于立法理由对法律规范具有解释作用，如果立法理由说明不充分，还会影响社会公众对法律的理解和把握。在我国近年来的立法理由说明实践中，理由说明缺乏充分性一直都是比较突出的问题。比如，《刑法修正案（八）》在增设危险驾驶罪时，立法机关在草案说明中阐述增设该罪的立法理由时指出："近年来，一些全国人大代表多次提出议案、建议，要求对一些严重损害广大人民群众利益的行为，加大惩处力度……对一些社会危害严重，人民群众反响强烈，原来由行政管理手段或者民事手段调整的违法行为，建议规定为犯罪。主要是醉酒驾车、飙车等危险驾驶的犯罪……"①然而，"这一说明顺应民意、言简意赅，但从立法学的角度来看，却蜻蜓点水、过于简略……只阐释了增设该罪的一个理由——'加大惩处力度'，在罪名的立法证成方面缺乏足够的说服力"②。申言之，这里不仅要说明因为醉酒驾车、飙车等危险驾驶"严重损害了广大人民群众的利益"，所以要"加大惩处力度"，而且还应该对现有处罚（行政和刑法）模式难以有效遏制危险驾驶，以及增设该罪能够达到何种效果、为什么能够减少危险驾驶等方面加以论证，提供事实依据予以支持。再比如，《侵权责任法》第9条第1款规定："教唆、帮助他人实施侵权行为的，应当与行为人承担连带责任。"其立法理由为："我国《民法通则》仅规定了共同侵权制度，没有规定教唆、帮助侵权制度，有必要在《侵权责任法》中对这一制度作出具体规定。"③这里的立法理由说明显然是不充分的，即仅从所给出的立法理由中并不能得出为何"教唆、帮助他人实施侵权"应当"与行为人承担连带责任"的结论，至少还需要对"教唆、帮助属于共同侵权行为，共同侵权应当承担连带责任"及"规定共同侵权行为的民法典，都对教唆和帮助侵权作出明确规定"等给出详细的说明。

从以上分析可见，当前我国的立法理由说明尚存在着不少问题，立法理由说明的整体水平亟需提高。孟德斯鸠指出："当立法者喜欢为一项法律说明立法的理由的时候，他所提出的理由就应当和法律的尊严配得上。"④因此，为了保障立法理由说明工作的有效开展、提高立法理由说明的质量和水平，就必须在全面认识立法理由说明的功能基础上确立正式的立法理由说明制度，进一步明确立法理由说明的规范化要求。

---

① 李适时：《关于〈中华人民共和国刑法修正案（八）（草案）〉的说明》，载《中华人民共和国全国人民代表大会常务委员会公报》2011年第2期，第139页。
② 叶良芳：《危险驾驶罪的立法证成和规范构造》，载《法学》2011年第2期，第13页。
③ 全国人大常委会法制工作委员会民法室编：《〈中华人民共和国侵权责任法〉条文说明、立法理由及相关规定》，北京大学出版社2010年版，第39页。
④ ［法］孟德斯鸠：《论法的精神》（下册），张雁深译，商务印书馆1963年版，第341页。

二、立法理由说明的制度功能

(一) 立法理由说明有助于彰显现代法治理念

在现代法治国家,尊重公民权利、限制公权力是必须坚持的基本理念,而彰显这一理念的一个有效方式就是国家机关在作出影响公民权利的法律决定时必须给出相应的理由。"在当今的法律思考中,法治的概念已与法律决定的做出者应当提供理由证成其决定这一观念不可分离。"① 也正是在这样的时代背景下,我国法律和司法解释对于行政执法决定和司法裁判结论都明确规定了应当说明理由。② 同样的,对立法理由进行说明也是现代法治关于"给出理由"的要求在立法过程中的直接体现。

第一,立法理由说明表达了立法者对公民权利的尊重。现代法治的一个基本理念就是尊重公民权利,强调人的主体地位,给出法律决定的理由是显示这种尊重的重要标志。在专制社会,绝大多数人被定位于权力所管束的对象,国家如何行使权力无须向公民展示理由,公民也无权要求国家公开权力运作的依据和过程。③ 在这种制度下,立法者颁布法律规范就和发布强制命令无异。但是法律所试图规范的皆是理性自主的个体,现代法治以尊重公民权利为价值依归,这不仅意味着立法者必须在法律中规定公民的权利,而且要让他们有充分的机会知晓确立法律规范的理由。虽然立法理由本身并不直接规定权利的内容,但由于公民权利将会受到法律规范的影响,为了表达对公民权利的尊重,就必须说明立法的理由,因为理由的一个重要价值就在于使人们感受到尊重,"在这一点上,公共决定的作出与普通决定的作出并没有什么不同,在任何时候,某个人作出一个将会影响他人的决定都应该提供理由,以作为向他人表达尊重的标志。"④ 立法者说明立法理由就是在告诉法律的接受者们,之所以应该遵守这些法律,决不仅仅是因为法律是一种"命令",更为关键之处在于它们本身是合理的、有价值的,即立法理由表明和解释了为什么法律规范是值得遵守的。换言之,说明立法理由不仅能让人们对法律规范知其然,而且能知其所以然,人们因而也就不再纯粹是被权力所管束的对象。

第二,立法理由说明是约束立法权的有效手段。现代法治不仅主张对公民权利给予充

---

① [美] 玛蒂尔德·柯恩:《作为理由之治的法治》,杨贝译,载《中外法学》2010年第3期,第355页。
② 行政行为说明理由的义务分别规定在行政许可、行政处罚、行政强制、信息公开等具体法律制度中,例如《行政许可法》第38条中规定:"行政机关依法作出不予行政许可的书面决定的,应当说明理由。"司法裁判说明理由的规定如《最高人民法院关于适用〈中华人民共和国刑事诉讼法〉的解释》第246条:"裁判文书应当写明裁判依据,阐释裁判理由,反映控辩双方的意见并说明采纳或者不予采纳的理由。"2018年6月1日,最高人民法院为进一步加强和规范人民法院裁判文书释法说理工作、提高释法说理水平和裁判文书质量,专门发布了《关于加强和规范裁判文书释法说理的指导意见》。
③ 参见刘风景:《立法目的条款之法理基础及表述技术》,载《法商研究》2013年第3期,第52页。
④ Mathilde Cohen, Giving Reasons: Why and How Public Institutions Justify their Decisions, ProQuest LLC., 2009, p. 210.

分尊重，而且要求约束和限制国家公权力。"限制公权力是现代法治的基本精神"，① 立法权作为一项公权力也必须受到一定的约束。"立法权的最高性并不意味着它是不受制约的权力，否则，立法权也可以成为侵犯其他权力、特别是侵犯公民权利的专制力量，即所谓'立法专横'。"② 为了防止立法权从维护公民利益的权力演变为侵犯公民利益的手段、从表达社会公平正义的价值标准演变为立法者专横统治的工具，就必须通过各种手段加以制约，而立法理由说明正是实现这一目标的有效手段，即执行严格的立法程序和进行立法理由的论证可以成为重要的制约力量。③ 也就是说，如果要求立法者为其制定的法律规范说明立法理由，就意味着立法者在行使权力、作出立法决定的过程中，必须排斥恣意、专断、偏私等因素，根据充分的理由审慎地确定法律规范的内容，使法律规范经得起公开的推敲，具有说服力和可接受性。

（二）立法理由说明有助于落实立法基本原则

1. 立法理由说明是实现科学立法的制度保障

立法理由说明对科学立法的保障和促进并不在于提供具体的立法技术，而是在于为立法者作出更好、更正确的决定提供"倒逼式"的制度机制，因为当某个决定是根据一系列的理由得出并且可以从逻辑上得到证明时，决定的科学性也就能够经受验证，而公开说明立法理由则使得各界对立法的理由及其逻辑推理进行评价成为可能。例如，孟德斯鸠曾经提到："罗马有一条法律，规定盲人不得进行辩诉，因为他看不见官吏的服饰。"对此，孟德斯鸠批评说："好的理由多得很，但却提出这样一个坏理由，这必然是出于故意。"④ 可见，如果要求立法者必须说明立法的理由，那么立法者也就要"被迫"慎重对待每一项立法结论，就事实和价值问题进行认真考虑，审慎地作出决定，从而避免盲目性、任意性，使立法的科学性得到最大限度的保障。因此，立法理由说明是一种促使立法者作出更合理的立法决定的有效机制，正是在这一意义上而言，"给出理由的价值在于它产出法律和政治上更好（更公正）的结果的能力。"⑤

2. 立法理由说明是民主立法的具体表现

一方面，民主立法与给出立法理由有着本质的联系。"一个民主的决定即一个由公开给出的理由予以支持的决定，在这一意义上，给出理由必然地关联着民主。"⑥ 也就是说，

---

① 张志铭、于浩：《现代法治释义》，载《政法论丛》2015年第1期，第6页。
② 郭道晖：《论国家立法权》，载《中外法学》1994年第4期，第18页。
③ 参见张保生：《法律推理的理论与方法》，中国政法大学出版社2000年版，第325页。
④ ［法］孟德斯鸠：《论法的精神》（下册），张雁深译，商务印书馆1963年版，第341页。
⑤ Mathilde Cohen, Giving Reasons: Why and How Public Institutions Justify their Decisions, ProQuest LLC., 2009, p. 196.
⑥ Mathilde Cohen, Giving Reasons: Why and How Public Institutions Justify their Decisions, ProQuest LLC., 2009, p. 181.

民主立法不能只表现为一种程序，因为即便像参与者平等地集体作出决定或是多数决规则这样的民主形式并不必然能保证所得出的结果就是公正的，反而有可能产出像歧视少数这般不公正的结果。所以，民主的立法形式还内在地要求通过说明立法理由的方式使法律规范具有合理性和可接受性。另一方面，民主立法还要求立法过程的公开性，这不仅意味着从法律案的起草、提出到法律案的审议、表决等立法的全过程应当向社会公开，而且立法过程中有关信息和文件也应当及时公布。① 因此，作为立法过程中支持立法结论的立法理由无疑也属于公开说明的对象之一，以此来保证社会公众充分了解立法情况，有效地参与立法活动。

3. 立法理由说明是体现依法立法的重要方式

任何一部法律都是整个法律体系的有机组成部分，其内容必须符合相应的地位，与其他法律规范相协调，恰如密尔所说："法律的每个条款，必须在准确而富有远见地洞察到它对所有其他条款的效果的情况下制定，凡制定的法律必须能和以前存在的法律构成首尾一贯的整体。"② 所以，依法立法不仅要求立法主体、立法权限及其行使具有宪法和法律依据，而且还应按照现行法律体系内部的效力关系，保持法律体系内部的和谐一致，确保法律的制定、修改和废止都有上位法的根据，使各种法律部门尽可能相互协调、相辅相成。③《宪法》第 5 条规定："一切法律、行政法规和地方性法规都不得同宪法相抵触。"《立法法》第 60 条规定："法律草案与其他法律相关规定不一致的，提案人应当予以说明并提出处理意见。"因此，为了在立法过程中反映立法的合法性根据，不仅应该在法律条文的内容上体现出对上位法的符合以及与其他法律的关系，也需要表达在立法理由之中，即说明立法的合法性或合宪性理由。当立法机关指出一个确定的宪法性条款作为立法的基础时，即当决定的作出者参考了这样的授权性规范时，他就是在用该规范来表示决定是有效的，这样的理由说明其目的就在于显示一个决定是在与已制定的规则和程序相符合的前提下产生的。④ 可见，立法机关将那些在立法规划、立法论证、立法起草时为避免与上位法或其他法律产生抵触和矛盾而找寻的相关依据最终呈现在立法理由说明之中，正是表明依法立法的一种重要方式。

（三）立法理由说明有助于使法律得到准确适用

众所周知，法律在适用中的解释是在所难免的，而解释法律的一个重要方面即准确理解和把握立法原意。"基于不仅应考虑法律表达出来的文字形式也应考虑立法者的意图这

---

① 参见沈宗灵主编：《法理学》（第 2 版），高等教育出版社 2009 年版，第 296 页。
② ［英］J. S. 密尔：《代议制政府》，汪瑄译，商务印书馆 1982 年版，第 76 页。
③ 参见张文显主编：《法理学》（第 5 版），高等教育出版社 2018 年版，第 231 页。
④ Mathilde Cohen, Giving Reasons：Why and How Public Institutions Justify their Decisions, ProQuest LLC., 2009, p. 248.

样一个认识,立法的理由时常在大陆法系中作为解释立法所要考虑的一个因素。"① 因此,立法理由说明能够作为理解和解释法律的重要参考,进而有助于法律的准确适用。虽然在依据立法原意或立法者意图进行法律解释时,要确定立法者意图"通常是非常困难的,而且经常是不可能的……一方面搞不清楚到底谁应该被看作是'立法者意图'的主体;另一方面经常不可能清楚地确定这个意图的内容"。② 但是"立法者意图"在一定程度上仍然可以通过发掘经验材料加以探求,即根据立法过程中形成的相关文字材料寻找法律解释的发生学参照,以此推断法律条文的含义。所以即便包括立法理由说明在内的立法资料并不都直接、全面记载和反映了立法者意图,但这些资料对于帮助法律适用者确证立法者意图仍然有着十分重要的参考价值。事实上,在我国司法实践中,一些法官的确也在或多或少地援引立法理由说明作为释法的依据。例如,在"张德等与曹秀杰等所有权确认纠纷"中,法院认为,《物权法》第127条将土地承包经营权设立作为登记要件主义的例外情况作出规定,"其立法理由主要是考虑到我国农村的特点,如规定土地承包经营权未经登记即不具有物权效力,与我国目前农村的实际情况并不相符,必然损害广大农民的利益,因此,对土地承包经营权的设立并未要求以登记为要件,仅需发包方和承包方达成意思表示上的一致、签订土地承包经营合同即可。"③ 又如,在"刘勇盗窃案"中,法院在裁判文书中就直接援引全国人大常委会法工委刑法室编写的《中华人民共和国刑法修正案(八)条文说明、立法理由及相关规定》中"扒窃行为往往采取掏兜、割包等手法,严重侵犯公民财产和人身安全,扰乱公共场所秩序。且技术性强,多为屡抓屡放的惯犯,应当予以严厉打击"④ 的内容作为依据。诸如此类的案例表明,法官在司法裁判中根据立法机关发布的立法理由说明来探求立法者原意,将其作为法律解释之参照的现象是真实存在的,立法理由说明在法律适用中的重要价值可见一斑。

(四) 立法理由说明有助于使法律获得良好遵循

给出理由的一个重要目的就是为了影响和引导行为。"为决定给出理由能帮助人们理解一个决定为何会被作出,并且能帮助人们预测在类似情形下未来决定的结果。"⑤ 例如,假设医生告诉我不应该饮酒,因为我对酒过敏,那么"我对酒过敏"这个理由就会对我今后的行为(饮酒)产生影响:为了安全起见而不饮酒。立法者制定法律同样如此,其为立

---

① [英] 戴维·M. 沃克:《牛津法律大辞典》,北京社会与科技发展研究所译,光明日报出版社1988年版,第748页。
② [德] 罗伯特·阿列克西:《法律论证理论——作为法律证立理论的理性论辩理论》,舒国滢译,中国法制出版社2002年版,第295-296页。
③ 北京市第三中级人民法院(2015)三中民终字第11238号民事判决书。
④ 吉林省公主岭市人民法院(2016)吉0381刑初981号刑事判决书。
⑤ Mathilde Cohen, Giving Reasons: Why and How Public Institutions Justify their Decisions, ProQuest LLC., 2009, p. 241.

法结论给出的理由也能够影响和引导人们的行为。对于任何一部法律或一条法律规范，说明理由不仅能让人们知其然，而且能知其所以然，人们由此也可进一步知道为什么自己的行为会得到法律的肯定或否定，从而更好地调整和规划自己今后的行为，法律也可以借此通过其内在的价值引导人们自愿地遵守法律，形成良好的守法秩序。所以说，"当立法机关意识到它所制定的法律并不是自明的，并且不希望独断地推行它们时，它便在法律上附以能为公众所接受的理由。"① 反之，如果立法者在制定法律的过程中没有说明相应的事实和价值因素，不止会造成理解法律的困难，人们还有可能会认为法律的制定缺乏客观和理性的考量，甚至认为是权力恣意行使的结果。这种恣意和专断的表现不仅在形式上令人难以接受，而且人们也将不可避免地对该项法律的实质合理性产生怀疑。所以，立法机关在颁布法律时，不仅应通过多种途径使人们获取法律的内容，更重要的是让人们了解到立法的理由。如果公布的内容仅仅限于法律规范文本，法律仍不免"令行禁止"的强制色彩，从而使得守法仅为国家强制力之下的不得已，这样的法律心理无疑与现代法治精神背道而驰。②

综上所述，立法理由说明制度在彰显现代法治理念、落实立法基本原则以及使法律得到准确适用和良好遵循等方面都具有十分重要的作用。也正是因为如此，现代多数法治国家不仅要求立法者对立法的理由予以说明，而且还将这种要求及其表现形式确立为正式的制度性规定。

三、立法理由说明的规范要求

立法理由说明承载着重要的制度功能，为了避免立法理由说明的形式杂乱和内容粗糙进而影响其效果的实现，就必须设定相应规范化的操作要求，既要确保立法理由说明在形式上的直接、清晰呈现，使立法理由能够被直观、准确地获取，也要保证立法理由说明在内容上的论证充分性，使立法理由说明具有说服力和可接受性。

（一）立法理由说明的形式要求

在当今社会，由于国家制定的法律数量庞大、内容复杂，为了使社会各界能直观准确地获知法律的立法理由，立法者有必要将立法理由的论证细节、推理过程等通过直接的书面形式予以展示。也就是说，立法理由说明应该以附具立法理由书的方式直接呈现。而且为了避免所说明的理由过于抽象以及与其他立法情况说明相混同等问题，在附具立法理由书说明立法理由时，还需要满足以下三个方面的形式要求。

（1）具体性：立法理由书载明的立法理由应该具体到法律条文。立法理由不仅包括整

---

① [比利时] Ch. 佩雷尔曼：《法律与修辞学》，朱庆育译，戚渊校，载陈金钊、谢晖主编：《法律方法》（第2卷），山东人民出版社2003年版，第147页。

② 参见牛军、卢刚、魏涛：《立法理由刍议》，载《社科纵横》2009年第5期，第101页。

体上的立法必要性、可行性等宏观层面的理由,也包括具体到法律条文的微观层面的理由,后者才是推导出法律条文的直接依据。因此,立法理由说明除了要从整体上阐述立法的必要性、可行性之外,所说明的理由还需要具体到法律条文,这样才能使每个法律条文的立法理由被直观地获取。当然,每部法律中都有不同类型的法律条文,说明立法理由也并非要求对所有条文都同等地阐述理由。例如,在法律中有一些并不表达法律规则而只是关于公布机关、生效时间等技术性规定的非规范性条文,对于这类法条通常只需对其加以说明即可。但除此之外,对于那些表达了法律规则、法律原则、法律概念(定义)的法条,立法机关应无遗漏地逐一说明立法理由,并且对于规定了重要制度、进行了重大修改或者在立法时存在较大争议的法条,所给出的立法理由还应该尽可能详细。

(2)独立性:应该单独设置"立法理由"部分专门阐述立法理由,将立法理由与法律草案说明、法律条文释义等其他立法说明性材料相区别,避免与其他内容相互混淆,以便明确清晰地呈现立法理由。前文已经指出,立法理由说明并不等于立法说明,也即不能将立法理由等同于法律起草、审议情况的汇报或者是关于法条的进一步解释等立法说明性材料,二者有着不同的性质和功能,因此必须从形式上将二者区别开来,不能仅以法律草案说明代替立法理由书,也不可将立法理由夹杂在"条文说明"等其他文字材料中进行阐述。

(3)全面性:对所有立法都应该附具立法理由书说明立法理由。诚然,人们对于不同的法律有着不同的关注程度,因而也会对各自的立法理由有着不同的获知需求。例如,米健教授认为:"通常,社会民众对于公法法律创制的理由所给予的关注和热情较少,因为这类立法的价值取向与目的多涉及社会或国家的利益。但对于私法法律创制的理由,社会民众一般都会给予充分的关注,因为这直接关系到每个人个人的利益。"[1] 但不可否认的是,任何一部法律都是在直接或间接地对人们的行为、利益进行调整和规范,立法机关不能因为人们对法律的关注度的大小而有选择性地只对部分法律说明立法理由,对另一些法律却不说明立法理由,这样反而会影响立法理由说明的应有功能。不过,由于不同的法律对人们行为、利益的影响程度确有所不同,在附具立法理由书阐述立法理由的详略安排上可以视具体情况而定。

(二)立法理由说明的内容论证要求

立法理由说明不仅需要有直接的书面呈现形式,更为重要的是在于内容上的论证充分性。论证的充分性是针对整个前提(理由)集而言的,即全部前提(理由)共同发挥作用能否达到充分性,而且在不同语境、不同类型的论证中有着不同的标准。[2] 在制定法律

---

[1] 米健:《附个立法理由书如何》,载《法制日报》2005年8月24日,第11版。
[2] 参见武宏志:《批判性思维》,高等教育出版社2016年版,第136页。

规范的立法论证中,立法者根据信念和认识确定要达到的目标(立法目的),并在此目标下,根据立法理由决定应该采取哪一种合理的方案(规定何种法律效果)。因此,这种论证实际上是关于决策和行动的论证,其充分性在于是否达到综合最佳的结论,而结论得到充分的支持则是意味着根据行动的目的,对该方案(结论)的论证使人信服、可以接受。① 根据这一充分性标准,立法理由说明在内容上至少应该满足以下三个层面的要求。

(1)说明的立法理由是完整的。要作出最佳合理的决策,首先必须充分占有事实、证据等信息,否则决策就很有可能导致片面性;而如果不将足够的信息展示出来,决策的合理性也就难以评判。因此,立法理由说明的充分性首先就要求理由说明的完整性。虽然"日常谈话中我们几乎从不完整地陈述我们的理由。我们只陈述一部分理由,而选择陈述哪一部分取决于实际的考虑……取决于我们对于听者已经知道多少、他想要知道什么。"②但是立法论证不同于日常言谈,应该尽可能地在必要之时对每一立法结论都完整地说明立法理由,否则不仅难以对立法结论提供有力的支持,而且立法的审议者和表决者、法律适用者以及社会公众也无法全面地获知法律规范的制定依据。比如前文提到的增设危险驾驶罪只阐释"加大惩处力度"这一个理由就属于理由不完整的情形。不过需要指出的是,立法理由的完整性并不意味着在给出立法理由时要将所有可能的理由悉数列举出来,这既是不现实的,也是不必要的。因为基于认识论和实践上的考虑,给出理由总是部分的、非全面的:在认识论上,即使没有完整的论证和描述,人们在一些情况下也会聚合达成一个正确的结论;而在实践上,给出所有相关的理由不仅是苛求和麻烦的,而且也是不可能呈现的,否则作出决定者和结论接收者们都必须耗费几乎全部的时间来列举和阅读这些理由。③

(2)说明的立法理由本身是有根据的、真实的或者可接受的。不仅立法结论(法律规范)要有足够的理由予以支持,而且理由本身也必须为真实或者能够被合理地相信为真实,具有可接受性。因此,在说明立法理由时,立法者既要给出直接支持立法结论(法律规范)的理由,还需要对该理由本身进行必要的证明,除非该理由的真实性已经是显而易见的或是为社会所公认的,或者经过论证已达至不再需要进一步证明的基本前提。证明"立法理由"的真实性、可接受性,通常要依赖对客观的、经验的事实的认知和研究,并且在有效的法律体系范围内进行。基于这些基础事实对"理由"进行论证和说明,从而使获得证成的"理由"对立法结论提供支持。例如,《侵权责任法》规定无过错责任的理由之一是因为无过错责任是现代社会发展的需要,而无过错责任之所以是现代社会发展的需

---

① 参见[加]董毓:《批判性思维原理和方法——走向新的认知和实践》(第2版),高等教育出版社2017年版,第242页。
② [英]约瑟夫·拉兹:《实践理性与规范》,朱学平译,中国法制出版社2011年版,第11页。
③ See Mathilde Cohen, Giving Reasons: Why and How Public Institutions Justify their Decisions, ProQuest LLC., 2009, pp. 238 – 239.

要，又是因为随着工业化的加速，事故大量发生，极大地危害生命财产安全，如果对这些事故继续实行过错责任，结果是大量受害人得不到赔偿，会激化社会矛盾，影响社会的正常运行。当然，对"理由"给出理由也要避免陷入无穷倒退（明希豪森三重困境之一），① 也即对于结论的理由、基础或根基进行证明时，不能无穷递归（无限倒退），否则将无法确立任何论证的根基。从现实情况来看，在立法论证和说明立法理由时，组成理由的命题集必然是形成于特定时空、特定认识条件下的，并且根据立法的论证程序和商谈原则，只要能够科学合理地解释已有的疑问，则对于立法理由本身和基于理由得出的立法结论必定可以达成共识。而如果无穷倒退永无止期，那么任何法律规范都不可能被制定出来。

（3）说明的立法理由经过权衡论证击败了反面理由（反对意见），即立法者必须展示正面和反面理由之间的权衡论证并且击败反面理由。任何决策都有正反两方面因素，论证要达到充分性，不仅要具体化为前提（理由）支持结论，而且还应证明对欲证主张的各种主要反对或批判都是失败的。② 在进行立法论证时，通常都会存在正反两方面相互冲突的事实或价值因素，从而构成对立法结论的正面支持意见和反面的反对意见，这就表现为一种同时包含正面的、支持结论的理由与反面的、反对结论的理由的权衡论证结构，其结论的证成源于正面理由的逻辑力量经过权衡胜过了反面理由。③ 因此，立法者在作出立法结论时，为了增强结论的可接受性，就不能仅仅只给出正面的、支持立法结论的理由，或者只是简单地驳斥反对意见，还必须将反对意见背后的理由一并展示出来，分析、比较二者中的事实或价值因素（正价值、负价值以及不同价值名目之间）所体现的差异性，在正面理由和反面理由之间进行权衡论证，对为什么采纳以及不予采纳相关的立法意见予以充分说明。例如，《刑法修正案（九）》废除了嫖宿幼女罪，而在该罪的存废问题上存在两种截然相反的观点，也有各方的不同理由。立法者废除该罪，就应该在两种相反的意见及其理由之间进行权衡论证，分析嫖宿幼女行为及其客观结果与价值，以及废除该罪或保留该罪各自将会导致的结果与价值上的差异，而不是仅仅分别阐述双方的观点和理由，以"主要是考虑到近年来这方面的违法犯罪出现了一些新的情况，执法环节也存在一些问题"，就得出"因此取消了嫖宿幼女罪"的结论。④ 立法者在说明立法理由时，须知"凡互相抵触的，其轻重可以估量，凡并行不悖的，其合力可以感知"，⑤ 只有正面理由的逻辑力量真正胜过了反面理由，才能对立法结论提供决定性的支持。

总而言之，立法理由说明并非简单的文字堆砌和资料罗列，而是有着形式上和内容上的规范化操作要求，即不仅要满足公共说理的直接和公开呈现形式，而且必须具备理由论

---

① 参见舒国滢：《法哲学：立场与方法》，北京大学出版社2010年版，第145页。
② 参见武宏志、周建武：《批判性思维——论证逻辑视角》，中国人民大学出版社2010年版，第168页。
③ 参见晋荣东：《权衡论证的结构与图解》，载《逻辑学研究》2016年第3期，第3页。
④ 参见全国人大常委会法制工作委员会刑法室编：《〈中华人民共和国刑法纠正案（九）〉条文说明、立法理由及相关规定》，北京大学出版社2016年版，第329页。
⑤ ［英］边沁：《道德与立法原理导论》，时殷弘译，商务印书馆2000年版，第56页。

证的语言和逻辑结构，达到充分性标准。

四、我国立法理由说明的制度完善

基于以上论述，为了提高我国立法理由说明的整体水平，实现其理想效果，针对当前实践中存在的主要问题，本文认为应着重从以下方面进行完善。

（一）明确规定立法理由说明制度

由于我国现行《立法法》中尚未明确规定立法理由说明制度，导致实践中的立法理由说明缺乏刚性要求和规范指引，造成了诸多弊端。梁慧星教授早前曾指出："我国立法无附具立法理由书制度，其他立法资料如审议记录不公开，立法机关通过法律时由起草人所作的立法说明往往非常简单，这就给法意解释方法之采用增加了困难。"[①] 虽然近年来这一现象有所改观，但在制度上仍未取得根本性突破。《立法法》是直接指引立法主体开展立法活动的规范，完善立法理由说明首先必须在规范层面明确规定立法理由说明制度，凸显其在立法中的重要地位。在这方面，我国台湾地区的相关经验可以作为借鉴和参考。如"立法院议事规则"（1948年）第7条就明确规定："议案之提出，以书面行之，如系法律案，应附具条文及立法理由。""立法院职权行使法"（2010年）第70条第4款也规定："协商结论如与审查会之决议或原提案条文有明显差异时，应由提出修正之党团或提案委员，以书面附具条文及立法理由，并同协商结论，刊登公报。"有鉴于此，本文认为，在《立法法》中应规定专门的立法理由说明条款，确立正式的立法理由说明制度。

（二）优化立法理由说明的表达结构

立法理由说明必须保证理由的充分性，全面展示包括正面的支持意见和反面的反对意见在内的各项事实或价值要素，但这也容易造成理由说明的内容繁多，甚至杂乱无序。为了清晰呈现立法理由与立法结论之间的关系，直观显示论证的思路，必须优化理由说明的表达结构，运用论证的标准形式，使语句明确、意义完整、关系清楚。具体而言，在说明立法理由时应该尽可能地将其表达成"前提→结论"结构的命题簇：结论就是以论证中的其他命题为根据所得出的那个命题，而这些其他被肯定或假定为接受结论的根据的命题就是该论证的前提。[②] 换言之，立法者在说明立法理由时，需要将立法理由和法律规范或条文构造成以立法理由为前提、以法律规范或条文为结论的基本结构，准确使用诸如"因为"、"由于"、"理由是"等标志词，注意理顺理由之间、理由与结论之间的关系，使各项事实或价值要素一目了然，避免理由的杂乱和不清晰。例如，《民法总则》第183条规

---

① 梁慧星：《民法解释学》，中国政法大学出版社1995年版，第220－221页。
② 参见[美]欧文·M.柯匹、[美]卡尔·科恩：《逻辑学导论》（第13版），张建军等译，中国人民大学出版社2014年版，第10页。

定:"因保护他人民事权益使自己受到损害的,由侵权人承担民事责任,受益人可以给予适当补偿。没有侵权人、侵权人逃逸或者无力承担民事责任,受害人请求补偿的,受益人应当给予适当补偿。"对于这一规定,立法机关指出:①(序号为笔者所加)按照民事责任的一般原理,受益人并不是侵权责任人,②其与受害人所受到的损害之间也没有因果关系,因此不应当承担民事责任,而应当完全由侵权人承担民事责任。但是,③如果不是为了受益人的利益,受害人也不会遭受损害。④当侵权人逃逸、找不到或者侵权人根本无力承担民事责任时,受害人得不到任何赔偿或者补偿是不公平的,⑤更不利于助人为乐、见义勇为良好社会风尚的形成,不符合公平正义精神,因此,⑥为了较好地平衡利益、分担损失,⑦让受益人适当给予受害人补偿是合情合理的。① 在该段理由说明中:①、②为反面理由,事实③、公平价值④、良好社会风尚的形成⑤、平衡利益与分担损失⑥为正面理由,⑦为结论,并且③、④、⑤、⑥联合起来对结论⑦的支持胜过了反面理由①、②对结论的反对,从而使结论获得了证成。

(三)加强对立法(草案)理由的审议评估

法律草案的审议主要是围绕立法的必要性、可行性和重大问题审查提案者的法律案,因而在具体的审议过程中,不仅要看法律草案的条文内容设置是否科学合理,更要看提案者给出的立法(草案)理由是否具有说服力,也即必须对相应的立法(草案)理由进行审查评估。通常来讲,评估论证需要从前提的可接受性、前提与结论的相干性以及前提支持结论的充分性三个方面进行。② 所以,审议评估立法(草案)理由也就是要检验立法(草案)理由是否真实、合理、正当从而是可接受的;是否对立法结论提供了实质的支持,而非徒有其表地进行陈述;立法(草案)理由是否充分,是否对立法结论有足够的支持力。如果无法满足这些标准,就应该重新审视法律草案的条文及其理由,提出相应的修改建议。根据规定,法律草案提交审议后,立法机关(一般是其专门机构)会根据审议意见对草案进行修改,提出草案的修改稿或最终的草案表决稿并予以说明。如《立法法》第20条规定:"列入全国人民代表大会会议议程的法律案,由法律委员会根据各代表团和有关的专门委员会的审议意见,对法律案进行统一审议,向主席团提出审议结果报告和法律草案修改稿,对重要的不同意见应当在审议结果报告中予以说明。"修改草案并不仅仅是语言文字上的修饰,其更本质的是重新对所要调整的对象进行界定,而且经过对草案理由的审议和评估,法律草案修改前的(起草)理由与修改后的理由必定也有所不同,所以,修改机构就不能只是简单地阐述修改情况,还应该对修改的草案给出充分的理由。

---

① 参见李适时:《中华人民共和国民法总则释义》,法律出版社2017年版,第574页。
② 参见武宏志:《批判性思维》,高等教育出版社2016年版,第133页。

（四）法律公布后公开出版立法理由书

在法律公布后，法律文本都应该在相应的平台上刊登，以便社会各界了解法律并遵守执行。《立法法》第58条规定："法律签署公布后，及时在全国人民代表大会常务委员会公报和中国人大网以及在全国范围内发行的报纸上刊载。"而根据立法公开的要求，立法的理由也应当是公开说明的对象。但由于我国目前立法理由说明的制度设计相对滞后，在实践中通常只公布和刊载法律文本以及相应的草案说明，并没有公布专门的立法理由；即使后续编写的立法理由书，也只涉及一部分法律或法律的一部分条文。这既不利于法律适用者理解法律、把握立法原意，也影响了社会公众对法律的全面了解，只知其然而不知其所以然，导致法律要获得遵守在很大程度上仍需凭借国家强制力，而非在了解法律的基础上自觉地普遍服从。对此，本文认为，在法律公布之后不仅应该刊登法律文本，而且还需要将最终定型的立法理由按照规范化要求撰写成完整详细的立法理由书予以公布。在具体的渠道和方式上，鉴于立法理由的内容量大，可以首先在官方网站进行公布，随后由相应的机构编辑形成书面的立法理由说明并公开出版。

五、结语

在当今全面推进法治建设的时代背景下，一方面，为了使法律获得普遍服从，就必然不能仅仅依靠国家强制力威慑，更需要人们在对法律全面理解的基础上自觉遵守，而要使人们理解法律，就必须借助于立法理由说明，既告知法律之然，也告知法律之所以然。另一方面，要使人们所服从的法律制定得良好，同样也离不开所给出的立法理由，因为"法主要不是由'本身'正确的认识，而是由这样一些观点构成，它们的品质由已给出或可给出的理由所决定"。[①] 总之，立法理由说明是法治建设过程中不可或缺的一环，承载着重要的制度功能。而要进行立法理由说明，就不能是无规范引导的、不明确的、不充分的。否则，立法理由说明的理想效果和制度功能就难以实现。本文通过审视当前我国立法实践中立法理由说明存在的问题，有针对性地探讨了立法理由说明在呈现形式和充分论证上的规范化要求，并提出了相应的完善建议，以期能对我国立法理由说明的制度建设有所助益。

（编辑：杨知文）

[①] ［德］乌尔弗里德·诺依曼：《法律论证学》，张青波译，法律出版社2014年版，第7页。

指导性案例裁判要点的逻辑表达

于 霄[*]

摘 要 指导性案例的裁判要点作为后案的法定引述部分，承担着提炼案件说理，总结案件裁判，反映最高院司法政策的主要功能。但与英美法的判例不同，我国的指导性案例应当具有区别与英美判例法的逻辑定位。而我国既有指导性案例存在逻辑表达缺陷的问题，主要体现在范畴表达个案化、要素表达冗余和规范表达抽象不足三个方面，可能会给后案的参照引述带来不便，也会在更广泛的意义上为社会明晰司法政策与规范内容带来困难。所以，在后续的指导性案例裁判要点的整理、剪裁、概括过程中应当考虑三项裁判要点逻辑表达规则：构成规则的概念，其邻近属概念下各种概念之间的种差，不构成法律后果差异性的基础；任何要素的缺失均影响法律后果；同一法律后果，其规则前置概念并不全属于同一属概念。

关键词 指导性案例　裁判要点　逻辑表达　案例指导制度

一、问题的提出

指导性案例制度自 2005 年最高人民法院发布"二·五改革纲要"以来，已经历时 15 年，从 2012 年 1 月 11 日最高人民法院网上发布了第一批指导性案例到 2019 年 12 月 26 日，最高人民法院已经发布了 24 批，共计 139 个指导性案例。一个涉及民法、行政法、刑法等实体法以及刑事诉讼、民事诉讼、行政诉讼等程序法在内，内容丰富的案例指导系统逐步建立起来。

案例指导字面看是"同案同判"的实现手段。然而，事实完全相同的案件非常少见，即使是事实基本相同，还存在发生的社会环境、主体情况等的差异。所以，"同案同判"

---

[*] 于霄，男，山东枣庄人，上海师范大学哲学与法政学院副教授，法学博士，研究方向为民商法。

只是司法上的理想状态，而为了更接近这一状态，从司法过程上主要采用了两种逻辑过程：演绎推理和类比推理。英美的判例法建立在类比推理的逻辑基础上，是从具体到具体的推理，也形成了一整套分辨事实（是否关键事实）、确定效力（是否具有拘束力）、构建规则的体系。因为"案例指导"就是利用"具体案例"来确定规则的内容，以实现司法上的适用，所以应然层面，我国的案例指导制度也需遵从这一进路。

但是，法律逻辑的本土化不能照抄照搬，应旨在"形成一套具有明显的中国问题意识且能够有效指引中国立法活动、司法裁判和法学研究的法律逻辑工具"①。而以类比推理为逻辑基础的"案例法"在我国现在阶段尚缺乏基础。原因之一是，我国"从抽象到具体，从规则到适用"这种司法方法已经为我国成文法传统中的法官所熟悉。我国法科学生的培养基本上都是立法适用型的思维模式。在此基础上成长起来的法官，如果在案件审理过程中超出这种模式，可能需要一定历史时期的培养与转变。之二是，我国没有建立完备的判例法司法技术。判例法司法技术主要是区别技术，这是指"在司法过程中对不同情形下各种相关或类似的因素进行区分，以找出其中的差别，并在法律上区别对待，得出不同的结论。"② 这种技术与在自然事实中寻找法律事实、行为、关系的技术有本质差异。之三是，指导性案例分批公布，数量有限，不具备真正意义上的类比推理的条件。判例法的应用环境是符合一定条件的案例（主要是本法院以及上级法院的案例）都可以作为后案判决的依据。而如果我国采用相似逻辑，不对案件进行抽象概括，将会导致可运用案件指导的条件变得极为苛刻，也可能会使指导性案例与公报案例一样流于纸面。

为案例指导制度更好地与现行司法制度相融合，避免类比推理成为司法适用的阻碍，指导性案例对规范进行了适当的抽象概括。2015年《〈关于案例指导工作的规定〉实施细则》（《实施细则》）第3条要求，"指导性案例由标题、关键词、裁判要点、相关法条、基本案情、裁判结果和裁判理由等组成"。并且公布的案例的裁判要点部分对规范进行了抽象和概括。从另一个角度说，指导性案例的裁判要点已经事实上承担了表述指导性案例中包含的抽象性规范内容的功能。然而，既有的139个指导性案例的裁判要点又同时表现出了一些逻辑表达缺陷，使得其如何进行逻辑表达以及表达应以什么为规则成为了问题。

二、裁判要点应当具有区别与英美判例法的逻辑定位

总体上说，在现阶段，既然指导性案例设定了裁判要点，并以类比推理作为我国司法适用的主要逻辑方法，指导性案例的裁判要点在逻辑表达上就应当具有抽象性。而裁判要点应当具有抽象性是由多种原因决定的，这些因素集中体现在我国的案例指导制度与英美法中的判例法的差异性中。

---

① 吕玉赞、焦宝乾：《"法律逻辑"的本土化探究》，载《济南大学学报（社会科学版）》2018年第6期，第14页。
② 李红海：《判例法中的区别技术与我国的司法实践》，载《清华法学》2005年第1期，第195页。

我国的案例指导制度从制度设计上就与英美法中的判例法存在明确差异，具有自身特点。一是，指导性案例不是后案判决的直接依据①。指导性案例并不是法律，我国也并不存在制度层面的"法官造法"，法官不能仅依据指导性案例作出裁判。二是，它是我国成文法规则体系的一部分②。如果说司法解释是立法的解释与补充，那么指导性案例可以被认为是在具体的案件类型中对前两者的解释与补充，它构成了立法—司法解释—指导性案例三元体系的一环。三是，指导性案例不是法律渊源，具有的是说理的功能③。指导性案例中的裁判要点可以被认为是说理的集合，是特定模块化的说理，在实践中承担着指导后案法官说理以及节约后案司法成本的功能。这些特点与作为法律本身的英美判例法存在本质区别。

所以，从逻辑上说，我国的法官在使用指导性案例时，与英美法官遵循先例完全不同。第一，我国法官不需要阅读大量的案例在其中筛选相似案例进行比较。因为我国的指导性案例都是由最高人民法院筛选、整理、概括，案件具有代表性和权威性，案件数量具有有限性。第二，我国法官不需要遵循判例法的效力规则。因为我国指导性案例的公布只有最高法院一个主体，所以不存在案例效力上的差别。第三，我国法官不需要从案例中自行抽象原则、规则、概念或方法。我国的指导性案例都经过精心的剪裁，包括了裁判要点、相关法条、基本案情、裁判结果和裁判理由等部分，尤其是裁判要点部分，可以帮助法官快速地把握案件确定的规范。因为我国指导性案例呈现出了与英美法完全不同的规范形态，在两者指导下的法官也具全然不同的法律思维④。

正因为这些差异性，我国指导性案例也与英美法的判例摘要不同，它不是判决书的再现，而是案件中反映出来的、经过整理、精简、概括过的更具抽象性和实用性的原则、规则、概念或方法。其目的是在不改变法官适用成文法司法习惯的前提下，通过案例的方法来解释和补充立法。所以，我国指导性案例逻辑上应当具有抽象性的特点。

以上这些特性集中体现在裁判要点中。从规范层面，裁判要点是法官判决参照引述的内容。《实施细则》第9条要求"与指导性案例相类似的案件，应当参照相关指导性案例的裁判要点作出裁判"。而第10条又要求"参照指导性案例的，应当将指导性案例作为裁判理由引述"。从字面意思上，《实施细则》要求参照的对象是裁判要点，而引述的对象是指导性案例。有学者认为，"裁判理由和要点都应当成为参照效力的对象"⑤，并且在司

---

① 参见刘作翔：《案例指导制度的定位及相关问题》，载《苏州大学学报》2011年第4期，第55页。
② 参见陈兴良：《我国案例指导制度功能之考察》，载《法商研究》2012年第2期，第14页。
③ 参见王利明：《我国案例指导制度若干问题研究》，载《法学》2012年第1期，第76页。
④ 法律思维是法律人根据法律解决案件纠纷的思考，参见陈金钊：《法理思维及其与逻辑的关联》，载《法制与社会发展》2019年第3期，第11页。关于规范与法律思维的关系，参见吕玉赞：《论"把法律作为修辞"理论的合理性》，载《法学论坛》2015年第2期，第54页。
⑤ 曹志勋：《论指导性案例的"参照"效力及其裁判技术——基于对已公布的42个民事指导性案例的实质分析》，载《比较法研究》2016年第6期，第133页。

法实践中，往往法官需要参阅的文本是指导性案例全文，甚至母本文书。但是，法官在引述的时候往往只引述裁判要点。裁判要点承担表征整个指导性案例的功能。从实践层面，各级人民法院审判类似案例时应当参照指导性案例①，"在办理案件过程中，案件承办人员应当查询相关指导性案例；公诉机关、案件当事人及其辩护人、诉讼代理人引述指导性案例作为控（诉）辩理由的，案件承办人员应当在裁判理由中回应是否参照了该指导性案例并说明理由"②。指导性案例已经与立法和司法解释一样，是法官判案应当知晓的文件。然而随着指导性案例一批一批公布，要求每个法官对每个指导性案例都进行精心研读，越来越不现实。本来是为了提高司法效率的案例指导制度，不能反过来增加法官的工作量。所以，通过裁判要点表达案例包含的司法政策成为了必要和有效的手段。

在逻辑表达中，裁判要点应当具有充分的抽象性，只有在最大程度上提升这种抽象性才能更好的发挥其指导作用。有观点认为，"在抽象化程度上，裁判要点是处于案件事实与法律规则之间的中间状态"；"裁判要点只是先例规则确立了事实比较的权威基点，法官仍然需要根据该权威基点进行事实比较并重构针对个案的裁判规范。"③ 它一方面认为，裁判要点是个案具体与规范抽象的结合，同时也认为法官在适用裁判要点时是类比与演绎推理的结合。反映在裁判要点的撰写上，就是既有案例所呈现出的个案与规范的交错逻辑表达。但是，这一观点有不足之处：一是，它在功能定位上，混同了裁判要点与裁判理由。不管是类比推理或类比、演绎结合推理，裁判理由完全可以实现以上功能。裁判要点重复、概括、剪裁了裁判理由，在很多案件中④，没有裁判要点"权威基点"更为清晰，事实上更有利于法官进行类比推理。二是，"中间状态"是将裁判要点撰写的抽象工作交给了司法说理来完成。法官在充分抽象规范的指导下，不需要选用类比的推理方法。裁判要点部分存在的目的本身就在于降低司法成本，而将抽象和类比的工作都交由法官完成，就没有裁判要点存在的必要性。三是，"个案化表述"不利于规范的明确性和公开性。社会主体在司法活动之外，也有理解指导性案例所体现的司法政策的需求，过于复杂的逻辑过程，会使不具备专业知识的主体难以理解规范本身的内容。

但现已公布的指导性案例的裁判要点并没能完全遵从以上逻辑，存在着逻辑表达的缺陷。

三、既有裁判要点逻辑表达存在缺陷

逻辑抽象主要是将种概念向邻近属概念提升的过程，比如从"有限责任公司"到

---

① 2010年最高人民法院《关于案例指导工作的规定》第7条。
② 2015年最高人民法院《〈关于案例指导工作的规定〉实施细则》第11条。
③ 王彬：《案例指导制度下的法律论证——以同案判断的证成为中心》，载《法制与社会发展》2017年第3期，第148页。
④ 比如1号、14号、45号、67号案例等。

"法人",再到"民事主体"。部分裁判要点未能将个案中出现的法律事实提升为更抽象的要件事实,以至于其中包含的规范只能在与个案近似的情况下适用。比如,在指导性案例10号(下称"10号案例")中,规范表述为:"人民法院在审理公司决议撤销纠纷案件中应当审查:会议召集程序、表决方式是否违反法律、行政法规或者公司章程,以及决议内容是否违反公司章程。在未违反上述规定的前提下,解聘总经理职务的决议所依据的事实是否属实,理由是否成立,不属于司法审查范围。""公司决议"是对案件中"解聘总经理职务的决议"的抽象,而在后句中又没有进行相应抽象,而删除"解聘总经理职务的"的种限定,规则也依然符合指导精神。这种表达在逻辑上存在缺陷。

在既有的裁判要点逻辑表达存在缺陷的案例中,有三种类型:一是范畴表达个案化(如上例所示);二是要素表达冗余;三是规范表达抽象不足。

(一) 范畴表达个案化

范畴表达个案化是指因为构成规范的范畴抽象不足,而在后案的引述中,需要使用类比的逻辑方法,而不是演绎的逻辑方法。比如在1号案例中,裁判要点表述为"房屋买卖居间合同中关于禁止买方利用中介公司提供的房源信息却绕开该中介公司与卖方签订房屋买卖合同的约定合法有效。但是,当卖方将同一房屋通过多个中介公司挂牌出售时,买方通过其他公众可以获知的正当途径获得相同房源信息的,买方有权选择报价低、服务好的中介公司促成房屋买卖合同成立,其行为并没有利用先前与之签约中介公司的房源信息,故不构成违约。"通过对裁判要点对案件事实的分析,可以获得表一中的第一行表示的事实——法律后果关系。

表一

事实一	事实二	事实三	事实四	法律后果
房屋买卖居间合同	禁止跳单条款	卖方将同一房屋通过多个中介公司挂牌出售	买方通过其他公众可以获知的正当途径获得相同房源信息	买方有权选择中介公司促成房屋买卖合同成立
车辆买卖居间合同	禁止跳单条款	卖方将同一车辆通过其他方式公开出售	买方通过其他正当途径获得相同车源信息	买方是否有权选择其他方式促成车辆买卖合同成立
买卖居间合同(中介合同)	禁止跳单条款	卖方将同一标的物通过其他方式公开出售	买方通过其他正当途径获得相同来源信息	买方是否有权选择其他方式促成买卖合同成立

但是,含有"禁止跳单条款"的居间合同范畴在事实上更广,不仅仅存在于房屋买卖合同之中,比如在车辆买卖居间合同中也可能会存在"禁止跳单条款"。那么,当卖方将同一车辆通过多种方式公开出售,比如卖方同时在"人人车"和"瓜子二手车"上挂出

了车辆出售信息,并且在车辆上留下了相似信息及联系方式,那么买方是否有权选择非带看中介或自售方式促成车辆买卖合同成立?

1号案例的裁判理由给出的分析框架为,"根据'禁止跳单条款'的约定,衡量买方是否'跳单'违约的关键,是看买方是否利用了该中介公司提供的房源信息、机会等条件;如果买方并未利用该中介公司提供的信息、机会等条件,而是通过其他公众可以获知的正当途径获得同一房源信息,则买方有权选择报价低、服务好的中介公司促成房屋买卖合同成立,而不构成'跳单'违约。"将此框架适用在车辆居间买卖例子中:买方也未利用中介公司提供的车源信息、机会等条件,甚至可以在带看之后,直接选择利用车辆上的出售信息与卖方直接达成交易。所以将1号案例的说理应用到其他居间合同(中介合同)①中,也符合法律推理。

对1号案例进行进一步逻辑提升,其表达方式可以转变为"在买卖居间合同(中介合同)中,存在禁止跳单条款的,如果卖方将同一标的物通过其他方式公开出售,买方通过其他正当途径获得相同来源信息,买方有权选择其他方式促成买卖合同成立。"(如表一第三行)在这一逻辑表达中,"房屋买卖居间合同"被进一步抽象成为邻近属概念"买卖居间合同","跳单行为"被进一步抽象成为"卖方将同一标的物通过其他方式公开出售,买方通过其他正当途径获得相同来源信息","买方是否有权选择其他方式促成买卖合同成立"替代了"买方有权选择中介公司促成房屋买卖合同成立"。

1号案例的表述更倾向于符合原判决书的表述,范畴表达更个案化,而"概括过于具体而欠缺必要的扩展和提升"②。对于抽象程度的问题,14号案例有更为直观的对比展现。14号案例裁判要点表达为:"对判处管制或者宣告缓刑的未成年被告人,可以根据其犯罪的具体情况以及禁止事项与所犯罪行的关联程度,对其适用'禁止令';对于未成年人因上网诱发犯罪的,可以禁止其在一定期限内进入网吧等特定场所。"前一句是对后一句的抽象,后一句是对前一句的具体化。(如表二)后一句更贴近案件事实,裁判理由表示,法官是"考虑到被告人主要是因上网吧需要网费而诱发了抢劫犯罪;二被告人长期迷恋网络游戏,网吧等场所与其犯罪有密切联系",才对其适用"禁止令",禁止令的具体内容就是"禁止其在一定期限内进入网吧等特定场所"。裁判要点的前一部分对此进行了更高程度的抽象。但是,并非所有指导性案例在裁判要点中,都坚持了对案件事实进行逻辑抽象提升,以满足更多案件适用的表述方法。(如表二所列)

---

① 《民法典》(草案)将居间合同的主要内容归并入了中介合同。
② 孙光宁:《指导性案例裁判要旨概括方式之反思》,载《法商研究》2016年第4期,第111页。

表二

事实一	事实二	法律后果
判处管制或者宣告缓刑的未成年被告人	其犯罪的具体情况以及禁止事项与所犯罪行的关联程度	适用"禁止令"
判处管制或者宣告缓刑的未成年被告人	因上网诱发犯罪	禁止其在一定期限内进入网吧等特定场所

有些范畴表达个案化的案例不具有显在性，只有深入裁判理由才可以了解规则的"范围"。比如在67号案例中，"有限责任公司的股权分期支付转让款中发生股权受让人延迟或者拒付等违约情形，股权转让人要求解除双方签订的股权转让合同的，不适用《合同法》第167条关于分期付款买卖中出卖人在买受人未支付到期价款的金额达到合同全部价款的五分之一时即可解除合同的规定。"案例规范的对象为"有限责任公司的股权分期支付转让款"的情形，但是，在裁判理由中，法院认为"不适用"的理由是其"具有与以消费为目的的一般买卖不同的特点"，并将三个特点总结为：一，目的是获取经济利益，并非满足生活消费；二，无法收回价款；三，不存在标的物使用费。但是，这些特点在股份有限公司及合伙的相关权益转让的情况下也具备。法院却无法说明后两者不适用此规范，或未被概括到此规范中的理由。当然，在既有案例中，范畴表达个案化的问题有很多表现，表三进行了进一步的例举。

表三

	表述	问题
38号第2条、第3条	高等学校依据违背国家法律、行政法规或规章的校规、校纪，对受教育者作出退学处理等决定的，人民法院不予支持 高等学校对因违反校规、校纪的受教育者作出影响其基本权利的决定时，应当允许其申辩并在决定作出后及时送达，否则视为违反法定程序	对于"拒绝颁发学历证书、学位证书"的问题，高等学校与一般学校不同，而对于其他问题，高等学校与"学校"在规范上的差异性不明显
70号第1条	作为特定区域内唯一合法经营有线电视传输业务的经营者及电视节目集中播控者，在市场准入、市场份额、经营地位、经营规模等各要素上均具有优势，可以认定该经营者占有市场支配地位	只要经营者在市场准入、市场份额、经营地位、经营规模等各要素上均具有优势，就可以认定占有市场支配地位。行业的描述有损抽象性
27号	行为人利用信息网络，诱骗他人点击虚假链接而实际通过预先植入的计算机程序窃取财物构成犯罪的，以盗窃罪定罪处罚；虚构可供交易的商品或者服务，欺骗他人点击付款链接而骗取财物构成犯罪的，以诈骗罪定罪处罚	可以进一步抽象为："行为人利用网络信息技术，窃取、骗取财物，达到刑事犯罪标准的，可以以盗窃罪、诈骗罪定罪处罚"

（二）要素表达冗余

要素表达冗余是指，因为没有对法律结果的构成要素进行充分和适当剪裁，而使得可能引述案例的后案范围受到不当限制。裁判理由是对母本判决书说理过程的概括，裁判要点更是对裁判理由的进一步抽象。就裁判要点的功能来说，重复母本的具体信息不具有必要性。裁判要点虽然被认为是说理的集合，但是，指导性案例为法官和其他司法参与人引述的根本目的是在事实与法律后果之间建立联系①。而在母本中对这一目的没有实质影响的要素，应当进行剪裁。

裁判要点应当对案例进行充分剪裁。比如79号案例第2条表述为，"经营者利用市场支配地位，将数字电视基本收视维护费和数字电视付费节目费捆绑在一起向消费者收取，侵害了消费者的消费选择权，不利于其他服务提供者进入数字电视服务市场。经营者即使存在两项服务分别收费的例外情形，也不足以否认其构成反垄断法所禁止的搭售。"从逻辑上说，经营者的行为是"数字电视基本收视维护费和数字电视付费节目费捆绑销售"，行为前提是"市场支配地位"，行为结果是"侵害了消费者的消费选择权，不利于其他服务提供者进入数字电视服务市场"。但从效果上看，行为结果并非法律后果。在表述的第2句中表明了"服务分别收费，也可以构成搭售"。所以，以"行为—法律后果"结构分析，79号案例第2条的基本逻辑是"将数字电视基本收视维护费和数字电视付费节目费捆绑在一起向消费者收取构成反垄断法所禁止的搭售。"虽然，"构成搭售"本身并不是法律后果，但是根据《反垄断法》第17条第1款第5项，没有正当理由搭售商品是"禁止具有市场支配地位的经营者从事的滥用市场支配地位的行为"，从逻辑上可以形成"行为—法律后果"的完整结构。

在基本逻辑之外，对于"侵害了消费者的消费选择权，不利于其他服务提供者进入数字电视服务市场"两个要素，前者字面上是"行为"，而事实上描述不具体，后者是"后果"，却没有可执行性。从逻辑表达上，这两个要素的加入是为了解释基本结构的原因，但是，在实际效果上，却可能因为没有明确"侵害消费者的消费选择权"或"不利于其他服务提供者进入数字电视服务市场"违法，而导致后案对前述捆绑销售是否构成搭售的疑惑。至少在当事人提出此类辩护意见时，法官应当进行进一步的说理。这种司法成本的增加没有必要。

对于"经营者是否必须利用市场支配地位进行捆绑销售"才能构成搭售，应当从《反垄断法》第17条第1款的表述分析。（1）立法是在列举"禁止具有市场支配地位的经营者从事行为"的情形时，使用了"搭售"这个表述。（2）79号案例是在解释一个特定的情形属不属于"搭售"。所以，如果经营者不具有市场支配地位，就不可能构成立法

---

① 如果指导性案例的裁判要点是概念或原则，则可能需要借助立法建立这种联系。

所列举的搭售。也就是说,"市场支配地位"具有重复性,是冗余的要素,应当剪裁。

类似的案例还有 86 号,其表述是"分别持有植物新品种父本与母本的双方当事人,因不能达成相互授权许可协议,导致植物新品种不能继续生产,损害双方各自利益,也不符合合作育种的目的。为维护社会公共利益,保障国家粮食安全,促进植物新品种转化实施,确保已广为种植的新品种继续生产,在衡量父本与母本对植物新品种生产具有基本相同价值基础上,人民法院可以直接判令双方当事人相互授权许可并相互免除相应的许可费。"经分析剪裁,可以抽象为"分别持有植物新品种父本与母本的双方当事人,因不能达成相互授权许可协议,导致植物新品种不能继续生产,人民法院可以直接判令双方当事人相互授权许可并相互免除相应的许可费。"以及 45 号案例"从事互联网服务的经营者,在其他经营者网站的搜索结果页面强行弹出广告的行为,违反诚实信用原则和公认商业道德,妨碍其他经营者正当经营并损害其合法权益,可以依照《中华人民共和国反不正当竞争法》第 2 条的原则性规定认定为不正当竞争。"可以进一步抽象为:"从事互联网服务的经营者,在其他经营者网站的搜索结果页面强行弹出广告的行为,可以认定为不正当竞争。"

在要素表达冗余的案例中,也有比较复杂、涉及多个案例的情况,比如 4 号和 12 号案例。4 号案例的裁判要点表述为:"因恋爱、婚姻矛盾激化引发的故意杀人案件,被告人犯罪手段残忍,论罪应当判处死刑,但被告人具有坦白悔罪、积极赔偿等从轻处罚情节,同时被害人亲属要求严惩的,人民法院根据案件性质、犯罪情节、危害后果和被告人的主观恶性及人身危险性,可以依法判处被告人死刑,缓期二年执行,同时决定限制减刑,以有效化解社会矛盾,促进社会和谐。"

这一裁判要点的法律后果是"可以依法判处被告人死刑,缓期二年执行,同时决定限制减刑",而根据原表述,其要件为:(1)因恋爱、婚姻矛盾激化引发的故意杀人案件;(2)被告人犯罪手段残忍;(3)被告人具有坦白悔罪、积极赔偿等从轻处罚情节;(4)被害人亲属要求严惩。在这一表述前提下,后案可能面临以下问题:其他死刑缓期执行案件,是否在"被害人亲属要求严惩"时,可以坚持死刑缓期执行并"限制减刑"?

同样的问题,也出现在 12 号案例中。12 号案例裁判要点表述为"对于因民间矛盾引发的故意杀人案件,被告人犯罪手段残忍,且系累犯,论罪应当判处死刑,但被告人亲属主动协助公安机关将其抓捕归案,并积极赔偿的,人民法院根据案件具体情节,从尽量化解社会矛盾角度考虑,可以依法判处被告人死刑,缓期二年执行,同时决定限制减刑。"相应要件可以分解为:(1)民间矛盾引发的故意杀人案件;(2)被告人犯罪手段残忍,且系累犯;(3)被告人亲属主动协助公安机关将其抓捕归案;(4)积极赔偿。而后案面临的问题是:其他死刑案件,如果"被告人亲属主动协助公安机关将其抓捕归案,并积极赔偿",是否可以适用死刑缓期执行并"限制减刑"?

归纳 4 号案例与 12 号案例,最高人民法院本质上希望说明的是适用"死刑缓期执行并限制减刑"的情形。但是在两案例裁判要点的抽象中,并没有分辨其实质要素,以至于要件过于具体而苛刻,后案适用受到限制。关于两案例所限定的案件范围,1999年最高人民法院《全国法院维护农村稳定刑事审判工作座谈会纪要》(法[1999]217号)(下称"1999年《纪要》")中认为,"对于因婚姻家庭、邻里纠纷等民间矛盾激化引发的故意杀人犯罪,适用死刑一定要十分慎重"。所以,对于第一个要件,在"因恋爱、婚姻矛盾激化引发的故意杀人案件"、"因民间矛盾引发的故意杀人案件"和"因婚姻家庭、邻里纠纷等民间矛盾激化引发的故意杀人犯罪"三种表述中,"因民间矛盾引发的故意杀人案件"的表述更具有概括性。只不过对于"民间矛盾"可能需要进一步的解释。第二个要件,综合两案例,都是具有"应当判处死刑"的情形。第三个要件,4号案例归纳为"被告人具有从轻处罚情节"和"被害人亲属要求严惩",12号案例归纳为"被告人亲属主动协助公安机关将其抓捕归案"(可以理解为"主动协助"和"已经归案"两个要件)和"积极赔偿",事实上都具有"不宜立即执行"又有"不宜缓刑"的情形。所以,在这种情况下,两案例的裁判要点可以合并为"对于因民间矛盾引发的故意杀人案件,应当判处死刑的,但不宜立即执行,又不宜缓刑的,可以依法判处被告人死刑,缓期二年执行,同时决定限制减刑。"这种概括方式可能会扩大"死刑缓期执行并限制减刑"的适用,但根据1999年《纪要》的精神,这种扩大在"因民间矛盾引发的故意杀人案件"中是符合刑事司法政策的。而两案例中所描述的具体情形,过于个案化,限制了案例裁判要点包含规范的广泛运用,对于他案适用"死刑缓期执行并限制减刑"情形的解释也帮助有限。

(三)规范表达抽象不足

规范表达抽象不足是指,因为抽象不足,使其裁判要点需要分多个部分分别表述。虽然通过分别描述的方式可以达到规范的最终目的,但是仍不能达到指导性案例裁判要点的逻辑要求。

在既有的指导性案例中,3号案例的第1条与第3条列举了两种"以受贿论处"的情形:一是,"国家工作人员利用职务上的便利为请托人谋取利益,并与请托人以'合办'公司的名义获取'利润',没有实际出资和参与经营管理的";二是,"国家工作人员利用职务上的便利为请托人谋取利益,以明显低于市场的价格向请托人购买房屋等物品的"。然而,"合办公司"是否也是"明显低于市场价格"或"无偿收受"请托人的股权?为合并"明显低于市场价格购买"的要素,两者可以抽象为"国家工作人员利用职务上的便利为请托人谋取利益,以明显低于市场的价格或无偿从请托人获取房屋、股权等的"。

也有在不同案例中分别表述同属概念情形下的两种。比如,105号和106号分别描述了"开设赌场"的两种情形:其一,"以营利为目的,通过邀请人员加入微信群的方式招揽赌客,根据竞猜游戏网站的开奖结果等方式进行赌博,设定赌博规则,利用微信群进行控制管理,在一段时间内持续组织网络赌博活动的";其二,"以营利为目的,通过邀请人员加入微信群，利用微信群进行控制管理，以抢红包方式进行赌博，在一段时间内持续组织赌博活动的"。这两种情形明显可归于同一邻近属行为"以营利为目的，通过网络招揽赌客，设定规则，进行赌博，在一段时间内持续组织赌博活动的"，如果为了明确这一属行为的具体情形，可以补充说明"网络赌博包括但不限于利用微信群、竞猜游戏等方式进行的赌博"。

当然概括与抽象多个案例，在现有的裁判要点撰写体例中尚有需要进一步研究的方式方法，但是，将同一规范分布在多个案例中的做法显然不利于后案的引述与司法成本的节约。随着指导性案例的增加，归并多个同类案例，成为了新的指导性案例表达方法的课题之一。

四、裁判要点的逻辑表达规则

既有的裁判要点在逻辑表达上表现出了多种缺陷，但在这些不足的改善上却存在一定困难。所有案件中的自然事实，都按一定的时间顺序排列，并不天然地归并种属。自然事实转化为法律事实本身就是一次抽象过程。然而，抽象与具体都是相对的，"自然人"相对于某个民事案件中的具体当事人"张三"来说，是个抽象的概念，而相对于"合同纠纷"一方的"民事主体"来说，又是一个限定了的概念，因为"民事主体"还包含了"法人"等，而在规则中，或许民事主体是否"自然人"并不会影响法律结果。这就导致了指导性案例裁判要点范畴表达个案化，从某个角度上说并不是"错误"，甚至只是一种"特点"。何为最大程度上提升裁判要点的抽象性，难以分辨。为考查裁判要点在逻辑表达上的合理程度，可以考虑以下三个规则：

规则一：构成规则的概念，其邻近属概念下各种概念之间的种差，不构成法律后果差异性的基础

假定　　主体 A1 有行为 B1，则构成法律后果 C
并且　　主体 A1 属于主体 A
　　　　主体 A 包含主体 A1、A2、A3
　　　　行为 B1 属于行为 B
　　　　行为 B 包含行为 B1、B2、B3
情形一　主体 A2 和 A3，在行为 B1 上，构成法律后果 C 符合法律推理
　即　　A2、A3 作为主体，与 A1，在行为 B1 构成法律后果 C 上，没有实质性差异性
则应为　主体 A 有行为 B1，则构成法律后果 C
情形二　主体 A1，在行为 B2 和 B3 上，构成法律后果 C 符合法律推理
　即　　B2、B3 两行为，与 B1，在主体 A1 构成法律后果 C 上，没有实质性差异性
则应为　主体 A1 有行为 B，则构成法律后果 C

这一规则广泛地适用于范畴表达个案化的案例中。以此来分析 38 号案例第 2 条，"高

等学校"有"依据违背国家法律、行政法规或规章的校规、校纪,对受教育者作出退学处理等决定"的行为,法律后果是"人民法院不予支持"。而"高等学校"属于"学校","学校"包括中学、小学等。而中学、小学等在"依据违背国家法律、行政法规或规章的校规、校纪,对受教育者作出退学处理等决定"行为上,"人民法院也不应予以支持"。所以,该裁判要点可以改为"学校依据违背国家法律、行政法规或规章的校规、校纪,对受教育者作出退学处理等决定的,人民法院不予支持"。

规则二:任何要素的缺失均影响法律后果

假定　要素A、要素B、要素C、要素D同时成立,则构成法律后果F

并且　要素A、要素B、要素C任一要素不成立,则不能构成法律后果F

仅有要素A、要素B、要素C成立,也可以构成法律后果F

则应为　要素A、要素B、要素C成立,则构成法律后果F

规则二用逻辑的表述是:所列举要素应是法律后果成立的充分且必要条件。以此来分析45号案例,"从事互联网服务的经营者,在其他经营者网站的搜索结果页面强行弹出广告的行为,违反诚实信用原则和公认商业道德,妨碍其他经营者正当经营并损害其合法权益,可以依照《中华人民共和国反不正当竞争法》第二条的原则性规定认定为不正当竞争。"案例中有四个要素:(1)从事互联网服务的经营者;(2)在其他经营者网站的搜索结果页面强行弹出广告的行为;(3)违反诚实信用原则和公认商业道德;(4)妨碍其他经营者正当经营并损害其合法权益。一是主体要素,必备,但是要素二与要素三、四是并列关系还是因果关系不明。案例中裁判理由给出的说明是"判断经营者的行为构成不正当竞争,应当考虑以下方面:一是行为实施者是反不正当竞争法意义上的经营者;二是经营者从事商业活动时,没有遵循自愿、平等、公平、诚实信用原则,违反了反不正当竞争法律规定和公认的商业道德;三是经营者的不正当竞争行为损害正当经营者的合法权益"。根据此说明三者是并列关系,也就是说存在"在其他经营者网站的搜索结果页面强行弹出广告的行为"而不"违反诚实信用原则和公认商业道德"或"妨碍其他经营者正当经营并损害其合法权益"的情况。但是,裁判理由又说明"尽管在互联网上发布广告、进行商业活动与传统商业模式有较大差异,但是从事互联网业务的经营者仍应当通过诚信经营、公平竞争来获得竞争优势,不能未经他人许可,利用他人的服务行为或市场份额来进行商业运作并从中获利"。也就是说"在其他经营者网站的搜索结果页面强行弹出广告的行为"本身就是"不能"进行的行为。而原告的表述是"在百度公司网站的搜索结果页面强行增加广告的行为,损害了百度公司的商誉和经济效益,违背了诚实信用原则,构成不正当竞争",明显要素三、四是要素二的结果。所以,要素三、四表述冗余。裁判要点可以进一步抽象为:"从事互联网服务的经营者,在其他经营者网站的搜索结果页面强行弹出广告的行为,可以依照《中华人民共和国反不正当竞争法》第二条的原则性规定认定为不正当竞争。"

规则三： 同一法律后果，其规则前置概念并不全属于同一属概念。

假定　　主体 A1 有行为 B，则构成法律后果 C

　　　　主体 A2 有行为 B，则构成法律后果 C

　　　　主体 A3 有行为 B，则构成法律后果 C

并且　　主体 A 包含主体 A1、A2、A3

　　　　主体 A 仅包含主体 A1、A2、A3

则应为　主体 A 有行为 B，则构成法律后果 C

因为我国既有的指导性案例数量还比较有限，多个案例关于同一事项的情况还不多见，上文对典型的案例已经进行了说明。下面有一种特殊情况，比如食品与药品的问题。在 23 号案例中，"消费者购买到不符合食品安全标准的食品，要求销售者或者生产者依照食品安全法规定支付价款十倍赔偿金或者依照法律规定的其他赔偿标准赔偿的，不论其购买时是否明知食品不符合安全标准，人民法院都应予支持。"药品显然也符合规则的精神，甚至更应当纳入保护的范围。但是，药品与食品不属于同一邻近属，即使另一案例说明药品也符合 23 号案例所体现的规范，也难以归纳在一个裁判要点中。虽然，后案可以"举轻以明重"进行类比推理，但是如果可以将两者进行归并表述，即"食品药品"，可能在参照引述时，更有利于减少司法成本。

五、结语

指导性案例的裁判要点作为后案的法定引述部分，承担着提炼案件说理，总结案件裁判，反映最高人民法院司法政策的主要功能。虽然，从理论上，最高人民法院发布指导性案件例本文的其他部分，甚至母本都具有"参照性"，但在我国成文法传统为主流的条件下，裁判要点在指导中显得更为重要。

裁判要点虽然不是法律条文，不具有法律规范的约束力，但随着指导性案例数量的增加，《关于案例指导工作的规定》的执行，以及司法系统对指导性案例的重视，裁判要点必将会越来越多地体现在法官裁量和判决说理过程之中，对案件的结果产生重要甚至决定性作用。但是，既有指导性案例的裁判要点拘泥于母本判决书，不仅表现在语言表述以及说理重复上，更表现在逻辑表达的个案逻辑、剪裁不足、缺乏抽象性与抽象意识。

法律形式逻辑就是"追求法律的形式化或系统化"①，逻辑表达的缺陷直接影响着广义"法"的实现。指导性案例逻辑表达缺陷体现在范畴表达个案化、要素表达冗余和规范表达抽象不足三个方面，可能会给后案的参照引述带来不便，也会在更广泛的意义上为社会明晰司法政策与规范内容带来困难。所以，在后续的指导性案例裁判要点的整理、剪

---

① 吕玉赞、焦宝乾：《法律逻辑的拓展研究——以新兴交叉学科为背景》，《上海政法学院学报（法治论丛）》2019 年第 1 期，第 29 页。

裁、概括过程中应当考虑三项裁判要点逻辑表达规则：构成规则的概念，其邻近属概念下各种概念之间的种差，不构成法律后果差异性的基础；任何要素的缺失均影响法律后果；同一法律后果，其规则前置概念并不全属于同一属概念。

（编辑：吕玉赞）

论争点整理程序对司法裁判的影响[*]

丁朋超[**]

摘　要　我国民事案件集中审理模式经历了从"先定后审"到"一步到庭"再到"争点整理为中心"的演进过程。我国新《民事诉讼法》已经确立争点整理程序，且该程序在事实判断、法律获取及法律解释层面均对司法裁判产生重要影响。对司法裁判事实判断的影响体现在对事实和证据争点的协议简化；对法律获取的影响体现在审理思路及证明责任分配的调整；对法律解释的影响体现在法官阐明义务的履行与当事人主张及法官裁判内容的最佳说明。

关键词　争点整理程序　司法裁判　事实判断　法律获取　法律解释

为克服"诉讼爆炸"带来的案件积压严重、法院案件"消化不良"等问题，自20世纪70年代开始，世界上部分国家纷纷围绕集中审理理念对本国诉讼制度进行了颠覆性的修改。例如，德国在20世纪70年代末期，围绕集中审理之理念，将"斯图加特模式"引入民事诉讼法，从而使得民事诉讼的理论、观念、结构、方式和制度发生了根本性的变化，改革成效显著，在世界上产生了巨大的影响，并被大陆法系许多国家或地区效仿[①]。而实现案件集中审理的最主要措施即是引入争点整理程序，且该程序在事实判断、法律获取及法律解释层面均对司法裁判产生重要影响。我国在2012年修订《民事诉讼法》时增加了"需要开庭审理的，通过要求当事人交换证据等方式，明确争议焦点"的规定，并在2015年颁布的新司法解释中采用4个条文确立了争点整理的一般操作方法。争点整理作为实现集中审理的重要制度，发挥着实现整合当事人各方争议焦点（包括简化争点协议）、

---

[*]　基金项目：本文系广东高校科研青年创新人才类项目"高素质法律职业共同体养成路径研究"（项目批准号：2018WQNCX045）的阶段性成果。

[**]　丁朋超，男，河南武陟人，广东财经大学法治与经济发展研究所研究人员，硕士生导师，法学博士后，研究方向为诉讼法学和司法制度。

① Langbein, John H., German Advantage in Civil Procedure, 52 U. Chi. L. Rev. pp. 823.

固定证据等功能。其基本定位应在于服务庭审质量,具有提升庭审效率、防范案件的突袭性裁判,对促进个案公正具有极为重要的意义。随着我国争点整理程序的确立,必然带来对司法裁判对象和范围的限缩,由此也会影响当事人举证责任的行使(可能是提出证据多寡的问题,也可能涉及证据是否需要提出的问题)。令人遗憾的是,我国学者虽然注意到争点整理程序对提升案件审理质效的积极面向,但似乎有意忽略了争点整理程序对司法裁判影响的讨论,造成理论研究与司法实践的脱节,这些问题值得我们注意。本文从勾勒我国案件审理模式演化路径出发,并在此基础上讨论争点整理程序对我国司法裁判的冲击和影响,以求教于大方。

一、我国民事案件集中审理模式的演化路径

(一)"先定后审"的案件审理模式

在20世纪90年代之前,受超职权主义模式的影响,法院对案件事实负有查明的责任和义务。在受理案件后,法官要在开庭前进行调查、收集证据,由于在开庭之前法官已经对案情形成了强烈心证,导致司法实践中形成了"先定后审"的审判方式,正式的庭审完全流于形式。有学者将这种审理案件方式概括为"五部曲"[①]:第一步,法官在审阅起诉状、答辩状材料后,分别找当事人背靠背的问话,当事人也会千方百计找法官来陈述,争取法官对自己主张的理解和支持;第二步,通过问话,法官发现双方当事人的陈述有矛盾或不清楚的地方时就四处奔波去调查核实证据,所谓"当事人动动嘴、法官跑断腿"说的就是这种情况;第三步,经过谈话和调查核实证据后,认为案情基本事实清楚后,法官再找当事人进行背靠背的调解和劝说,以调解结案或者让当事人撤诉作为案件终结的至上目标;第四步,调解劝说不成的,报领导同意后才能开庭,开庭是最后的万不得已的选择;第五步,开庭走个流程后宣判。这种"五部曲"的案件审理方式主要是受我国古代"当官不为民做主、不如回家卖红薯"以及"包青天式"思想的影响,是近代"马锡伍审判方式"的延续。"先定后审"方式下,法官的主要工作是在法庭之外询问当事人、调查取证和进行调解,庭审则完全流于形式,而当事人的主要活动是接受法官的调查和询问。这种方式虽然有利于查明事实真相,契合了我国的和谐文化,但也有不少的弊端,如法官在庭下调查收集证据由于缺乏双方当事人的对席、透明性和公开性,极容易产生"暗箱操作"等司法腐败现象,民事审判的公正性备受质疑,司法公信力不断下降;同时,法官忙于庭下调查核实证据,每个案子都将花费较大精力,在案件较少的年代尚可应付,而随着20世纪80年代末90年代初法院受理民事案件的爆炸性增长,法院已经无力再承担这种自行调查收集证据的重任,法官已不堪重负。有鉴于此,以强化当事人举证责任减轻法院负担、强化庭审功能避免庭审形式化、强化合议庭和独

[①] 参见江平:《民事审判方式改革与发展》,中国法制出版社1998年版,第2-3页。

任法官职责避免"暗箱操作"的司法改革自下而上在全国范围内展开，法院的审判工作重心开始由审理前的调查证据进行调解转向开庭审理，依靠直接的开庭审理查明事实，避免未审先判。

（二）"一步到庭"的案件审理模式

自 20 世纪 90 年代开始，各地法院在实践中普遍探索了以"一步到庭"（或称"直接开庭"）为主要形式的改革措施。这种方式是对"先定后审"方式下法官的主要工作是庭下调查和调解、庭审流于形式的一种纠正，即法官除进行必要的事务性准备工作，如送达起诉状副本、开庭传票、合议庭通知书等外，不再进行任何实质性的审前准备工作而径行开庭审理案件，变开庭前的调查核实证据为庭审调查，变庭审前的当事人个别举证为庭审中的举证。实行"一步到庭"后，一定程度上加强了当事人举证责任，改变了之前"先定后审"模式下法官大包大揽调查取证的习惯作法；强化了当事人在庭审中的作用，充实了庭审的实质性内容，使开庭具有了实质上的意义。这种方式由于事实上减轻了法官的证明责任，在当时民事案件大幅上升，法院审判任务异常严重的背景下对于缓解"案多人少"矛盾起到了积极作用，是故该改革受到法官尤其是一审法官的欢迎；而且由于有利于防免"先定后审"，凸显了庭审的作用，也为学者赞誉。

但随着"一步到庭"的深入运用，其弊端也日益暴露。总体来看，"一步到庭"只能适用于事实清楚、法律关系明确的简单民事案件，这也是其在基层法院广受欢迎和采纳的原因，因为基层法院适用简易程序审理的案例通常在 60% 以上。但对于案情较为复杂的案件，由于法官在开庭前缺乏对案件必要的了解，仅凭当事人的起诉状和可能有的答辩状，难以确定案件争点，以致庭审中法官自己都听得云里雾里；而且，没有审前的证据交换和争点整理，法庭上出现的证据过多或突然出现的证据，都会令法官和对方当事人无所适从，有时甚至束手无策，庭审活动难以有条不紊的进行，显得杂乱无章；面对当事人提供较多证据的情况，有时不得不休庭做准备或反复开庭，诉讼效率难以保障。此外，由于没有充分的审前准备，法官有时很难在庭审中形成处理案件的心证，不得不在庭审后花费大量时间去审阅诉讼卷宗，甚至再去找当事人调查核实证据，庭审又回到流于形式的老路上。这种改革在司法实践中遭遇了挫折，其价值逐渐被否定。"法院对双方当事人发生的纠纷的真正争议焦点在并不总是明了的情况下匆匆开庭，各诉讼主体不得不花较多时间明确争议焦点，增加开庭的时间与次数"①。"尽管我们可以说，'一步到庭'强化了公开审判，杜绝了暗箱操作，但基于一些问题的存在，在实际操作中，'一步到庭'的初衷——实现审判公开、提供诉讼效率等都没有得到实现"②。但是，"一步到庭"绝非一无是处，

---

① 参加毕玉谦：《中国司法审判论坛》（第 2 卷），法律出版社 2002 年版，第 224 页。
② 参加江伟：《中国民事审判改革研究》，中国政法大学出版社 2003 年版，第 107 页。

因为比较简单的民事案件确实经过一次的开庭就可以终结，做到了案件的"集中审理"，有利于提供诉讼效率，提审庭审的实质化；此外，无可讳言的是，此一矫枉过正的改革也让人们更加重视庭审的重要性，并对建构真正意义上的审前程序提供了理论和实践上的反思、教训。直到现在许多法院的法官仍在采用这种审理方式，可谓影响深远。

（三）以"争点整理为中心"的案件审理模式

20世纪90年代末期，学术界与实务界对"一步到庭"的审理方式进行"否定之否定"式的反思。最高人民法院1993年出台的《第一审经济纠纷案件适用普通程序开庭审理的若干规定》、1998年通过的《关于民事经济审判方式改革问题的若干规定》、1999年《人民法院五年改革纲要》等都强调要重视审理前的准备工作，对于疑难复杂案件，要在庭审之前掌握案件争议的焦点和需要庭审调查、辩论的主要问题。2001年最高法院颁布的《关于民事证据的若干规定》（以下简称旧《证据规定》）则进一步吸收实务经验和做法，更加重视庭审前的准备工作，如对证据交换、固定争点等作出了更为明确、系统的规定，一定程度上开启了审前程序和庭审程序的分野，审前程序的独立价值功能日益突显。旧《证据规定》在很长一段时间成为人民法院审理民事案件依据，特别是其中规定的举证时限、证据交换、法官阐明等都体现了集中审理的雏形，一定程度上也促进了案件的集中审理，可谓对人民法院审理民事案件发挥了重要作用。因此，我们在经历了"先定后审"和"一步到庭"矫枉过正的极端后，又以完善证据交换为核心内容，开始逐步重视审前程序的独立功能和价值。

但是囿于集中审理原则和有关配套制度的不完善，在我国的立法和司法实践中并没有集中审理的理念、意识和操作方式，有赖于进一步探索完善，而2012年新修订的《民事诉讼法》即因应了这一发展需求，新《民事诉讼法》增加第133条第4款"需要开庭审理的，通过要求当事人交换证据等方式，明确争议焦点"的规定，可以认为新《民事诉讼法》已经勾画出争点整理程序的基本雏形。2015年颁布的新民事诉讼法司法解释在第225－226、228－229条，用4个条文对争点整理做了进一步的补充规定，从而在我国确立了争点整理的一般操作方法。可以认为，我国立法者已通过数个条文确立了争点整理制度。争点整理作为现代庭审理论的重要一环，作为实现整合当事人各方争议焦点（包括简化争点协议）、固定证据的制度性架构，其基本定位应在于服务庭审质量，具有提升庭审效率、防范案件的突袭性裁判，对促进个案公正具有极为重要的意义[①]。

[①] 杨严炎：《论民事诉讼突袭性裁判的防止：以现代庭审理论的应用为中心》，载《中国法学》2016年第4期，第266页。

二、争点整理的内涵及程序分类方法

(一) 争点整理的内涵

1. 争点整理的实体法内涵

通说认为,法官裁判思维是以请求权基础为指引,采用"三段论"的方式进行司法裁判,而司法裁判又可以分解为事实判断、法律获取和法律解释。民事请求权基础理论坚持的是将法律效果和法律要件进行明确划分,从而方便当事人依据法律的指引,向法院递交符合法律要件的事证资料的"阶梯化"指引路径。由此可知,在这种"阶梯化"的过程中,当事人在法官的引导下,围绕本方主张或抗辩以及案件的争议对象和焦点,逐步实现对自身证明责任(主观的证明责任)的履行,以期获得胜诉的判决。法官在裁判过程中,"首先必须识别争点,争点识别的主要功能在于让法官把握住案件,获得指导或引导争点整理的必要准备"①,此时,法官应是依据当事人的主张或抗辩及提证资料,自觉运用裁判方法对本案的争议焦点(这包括事实争点、证据争点、法律适用争点和程序性攻击防御方法的争点,具体论述见下文)进行裁判。显然,争议焦点实际上已经成为司法裁判的核心问题。

实践中,争议焦点会以各种形态出现,通过归纳我们可将争议焦点的关键词界定为:"争执""存在与否""重要事实""真正争点"。将以上关键词翻译成实践表现样态即是:当事人对事实、证据和法律的争执;对事实、证据和法律存在与否的争执。显然,在实体法语境下,争议焦点内涵所指涉的就是关涉请求权基础是否成立的重要事实,而碎片化要件事实的事证才是真正的争点。因此,争点整理在实体法语境下的定义可表述为:对当事人所关涉的对请求权基础成立与否的碎片化要件构成所争执的整理方式和过程。但是,这种定义的方法在内涵上似乎并不周延,原因在于上述关于争点的概念仅仅是在实体法的语境下进行的界定,而法官裁判过程必须在诉讼语境下展开,诉讼程序并非是实体法的载体,其还具有自身独特的功能,"实体法语境下的争议焦点和程序法语境下的争议焦点并非同一范畴"②。

2. 争点整理的程序法内涵

通说认为,自温德沙依德的《从现代法的观点看罗马法的诉权》一书以降,请求权的概念被广泛应用。后经德国著名法学家赫尔维格的发展,将诉权、诉讼上的请求权和实体上的请求权进行区分,其认为,实体法上关于请求权的概念实际上是法律赋予人们的原权利③,而诉讼法上的权利则是原告在诉讼程序中所主张的法律关系(法律效果)。可见原

---

① 吕玉赞:《如何寻找"裁判理由":一种系统化的操作》,载《东方法学》2020年第3期,第104页。
② [日]林道晴,太田秀哉编,上石奈绪等:《ライブ争点整理》,有斐阁2014年版,第112页。
③ 关于原权利的演化,最早可追溯至启蒙运动时期提出的"天赋人权"概念。

告在诉讼程序中将主张的实体法上抽象权利具体化为实在的且特定的权利。只有在这种情况下，才能方便法院识别当事人具体要保护的权利，方便法官审判。而诉讼标的就是诉讼法上的请求权的称谓。由此可见，在现代实体法和程序法之间，存在如下的过度路径：实体法上的基础权利——实体法上的请求权——诉讼法上的请求权主张（诉讼标的）——具体诉讼请求。有此可推知，诉讼标的（诉讼上的请求权主张）实际上是作为沟通法院和当事人之间的"桥梁"。在程序开始运行之前，识别诉讼标的，也就可能识别当事人的请求权基础是什么，进而也就可能识别要件事实是什么，从而划定当事人的举证责任。

行文自此，笔者基本已勾勒出争点整理的大致轮廓。首先，诉讼法意义上的争点整理并非毫无目的的整理，而是应当与诉讼标的相关的整理，也即诉讼标的是引领争点整理的前提。其次，争点整理的目的是实现集中审理，而非是对案件所有证据材料的整理。也即，并非如学者论断的那种"由于审前程序与集中审理程序的分工，因此很多证据调查不能在这一程序中进行，这也就使得法官无法根据证据调查的结果调整当事人的攻击防御姿态，因此也只能把完整的攻击防御过程作为争点整理的对象"①。争点整理应当是对作为诉讼标的前提的请求权基础（也即预先拟制的实体法律关系）的要件事实的整理。再次，从整理的时间节点来看，其应当是处于开庭审理之前阶段的整理，这也是审前准备程序比较突出的特征，符合"争点整理之前，不得调查证据"的诉讼理念。最后，从程序参与主体来看，争点整理的过程明显不只是法官或者当事人的任务，而应当是一种协作状态下的整理过程。

本文认为，争点整理程序的定义可界定为：是指法院和当事人在诉讼程序前阶段，以诉讼标的为指引，对争议对象的要件事实进行整理，明确并固定法律、事实和证据等争点，实现案件的集中审理，促成当事人达成和解，提高庭审效率，防止突袭性裁判发生的制度规范的总称。

（二）争点整理的具体分类

1. 关涉案件事实的争点整理

事实争点，也即当事人对该事实是否存在以及存在形态的争执。能够成为争点的事实应当具备如下要件：首先，当事人对案件事实存在争议。民事案件的逻辑起点为事实，没有事实的发生也就无所谓争执。因此，正如美国著名证据学家麦考密克认为的那样，法院存在的必要即在于解决当事人间因法律关系遭受破坏所引起的争执。这种争执，"或为法律问题，或为事实问题，或者两者兼而有之。这便为在法律框架内解决法律争执点与事实争执点创设了审判上的命题"②。由此可见，对事实是否存在以及如何存在的争议是构成

---

① 许可：《民事审判方法》，法律出版社2009年版，第294页。
② ［日］东京弁護士特別委员会：《最新判例からみる：民事訴訟代理人の実務と争點整理（Ⅱ）》，青林书院2011年版，第26页。

事实争点的基础。

其次,该事实需要经由法官在听取双方当事人陈述的前提下,形成自由的心证判断。将事实简单区分为需要证明的事实和无需证明的事实是证据法对事实的基本分类。对于无需证明的事实,例如众所周知的事实、依据经验法则可以判定的事实等,当事人也无需对其进行举证,也就谈不上对该事实的争执。而对于那些需要证据证明的事实则需要经当事人举证,经法官认定后才能予以判断的事实,而这些事实则可能成为事实争点。

按照日本民事诉讼法的分类,事实争点可以分为主要事实的争点、间接事实的争点和辅助事实的争点①。"所谓主要事实(Hauptsache),也称为法律要件事实(erhebliche Tatsache)或直接事实,其是判断权利得丧变更等法律效果所需直接依据的事实"②。"所谓间接事实(Hilftatsache),也称为凭证(Indizien),是指能够借助经验法则或逻辑规则推断主要事实是否存在的事实。所谓辅助事实,是指能够明确证据的证据能力和证明力的事实"③。间接事实虽然不是主要事实的证据,但通过对间接事实的认定可以推断主要事实是否成立,因此,间接事实与辅助事实一样,都发挥着证据资料的作用,都属于证明的对象。

2. 关涉案件证据的争点整理

证据作为证明事实存在的客观存在,其应具备支撑该事实是否存在的功能和价值。从我国民事诉讼立法来看,对证据的要求应当具备客观性、关联性和合法性,简称证据"三性"。当然,有论者认为从司法对证据的具体运作来看,证据"三性"已经让位于证据的主观性这一现实特征,进而认为应当舍弃对证据客观性的界定④。本文认为,虽然从"事实材料"上升为"证据"加入了主观性的因素,但并不能否认证据本身的客观存在属性。否定证据的客观性也就否定了待证事实的客观性,这显然与人们的惯常认识是不相符合的。坚持证据的"三性"有利于案件的调查以及证据的搜集,在探讨证据时仍应坚持证据"三性"的划分。

同时,应当明确的是,证据实际上扮演着两重角色,存在一个二阶化的过程:在法庭认证之前,证据的属性仅仅体现为支撑事实主张中的事实可能为真的面向,而经过法庭认证之后,其功能即进阶到支持其诉讼请求的面向。同时,事实材料上升到证据也经历着二阶化的过程:首先,应对证据的客观性予以审查,使其符合法律事实的一般特征;其次,应明确证据所要证明的对象,也就是其与诉讼请求的关联性问题以及证据材料对事实主张的证明力问题。经过这两个阶层的划分和跳跃,对"事实材料"才能真正称其为证据。由

---

① 除上述三种分类外,尚有所谓"事情"(案情)之分类,意指案件发生原因、具体经过等案件的背景事实,这种事实对于更全面的了解案件以及影响法官心证的形成都具有一定意义。
② 李清源:《要件事实理论在建设工程合同纠纷诉讼中的应用》,华东政法大学2014年硕士论文,第5页。
③ [日]高桥宏志:《重点講義:民事訴訟法》,东京有斐阁2004年版,第358页。
④ 张晋红、易萍:《证据的客观性特征质疑》,载《法律科学》2001年第4期,第105页。

此不难看出，证据在经历第一步的"跳跃"之时，其必然携带着彰显对主张事实的独立性，将其作为争点整理之一种有一定的科学性。

3. 关涉法律适用的争点整理

人们对法律争点的认识经历了一个从否定到肯定的过程。传统观点认为，因为法官知法，所以在将纠纷事实呈现给法官后当事人的法律义务就到此为止；至于适用何种法律以及如何判决则是法官的事情，这就是典型的"汝予吾事实，吾予汝法律"（Da mihi factum，dabotibi jus）。但自二十世纪开始，由于法律的完美神话被打破，这种诉讼观念也随之发生变化，诉讼逐渐朝着讲求当事人处分权和辩论权的方向发展，法律成为开放性的问题，需要当事人和法官共同讨论。在案件的审理过程中，法官逐渐摆脱了自助售货机式的角色，改而呈现出与当事人共同找寻适当法律适用的状况，协同主义由此产生①。在协同主义的主导下，法官在行使审判权的过程当中，不再是僵硬地采用"大前提——小前提——事实"这一传统的三段论裁判模式解决案件，而是代之以类比的方法进行案件事实的裁判。由此形成了"法官——当事人——律师"的合作结构。在这种合作框架下，各种事实将被作为案件的动态"因子"进行运作，采用集体智慧使事实判断和法律适用在这种耦合状态下逐渐发酵成熟，诉讼民主与对话的沟通机制得到尊重，法律争点也就随之产生。

当然，法律争点也有其特定范围。前已论述，此处的法律争点应做狭义的理解，即此处的法律争点应当特指实体法律的争点。而法律争点的范围也就应放置于实体法框架内进行探讨，这显然又涉及到法解释学的范畴。依据法解释学的观点，法律争点一般应当包括"对法规范冲突的协调，对法语义模糊的确定以及对法规范空白的填补"②。法官在当事人中间居中裁判，判定双方的法律争点是否属于可争执的范畴，比如，高空坠物致人损害的法律争点不应争执并适用关于动物致人损害的法律。将法律争执的范畴限定在"真的问题"上，而不是因欠缺法律问题或法律意识而提出的不具评判性的"假问题"。美国《联邦民事诉讼规则》即规定，"检索并发现法律，并向法院提示法律的适用是当事人的义务"③。我国的相关立法实际上也已经有所体现。例如，2010年颁行的《涉外民事关系法律适用法》第十条即规定：涉外民事关系适用的外国法律……当事人选择适用外国法律的，应当提供该国法律。由此可见，当事人间通过某种程序，向法院传递法律争执的过程也是对法律适用的整理过程。

4. 关涉程序性攻击防御方法的争点整理

由于现代民事诉讼模式普遍呈现当事人主义的诉讼模式，因此，讲求当事人在诉讼程序中的主体地位，将诉讼内容及运行轨道框定在"当事人——法院"的区间内规范运作，这也是现代民事诉讼与司法现代化的基本追求。由于当事人主义讲求处分权主义和辩论主

---

① 姜世明编：《修正辩论主义与协同主义之时代论争》，新学林出版有限公司2017年版，第107页。
② 孙笑侠：《基于规则与事实的司法哲学范畴》，载《中国社会科学》2016年第7期，第133页。
③ 冯文生：《争点整理程序研究》，载《法律适用》2005年第2期，第45页。

义，赋予当事人广泛的事证搜集方法与攻击防御方法也就成了题中之义。所谓攻击防御方法，也就是指当事人为实现其诉讼请求及主张而提出的事证资料及其理由。程序性的攻击防御方法就是指当事人为实现其诉讼请求及其主张而采用的程序性方法。这种方法可能会熔断之后的程序进行，例如，当事人提出诉讼时效罹于消灭的攻击防御方法；也可能为触发新的程序机制之运行，例如，当事人请求法院启动中间判决。显然，将程序性攻击防御方法单列出来是有现实意义的，这一方面会节约诉讼成本，提高诉讼效率，防免程序的无意义进行，例如，对方当事人提出诉讼时效就无需再审查其他事实、法律和证据争点；请求采用小额诉讼程序就无需再考虑上诉的问题等。另一方面，也会防止突袭性裁判的发生，保障当事人的听审请求权，例如，诉之合并的请求（包括单纯合并、预备合并、选择合并、重叠合并、竞合合并等①）、采法官独任制审判还是合议制审判等。这些问题在程序性攻击防御方法一并提起后可以一并解决，这样也可以保障当事人有充分的辩论时间，也可将程序固定，防止突袭性裁判的发生。

一般而言，当事人会在民事程序进行中预先进行试探性的辩论准备从而实现对案件审理的协商，大陆法系如德国的"首次期日辩论程序"、日本的"非正式的（准备性）口头辩论"等都属于此②。在这一协商过程中，当事人会积极的提出对己方有利的程序性事项（当然，这种程序性事项可能夹杂在事实陈述当中），例如，请求采用简易程序或小额程序审理案件，增加或者变更诉讼请求、变更或追加当事人，提出反诉等。如果一方当事人对另一方当事人的程序性提揭事项作出积极答复（例如，主张、抗辩或请求等），则这些程序性的手段就会变成争执性的事项均可以作为整理的内容。

三、争点整理程序对司法裁判的具体影响

我国案件审理模式先后经历了从"先定后审"到"一步到庭"再到重视审前程序的演化过程，每次模式的转变也必然导致了司法裁判方法和内容的转向，争点整理程序作为我国新的案件审理模式，其对司法裁判的影响也不例外。依据通说观点，司法裁判可以分解为事实判断、法律获取和法律解释三种具体过程，以下笔者将从上述三个方面具体论述争点整理程序对司法裁判的影响。

（一）争点整理程序对事实判断的影响：争点简化协议

集中审理最终目的在于促进诉讼，但并非是为了求快而忽略对案件真实的发现，以致阻碍公平正义的实现。同时，受协同主义的影响，当事人可能在整理争点过程中出于各种原因，对某些争点达成简化的协议。这种争点简化协议除了有助于日后针对真正的争点进

---

① ［日］木川统一郎等：《民事訴訟法重要問題講義（上卷）》（第2版），成文堂2019年版，第98页。
② 许可：《论当事人主义诉讼模式在我国法上的新进展》，载《当代法学》2016年第3期，第9页。

行集中调查证据外,也能够防免当事人在争点整理之后复又提出其他攻击防御方法,从而达到发现真实、促进纷争彻底解决的目的。由此可以看出,争点整理程序与简化协议程序实际上共同组成了民事争点整理程序,是该程序的"一体两面",争点简化协议的制度充实能够实现案件的集中审理,对法官认事用法也产生重要影响,以下笔者将就争点协议简化中的事实争点简化及证据争点简化对司法裁判的影响进行讨论。

1. 争点整理程序中事实争点的简化协议及法律效果

对事实、证据的整理通常是在诉讼标的及诉之声明特定以后才进行的整理事项。关于事实上、证据上争点整理的必要性与程序机能,邱联恭教授曾有精彩的论述,其认为"在本案审理过程中,为裁判诉之声明有无理由,及确定权利义务之存否,一般系先确定该当于导致发生特定法律效果的要件事实是否存在,并且在认定此要件事实所必要的范围内,亦应搜集、判断有助于其推认(推定)之间接事实是否存在"①。事实上及证据上争点整理程序就在于"确定当事人所主张的主要事实,与该主要事实相关联的间接事实,以及其他事实具有关联性的证据是什么;对方所争执的事实以及不真实的事实是什么。就有争执的事实法官应阐明是否已经为证据声明并促使应举证者为证据声明、就书证使其声明人之对造为否认之陈述、取舍暨经声明的证据、掌握有助于自主解决纷争的背景事实为何等程序的践行"②。在整理事实时,法官应妥善运用诉讼指挥,强制要求当事人在起诉或主张事实的阶段,应就纷争的历史事实依照连续陈述故事的方式,并说明可资判断其主张或否认成为有理由所必要的间接事实或凭证等。

事实的整理不仅与诉讼标的的特定有关,与证据的声明甚至有关法律方面的争点整理也有关系。并且,事实与法律、证据常具有牵连性,因此法院促使当事人整理并简化协议争点,或当事人自律性争点整理与简化协议,并没有必要就各个争点分别予以整理。在对事实的整理及简化过程中,首先,当事人已经对上位的诉讼标的进行了整理,然而整理事实并不以与诉讼标的有关的要件事实为限。原告方面,除了应表明与诉讼标的有关的原因之外,还应该具体表明其请求所依据的事实及理由,对被告抗辩的事实进行承认与否的陈述,如果有争执,那么理由是什么应当予以清楚陈述;被告则应具体表明答辩的事实和理由,对原告所主张的事实及证据进行承认与否的陈述,如果有争执,也应当说明理由。由此可见,对事实的整理及简化就是在"一攻一防"的事实主张具体化的过程中不断形成。同时也可以看出,对于实体法的了解与掌握在进行争点整理过程中是不可或缺的。凡是与适用实体法有关的事实,不论是主要事实亦或间接事实,还是辅助事实均应当予以整理。

关于事实争点的简化协议,有学者认为,"双方当事人可以成立有关主要事实或间接事实的自认,或者予以限缩(将该事实排除在争点的范围之外),自认的撤销、限缩法院

---

① 邱联恭:《争点整理方法论》,三民书局2001年版,第23–24页。
② 黄涣文:《论民事诉讼之争点整理与简化协议》,中正大学2013年硕士学位论文,第223页。

职务上已知或显著事实、限制证据、鉴定人选任及举证责任分配的协议等"①。由于简化协议以双方当事人的一致意思表示为基础，显然属于一种程序处分权的行使样态。赋予双方当事人程序选择权，则能够据此取舍事实、证据，让当事人理性的选择决定优先追求的实体利益和程序利益，从而在平衡点上寻求发现和确定真实，这显然也是现代诉讼的制度追求。因此，笔者认为争点简化协议对当事人也应具有效力，这种效力具体表现在：对于经过当事人整理并且简化的争点，为尊重当事人的权利主体地位，对于诉讼审理范围及事实主张、证据提出具有决定的权能，从而平衡保障其实体利益和程序利益，并节省司法资源的付出，应当承认法院可以将当事人协议简化后的相同陈述直接作为裁判的依据，无需再就该相同陈述另行进行审查。

2. 证据争点的简化协议及法律效果

就当事人所声明的证据进行争点整理后，有助于当事人进一步的协议简化证据，从而达到限缩证据上争点的效果。一般认为，就证据争点进行的简化协议属于诉讼契约的一种表现形式。除了诉讼上的自认和舍弃证据等程序上的行为之外，也包含广义概念上的证据契约（包括自认契约、仲裁鉴定契约、鉴定人选任契约等），从而对其后的审理发生拘束力。但对于证据契约的概念，学者们的定义不尽相同，采广义见解者认为，"当事人对裁判所需要的重要事实或证据，就证明程序上有关的事实进行约定，都可以称为证据契约。有学者则综合证据的特性，认为证据契约可分为最狭义的证据契约（证据方法契约）、狭义的证据契约（包括自认、推定与证据方法契约）、广义的证据契约（包括举证责任契约）和最广义的契约（包括所有关于确定事实或以任意方法确定事实的约定）"②。如果当事人间合意就特定诉讼标的及其原因事实确定其证据方法的证据契约，如果其内容不妨碍公益以及不侵害自由心证，并在当事人原有自由处分的权限及辩论主义的适当领域内进行划定，那么，基于私法自治原则应当承认其效力。

某一案件中对事实和证据的整理以及协议简化，在法理上是相通的，并且该两者处于互相交融的状态。法官在对双方当事人就事实部分的争点进行整理并协议简化后，如果双方就部分事实仍然存在争议，此时应进行证据方面的整理。事实应依据证据进行推认，就证据进行整理及协议简化的目的在于证明事实。若当事人对整理并协议简化争点的结果不存在争议，理论上也就没必要进行证据的整理并协议简化的必要③。在实践中，如果当事人对于案件事实没有异议，显然这类证据也将被排除出庭审的审查范围，以此达到证据简化的效果。如果存在争执，那么就应当声明所用的证据到底是什么。也就是由负举证的当事人声明证据。如果当事人不知或者怠于举证，法官应通过诉讼指挥的方法敦促其举证。

---

① 邱联恭：《争点整理方法论》，三民书局2001年版，第85页。
② 姜世明：《民事证据法实例研习》，新学林出版有限公司2008年版，第16页。
③ 这种情况在实践中并不罕见。例如当事人对事实没有争议，而仅就不争执的事实如何适用法律（发生何种法律效果）存在争执。

因此，就证据上的争点整理而言，就是指对有争执的事实，整理当事人声明用以证明该事实的证据种类、方法、当事人对彼此声明的证据能力是否争执。

（二）争点整理程序对法律适用的影响：证明责任与司法裁判

1. 要件分类与"真伪不明"

证据作为证明事实存在的客观存在，其应具备支撑该事实是否存在的功能和价值。如果认为承担证明责任是一种败诉风险的外化表述的话，那么负担证明责任的当事人承担何种主张内容从而避免这种败诉风险的产生就是举证责任的分配。但受限于成文法的局限性，立法者不可能对每个要件事实都作明确且具体的列举责任分配。因此，学说逐渐接管这种立法的空缺从而发展出多种证明责任分配理论。从举证责任分配的一般学说发达史梳理可以看出，举证责任分配的学说经历了规范说（罗森贝克教授为代表）——法律要件分类说（兼子一教授为代表）——修正的法律要件分类说（高桥宏志教授为代表）——利益衡量说（石田穰教授为代表）的学说发展过程①。四种主要学说的主要观点分别可概括为：前三种理论均承认"三分法"，同时其内涵又各有区别。规范说承认"条文结构"、法律要件分类说承认"证据法因素、立法旨趣和条文结构"、修正的法律要件分类说承认"证据法因素、立法旨趣"而撤去对"条文结构"的考量，利益衡量说则不承认三分法，而是将"证据法因素、立法旨趣"作为学说的根基。从我国学者对证明责任分配的研究来看，基本都承认证明责任的三分法②，但是在三分法的基础上又提出了一些新的主张，例如，李浩教授和陈刚教授在承认三分法基础上又加上了"证据法因素、立法旨趣和条文结构"三个因素。当然，随着我国学者对英美法系国家证据规则的认识不断深入，有学者，例如叶自强教授，将英美证据规则相关学说引入我国，从而产生了"公平原则和原告负担"的新型学说③。但从目前法律实务而言，由于规范说的简洁性并且极容易操作，因而在实务中仍然占据主导地位。

本文主张要件分类说。从法官对案件审理的一般逻辑来看，仍然遵循着"诉讼标的——主要事实——间接事实——辅助事实"的方法展开，也就是说，对案件事实的审查是在一个综合考量的基础上作出。当然，依据审理的一般特质，法官对主要事实的审查需要间接事实予以支撑，从而可以推断对间接事实的审查实际上占据主要地位。以甲诉三得利啤酒公司侵权赔偿案为例，在该案例中，"三得利瓶装啤酒爆炸"为主要事实；"原告当天并未饮酒或吸毒，意识清晰，且身体状况良好"为间接事实，用来推定主要事实之存在；而"原告提供其好朋友乙关于亲眼目睹啤酒瓶爆炸的证言的事实"或者"原告提供

---

① 对各个学说的具体论述可参看：许可：《民事审判方法》，法律出版社2009年版，第65－70页。
② 证明责任三分法的经典表述可看李浩：《民事证明责任研究》，法律出版社2003年版，第149页。
③ 叶自强：《英美证明责任分层理论与我国证明责任概念》，载《环球法律评论》2011年第3期，第343－345页。

的证人之前有撒谎的不良前科的事实"则都属辅助性事实。法官在案件审理过程中,对啤酒厂是否应承担侵权责任的审查并不会止于主要事实"啤酒瓶爆炸"这一点,而是会通过对间接事实的审查从而推定主要事实是否存在。笔者认为,在争点整理程序过程中,对举证责任的分配同样也应当限定在要件事实上,对要件事实的分配构成了争点整理程序中的主要证明责任分配形态。

当然,仍然需要明确的是,举证责任分配适用域仍然集中体现在对真伪不明事实的后果判定上,这就涉及到真伪不明与证明标准的关系。所谓真伪不明是指法官经过审理后,仍然对该事实无法达到确定的心证,此时,负有举证责任的当事人应当承担败诉的风险。但是,实际上法官心证会存在两种形态,即对某一要件事实达到认为其存在的心证(B)和对某一要件事实达到其不存在的心证(A),而介于A和B之间的形态即为真伪不明,如下图所示。

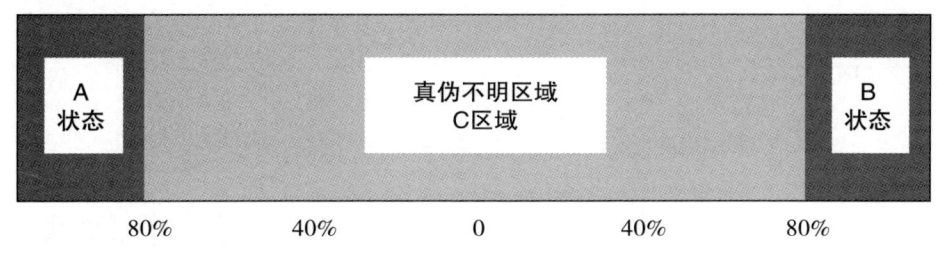

图一 "真伪不明"心证状态图示①

从上图中我们看到,证明标准实际上与真伪不明呈现负相关的关系,证明标准越高,真伪不明区域越大,反之则越小。但民事证明标准不可能规定为极值0,因此,真伪不明一定会存在于民事诉讼当中。当然,从法律效果来看,状态A和B并没有任何区别,都是负举证责任一方当事人承担败诉的风险。但是,针对不同状态,法官在撰写判决文书时的表述也会不同,其直接又导致了上诉审的审查范围的差异。针对状态A的表述,法官一般表述为"被告所提出的证据能够证明原告的主张不能成立",而针对状态B的表述,法官一般表述为"原告所提供的证据不足以支撑其诉讼请求,因而驳回原告的诉讼请求"。在上述状况下,在我国的法律框架下也许效果差异并不明显,但在三审制国家,对状态A的表述仅体现出对事实的判断,其可以成为第二审的审理对象,但不能成为第三审的审理对象;对状态B的表述由于涉及法律问题,则可以成为第三审的对象。

2. 证明责任与司法裁判过程

就我国的法律规定而言,在争点整理程序中,法官在争点确定后,围绕已经确定的争点,应当通过释明的方式向当事人分配举证责任。根据民事诉讼法司法解释第90条第2款以及《证据规定》第2条第2款的规定,若当事人没有提供证据或证据不足,则其应当

---

① [日]伊藤兹夫:《事实认定的基础》,有斐阁1996年版,第155-157页。

承担败诉后果。但是，如果对该表述进行细分就会发现，对没有证据导致的败诉后果又可区分为当事人没有提供证据以及提供的证据无法达到证明的目的两种类型。前一种仅涉及行为责任，后一种是结果责任，行为责任显然是与客观证明责任无关的，本文不予以讨论。但对于后一责任形态则属于上图 B 的情形，能够体现出法官对案件心证的判断。我国民事诉讼法司法解释以及《证据规定》将上述两种情况混为一谈，这显然是不合理的，在民事争点整理程序中，法官应当对上述两种情况予以区别对待。

那么，在争点整理程序过程中，法官应当如何对举证责任予以分配，则需要检讨法官的审理过程和当事人的举证过程。一般而言，当事人的举证过程应当根据其诉讼请求，然后针对诉讼请求所契合的法律上构成要件向法院描绘出主要事实，进而举出主要的证据予以证明①。但法官的审查顺序则刚好相反，因为首先映入法官眼帘的是主要证据，根据主要证据而后判定当事人所描绘的主要事实是否存在（一贯性审查），进而透过主要事实再审视构成要件是否该当于法律规定，最后推断出当事人的诉讼请求是否成立。这种审理过程如下图所示：

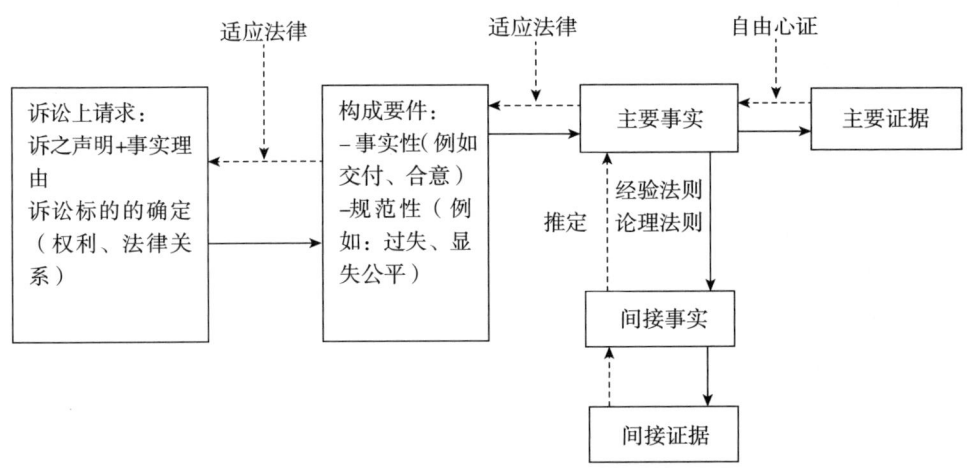

图二　司法裁判法律适用和争点整理过程

上图中的实线箭头代表当事人的举证过程，虚线箭头代表法官审查案件的过程。从上图可以看出，就举证责任而言，更多的集中在对主要事实和间接事实的分配上。实际上，"每一个诉讼标的都指向一个具体的请求权基础。诉讼标的争点一经特定，若无变动，其中蕴含的法律争点便会自动浮出。在协同主义的诉讼模式下，法律争点系指当事人之间或者当事人与法院之间因法律见解不同所形成的争议"②。故在诉讼标的的引领下，当事人和法官共同协作整理出本案的争议焦点，而后当事人应当对该争议焦点列举出事实性和规

---

① 黄湧：《民事审判争点归纳：技术分析与综合运用》，法律出版社 2016 年版，第 7 页。
② 吕玉赞：《如何寻找"裁判理由"：一种系统化的操作》，载《东方法学》2020 年第 3 期，第 104 页。

范性的内容，这实际上又是一个纯化案件事实的过程。经过对案件事实的纯化，支撑主要争点的主要事实得以凸显，这种凸显进而又指向了主要证据和间接证据的提证，如此才能构成一个完整的争点整理的举证责任分配过程。也就是说，在对争点不断纯化的过程就是法官依据审理程序的不断推进，进而不断分配举证责任的过程，同时也就是要件事实不断被提纯和展示的过程，对要件事实给予不断地分解和要求举证的过程①。当事人履行完相关举证责任后，该案件的审理也就进入尾声。法官通过案件的审理即可以得出相应的心证，进而判定谁应当承担败诉风险。

（三）争点整理程序对法律解释的影响：法官阐明与最佳说明

由于立法的抽象性，因此立法所设定的一般命题不能裁判具体案件，由此也就引申出法律解释的意义，法律解释在司法裁判中广泛存在②。由此产生的法律解释学即是"介于立法学和法律社会学之间的中介学科，它要在规范与事实之间架起一座桥梁，其所从事的工作是一种语言转换，是一种从法律的概念世界、规范世界到司法生活语言的转换"③。争点整理程序作为一种新型的司法裁判方式，其对法律解释的影响可归纳为法官阐明与最佳说明两个层面。

1. 争点整理程序中的法官阐明

按照国内立法例的一般规定，由法院所主导的诉讼指挥权，除了法律明文规定之外（例如，德国法规定言词辩论的开始与结束及指挥权由审判长行使，日本及我国台湾地区也有类似的规定，我国大陆立法规定法庭调查、法庭辩论的起始由审判长把控），立法并没有设置原则性的规定，而是将法院关于诉讼指挥的权能分散在诉讼程序的各个阶段，而法官阐明则是其中一项非常重要的权能。法官通过阐明权的行使，使法官与当事人间就该诉讼的主张及举证上的相关问题达成共识，并决定诉讼的方向及范围。也就是说，法官阐明在诉讼指挥权能上扮演极其重要的角色，缺少法官阐明，诉讼指挥权就无法发挥其应有的功能。显然法官阐明一方面可帮助当事人依据法律的规定实施相关权利，一方面也使成文法的一般命题得到具体实施。在争点整理程序中，法官阐明主要聚焦于事实审中的阐明和法律审中的阐明。

立法在设立法官阐明之初，存在两种目的期待：一方面，通过法官阐明能够实现案件的公正解决；另一方面，法官阐明也能够保证当事人进行充分的辩论。因此，在事实审阶段法官的阐明需要符合上述两种目的期待，无论采用积极的阐明还是消极的阐明，立法都是允许的。因此，在采用续审制的国家，由于第一审和第二审都为事实审，所以在两个审级中法官阐明的方式及范围应该不会存在太多差别。但值得注意的是，如果案件在第一审

---

① ［日］田中丰：《民事訴訟の基本原理と要件事実》，民事法研究会2013年版，第61页。
② 陈金钊：《法律人思维中的规范隐退》，载《中国法学》2012年第1期，第5页。
③ 陈金钊：《再论法律解释学》，载《法学论坛》2004年第2期，第24页。

时已经对事实及证据进行了争点整理，法官也在相关程序推进过程中充分进行了阐明，当事人在法官引导下也充分进行了辩论。如果案件仍然被上诉到第二审，那么，法官阐明的方式势必应当与第一审时有所区别。

至于在事实审中法官阐明的范围应当包括哪些，日本学者认为，"既然法官阐明的立法前提是法官在行使公权力，法官行使阐明必然会给当事人带来一定的影响，那么，法官阐明的范围也应当有一定的边界"①。至于法官阐明的范围应如何界定，有学者认为，存在如下三种情况：①法官没有过度行使阐明时，则不存在法官阐明违法的问题；②如果法官过度行使阐明，则可以作为申请法官回避的理由；③法官过度行使了阐明，则应当给予当事人防御法官的机会，因此，该事由可以作为上诉至第三审的法定事由。当然，我们也应当注意，即使法官行使了阐明，但当事人是否回应以及如何回应，完全取决于当事人的态度，因此，从形式而言，法官阐明的行使并不会违反辩论主义的要求。在没有发生突袭性裁判或者当事人并不会因法官不阐明就无法获知法官的心证从而没有进行完全且适当的辩论，或者当事人攻击防御的平衡没有被明显打破时，对法官阐明范围的容忍应置于较大的限度当中。

就法律审的特征而言，法律审多呈现出书面审理的特点，虽然法律并没有禁止当事人在法律审中不能进行言词辩论，但在司法实践中当事人进行言词辩论的情形实际上是非常少的。因此，在法律审中，法官行使阐明的情形也就比较少见。但法官较少进行阐明并非承认在法律审中没有法官阐明，我们仍然可以通过阅读相关判决文书得知法官阐明的内容。而在法律审中，法官阐明的内容多体现在对原审（包括一审、二审）没有行使阐明或者阐明错误的批判，从某种意义上说，法律审的法官阐明更多的呈现出法官对原审法官阐明的评价。也即，法律审法官的阐明更多的体现对下级审法官阐明的把控和审查。但问题是，如果在法律审中法官发现有阐明行使不当的问题时，是否应当将案件废弃发回？针对该问题，学者存在不同的认识，有学者认为应当根据审理的过程是否显然违反庭审程序，造成程序推进明显粗糙，或者违反诉讼制度的理念，或者存在对阐明的重大遗误，否则法律审不应当将案件发回②。有学者则认为，法官行使阐明要根据在特定情形下，其是否具备较高的盖然性从而获得适当的判断；也有学者综合上述两种观点的基础上，导入后果导向性的判断标准，即将案件胜败是否可以扭转、如果给予当事人陈述机会，其主张的法律要件是否适当、对法官阐明期待的可能性以及当事人间的公平等考量因素，从而做出综合利益的考量③。笔者认为，我们应当在考量法律审基本定位的前提下，才能对法律审中法官阐明的行使范围予以划定。法律审的主要功能在于维护法律适用的统一，其将法的安定性作为审理案件的最高价值追求。因此，在判定法官阐明的范围时，应当将法的安定性这

---

① ［日］山本和彦：《闡明義務》，载《ジュリスト民事訴訟法の爭點》1988年第2期，第244页。
② ［日］石田秀博：《闡明權と裁判官の忌避事由》，载《愛媛の法学雑誌》2006年第4期，第289页。
③ ［日］三木浩一：《判例研究》，载《庆应大学法学研究》2011第5卷，第156–158页。

一要素予以对比：如果法官阐明后，并不会对法的统一适用及法的安定性造成冲击，那么，此时法官才能再考虑案件的公平性等问题，进而做出符合案件公平性的判断；如果法官阐明后，会对法的统一适用及法的安定性造成冲击，致使法律的适用成本攀升（包括清理陈旧的法律、错误的判例等所消耗的成本），此时，某一案件的公平实际上应当让位于更高层级的价值追求。在该种情况下法官就不应当再在原审阐明的范围之外再做另一种解释。换言之，我们应当采用系统论的方式①，对法律审中法官阐明界限应做一个合法律和合成本的框架下进行解释和划定。在这种系统论的框架下，法的安定性是价值的最高追求，同时也应当糅合"法官中立""程序利益保护""当事人自己责任原则"等价值追求。

2. 争点整理程序中的最佳说明

最佳说明是解决案件事实归纳推理的描述性问题和确证性问题的方法论，其能够帮助人们解决"休谟问题"的追问，法官在案件裁判过程中需要不断找寻对本案判决的最佳说明②。按照司法裁判的一般逻辑出发，当事人应向法院提出本方的诉讼请求及其支持本方诉讼请求的具体事实和理由，完成请求法官支持本方诉讼请求的"最佳说明"；法官首先需着眼于案件的主要事实，然后尝试通过法律适用推知本案的构成要件是否满足于法律的规定，进而才能确定是支持还是驳回一方当事人的诉讼请求。根据本文图二示例可知，在司法裁判过程当中，法官需要面临两次法律适用，对应的需要回答两次为何适用该法的"最佳说明"，虽然这种"最佳说明"更多的体现在裁判文书之中，但在争点整理程序下，法官"最佳说明"的形态则是体现在对案件事实和证据的审查之中。争点整理程序作为司法裁判方法之一，其当然也呈现出最佳说明的投影。

争点整理程序中当事人的最佳说明可根据诉讼地位的不同划分为"一贯性"和"重要性"两个层面，前者对应原告的诉讼主张，后者对应被告的抗辩主张。所谓原告的一贯性是指，如果原告现实所主张之事实假定均系真实，从实体法予以评价结果，足以导出其诉讼上请求而成为论据，则原告请求即属具一贯性；如就此未能获得肯定之结论，则原告的主张本身欠缺实体法的正当性，应以其请求为无理由予以驳回。

被告的重要性是指，被告针对原告的主张据以答辩的主张本身，是否足以导致将原告的请求认为无理由而予驳回，如就此获得肯定的结论，则被告之主张即属具有重要性，而可进一步整理事实上的争点以厘清待证事实为何，并再行整理证据上的争点；反之，法院倘认为被告的主张欠缺重要性，则应予指明或表明法院所持此方面法律观点，而于被告受相当的程序权保障后，判决应支持原告的请求，或劝使成立诉讼上的和解或为认诺③。

争点整理程序要求原告的主张具备一贯性，被告的主张具备重要性，显然这种对原

---

① 解亘、班天可：《被误解和被高估的动态体系论》，载《法学研究》2017年第2期，第57页。
② ［英］彼得·利普顿：《最佳说明的推理》，郭贵春、王航赞译，上海科技教育出版社2007年版，第3页。
③ 邱联恭：《程序利益保护论》，三民书局2005年版，第114－115页。

主张一贯性和被告主张重要性的追求目的是实现案件争议焦点的凸显和对案件材料的"瘦身",也体现出我国《民事诉讼法》第 133 条第 4 项所要求的"围绕争议焦点进行审理"的立法本意。

法官在面对简单案件时,可依据通常的案件审判方法进行案件判决,对事实认定和法律适用应不会存在太多疑问,相应裁判的说明理由也相对简单。但在疑难复杂的案件当中,法官则需要倾注较多心血,从案件审理对象出发,从中筛选出对本案判决有用的信息或材料,撤去与本案无关的杂质,这不仅需要一套方法,更需要满足该方法对本案判决的最佳说明。实际上,争点整理程序已经为法官提供了一套筛选的技术,这种筛选技术就是采用"诉讼标的———一贯性——重要性——事实主张具体化"的审查方式。为清楚说明这几种技术的具体内涵,笔者拟采用案例分析的方式予以说明。

首先,法官在接到案件后,首先应确定"诉讼标的为何",因为诉讼标的构成最大的案件争点。如果诉讼标的未确定,则争点整理难能进行,或存在方向偏差。例如,原告请求乙应返还 A 物,其陈述:乙向甲借用 A 物,约定半年后返还,结果到期以后,乙却想据为已有而不还。乙抗辩:甲并非所有权人,无权请求。

该案例中的主要问题是:关于"甲是否为所有权人"是否可成为争点以及法院是否应进行调查。显然,甲为所有权并非争议焦点,该诉讼标的应当是所有物返还请求权,此时法官并不需要对甲是否具有所有权进行审查。

其次,法官应当对案件材料及当事人的主张进行一贯性的审查。所谓法官对原告主张的一贯性审查,则是指原告所主张之事实(假设为真)是否能推论出其作为诉讼标的之权利。如有不足,法院应阐明其提出。例如:原告请求被告返还借款,但未陈述有还款之合意;或未陈述金钱交付之事实(而是赌博欠的钱)。那么,此时法官应要求其进行明确。例如,原告甲起诉请求被告乙返还 10 万元。其陈述的事实"是乙从我这里拿走 10 万元,请法院主持公道,命他返还借款"。本案例的问题是:诉讼标的应如何确定以及"借款返还请求"是否已经特定。显然,该案例中的诉讼标的是基于借款返还请求权,诉讼标的是特定的。但问题是,甲的主张是否足以区辨此笔借款与他笔不同?答案显然是否定的。此时,法官应对甲的主张进行一贯性审查,也就是查明甲陈述的事实是否足以支持其请求。如果不是,应要求其明确到底是主张金钱交付还是还款合意约定等。

再次,法官对被告的抗辩进行重要性审查。所谓法官对被告抗辩的重要性审查,是指如果被告所提出之抗辩事实(假设为真)是否能阻碍原告权利之行使。例如,诉讼标的如为借用物返还请求,则非所有权人之抗辩,则不具重要性,该案件显然就可以简单化处理。例如,原告甲起诉请求被告乙返还 10 万元。其陈述之事实:乙在 2016 年 6 月 1 日来向我借钱,双方约定年息 5%,半年后还款,而从我这里拿走 10 万元,到现在已经超过一年了,都还没有返还给我。请法院主持公道,命他返还借款。被告抗辩:我已经还钱了。该案例的问题是:原告陈述是否具备一贯性以及被告抗辩是否具备重要性。答案显然是原告的陈述已经具备了一贯性，而被告的抗辩是否具备重要性并不明确。因为被告仅抗辩称"我已经还钱了"，但并没有就清偿这一陈述进行具体化的描述，法官也无从判断其抗辩到底是否成立。假如被告说，我已经在 2017 年 12 月 10 日通过银行转账的方式向甲的账户 6883XXX 转了 10 万元整并也已支付了利息，那么，被告的抗辩就满足重要性要求，法官此时对案件就能实现简单化处理。

最后，当事人的主张应满足具体化要求。所谓当事人主张应满足具体化要求，是指当事人的主张或者抗辩应当依据具体事实予以描述，并用该描述来支撑其的诉讼主张。例如，原告甲起诉请求被告乙返还 10 万元。其陈述之事实：乙在 2015 年 6 月 1 日来向我借钱，双方约定年息 5%，半年后还款，而从我这里拿走 10 万元，到现在已经超过一年都还没有返还给我。请法院主持公道，命他返还借款。因为是好朋友，所以没有写借据，但有友人 A 在场见证，请传 A 当证人。被告抗辩：我在 2016 年 12 月 31 日就还钱了，我交给他儿子 B，请他转交，请传 B 当证人。本案例的问题是：原告陈述是否具备一贯性、被告抗辩是否具备重要性以及原、被告双方的主张是否满足具体化要求。答案显然是肯定的。原告甲的陈述能够在形式上符合其诉请法院支持其主张的要件事实，而被告的抗辩能够在形式上否定原告的诉讼主张（当然这仅是形式上的符合，至于能否真正否定原告的主张则要看提供的证据）。并且原、被告双方的主张也符合具体化的主张，从其主张上能够直接锁定其所要主张或抗辩的对象。

法官采用"诉讼标的——一贯性——重要性——事实主张具体化"这种筛选技术，能够在审查案件是否属于疑难复杂案件时，就会涤除诸多根本不符合疑难复杂案件的材料或事实。经过这种方式的过滤后，诸多杂质被涤除出去，法官就可以很容易依据剩下的诉讼材料进行判定其是否符合疑难复杂案件的标准。该类疑难复杂案件当然可以适用争点整理程序进行审理。

当然，疑难复杂案件也存在例外不适用争点整理程序的情形，例如，经过"诉讼标的——一贯性——重要性——事实主张具体化"这种筛选技术的过滤后，以复杂疑难的姿态进入到争点整理程序后，法官经过审查，认为该案件呈现出来的争议焦点、法律关系等虽然存在多个，但仍然存在事实上的竞合问题或者经过法官阐明可以很快的排除，从而使得该案件成为简单案件。此时，该类案件显然也就没有适用争点整理程序的必要。

四、结语

为克服"案多人少"的现实矛盾，实现案件集中审理的目标，我国新民事诉讼法确立了争点整理程序。从案件审理的诉讼实务观察，在争点整理的引领下，法官可以通过整理原被告的法律争点、事实争点、证据争点和攻击防御方法争点，审视原告的诉讼请求、被告的抗辩、原告的再抗辩等过程逐步形成心证。如果法官形成了完全的心证，就可以终止辩论，从而进行最终的判决，但影响法官心证形成的关键在于间接事实的认定①。同时，争点协议简化主要是对案件证据的协议简化，法官应引导当事人对证据协议简化的达成，以实现审理对象的限缩和审理负担的减轻。

  需要注意的是，为保障案件判决透明化，法官应将获得心证的理由在判决书中予以载明②。由此可知，法院审理案件的过程与判决存在密切关系。然需要明确的是，"裁判理由并不会因为与案件争点的可能类型匹配就能自动呈现出来。在裁判文书说理中，法官只有借助相应的裁判开题术才能寻找到恰当的裁判理由"③。在践行以争点整理引领的集中审理模式下，法官与当事人经过协力后对案件的争点予以固定并简化，在庭审时将围绕争点进行举证、质证和辩论。经过庭审后，法官实际上是就几个争点单元进行判定。因此，判决文书的撰写也应与争点的审理进行契合。目前我国的判决文书显然无法达到争点整理程序的要求，显然有必要对裁判文书进行重构。本文仅是就争点整理程序对司法裁判影响中的部分问题进行了初步的分析，相关研究仍在继续。同时，笔者也期待本文的讨论能够为推进我国司法裁判的发展提供些许有益的探索和尝试。

（编辑：吕玉赞）

---

① 陈计男：《民事判决书制作合理化之刍议》，《民事诉讼法之研讨（十）》2006年版，第19页。
② 沈冠伶：《诉讼标的之阐明与纷争一次解决（下）》，载《月旦法学杂志》2017年3月刊，第26页。
③ 吕玉赞：《如何寻找"裁判理由"：一种系统化的操作》，载《东方法学》2020年第3期，第108页。

论排除规章适用的方法[*]

许迎玲[**]

摘 要 基于权力配置，法院仅对规章具有选择适用权、准确认权，而无司法审查权。对于违法无效的规章法院应当排除适用，但不能在裁判文书中宣告其违法无效。法院在运用法律方法排除规章适用过程中，存在错误运用法律方法、偏离合法有效判断标准等问题，导致裁判文书释法说理不足，亦不能有效发挥司法对行政立法的监督功能。为优化排除规章适用的方法，应从形式推理和实质论证两方面进行方法论上的考量和完善。排除规章适用首先应当运用冲突处理规则框定大前提；其次运用法律解释、漏洞补充等法律方法，在演绎推理过程中排除适用；最后运用法律论证方法检验大前提的正当性，围绕不同类型规章条文司法判断的重点、强度、要素等，从实质上阐明不适用的理由。

关键词 规章适用 冲突解释规则 漏洞补充 法律论证

基于"规章与法律、法规的地位和效力不完全相同，有的规章还存在一些问题"，1989年制定的《行政诉讼法》第53条规定：人民法院审理行政案件参照规章。[①] 但"参照"一词系不确定法律概念，容易引发不同的理解。为明确如何参照规章，最高人民法院将可参照范围限定为"合法有效的规章"；[②] 并赋予了参照行为强制性特征：一是适用规

---

[*] 基金项目：本文系国家留学基金管理委员会"2017年国家建设高水平大学公派研究生项目"（项目编号：201706480026）以及上海财经大学2017年研究生创新基金项目"指导性案例的司法应用研究"（项目编号：CXJJ-2017-379）的阶段性成果。

[**] 许迎玲，女，江苏大丰人，上海财经大学法学院博士研究生，研究方向为行政法方法论。

[①] 参见王汉斌：《关于〈中华人民共和国行政诉讼法（草案）〉的说明——1989年3月28日在第七届全国人民代表大会第二次会议上》，载《中华人民共和国国务院公报》1989年第7期，第311页。

[②] 《最高人民法院关于执行〈中华人民共和国行政诉讼法〉若干问题的解释》（已废止）第62条第2款规定："人民法院审理行政案件，可以在裁判文书中引用合法有效的规章及其他规范性文件。"《最高人民法院关于适用〈中华人民共和国行政诉讼法〉的解释》第100条第2款沿用此规定。

章之前必须进行合法有效判断,二是符合判断标准即合法有效的规章必须予以适用。① 由此可见,对于不符合判断标准即违法无效的规章,法院应当排除适用。然而基于权力配置,对规章享有审查权的是立法机关和行政机关,审判机关仅对规章具有选择适用权、准确认权,而无司法审查权。虽然该等权力均包含确认的意思,但在确认的前提、程度、效力等方面具有质的区别,法院只能确认规章合法有效,而不能确认其违法无效。② 因而排除规章适用的难点便集中于:如何在不宣告规章违法无效的前提下,实现对规章的排除适用?

通过对最高人民法院公报案例(以下简称公报案例)的考察,我们发现司法实践中已经形成了运用法律解释、漏洞补充等法律方法排除规章适用的有益经验。以冲突处理规则"上位法优于下位法"的运用为例,通过论证规章与上位法不符或者相抵触,即可实现不宣告违法无效而排除适用。同时对于与案件不相关,却系行政执法依据或行政相对人认为应当适用的规章,负有阐释义务的法院亦可运用法律方法排除适用。然而法院在运用法律方法排除规章适用过程中,存在错误运用法律方法、偏离合法有效判断标准等问题,导致裁判文书释法说理不足,亦不能有效发挥司法对行政立法的监督功能。因此有必要总结归纳法院排除规章适用的方法,分析、鉴别其中蕴含的司法技术,在吸收有益经验的基础上,结合法律方法论和行政法学原理进行理论建构,探寻法秩序内排除规章适用的方法论路径。

一、司法审判中排除规章适用方式的考察

公报案例具有权威性、典型性、样本的有限性等特征,是开展案例研究、考察司法实践的重要样本池。通过对1985—2019年发布的行政法公报案例进行筛查,本文选取了涉及排除规章适用的17起案例为样本,用以分析司法审判中排除规章适用的现状。③ 法院主要运用法律方法排除规章适用,也有不阐述理由直接排除适用的,具体情况如下:

---

① 《关于审理行政案件适用法律规范问题的座谈会纪要》强调:"在参照规章时,应当对规章的规定是否合法有效进行判断,对于合法有效的规章应当适用。"
② 参见江必新:《试论人民法院审理行政案件如何参照行政规章》,载《中国法学》1989年第6期,第83—84页。
③ 这17起公报案例为:(1)"无锡美通食品科技有限公司诉无锡质量技术监督局高新技术产业开发区分局质监行政处罚案"(2)"任建国不服劳动教养复查决定案"(3)"益民公司诉河南省周口市政府等行政行为违法案"(4)"焦志刚诉和平公安分局治安管理处罚决定行政纠纷案"(5)"平山县劳动就业管理局不服税务行政处理决定案"(6)"伊尔库公司诉无锡市工商局工商行政处罚案"(7)"丰祥公司诉上海市盐务局行政强制措施案"(8)"张成银诉徐州市人民政府房屋登记行政复议决定案"(9)"陆廷佐诉上海市闸北区房屋土地管理局房屋拆迁行政裁决纠纷案"(10)"山西省安业集团有限公司诉山西省太原市人民政府收回国有土地使用权决定案"(11)"射阳县红旗文工团诉射阳县文化广电新闻出版局程序不正当注销文化行政许可纠纷案"(12)"铃王公司诉无锡市劳动局工伤认定决定行政纠纷案"(13)"黄陆军等人不服金华市工商行政管理局工商登记行政复议案"(14)"丹阳市珥陵镇鸿润超市诉丹阳市场监督管理局不予变更经营范围登记案"(15)"黄金成等25人诉成都市武侯区房管局划分物业管理区域行政纠纷案"(16)"宜昌市妇幼保健院不服宜昌市工商行政管理局行政处罚决定案"(17)"桐梓县农资公司诉桐梓县技术监督局行政处罚抗诉案"。

(一) 运用冲突处理规则排除适用

《立法法》确定了"上位法优于下位法""特别法优于一般法""新法优于旧法"的冲突处理规则,学理上总结了"新上位法优于旧下位法"①"原则优于规则"等。"无锡美通食品科技有限公司诉无锡质量技术监督局高新技术产业开发区分局质监行政处罚案"(以下简称美通公司案)② 中,《食品安全法》第 84 条对无证从事食品生产的处罚尺度,明显重于《食品生产加工企业质量安全监督管理实施细则(试行)》第 79 条,美通公司主张适用后者。二审法院认为:"按照上位法优于下位法的规定为准,对同一事项食品安全法有规定的,应当以食品安全法的规定为准。"即法院运用"上位法优于下位法"排除了对部门规章的适用。

(二) 运用法律解释方法排除适用

广义的法律解释方法包括狭义的法律解释方法,不确定法律概念和一般条款的类型化,以及漏洞补充方法,狭义的法律解释方法可以分为三大类:文义解释,论理解释(体系解释、目的解释、历史解释、合宪性解释等)和社会学解释,本文在狭义的法律解释及其方法层面展开论述。③ 在"任建国不服劳动教养复查决定案"(以下简称任建国案)④ 等 3 起公报案例中,法院综合运用论理解释方法排除了对规章的适用。具体而言,任建国案中,作出劳动教养决定的依据为《山西省人民政府关于企业厂长、经理依法执行职务的规定》第 8 条第 2 项:以暴力、威胁方法阻碍厂长、经理依法执行职务,尚不够刑事处罚的,依照国家有关规定予以劳动教养。法院运用体系解释、限缩解释,联系《国务院关于劳动教养问题的决定》《国务院关于劳动教养的补充规定》和《劳动教养试行办法》三则行政法规,为制定机关辩驳:"行政法规规定的劳动教养适用对象有以暴力、威胁方法阻碍厂长、经理依法执行职务的行为时,可对其实行劳动教养。"由于原告不属于行政法规规定的劳动教养对象,法院排除了对地方政府规章的适用。

"益民公司诉河南省周口市政府等行政行为违法案"(以下简称益民公司案)⑤ 中,益民公司认为《招标方案》中交纳五千万元保证金的要求,严重违反了《工程建设项目施工招标投标办法》第 37 条第 2 款有关投标保证金"最高不得超过八十万元人民币"的限制性规定。法院运用体系解释、目的解释,联系该办法第 40 条有关"投标人撤回投标文件的,其投标保证金将被没收"等规定,认为:该办法设定投标保证金的目的在于为招标

---

① 杨登峰:《下位法尾大不掉问题的解决机制——"新上位法优于旧下位法"规则之论》,载《政治与法律》2014 年第 9 期,第 60 页。
② 参见《中华人民共和国最高人民法院公报》2013 年第 7 期,第 44 - 48 页。
③ 参见王利明:《法学方法论》,中国人民大学出版社 2011 年版,第 321、324 页。
④ 参见《中华人民共和国最高人民法院公报》1993 年第 3 期,第 111 - 112 页。
⑤ 参见《中华人民共和国最高人民法院公报》2005 年第 8 期,第 23 - 33 页。

活动的顺利进行提供担保,而《招标方案》设定保证金的主要目的在于为"西气东输"利用项目提供资金上的保障,不属于该办法中规定的投标保证金。简言之,基于设定保证金目的的不同,法院排除了对部门规章的适用。

"焦志刚诉和平公安分局治安管理处罚决定行政纠纷案"(以下简称焦志刚案)① 中,法院同样运用体系解释、目的解释,联系《公安机关内部执法监督工作规定》第1条有关制定目的的规定,解释第13、19条框定的规制范围,得出如下结论:"056号处罚决定书……不在《公安机关内部执法监督工作规定》所指的'错误的处理或者决定'之列,不能仅因交警部门认为处罚过轻即随意撤销。这样做,只能是与《公安机关内部执法监督工作规定》的制定目的背道而驰。"即法院认为原处罚决定不属于错误的决定,进而排除了对部门规章的适用。

(三)运用漏洞补充方法排除适用

法律漏洞表现形式繁杂,对不同种类漏洞进行补充时须采取不同的策略,漏洞补充方法无外乎:类推适用、目的性限缩或扩张、根据法律原则、依据法律精神、利益衡量、根据事物本质和法官的创造性个人评价等。② "平山县劳动就业管理局不服税务行政处理决定案"(以下简称平山县案)③ 中,被告认为9万余元罚款不属于《行政处罚法》第42条规定的较大数额罚款,进而未告知当事人有要求举行听证的权利。从裁判文书的表述来看,法院运用正当程序原则补充了"较大数额"的范围,而未适用已将其细化为"1万元以上罚款"的《税务行政处罚听证程序实施办法(试行)》第3条。法院认为:"法律虽然没有明确数额较大的界限,但是也没有明确9万余元的罚款不属于数额较大……"

益民公司案和"伊尔库公司诉无锡市工商局工商行政处罚案"(以下简称伊尔库公司案)④ 中,法院运用利益衡量方法,在追求形式法治、固守制定法权威、维护法的安定性与追求实质合理、尊重行政体制现状、维护法的正当性之间,选择了后者,适用了行政规范性文件中有关行政主体资格的规定,而未适用相关部门规章中的规定。例如益民公司案中,法院认为:"《城市燃气管理办法》第四条虽有'县级以上地方人民政府城市建设行政主管部门负责本行政区域内的城市燃气管理工作'之规定,但鉴于国务院及河南省两级地方政府已将'西气东输'利用工作交各级计委负责,故该规定不能适用于本案。"

(四)不阐述理由直接排除适用

在"丰祥公司诉上海市盐务局行政强制措施案"(以下简称丰祥公司案)⑤ 等11起公

---

① 参见《中华人民共和国最高人民法院公报》2006年第10期,第44-48页。
② 参见陈金钊等:《法律方法论研究》,山东人民出版社2010年版,第554-555页。
③ 参见《中华人民共和国最高人民法院公报》1997年第2期,第70-71页。
④ 参见《中华人民共和国最高人民法院公报》2006年第3期,第44-48页。
⑤ 参见《中华人民共和国最高人民法院公报》2003年第1期,第35-36页。

报案例中,终审法院对于行政执法所依据的规章、行政相对人认为应当适用的规章,均未阐述理由而是直接排除适用,具体包括三种情形:一是以违反法定程序为由作出确认违法或者撤销判决,不再适用与实体内容相关的规章。① 法院先审查被诉行政行为的程序要件是否已经具备,如果不具备则不再考虑实体法规范的做法,从司法程序上来看较为经济且合乎逻辑,属于排除规章适用的正当做法。②

二是由于规章已经失效或者与案件事实相关性不高,直接不予适用。③ 这里涉及规章的可适用性问题,其实法院有比较充分的理由不予适用,应当对行政机关适用规章的行为作出定性、对行政相对人提出应当适用规章的主张作出回应,而不是直接排除适用。《最高人民法院关于加强和规范裁判文书释法说理的指导意见》等文件一再要求加强法律释明和裁判说理工作,显然该项工作仍有提升空间。

三是直接适用所涉规章的上位法,不再适用该规章。④ 这属于法院的选择适用权范畴,理论上来说,法院有权选择直接适用上位法不再适用下位法。但是,在《关于审理行政案件适用法律规范问题的座谈会纪要》(以下简称《纪要》)"对于合法有效的规章应当适用"的强制性要求下,法院能否直接适用上位法尚待商榷。如果所涉规章条文与上位法的关系为重复或细化,可以认为法院间接适用了该规章;但如果所涉规章条文为依附型创制性规章条文,则法院有不揭露规章违法之嫌。⑤ 例如丰祥公司案中,二审法院未回应上诉人提出的地方政府规章《上海市盐业管理若干规定》第14条与行政法规《盐业管理条例》第20条相抵触的问题,而是直接适用了后者。第14条为依附型创制性规章条文,将两碱以外的工业盐也纳入到了专营范围,增加了盐业公司的权限,与其上位法《盐业管理条例》第19、20条相抵触。有学者认为,法院实际上已经对规范冲突作出了肯定性判断,却通过不予直接评判的方式,试图掩盖这种判断的存在。⑥

---

① 包括4起公报案例:(1)"张成银诉徐州市人民政府房屋登记行政复议决定案"(2)"陆廷佐诉上海市闸北区房屋土地管理局房屋拆迁行政裁决纠纷案"(3)"山西省安业集团有限公司诉山西省太原市人民政府收回国有土地使用权决定案"(4)"射阳县红旗文工团诉射阳县文化广电新闻出版局程序不正当注销文化行政许可纠纷案"。

② 参见[德]齐佩利乌斯:《法学方法论》,金振豹译,法律出版社2009年版,第129页。

③ 包括3起公报案例:(1)"铃王公司诉无锡市劳动局工伤认定决定行政纠纷案"(2)"黄陆军等人不服金华市工商行政管理局工商登记行政复议案"(3)"丹阳市珥陵镇鸿润超市诉丹阳市场监督管理局不予变更经营范围登记案"。

④ 包括4起公报案例:(1)"黄金成等25人诉成都市武侯区房管局划分物业管理区域行政纠纷案"(2)"宜昌市妇幼保健院不服宜昌市工商行政管理局行政处罚决定案"(3)"桐梓县农资公司诉桐梓县技术监督局行政处罚抗诉案"(4)"丰祥公司诉上海市盐务局行政强制措施案"。

⑤ 依附型创制是指下位法依附于上位法的基础条文所进行的创制,与其相对的概念是独立型创制,指没有与其直接对应的上位法条文。参见俞祺:《重复、细化还是创制:中国地方立法与上位法关系考察》,载《政治与法律》2017年第9期,第74页。

⑥ 参见黄金荣:《法院对上下位法冲突处理规则的适用及其限度》,载《环球法律评论》2016年第2期,第22页。

二、排除规章适用过程中存在的问题

通过对司法审判中排除规章适用方式的考察，我们发现排除适用过程中呈现出错误运用法律方法、存在法理疏漏、偏离合法有效判断标准等问题，未能发挥出司法对行政立法的监督功能。

（一）错误运用法律方法

"作为一种工具，法律方法既可以服务于法治，也可以用来破坏法治。"① 上述公报案例反映出法院善于运用法律方法排除规章适用，但也存在错误运用法律方法的问题。其一，错误运用冲突处理规则。根据《立法法》第92条，只有同一机关制定的法律规范之间，新的规定与旧的规定不一致、特别规定与一般规定不一致的，才能适用"新法优于旧法""特别法优于一般法"。因而我们在对法律位阶进行前期筛选时，不同位阶法律规范的冲突便不具有适用"新法优于旧法""特别法优于一般法"的可能性，由此在事实上决定了"上位法优于下位法"在适用上的优先性。② 美通公司案中，一审法院在适用"上位法优于下位法"的同时，还适用了"新法优于旧法"，其强调："从法律层级上来看，后者较高；从制定的时间来看，后者较晚"。一审法院或许是为了补强排除规章适用的理由，却忽略了冲突处理规则的适用条件。该案相冲突的法律规范由不同机关制定，并不具备适用"新法优于旧法"的条件。同理美通公司主张部门规章系特别规定应当优先适用，也不符合"特别法优于一般法"的适用要求。

其二，不当运用法律解释方法。各种解释方法都有其特定的适用条件，如果具备解释条件C，那么应当以M方式解释法律条款P。③ 具体而言，当法律语词的语义清晰明确时，应当运用文义解释方法；当依据法律语词的语义无法获得唯一结论或得出的多种解释结论之间存在冲突时，则可以诉诸体系解释方法。④ 任建国案中，所涉规章条款文义清晰、无歧义，一、二审法院均已基于文义认识到其扩大了上位法的限制范围，二审法院还明确了规章不能与法律、行政法规相抵触的态度。⑤ 然而，两级法院却在完全不具备体系解释适用条件的情况下，转而运用体系解释方法，根据规章条文与行政法规规定之间的关系展开解释。法院或许是为了避免在裁判文书中认定规章违法无效，却忽略了体系解释的适用条件、违反了法律解释规则，不仅导致裁判说理前后矛盾，更存在利用专业优势掩盖、纵容规章违法的嫌疑。

---

① 雷磊：《法律方法、法的安定性与法治》，载《法学家》2015年第4期，第18页。
② 参见刘志刚：《法律规范冲突解决规则间的冲突及解决》，载《政法论丛》2015年第4期，第92页。
③ 参见孔祥俊：《法律解释与适用方法》，中国法制出版社2017年版，第207页。
④ 参见宋保振：《体系解释的中国运用》，载《济南大学学报（社会科学版）》2018年第6期，第32页。
⑤ 参见章剑生：《行政诉讼中规章的"不予适用"——基于最高人民法院第5号指导案例所作的分析》，载《浙江社会科学》2013年第2期，第76页。

法律解释系在可能的字义范围内作出解释,超越文义、脱离文义范围则属于对法的续造,虽然法律解释和法的续造并非本质截然不同之事,但各自有其典型的方法,且法律解释方法无法实现对法律漏洞的填补。① 益民公司案中,所涉招标项目属于《工程建设项目施工招标投标办法》第2条框定的规制范围,进而应当受该办法第37条规定的投标保证金"最高不得超过八十万元"的限制。排除对法定限额的适用或者说在原规范基础上增加例外规定,已经超出了法律解释的功能范畴,仍然运用体系解释、目的解释等法律解释方法,必然无法实现对法律文义的违背。该案存在运用的法律方法与待解决的法律适用难题不对应的问题,法院应当及时采取目的性限缩的漏洞补充方法,探究立法目的、类型化构成要件,② 从而实现对法定限额的排除适用。

(二) 说理过程存在法理疏漏

法院在裁判说理过程中对具体问题的认定,还存在一些法理上的疏漏。焦志刚案中,法院认为:《公安机关内部执法监督工作规定》是为保护公民、法人和其他组织的合法权益而制定的内部规章,只在公安机关内部发挥作用,不能成为制作治安管理行政处罚决定的法律依据。然而,我国没有内部规章和外部规章之分,规章属于制定法渊源具有外部法律效力,是法定的行政执法依据。只在行政机关内部发挥作用的是诸如工作制度、技术规程等不涉及行政相对人权益的内部文件。该案所涉《公安机关内部执法监督工作规定》由公安部部长以公安部第40号令的方式发布,符合规章发布的形式要件;从内容上看,涉及行政相对人的权利和义务,是公安机关内部监督的法律依据。③《公安部现行有效规章目录(截至2008年5月)》等行政规范性文件,也进一步确认了该规定的规章属性。法院或许是为了补强说明排除规章适用的理由,却存在错误认定规范性文件性质的问题。

平山县案中,被告于1996年12月13日作出处罚决定,《税务行政处罚听证程序实施办法(试行)》于1996年10月1日起施行。被告辩称其在作出处理决定30日以后才收到该实施办法,因此不予适用。对行政机关以收到规章之日作为生效之日的行为和主张,法院未评述、未否定,而是运用自由裁量权实现了与适用该实施办法相同的法律效果。法院或许是为了避免与行政机关发生冲突,却枉顾了澄清规范性文件时间效力之责,以至于呈现出认同行政机关主张的司法态势。

(三) 偏离合法有效判断标准

如前所述,相关司法解释和司法解释性质文件,共同将合法有效确定为法院判断规章

---

① 参见[德]卡尔·拉伦茨:《法学方法论》,陈爱娥译,商务印书馆2003年版,第246页。
② 参见黄锴:《"目的性限缩"在行政审判中的适用规则——基于最高人民法院指导案例21号的分析》,载《华东政法大学学报》2014年第6期,第51页。
③ 参见章剑生:《"有错必纠"的界限》,载《中国法学》2013年第2期,第173页。

是否可参照的标准，因而对规章的考察应当围绕其本身的合法性和有效性展开。"法律规则能够被合法化"意指可以通过证明法律规则的正当性来证明其合法性。① 规范的有效性则可以从效力和实效两个方面予以考察：当规范以合宪的方式被创造出来时，规范具有效力，人们应当服从和适用；当人们遵守和服从规范，实际行为符合规范时，规范具有实效。② 我国由有权主体依照法定程序制定的规章均应当具有效力，因而司法机关对规章有效性的考察集中于对其实效的考察。从实质法治观出发，人们之所以遵守、服从规范，主要是由于规范是正当的、可接受的。可见，规章的合法性、有效性均指向规章的正当性。

在方法论的视域中，对法律解释、漏洞补充所确认的作为法律推理大前提的法律规范的正当性所进行的说明、证明，就是法律论证，其是法律推理能否得出正确判断和结论的保障。③ 一般而言，简单案件中，仅需内部证成的演绎证明即可完成对司法结论正当性的证成；但在疑难案件中，演绎推理的证明特性被消减，需通过论证的手段对法律规范的正当性予以证成。④ 换言之，疑难案件中，为实现裁判结果的可接受性，须对法律规范的正当性予以证成。而在《纪要》使用的"应当"这一义务性指令之下，⑤ 对规章的法律论证成为我国制定法论证中唯一一个法定化的法律论证过程，顺势转化成规章适用的前置性、强制性程序。无论在简单案件还是疑难案件中，均应当对规章的正当性予以证成，且法律论证的标准为是否合法、有效。这种法定化的做法在世界制定法范围内也是非常罕见的。

然而，前述公报案例中，我们很难看到法律论证的痕迹，法院排除规章适用的技术与排除法律、法规适用的技术无异，法院在运用法律方法从形式逻辑上排除规章适用的同时，并未能围绕合法性、有效性对规章展开实质论证。整体而言，法院存在偏离合法有效判断标准、不作合法有效判断的问题，未能对司法解释所要求的"引用合法有效的规章"作出回应。而合法有效论证的作用是不容小觑的，例如任建国案和丰祥公司案中，法院可以围绕是否与上位法相抵触，对《山西省人民政府关于保护企业厂长、经理依法执行职务的规定》第8条和《上海市盐业管理若干规定》第14条展开合法性论证，进而从实质上说明排除规章适用的理由。

三、排除规章适用的方法优化

以理性的、可论证的方式探求开放性法律问题答案的路径为"方法"，通过这些路径，

---

① 参见［瑞典］宾德瑞特：《为何是基础规范——凯尔森学说的内涵》，李佳译，知识产权出版社2016年版，第8-9页。
② 参见［奥］凯尔森：《法与国家的一般理论》，沈宗灵译，中国大百科全书出版社1996年版，第42、135页。
③ 参见陈金钊：《司法过程中的法律方法论》，载《法制与社会发展》2002年第4期，第35页。
④ 参见陈金钊等：《法律方法论研究》，山东人民出版社2010年版，第425页。
⑤ 参见周赟：《论作为立法用虚词的"必须"——主要以"应当"为参照》，载《苏州大学学报（哲学社会科学版）》2013年第1期，第103页。

能使法律规范在理性的考量中获得尽可能多的确定性。① 就排除规章适用过程中普遍存在的错误运用法律方法、偏离合法有效判断标准的问题，可以从形式推理和实质论证两方面进行方法论上的考量和完善。经由形式推理和实质论证，排除规章适用的理由将既规范又充分，法院毋须出于补强理由等目的将规章认定为内部文件，也无法随意排除对合法有效规章的适用，个案在说理过程中存在的法理疏漏有望得到规避。以下围绕普遍存在的问题，具体阐述优化排除规章适用的方式、方法：

（一）规范对法律方法的运用

受规章在我国特殊的法律位阶、适用机制等因素的影响，排除规章适用的方法与排除其他法律规范适用的方法既有相似又有特别之处。以下以法律发现、法律解释和漏洞补充为主线，阐述如何进一步规范对法律方法的运用。

1. 正确运用冲突处理规则化解规章冲突

运用冲突处理规则对找到的法律规范进行初步筛选，仍然属于法律发现阶段的任务，亦是体系思维在选择规范过程中的具体运用。法院已经能够运用"上位法优于下位法"排除对与上位法相抵触的规章的适用，但对于"新法优于旧法""特别法优于一般法"的适用条件把握不足。新法之所以能够优于旧法，其法理在于如果新法作了不同于旧法的规定，便可以推定立法者有意废止与新法不一致的旧法。② 但下级立法主体无权废止上级立法主体制定的规范，且基于职权范围的不同，处于同一层级的立法主体也无权废止彼此制定的规范，因而"新法优于旧法"只存在于同一立法主体制定的规范之间。同理，同一立法主体制定的对一般规定进行补充、修正的特别规定，应当被优先适用。③ 因此，适用"新法优于旧法""特别法优于一般法"的前提在于法律规范由同一机关制定。这一限定部分解决了恩吉施提出的，却未予以解答的冲突处理规则相互间内在联系的问题。④ 低位阶的新法与高位阶的旧法之间，以及低位阶的特别法与高位阶的一般法之间的选择，在我国法秩序内不再悬而不决，答案便是"上位法优于下位法"。美通公司案中，无论一审法院主张运用"新法优于旧法"适用法律中的规定，还是美通公司主张运用"特别法优于一般法"适用规章中的规定，均未关注到该两则冲突处理规则的适用条件。二审法院虽然正确适用了"上位法优于下位法"，却未能从冲突处理规则的适用条件等方面，对美通公司的主张作出回应和评定，导致裁判说理略显不足。

对于无法适用冲突处理规则的法律规范冲突，《立法法》规定了送请裁决机制。就规

---

① 参见〔德〕齐佩利乌斯：《法学方法论》，金振豹译，法律出版社2009年版，第1页。
② 参见孔祥俊：《法律规范冲突的选择适用与漏洞填补》，人民法院出版社2004年版，第154页。
③ 参见杨铜铜：《体系解释的思维依据》，载陈金钊、谢晖主编：《法律方法》（第22卷），中国法制出版社2018年版，第181页。
④ 参见〔德〕恩吉施：《法律思维导论》，郑永流译，法律出版社2014年版，第201页。

章冲突而言，法院对于同一机关制定的规章之间新的一般规定与旧的特别规定不一致、部门规章与地方性法规之间不一致、部门规章之间不一致、部门规章与地方政府规章之间不一致的，均可提请有权机关裁决。虽然送请裁决机制鲜有操作过，公报案例中也尚无启动该机制的行政法案例，但我国立法确实为规章冲突提供了兜底性解决机制。此外，2015年修改后的《立法法》在赋予设区的市、自治州的人民代表大会及其常务委员会制定地方性法规职权的同时，并未对该等法规与省级地方政府规章之间的法律位阶进行划分，且未将其纳入送请裁决范围。对于该等规范冲突，下文在漏洞补充层面提出解决办法。

2. 规范运用法律解释方法排除规章适用

《纪要》特别强调："在裁判案件中解释法律规范，是人民法院适用法律的重要组成部分。"公报案例中，法院已经能够综合运用论理解释方法排除规章适用，但对法律解释方法的错误运用表明其未注意到以下两方面：

第一，法律解释的正当性。对法律的解释为其适用提供了正当的理由，因而解释本身必须是正当的、合理的，解释的正当性依靠适当的解释方法来支持。① 虽然严格的解释方法之间的位阶难以被论证，但人们至少达成了这样的共识：文义解释是法律解释的开始，较之于其他解释方法具有优先性，尊重文义是法律解释具有正当性的基础。② 任建国案中，对于字面含义明确、无歧义的规章条文，法院未诉诸文义而是运用体系解释方法，试图维护地方政府规章的合法性，不仅导致裁判说理前后矛盾，更使得解释行为本身存在正当性危机。可见，除非具有充分的理由，否则不能绕过文义解释直接运用其他解释方法。这些充分的理由包括但不限于：不孤立地解释条文，而是以所在语境中的含义为准，以符合诠释学的要求；文义和体系经常留有规范意旨缺陷，所以法律人需提出被解释的规范在法律政策、目的上的取向。③

第二，法律解释的界限。"法官绝不应凌驾于立法者之上，孜孜以求对法律规范的自我理解、自由解释以及自以为是的应用，而忘却了法律最重要的品性——规范性。"④ 换言之，法律解释不得超出文本本身的范畴，如果脱离了法律的规范性特征、超越了条款可承载的最大外延，则不再属于法律解释，而是法官造法，应当用续造的眼光和标准来看待表象的解释行为。然而为了获得"忠于法律"的印象，司法裁判者往往自称其在从事法律解释工作。⑤ 益民公司案涉及规则悖反，所谓规则悖反即是指存在唯一可供适用的法律规范，但适用结果将不具有可接受性。为排除对相关规则的适用，需要对该规则的立法目的加以限制，以促使案件事实不被构成要件所涵摄。而依据条文的立法目的，将文义范围以

---

① 参见孔祥俊：《法律解释与适用方法》，中国法制出版社2017年版，第207页。
② 参见王泽鉴：《法律思维与民法实例》，中国政法大学出版社2001年版，第220页。
③ 参见［德］恩斯特·A. 克莱默：《法律方法论》，周万里译，法律出版社2019年版，第147－148页。
④ 陈金钊等：《法律方法论研究》，山东人民出版社2010年版，第308页。
⑤ 参见［德］卡尔·拉伦茨：《法学方法论》，陈爱娥译，商务印书馆2003年版，第267页。

内的案件排除出去，属于对目的性限缩的漏洞补充方法的运用。显然，该案中法院实际上在进行法律续造工作。所有既属于《工程建设项目施工招标投标办法》规制范围，又将第37条第2款排除适用的案件，均系对漏洞补充方法而非法律解释方法的运用。

3. 准确认定法律漏洞并采取填补策略

漏洞补充的前提是法律有漏洞，那么何时存在法律漏洞？依据不同标准可以对法律漏洞作不同类型的划分，拉伦茨依据是否欠缺可资适用的规则，将法律漏洞划分为开放的漏洞和隐藏的漏洞：前者指法律对其调整范围内的特定案件类型缺乏适当的规则；后者指存在可适用的规则，但依规则的意义及目的不宜适用。① 开放的漏洞较容易发现，隐藏的漏洞指向规则悖反需要加以识别，且隐藏的漏洞并非固定不变的，需要具体情况具体分析。有关投标保证金限额的规定，在益民公司案中属于隐藏的法律漏洞，在其他一些案件中则不属于。例如"富顺县盛丰房屋租赁有限公司与自贡普天建筑有限公司保证合同纠纷上诉案"② 中，二审法院就对设置超过八十万投标保证金的行为作出了否定性评价。此外，卡尔法斯、卡纳里斯等学者进一步论证了冲突漏洞的存在并将其纳入法律漏洞范畴：如果不能成功地从多个相互矛盾的规范中证明某一个是更强的、唯一有效的和权威的，那么相互矛盾的规范由于抵触而相互抵消，进而产生冲突漏洞。③ 本文认可这一层面的法律漏洞。由于缺乏可供适用的冲突处理规则，送请裁决机制所针对的规范冲突，以及设区的市、自治州的地方性法规与省级地方政府规章之间的冲突，均属于冲突漏洞。其次，存在可供适用的冲突处理规则但适用结果不具有可接受性的规范冲突，也构成了对法律计划圆满性的违反，亦应当纳入冲突漏洞范围。

规章的功能、位阶又引发我们对规章是否存在法律漏洞的思考。对于重复性、细则性规章，由于不承担创制规范的任务，便不应当存在实质性的法律漏洞，如果其效力来源的上位法存在法律漏洞，则有可能在形式上继受法律漏洞。此时，应当溯及上位法，实质上填补的也是上位法的法律漏洞，对于表面上存在法律漏洞的重复性、细则性规章则可以直接排除适用。如果细则性规章与其效力来源的上位法发生冲突，则应当重新审视该细则性规章的性质，是否已经超出实施细则、解释性规定范畴，转而成为依附型创制性规章。对于创制性规章，由于存在创制性内容，则可能存在法律漏洞，可以进行漏洞补充。

不同类型的法律漏洞往往需要采取不同的填补策略。首先，填补开放的漏洞，通常通过类推适用、目的性扩张、根据法律原则等方法进行。平山县案中，《行政处罚法》未明确"较大数额"的范围，倘若缺乏细化规范，运用正当程序原则将9万余元罚款纳入其中，即是根据法律原则填补开放的法律漏洞。其次，填补隐藏的漏洞，通常通过目的性限

---

① 参见［德］卡尔·拉伦茨：《法学方法论》，陈爱娥译，商务印书馆2003年版，第254页。
② 参见四川省自贡市中级人民法院《民事判决书》（〔2017〕川03民终1083号）。
③ 参见［德］恩吉施：《法律思维导论》，郑永流译，法律出版社2014年版，第202页。

缩的方法进行，亦有学者提出根据比例原则的方法展开。① 益民公司案中，在认定隐藏的漏洞后，便应当运用目的性限缩的方法予以填补。再次，填补冲突漏洞，通常透过利益衡量方法进行。益民公司案和伊尔库公司案就是最好的例证，当规章与行政规范性文件对行政主体资格作了不同规定时，本应当依据"上位法优于下位法"适用规章中的规定，但由于适用结果不具有可接受性，两起案件中法院均正确运用了利益衡量的漏洞补充方法，实现了对下位法的适用。

（二）加强对规章的合法有效论证

"法律上的决定实际是一个寻找、界定并最终确定前提的思维过程与形式逻辑的思维过程共同作用的结果。"② 齐佩利乌斯强调的形式逻辑思维过程就是传统的以司法三段论为核心的法律推理过程，但其作用不应被过分夸大，更为重要且充满困难的是寻找、界定并最终确定大、小前提的思维过程。然而，司法裁判中法院普遍未在裁判文书中展现对规章的合法有效论证过程，不仅未能发挥出法律论证在排除规章适用、加强裁判说理中的作用，还未能发挥出司法对行政立法的监督功能。那么对规章的合法有效论证应当如何进行？我国规章的立法形态包括创制性和非创制性两种，③ 2015年修改《立法法》时增加了规章不得减损权利、增加义务，增加权力、减少职责的规定，主要就是针对创制性规章而言的。俞祺博士在考察地方立法与上位法的关系时，将其区分为重复、细化和创制三种模式，即将非创制性规定与上位法的关系进一步划分为重复和细化。④ 通过对公报案例所涉规章条文功能、作用的观察和分析，我们发现规章具体条文的类型确实无外乎重复性、细则性和创制性三种。这样的分类较为周延，三者外延之和等于规章的外延，且三者的外延没有重合之处，三者之间均为矛盾关系。三种规章条文在功能上具有类型化差异，对应的司法判断重点、强度、要素等亦不相同，以下具体考察不同类型规章合法有效论证的重点。

第一，重复性规章合法有效论证的重点在于对是否存在越权的考察。下位法对上位法的合理重复往往无可避免，但越权性质的重复性规章条文应当被排除适用。《立法法》第8条框定了11项法律保留内容，部门行政法框定了法律、法规设定行政处罚、行政许可、行政强制的权限，如果规章对上述事项进行重复规定就属于越权，所涉条文不应当被引用和援引。法院应当通过列明规章越权依据的方式，揭露重复性规章越权的事实、指明其在合法性上的瑕疵，进而排除对该等规章的适用，直接依据合法有效的上位法作出裁判。重复性

---

① 参见余军、林淡秋：《规则悖反案件的两种论证模式》，载《浙江学刊》2019年第1期，第183页。
② ［德］齐佩利乌斯：《法学方法论》，金振豹译，法律出版社2009年版，第125页。
③ 参见王太高：《权力清单中的地方政府规章——以〈立法法〉第82条为中心的分析和展开》，载《江苏社会科学》2016年3期，第138页。
④ 参见俞祺：《重复、细化还是创制：中国地方立法与上位法关系考察》，载《政治与法律》2017年第9期，第70–85页。

规章的越权问题常常被忽略，类型化之下，具备专业知识的法官可以较容易地识别出来。

第二，细则性规章合法有效论证的重点在于对裁量基准合法性的考察。对行政裁量权的细化、量化形成了裁量基准，出于对行政机关专业上的信任，对作出裁量效果格化时的裁量基准，法院在总体上应当保持尊重，除非存在裁量逾越、裁量滥用、不符合比例原则等重大瑕疵，否则不得排除适用。① 例如平山县案中，《税务行政处罚听证程序实施办法（试行）》第3条就属于对行政裁量权量化而形成的裁量基准，应当予以尊重而非不予适用。但是，对于解释不确定法律概念的裁量基准，法院考察的强度应当提高。"经验性不确定法律概念"相对容易判断，立足于行政机关自身利益、融入行政主体价值判断的"规范性不确定法律概念"，则应当引起充分注意，周佑勇教授主张采取严格的有限判断，整体严格、全面，但顾及行政机关的专业性和意识形态偏好，据以谨慎地排除适用。② 出于对行政机关的信任和尊重，法院排除裁量基准的适用须阐明理由，且排除规章中裁量基准的说明义务明显高于排除行政规范性文件中裁量基准的说明义务。法院可以将所涉规章条文与上位法进行对比，指明裁量基准不合法的原因，进而在合法有效论证过程中排除对相关规章的适用。

第三，创制性规章合法有效论证的重点在于对是否与上位法相抵触的考察。司法判断过程可以两步走。第一步考察规章条文是否越权：是否属于法律、法规专属立法权限范围，是否超出规章禁止性立法范围；是否属于应当联合制定规章的情形；是否属于城乡建设与管理、环境保护、历史文化保护等事项范围；是否属于已经实施满两年的临时性行政措施等。一旦越权便不存在合法性基础，法院即可排除适用。以丰祥公司案为例，《上海市盐业管理若干规定》第14条第1款规定："食盐和纯碱、烧碱工业用盐以外的其他用盐由市盐业公司统一经营。"在上位法《盐业管理条例》未限制工业盐经营行为的前提下，该条确立了工业盐专营制度，违反了《行政许可法》关于规章不得增设行政许可的规定，超越了规章的立法权限，经由合法有效论证应当排除适用。

第二步考察是否符合行政法基本原则。在没有上位法依据的情况下，应当严格遵守行政法基本原则，这些基本原则包括但不限于：依法行政原则、尊重和保障人权原则、信赖保护原则、比例原则、正当程序原则。③ 原则应当得到遵守，并不是因为它将促进或者保证被认为合乎需要的经济、政治或者社会形势，而是因为它是公平、正义的要求，或者是其他道德层面的要求。④ 原则具有弥补成文规则不足、限缩自由裁量权等功能，既为司法能动性提供了依据和法理支撑，也为司法能动性界定了合理的范围。⑤ 行政法的基本原则

---

① 参见周佑勇、熊樟林：《裁量基准司法审查的区分技术》，载《南京社会科学》2012年第5期，第88－90页。
② 参见周佑勇：《行政裁量基准研究》，中国人民大学出版社2015年版，第197－200页。
③ 参见姜明安主编：《行政法与行政诉讼法》，北京大学出版社2011年版，67－82页。
④ 参见［美］罗纳德·德沃金：《认真对待权利》，信春鹰等译，上海三联书店2008年版，第42页。
⑤ 参见周佑勇：《行政法基本原则研究》，武汉大学出版社2008年版，第279页。

已经成为审查被诉行政行为的依据,成为抽象行政行为合法有效判断的基本准则具有可行性和必要性,违反行政法基本原则的规章应当被排除适用。以任建国案为例,《山西省人民政府关于保护企业厂长、经理依法执行职务的规定》第8条不仅超越权限,对法律保留事项"限制人身自由的强制措施和处罚"作出了创制性规定,还违反了尊重和保障人权的基本原则,法院可以通过合法有效论证从实质上说明排除规章适用的理由。

总而言之,法院在对规章进行合法有效论证时,可以先判断规章条文的性质,再根据不同类型规章条文合法有效论证的重点、强度、要素等,对规章进行正当性证成,不具备合法性、有效性的规章应当被排除适用。通过法律论证的法律适用环节,法院不仅能够回应司法解释"引用合法有效的规章"的要求,还能够充实裁判文书的释法说理、为裁判结论提供正当化的支持。更为重要的是,以互联网公布的裁判文书为载体,规章违法、不当的情形及理由得以公开,一方面为行政机关纠正违法规章提供了指引,另一方面也有利于发挥司法对行政立法的监督功能。

五、结语

排除规章适用首先应当运用冲突处理规则框定大前提;其次运用法律解释、漏洞补充等法律方法,在演绎推理过程中排除适用;最后运用法律论证方法检验大前提的正当性,从实质上阐明不适用的理由。让我们回到这个结论的规范性前提,能否突破法院不能宣告规章违法无效的限制?凯尔森依据法律规范可废除性程度的不同,将法律规范的废除区分为构成性废除和宣告性废除,前者指法律秩序授权特殊机关可追溯地宣称一个规范没有效力;后者指每个国民都被授权宣布一个规范无效,但需承担被主管机关否认的后果。① 我国有权机关改变或撤销规章的行为即属于构成性废除。法院在裁判文书中宣告规章违法无效,则可纳入宣告性废除范围,废除行为本身应当是效力待定的,追求的效果并不在于得到有权机关的追认,而在于敦促制定机关、有权机关及时发现、纠正不法规章,还在于向公众及时公开基于个案审查而发现的规章违法、不适当的问题。支撑法院宣告性废除的是其作为社会组织所具有的权能,而非以司法审查权为前提条件。当然,若将来逐步将规章纳入附带审、司法审查范围,② 则法院的宣告性废除有望上升为结构性废除。

(编辑:杨铜铜)

---

① 参见〔奥〕凯尔森:《法与国家的一般理论》,沈宗灵译,中国大百科全书出版社1996年版,第180-181页。
② 参见姜明安:《重构不同等级规范性文件在行政诉讼中的地位》,载《法制资讯》2014年第2期,第42页。

部门方法论

美国回避宪法判断方法的应用及其反思[*]

梁洪霞[**]

摘　要　回避宪法判断的解释方法是美国法院进行法律解释的重要方法，旨在回避国会制定的法律可能引发的宪法问题，从而有效保全了法律，同时避免法院陷入不适宜的政治和社会纷争，但这种"鸵鸟"策略近来却遭遇了很多责难。如何防止司法权对立法权的僭越，以及如何坚守司法审查制度的合宪性控制功能，就成为了美国法院如何准确适用回避宪法判断方法的首要问题。美国法院在司法实践中逐渐形成了诸如文本模糊、引起宪法问题、不违反国会意图和存在替代性解释等适用条件。这些条件让法院的适用有了一定的界限和规则，但如何解决适用条件的模糊性，如何做到恰如其分，不仅是一个法律问题，也是一个政治问题。美国法院的适用争议，对于我国人大和法院运用"回避宪法判断方法"，具有一定的启示和警醒。

关键词　回避宪法判断　合宪性推定　司法谦抑　适用条件　宪法的政治性

在美国，回避宪法判断的解释方法的适用，几乎伴随着整个司法审查过程，甚至还早于1803年确立司法审查制度的马伯里诉麦迪逊案。美国法院早已认定，"回避宪法判断方法"是解释法律的一个基础性和前提性方法。但回避宪法判断方法在近些年却遭遇了诸多批评和责难，甚至有人扬言要废止该方法。回避宪法判断方法究竟何去何从？如何有效防止其弊端，继续发挥其宪法作用？本文试图研究回避宪法判断方法的适用脉络及其理论基础，尝试在适用限制方面往前探寻一小步，以期更加全面地理解美国回避宪法判断方法遭

---

[*]　基金项目：本文系2015年教育部人文社会科学研究一般项目"我国司法裁判文书引用宪法规范的实证研究"的阶段性成果（项目批准号：15YJA820011）的阶段性成果。

[**]　梁洪霞，女，辽宁铁岭人，法学博士，西南政法大学行政法学院副教授，北京航空航天大学备案审查制度研究中心研究员，主要从事宪法学和人权法学研究。

遇的困境及其可能的解决方案。

一、追根溯源：美国宪法理念下的回避宪法判断方法

美国回避宪法判断的方法（the canon of constitutional avoidance①），是美国法院在进行司法审查时对法律进行解释的一种选择方法，其意为：当法院解释模糊不清的立法时，如果发现一种法律解释会使其面临严重的宪法问题，此时法院应该选择其他的解释以避免这个问题，除非国会有清晰肯定的意图。②

哈佛大学法学院教授阿德里安·沃缪勒教授（Adrian Vermeule）将回避宪法判断的方法根据发展的阶段分为古典回避（classical avoidance）和现代回避（modern avoidance）两种类型，③ 目前避免实际违宪的古典回避方法已经主要被避免宪法问题的现代回避方法所取代，④ 该种观点已为美国学界广泛采纳。Charming Besty 案一般被认为是古典回避方法建立的标志性案例。古典回避方法的显著特征是法院首先判定法律违宪，之后法院才有可能选择另一个不违宪的法律解释，从而保全法律，避免法律违宪。回避宪法判断方法从古典的违宪标准降低至引起严重的宪法问题标准，其理由是古典回避方法无异于使法院先行做了一个违宪裁判，等于让法院提供了咨询性意见。⑤ 在美国，法院的职责就是审判案件，不具有咨询职能。因此，禁止咨询意见是对法院司法权的严格限制，这是联邦最高法院大法官布兰代斯在 Ashwander v. TVA 案中明确提及的。⑥

现代回避方法建立的标志性案例是 1909 年的 United States ex rel. Attorney General v. Delaware & Hudson Co. ⑦ 案。该案作为推动古典回避方法向现代回避方法转变的标志性

---

① 美国的回避宪法判断方法，英文表述略有差异，大概有以下几种方式：the canon of constitutional avoidance, constitutional avoidance canon, constitutional avoidance rule, constitutional avoidance doctrine. 国内学者在翻译该方法时，用语也有不同，如宪法回避理论，回避宪法判断原则，等等。我国在论述法律解释方法时采用的合宪性解释方法，或合宪解释方法，包含了本文所述的回避宪法判断方法，但还包括了基于宪法的解释方法、回避违宪判断的方法。

② 需要指出的是，回避宪法判断的方法和回避违宪判断的方法存在一定的区别，不能混淆。回避违宪判断的法律解释方法，并不回避作出宪法判断，而是在涉及宪法的多种法律解释方案中，法院选择合宪的法律解释，回避了可能违宪的法律解释，从而保全了国会立法。回避宪法判断的方法与回避违宪判断的方法虽然具有极大的相似性，但在法律后果上截然不同。回避宪法判断的方法切断了法律是否合宪的判断，此时法律规范是否合宪仍不确定，而回避违宪判断的结果是法律合宪，结果明确。不过，回避宪法判断方法，某种程度上也可以理解为回避宪法判断方法的极致状态，二者有一定程度的重合。

③ Adrian Vermeule, *Saving Constructions*, 85 Georgetown Law Journal 1949（1997）.

④ Neal Kumar Katyal, Thomas P. Schmidt, *Active Avoidance*: *The Modern Supreme Court Advicegivers*, 50 STAN. L. REV. 2117 (1998); See also Adrian Vermeule, at 1945, 1949.

⑤ 李松峰：《宪法回避理论及其适用界限》，载《清华法学》2017 年第 2 期，第 114 页。

⑥ Ashwander et al. v. Tennessee Valley Authority et al., 297 U. S. 288 (1936). 布兰代斯在此案中以补充意见的方式，对之前美国的判决先例中进行的回避宪法判断的方法加以整理，统称为回避宪法判断的方法，美国也将此称之为"布兰代斯规则"（Brandeis rule）或"阿什旺规则"（Ashwangder rule），该规则共有七个，其中第七项属于本文所阐述的回避宪法判断的方法，其内容为"对国会制定的法律的效力有争议时，即使该法律的合宪性已经有重大疑问，法院也必须首先确定是否可以适用回避宪法问题的法律解释。"

⑦ United States ex rel. Attorney General v. Delaware & Hudson Co., 213 U. S. 366, 408 (1909).

案例，在判词中明确提出了古典和现代两种适用标准："当一个立法的合宪性受到质疑的时候，如果这个立法有两个可以接受的解释，其中一个是违宪的，另一个是合宪的，那么我们的任务非常清楚，就是去选择那个能使立法免于宪法怀疑的解释，这是基本的。除非这个规则意味着，我们的责任首先是裁判，一个立法是违宪的，然后进而认为，这样的裁定是不必要的，因为这个立法有一个意思可以使它不与宪法相冲突。否则，这个规则可以简单的理解为，一个立法有两种解释，其中一个可以引起重大的和令人生疑的宪法问题，另一个可以避免这个问题，我们的责任就是采用后者。"[1] 也就是说，现代回避方法意味着，当一个解释将引起严重的宪法问题（grave and doubtful constitutional questions）时，选择一个不会引起这个问题的解释。现代回避方法明显降低了适用条件，只要法律可能引起严重的宪法问题，勿须达到违宪，法院就可以选择适用其他可以回避宪法问题的解释。这里提及的现代回避方法，就是本文所阐述的回避宪法判断的方法。

回避宪法判断的解释方法深深地植根于美国的宪法精神和传统，毫无疑问是美国法院解释法律的一个基础性和前提性方法。美国宪治的逻辑是，任何人、任何机构都不能超出宪法的界限，立法机关也不例外，所以司法机关要拒绝适用可能违反宪法的立法。但立法权毕竟不同于司法权，立法权是民意的代表，它的立法某种程度上是一种宪法解释。所以司法权要对立法权敬畏，除非到了"明显违宪"的情形，否则司法机关不得宣布立法违宪，而判决其无效。[2] 换言之，美国司法审查制度要遵循合宪性推定原则（Doctrine of presumption of constitutionality），这是美国三权分立与制衡制度下国会尊容的体现。合宪性推定作为一种宪法审查方法，要求宪法审查机关在对立法机关的立法进行审查的过程中，首先在逻辑上推定立法行为合乎宪法，除非有明显的事实证明其违反了宪法。可以说，回避宪法判断方法在逻辑上与合宪性推定原则一脉相承，都体现了审查权对被审查的立法权的谦抑姿态。[3] 司法谦抑（Judicial Restraint）就构成了法院适用回避宪法判断方法的理论基础。而司法谦抑的背后，是美国三权分立与制衡、国会尊荣[4]、宪法至上、有限政府原则的体现。

二、矫枉过正：过度使用回避宪法判断方法引发的争议

适用至今，回避宪法判断方法缓解了司法与立法之间的紧张关系，成为司法尊重立法、礼让立法的一个有效规则。回避宪法判断方法最大的价值就是保全了国会法律，不会轻易让国会立法因为涉嫌违宪而被最终宣布无效，从而保持了国会和立法之间的权力平

---

[1] "the rule plainly must mean that where a statue is susceptible of two constructions, by one of which grave and doubtful constitutional questions arise and by the other of which such questions are avoided, our duty is to adopt the latter." See United States ex rel. Attorney General v. Delaware & Hudson Co., 213U. S. 366, 408 (1909).
[2] 参见王书成：《合宪性推定的正当性》，载《法学研究》2010年第2期，第24页。
[3] 参见柳建龙：《合宪性推定：一个被误解的概念》，载《浙江社会科学》2009年第10期，第47页。
[4] 郑贤君：《美国宪法回避理论探源：一个方法论的启示》，载《清华法学》2016年第5期，第91—92页。

衡。但美国回避宪法判断方法适用至今暴露出来的问题也是显而易见的。近些年来美国学界对回避宪法判断方法进行了系统批评和反思,甚至有人建议取消该方法。

Friendly 法官指控,回避宪法判断方法将会是隐性司法能动主义的一个机会,这既是反民主的,对司法权来说也是不健康的。① Friendly 法官指控的必然结果就是,回避宪法判断解释方法会无法预知什么时候将被法院适用。由于回避宪法判断方法适用条件的模糊性,所以适用的主动权和决定权全在法院。"实践中,何时援用回避方法,完全由法官自由裁量。法官为了回避宪法问题,甚至会曲解法律显而易见的涵义;也会为了介入宪法问题,否认法律的模糊性。简言之,法院可以基于多重目的,随意选择用或不用回避宪法判断的方法。"② 法院也往往会曲解国会的意图,使得国会的立法意图无法获得实现。法院罔顾国会意图的做法,实际上是在重新制定法律,司法权已经不当地侵入到了立法权的领域。③ 回避宪法判断方法原本是要达成司法权对立法权的尊重,而今的结果却造成了司法权对立法权的僭越。

回避宪法判断方法适用条件的模糊性,对法院系统内部适用该解释方法,对国会立法,对当事人诉讼保护自己的权利也造成了极大的困惑。国会立法时很可能涉及宪法问题,但由于司法机关适用回避宪法判断方法的不确定性,让国会无法预知应该如何立法才能防止法院在今后可能的诉讼中不推翻自己制定的法律。同理,当事人面对国会的法律也无法预知自己的权利是否能够通过诉讼而得到救济。④ 由此,"回避宪法判断"某种程度上破坏了法律本应具有的安定性和预测性,给当事人、国会和法院都不同程度地带来了困扰。

从法官角度来看,法院之所以热衷于回避宪法判断,是因为这种解释方法能成为法院自我保护的面具,⑤ 避免法院陷入不合时宜的政治纷争或者社会争议。法院为了避免给自己惹麻烦,往往采取回避宪法判断的方式,对一些争议较大的问题暂时搁置,如政治言论、种族问题、宗教信仰等,虽是明哲保身,实则放弃了对公民权利保护进行合宪性审查的机会。回避宪法判断方法的过度使用,可能放任了违宪状态的继续存在,有悖于宪法审查制度设置的直接目的。⑥ 如果法院总是采取"鸵鸟"策略,就是对法院谨守司法克制原则的错误理解,是一种矫枉过正的做法。

---

① See Lisa Kloppenberg, *Avoiding Constitutional Questions*, 35 B. C. L. Rev. 1003 (1994); John Manning, *Nondelegation Doctrine as a Canon of Avoidance*, 2000 Sup. Ct. Rev. 223; John Nagle, Delaware & Hudson Revisited. 72 Notre Dame L. Rev. 1495 (1997).

② See Harold J. Krent, *Avoidance and Its Costs*: *Application of the Clear Statement Rule to Supreme Court Review of NLRB Cases*, 15 Connecticut Law Review 209 (1983). 转引自李松锋:《宪法回避理论及其适用界限》,载《清华法学》2017 年第 2 期,第 120 页。

③ See William K. Kelley, *Avoiding Constitutional Questions As A Three-Branch Problem*, 86 Cornell l. Rev. 831 (2001).

④ See Anthony Vitarelli, *Constitutional Avoidance Step Zero*, 119 Yale L. J. 837 (2010).

⑤ 参见李松锋:《宪法回避理论及其适用界限》,载《清华法学》2017 年第 2 期,第 115 页。

⑥ Note, *The Court Interpretation of Statues To Avoid Constitutional Dicisions*, 53 Columbia L. Rev. 633 (1953), 转引自翟国强:《宪法判断的方法》,法律出版社 2009 年版,第 42 页。

无独有偶，美国的回避宪法判断方法的使用，在世界各个国家都存在类似的情况。日本、德国、法国、韩国等国家也都出现了批评声音。日本的卢部信喜教授指出：若将回避宪法判断作为绝对性的规则而予以主张，则会产生违反违宪审查制度之宪法保障功能的情况。① 德国联邦宪法法院也发出警告：在尽可能地尊重立法性意愿这一点上，已经出现了以联邦宪法法院的意愿来替代立法者意愿的危险。② 这些批评和警告，表明了学界和实务部门对回避宪法判断方法适用情况的忧虑。如何有效控制该方法的适用，就成为了宪法学界共同的难题。

三、自我限制：回避宪法判断方法的适用条件

回避宪法判断方法虽然遭遇非议，但在美国的司法审判中仍然被确认为法律解释的根本方法，被法院的法官频繁使用。需要特别注意的是，回避宪法判断方法的使用有着严格的条件，法院也不能任意而为。以下笔者整理了美国法院适用回避宪法判断解释方法的一些条件，基本已达成共识。

（一）文本模糊

只有在法律文本模糊的情况下（a statue is ambiguous），才能考虑回避宪法判断解释方法的适用。何为文本模糊？从法律文本的文字来看，能够确定文本的含义即为清晰，反之亦然。或者说，文本模糊，就是具体的法律条文至少存在两种解释。有些学者根据德国的法律实践，认为文本模糊意味着依据不同的解释方法，可以得出不同的解释结果。如王锴教授认为合宪性解释的前提条件为：有待解释的规范具有多义性，即通过经典的解释方法（文义、历史、体系、目的）得到的含义发生了冲突。立法者的态度越具体，法院进行合宪性解释（包括了本文所称的回避宪法判断的方法）的空间就越小。③ 德国的卡尔·拉伦茨教授也曾表示，依据多种解释方法获得的多种解释可能，因为宪法规范的位阶地位高于其他法规范，应始终选用最能符合宪法原则者。④ 法律条文的涵义是肯定还是模糊，有时要看制定机关，或者执行机关是否已经对法条进行了确切的解释，限定了条文涵义。有时还要参照法院在过去的类似判例中是否对该法条进行了解释。

---

① ［日］卢部信喜：《宪法》（第三版），林来梵、凌维慈、龙绚丽译，北京大学出版社2006年版，第333页。
② ［德］克劳斯·施莱希、斯特凡·科里奥特：《德国联邦宪法法院地位、程序与裁判》，刘飞译，法律出版社2007年版，第450页。
③ 参见王锴：《合宪性解释之反思》，载《法学家》2015年第1期。又如柳建龙也提出，只有在该情形下，才可能出现合宪性解释的可能。即由于系争法律语义模糊，可能会出现多种解释。这时只要人民一方所提出的证据无法充分有效地证明系争法律违宪或者其违宪情节轻微，那么基于司法谦抑，违宪审查机关应该选择其中合宪的解释，维持系争法律；反之，做出违宪判决。参见柳建龙：《合宪性推定：一个被误解的概念》，载《浙江社会科学》2009年第10期，第47页。
④ ［德］卡尔·拉伦茨：《法学方法论》，陈爱娥译，商务印书馆2005年版，"代议序"第13页。

美国联邦第九巡回上诉法院在"圣菲尔南多谷的公平房屋管理局诉 Roommate.com 有限责任公司案"① 中,法院需要对《公平房屋法》(FHA)中"禁止在销售或用于居住的租赁(rental of a dwelling)时基于种族、肤色、宗教、性别、家族地位(familial status)或者民族血统(national origin)的歧视"条款中"居住"(dwelling)一词进行解释。dwelling 仅指一个居住单元,还是包括如本案一样的一个居住单元里的不同房间,即共同居住。如果包括"共同居住",则 Roommate.com 公司有可能构成歧视,如果不包括,则 Roommate.com 就不违法。该案还涉及一个重要问题,个人选择自己的室友共同租住房屋,这涉及美国宪法第一修正案所保护的隐私权。如果判决 FHA 适用于家里或公寓里,那就意味着将允许政府限制我们挑选能和我们的生活方式相融合的室友,这将严重侵犯隐私、自治和安全。所以该案的多数意见为了避免违反宪法隐私权,则采取了回避这一问题的法律解释方案,判决 FHA 的这一条款中 dwelling 仅指一个居住单元,不包括选择室友共住的情况。该案适用回避宪法判断方法的首要前提是法条的文义是模糊的,存在两种或两种以上的解释方案。

(二)引起宪法问题

如果法律的文本被认为是模糊的,且有至少两个以上的法律解释方案,那么就要事先审查模糊的法律文本的其中一种法律解释方案是否会引起宪法问题。如果不能引起宪法问题,自然无需回避,也谈不上使用回避宪法判断的解释方法。在使用回避宪法判断方法案件的判决书中,你都能清楚地查阅到,法官运用了一定的篇幅来论证,该案涉及法律的一种解释将引起宪法问题。审查是否引起宪法问题是回避宪法判断的解释方法适用的前置必备程序。即使有些案件表面上看并没有适用该方法(判决书中没有记载是否涉及宪法问题的内容),而实质上作为法律解释的前提,法官早已做了回避宪法判断的前置审查。判决书中没有记载前置审查的内容,是因为本案不涉及宪法问题,或不涉及严重的宪法问题,不必适用回避宪法判断的解释方法,因此省略掉了。

例如上述 Roommmate.com 案,法官认为涉嫌侵犯宪法第一修正案的隐私权,因此用较大篇幅来论证,如果不允许根据性别、性取向、宗教信仰等条件来选择共同居住的室友,将会侵犯隐私权。法官论证宪法保护这种权利:形成和行使某种亲密的或私人的关系(intimate or private relationship)是权利法案保护的自由的基本要素。接着列举了共同居住时,室友之间如家人般的亲密关系,如共用洗澡间、厨房、起居室,室友的选择关系到个人安全、生活习惯、饮食习惯等的适应,所以法院最后认为政府没有权力干涉这种家里的情况。

---

① Fair Housing Authority Of San Fernando Valley v. Boommate.com, LLC, 666 F. 3d 1216.

在"国家劳工关系委员会诉芝加哥天主教教主案"① 中，法官认为，涉嫌侵犯宪法第一修正案的宗教信仰自由。本案的争议焦点是，依据联邦劳动关系法，联邦劳动关系委员会是否对教会运营的学校具有管辖权。如果法院解释为委员会对教会运营的学校具有管辖权，那么可能会使该法陷入违宪纠纷，违反宪法第一修正案的宗教信仰自由。判决书中也用了较大篇幅来论证如果政府机构对教会运营学校的教师具有管辖权，要求教师加入该委员会设置的强制性的集体商谈，会引起侵犯宗教信仰自由的危险。法院通过一系列案例分析认为，当委员会去解决学校教师的诸多事务时，难免会被宗教事务纠缠，无法分清哪些是宗教事务，哪些仅仅是调查事实问题，从而有干涉宗教信仰自由的风险。

（三）不违反国会意图

法院在适用回避宪法判断方法时，对于可能引起宪法问题的法律解释，都要考虑国会是否有这一清晰肯定的意图。如果国会有这种意图，即使可能百分之百违宪，也要按照国会的意图去解释，直面违宪问题。实践中确定国会意图，可以通过查阅立法资料，国会颁布的相关立法、法院之前的判例等途径获知。不违反国会意图，可能存在几种情况：第一，国会"相当可能"地支持"回避宪法判断"的解释；第二，国会没有清晰地反对"回避宪法判断"的解释，即不明显违背国会意图；第三，国会的意图不清晰，未考虑这种宪法问题。这三种情况都属于不违反国会意图。

不得违反国会意图的规则在美国的诸多案例中都有体现。例如，在 McCulloch v. Sodiedad Nacional de Marineros de Honduras 案的判词中说，当一个解释显示出合宪困难，不要使用它，除非国会有一个清楚的意图包括了这个解释内容。② 又如，最高法院通过在 Edvard J. DeBartolo Corp. v. Florida Gulf Coast Building &Construction Trades Council 清楚有力地表达了现代避免原则，该案指出"当一个立法存在一种将引起严重的宪法问题的可接受的解释时，法院将会将立法解释成避免这个问题，除非这个解释明显地与国会的意图相反。"③ 此案分析的重要问题就是："国会是否具有清晰肯定的意图"(the affirmative intention of the Congress clearly expressed)。因此，不违背国会意图规则，是指当某个法律存在宪法疑问，如果国会有清晰肯定的意图赞成这种法律解释，那么即使有违宪怀疑法院也只能按照这个解释方案来进行解释，而不能违反国会的意图。不违背国会意图规则，充分体现了司法权对立法权的尊重。

---

① National Labor Relations Board v. Catholic Bishop Of Chicago, 440 U. S. 490, 99 S. Ct. 1313, 59 L Ed. 2d 533 (1979).
② McCulloch v. Sodiedad Nacional de Marineros de Honduras, 372 U. S. 10 (1963).
③ Edvard J. DeBartolo Corp. v. Florida Gulf Coast Building &Construction Trades Council, 485 U. S. 568, 575 (1988).

（四）存在替代性法律解释

回避宪法问题的替代性解释，必须是一种根据立法意图"相当可能"（fairly possible）的解释，或者说是不能"明显违反国会意图的解释"。① 这就包括两种情况，一是符合国会意图的解释，二是不违反国会意图的解释。法院在寻找替代性解释时，必须尊重立法权，根据国会意图进行解释；但是立法意图很难确定，所以法院与其猜测立法者的内心想法，不如等待立法者明确表态，即替代性解释具有"明确宣告规则"的性质。② 也就是说，如果无法确定国会的肯定意图，那么如果能够确定不是国会禁止的意图，也可以进行解释，这从广义上也是尊重立法的体现。

在前述法律文本模糊的时候，就已经强调了法律文本存在至少两种解释，一种能够引起宪法问题，解释1，而另一种就是可以回避这种问题，解释2。回避宪法问题的替代性解释（解释2）与解释1之间有什么关系，最通常的情况是解释2是解释1的狭窄解释（narrowing construction）。例如在前述 Roommate 案中，解释2是不包括共同居住在同一个居住单元里，解释1是所有的居住场所，那么解释2就是解释1的子集，是解释1的狭窄解释，也有学者认为解释2永远等于解释1减去可能违反宪法的解释的差。③ 这种情况十分普遍，因为回避宪法判断通常发生在某种情况可能违宪，所以排除这种情况的解释就会达成回避宪法问题的目的，因此解释2恰恰是符合条件的解释，是解释1的缩小版。④ 除此之外，可能存在的情况是，解释1与解释2没有任何交集，一个是白菜，一个是萝卜。⑤ 具体个案中的法律条文语言，以及涉及的宪法问题复杂多变，所以解释1和解释2的关系，还会出现令人难以捉摸的情形。"合宪性限定解释不仅仅包括那种限缩解释，同样也包含通过扩大解释回避违宪判断的做法。"⑥ 总之，如果有可以避免宪法问题的解释2，法院有义务去选择解释2，从而避免宪法问题。

---

① 李松锋：《宪法回避理论及其适用界限》，载《清华法学》2017年第2期，第123页。
② Trevor W. Morrison, *Constitutional Avoidance in the Executive Branch*, 106 Columbia Law Review, 1214 (2006)，转引自杜强强：《论合宪性解释的法律对话功能——以工伤认定为中心》，载《法商研究》2018年第1期，第20页。
③ Adrian Vermeule, Saving Constructions, 85 Georgetown Law Journal 1949（1997）..
④ 德国和日本适用合宪性解释，也认为替代性解释往往属于限缩解释。如日本的时康夫法官认为："如果法令的解释可有广义和狭义两种可能，如果采用广义解释则违反宪法或者违宪疑义较大，则采取狭义解释从而回避对法令本身的违宪判断"。转引自翟国强：《宪法判断的方法》，法律出版社2009年版，第47页。
⑤ Caleb Nelson. Avoiding constitutional questions versus avoiding unconstitutionality. 128 Harverd Law Review F. 331，2015.，Caleb Nelson 驳斥了 Vermeule 教授的观点，认为立法语言有时会形成两个毫无关联的解释，其中一个并不包括另外一个，甚至当一个解释是另一个子集时，狭窄一点的解释比合宪要求的解释更加狭窄，换句话说，狭窄的解释不可能包含宪法所允许的法律条款应该包含的所有的适用情况。有时狭窄的解释反而会违宪，是因为它太窄而不是太宽。由于法律语言和宪法问题的多变性，宪法避免原则不会总是与这种可分割性相一致。
⑥ 翟国强：《宪法判断的方法》，法律出版社2009年版，第48页。

四、问题与困境：适用条件的模糊性与法院的自由裁量

美国法院在适用回避宪法判断的解释方法时，逐渐形成了一整套限定条件，试图在尊重国会立法权与准确适用法院司法审查之间划定清晰的界限。但目前遭遇的困境不言而喻，几乎所有的条件都无法做到精准无漏洞，都存在一定的模糊性，法院的自由裁量权过大。究竟如何将这些条件进一步标准化，是美国法院适用回避宪法判断方法的一个无法回避的问题。

（一）文本模糊的判断困境

一个法律条文是否存在两种或两种以上的解释，涉及多种解释方法的运用，也与立法者的立法意图相关。从文义解释出发，到体系解释、历史解释、比较解释、目的解释，以及社会学解释等多种解释方法的运用，对条文的解释又可能涉及道德、哲学等价值立场的差异，因此法律解释本身就是一个极其复杂的过程。"任何一条法律解释规则都会指责为不明确，每种理解都存在使其无效的补充语。"① 不仅如此，是否适用"漏洞填补"，"法官造法"的界限如何，也是个仁者见仁、智者见智的问题。"苟立法者有意不为规定，或有意不适用类似情况者，即不造成漏洞，不生补充的问题。"② 更别提在"漏洞填补"之外"超越法律原本计划外"的"法的续造"。③ 此外，法律条文本身的含义是否已经明确，还依赖于对之前行政机关的解释、立法机关解释的确认。因此，美国很多适用回避宪法判断的案件中，往往对文本是否模糊提出反对意见。

在前述 Roommate.com 有限责任公司一案中，反对意见认为立法不是模糊的，不应该适用宪法避免。加利福利亚公平雇佣和住房委员会 FEHC，在 Dep't of Fair Emp't and Housing v. Larrick 一案中，对 FEHA 的 §12927 的"歧视"的适用范围有了清晰的解释。Larrick 起诉两个室友，因为他们不想租第三个室友的原因是她的黑人身份。委员会裁决，FEHA 的规定清晰的表明适用于这种共同居住情况，并且禁止两个室友基于种族和肤色拒绝申请人。委员会在得出的这个结论中说，FEHA 的例外规定没有什么是可以适用的，仅仅在 §12927 允许基于具体的性别（但不是具体的种族）广告用于共同居住，其他均不适用。同理，对 FHA 的解释也应该与该委员会的解释相同。所以，反对意见提出抗议，回避宪法判断这个解释工具被使用，必须是在法律规定是模糊的情况下。它没有给联邦法院权力为了符合宪法的要求而去重新制定一个州法。

法律文本是否是模糊的，就如上述 Roommate.com 案一样，很难有一个绝对的答案。有些法官为了回避宪法问题，会故意制造法律模糊的假象，寻求替代性法律解释方案，这就造成了重新制定法律，侵犯立法权的嫌疑。

---

① 李松锋：《宪法回避理论及其适用界限》，载《清华法学》2017年第2期，第124页。
② 杨仁寿：《法学方法论》，中国政法大学出版社1999年版，第142页。
③ [德] 卡尔·拉伦茨：《法学方法论》，陈爱娥译，商务印书馆2003年版，第246－247页。

（二）引起宪法问题的判断困境

首先，引起宪法问题的程度往往难以把握。是否只要一种法律解释涉及宪法问题，法院就可以适用回避宪法判断方法？这里有一个程度的考虑，也就是适用回避宪法判断方法的入门程度。根据法院审理案件中采取的标准，以及法官们提出的反对意见，至少存在六个入门程度标准，这六个标准设计了一个由高到低的审查谱系。大法官肯尼迪设计了最低的引起避免方法的入门标准，像 Gonzales 案在公众眼中它仅仅涉及了一个怀疑的宪法议题（unsettled constitutional issue）。[1] NLRB 案的多数意见主张要满足 step zero 门栏，如果事实可能与宪法相冲突（run afoul of constitutional guarantees）。[2] Gregory 案中，大法官奥康纳发现，潜在的解释将扰乱通常的宪法平衡（upset the usual constitutional balance）。[3] 大法官布伦南，在 NLRB 案中的反对意见中，信奉"严重的宪法怀疑"规则（serious doubt of constitutionality）。[4] 大法官怀特在 Gregory 案中提出反对意见，要求一个比仅仅存在潜在的宪法问题更高的标准（a higher standard than merely a potential constitutional problem）。[5] 大法官斯卡利亚，设计了一个最高的标准，在 Gonzales 案的反对意见中，选择不适用回避方法，因为案件事实没有逾越合宪性保护的外在限制。[6] 在审查标准上目前并没有一个固定的标准存在：在多数意见和反对意见中反映的最新近的观点，呈现出两极分化的趋势。[7]

对于入门标准，如果用一个百分比来表示违宪的可能性，在 1% 到 100% 之间违宪标准应该设在哪里比较好，学界并没有给出统一的说法，而联邦法院在不同的案例中形成了不同的标准。标准不统一，不仅导致法院启动回避宪法判断方法的随意性，而且也无法给立法机关以合理预期。[8] 因此，统一标准目前在美国也是个亟待解决的问题。

其次，涉及宪法问题的重要性或实质性难以把握。如果法律的一个解释涉及的宪法问题不重要或不属于实质性问题，那么法院也不会考虑适用回避宪法判断方法。那么何为重要或实质呢？它可能取决于诉争问题属于一个宪法条款的根本内容。例如第一修正案在 Catholic Bishops 和 Roommate.com 两个案子中都涉及了，一个是涉嫌侵犯宗教信仰自由，

---

[1] Gonzales v. Oregon, 546 U.S. 243, 267-28 (2006).
[2] NLRB v. Catholic Bishop of Chi., 440 U.S. 490, 499 (1979).
[3] Gregory v. Ashcroft, 501 U.S. 452, 460 (1991).
[4] NLRB v. Catholic Bishop of Chi., 440 U.S. 490, 499 (1979).
[5] Gregory v. Ashcroft, 501 U.S. 452, 460 (1991).
[6] Gonzales v. Oregon, 546 U.S. 243, 267-28 (2006). 斯卡利亚大法官的标准——当一个立法逾越了（push）宪法保护的外部限制的时候——过度的限制了司法权。他的推理来源于两个案件，Solid Waste Agency v. U.S. Army Corps of Engineers 和 United States v. Sullivan，在这两个案件中法院在解释商业条款解释权力的时候，选择不适用避免原则。这样的一个标准可能不可避免地限制了法院参与到基础性的宪法问题中。
[7] Anthony Vitarelli, *Constitutional Avoidance Step Zero*, 119 Yale L. J. 837 (2010).
[8] Harold J. Krent, *Avoidance and Its Costs: Application of the Clear Statement Rule to Supreme Court Review of NLRB Cases*, 15 Connecticut Law Review 209 (1983).

另一个可能侵犯隐私权,都属于公民的重要的权利。但是如果一个法律涉及第八修正案的过多的保释金条款,那么回避宪法判断方法将可能较少适用。① 但重要或实质永远只有程度的差别,无法量化,这给法院适用回避宪法判断方法也预留了极大的空间。

(三) 判断国会意图的宪法困境

如何确定国会的意图? 在对法律条文进行解释,包括寻求替代性解释时,都不能违反国会意图。虽然确定国会意图,可以通过立法资料、国会立法、法院判例等途径来确认和辨识,但司法实践中往往无法准确知晓国会的意图。所谓的国会的意图也只是法院的猜测,因此最终可能还是法院的一家之言,只不过冠以了国会意图的幌子。德国联邦宪法法院在适用中曾表明:不允许触及立法的基础性决定,不允许立法性目标在一个根本点上被误解或歪曲。但联邦宪法法院没有一致遵守这些界限。而且相对于爱护立法者的出发点而言,还出现了反其道而行之的危险。② 例如前述的 Catholic Bishop 案中,法院要确认:联邦劳动关系法的这一条款是否清晰地表达了"包括宗教运营学校"这一意思。而通过法律条文的表述和立法历史、法院之前的判例,法院认为国会立法没有清晰表达,因此得出结论:不能对教会运营学校行使管辖权。但是反对意见却认为,国会已经清晰地表达了委员会可以管辖"教会运营的学校"。第一,立法修改过程中对教会运营的医院的先不予管辖,后来取消了这个规定,即委员会可以管辖教会运营的医院,为什么不能管辖教会运营的学校;第二,立法的目的是包括委员会可以管辖所有的雇主,除非立法有明确规定,而立法中明确排除的只有八类,很显然教会运营学校不在这八类之中。③ 所以何为国会的明确意图,充满了争议和挑战。笔者认为,"国会必须有清晰的意图来表明,那个可能违宪的解释"的观点充满了不确定性,因为国会的清晰意图很难把握,这种说法看似合理,实则是在扩大法院的解释权限,让它径直朝着"不包含"的方向得出结论,往往最后都能达成法院的"意图"。

目前对回避宪法判断的解释方法,批判较多的就是法院启动条件不甚明确,这似乎成了法院可以自我裁量的权力,从而导致了适用的混乱,缺乏规范性。面对"回避宪法判断方法"适用的不确切性,美国很多学者指出,法院应该公开承认适用回避宪法判断方法的前置检查程序(Step Zero inquiry),应该为未来的案件阐明明确的标准。这个标准将会给法律制度带来四个主要好处:(1) 法官们将更少的使用回避宪法判断方法来裁判案件。(2) 当事人将更加清楚地预测潜在的诉讼结果。(3) 一个合适的 Step Zero 标准的决定将

---

① William N. Eskridge Jr., Philip P. Frickey, Elizabeth Garrett, James J. Brudney. Statues And The Creation Of Public Policy, West Academic Publishing. 725, 726 (2014).

② 参见 [德] 克劳斯·施莱希、斯特凡·科里奥特:《德国联邦宪法法院地位、程序与裁判》,刘飞译,法律出版社 2007 年版,第 456 - 457 页。

③ National Labor Relations Board v. Catholic Bishop of Chicago, 440 U. S. 490, 499 (1979).

迫使司法制度内产生一个富有成效的审慎的过程，这个司法制度可以澄清不确定性的其他领域。(4) 一个成熟的 Step Zero 门槛规则会让国会在制定法律时更加明确地完备地知晓，法院将会如何解释立法。①

五、瑕不掩瑜：美国回避宪法判断方法适用的正当性

美国回避宪法判断的方法，尽管遭遇批评和否定，但仍然瑕不掩瑜、适用如旧。追其根本，该种方法有效平衡了立法权与司法权之间可能的紧张关系，避免了立法违宪的结果。还有非常重要的一点，恰恰是"回避宪法判断方法"适用的模糊性，让法院在美国宪法框架下"游刃有余、进退有度"，避免陷入政治纷争。

回避宪法判断的解释方法通过将国会立法解释成避免引起宪法问题，从而避免了不必要的宪法审查。在德国，普通法院所做的合宪性解释还大大缓解了宪法法院的审判压力，这也是某种程度上降低使用合宪性审查权的表现。回避宪法判断的解释方法，通过适用一个不可能违宪的法律解释，回避了可能违宪的问题，也回避了将来法院对此进行宪法判断的可能。由此，围绕宪法规范形成了"司法创设的伴影"，也就是说，围绕宪法形成了一片区域，法院不判其违宪，还给予保护。② 这实际上提供一个较为显著的机制，使 Larry Sager 所说的"低执行的宪法标准"生效。③

美国的 Brickel 教授提出了回避宪法判断方法适用的一种消极效果理论（theory of the passive virtues）。④ 法院保存他们的制度资本的方法就是回避宪法判断。对于法院来说较为普遍的技巧就是避免让自己陷入宪法案件，法院以程序问题例如起诉资格、成熟度等原因来驳回起诉，以使宪法案件不成熟。回避方法显示出其在违宪无效和单纯消极不处理（passive virtues）之间的一个中间立场（middle ground）。这个妥协允许法院减缓政治程序，这个政治程序如果前进太快将会侵害人权，但不要引发这个政治程序的全面愤怒，政治秩序本身并不想要被推翻。⑤ 也就是说，法院通过回避某种可能引起宪法问题的法律解释，同时也是在回避处理某些棘手的社会问题，这种回避有时是个权宜之计，既不碰触到当前国家政治和社会发展中的某些待决定问题，同时也满足了司法程序中公正裁判、定分止争的当事人要求，暂时能起到延缓，不激化社会矛盾的作用。

况且，美国的国父们对法院享有的回避宪法判断的权力早有预测，且没有表示出过分

---

① See Anthony Vitarelli, *Constitutional Avoidance Step Zero*, 119 Yale L. J. 837 (2010).
② 李松峰：《宪法回避理论及其适用界限》，载《清华法学》2017 年第 2 期，第 121 页。
③ Lawrence Gene Sager, *Fair Measure: The Legal Status of Underenforced Constitution Norms*, 91 HARV. REV. 1212 (1978).
④ Alexander Bickel & Harry Wellington, *Legislative Purpose and Judicial Process: The Lincoln Mills Case*, 71 Harv. L. Rev. 397 (2005).
⑤ William N. Eskridge Jr., Philip P. Frickey, Elizabeth Garrett, James J. Brudney, Statues And The Creation Of Public Policy, West Academic Publishing. 727 (2014).

的担心。反联邦党人曾对司法权的权力范围表达了担心和质疑。汉密尔顿在《联邦党人文集》第 78 篇"司法克制"中阐述的观点,可以作为回避宪法判断方法适用的理论基础。汉密尔顿十分清楚地主张,法官在判决一个立法无效之前,应该确信立法文本和宪法规定之间确实存在不可调和的不一致:宪法是,实际上,必须被法官看成是一个基本法。所以法官有权力去确认宪法的意思,以及根据立法机关的意思来确认任何诉讼中的特定的法律的意思。如果在两者之间出现了无法调和的不一致,那么应该选择更高级别的责任和有效性。法院的角色"必须是宣称所有的与宪法意旨相悖的法律无效。"① 在《联邦党人文集》第 81 篇中汉密尔顿最直接地提出了反联邦党人关心的任意司法权的观点。"汉密尔顿提出,"反对者曾多次提到司法部门可能会侵犯议会权力,其实这种说法是种不切实际的幻想。在特殊情况下,误解、违抗议会意志的事情可能会偶尔发生,但是,通常来说,这种事情远不到带来不便的程度,并不至于对国家的政治秩序产生显著的影响。根据司法权的性质、目标、行使方式,相对软弱性以及它不具有支持其越权的武装力量,我们可以确定地得出上述结论。"② 制度上的软弱,以及不合宪的假设(在联邦党人文集第 78 篇中提到的"无法调和的不一致"),是汉密尔顿对反联邦党人控告司法最高权的反驳。从以上观点透露出制宪先贤相信司法权先天软弱的特性,即使拥有了诸如司法审查、回避宪法判断的权力,也不会酿成反联邦党人担心的"司法权任意"可能导致的破坏宪法体制的风险。

六、结语:如何做到恰如其分

从单纯的解释方法视角来看,对某一法条进行解释,往往存在多种解释方案,最终都可以作为裁判的结果,很难说哪一种方案就是最准确或最好的。"解释不是计算题,而是一种有创造性的精神活动。"③ 当然最终的解释方案一定是站在解释者的角度,具有充分的论证理由。所以,过分谴责回避宪法判断方法的适用条件缺乏精准度,没有现实意义,也是任何人都无法实现的神话。

法院是否适用"回避宪法判断的方法",往往是在做一道选择题。"宪法判断并非政治判断,然而宪法判断却不免会产生政治后果,当宪法审查机关处于政治的风口浪尖之上,其所做出的任何判断,无论是合宪还是违宪判断,支持或否认政治部门的决定,都将对现实的政治现状产生重大影响,而且即使是判断方法的非政治化,也终究无法避免宪法判断导致特定政治结果。"④ 如果选择适用,结果就是避免了国会立法涉及宪法问题,将可能违宪的判断延后,也避免让自己陷入判断违宪的麻烦,而涉及的公民权利问题,也因

---

① Alexander Hamilton, THE FEDERALIST NO. 78 (June 14, 1788). http://www.constitution.org/fed/federal 78.htm.
② [美] 亚历山大·汉密尔顿、约翰·杰伊、詹姆斯·麦迪逊:《联邦党人文集》,张晓庆译,中国社会科学出版社 2009 年版,第 347 页。
③ [德] 卡尔·拉伦茨:《法学方法论》,陈爱娥译,商务印书馆 2003 年版,第 222 页。
④ 翟国强:《宪法判断的方法》,法律出版社 2009 年版,第 12 页。

为立法不规制而暂时处于安全状态。如果选择不适用，法院要直面宪法问题，并对此进行裁判，最终可能以立法违宪收场（尽管有回避违宪判断的方法），从而使这一社会问题明朗化（到底是合宪还是违宪），涉及到的公民权利也最终得到了宪法是否保护的结论，宪法的权威显现，宪法的作用得到发挥。因此，回避宪法判断方法的使用，实际上是法院到底采取司法能动还是司法谦抑的态度选择问题。这一方法适用的背后，是法院在衡量具体宪法问题可能引发的政治争议、法院所处的环境以及人民的期待。法院需要小心翼翼、审时度势、把握时机。① 简而言之，法院的大法官们还要有政治家的思维。

回避宪法判断方法适用的必要性，除了要求法院遵从立法者意图，把握立法条文是否模糊性，是否引起宪法问题，诸如公民权利保护等内容的重要性，还要顾及整个国家和社会发展的状况，人民的期待等非法律问题。如何做到恰如其分，依靠法院的智慧，或许要交给历史来评说！

2017年党的十九大报告明确提出了宪法实施领域的新名词——"合宪性审查"，张翔教授提出：一个"合宪性审查时代"已然来临。② 自2017年起我国全国人大常委会法工委开始每年向全国人大常委会做关于备案审查的专项工作报告，对我国的合法性审查、合宪性审查无疑起到了推动作用，受到了全国瞩目。作为合宪性审查机关的全国人大及其常委会，不可避免地要审查包括法律在内的规范性文件是否违反宪法，从而作出是否合宪的判断，而我国法院在宪法框架下也负有适用合宪的法律的职责③，从而可能运用到回避宪法判断的方法。根据美国回避宪法判断方法的适用情况，以及可能涉及的政治纷争，并结合我国人民代表大会制度的特色，提出几点建议：（1）回避宪法判断的方法是一把双刃剑，它的利弊都相伴相生，所以在人民代表大会制度下，更应警惕法院适用回避宪法判断方法，所可能带来的法院司法权侵蚀人大立法权的"违宪"后果。法院对人大立法的解释，更应谨小慎微，顺应人大的立法意图。（2）全国人大及其常委会的合宪性审查也要借鉴回避宪法判断的方法，实现对立法的"隐性修复和完善"。人大甚至可以通过回避宪法判断的方法来行使"重新立法"的职权，让法律维持其效力，尽量减少"宣布违宪"的结果。我国由立法机关实施合宪性审查的体制，是一种自我监督，全国人大及其常委会是我国唯一合法的统一行使监督权的机关，不存在西方国家宪法中不同国家权力之间监督所形成的权力僭越的障碍，如果我国人大能恰当的使用"回避宪法判断的方法"，会尽量避免出现立法被废止的不稳定状况，同时也兼代行使了宪法解释、法律解释的职权，会促进几项制度的协调与统一，使其统一在宪法至上的法律秩序之下。

（编辑：戴津伟）

---

① 参见李松锋：《宪法回避理论及其适用界限》，载《清华法学》2017年第2期，第124页。
② 张翔：《合宪性审查时代的宪法学：基础与前瞻》，载《环球法律评论》2019年第2期，第6页。
③ 梁洪霞：《我国法院援引宪法说理的实施问题研究》，载《政治与法律》2017年第7期，第65页。

绝对化广告规制条款的合宪性调控

雷 庚[*]

> **摘 要** 宪治国家，法律必须具有合宪性。缘起于实践中遭受的合宪性质疑，运用审查经济性法律的"合理性标准"判断，发现绝对化广告规制条款因未将《宪法》第33条第3款中"保障违法者人权"的要求具体化而存在合宪性问题。应当通过合宪性解释与法律续造等方法的配合运用完成对此条款的合宪性调控，即：先借助合宪性解释确定此条款的立法目的，据此认定其存在法律漏洞，再以此条款中的"广告主等违法者"一词为对象，立足"因罚款失去生存财产的违法者——不因罚款失去生存财产的违法者"的类型划分，将其目的性限缩为"不因罚款失去生存财产的违法者"，使罚款仅能剥夺违法者的非生存财产，从而在填补法律漏洞的同时解决其合宪性问题。
>
> **关键词** 方林富案 绝对化广告规制条款 合理性标准 合宪性解释 目的性限缩

一、引言

宪治国家，立法机关负有具体化宪法的义务。由《广告法》第9条第3项、第57条与《行政处罚法》第25条、第26条、27条等条款共同组成的绝对化广告规制条款，是对《宪法》第15条中"国家实行社会主义市场经济……加强经济立法，完善宏观调控……依法禁止任何组织或者个人扰乱社会经济秩序"与《宪法》第33条第3款"国家

---

[*] 雷庚，男，安徽省六安市人，华东政法大学法律学院博士研究生，研究方向为行政法与行政诉讼法。

尊重和保障人权"内容的具体化。① 立法机关制定法律具体化宪法的行为值得肯定，但是，其效果如何？是否实现完全具体化宪法的目的，仍然是一个待检验的问题。尤其是出现公众乃至权力机关质疑法律的合宪性情况，此种检验就更为必要。对绝对化广告规制条款而言，其关于罚款金额的规定即遭遇上述质疑。下面，先基于方林富案对此予以展示，再通过分析，指出种种质疑的实质在于追问绝对化广告规制条款的合宪性。

一方面，方林富案中，方林富的行为符合《广告法》第9条第（三）项的构成要件，不符合《行政处罚法》第25至27条规定的从轻、减轻或不予处罚的构成要件。② 依据绝对化广告规制条款，行政机关可以对其处以20万以上100万以下的罚款。由此可见，本案的行政机关对方林富作出20万罚款的处罚决定，完全是在法律允许的范围内，裁量权运用的结果，具有充分的合法律性。但是，如此合法律的行政处罚却遭到多方质疑，表现在：一方面，由公众意见聚集而成的主流舆论对方林富持同情态度，认为处罚过重；另一方面，权力机关或借助行政法教义学中"基于原则修正规则"的理论，或借助《行政诉讼法》中针对行政处罚的司法变更权，为方林富减轻处罚。③

---

① 《广告法》第9条 广告不得有下列情形：（三）使用"国家级"、"最高级"、"最佳"等用语；《广告法》第57条 有下列行为之一的，由工商行政管理部门责令停止发布广告，对广告主处二十万元以上一百万元以下的罚款，情节严重的，并可以吊销营业执照，由广告审查机关撤销广告审查批准文件、一年内不受理其广告审查申请；对广告经营者、广告发布者，由工商行政管理部门没收广告费用，处二十万元以上一百万元以下的罚款，情节严重的，并可以吊销营业执照、吊销广告发布登记证件：（一）发布有本法第九条、第十条规定的禁止情形的广告的……；《行政处罚法》第25条 不满十四周岁的人有违法行为的，不予行政处罚……已满十四周岁不满十八周岁的人有违法行为的，从轻或者减轻行政处罚。《行政处罚法》第26条 精神病人在不能辨认或者不能控制自己行为时有违法行为的，不予行政处罚……；《行政处罚法》第27条 当事人有下列情形之一的，应当依法从轻或者减轻行政处罚：（一）主动消除或者减轻违法行为危害后果的；（二）受他人胁迫有违法行为的；（三）配合行政机关查处违法行为有立功表现的；（四）其他依法从轻或者减轻行政处罚的。违法行为轻微并及时纠正，没有造成危害后果的，不予行政处罚。

② 行政机关无法依据《行政处罚法》第27条对方林富从轻、减轻或不予处罚，是由方林富在违法后展现出的主观态度和客观表现共同所致。一方面，违法后方林富不是立即采取有效措施予以消除违法状态，而是仅用黑笔在"最"字上改成"真"字，"最"字仍然清晰可见。对此，方林富在接受钱报记者采访时如此解释：这并不代表自己的改正态度不端正。印制一批包装的费用很高，我们只希望不要有太大浪费，替换也需要一个过程，预计近期内就能实现新包装全面替换；另一方面，直到开庭庭审前，方林富仍然对其违法行为不屑一顾，公然声称此种违法行为处罚300百元即可。参见鲍亚飞：《杭州知名炒货店老板方林富或将罚20万2月1日听证》，载《钱江晚报》2016年1月29日，第001版。

③ 从2016年3月22日区局向方林富作出行政处罚起，到2018年9月7日中院作出二审判决终，方林富案历经前后两年半的漫长过程。在此期间，身处不同法律适用阶段复议机关与司法机关运用各种工具对绝对化广告规制条款予以质疑。具体来说：（1）复议机关运用过罚相当原则质疑绝对化广告规制条款。该机关先是提出过罚相当原则既约束执法者也约束立法者，随后，认为绝对化广告规制条款中设定的行政罚款，在数额方面与过罚相当原则的要求不符。继而，当事实符合法律的构成要件后，复议机关不是立即让法律效果发生，而是组织研讨寻求突破法律规定作出处罚的可能。经研讨，基于"实践中法院对行政机关突破法律底线处罚不予认可""严格执法是依法行政的要求"和"突破法律底线处罚存在被定性为渎职的风险"三方面考虑，复议机关只得让绝对化广告规制条款的法律效果发生，最终维持了行政机关的决定。（以上内容源自本案复议机关的主审人员、复议机关诉讼中的委托代理人魏均新的撰文陈述。参见《谈方林富案的法律问题》，载http://blog.sina.com.cn/s/blog_55b65cbf0102xq95.html，2018年9月1日访问。(2) 司法机关运用司法变更权质疑绝对化广告规制条款。作为司法机关，无论是一审法院还是二审法院，不约而同的依据《行政诉讼法》第77条规定的"法院可以判决变更明显不当行政处罚"条款，对区局作出行政处罚决定过程中的裁量运用，进行严格审查，并在考虑各种因素后认为：行政机关作出20万元的罚款在裁量上明显不当，应当将罚款数额变更为10万元。参见浙江省杭州市中级人民法院（2018）浙01行终511号行政判决书）

另一方面，中国公法正在经历整体性的变迁，在林林总总的制度革新中，政府行为的合法性追问的实质在于检验政府行为的可接受性，而不仅仅是政府行为的"合法律性"。[①]有鉴于此，在相关处罚决定具有合法律性的情况下，无论是公众在言语上的诘难，还是权力机关在行动上的变更，质疑的是作为处罚决定所依据法律的可接受性。在宪治国家，在宪法成为社会基本共识的背景下，法律因合宪而被接受。所以，前述对绝对化广告规制条款的种种质疑，本质在于追问其合宪性。

既是为回应质疑，也是为确保法律合宪，笔者将对绝对化广告规制条款在合宪性层面进行检视，如果确定此条款存在问题，则就问题的解决给出具体的解决方案。总之，本文以方林富案为契机，以绝对化广告规制条款为对象，以"检视——调控"为结构，以确保前述条款的合宪为最终目的。

二、绝对化广告规制条款合宪性状况的检视

为检视绝对化广告规制条款的合宪性，既要对此条款进行重述，使其与宪法建立更为直接的关联；又要确定具体的检视标准，以据此判断绝对化广告规制条款的具体化宪法情况。为此，接下来笔者将先重述绝对化广告规制条款，再确定检视标准，最后，依据标准检视相关条款，以判断其是否充分具体化宪法。

（一）开展检视工作的前期准备

1. 条款的重述

虽然在引言部分笔者介绍了绝对化广告规制条款的构成，且将其与宪法进行了关联，但是，一方面，关于构成的介绍仅仅是条文罗列，缺乏分析所需要的逻辑性与结构性，另一方面，关于此条款与宪法关联的描述也是初步的，缺乏深入阐述。进言之，停留在条文罗列与初步关联的绝对化广告规制条款，不利于合宪性检视工作的开展。为此，笔者将依据"要件——效果"的结构重述绝对化广告规制条款，为其与宪法建立更为紧密的关联，并进行深入阐述。

首先，从"要件——效果"的结构角度来说，绝对化广告规制条款中，《广告法》第9条是关于要件的规定，《广告法》第57条和《行政处罚法》第25条、第26条第27条是关于效果的规定。所以，严格按照"要件——效果"结构可对绝对化广告规制条款作如下重述：（1）要件：广告不得使用绝对化用语；（2）原则效果：由工商行政管理部门责令停止发布广告，并对广告主等违法者作出罚款、吊销营业执照等行政处罚；（3）例外效果：符合法定条件的可以从轻、减轻或不予处罚。此外，还需强调：在"例外效果"中，

[①] 沈岿：《因开放反思而合法——探索中国公法变迁的规范基础》，载《中国社会科学》2004年第4期，第102页。

《行政处罚法》第 27 条第 1 款第 4 项具兜底和授权的双重意蕴：一方面，《行政处罚法》第 27 条第 1 款前 3 项属于立法者对从轻、减轻行政处罚情形的明确列举，第 4 项是为防止挂一漏万进行的兜底式规定；另一方面，《行政处罚法》第 27 条第 1 款第 4 项中"其他依法"的表述，实际上是以授权立法的方式进行兜底，使得具体领域的立法者在制定涉及行政处罚的规范之时，有权结合实际需要，增设从轻、减轻行政处罚的情形。当然，立法者在广告领域制定涉及行政处罚的法律之时，并未依据《行政处罚法》第 27 条第 1 款第 4 项的授权，增设从轻、减轻行政处罚的情形。

其次，从为绝对化广告条款建立与宪法更为直接的关联角度来说，重述后的绝对化广告规制条款由"要件——原则效果——例外效果"三部分构成。其中，"要件——原则效果"即是对《宪法》第 15 条、33 条第 3 款的具体化，而"例外效果"则是对《宪法》第 33 条第 3 款的具体化。

最后，就绝对化广告规制条款与宪法的关联予以详述。第一，"要件——原则效果"对《宪法》第 15 条、33 条第 3 款的具体化。市场机制的有效运作，以信息为基础，通过信息交流促进个体间交易发生。故而，市场主体需要掌握充足信息从而支撑其作出效用最大化选择。① 广告作为市场中沟通买卖双方的信息中介，是卖方向买方传递关于商品或服务信息的工具，它不仅帮助经营者进行市场竞争，赢得消费者青睐，而且为消费者作出最终的消费决定提供主要依据。当然，广告也可能被经营者利用，成为其传递非真实信息，欺骗、误导消费者与破坏公平竞争市场机制的工具。② 因为绝对化广告就是这样一种工具，所以，在绝对化广告规制条款中，立法机关通过要件将其设为禁止性行为，并通过原则效果进行实效性担保，这既是对消费者与市场机制的保护，又与《宪法》第 15 条和《宪法》第 33 条第 3 款的内容高度契合，是对前述宪法内容的具体化。第二，再说"例外效果"对《宪法》第 33 条第 3 款的具体化。根据《宪法》第 33 条第 3 款，人权条款的保障对象具有普遍性，即使是违法的公民也不例外。甚至，对违法公民的人权保障程度，更能够反映一个国家的文明水平。进而，当公民违法后，不应当仅从违法预防的角度，在不考虑违法者主客观情况下，进行"一律式"的处理。因为，如此作法，缺乏对违法者的人文关怀，本质上是将惩戒违法者作为违法预防的手段；所以，为贯彻《宪法》第 33 条第 3 款中"保障违法者人权"的要求，国家对违法者的处罚，必须从对违法者的主客观情况进行考量。由此可见，"例外效果"关于从轻、减轻与不予处罚的规定是对《宪法》第 33 条第 3 款的具体化。

2. 判断标准的提出

究竟依据何种标准判断绝对化广告规制条款是否充分具体化宪法？鉴于此条款的经济

---

① ［英］安东尼·奥格斯：《规制：法律形式与经济学理论》，骆梅英译，中国人民大学出版社 2008 年版，第 24 页。

② 参见姚海放：《论信息规制在广告法治中的运用》，载《政治与法律》2010 年第 5 期，第 100－109 页。

法律属性，理论界对此类法律合宪性标准的讨论可以为前述问题提供答案。① 具体来说：

第一，在域外国家依领域特性形成的层次型审查体系中，"合理性标准"被用于审查经济法律的合宪性。所谓合理标准，是指只要该法律是促进合法的政府目的的合理方式，即为合宪有效。依此标准，对被判断的法律而言，只要目的符合宪法，手段有助于目的实现，即应当认为具有合宪性。此标准在域外国家被用于审查经济法律的合宪性。比如：德国依审查程度形成了由表面审查、一般合理审查、强化性内容审查三种标准构成的审查体系。其中，表面审查通常适用于经济事务领域中的基本权利限制案件、基本权利限制程度较小的案件、作为审查准确的宪法规范特别具有开放性与不确定性的案件；一般合理性审查适用于涉及复杂社会事务的经济性或财税性的、对基本权利限制程度较大的案件；比如：在美国依审查程度形成的由合理标准、严格标准和中等标准构成的审查体系中，合理审查标准适用于经济、雇佣、福利等领域。

第二，运用"合理性标准"审查经济法律的合宪性具有正当性。宪法与法律是一种"交互影响"的关系。虽然法律应当具有合宪性，要受到宪法的审查，但是，宪法同样要依赖部门法去落实和实践，要看到立法者构建部门法秩序的过程也是宪法具体化的过程，进而，要尊重立法者对于宪法的理解和规范展开。不仅如此，经济法律，涉及的往往是各种利益群体的利益平衡、关系到经济社会资源的利用分配、应对经济发展的各种方案设计机抉择与相，有时还具有应急性，其往往是以立法者为平台，多方代表进行充分的调查了解、分析讨论与博弈协调的产物。所以，对经济法律的合宪性审查，应当持理性而克制的态度，选择"合理性标准"。

由此可见，应当选择"合理性标准"审查绝对化广告规制条款的合宪性。此标准的运用，以"目的——手段"为框架，历经如下步骤：首先，审视前述条款，分别确定其立法目的与规制手段；其次，以"是否明显抵触宪法"来判断此立法目的的合宪性；最后，以"是否存在落实目的的手段"、"手段是否有助于实现目的"判断此手段的合宪性。当然，仍需强调，在"合理性标准"之下，相关判断都应当是宽容的，存在合理关联即可。

（二）绝对化广告规制条款的合宪性判断

根据前文研究，一方面，在绝对化广告规制条款中，是由"要件——原则效果"负责具体化《宪法》15条、第33条第3款，由"例外效果"负责具体化《宪法》第33条第3款；另一方面，应当运用"合理性标准"判断前述条款具体化宪法是否充分。下面，笔者将运用此标准，判断《宪法》第15条、第33条第3款是否被充分具体化。

---

① 具体论述可见李友根：《经济法规的合宪性审查标准——基于对美国联邦最高法院判例的考察》，载《法学评论》2020年第1期，第148—159页；王书成：《论经济活动规制之合宪性推定》，载《法学》2009年第2期，第134—144页。

1. 《宪法》第 15 条被充分具体化

绝对化广告规制条款中"要件——原则效果"部分,其目的在于维护公平竞争的市场秩序,保护消费者权益,为实现此目的,以行政处罚等规制工具为手段。依据"合理性标准"来看:目的方面,其与《宪法》第 15 条中"国家加强经济立法"、"国家实行社会主义市场经济"的内容高度契合;与此同时,手段方面,行政处罚作为一种规制工具,确实具有维护制度与保护相关权益的效果,这一点毋庸置疑。应当说,将行政处罚作为一种手段规定,有助于前述目的的实现。由此可见,《宪法》第 15 条被充分具体化。

2. 《宪法》第 33 条第 3 款未被充分具体化

作为"人权保障条款"的《宪法》第 33 条第 3 款,无论在保障对象还是保障内容方面都是抽象的,需要由立法者予以具体化。为此,立法机关制定了绝对化广告规制条款,其中,"要件——原则效果"部分用于维护市场机制与消费者权益;"例外效果"部分则体现出国家权力对违法广告主的人文关怀。前述立法成果需在宪法层面接受"合理性标准"的检验。具体来说:

一方面,如前文所述,此条款中"要件——原则效果"部分,为实现保护消费者合法权益的目的,设置行政处罚这一规制工具予以保障。根据"合理性标准",其应当判定为充分具体化《宪法》第 33 条第 3 款中"保护消费者人权"的内容;另一方面,此条款中"例外效果"部分,虽然在目的上契合《宪法》第 33 条第 3 款中"保护违法广告主人权"的要求,但是,因为存在手段缺失的情形,无法被认为将前述宪法内容充分具体化。下面,结合人权的内涵,就前述手段缺失的问题作进一步阐述。

第一,《宪法》第 33 条第 3 款要求国家保障违法者作为生存条件的财产。人权基于道德的基本要求而存在,是人作为人应该享有的自由或资格,本质在于尊重人作为人的尊严。虽然人权的道德色彩浓烈,其内涵的泛道德化使得其外延不甚清晰,但是,生存是人得以在现实中存在的绝对前提,生存权被不同群体一致承认属于人权的一种具体形式。与此同时,财产与生存息息相关。财产是实现生存的基本物质条件。根据与维系生存的关联程度,财产可区分为作为生存条件的财产和作为发展手段的财产。① 因为作为生存条件的财产是任何人维系生存的关键,当然属于《宪法》第 33 条第 3 款的保障范围,所以,国家不得无限制地追求秩序,进言之,即使以惩戒违法者为理由,也不能剥夺其作为生存条件的财产。②

---

① 相关论述,参见韩大元:《宪法文本中"人权条款"的规范分析》,载《法学家》2004 年第 4 期,第 8 页;马岭:《可见生存权的广义与狭义》,载《金陵法律评论》2007 年秋季卷,第 72 – 85 页;徐国栋:《现代的新财产分类及其启示》,载《广西大学学报(哲学社会科学版)》2005 年第 6 期,第 49 – 53 页;汪进元等:《财产权的构成、限制及其合宪性》,载《上海财经大学学报》2011 年第 5 期,第 18 – 25 页。

② 国家机关不能推卸保障生存权的责任。社会保障体系无疑是生存权保障的主要支柱,但是,社会保障体系永远解决不了所有的生存权问题。社会保障是国家为确保公民生存而提供的资助。如果国家先用公权力弄得公民无法生存,再去资助,这是在开社会保障的玩笑,毫无理性可言。参见黄莹等:《生存权优于债权——评〈最高人民法院关于人民法院执行设定抵押的房屋的规定〉》,载《法学评论》2006 年第 4 期,第 113 页。

第二，绝对化广告规制条款中缺乏保障违法者生存财产的手段。行政罚款以剥夺违法者财产为内容，其运用可能会导致违法者失去作为生存条件的财产。根据前文论述，既然立法机关选择运用行政罚款维护秩序与保障消费者权益，那么，其理应通过条文设置，比如以《广告法》修改为契机，基于《行政处罚法》相关条款的授权，增设相关从轻、减轻或不予处罚情形，保障违法者的生存财产与生存权。可是，目前立法者为追求规制效果，不仅大幅提供罚款幅度，而且坚持不作例外规定。① 根据国家统计局的数据，31 个省份 2017 年居民人均可支配收入为 25974 元。其中，上海以 58987.96 元位居全国首位。如此罚款一旦适用，即使对违法者处以底限的 20 万元，也相当于使其失去了全国居民年平均收入 8 倍或全国最富地区居民年平均收入 4 倍的财产，结果就是使得相对人很可能因此失去作为生存条件的财产。

三、绝对化广告规制条款的合宪性调控

运用"合理性标准"检视绝对化广告规制条款的合宪性情况，得出如下结论：(1)《宪法》第 15 条、第 33 条第 3 款中的"保障消费者人权"内容被充分的具体化；(2)《宪法》第 33 条第 3 款中的"保障违法经营者人权"内容未被充分具体化。进而，有必要对被检视条款中未充分具体化宪法的部分予以纠正。理论上，纠正的方式存在法律修改与法律解释两种。不过，考虑到动辄修法不利于法律的稳定与权威的树立，以及"法教义学是法学的学科根本"的观念，笔者选择运用法律解释纠正前述条款不足。当然，纠正工作开展之前，尚需对法律解释本身予以说明。

一方面，本文的法律解释在最为广义意义上使用，内容包括：狭义法律解释、法律续造，合宪性解释；另一方面，合宪性解释，是解释者在普通案件中依据宪法的规定和精神来解释位阶较低的法律的一种解释方法。对于此方法，需要强调的是：(1) 它不是在违宪审查而是在法官释法的意义上运用，发生在普通法律案件的审判中，以将宪法精神纳入普通法律为目的；(2) 它是一种具有独立性的解释方法，与传统的其他解释方法互补。正如学者所言：由于合宪性解释是晚近出现的法律解释方法，其与文义、体系、历史、目的四种传统法律解释方法的关系如何是个非常复杂的问题，合宪性解释方法的出现甚至可说是对传统解释方法体系的严重冲击。合宪性解释并非宪法解释，而是法律解释的一种方法，

---

① 新旧《广告法》始终禁止绝对化广告。只是，两版《广告法》对此行为的处罚存在明显差异，旧《广告法》对前述行为处以"广告费 1 倍以上 5 倍以下的罚款"，新《广告法》对前述行为则是处以"20 万以上 100 万以下的行政罚款"，不难看出，一般情况下，新版对此行为的处罚力度大幅提升；另一方面，修法过程中，有地方认为对于绝对化宣传，一律处以 20 万以上罚款，力度过大，建议降低罚款下限。同时，草案中也曾出现过例外规定。在 2014 年 8 月的草案中，绝对化用语的适用禁止还存在例外。该草案第 10 条规定，广告不得有如下情形：使用"国家级""最高""最佳"等用语，但是依法取得的除外。不过，在 2014 年 12 月的修订案二次审议稿中，绝对化用语禁止适用就没有例外了。对此，立法者给出的理由是"担心惩处力度不够，难以有效遏制广告违法行为"。

可以在法律解释的体系解释、目的解释以及法外续造中应用。① 据此，在法律解释方法体系中，独立的合宪性解释与其他解释方法是一种互补关系，它们相互配合以实现解释目的。

一旦决定运用法律解释解决前述条款的合宪性问题，笔者发现：此问题不是通过狭义法律解释，而是通过合宪性解释与法律续造的配合予以解决。接下来，先展示为何狭义法律解释无法解决相关条款的合宪性问题；再展示合宪性解释与法律续造如何配合以解决相关条款的合宪性问题。

（一）狭义法律解释的运用失败

狭义法律解释，以文义模糊为前提，以文义、体系、历史等为考虑因素，以追求正义为目的。在宪治国家，前述正义应当理解为法律的合宪。此方法若用于解决绝对化广告规制条款的合宪性问题，需要遵循以下步骤：先找出前述条款中的模糊之处，确定方法可运用的同时明确解释对象；再立足解释空间，运用各种方法，尝试将保障违法广告主生存权的宪法要求纳入法律条款中。当然，就结果而言，如此尝试是失败的。

1. 条款的解释空间与对象

解释以文义模糊为前提。根据笔者的观察，绝对化广告规制条款中的"依法"，不仅存在解释空间，而且有通过解释容纳前述宪法内容的可能，所以应当成为解释方法运用的对象。具言之：绝对化广告规制条款中存在诸多不确定法律概念。比如《广告法》第9条中的"等"究竟是完全列举还是不完全列举？比如《广告法》第57条中"情节严重"究竟如何认定？当然，在这些不确定法律概念中，《行政处罚法》第27条"其他依法从轻、减轻"中的"依法"一词，最有可能为保障违法者生存权提供解释空间。如此论断，一方面是因为"法"的不确定性，另一方面，是因为此处的"法"若作宪法理解，《宪法》第33条第3款"保障违法广告主人权"的规定便可以因此直接导入绝对化广告规制条款中。总之，狭义法律解释的运用应当以"依法"为对象，解决相关条款的合宪性问题。

2. 条款的解释结果

在明确了"依法"作为解释对象后，下面，运用文义、体系、历史等方法对其解释，尝试解决相关条款的合宪性问题。

首先，从文义解释的角度，"依法"的内涵仍然无法确定。在我国，"法"存在以下几种可能的解释方案：（1）最广义说。法包括宪法、法律、法规、规章、规范性文件。（2）广义说。法包括除去宪法的法律、法规、规章、规范性文件。（3）狭义说。法包括除去宪法和规范性文件的法律、法规、规章。（4）最狭义说。法特指法律。在以上可能的

---

① 张翔：《两种宪法案件：从合宪性解释看宪法对司法的可能影响》，载《中国法学》2008年第3期，第110页。

各种解释方案中,最广义说可能因宪法的司法适用性而保障违法广告主的生存权,但是,是否采纳广义说,仅凭文义无法给出回答。况且,根据宪法的研究,"最广义说"引发的宪法司法化与我国现行体制抵触,不具有操作可能性。这也阻断了通过文义解释实现相关目的的可能。

其次,从体系解释的角度,无法通过狭义法律解释解决相关条款合宪性问题。当一种表达方式依其语言用法有多种意义可能性时,通常可使用脉络推知,具体情况下究竟应当考虑何种可能性。从脉络角度展开的思考不仅有助于帮助理解文义,而且,促成个别法律规定事理上的一致性。① 据此,在行政处罚的设定与从轻、减轻在本质方面具有同一性情况下,既然《行政处罚法》第 9 至 14 条将有权设定行政处罚的法的范围划定为法律、法规、规章,那么,有权从轻、减轻行政处罚的法的范围也应当与其保持一致,意味着应当按照狭义说来理解《行政处罚法》第 27 条"其他依法从轻、减轻"中的"法"。如此理解之下,因为法的范围不包括宪法,所以无法直接依据《宪法》第 33 条第 3 款保障违法广告主的生存权。

最后,从历史解释的角度,不宜通过解释变更立法目的。如学者所言:当一部法律刚刚制定,就轻易超越立法者的规范设定,以解释者的价值判断为所谓解释的依据,无疑是欠妥当的,不利于法秩序的稳定。在现代的民主法治国家,立法者在创制规范上具有优先的地位,虽然这并不排除法律解释者参与创制规范的可能性,但完全忽略立法者的意图也是难以接受的。② 就解释绝对化广告规制条款而言,大幅提高处罚数额是立法者有意为之的结果——对绝对化用语广告一律处以 20 万元以上的罚款是立法机关明确与有意的政策判断与立法选择。这一点时任国家工商行政管理总局局长在关于《中华人民共和国广告法(修订草案)》的说明中已经明确:1994 年《广告法》法律责任的针对性和操作性不强,惩处力度不够,难以有效遏制广告违法行为。所以,2015 新广告法,通过对发布虚假广告等重点违法行为提高罚款幅度,提高法律责任的可操作性和震慑力。不仅如此,此条款形成过程中,就曾经有相关的意见与建议:有的地方提出,实践中有的广告费用较低且无法准确计算(如小微企业自己设计发布广告),有的违法广告社会危害性不大,一律处以 20 万元以上的罚款,处罚过高,建议降低罚款下限。……社会公众征求意见的反馈中,有的提出罚款幅度过大,建议细化处罚标准;有的认为,一些利用产品外包装或者自设网站、店堂告示或显示屏等自媒体发布的虚假广告,因广告费用无法计算至少被罚款 20 万元,不符合过罚相当原则,建议修改。对此,立法机关在充分了解上述意见后依然将罚款数额的基准线划定为 20 万元以上并表述为没有任何歧义的法律条文,且建议国务院相关部门在修订后的广告法出台后,加快统一执法规范和标准,确保法律的各项规定得到不折不扣

---

① [德] 卡尔·拉伦茨:《法学方法论》,陈爱娥译,商务印书馆 2003 年版,第 204 页。
② 张翔:《"近亲属证人免于强制出庭"之合宪性限缩》,载《华东政法大学学报》2016 年第 1 期,第 65 页。

的落实。① 如此明确的立法意图在事实上压缩了前述条款的解释空间，限制了法律解释方法的使用。

（二）法律续造与合宪性解释的运用成功

法律续造，以存在法律漏洞为前提，以类比推理、当然推理、反向推理、目的性扩张、目的性限缩为方法，以贯彻立法计划与确保法律圆满为目的。② 就解决绝对化广告规制条款的合宪性问题而言，在运用狭义法律解释无法实现目的的情况下，笔者尝试运用法律续造与合宪性解释的方法，纠正前述条款不足。具体来说：首先，借助合宪性解释，确定相关条款背后的立法目的；其次，根据立法目的，判断此条款存在法律漏洞；最后，在实践整合思路下，对各主体利益衡量后，借助法律续造对相关词语进行目的性限缩。从结果来看，运用此方法解决了相关条款合宪性不足的问题。

1. 运用合宪性解释认定立法目的

绝对化广告规制条款由《行政处罚法》和《广告法》中相关条款共同构成，其立法目的不是一目了然，而是需依据《行政处罚法》与《广告法》关系予以确定。下面，先就两部法律的关系予以阐释，再以此为基础，明确绝对化广告规制条款的立法目的。

有观点认为《行政处罚法》与《广告法》是一般法和特别法的关系。比如在刘家海诉交通部门行政处罚案中，无论是一审法院，还是二审法院，均认为《行政处罚法》是行政处罚领域的一般法，《道路交通安全法》是该领域的特别法。③ 与之相反，有观点认为《行政处罚法》与《广告法》是高级法和低级法的关系。④ 从《行政处罚法》的条文规定看，后一种观点更加具有合理性。无论是《行政处罚法》第2条关于该法适用范围的规定，还是第3条关于处罚法定原则的规定，均强调依照本法设定和实施行政处罚。据此，《行政处罚法》是行政处罚领域的高级法，是具体行政领域行政处罚立法应当遵循的总则，是对各类行政机关处罚行为的基本要求。所以，《广告法》中涉及到行政处罚的规范，是低级法，其对行政处罚的规定受《行政处罚法》约束。

有鉴于此，《行政处罚法》中"保障和监督行政机关有效实施行政管理，维护公共利益和社会秩序，保护公民、法人或者其他组织的合法权益"的立法目的应当被绝对化广告规制条款遵循。进而，此立法目的可做如下解读：结合《行政处罚法》第3条，不难确

---

① 郎胜主编：《中华人民共和国广告法释义》，法律出版社2015年版，第197页。
② 李红雷：《行政法释义学：行政法的学理更新》，中国人民大学出版社2014年版，第151—160页。
③ 参见刘家海：《论〈道路交通安全法〉与〈行政处罚法〉的抵触》，载《法治论丛》2009年第3期，第123页。
④ 在法律秩序中，决定另外一个规范创造的那个规范是高级法，根据这种调整而被创造出来的规范是低级法。就二者关系来说，高级法决定低级法的创制机关、程序，或者在一定程度上决定低级法的内容，为低级法提供效力理由。低级法是高级法的具体化和个别化。参见马英娟：《再论全国人大法律与全国人大常委会法律的位阶判断——从刘家海诉交警部门行政处罚案切入》，载《华东政法大学学报》2013年第3期，第95页。

定,前述立法目的中的"公民"包括违反行政管理秩序的违法者;以宪法所确立的价值解释不确定法律概念具有正当性。当这些法律条款的含义极为宽泛时,用反而相对具体的宪法规范去完成抽象法律条款的具体化,是方法论上相当合理的选择。① 所以,运用合宪性解释,前述立法目的中的"合法权益"应当作符合《宪法》第 33 条第 3 款的理解,从而将违法广告主的生存权益纳入合法权益的范畴。自此,"保障违法者人权"的宪法要求被纳入绝对化广告规制条款的立法目的之中。

2. 运用目的性限缩填补法律漏洞

绝对化广告规制条款对特定行为的规制,影响的是违法广告主、消费者与市场等多方主体的利益。根据《宪法》第 15 条和第 33 条第 3 款的规定,前述主体的利益均要予以保障和实现。可是,前述条款,重视的是对消费者与市场利益的保护,造成忽视违法广告主生存利益的结果。根据法律漏洞"违反立法者计划的不圆满性"的定义,② 如此规定不符合绝对化广告规制条款的立法目的,意味着相关法律漏洞的产生。进而,需要在实践整合思路下,经主体间利益衡量,通过目的性限缩技术,让被忽略的利益于前述条款中重现,以完成漏洞填补工作。具体来说:

第一,明确方法运用的对象。绝对化广告宣传规制条款中,唯有行政罚款的运用,可能引发三方主体间利益冲突,需要运用目的性限缩予以实践整合。进言之,在行政罚款、没收违法所得和吊销几种规制手段中:首先,吊销针对行为资格,与财产无涉,其运用不影响违法者生存利益,也就没有利益冲突产生;其次,没收违法所得,虽然剥夺了广告主的财产,但是,此类财产本就不属于广告主,其生存利益不会因此受到影响,进而不会引发利益冲突;最后,罚款的对象是本属于广告主的合法财产,其中当然包括作为生存条件的财产,对其剥夺当然有影响违法者生存与造成利益冲突的可能。所以,行政罚款应当成为方法运用的对象。

第二,强调方法运用的内涵。当几种利益均受宪法保护之时,不能将某种宪法法益置于绝对的优先位置,并使其毫无例外地、自始至终地相对于别的法益享有绝对的保障。相反,面对相互冲突的法益,应通过对比冲突法益在具体情境中的各自权重,使所有的法益价值都能获得最妥善的衡平。③ 为此,应当以罚款为对象,通过法律续造的方法来平衡多主体间的利益冲突。

第三,确定方法运用的结论。行政罚款是对违法者财产的剥夺,而违法者的生存财产又受到保障,为此,当行政罚款涉及前述生存财产之时,应当对绝对化广告规制条款中的"违法者"进行目的性限缩。具体来说:首先,以是否影响违法者生存利益为标准,将行

---

① 张翔:《两种宪法案件:从合宪性解释看宪法对司法的可能影响》,载《中国法学》2008 年第 3 期,第 116 页。
② [德] 卡尔·拉伦茨:《法学方法论》,陈爱娥译,商务印书馆 2003 年版,第 251 页。
③ [德] 康拉德·黑塞:《联邦德国宪法纲要》,李辉译,商务印书馆 2007 年版,第 49—51 页。

政罚款作"不影响生存利益的罚款——影响生存利益的罚款"的区分。其次,应当明确"不影响生存利益的罚款"运用,在保障消费者权益与维护市场秩序的同时,不会与违法者的生存利益发生冲突,此时,各方利益都得以兼顾和实现。再次,"影响生存利益的罚款"运用,虽然维护了消费者和市场的利益,却侵害了违法者的生存利益,利益冲突由此发生。此时,需要通过方法的运用,保护违法者的生存利益与调和利益冲突。最后,行政罚款的运用以不涉及违法者生存财产为底线。在前述利益冲突中,违法者的生存利益必须得到保护。为此,笔者先对"广告主等违法者"作类型化处理,区分为"因罚款失去生存财产的违法者——不因罚款失去生存财产的违法者",再将绝对化广告规制条款中"广告主等违法者"进行目的性限缩,确定为"不因罚款失去生存财产的违法者",从而落实宪法要求为违法者提供生存保障。至于"因罚款失去生存财产的违法者"与"不因罚款失去生存财产的违法者"的界限如何区分,则交由法律适用机关,参考本地人均收入、最低保障标准等指标后确定。

四、结语

宪治国家,法律必须具有合宪性。缘起于实践中遭受的合宪性质疑,运用审查经济性法律"合理性标准"判断,发现绝对化广告规制条款因为未将《宪法》第33条第3款充分具体化而不具有合宪性。为维护成文法的稳定性与权威性,选择运用法律解释的方法对此条款进行合宪性调控。如此调控,以合宪性解释与法律续造为手段,以"确定漏洞——填补漏洞"为结构,具体分为三个步骤:首先,通过合宪性解释确定"违法者人权保障"属于绝对化广告规制条款的立法目的;其次,根据前述目的确定此法律条款因"忽视违法广告主生存利益的保障"而存在漏洞;最后,对"广告主等违法者"一词,先作"因罚款失去生存财产的违法者——不因罚款失去生存财产的违法者"的类型化区分,再将该词语目的性限缩为"不因罚款失去生存财产的违法者",使得罚款仅能剥夺违法者的非生存财产,从而在填补相关法律漏洞的同时解决其合宪性问题。

(编辑:吕玉赞)

环境民事公益诉讼实体请求权的解释论分析

李明耀*

摘　要　当前我国环境法体系中除《海洋环境保护法》第89条外，其它可直接支撑环境民事公益诉讼实体请求的规范付诸阙如已成为一个客观事实。通过考察实践中的司法文书，可发现各级法院在支持原告环境民事公益诉讼请求上普遍存在实体依据不足或援引规范混乱等现象，可见实体请求权基础已成为制约环境民事公益诉讼的重要因素。环境民事公益诉讼"重程序、轻实体"这一制度外观需要通过更具体系化的解释论作出相应补强，除了传统的民法、环境法两种可能的解释论路径外，考虑到环境民事公益诉讼具有超越传统民法、环境法的"现代型"特质，还有必要从宪法解释论的新路径予以分析。当前公布的《民法典侵权责任编（草案）》二审稿对此缺漏作了补充，但在民法典尚未通过的当下，这种解释论分析不仅有利于改善环境民事公益诉讼请求实体依据不足之境况，且对于民法典本身的讨论也能提供合理的论证。环境民事公益诉讼实体请求权的讨论还涉及该制度本身的公法、私法定位问题，对此有必要予以理论反思并深化讨论。

关键词　环境民事公益诉讼　请求权　解释论　民法典

不同于舆论场域或者环境抗争运用中的环境公益诉求，环境民事公益诉讼中原告所提出的诉讼请求必须围绕一套完整的制度而展开。由于诉讼请求最主要的功能在于用裁判就实体争议法律关系进行终局裁量，因此诉讼请求的内核必须由环境公益损害民事救济请求权规范所支撑，其无法在环境公益诉讼或者传统诉讼程序规范内得到直接支持。换言之，无论是就原告而言还是被告而言，其要在诉讼请求上得到司法者的支持，就首先必须寻找

---

*　李明耀，男，江西赣州人，中南大学法学院博士研究生、员额法官，研究方向为环境法、司法理论。

到支撑这些诉讼请求的请求权规范，或者证明对方提出的请求权规范不具有可适用性。而作为居中裁判者，其法律判断的职责也是从中立的立场审查当事人所搜寻的请求权规范或者对此抗辩是否合理。① 总之，在生态环境公益诉讼司法实践中，首要的工作就是寻找环境公益损害救济的请求权基础。

经过近年来对我国《环境保护法》《民事诉讼法》《行政诉讼法》的数次修改，目前环境民事公益诉讼的诉权问题已经得到解决，此时该制度在实体请求权基础上缺乏法律依据的短板就成为重大的基础理论短板。② 具体而言就是，目前在我国既有的环境规范体系中除了《海洋环境保护法》第89条外，并没有其他的能够直接支撑生态环境损害救济的法律规范，这在实践中导致法院在支持原告相关诉讼请求时并没有令人信服的实体性规范。如在2015年中华环保联合会诉山东德州晶华集团振华有限公司大气污染民事公益诉讼案中，③ 虽然最后原告的诉讼请求基本得到了法院的支持，但法院裁判的依据分别是《民法通则》第124条、《侵权责任法》第66条、《环境保护法》第58条以及最高人民法院《关于审理环境侵权责任纠纷案件适用法律若干问题》第8条、《关于审理环境民事公益诉讼案件适用法律若干问题的解释》第1、2、18、20、22、23条。而在2016年中国生物多样性保护与绿色发展基金会诉秦皇岛方圆包装玻璃有限公司大气污染责任民事公益诉讼案中，虽然污染类型一致且法院同样基本支持了原告的诉讼请求，但二审法院的裁判依据却有所不同。④ 这种裁判依据适用的混乱在其他同类型案件同样普遍。可以说，实体请求权规范依据的缺失已经成为制约环境民事公益诉讼请求实现的一大障碍。

一、环境民事公益诉讼实体请求权的民法解释论

（一）当前的请求权解释论争议

依照传统的民法理论和制度，民法所调整的对象主要是平等主体之间的人身和财产关系，所保护的利益也主要是民事主体的人身和财产性利益，对于超越人身和财产性利益的生态利益并没有足够的关注。但随着工业革命对生产力的迅速推进，以不动产利用等原因导致的环境污染问题以及相应的环境纠纷逐渐增多。面对这种新的社会形势，西方国家除了在沿用通过解释方法适用既有罪名这一刑法手段外，更主要的还是借助其已有的民事制度予以应对，如英美法系国家大多适用普通法上的相邻妨碍损害赔偿或核发禁令规则，大陆法系国家则多沿用相邻关系或损害赔偿的法则。⑤ 在我国直到20世纪，现代意义上的环

---

① 胡中华、陈岩：《论环境公益损害民事救济的请求权基础》，载《中国地质大学学报（社会科学版）》2016年第2期，第20页。
② 江必新：《中国环境公益诉讼的实践发展及制度完善》，载《中国人大》2019年第11期，第53页。
③ 参见（2015）德中环公民初字第1号民事判决书。
④ 参见（2018）冀民终758号民事判决书。
⑤ 叶俊荣：《环境政策与法律》，中国政法大学出版社2003年版，第137页。

境侵权法才出现，如1929年颁布的《中华民国渔业法》对侵权行为进行了规定，即："侵害渔业之权利者，除赔偿损害外，处二百元以下罚金"。在1932年颁布后来修正的《中华民国森林法》第55条也规定了"于他人森林内，擅自垦殖或设置工作物者，对于他人所受损害，负赔偿责任"。这些规定构成了我国早期的环境侵权民事责任制度。[①] 中华人民共和国成立以后，环境侵权民事责任制度的发展曾长期处于停滞状态，直到十一届三中全会召开，改革开放的全面展开之后，才开始进入正常的发展阶段，逐渐发展、完善起来，关于环境公益诉请保护的请求权规范也呈现出逐渐生成和完善的脉络。下面，笔者用图表进行初步的梳理。

法律名称	条文内容
1986年《民法通则》	第81条第1款：国家所有的森林、山岭、草原、荒地、滩涂、水面等自然资源，可以依法由全民所有制单位使用，也可以依法确定由集体所有制单位使用，国家保护它的使用、收益的权利；使用单位有管理、保护、合理利用的义务
	第98条：公民享有生命健康权
	第124条：违反国家保护环境防止污染的规定，污染环境造成他人损害的，应当依法承担民事责任
2010年《侵权责任法》	第65条：因污染环境造成损害的，污染者应当承担侵权责任
2017年《民法总则》	第9条：民事主体从事民事活动，应当有利于节约资源、保护生态环境
2018年《民法典侵权责任编（草案）》二审审议稿	草案第1010条规定：损害生态环境，能够修复的，法律规定的机关或者组织有权请求侵权人承担修复责任。侵权人在期限内未修复的，法律规定的机关或者组织可以自行或者委托他人进行修复，所需费用由侵权人承担。无法修复的，侵权人应当依法赔偿损失
	草案第1011条规定：法律规定的机关或者组织有权请求侵权人赔偿下列损失：（一）生态环境修复期间服务功能的损失；（二）生态环境功能永久性损害造成的损失；（三）生态环境损害赔偿调查、鉴定评估费用；（四）为清除污染、修复生态环境或者防止损害的发生和扩大所支出的合理费用

前述法律条款基本展示了我国生态环境民事侵权制度的生成路径和基本面貌。但又如前所述，民法理论和民法制度中的损害救济基本限于人身和财产利益的救济，在环境侵权领域也主要是救济因环境污染而导致的人身权、财产权损害，那么这些条款是否构成环境公益诉讼请求的请求权依据却还有待检验。事实上，除了当前正在二审审议程序的《民法典侵权责任编（草案）》第1010条、第1011条外，其他条款基本被认为是传统环境侵权

[①] 赵虎：《环境侵权民事责任研究》，武汉大学2012年博士学位论文，第35页。

条款，但能否通过扩大解释或者援引民法中的生命权、健康权条款（如《民法通则》第98条之规定）从而为环境公益诉讼请求提供请求权依据呢？从法律上而言，请求权规范的逻辑构造主要包括两个核心部分，其一是法律事实，其二则是法律效果。① 依照这一划分，生态环境公益诉讼的诉请请求权基础。但是对于《侵权责任法》第65条而言，由于该规范缺少对象性要素因此仅仅按照文义解释无法得出其中"损害"究竟是只限于传统的人身财产权损害还是也包括生态环境损害的明确结论。但是按照学界很多人的请求权规范就应当包括环境公益损害这一法律事实和民事救济责任这一法律后果。显然，从规范的直接外观上看，以上条文只有我国《民法通则》第124条、《侵权责任法》第65条符合"法律事实+法律效果"这一逻辑构造。那么问题就是，过去的《民法通则》第124条以及继受该条内容的《侵权责任法》第65条中的"造成他人损害"和"造成损害"是否包含生态环境公共利益损害。按照文义解释这一最基础法律解释方法，所谓"造成他人损害"除了有"损害"这一纯粹的事实性描述外，还有"他人"这一对象性描述。显然所谓"他人"就是指其他民事主体，即自然人、法人或者其他民事主体。那么，无论是从"生态中心主义"立场上将生态环境公共利益理解为生态环境本身享有的利益，还是继续从"人类中心主义"立场上将其理解为人类整体对生态环境享有的权益，其都无法归入"他人"这一特定范畴。由此，从文义解释就可以排除《民法通则》第124条作为生态环境公益理解，传统侵权制度属于民法的固有重要组成部分。根据我国《侵权责任法》第2条第1款规定，所谓"侵权责任"是指侵害民事权益，同时第2款又通过列举的方式对民事权益进行了定义，即民事权益包括生命权、健康权等18种具体的人身、财产权益。因此，《侵权责任法》所救济的是行为人对特定被侵权人民事权益的损害后果，并不包含对生态环境本身造成的损害。

（二）传统民法支撑环境民事公益诉讼实体请求权之可能

关于该问题，笔者的观点是传统民法可以也应当作为环境民事公益诉请请求权的重要来源，理由在于：

首先，从法律解释的角度看《侵权责任法》第65条仍然具有救济生态环境公共利益的解释空间。如杨立新教授就主张将《侵权责任法》第65作为环境民事公益诉讼的请求权规范，其认为该条中"造成损害"这一表述有别于其他条款中所规定的"造成他人损害"，并认为可以对"损害"进行扩大解释，即该条所救济的损害不囿于传统的人身、财产损害，而且还包括更广泛的损害，而且还进一步指出"环境污染责任的受害主体不仅包括当代人，而且可能包括后代人，甚至当代人侵害的完全是后代人的权益"。② 事实上，

---

① [德] 卡尔·恩吉斯：《法律思维导论》（修订版），郑永流译，法律出版社2015年版，第9页。
② 杨立新：《侵权法论》，人民法院出版社2011年版，第572页。

该条能否作为生态环境公益诉请的请求权依据，障碍在于其救济的损害是否能够涵盖对生态环境本身造成的损害。过去认为，要把《侵权责任法》第65条作为生态环境公益诉请依据最大的障碍在于受到该法第2条中"民事权益"这一概念内涵和外延的限制，即因为生态环境利益具有不属于传统人身权、财产权的独特属性，因而无法受到侵权法的保护。但如果考虑到我国整体法律制度的动态变迁，这种局限于从侵权法内部理解环境侵权救济的思路可能并不全面。其中最重要的变化在于，随着2017年我国《民法总则》的出台，作为《侵权责任法》的上位法，其中的一些条款为生态环境侵权提供了新的体系解释路径。其中，《民法总则》中可能涉及生态环境侵权制度的最主要规范有两条：一是总则第9条的"绿色原则"条款，该条首次规定"民事主体从事民事活动，应当有利于节约资源、保护生态环境"，其在功能上不仅通过确立生态环境保护理念为民事法律行为设定了环境保护义务，而且由于基本原则内涵较为丰富能够拓展接纳新权利的空间，因此在很大程度上能够将个人环境权益相关内容纳入民法典保护范围。① 二是总则第126条关于"民事主体享有法律规定的其他民事权利和利益"的规定，据此可以认为对于生态环境利益这种越来越重要的利益形态显然也属于民法保护的范围。如江必新教授就认为该条为把环境权益纳入民事权利范畴、引导和规范民事主体按照绿色原则要求行使民事权利、履行民事义务、承担民事责任提供了法律根据。② 那么，在司法实践中，就可以援引这些民法条款作为环境公益诉讼的请求权依据。

其次，把《侵权责任法》第65条作为支持原告生态环境公益诉求的请求权依据也具有相当的实践基础。如在2014年年末泰州"天价环境民事公益诉讼案"中，江苏高院便是援引了《侵权责任法》第65条作为裁判依据。选择把该条作为请求权基础规范在某种程度上也是制度有限供给下的无奈之举，因为当时新《环境保护法》尚未生效，故无论是直接援引其中第58条这一程序性规范，还是如一些学者所主张的援引其中第64条实体性规范，均不具有可行性，因此只能从《侵权责任法》中寻找最有可能救济生态环境损害的规范。但通过检索近两年的环境民事公益诉讼裁判文书，事实上即使随着2015年新《环境保护法》生效，仍有很大司法机关援引《侵权责任法》相关条款作为支持原告环境公益诉讼请求的重要依据。如在2016年作为全国首例雾霾环境公益诉讼案以及当年十大影响性诉讼案件的中华环保联合会诉德州晶华集团振华有限公司大气环境污染责任纠纷案中，山东德州中院在裁判文书中虽然没有直接援引《侵权责任法》第65条，但却援引了该法第66条关于环境侵权举证责任的规定，显然实际上也是将第65条作为裁判的重要依据。③ 在2016年广州审结的广东省环境保护基金会诉焦云水污染责任民事环境公益诉讼案一案中，人民法院同样援引了《侵权责任法》第65规定和最高人民法院《关于审理环境

---

① 吕忠梅课题组：《"绿色原则"在民法典中的贯彻论纲》，载《中国法学》2018年第1期，第16页。
② 江必新：《环境权益的司法保护》，载《人民司法》第25期，第5页。
③ 参见（2015）德中环公民初字第1号民事判决书。

民事公益诉讼案件适用法律若干问题的解释》第 18 条之规定，支持了原告要求被告承担 41 万余元生态环境修复费用的诉讼请求。① 此外，为正确审理环境民事公益诉讼安家，2015 年最高人民法院还专门出台了《关于审理环境民事公益诉讼案件适用法律若干问题的解释》，值得注意的是，最高人民法院也明确把《侵权责任法》作为制定该解释的依据。可见，在更为强调实用主义的司法实践中，由于民法尤其是侵权法适用性较强，因此裁判者往往也对把民法特别是侵权责任法作为生态环境公益诉请依据持肯定态度。

再次，最重要的是，传统民法沿袭的个人主义可以也应当对基于维护整体主义生态环境利益而做出制度上的调适。要理解能否把侵权法规范作为支持生态环境公益诉请的依据，还有必要从民法与环境法之间的关系问题上进行更深入的理解。应该承认的是，生态环境本身确实不属于民法固有调整对象，正因为该问题在诸多方面都具有不同于传统民法理论的逻辑，因此才催生了环境法这一新的部门法。过去民法学者普遍将民法定位为"权利法""自由法"和"个人本位法"，即使是在 20 世纪"私法公法化""私法社会化"逐渐成为世界性的立法潮流后，民法学界仍然认为"私的本位"乃是"民法在制度转变中不变的信念"，② 意思自治仍然是"民法的基本原理"，而意思自治的基本功能即在于"保障个人具有根据自己的意志，通过其法律行为构筑其私法关系的可能性"。③ 而环境法则与民法具有不同的问题意识、不同的世界图景、不同的价值取向，如民法作为典型私法，解决环境问题、实现环境保护并不是也不应当是其主要任务，而环境法主要承担环境保护功能，其任务是规制污染环境或破坏生态行为造成的环境污染、生态破坏、生态服务功能减损。其导致的结果就是二者形成了不同的理论范式，即传统民法奉行个人主义而环境法则倡导整体主义，这种理论范式上的差异一方面决定了二者在对待环境问题上必然有不同的价值观和思维方式，另一方面也意味着二者有对话的必要。④ 换言之，民法的私法性并不意味着民法典中只能规定私法性质法律制度，针对现实中的环境公益与私益损害往往相互交织伴生、侵权责任法在制度实施中回避不了环境公益的现状，侵权责任编制度设计与实施要面临与环境公益保护、救济制度的区分、协调的问题，需要通过相关条款妥善处理民法典侵权责任编与现行环境资源立法中环境公益救济规范之间的关系。⑤ 而虽然我国民法典还处于编撰过程中，但当前《民法典侵权责任编（草案）》（二审审议稿）显然也在很大程度上回应了这种对话和协调的需要，尤其是其中第 1010 条、第 1011 条，直接为环境公益诉讼请求提供了直接的请求权依据。

综上所述，从民法规范中寻求生态环境公益诉请请求权依据具有可行性。但就当前已

---

① 参见（2016）粤 01 民初 51 号民事判决书。
② 易继明：《私法精神与制度变迁》，中国政法大学出版社 2003 年版，第 178 - 200 页。
③ ［德］迪特尔·梅迪库斯：《德国民法总论》，邵建东译，法律出版社 2001 年版，第 8 页。
④ 李明华、侯佳儒：《一个分析框架：环境法与民法的对话》，载《中国地质大学学报（社会科学版）》2005 年第 2 期，第 12 页。
⑤ 吕忠梅、刘超：《拓展民法典侵权责任编环保功能》，载《检察日报》2018 年 7 月 30 日，第 3 版。

有民法制度体系而言，仅仅依靠《侵权责任法》第65条尚不足以进行有效的支撑。在可能对生态环境损害作出民法规制的《民法典》尚处缺位的条件下，《侵权责任法》第65条仍然只能作为生态环境公益诉请的间接依据，其还有必要借助《民法总则》第9条、第26条的整体解释才能为救济生态环境公益提供制度支撑。但如果未来民法典侵权责任编能够继续保持已有草案第1010条、第1011条规定，则其本身就可以作为独立的请求权规范而存在。

二、环境民事公益诉讼实体请求权的环境法解释论

环境法如前所述，既然当前我国《侵权责任法》尚无法直接作为救济生态环境公益诉请的请求权依据，那么是否有可能从环境法尤其是《环境保护法》中寻求相应的请求权依据呢？虽然当前我国《环境保护法》第58条就环境公益诉讼制度作了规定，但从规定内容来看，该条其实主要是程序性条款，并没有解决生态环境公益诉请的实体请求权基础问题。对此，除了获得大多数学者公认的《海洋环境保护法》第89条规定外，不少学者将视角投向了《环境保护法》第64条"因污染环境和破坏生态造成损害的，应当依照《中华人民共和国侵权责任法》的有关规定承担侵权责任"这一规范。从条文结构可以看出该条款属于引致条款，其核心内容主要包括两方面，一是将环境法上的"损害"责任明确为侵权责任，二是将具体责任的承担规则引致到我国《侵权责任法》相关条款。与传统民法尤其是侵权法中将"损害"界定为传统的人身权、财产权损害不同，环境法本身就是为回应这种损害救济不足情况而产生，因此环境法意义中的"损害"既包括生态环境本身的损害，也包括因生态环境损害而间接导致的人身财产损害。对于后一种损害，直接依照《侵权责任法》承担相关侵权责任显然是没有疑问的。问题在于，对于前一种损害，《环境保护法》立法者的原意是将其"等同于"传统的环境侵权损害进而获得侵权法救济，还是并没有将其评价为值得法律救济的损害？对此，有人持后一种观点，如有学者认为"《环境保护法》第64条只规定环境私益损害责任，能够作为环境私益损害民事救济请求权的规范基础。显然，环境公益损害责任并不在该条文涵盖范围之内，行为人无法依据该条之规定对环境本身的损害后果承担相应的责任。"① 但笔者认为，前者似乎更符合立法者的原意，理由在于《环境保护法》第64条系2015年的修订条款，该条修订前是原《环境保护法》第41条第1款，其内容为"造成环境污染危害的，有责任排除危害，并对直接受到损害的单位或者个人赔偿损失。"通过对比可以看出，修订前条款除了将生态环境损害原因行为限定于环境污染外，还将损害的性质限定为"直接损害"。那么从逻辑上分析，既然立法者已然意识到了破坏生态行为的严重后果并作出了制度救济，那么同样也有理由

---

① 胡中华、陈妍：《论环境公益损害民事救济的请求权基础》，载《中国地质大学学报（社会科学版）》2016年第2期，第16页。

认为生态环境本身损害也值得救济。对此，司法实践中也有持该类意见的案例，如在2015年中华环保联合会诉张建春环境污染民事公益诉讼一案中，苏州市中院就援引了《环境保护法》第64条之规定，判决被告向昆山市环境保护公益金专用账户支付场地污染修复费用、场地调查费用、律师费等各类费用156291.1元。① 当然，考虑到环境法与民法之间在理论范式上具有相当差异，在当前《侵权责任法》尚面临着无法单独作为救济生态环境损害的条件下，《环境保护法》第64条作为引致条款同样面临着《侵权责任法》作为生态环境公益诉请请求权依据时面临的障碍。

环境法除了通过《环境保护法》第64条引致条款为生态环境公益诉请提供请求权支撑这种"间接模式"外，同样还有可能通过法律解释方法从《环境保护法》自身找到新的路径。事实上，如果在我国当前《环境保护法》中搜索包含"损害""责任"内容的条款，能够发现除了作为分则的第64条之外还存在多条包含以上两个核心内容的条款，其中该法第5条和第6条第3款作为总则条款尤其值得注意。② 关于法律中的总则和分则，主流的立法理论认为，总则是整个法的纲领和事关法的全局的内容的综合，对整个法具有统领地位，而分则是对总则的具体化的条文的综合，是法的结构中的实体性内容。③ 也就是说，法律规范中的分则条款无论是在内涵还是外延上都应当服从于总则的统领。那么，对照《环境保护法》，就分则部分而言，虽然第64条是否可救济生态环境本身损害还存在争议，但其肯定涵盖了生态环境私益损害，而第58条虽然是从程序上对环境公益诉讼制度进行了规定，其属于生态环境公益诉请的程序请求权基础，也当然属于生态环境公益救济的重要规范依据。由此可见，作为其中总则部分的第5条和第6条第3款中的语词的文义必然涵盖位于分则部分的第58条和第64条所使用的语词的文义。换言之，位于《环境保护法》总则部分的第5条和第6条第3款中的"损害"实际上除了涵盖了环境私益损害外还应当涵盖环境公益损害，同时其中的责任也自然包括环境私益损害侵权责任和环境公益损害民事救济责任。总之，《环境保护法》中的损害责任并非只限于私益，同样应容纳公益层面的内容，只有如此解释才能为环境民事公益诉讼提供实体权基础，同时确保整个环境法体系的逻辑融洽。

三、环境民事公益诉讼请求权的宪法解释

当前我国环境公益诉讼制度的实体制度构造主要是经由《侵权责任法》《环境保护法》以及最高人民法院的一系列司法解释所构建，故其请求权依据最主要的来源就是这些

---

① 参见（2015）苏中环公民初字第00001号民事判决书。
② 《环境保护法》第5条规定：环境保护坚持保护优先、预防为主、综合治理、公众参与、损害担责的原则。该法第6条第3款规定：企业事业单位和其他生产经营者应当防止、减少环境污染和生态破坏，对所造成的损害依法承担责任。
③ 周旺生：《立法学》，法律出版社2004年版，第360页。

法律中的规范条款。但在系统梳理生态环境公益诉请的规范依据时，却仍有必要树立更开阔的研究视野。因为尽管环境公益诉请请求权依据主要是在民法和环境法领域，但如果向上追溯却仍无法回答这种实定法权利究竟从何而来的诘问。换言之，要从根本上理解环境公益诉讼请求的规范依据，除了要将规范视野置于传统的民事或者行政法领域，同时还要从宪法的根本高度对其作出阐释。

（一）宪法环境条款的请求权基础及解释

尽管环境权理论被认为是应对20世纪以来环境公害问题的重要理论创新，但这一理论自从其诞生之初就同样面临着质疑的声音。是否存在环境权或者什么是环境权，无论是在国外还是国内的都是一个争论不断的话题。在反对环境权的声音中，最主要的理由有如下两点：一是认为没有必要，即认为环境权所保护的利益可以涵盖既有权利或者通过既有权利的解释进行保护，无需作为一项独立的权利。二是认为环境权内涵模糊或者不具有独立性，主张从生存权和生命健康权等相关条款中引申出环境权，[①] 或者认为通过人格权和财产权传统保护路径就能够对环境侵害予以救济，因而不必再确立一个概念模糊的环境权。[②] 总之，以此为依据认为主张环境权是"形式意义大于实质意义"[③]。特别是随着2018年宪法修正案中"生态文明"入宪的根本性制度安排，一些学者也开始主张，作为宪法部门法的环境宪法实际上已经摒弃了"环境权"模式而选择了"国家目标"模式。[④] 对于这些质疑笔者并不认同，理由在于对于任何权利而言，其存在与否并非只有明示确认这一种方式，如果能够通过体系解释、文意解释等法律解释方论证出一项权利内涵，则其也应当被视为一项法定的权利。实际上，在国外，一些没有在宪法中直接加入环境权条款的国家，也通过宪法解释的方法确认了宪法环境权的存在。[⑤]

其一，环境权本身蕴合了"人——环境——人"关系的"新法理"。事实上人对环境享有的权利自始就存在，只是在早期由于受到生产力的限制，人类的活动并没有触及环境容量的限度，因此这种权利事实无法被观察故处于"休眠"状态。但随着前两次世界范围内的工业革命导致的"技术爆炸"，人类对环境的利用开始挑战了环境本身的容量，环境

---

① 如德国学者主张从其《基本法》第25条生存权及人性尊严中寻找环境权存在的空间，日本则主张由其《宪法》第25条生存权及第13条幸福追求权中寻找环境权的落脚之处。参见张嘉尹：《环境保护入宪的问题——德国经验的初步考察》，载《月旦法学》1998年第7期；杜钢建：《日本的环境权理论和制度》，载《中国法学》1994年第6期。

② 如日本早期在多起环境权私权诉讼的判决中即持此观点。参见[日]富井利安等：《环境法的新展开》，付黎旭译，载《环境资源法论丛》第2卷，法律出版社2002年版，第216—293页。

③ 张璐：《容忍义务的扩张与限缩——容忍义务理论为参照的环境权理论批判与重塑》，载《甘肃政法学院学报》2015年第6期，第70页。

④ 张翔：《环境宪法的新发展及其规范阐释》，载《法学家》2018年第3期，第93页。

⑤ 例如日本宪法学说一般认为，日本宪法第13条（幸福追求权）和第25条（生存权）共同构成了宪法上环境权的依据，即"双重包装论"。参见[日]大须贺明：《生存权论》，林浩译，法律出版社2001年版，第195—197页；[日]卢部信喜：《宪法》，林来梵译，北京大学出版社2006年，第237页。

问题才开始成为一个不得不应对的重要问题,随后在环境问题最早爆发的西方工业国家也出台了一些控制污染的法律。① 同时,在司法上则依托传统私权保护模式,把因污染环境导致的对人的人身、财产损害(后期还增加了对精神损害的救济)纳入了救济范围。但由于环境问题本身具有渐进性,在很长一个时期内人们对于什么是"环境问题"尚未形成共识,特别是受传统"控权"法治观念影响,当时大多数人认为环境立法需按照行政权界限理论、为尊重产业自由而慎重行使限制权,只有在防止人身或财产受害的必要场合下才加以限制,体现了典型的"消极行政"观,故这些立法在性质上仍可归属于产业规制,主要是为了预防由产业活动引发的人身和财产损害。换言之,只要国民健康和财产不发生损害,即便对环境造成了损害,也不应当进行限制。② 如果说,这种将救济范围限于对人损害在环境公害的初始阶段还具有积极意义,那么随着人类大范围突破生态环境容量导致的生态环境损害全面加剧,这种只关注对人的救济而忽略对环境本身救济规制路径的弊端日益显现。正是在这种历史和制度背景下,开始有学者从基本权利的高度对环境问题予以重新的思考,并且在权利理论上突破了传统私权理论的桎梏,从人与环境本身的关系上寻找了新的法理依据。

其二,环境权作为一项基本权利具有升格为宪法性权利的必要和基础。环境权的权利属性不仅在理论中得到了论证,也在很多国家和地区的法制实践中得到了反映。但由于不同国家的法律体系以及制度传统,环境权的法定化路径却呈现出差异性,其中一个重要表现就是环境权是否需要入宪。在这一问题上,既然环境权直接关乎人的生存利益,而且实际上也是其他各项权利的基础,因此以宪法形式规定公民环境权能够为生态文明建设提供"新法理"、解决环境法合法性的"权利基石"问题,既可以成为判断宪法是否为"良宪"的重要标准,也可以发挥基本权的主观权利维度和客观规范维度的功能。③ 特别是随着2018年生态文明入宪这一重大宪法修改,生态文明入宪为未来中国的国家发展和政治实践提供了一种基本框架,同时也将作为一种基本纲领在相当长的历史时期内指导国家活动。④ "权利、国家义务、国家权力三者的关系是:'权利的需要'决定国家义务并进一步决定国家权力;国家权力服务于国家义务并进一步服务于公民的权利。"⑤ 因此,宪法第9条和第26条对于国家环境权力的规定,其背后是国家环境职责及义务的规定,而其直接受益者就是公民,从而暗含了公民的环境权利的存在。

---

① 如英国早在1821年制定的相关法律中就包含了关于防止污染的规定;美国1864年制定的《煤烟法》、1899年制定的《河流和港口法》和《废物法》,均对向环境排放污染物作出了限制,后于1948年1955年出台了《水污染控制法》和《大气污染控制法》;日本1958年制定了《关于公用水域水质保全的法律》《关于工厂排水等限制的法律》,1962年制定了《煤烟控制法》等。
② 吕忠梅:《环境权入宪的理路与设想》,载《法学杂志》2018年第1期,第24页。
③ 吕忠梅:《环境权入宪的理路与设想》,载《法学杂志》2018年第1期,第28页。
④ 王建学:《论生态文明入宪后环境条款的整体性诠释》,载《政治与法律》2018年第9期,第71页。
⑤ 陈醇:《论国家的义务》,载《法学》2002年第8期,第15页。

(二) 环境宪法条款的请求权指向及其司法限度

就环境公益诉讼而言，宪法环境请求权的一个重要的问题就是，这种请求权能否作为当事人提出或者人民法院审查相关诉讼请求主张的依据。换言之，当事人和司法者能否援引宪法的环境条款以支持自身请求或者予以裁判说理。显然在实践中，如果环境公益诉讼制度足够完善，那么以上疑惑并不构成问题，因为无论是当事人还是司法者都能找到相关的法律条款。但问题在于，我国环境公益诉讼制度本身是近几年来司法体制改革以及生态环境保护体制改革下的改革成果，在很多具体制度方面依旧存在规范供给不足或者法律漏洞的问题。解决该问题，既需要通过"造法"方式予以补充，也需要通过法律解释的方式予以弥合。而无论是"造法"还是法律解释，显然都需要限定其范围，否则就违背了现代法治的基本精神。那么，是否可以将宪法中的环境权条款（或者环境条款）作为当事人提出生态环境诉讼请求和人民法院裁判依据或者裁判参考就值得认真对待。

根据传统宪法理论，宪法所调整的关系主要是公民和国家之间的关系，其在确定公民基本权利的同时，也对国家的权力作出了根本制度上的约束。根据我国宪法第126条和第131条规定，"人民法院依照法律规定独立行使审判权"，"人民检察院依照法律规定独立行使检察权"。而其中"依照法律规定"中的"法律"则是狭义上的法律，即全国人大及其常委会制定的法律。据此，学界大多数学者认为，我国司法机关完全没有适用宪法的职权，如认为"在我国虽然宪法学上可以有'宪法司法适用'这个名词，但却不可能有合宪合法的'宪法司法适用'的事实"①，"目前中国宪法实施不尽理想，宪法基本权利规则不能适用到司法中，因此只能通过依据宪法制定普通法律将宪法基本权利具体化。"② 尤其是自从2008年年底齐玉苓案批复（以下简称齐案批复）被最高人民法院废止，我国宪法学界对于诸如"宪法司法化"之类的问题探讨的旧有范式即受到挑战，以齐案批复为基础主张法院有权援用宪法的观点已失去现实依据，甚至有学者对于法院援用宪法判案的前景持非常悲观的态度。③

需指出的是，这种传统宪法理论主要是自由主义竞争秩序下的宪法观。事实上，随着宪法基本权利从近代到现代转型，传统平等主体之间的力量对比在很多情况下出现失衡，如果继续固守"自由竞争秩序"下的宪法观，那么极容易出现强势方借助这种力量差异损害弱势者基本权利的现象。显然，此时有必要借助宪法的基本权利条款对这种失衡的力量对比进行适度的校正，而这种校正显然也无法在传统私法下实现。正因为如此，现代社会

---

① 童之伟：《宪法适用应依循宪法本身规定的路径》，载《中国法学》2008年第6期，第24页。
② 窦衍瑞：《宪法基本权利和民事权利的连接与互动——以人格权为例》，载《政法论丛》2018年第3期，第76页。
③ 马岭：《齐玉苓案"批复"废止"理由"析》，载《法学》2009年第4期，第18页。

中国家一改过去"基本权利的敌人"的标签而变为了"基本权利的朋友"。① 在这方面，越来越多的学者也开始认为，宪法基本权利条款可以在私法上产生效力，并产生了"直接效力说"和"间接效力说"两种观点。其中"间接效力说"是当前的通说，该说认为宪法的基本权利条款并不能直接在司法中得到试用，而只能是司法者在审理案件时借助法律解释的方式体现基本权利的精神，从而使基本权利间接在私人关系之间具有效力。这意味着，在环境公益诉讼中，虽然人民法院不能直接将宪法中的环境条款作为裁判的依据，但仍可能通过援引宪法环境条款增强说理的强度，从而为环境保护上的"司法能动主义"提供有力的宪法支撑。事实上，这种观点也得到了最高人民法院的肯定。如 2016 年最高法院《民事裁判文书制作规范》规定："裁判文书不得引用宪法……，但其体现的原则和精神可以在说理部分予以阐述。"由此可见，宪法中的环境权规范可见，宪法原则和宪法精神不能直接作为民事判决的依据进行引用，但是可以用来对民事法律规范进行解释。根据学者研究，即便法院援用宪法的案例在司法实践中可能仅占有极小的比例，但根据相关案例数据库的检索结果，地方法院援用宪法的探索一直在进行。② 在这方面，宪法中其他基本权利条款的宪法援引情况或许可以予以佐证。其中，被援引最多的是宪法第 48 条第 1 款（男女平等），用以保护女性集体经济组织成员免受村民小组和居民委员会等相对强势方制定的经济分配方案的歧视对待。此外，被援引较多的还有宪法第 42 条（劳动者的权利）。③ 那么，在环境公益诉讼实践中，当在个案裁判出现法律漏洞时，基于维护生态环境的实质性目的，法官需要实施法的续造以填补规范漏洞，当应当允许当事人在依据不足时通过寻找宪法环境权条款的方式以支持其诉讼请求，此时宪法规范作为法律论证工具，则会指向具体的诉讼请求，以此成为当事人或者法院说理论证的依据。

五、余论：从实体请求权看环境民事公益诉讼的性质反思

需要注意的是，从当前我国公布的《民法典侵权责任编（草案）》来看，其中第 1011 条规定④试图回应了生态环境利益救济缺乏实体法请求权依据这一重要难题，因而被认为补上了我国环境民事公益诉讼制度的最后一块制度拼图，具有重要的制度意义。从根本上而言，这种立法路径所遵循的制度逻辑依然是将生态环境损害救济归入了侵权责任法体系，环境民事公益诉讼也当然被视为是一种原告资格扩张的特殊侵权诉讼，只是在生态环

---

① 谢鸿飞：《中国民法典的宪法功能——超越宪法施行法与民法帝国主义》，载《国家检察官学院学报》2016 年第 6 期，第 47 页。
② 邢斌文：《法院如何援用宪法——以齐案批复废止后的司法实践为中心》，载《中国法律评论》2015 年第 5 期，第 132 页。
③ 冯健鹏：《我国司法判决中的宪法援引及其功能——基于已公开判决文书的实证研究》，载《法学研究》2017 年第 3 期，第 55 页。
④ 该条规定：法律规定的有关机关和社会或者社会组织有权请求侵权人赔偿下列损失：（一）生态环境修复期间服务功能的损失；（二）生态环境功能永久性损害造成的损失；（三）生态环境损害赔偿调查、鉴定评估费用；（四）为清除污染、修复生态环境或者防止损害的发生和扩大所支出的合理费用。

境利益受到损害时,由作为代表环境公共利益的特定主体向加害行为人追究相应的民事责任,从而通过发挥民事责任的填补功能对生态环境利益进行救济。对此有来自实务部门的学者指出,司法实践中环境公益诉讼普遍原因侵权责任法作为实体法依据,"实为不得已而为之",由于这造成实践难以按照生态环境保护的客观要求探索有别于传统侵权之诉的裁判规则,且由于始终受到侵权责任一般理论的限制,导致无法发展处具有时代精神的环境公益诉讼理论体系,一定程度上而言,侵权责任制度和理论反而给这一制度的发展"套上了枷锁"。

这种反思并非只是代表了实务部门面临的法律适用困惑。事实上,一直以来,很多环境法学者就主张环境法具有不同于传统民法的"底色",二者在问题意识、历史视域、世界图景、思维方式和价值规范等方面具有重大的差异甚至是冲突,① 在应对环境问题上不仅传统法出现了"危机",而且传统法理论也面临着知识的贫困。而在民法领域中,受环境问题出现、环境法发展影响最深的就是侵权法,原因在于传统侵权法重在"补偿"受害人因损害所遭受的损失。但面对环境损害这一新型损害的救济需求,侵权法只能以"弥补损害"、"预防损害"为功能指向,从侵权行为法制度、无过失补偿制度和社会安全保障制度三个角度发展出一种所谓"三重损害补偿体系"或"三阶层补偿损害体制"的辅助性机制。但其在勉强应对现实环境危机的同时,也使侵权法本身存在的价值受到质疑,"侵权行为法因社会安全制度继续扩张遭受生存上的威胁""正处于交叉路口,何去何从,亟待抉择"。② 显然,由于生态环境利益相较于传统的环境侵权下的人身、财产利益具有更多的异质性,如果将生态环境损害纳入侵权责任体系予以救济,这种冲突无疑更加显露。这不仅是由生态环境本身的特殊属性导致,而且在很大程度上也是公法和私法两大法学阵地的不同价值导向所决定。随着近代公法的出现,一般认为私法是有关调整私人利益的法律,公法则是有关政府或国家利益及其公共秩序的法律。③ 由于公共秩序和公共利益的受益范围一般是不特定多数人,而且该项利益需求往往无法通过市场选择机制得到满足,需要通过统一行动有组织地提供,政府作为最大的、有组织的公共利益提供者,它运用公共权力为全社会提供普遍的公共利益服务。因此,在一定程度上似乎可以说,公共权力就是公共利益的典型代表。④ 换言之,公共利益主要是通过公法制度予以保护。尽管二者的调整领域也存在交叉、重叠,并且从20世纪以来两个领域也更加交融,出现了所谓的"公法私法化"和"私法公法化"的热潮,但作为基本的法学划分方式并未受到动摇。具体到生态环境领域,在环境法尚未成为一个重要的法律部门时,环境规范主要是调整的

---

① 李明华、侯佳儒:《一个分析框架:环境法与民法的对话》,载《中国地质大学学报(社会科学版)》2005年第2期,第10-12页。
② 王泽鉴:《民法学说与判例研究》,中国政法大学出版社1998年版,第177-178页。
③ 贺海仁:《私法、公法和公益法》,载《法学研究》2006年第6期,第154页。
④ 王景斌:《论公共利益之界定——一个公法学基石性范畴的法理学分析》,载《法制与社会发展》2005年第1期,第135页。

是人身和财产关系的私法规范。但随着环境问题日益突出并逐渐影响到社会发展和大多数的普遍利益，作为公法调整机制的管制型规范就大量出现，并逐渐构成环境法的主体内容。因此，可以说环境法的出现过程其实就是公法介入环境领域的过程。那么，《民法典侵权责任编（草案）》第1011条虽然为环境民事公益诉讼请求提供了直接的实体法依据，但从该条的具体表述来看，似乎是将生态环境利益的最大可能救济都导入了民事诉讼程序，"几乎完全抛开以公法规范为主要构成的现行环境法，孤立地看待环境损害并将救济希望仅寄于诉讼一途"，可能"导致环境民事公益诉讼以司法规则处理公共问题的扭曲和错位"，不仅给法院造成了难以胜任的任务，也使得公益诉讼与作为环境保护常规手段的行政执法产生了诸多重叠甚至冲突，最终可能导致环境治理体系的整体混乱并难以普遍实施和可持续发展。[①] 当然，由于主题和篇幅限制本文对于环境民事公益诉讼的定位并不作展开分析，但该问题确实不仅涉及环境民事公益诉讼理论的重新定位，而且对于司法实践具有重大的影响，故笔者以为确有深化研究的必要。总之，期待这一讨论能够为理论和制度完善提供更合理的理论参照。

（编辑：吕玉赞）

---

① 巩固：《环境民事公益诉讼性质定位省思》，载《法学研究》2019第3期，第135页。

论习惯在民事裁判中的运用

郭少飞[*]

摘 要 习惯司法裁判适用与习惯在裁判中的具体地位作用结合论述,有助于明晰裁判方法的适用场景、技术路线及司法意义。在民事裁判中,习惯可作为案件直接事实,主要表现为当事人之间存在惯常行为;习惯也可能是法律行为依据或解释基础,导出案件事实。习惯尚可用于填补法无明文规定之缺失,消弭法律滞后,补充公开法律漏洞;亦可用于法律论证及法律解释,作为司法裁判说理理由。

关键词 习惯 民事裁判 案件事实 补充法律 裁判说理

习惯在司法裁判中的功用多元,导致其裁判适用方法存在差异。法官主要通过直接采用和解释法律等间接方式适用民事习惯法解决民事纠纷,通过直接方式和重述、隐含、变通等间接方式使民事习惯法在审判中得以适用。[①] 习惯司法化方法被概况为:经验推理、漏洞补充、解释转换和利益衡量[②]。实际上,具体方法在裁判中并非匀质、任一场景均能适用,需要结合习惯的功用予以厘定。通常,习惯在裁判中可作为案件事实,裁判规范补充来源,或司法裁判说理理由。基于此,本文分别论述习惯司法裁判适用的相应方法。

一、习惯作为案件事实的适用

在国家立法至上的时代,无法律而须以习惯作为裁判依据的情形相对较少,大多数习惯在裁判中系案件事实,承载着当事人的法律关系,在司法审判中发挥着重要作用。

---

[*] 郭少飞,河南师范大学法学院副教授,法学博士,研究方向为法理学、科技法学、民法学。
[①] 参见高其才:《论人民法院对民事习惯法的适用》,载《政法论丛》2018 年第 5 期。
[②] 参见公丕祥:《民俗习惯司法运用的理论与实践》,法律出版社 2011 年版,第 136 – 145 页。

(一) 习惯作为案件事实的意义

事实是一个复杂问题。"不存在自在的'事实',而只有我们总是可以质疑、观察和衡量的事实,在实然与应然之间存在辩证关系。"① 在法的领域,实然事实接近于客观事实,应然事实约等于法律事实。客观事实是社会生活中已发生、不以人的意志为转移的事实状态;法律事实是法律规定和评价的事实,具有法律规定性。黄茂荣指出,法律事实当指实证法所规定之客观事实,主要特征应在:(1) 具体性;(2) 事实性,亦即法律事实所指称者,本来一直是发生于或继续存在于具体案件中之事实或状态。② 由此,法律事实与抽象意义上与规范相对的事实有异。谢晖区分了"客观自存的事实"和"经过解释的事实"或"关系事实"。"日常生活中所面对的事实,本身已经经过了交往关系中人们的主观加工,从而是一种关系事实,而非客观自存的事实。"当人们"对关系事实作出裁判而解释这种关系事实时,则关系事实就变成了解释事实。""任何个案事实,都是关系事实,都是人们交往关系的实定化。"③

可见,由客观事实到关系事实,再到案件事实,逐渐递进至司法领域。案件事实至少应当具有法律的可调节性。在本文,习惯作为案件事实,首先属于法律调整范围内的事实。有些习惯事实,如社交礼仪习俗,乃社会事实,但不受法律调节,非法律事实。当这些可为法律调节的事实进入司法程序后,经确认作为裁判依据的事实,即案件事实。客观事实与法律事实之间总在上演契合与背离,我们试图通过证据逼近客观事实,达到法律事实与客观事实最大程度的贴合。在理想状态下,法律事实应该完整反映客观事实,二者呈现镜像关系。然而,由于证据本身的有限性、不真实等问题,能够获证的案件事实可能是局部的,甚至是虚假的,二者完全背离,这多见于虚假诉讼或证据与客观事实相悖的情形。比如,私人借款,借款人已经以现金当面还款,但没有收回其向出借人出具的借条。出借人以借条为据提起诉讼。此时,借条反映的借贷关系客观上已经消灭。出借人以此起诉,借款人没有证据表明已还款,法院则根据借条判令借款人还款。此类案件已见于司法实践。

总体上,案件事实与客观事实关系多样:可能完全不符,无任何交集,如前例;或完全一致,法律事实反映全部客观事实;或部分重叠,法律事实反映部分客观事实。从民事审判的角度,案件事实只要能够获得优势证据支持,确信其属实即可,无需探寻全部客观真实,尤其没有法律意义的细枝末节。

---

① [德] 阿图尔·考夫曼等主编:《当代法哲学和法律理论导论》,郑永流译,法律出版社2002年版,第478页。
② 参见黄茂荣:《法学方法与现代民法》,中国政法大学出版社2001年版,第247页。
③ 谢晖:《法律的意义追问——诠释学视野中的法哲学》,法律出版社2016年版,第83、86页。

(二) 习惯构成案件事实的方式

习惯构成案件事实有直接与间接两种方式。在前者，习惯乃案件直接事实，主要表现为当事人依习惯行事，之间存在惯常行为；在后者，习惯导出案件事实，突出表现在习惯是法律行为的实施依据或解释基础。

1. 习惯系当事人惯常行为

习惯作为当事人惯常行为意指当事人按照习惯行为模式实施一定行为，习惯直接作为法律行为基础并构成法律事实。当事人之间存在何种法律行为，内容如何，皆需依习惯确定。此时，习惯犹如合同，成为当事人的行为指导守则。当事人以习惯为行为范本，并不意味着习惯一定是规范，而非事实。在此须区分习惯的事实拘束力与规范拘束力，前者强调习惯在事实层面对习惯主体的作用力，而后者从主体间规范层面描述其规范意义：拘束特定复数主体或不特定主体，并受一定惩戒机制的保障。有时规范性习惯的效用表现为当事人依习惯规范行事，在当事人之间形成习惯行为模式。规范性习惯与当事人之间的习惯行为模式系源流关系，内容一致，但效力范围不同。

当事人以习惯作为行为模式可概括为三种方式。其一，纯粹个体习惯转换为主体间习惯。纯粹个体习惯几无法律意义，一旦转为双方法律行为基础，用于构造双方法律关系，法律性则凸显。纯粹个体习惯可能完全个体化，由主体根据自身偏好习得，也可能受外在习惯如地域习惯、群体习惯、民族习惯的影响，且内容与外在习惯类似甚至相同。若习惯主体的行为相对方与该习惯主体属于同一地域、群体、民族，则可直接按照下述外在习惯输入中，当事人依据先在外在习惯实施行为的情形认定，不属于纯粹个体习惯转换。

其二，习惯内生于主体间的交往或交易行为。所谓习惯内生于主体，更多是对主体间惯常行为模式的概括及命名，是对其行为构成习惯的确认。在社会生活中，许多主体因长期实践形成了相对稳定系统的惯常做法，并在构造双方关系时不断沿用。纵观主体交往交易史及其间行为模式，主体间习惯产生。此类内生习惯非源自单次交易或交往，而是在一定时期内反复践行、被持续采用而成。

其三，外在习惯输入。许多习惯先在外在于主体，当事人按照外在习惯行事，其间产生相应的交往或交易习惯。这就是原《合同法》司法解释二第7条第1款所言，在交易行为当地或者某一领域、某一行业通常采用并为交易对方订立合同时所知道或者应当知道的做法。实乃先在的外在习惯输入后转化为当事人之间的交互习惯。在此意义上，外在习惯输入转化为主体间习惯与纯粹个体习惯转化为主体间习惯颇为相似，只是被转换的习惯有别而已。

概言之，习惯作为当事人惯常行为模式，内生于或外在于主体，前者是主体间长期实践而生的交互习惯；后者表现为纯粹个体习惯或外在的规范性习惯转化为主体间习惯；从内容看，可能是交互型，仅拘束双方主体，也可能与规范性习惯内容相似或相同。① 它们在司法裁判中的意义分殊，作为事实认定的侧重点亦有差异。

2. 习惯系厘清当事人行为的事实基准

法律关系的厘定有赖法律事实。案件事实确证本质上是对当事人之间行为的发现确定，没有行为梳理难以廓清法律关系。所以，民事诉讼重要功能之一在于厘清法律行为，以及准法律行为、事实行为等。许多情形下，当事人之间发生了哪些行为，内容是什么，具有何种法律意义，并不明确，需要综合众多因素确认。就以意思表示为核心之法律行为而言，当事人的表意不易确定或者存在争议。当事人作出一定行为，但其与接收有关行为或意思表示的相对方对同一行为或意思表示的认识不同。例如，一方把一个物品交付给另一方，交付方意在出借，接收方认为受赠，双方认知的法律意义本质不同。若生争议，如何确定案件事实呢？是借用还是赠与呢？可见，当事人的真意、行为及事实在纷繁芜杂的社会实践中不易廓清。

面对此类困境，需要在法律上厘定意思、行为及事实，凭据之一就是习惯。《民法典》第140条第2款规定，沉默只有在有法律规定、当事人约定或者符合当事人之间的交易习惯时，才可以视为意思表示。这在法律上明确了把沉默或默不作声认定为法律行为（意思表示）的依据，从中亦可见法律事实与客观事实的差异。另外，第142条规定，有相对人的意思表示的解释、无相对人的意思表示的解释，均可按照习惯等要素，确定行为人的真实意思。习惯的重要意义显露无遗，主要在于作为解释的依据，运用于解释方法，厘清法律行为。实际上是以习惯弥补当事人法律行为的模糊混沌或缺失，以求最终发现案件事实。

（三）习惯接入案件事实

习惯案件事实乃裁判的事实依据，隐含着习惯由证据证明，历经举证、质证、识别等程序，为审判机关采信。② 因习惯类型、属性差异，习惯法律事实与客观事实的映射存在错位，诉讼中证明、审查、认定等标准亦不同。纯粹个体习惯当然无法成为当事人法律关系的基础，但是，纯粹个体习惯转化为主体间习惯，后者则能成为当事人法律关系基础。此等转换，因法律意义本质有别，利益影响至巨，极易引发争议。此时，主张习惯事实的一方当事人应举证证明。另外，交互习惯因仅存续于当事人之间，没有普遍性，只能围绕当事人采集相关证据，无法获取社会性习惯事实证据辅证，有时难免因证据缺失，致使交互习惯案件事实与客观事实发生背离。而对于群体习惯、行业习惯、民族习惯等不特定主体间习惯，皆属外在于当事人的客观实在，发现此类习惯当无问题，关键在于证明当事人

---

① 参见郭少飞：《习惯的法律界定与类型化》，载谢晖等主编《民间法》（第21卷），第44-46页。
② 参见王林敏：《民间习惯的司法识别》，中国政法大学出版社2011年版，第46-83页。

以其为行为模式。相较而言，交互习惯或主体间习惯作为案件事实的证明重点在于，习惯真实存在，为各方当事人遵行。由此，各类习惯作为案件事实进入司法裁判时，当事人的证明责任、内容、证据形式、证明重点、审判人员的审核认定要点、职权等，均有差异，裁判适用时应予注意①。

习惯乃当事人惯常行为方式，首先是客观事实，作为案件事实须由主张习惯者举证，经庭审质证，法院查明予以确认。具体程序标准参照现行民事程序法即可，并不复杂。与之相较，习惯填补当事人行为，以习惯解释意思表示，却有诸多不确定性。从作用方向，习惯既可用于正向确认法律事实，亦可反向排除特定事实。比如，当事人长期以送货人记载、无需收货人签字的送货记录作为双方结算凭证，诉讼中收货人出示自己制作的收货记录，若无它据，则按双方结算习惯即以送货人送货记录为准，排除收货人以收货记录为准的主张。当然，依据习惯从反向排除，对正面厘定可能不够有力，仍需综合各种证据全面确定案件事实。从意思表示或法律行为解释的角度，一项交易涉及诸多内容，如主体、标的物、数量、价格、交付时间、交货地点、运输义务人等，如果有些事项当事人没有约定或者约定不明，又无法达成一致，诉诸法院，诉讼中亟待厘定完整交易行为。此时，习惯是当事人之间既有的行为方式，可作为解释依据，填补当事人意思不备。这实际上是基于习惯行为模式，推定补充诉争法律行为或意思表示。当然，推定是盖然认定，不一定反映客观事实，故法律规定不单以习惯，而且应综合相关条款、行为性质与目的、诚信原则等开展解释。

《民法典》规定习惯作为意思表示解释依据的法律地位，但没有限定解释方法，应当说在全部解释方法中均有适用余地。意思表示解释可运用文义、目的、历史、体系等方法。② 文义解释主要适用于非对话的意思表示，或者以书面、数据电文形式实施之法律行为，即表现为外在文字符号的意思表示，无论纸质或电子数据皆可。其中使用的语言、术语、简略语、缩写、数字、符号等，需要根据使用场域、符号本义或惯常用法等确定其意义。例如行话，应依据行业习惯用法认定其涵义，除非有证据表明当事人赋予其特别意涵。此外，目的解释注重当事人行为目的。主体间习惯作为相关主体行为共识，如果结合习惯指向的社会事务，基于习惯的行为模式，可以发现习惯行为模式蕴含的当事人行为动机目的。再者，历史解释侧重当事人关系史。对当事人而言，主体间习惯是当事人交易交往史的见证和积淀物，由此成为历史解释的重要依据。体系解释强调文本整体的意义脉络，试图厘清文本与行为之间的映射、勾连或补充关系，发现当事人在线性时空结构中的行为联结。至于扩大解释、限缩解释、类推适用等③，根据具体情形适用习惯即可。

---

① 参见郭少飞：《习惯的法律界定与类型化》，载谢晖等主编《民间法》（第21卷），第47-48页。
② 参见朱庆育：《意思表示解释理论》，中国政法大学出版社2004年版，第202-314页。
③ 参见梁慧星：《裁判的方法》，法律出版社2003年版，第76-152页。

二、习惯补充法律的裁判适用

在司法裁判中，习惯除了用于事实构造，还发挥着规范性作用，可在法律没有明文规定、法律滞后，以及法律存在漏洞时发挥补充作用。此时，习惯处于事实与规范之间，表现出事实与规范的双重意义。

（一）习惯补充法律适用的具体场景

1. 法无明文规定

当下，法无规定在传统领域较为少见，大量存在于急剧变化的社会生产生活中。在私域，则集中于商事领域。新的商业形态、商业模式不断被创制，推动人类社会持续进步。自20世纪中叶至今，科技日新月异，已由工业技术向信息技术、智能技术演进，现下人工智能、大数据、物联网等蓬勃发展，与经济融合，创造出新业态。科技改变生活，也留下许多立法空白，有待填补。所以，在科技迅猛发展、颠覆式创新涌现之际，新的行为模式及关系结构产生。新型习惯成为相应社会经济领域的普适行为方式。比如数据治理、信息安全、隐私保护，行业惯常做法发挥着更加系统有效的调节作用，可作为裁判规范来源。当然，在传统领域，法律与习惯之间依然存在张力，在二者此消彼长中习惯顽强地存活着。除了法律规范，诸如道德、技术等规范也发挥着社会调节作用，保留了大量的法外自治空间。另外，法律更加关注那些攸关基本价值、根本利益、重大关系的社会事务，而非事无巨细，无孔不入，这必然留下规制空白。还有就是立法政策错误，"关于某项问题，自立法政策而言，应设规定而未设规定"。① 不难想象，在法律之外，有许多法律不愿调整，未及调整，甚至无力调整的事务。就此发生纠纷，无法律，可诉诸习惯。

2. 法律滞后

法谚有云，法律一经制定，便已落后于时代。虽然略显夸张，但也道出法律与社会实践的复杂关系。法律滞后严重，将面临正当性、有效性危机。法官遭遇正义与法律有效性之间的冲突时，当制定法违背正义达到不能容忍的地步时，就会丧失法律效力，此乃"不能容忍公式"。② 不可容忍之法无效，亦无适用性。在此，本文旨非探析法律滞后的涵义、原因、类型等，而是说明法律与社会实践脱节，导致法律无法有效规制并提供裁判规范，造成没有法律可适用。法律滞后时，其规范意义通常无法涵盖对象领域，解决该问题有两种路径：立法弥补和法律解释。毫无疑问，立法者经合法程序修改法律，是校正法律滞后的适当方式。但问题在于，立法程序漫长，成本高，难以及时为个案裁判提供支援。由此，在司法实践中，法律解释成为常规做法，通过法律解释令法律规范意义拓展至待调整

---

① 王泽鉴：《法律思维与民法实例》，中国政法大学出版社2001年版，第252页。
② 参见［德］拉德布鲁赫：《法哲学》，王朴译，法律出版社2005年版，第232页。

事项，从而消除法律滞后。这对个案裁判最为及时有效，解释方法需要根据法律滞后的具体情形确定。当解释仍不足以供给规范或涵盖待调整的事务时，意味着"法律没有规定"，习惯直接作为裁判规范的时机出现。

3. 法律公开漏洞

严格来讲，法律公开漏洞属于法无明文规定，但不同于那些完全没有纳入立法计划，立法空白的情形。按法律内在体系，法律漏洞实乃一种违反规范计划的不圆满状态。依据规范计划，应当规定但未规定，属于公开漏洞；不应规定却予以规定，则系隐藏漏洞。隐藏漏洞是法律调整过度所致，本不应干预，即不属于法律调整范畴，此非没有法律，应无习惯作为裁判规范的适用余地。就公开漏洞，应与法律沉默区分，后者是立法者有意不纳入法律调整范围，属于"'法外空间'，即法秩序不拟规整的范围"。① 对于法律沉默，如果应规定而未规定，那么属于立法政策错误。针对法律公开漏洞，可以类推相近条款适用，包含类推适用个别规定的个别类推，以及类推从多数规定抽出的一般法律原则的法律类推。② 类推要么依据相近规则，要么依据法律原则。近似规则类推实际上为有关事务处理方式奠定了合理基础，是人类认知规律的体现。

原则类推实乃由法律原则演绎出可适用的蕴含法律精神价值的解决纠纷规则，一定意义上就是法官造法。原则本身"其并非可直接适用于具体个案的规则，毋宁为一种指导思想。透过立法，或者由司法裁判依具体化原则的程序，或者借形成案件类型以演绎较为特定的原则，借此可以将原则转变为——能被用作裁判基准的——规则。"③ 对习惯而言，它可以成为类推适用的对象或规则依据。按照相近规则推理时，习惯规范若更加贴近事务的本质，契合法的价值，那么完全可以把相近规则用作习惯裁判规范的论证事由。原则类推时，基于原则及其蕴含的法律精神，确证习惯规范的适用性，是极佳的理由之一。可见，习惯能够弥补法律公开漏洞，通过相似规则或法律原则的转介，最终导入司法裁判。

(二) 习惯补充法律裁判适用方法

司法裁判必须在案件事实之上发现可适用的裁判规范。我国已经明确法律、习惯系民法法源，瑞士等国家民法典④及我国台湾地区民法还规定有法理。习惯相较于法律具有典型的非成文特点，与法理相比规范内容更加明确具体。经由习惯，可以指示裁判规范，消弭法律滞后，填补法律漏洞。

其一，习惯指示习惯裁判规范。"习惯法自身所具有的公共性与实在性，为其成为法

---

① [德] 卡尔·拉伦茨：《法学方法论》，陈爱娥译，商务印书馆2003年版，第250页。
② 王泽鉴：《法律思维与民法实例》，中国政法大学出版社2001年版，第261-262页。
③ [德] 卡尔·拉伦茨：《法学方法论》，陈爱娥译，商务印书馆2003年版，第293页。
④ 《瑞士民法典》，戴永盛译，中国政法大学出版社2016年版，第1页。

律发现的对象提供了可能。"① 习惯能够直接指向习惯裁判规范，但必须符合后者构成要件。在成为习惯裁判规范之前，习惯表现为作为事实的和/或作为规范的习惯，前者注重习惯的事实性，后者则强调习惯的个别（交互）规范性或普遍规范性。二者相较，事实性不强调普遍效力，而是注重习惯型构当事人关系的客观性，着眼习惯对相关主体拘束力的实然状态。各类习惯必然属于事实性习惯，皆需真实。规范性侧重从规范效力考察习惯，划分类型，如个别规范性习惯，或群体习惯、行业习惯、民族习惯等社会规范性习惯。事实性与规范性通常一统于习惯，但亦有纯粹事实性习惯如纯粹个体习惯。个别规范性习惯仅在特定主体间有效，无法直接作为裁判规范。而纯粹个体习惯，当事人之间内生的、非由社会规范性习惯衍化而来的交互习惯等个别规范性习惯，甚至无法通向习惯裁判规范。社会规范性习惯，及其所生的交互习惯，能够导向习惯裁判规范。当事人受社会规范性习惯影响，形成交互习惯，内容、结构与社会规范性习惯类似或相同，并受后者保障。司法裁判时，基于习惯事实性探寻其规范性，依法认定社会规范性习惯作为司法裁判规范。

其二，习惯消除法律滞后。法无明文规定时，习惯作为裁判规范适用没有法律约束。无论何种原因，有意为之或立法政策错误等，一旦缺少法律规定，习惯规范即可按照有关程序纳入司法审判，依法经识别确认，作为裁判规范予以适用。然而，在法律滞后情形，习惯裁判规范适用面临一定困难。首先应判断法律滞后，现行法律规范无法适用于案件裁判。此需从规范目的、法律价值、事务本质、利益衡平、适用效果等多角度评判。此种判断容易引发争议，除非滞后过甚，适用恶果显而易见，否则难免。现行法停用后，亟待发现可适用的裁判规范，若法律解释无法实现该目标，则可犹如法无明文规定情形，开展习惯裁判规范识别适用。

其三，习惯填补法律漏洞。法律存在公开漏洞，有可类推的相近法律规则，无碍于习惯裁判规范接入，因为自本义看，漏洞即法律未规定，适用前提已然存在。若此，相近规则和习惯规范，适用哪一个呢？在笔者看来，倒不存在绝对优先次序，须综合以下因素判断：何者更加贴合事务本质，能够弘扬法的精神理念，彰显法的价值，衡平各方当事人的利益，适用的法律效果及社会效果更佳。若习惯规范较优，可把相近规则及其蕴含的精神价值或立法理由作为习惯规范适用的论证理由，为习惯规范提供支撑。此外，法律原则类推时，习惯规范不但有适用空间，且因习惯规范相较法律原则更加具体、针对性强，反而优势突出。依现行法，习惯作为裁判规范不得违反公序良俗原则。应当说，也不得违背平等、诚实信用等民法基本原则，一个歧视性、禁锢自由、有违诚信的习惯，肯定不合法的精神价值，当然不应适用。可见，习惯作为裁判规范与法律原则相互融通，不应有内在张力。当以法律原则为据类推时，习惯亦可作为裁判规范适用。

---

① 厉尽国：《法治视野中的习惯法：理论与实践》，中国政法大学出版社2010年版，第134页。

三、习惯作为裁判说理理由的运用

在司法裁判中,法官必须对其认定的案件事实及裁判规范进行说理,论证司法裁判的合法性、合理性。对此,习惯作为事实或具有约束力的行为规则能够发挥重要作用。当下,习惯不仅具有民族性,尚有行业性、地域性等特性,承载和印刻着特定地域自然地理环境特点,一定群体、民族或普罗大众的价值偏好、文化观念、利益关系等。故应充分肯认习惯蕴含的精神理念、法理,用于佐证阐明司法裁判之理。

(一)习惯作为法律论证理由

法律论证的核心是规范性命题的证立,即通过程序性技术(论证的规则和形式)为正确性要求提供某种理性的(可靠的、可普遍化的或可以普遍接受的)基础。① 法律论证旨在证明法律的正确性,即合法性、合理性等。习惯用于法律论证,依其类型,理由有所不同。所谓蕴含民族精神、内嵌社会文化、富于价值理念者,多指传统习惯,即一国社会历史沿革过程中积淀而成的习惯,被一定地域内人们、群体、民族成员等不特定主体践行。此种习惯与社会要素密不可分,蕴藏的精神、价值、道德、文化、地理等因素成为其法律论证的基础。

传统习惯之外,尚有新型习惯。在国际社会,近几十年来,以《国际商事合同通则》和《欧洲合同法通则》为代表的国际贸易法形成了所谓"新商人习惯法",鼓励基于商人结合的法律自助机制。拟议的欧洲共同销售法第67条规定,交易惯例(trade usage)对交易者具有拘束力。② 它们催生了我国国内新商事习惯。新型习惯多与现代商业紧密相连,产生于新业态、新范式,侧重效率价值,以商业伦理为底线。也有许多新型习惯根植新科技,甚至是技术强制、技术统治产物,具有强烈的技术性特点,并生发出技术——社会正当性。新型习惯为新型法律纠纷裁判规范论证奠定基础。"我们会发现,职业或商业习惯,甚或更为一般性的习惯,仍在非诉讼的情形中调整着人们的行为,而且这类习惯还在法庭审判活动中起着某种作用。"③

习惯构成了现实生活中人们行为规范的强有力的实质理由:从习惯的产生来看,习惯主要是人们在交往中逐步形成的,是某一个群体或某一个社会的低限度的共识。从习惯的内容来看,在每个社会中,可能存在一些与人类生活息息相关,但又在法律意义上不太重要的习惯。还有另一种习惯,涉及人们的具体义务和责任,非常重要。故习惯可以作为实

---

① 参见[德]罗伯特·阿列克西:《法律论证理论》,舒国滢译,中国法制出版社2002年版,第221页。
② Vanessa Mak, *According to Custom... ? The Role of 'Trade Usage' in the Proposed Common European Sales Law* (*CESL*), https://www.ssrn.com/link/Tilburg - TISCO - Access - Justice.html.
③ [美]博登海默:《法理学——法律哲学与法律方法》,邓正来译,中国政法大学出版社2004年版,第471页。

质理由存在于司法当中。① 习惯作为法律论证理由涉及两大领域、两个方向。两大领域即立法与司法。就后者，习惯作为司法论证理由，对法院而言，能够增强司法裁判大前提——裁判规范说理的充分性，提升司法妥适性、权威性。当事人以习惯展开法律论证，可增强其主张的可适用裁判规范的可信度及说服力。另外，按习惯之于法律论证的作用力方向，可区分正向论证及反向论证。正向论证指习惯可证立裁判规范，有力地支撑司法裁判；反之，习惯用作否弃的事由，则是反向论证。

此外，对于引致及规定习惯的法律而言，习惯已然成为法律规范的有机组成部分。适用此类法律规范须以习惯为据或参考习惯，正确恰当地认识法律规范，厘清其规范意义。可以说，习惯构成法律规范的有机部分，对于案件裁判规范的发现能够发挥显性作用。但此种法律规范数量极少，习惯更多以隐蔽方式通往法律。当下，新型习惯勃发，内容更加丰富，涉及领域更为广泛。立法者往往从行业习惯中汲取有效养分，逐渐为立法吸收。新型习惯作为潜在的未来立法模本，对于诉讼纠纷解决意义突出，在没有法律规定时可采用这些习惯。这是习惯指引裁判功能的体现。

（二）习惯构成法律解释事由

除了用于意思表示解释，习惯尚可协力法律解释，为法律解释提供依据，它是"法官解释、理解和应用法律的重要前见"，"法官对法律进行限制解释或扩张解释的生活意义基准"②。谈及习惯和法律解释，需要区分三种情形：法律源自习惯，法律明定引致习惯，习惯外在于法律。第一种情形，习惯系法律规范来源。当法律规范需要解释时，以其来源习惯作为重要依据，颇为便利有效。第二种情形，法律规范直接规定"习惯"，如《民法典》第289条规定，法律、法规对处理相邻关系有规定的，依照其规定；法律、法规没有规定的，可以按照当地习惯。该条规范意义在处理相邻关系的规范顺序方面是清晰的，但按习惯处理时，当地习惯内容不明确，最终法律规范的完整意义需要在个案中通过厘定"当地习惯"才能确定。第三种情形，习惯并非法律来源，亦未被法律引致，二者没有直接内在关系，此时对法律有意义者主要是非法律习惯，如语言习惯。

习惯协力法律解释，在司法裁判中主要表现如下。③ 其一，习惯对于法律文义解释。虽然在法律层面注重区分法律语言与日常语言，法律术语涵义特定，条文表述方式及结构独特，但法律语言与日常语言仍有密切联系，语言习惯对法律解释参考意义较大。此外，行业用语、专业术语，有助于理清专门领域法律的语义。应注意，非法律语言为法律吸纳时可能发生语义转换，总体上日常生活语言语义转换的概率更高，行业用语、专业术语语

---

① 参见彭中礼：《论习惯的法律渊源地位》，载《甘肃政法学院学报》2012年第1期，第40页。
② 王新生：《习惯性规范研究》，中国政法大学出版社2010年版，第349、350页。
③ 法律解释方法在司法裁判中的运用，可参见陈金钊：《法律解释学——权利（权力）的张扬与方法的制约》，中国人民大学出版社2011年版，第184-242页。

义转换比率相较低得多。其二，习惯之于法律历史解释。解释源于习惯的法律时，习惯可作为重要凭据。习惯经立法擢升为法律，在立法进程中记载于立法资料，如立法调研、法案草拟、立法说明等。据此，习惯纳入法律之立法目的得以昭示，此乃历史解释或主观目的解释核心要义。其三，习惯对于法律体系解释。当习惯处于法律规范结构中，法律规范意义部分取决于习惯涵义。而习惯内容尚不明确，只有在个案中经识别确认，才能令其具体化、特定化。这是一种体系化协同。概言之，司法裁判适用法律，可以结合具体的外部习惯解读其规范意义，既要进行法律体系内解释，同时立足法律开展体系外解释。此外，其它法律解释方法，可基于习惯和法律关系、法律解释所涉事项、解释空间等，适时运用习惯，助力实现解释圆满效果。

四、结语

习惯司法裁判适用与习惯在裁判中的功用密切相关。在司法裁判中，习惯可作为案件事实，补充法律不备，或作为司法裁判说理理由。习惯通过直接与间接方式构成案件事实。在前者，习惯系案件直接事实，主要表现为当事人以习惯作为惯常行为模式，包括纯粹个体习惯转换为主体间习惯、习惯内生于主体间的交往或交易行为、外在习惯输入等三种情形。就后者，习惯乃法律行为实施依据或解释基础，导出案件事实。有时，习惯在裁判中既非案件事实，亦非裁判规范，而是补充法律不备，突出表现在习惯有助于填补法律缺失，消弭法律滞后，补充法律漏洞。习惯蕴含法理，可用于法律论证及法律解释，作为司法裁判说理理由。

（编辑：吕玉赞）

论依赖型职务发明的认定标准

——以《专利法》第六条为解释对象[*]

戴 哲[**]

摘 要 依赖型发明指的是雇员主要利用单位物质技术条件所完成的发明，在我国《专利法》上，它与任务发明一起构成我国职务发明的重要门类，依赖型发明的界定在我国尚存在诸多不明确之处，亟需构建认定标准。界定依赖型职务发明应考虑什么是"单位物质技术条件"，以及什么行为可以构成对于这些条件的"主要利用"。一方面，对于"单位物质技术条件"而言，应当区分单位物质条件与技术条件，这一物质条件仅应指的是研发活动的劳动工具，排除那些仅起辅助作用的劳动资料，而技术条件应以商业秘密要件为标准加以判定。另一方面，对于雇员发明是否"主要利用"了雇主的物质条件，需要运用比较的方法，考虑雇主物质条件是否在研发所使用的所有物质条件中占据主导地位。此外，技术条件的"主要利用"需通过比较雇员发明与雇主技术秘密的技术特征而加以判定，如果两者具有改进关系，则可认定依赖型发明的存在。

关键词 职务发明 依赖型发明 物质技术条件

根据我国《专利法》第六条的规定，雇员主要利用单位物质技术条件所完成的发明与任务发明一道构成职务发明的两大类别。不同于任务发明，主要利用单位物质技术条件完成的发明是雇员发明人发挥主观能动性，自主完成的，但是发明的完成有赖于雇主所提供的物质与技术条件，由此，这一类发明又被称为依赖型发明。有的国家，如希腊，在法条

---

[*] 基金项目：本文系国家社科基金重大项目"驱动知识产权强国战略的职务发明制度研究"（项目批准号：16ZDA076）的阶段性成果。

[**] 戴哲，男，汉族，福建龙岩人，暨南大学法学院/知识产权学院讲师，艾克斯-马赛大学法学博士，研究方向为知识产权法。

上也直接采用这一概念①，还有的国家，如法国②、比利时③，在判例中使用这一概念。为了简化主要利用单位物质技术条件所完成的发明的表述，避免累赘，下文也将主要采用依赖型发明的概念。在内涵上，我国《专利法实施细则》对界定依赖型职务发明的物质技术条件作了解释，《专利法实施细则》12条规定："专利法第六条所称本单位的物质技术条件，是指本单位的资金、设备、零部件、原材料或者不对外公开的技术资料等"。单位的物质条件，是指"本单位的资金、设备、零部件、原材料等"；单位的技术条件，指的是"不对外公开的技术资料"。同时，根据最高人民法院的司法解释，单位的技术条件又被解释为"未公开的技术信息和资料"，《最高人民法院关于审理技术合同纠纷案件适用法律若干问题的解释》第3条："合同法第三百二十六条第二款所称'物质技术条件'，包括资金、设备、器材、原材料、未公开的技术信息和资料等。"《合同法》第326条规定了依赖型职务技术成果，其中规定："职务技术成果是执行法人或者其他组织的工作任务，或者主要是利用法人或者其他组织的物质技术条件所完成的技术成果。"这一解释与《专利法实施细则》的规定并没有实质区别。

  上述规定尚留有巨大的解释空间。对于单位的物质条件而言，什么是"资金"？是否包括雇员的劳动酬劳，或者雇主支持的交通费、通讯费？什么是"设备"？假设雇员发明人在研发时曾使用单位日常办公的硬件条件，如办公桌椅、电脑、打印机等等，这些是否构成发明的物质条件？由于缺乏解释标准，实践中有法院将单位配发给发明人普通办公电脑也作为物质条件④，这意味着，发明人只要在研发中使用了单位的电脑，产生的发明就可能被归为依赖型职务发明，按这种解释方法，雇员发明人的发明似乎很难不落入依赖型职务发明的范畴，考虑到依赖型职务发明归单位所有，这种解释有过分偏袒雇主利益之嫌。对于技术条件而言，到底什么是"不对外公开的技术资料"？与专利技术有何联系？由于缺乏清晰阐释，在实践上，我国有相当数量的法院以雇员使用雇主专利技术为由而认定其成果构成职务发明。如在高雷公司诉张超案中，雇员发明人使用了雇主的专利技术并完成一项新发明，法院认定雇员发明人的发明主要利用了高雷公司的物质技术条件⑤。又如海力公司与徐海木纠纷案中，法院发现雇员申请实用新型专利与雇主申请的专利及生产的产品存在着相似性，由此认定雇员利用了公司的产品技术，判定该实用新型构成职务发

---

① See la loi grecque n° 1733/1987 sur le transfert de technologie, les inventions et l'innovation technologique, article 6.

② See Robert Plaisant, *Essai sur les inventions d'employés en droit comparé*, Revue internationale de droit comparé. Vol. 11 N°2, . p. 387.

③ See Sanna WOLK, Kacper SZKALEJ, etc, *Employees' intellectual property right*, Wolters Kluwer, 2015, p. 66.

④ 参见厦门趋动光电科技有限公司与被厦门聚萤光电科技有限公司专利权权属纠纷案二审判决书，(2011)闽民终字第601号。

⑤ 长沙高雷卫生设备同层排水工程有限公司与张超专利权权属纠纷案一审判决书，(2010)长中民五初字第0202号。

明创造。然而,技术公开是获得专利的条件,雇员此时所用的技术已经公开,这种对于"技术条件"的解释实际上将已公开的技术也纳入其中,与其原有"不对外公开"的要求存在出入,相当于作了扩张解释,也有不当扩张雇主利益保护之嫌。

  由此可见,尽管我国《专利法实施细则》与最高人民法院的司法解释对依赖型职务发明的构成要件进行了解释,但是这些解释并未细化。考虑到职务发明制度旨在调整雇员与雇主之间对于雇员发明的权益分配,围绕依赖型职务发明的界定将直接决定这两者的利益关系,如果不当解释,很可能会侵犯其中一方的利益。面对依赖型职务发明界定上的解释漏洞,法官只能行使自由裁量权,并且这种裁量权受到的任何限制,这也增加了不当解释的风险①,同时可能导致不同法院在界定依赖型职务发明上并不多一致。在学术界,长期以来围绕职务发明制度的研究主要以完善权利归属和雇员奖酬的立法论为主题,较少关注界定依赖型职务发明的实践问题。从目前存在的关于依赖型职务发明的学术成果上看,学者们往往将雇员发明权属立法中的厚雇主或者厚雇员主义也带入了解释论之中,使得解释标准存在争议②。有的学者以保护雇员利益为核心,主张限缩对于依赖型职务发明的界定③,有的学者却持雇主利益保护的观点,并认为,职务发明法律制度的功能就在于确认雇主物的投入重于雇员发明人智力投入,从而主张扩张依赖型职务发明的界定④。这一解释漏洞与争议的存续,使得依赖型职务发明的利益分配存在极大的不确定性,影响雇主与雇员的利益预期,进而可能对其在先的投入造成消极影响,还可能引发当事人不必要的纠纷,根据学者的统计,在北京市专利管理局处理的专利纠纷中,有50%的纠纷与依赖型发明有关⑤。基于此,为了保障雇员发明创造的有序进行,我们有必要解决这一解释问题,并构建合理的认定路径。本文首先从对象入手,提炼"单位物质技术条件"的界定要素;其次,从创作过程入手,分析何为"主要利用"雇主物质技术条件之行为;最后,尽管法条上并未规定,但我们需要考虑"主要利用"行为的发生是否存在时间上的限制。本文尽可能穷尽我国代表性的依赖性发明案件,并借鉴国外相关案例,以保证结论具有科学性。

一、单位物质技术条件的界定

  到底什么构成依赖型职务发明的物质技术条件,这应当从劳动过程中寻找答案。根据马克思所提出的劳动价值理论,劳动资料和劳动对象、劳动者是生产力的三大基本要

---

① 参见王鸿:《职务发明专利申请权的法律解读》,载《学海》2009年第4期,第174页。
② 过于明显的保护单位利益的倾向被称为"厚雇主主义",过于强调保护雇员发明人利益的立法倾向被称为"厚雇员主义",参见何敏:《职员发明财产权利归属正义》,载《法学研究》2007年第5期,第85页。
③ 参见向波:《职务发明的判定及其权利归属问题研究——兼论〈专利法修改草案〉第6条的修改和完善》,载《知识产权》2016年第9期,第17页。
④ 参见王鸿:《职务发明专利申请权的法律解读》,载《学海》2009年第4期,第174页。
⑤ 参见朱姣林:《职务发明成果归属探析》,载《科技管理研究》2004年第3期,第77页。

素①，这三大要素对于发明活动亦是不可或缺的要素。一项依赖型发明指的是雇员不依据任务所完成的发明，雇员保有其劳动力使用权，所谓的"依赖"强调的是雇员需要雇主提供的劳动资料与劳动对象才能完成发明。这一劳动资料在法条中转化为了物质条件，劳动对象则对应着技术条件。在厘清这两大概念的前提下，我们才有可能对这两大条件的内涵作准确界定。

（一）物质条件

并非雇主所提供的任何物质资源都可以构成完成发明的物质条件。我们应当区分劳动工具与辅助劳动资料，只有前者才可以构成发明条件。这些劳动工具，既包括机器设备，也包括原材料，如果雇主出资购买了这些劳动工具，也被视为提供了物质条件，此外，无需区分劳动工具是雇主特有还是行业普遍所有。

1. 只有雇主提供的劳动工具才构成发明的物质条件

劳动资料可以进行二次分类。一方面，劳动工具是劳动资料中最重要的因素，指的是人们用以改变劳动对象的手段，传导劳动者的劳动到劳动对象上去②。另一方面，除了劳动工具之外，还有一些劳动资料在劳动过程中起到辅助作用，如土地、产房、电力、传输管道等等，这些资料并不作用于劳动对象的转换，而是对劳动过程起到支撑作用。

在发明研发的过程中，劳动工具起到媒介的作用，发明人通过劳动工具将自己的创造性劳动作用于劳动对象上，完成对于劳动对象的改造，形成新的发明。劳动的价值通过劳动工具发生转移，劳动工具对于研发起到直接的推动作用。相比之下，辅助性劳动资料只起到间接作用，雇员采用这些资料并不能够产出发明，达不到"依赖"这些资料完成发明的效果。由此而言，在实践中应当将这些因素排除在雇员发明的物质条件之外。只有使用雇主劳动工具完成的发明才能够构成依赖型发明。对此，我国已有法院明确将办公场所排除在物质条件之外，如在韦孚（杭州）公司与韦孚智能公司纠纷案中，法院认为，尽管办公场所的租金系韦孚智能公司支付，但其并未证明为涉案专利的研发提供了相应的资金、设备、技术等各方面的支持③。

2. 构成劳动工具的物质条件范围

对于生产有体物而言，劳动工具专门指的是生产或加工的设备，不包括原材料，后者构成劳动对象。对于无体物而言，完成一项新发明所需要不单单仅是设备，也需要特殊的原材料以完成实验。此时，这些原材料不再构成劳动对象，而是构成发明研发的劳动工具，而作为发明研发的劳动对象只能由无体物构成。

---

① 参见编写组：《马克思主义基本原理概论》（修订版），高等教育出版社2010年版，第100页。
② 参见夏征农、陈至立主编：《辞海》，上海辞书出版社2009年版，第2016页。
③ 参见韦孚（杭州）精密机械有限公司与杭州韦孚智能科技有限公司、林斌勇等专利权权属纠纷一审民事判决书，（2015）浙杭知重字第1号。

在具体设备认定上，需要对于电脑进行特殊考虑。通常情况下，电脑只是雇员记录或者沟通的工具，有时发明人也会借助电脑将实验成果转化为工业制图的对象，此时，电脑仅仅是记录发明的设备，而不是产出发明的设备，构成辅助性劳动资料，而不构成劳动工具。如在一起案件中，雇员从事多功能铲的设计工作，设计过程需要到生产基地实地研究设计，了解多功能铲的相关功能及数据，最后利用电脑将其设计表现出来，在法院看来，电脑和绘图软件只是普通的办公用品，对案涉专利的设计并不具有不可替代性，不属于法律意义上的物质条件①。也有些法院将这种仅仅作绘图而用的电脑设备作为物质条件②，这种判决是错误的，电脑与纸、笔相似，只是将设计记录下来。不过，当发明人运用专业的大型电脑进行数据处理或加工时，并完成发明时，这一电脑参与了发明的过程，构成劳动工具。

此外，资金不能作为劳动工具，但能够作为劳动工具的来源。若雇员使用雇主的资金购入劳动工具，相当于雇主为雇员提供了劳动工具，雇员利用这一工具完成的发明也可构成依赖型发明。然而，这一资金的认定需要严格限定使用的范围，仅指购置研发的设备、原材料等劳动工具的费用，雇主也需要举证证明费用与发明研发的关系。在我国的一起案件中，雇主提供了购买材料、资料等费用的发票，但是，法院经过核对，雇主所提供的大量发票中注明的材料、资料等费用并没有明确是为完成研制涉案技术方案的费用，由此拒绝认定发明研制主要利用了雇主的物质条件③。在另一起类似案件中，雇主主张其向政府申请并获得的 310 万元的项目专项资金资助构成技术条件，但是，法院发现该项目与涉案技术是两个不同的技术，因此驳回了雇主的主张④。

其他用途的资金不构成发明的物质条件。首先，雇员福利待遇不构成发明的物质条件，这一福利待遇也包括了雇主为雇员所缴纳的社保支出⑤，我国法院对此已经予以肯定，并明确福利待遇系并非对产品进行改进所付出的资金，不构成物质技术条件⑥。其次，发明专利的申请费与维持费不构成发明的物质条件，因为这一费用的支出在发明完成之后，与发明研发无关。实践中，有的法院将其认定为物质条件的资金，如在吴钟群等与德天力公司纠纷案中，一审法院以专利申请费作为物质条件，从而认定发明为职务发

---

① 参见成都多吉户外用品有限公司与成都骏合乐途智能科技有限公司、蒋海龙专利权权属纠纷一审民事判决书，（2015）成知民初字第 719 号。
② 参见厦门趋动光电科技有限公司与被厦门聚萤光电科技有限公司专利权权属纠纷案二审判决书，（2011）闽民终字第 601 号。
③ 参见上海益能科技实业有限公司清算小组与上海贵宝机电有限公司专利权权属纠纷一案二审民事判决书，（2002）沪高民三（知）终字第 122 号。
④ 参见彭朝晖，张晓志与深圳市赛百诺基因技术有限公司专利权权属纠纷审判监督民事判决书，（2014）粤高法审监民再字第 21－25 号。
⑤ 参见朱卓敏与刘宗孺、李志为等专利申请权权属纠纷一审民事判决书，（2015）浙杭知初字第 487 号。
⑥ 参见蒂龙科技发展（北京）有限公司与泰斯福德（北京）科技发展有限公司专利权权属纠纷一审民事判决书，（2015）京知民初字第 814 号。

明①，又如，郑琳耀与艾森仕公司纠纷案中，一审与二审法院都将雇主支付专利申请费与年费作为认定发明性质的参考因素②，再如三水区酒厂与董赐奇纠纷案中，一审法院更是直接指出，诉争专利代理申请费先由董赐奇支付，后由三水酒厂报销，可见诉争专利的完成还主要是利用本单位的物质条件③。值得庆幸的是，云南省高院明确驳斥了这一观点，并指出，"专利申请费系发明创造完成后为了获权而向相关部门交纳的费用，并非发明创造过程中产生的研发费用，不属于专利法规定的利用本单位的物质技术条件范畴"④。最后，我国法院已经认定与发明活动无关的交通费用也不能作为发明的物质条件⑤，这一认定还需要更进一步，即便对于与发明活动有关的通讯费、交通费，这些费用也只是研发活动的辅助性费用，不应当将其归为发明的物质条件。

3. 无须区分劳动工具是雇主特有或者行业普遍所有

在一些国家内，只有当雇员使用了雇主所专有的物质条件所完成的才被认定为依赖型发明。所谓的专有条件，指的是市场上不常见的物质条件，如果雇员非常容易在雇主单位外部获得相同的物质条件，则利用该雇主的物质条件完成的发明不构成依赖型发明。如《法国知识产权法典》中规定雇员发明人"知悉或者使用企业特有的（specifique）技术或者手段"⑥完成非任务发明的，雇主享有分配权，此时，这一发明构成依赖型发明。按照法国学者马里安·姆瑟隆（Marianne Mousseron）的解释，一般的技术手段，如基本知识、能源供应、普通设备等，并不能作为上述雇主获权的条件⑦。法国弗雷德里克·波洛－杜里安（Frédéric Pollaud–Dulian）教授也指出，这种技术或手段必须为企业为特有，如果雇员使用的企业的技术或手段具有一般性，雇员非常容易在企业之外获取，那么，使用这种技术或手段在实现发明的过程中并未起到实质性的作用⑧。

我国有些法院也在实践中将雇主物质条件是否具有专有性作为认定职务发明的因素，如在武船公司诉王汉国案中，发明人在发明中使用了雇主武船公司的试验台，在认定发明性质时，湖北省高级人民法院即考虑了这一设备是否属于雇主专有的设备抑或市场常见的通用设备⑨。国内还有学者提出了"可替代性"理论，认为雇主的资金、设备、零部件、原材料等物质技术条件的可替代性比较高，只有在少数情形下雇主物质技术条件的可替代

---

① 参见吴钟群等与昆明德天力科技有限公司专利权权属纠纷案一审判决书，（2005）昆民六初字第28号。
② 参见郑琳耀与北京艾森仕食品有限公司专利权权属纠纷二审民事判决书，（2017）京民终54号。
③ 参见佛山市三水区酒厂有限公司与董赐奇一案一审审民事判决书，（2006）佛中法民三初字第73号。
④ 吴钟群等与昆明德天力科技有限公司专利权权属纠纷上诉案判决书，（2005）云高民三终字第56号。
⑤ 参见江苏优凝舒布洛克建材有限公司与河海大学专利权权属纠纷上诉案，（2009）苏民三终字第0031号。
⑥ Le Code français de propriété intellectuelle, article L611–7.
⑦ See Marianne Mousseron, *Les Inventions de salariés La composition du droit des brevets et du droit du travail*, Litec, 1995, p. 188.
⑧ See Pollaud–Dulian Frédéric, *La propriété industrielle*, Economica, 2e edition, 2011, p. 225.
⑨ 参见武汉船用机械有限责任公司与王汉国专利申请权权属纠纷再审民事判决书，（2016）鄂民再8号。

性相对较低,比如价格昂贵、数量稀少的仪器设备,这时,雇员使用这种仪器设备所完成的发明才会对雇主的物质条件产生依赖①。

这种观点是错误的。一方面,雇员对于雇主劳动工具的依赖并不以劳动工具的专有为前提,即便是雇主之外可以获取的劳动工具,雇员可能也无力负担使用的费用。另一方面,当今商品交易充分发达的时代,雇主专有物质条件的情况非常罕见,除非一些国家级或各国协助的重大项目。多数情况下,处于竞争关系的公司之间往往拥有相同或类似的设备,如果以"专有性"来限定雇主的物质条件范围,将大大限缩了主要利用雇主物质技术条件完成的发明范围,这不利于雇主利益的保护。值得肯定的是,我国绝大多数法院都没有将"专有性"作为雇主物质条件的要求。

(二) 技术条件

《专利法实施细则》第12条将"技术条件"解释为"不对外公开的技术资料",该规定过于模糊,使得他人无法知晓这一技术条件与专利、技术秘密间的联系。为了成就依赖型发明的依赖性,这一技术条件仅应指雇主的技术秘密,下文将具体分析。同时,我们需要明确区分单位的技术条件与发明人自身的知识技能,以防止对雇员的离职与就任新职进行限制。

1. 技术条件指未获得雇主使用许可、并满足商业秘密要件的技术秘密

任何发明人的发明中都是建立在前人基础上的再创造,如广东高院所指,"任何技术都有继承性,不能凭空而来,否则技术就无法发展"②。对于雇员发明亦是如此,在雇员受雇期间,由于接触雇主的技术资料,其可能产生一项新的创意,并以雇主的技术为基础完成一项发明。此时,雇主的技术构成在后发明的劳动对象,发明构成依赖型发明。

这一劳动对象并不包括已经公开的技术信息,雇员使用雇主已公开资料进行研发不需得到许可。最高人民法院明确了这一点,《最高人民法院关于印发全国法院知识产权审判工作会议关于审理技术合同纠纷案件若干问题的纪要的通知》第5条指出,"研究开发过程中利用法人或者其他组织已对外公开或者已为本领域普通技术人员公知的技术信息,不属于主要利用法人或者其他组织的物质技术条件"。需要注意的是,这一依赖型发明中的"依赖"强调的是发明的研发本身,而非发明的在后使用,如对于一项使用他人在先专利技术完成的改进发明,在后发明的使用需要得到在先专利权人的许可,但是对这一在先专利的改进无须得到许可。

这一劳动对象仅指的是未获得雇主使用许可的技术秘密。我国《反不正当竞争法》第九条的规定,"经营者不得实施下列侵犯商业秘密的行为:(三)违反约定或者违反权利

---

① 参见向波:《职务发明的判定及其权利归属问题研究——兼论〈专利法修改草案〉第6条的修改和完善》,载《知识产权》2016年第9期,第17页。
② 汕头市光华机械实业有限公司与陈鸿奇一案二审民事判决书,(2005) 粤高法民三终字第58号。

人有关保守商业秘密的要求，披露、使用或者允许他人使用其所掌握的商业秘密"。一般而言，雇主会与雇员就技术秘密的使用签署协议，雇员只能在特定的范围内使用雇主的技术秘密。如果雇主已经明确许可雇员可以在任务之外使用其技术秘密，则完成的发明不构成依赖型发明。如果雇员超出雇主的事先许可范围使用雇主的技术完成发明，这一研发行为将构成侵犯商业秘密行为。为了保护雇主的利益，立法者对于此类需要得到雇主许可使用的技术秘密而完成的发明设定了特殊的职务发明规定。

各国也普遍将这一技术条件限定于雇主的技术秘密。如在德国，立法者将主要基于企业或者公共机构的经验或者劳动成果完成的发明界定为依赖型发明[1]，这一发明被德国学者称为经验发明[2]，其所特指的是雇员利用雇主内部的实验资料所完成的发明，所强调的是雇员无法从雇主外部获得，换言之，技术资料只存在于雇主内部。在法国，这一发明特指利用企业获得的数据完成的发明[3]，根据法国学者的解释，这一数据指向的是制造秘密[4]。

这一技术秘密需要满足商业秘密定义的要件。首先，我国仅对技术条件规定了"不对外公开"的要件，这一规定还达不到商业秘密中的秘密性的要求。根据《反不正当竞争法》的第九条规定，秘密性指的是不为公众所知悉，这要求的不仅仅是不对外公开，也要求不能为公众所轻易获取。对此，弗雷德里克·波洛－杜里安（Frédéric Pollaud – Dulian）教授指出，"如果雇主的技术资料非常容易在企业之外所取得，我们就不能认为这一技术在发明的实现上起到了关键性的作用"[5]。

其次，这一技术秘密需要具有价值性，多数情形下，可不作专门要求，毕竟技术资料的价值性是显而易见的，即便是雇主失败的实验数据对于在后研究仍具有重要价值。不过，需要注意的是，有些技术资料的价值性过低，应当排除在外，如雇主的建议。在德国于1942年颁布的《工人发明条例》中，德国立法者将依据雇主建议完成的发明归为了职务发明，雇主可以对这一发明主张归属权利[6]。然而，1958年的德国《雇员发明法》删去了这一规定，因为立法者认为雇主的贡献过于微不足道了[7]。换言之，这一建议的价值过低，无法构成有效的技术条件。

最后，这一技术条件还需要满足保密措施的要求。实践中，有的法院已经对此作出了

---

[1] See Gesetz über Arbeitnehmererfindungen, article 4（2）.
[2] See Kurt Bartenbach, Franz – Eugen Volz, *Arbeitnehmererfindungsgesetz：Kommentar zum Gesetz über Arbeitnehmererfindungen*, Heymanns Verlag GmbH, 2012, p. 212.
[3] See le Code français de propriété intellectuelle, article L611 – 7.
[4] J. Dragne, *La création salariée*, p. 32. Cité par Marianne Mousseron, Les Inventions de salariés La composition du droit des brevets et du droit du travail, Litec, 1995, p. 188.
[5] Pollaud – Dulian Frédéric, *La propriété industrielle*, Economica, 2e edition, 2011, p. 225.
[6] Die Durchführungsverordnung zur Verordnung über die Behandlung von Erfindungen von Gefolgschaftsmitgliedern vom 20. März 1943（Reichsgesetzbl. I S. 257）, article 4.
[7] See Eduard Reimer, *Das Recht der Arbeitnehmer – Erfindung*, Schmidt Erich Verlag, 1993, p. 120.

要求，如湖北高院在武船公司诉王汉国案中强调，"武船公司没有提交证据证明其对本案相关技术资料采取了保密措施，（使得）该技术资料处于可控的内部状态"①。有些情形下，即便雇主的资料尚未对外公开，也不能成为依赖型发明的技术条件，如单位资料室存放一些可供全单位雇员所查阅的信息资料，这些资料虽未对外公开，但由于缺乏保密措施，任何员工都可以获取，已经不具有商业秘密的特征。通常而言，能够成为依赖型发明的技术条件仅指的是只有少数经过许可的员工才能接触到的内部情报或者资料②。

2. 构成技术条件的技术秘密之界定

在具体界定这一技术秘密的范围上，我们应当采用广义的解释方法。各国在构成雇员发明技术条件的对象上采用了不同的表述。德国采用的是雇主的"经验"（Erfahrungen）与"劳动成果"（Arbeiten）概念③，法国所采用的是"数据"（données）概念④。我国将其规定为"尚未公开的技术成果、阶段性技术成果"⑤。不过，这些表述背后所指向的概念是一致的，任何雇主的技术秘密都可以构成雇员完成发明所使用的技术条件。即便雇员自己开发的技术秘密也可能构成雇主的技术条件，如在德国的一起案件中，雇员将一项自己开发的技术秘密提前转让给了雇主，之后利用这一技术完成了一项改进发明，这一发明也构成依赖型发明，因为，此时技术秘密已经不再归雇员所有⑥。此外，技术秘密的产生时间并不重要，无论这一技术秘密在雇员就职前已经存在或者在雇员入职后才产生，都不影响其成为雇员发明技术条件⑦。

界定技术秘密的时间应当以研发完成时点为准。雇主可能对其享有的技术秘密申请专利，此时，公开的技术无法构成依赖型发明的技术条件，但是在这一技术秘密公开前都可能构成雇员发明的技术条件。在富尔达公司诉冯太和案中，法院认定涉案的雇员发明是对雇主的方法发明专利技术的具体应用，确认了雇员研发使用了雇主的发明，并且，尽管雇主对其所有的技术申请了发明，但是法院发现，涉案雇员发明申请专利时，雇主申请的前述方法专利技术尚未公开，换言之，雇员发明完成时，雇主的发明仍处于技术秘密状态，由此法院认定，雇员发明是在雇主未公开的技术资料基础上的后续研发，构成职务发明⑧。

3. 明确区分单位的技术条件与发明人自身的知识技能

任何雇员在雇主处工作必然会积累相应的工作经验并获取新的知识技能，这些知识技能并非归雇主所有，而是构成雇员智力的一部分。如美国宾夕法尼亚州高等法院指出，

---

① 武汉船用机械有限责任公司与王汉国专利申请权权属纠纷再审民事判决书，（2016）鄂民再8号。
② 尹新天：《中国专利法详解》，知识产权出版社2011年版，第79页。
③ See Gesetz über Arbeitnehmererfindungen, article 4（2）.
④ See le Code français de propriété intellectuelle, article L611 – 7.
⑤ 《最高人民法院关于审理技术合同纠纷案件适用法律若干问题的解释》第4条。
⑥ Schiedsstelle nach (la commission arbitrale allemande), 21. 09. 1993, Arb. Erf. 52/92.
⑦ Urt. V. 23. 04. 1980 – 2/6 O 476/76. Cité dans Kurt Bartenbach, Franz – Eugen Volz, Arbeitnehmererfindungsgesetz: Kommentar zum Gesetz über Arbeitnehmererfindungen, Heymanns Verlag GmbH, 2012, p. 201.
⑧ 参见大庆富尔达环保节能科技有限责任公司与冯太和一案二审民事判决书，（2012）黑知终字第41号。

"雇员在其受雇期间内掌握的知识不构成雇主的财产"①。如果雇员以自己积累的工作经验完成发明，这一发明不应被认定为利用雇主资料完成的发明。毕竟，意图成立依赖性发明，依赖的前提在于劳动对象应该归雇主所有，若对象归劳动者自身所有，则不存在依赖可能。在1979年的一起法国案例中，巴黎法院明确了这一点，其指出，"雇员在执行劳务中学到的理论或实践知识不构成雇主对其发明的协助因素"②。

不过，实践中，我国法院常常会将发明人利用自身技能所完成的发明认定为职务发明。如在光华机械诉陈鸿奇案中，发明人在总结多项实验研究成果与多年的工作经验的基础上才设计出涉案的专利技术，一审法院由此推断，发明人在其本职岗位上，已获得该专利技术领域有关的知识、技术、经验和信息，其中也包括了雇主在该技术领域中不向外公开的技术资料，因此其认定该成果构成利用单位物质技术条件所完成的职务发明③。在另一起类似案件中，广西高院认定发明人在原单位工作期间积累了较多有关锅炉及锅炉附属设备方面的技术维修、技术改造知识和经验，这些知识和经验的积累得益于雇主的长期培养与提供的物质、技术条件，由此认定其完成的发明构成职务发明④。有些学者也持这一观点，汤宗舜教授认为，在解释技术资料上可以采用更加广义的概念，如果某炼钢工人利用在炼钢厂长期工作的经验，完成一项新的发明，这一发明也可以认定为职务发明⑤。

这种观点是错误的，若持这一观点，则雇员在离职之后利用在原雇主工作所积累的工作经验所完成的发明都将被认定为利用雇主技术条件所完成的发明。毕竟，任何雇员所完成的发明，都少不了利用自身的知识技能，其任何发明都是其利用在先知识技能所产出的结果。这种认定将极大地限制雇员的劳动机会，换言之，原雇主可以对于旧雇员的发明成果施加长期的控制。值得肯定的是，我国有些法院已经对此进行了明确的区分，如广东高院认为，涉案发明人从事发明创造的过程中，自然会运用到其在原单位工作期间所积累的技术、技能、经验和知识，但并不能因此推定其的发明创造属于职务发明创造⑥。

实践中，需要明确区分雇主对雇员的技能培训与给予技术秘密的行为。雇主的技术培训一般只是从技能上培养雇员的岗位能力，不涉及技术秘密的交底。在三一重机诉王海案中，山东省高院发现，雇主曾对雇员进行过业务培训，包括旋挖钻机电气、液压及发动机相关技术，但法院认为这仅能证明雇员可能从中学到些胜任本职工作的技能，但不能证明其为雇员研发涉案专利提供过物质技术条件⑦。当然，倘若雇员掌握了雇主的特殊技术秘

---

① Supreme Court of Pennsylvania, Pittsburgh Cut Wire Co. v. Sufrin, 38 A. 2d 33, 35 (Pa. 1944).
② Le TGI de Paris, 11 octobre 1979, Dossiers Brevets, 1979. V. 2.
③ 参见汕头市光华机械实业有限公司与陈鸿奇一案一审民事判决书，(2004) 汕中法知初字第14号。
④ 参见广西扶南东亚糖业有限公司与高吉励一案二审民事判决书，(2007) 桂民三终字第64号。
⑤ 汤宗舜：《专利法解说》，知识产权出版社2002年版，第45页。
⑥ 汕头市光华机械实业有限公司与陈鸿奇一案二审民事判决书，(2005) 粤高法民三终字第58号。
⑦ 参见北京市三一重机有限公司与王海专利权权属纠纷案二审民事判决书，(2014) 鲁民三终字第31号。

密，其不能以这一技术秘密构成其知识技能为由来规避职务发明制度的适用。

二、"主要利用单位物质技术条件"行为的界定

根据最高人民法院的解释，主要利用雇主的物质条件，指的是"职工在技术成果的研究开发过程中，全部或者大部分利用了法人或者其他组织的资金、设备、器材或者原材料等物质条件，并且这些物质条件对形成该技术成果具有实质性的影响"。主要利用雇主的技术条件，是指"技术成果实质性内容是在法人或者其他组织尚未公开的技术成果、阶段性技术成果基础上完成的"①。国内学者普遍认为"主要利用"指的是物质技术条件对于发明具有"不可或缺"性②，还有学者将之解释为"物质技术条件对于发明创造的完成起了主要作用，没有这种条件，发明创造就不可能完成"③。由于"主要利用"概念的不明确，有学者又提出将"主要利用"这一表述替换为"不可或缺或者需要重大代价方可替代"之要件④。不过，我们可以看到这些定义，无论是最高法所解释的"全部或者大部分利用"，还是学者所解释的"不可或缺"或"主要作用"，在逻辑上存在概念的循环解释，只不过是用一个模糊的概念替代了另一个模糊的概念，实质上仍未作出明确的界定，我们还需要再对何为"全部或大部分利益"和"不可或缺"作进一步的解释。或许为了逃避对于"主要利用"行为的解读，有些法院将"利用"笼统地等同于"主要利用"⑤，如在吴林祥、陈华南与翟晓明专利权纠纷案中，法院直接以雇员发明人在研发过程中"利用"了雇主的物质技术条件为由，而认定成果构成依赖型发明⑥。由此可见，"主要利用"这一表述在我国仍缺乏有效的界定路径，我们有必要找到新的突破口，以提炼"主要利用"行为的核心要素。

（一）物质条件之"主要利用"的行为界定

在界定使用行为构成"主要利用"时需要我们转变视角，将关注点放在雇主物质条件与发明所需的总物质条件的关系上。通过比较雇主物质条件与其他物质资料来源的作用即可确定雇员是否"主要利用"了雇主的物质资料。

1. 步骤一：确认雇主物质条件与雇员发明具有关联性

在认定发明是否主要利用雇主的物质条件时，首先应当考虑的是雇主是否能够提供对应发明的劳动工具。如在华昌锑业催化剂公司诉刘谏文、刘固坚案中，法院先对雇主的设

---

① 《最高人民法院关于审理技术合同纠纷案件适用法律若干问题的解释》，第4条。
② 尹新天：《中国专利法详解》，知识产权出版社2011年版，第79页。
③ 汤宗舜：《专利法解说》，知识产权出版社2002年版，第45页。
④ 参见王鸿：《职务发明专利申请权的法律解读》，载《学海》2009年第4期，第172页。
⑤ 参见易玲：《我国职务发明权属条款之冲突与完善——以美国职务发明权属规则为参考》，载《求索》2019年第6期，第91页。
⑥ 参见吴林祥、陈华南诉翟晓明专利权纠纷案二审民事判决书，(2006)苏民三终字第0120号。

备情况进行了分析,其发现雇主生产线具备研发涉案发明所需的反应罐、加温减压设备、循环过滤设备、离心机等设备,同时,雇主还采购了乙二醇、三氧化二锑、活性炭等原材料,由此,法院认定雇主具备对应的物质条件①。如果雇主不具备相应的条件,自然谈不上利用的问题。如在中塑公司与陈仪清纠纷案中,法院发现原告雇主在2001年至2002年期间处于歇业状态,由此认定涉案的发明人不可能利用雇主的物质条件来完成涉案专利的技术方案②。

其次考虑的是雇员是否真正地在研发中使用了雇主的劳动工具,雇主可以从原材料的损耗情况与设备的使用记录加以判定。如果雇员仅仅使用了雇主的辅助性劳动资料,如公司的场地、办公的座椅、电力等,这些资料只是研发进行的辅助条件,并不构成实现发明的劳动工具。即便雇主具有与雇员发明对应的设备、原材料,也不意味着雇员必然使用了这些物质资料。换言之,具有对于雇主物质条件"接触可能"不能直接推导出雇员对此的使用行为,如在1982年的一起法国案件中,雇主具备雇员发明的实验条件,但是法院分析了雇员发明人的研发过程,发现雇员的研发实验实际上是在一家公共实验室和第三方的车间进行的,由此认定这一发明与雇主不存在联系③。我国有些法院并没有准确地认识这一点,如在吴应多与浙江乐吉公司纠纷案中,雇员发明人在雇主处曾担任经营厂长、后勤厂长等职务,具有利用雇主公司原材料的便利条件,一审的杭州中院直接以之为据得出雇员完成发明创造利用了单位的物质条件的结论④。值得庆幸的是,二审的浙江省高院明确驳斥了这一点,认为即便雇员发明人可能接触雇主的原材料,但是从逻辑上无法得出"有利用的便利条件就等于利用了的结论"⑤,换言之,法院支持将这种接触可能与真实使用进行区分。

2. 步骤二:比较雇主物质条件与其他物质资料来源的作用

如何确定在使用的基础上,确认发明来自于"主要使用"雇主物质资料?现有的法条与学理在"主要使用"上都强调的是雇主物质条件与所形成的发明之间的联系。然而,如果我们仅仅考虑雇主物质条件与发明的关系,可能难以真正确定何时雇主的物质条件对于发明起到了"实质性"影响。毕竟物质条件属于有形物,发明属于无形物,两种物不具有可比较性。

我们考虑另一种比较方法,认定"主要利用"的"主要"程度,实质上强调的是雇主的物质条件在发明所用的物质条件中的作用。任何发明都需要物质条件,意图成立依赖型发明,雇主提供的物质条件应该在发明所使用的所有物质条件中占据主导地位。这种方

---

① 参见益阳市华昌锑业催化剂有限公司与刘谏文、刘固坚等专利权权属纠纷二审民事判决书,(2015)湘高法民三终字第215号。
② 参见重庆中塑实业有限公司与陈仪清专利权权属纠纷案一审判决书,(2005)渝一中民初字第140号。
③ See la Cour d'appel de Lyon, 4 novembre 1981, PIBD 1982. 299. III. 17, Dossiers brevets 1982. I. 3.
④ 参见吴应多与浙江乐吉化工股份有限公司专利权属纠纷案一审判决书,(2001)杭经初字第274号。
⑤ 参见吴应多与浙江乐吉化工股份有限公司专利权属纠纷案二审判决书,(2001)浙经三终字第99号。

法将比较的对象限定在有形物的领域,具有可操作性。对此,我国已有法院采纳,杭州中院即认为,"主要是利用本单位的物质技术条件所完成的发明创造,其关键在于该项发明所使用的资金、设备、零部件、原材料或者不对外公开的技术资料系来自于本单位"[①]。从雇员发明的物质条件来源作为出发点来考虑,更容易确认雇员发明是否构成依赖型发明。

如果物质条件只有雇主一家提供,则发明必然是主要利用雇主物质条件所完成的。如在中国科学院力学研究所与罗登俊纠纷案中,中科院力学研究所为了配合发明人的研发活动,加工、订购了电主轴、变频器等相关设备,并利用原实验室的部分铝粉装置设备和厂房进行了改造,除此之外,没有其他第三人提供物质条件,法院由此认定涉案发明属于利用雇主物质技术条件所完成的职务发明[②]。此时,考虑到发明物质条件仅由一家提供,法院也无需再对利用是否达到"主要"的程度进行判定。特别是当雇员发明因为研发复杂需要特定的设备,而雇员又无法指出除雇主之外别的物质条件来源时,可以认定雇员完成的发明主要使用了雇主的物质条件。如在刘飞与斯超威公司纠纷案中,雇员在离职之后不到一个月的时间内申请了一项发明专利,这一发明的技术特征及所需零部件较为复杂,需要特定的技术环境才能完成,雇员主张物质条件来源于在离职后一个月时间内的购置物质,并在此基础上完成发明研发与专利申请,法院认为这不符合日常生活常理,并认定其发明主要使用了雇主的物质技术条件[③]。又如在全顺汽车诉李国章案中,雇员发明人所完成的发明是一项新型的汽车举升机,并且,汽车举升机属于雇主的经营范围,法院认为,这一举升机属于大型的机器设备,在发明人没有举证其自行拥有或并非利用原告相应的试制设备、原材料等情况下,可以推定其利用了雇主的物质条件进行研发试验[④]。

如果物质条件是由雇主与其他主体所提供的,则需要比较雇主的物质条件与其他物质条件在作用上的差别,如果雇主的物质条件不具有主导地位,则雇员的发明不构成依赖型发明。实践中,有的法院即认为,"主要利用"是指利用本单位的物质条件费用较大[⑤],这一"较大"即显示了雇主提供的物质条件应该较其他来源的物质条件更多。在一起案件中,发明人在研发过程中既使用了博士后研究基金和第二军医大学的科研经费,相关动物实验在第二军医大学完成,也使用了雇主的实验场地、相关设备和部分试剂,法院认定,雇主提供了部分设备和原料,对研发有所贡献,但是不能认定研发所产生的发明是主要利

[①] 参见朱卓敏与刘宗孺、李志为等专利申请权权属纠纷一审民事判决书,(2015)浙杭知初字第503号。
[②] 参见中国科学院力学研究所与罗登俊专利权权属纠纷一审民事判决书,(2016)京73民初281号。
[③] 参见刘飞与深圳市斯超威科技有限公司专利权权属纠纷二审民事判决书,(2014)粤高法民三终字第1198号。
[④] 参见广州市全顺汽车设备有限公司诉李国章等专利权权属纠纷案一审判决书,(2005)穗中法民三知初字第95号。
[⑤] 参见吴应多与浙江乐吉化工股份有限公司专利权权属纠纷案一审判决书,(2001)杭经初字第274号。

用雇主的物质技术条件取得的成果①。

当雇员为多个雇主工作时,我们需要判断物质条件主要是由哪个雇主所提供。如在优凝公司与河海大学纠纷案中,发明人作为河海大学的教师,又受聘于优凝公司,在工作期间完成了一项发明。法院认定优凝公司不具有拥有涉案发明研发所必备的实验设备、实验条件,而河海大学的实验室具有涉案发明所需的仪器设备,河海大学还详细陈述了这些仪器设备在发明研发过程中的作用,由此,法院认定这一发明是主要利用河海大学的物质技术所获得的成果②。当多个雇主都对雇员发明提供了物质条件,并且,无法区分物质条件主要由哪一个雇主提供时,应当认定这些雇主都对物质条件做出了实质性贡献,形成的发明应当归这些主体共同所有。这已经为我国法院所承认,如在爱姜牧、吴小平与 TCL 公司、齐齐哈尔大学案中,发明人本身是齐齐哈尔大学的教师,由于齐齐哈尔大学与 TCL 合作开发项目,发明人又前往 TCL 公司任主任工程师,并完成一项发明,此时形成的发明应当归这些主体所共同所有。法院认定涉案发明专利主要利用了齐齐哈尔大学、TCL 王牌公司、TCL 新技术公司的物质技术条件,包括资金、技术和有关设备,因此,认定专利属于职务发明创造,更是认定发明归这三家公司所共有③。

(二)技术条件之主要利用的行为界定

类似于界定是否主要使用雇主的物质条件,在界定技术条件上的主要使用上也可以采用两大步骤,一是排除法,二是比较法,比较雇员发明与雇主资料的技术特征。

1. 步骤一:排除法

主要利用雇主的技术条件的前提在于雇主占有与发明相关的技术条件,如果其不具有相关的技术资料,则根本谈不上利用的问题。这之中最重要的考量因素在于雇主的经营范围,正常情况下,雇主的经营范围决定了其所有的技术资料类型。这种方法为德国所采用,在一起 1993 年的案件中,德国雇员发明委员会即指出,"如果发明与企业的经营活动没有充分的关联,雇主就无法对发明作出必要的贡献"④。在另外的一起类似案件中,涉案的雇员完成了一项新的发明,雇主主张这一发明使用了其技术资料,杜塞尔多夫法院发现,该雇主是一家非常小的企业,其只从事非常普通的维修业务,法院由此驳回了雇主的主张⑤。

---

① 参见上海其胜生物材料技术研究所有限公司与上海昊海生物科技股份有限公司专利申请权权属纠纷案一审民事判决书,(2011)沪二中民五(知)初字第 107 号。
② 参见河海大学与南京优凝舒布洛克建材有限公司专利权纠纷案一审判决书,(2008)宁民三初字第 122 号。
③ 参见姜牧、吴小平与 TCL 王牌电子(深圳)有限公司、深圳 TCL 新技术有限公司、齐齐哈尔大学专利申请权纠纷案一审判决书,(2004)深中法民三初字第 150 号。
④ Schiedsstelle nach (la commission arbitrale allemande), 10.03.1993, EGR Nr. 80.
⑤ Landgericht Düsseldorf, 1957, N° 157. Cite dans Eduard Reimer, Das Recht der Arbeitnehmer – Erfindung, Schmidt Erich Verlag, 1993, p. 123.

2. 步骤二：比对雇员发明与雇主资料的技术特征

对于雇主技术资料的主要利用，指的是以雇主技术资料为劳动对象，换言之，所产生的成果应当与雇主的技术资料存在前后的子母联系，在著作权法上，这一关系就是演绎关系，在专利法上，这一关系体现在改进关系上。对此，我国有的法院将雇员发明与雇主技术资料之间"存在不可分割的技术渊源和内在联系"作为认定发明是否构成依赖型发明的条件[1]。不过，这一方法是改进关系之果，而不是因。如果两者存在联系，但是在先技术只是对在后雇员发明起到启发的作用，两者之间也不构成改进关系[2]。成立这一关系的核心在于，在先技术的实质性元素转化至在后发明之中，如法国最高法院在界定改进专利时所指出，"一项改进专利指的是一项复制了在先专利主要技术特征，并对其进行修改或添附的专利"[3]。由此，界定改进关系，更准确的方法在于，对两者的技术特征进行逐一比对，我国已经有相当数量的法院采用了这一方法。

在吴林祥、陈华南诉翟晓明案中，一审法院比对了雇主提供的技术资料与雇员最终完成的发明方案，最终认定上述技术资料所反映的技术方案与雇员发明的专利申请技术方案相同，可以确认为同一技术方案，由此认定雇员使用了雇主的技术条件，二审法院对此予以肯定。在深圳明华环保汽车公司诉王春富案中，法院发现，雇员发明人完成的发明的主要技术特征与雇主研发的电动环保汽车的主要技术特征基本相同，法院由此认为，雇员不可避免地利用了其在雇主工作期间掌握的技术、资料、信息和技术设备，因此，认定雇员发明的完成利用了本单位的物质技术条件[4]。在另一案件中，法院对于雇员发明与雇主的技术资料进行了比对，发现雇员发明的技术主题与雇主研发项目的名称相同，均是盐水缓蚀剂产品，而且雇员发明的专利权利要求1记载的技术方案与朝阳公司"盐水缓蚀剂研发"项目的实验记录在化学成分与配比上相似，两者在制备方法和使用方法上也相似，由此，法院认定发明是主要利用雇主的物质技术条件完成的[5]。

当两者的技术特征既不相同也不相似时，雇员发明不构成主要利用雇主技术条件完成的发明。如广东高院在光华机械诉陈鸿奇案中，法院比较了雇员发明与雇主提供的技术资料后认定，雇主提供的图纸所载明的技术特征与雇员发明创造的技术特征不相同也不等同，无法推断雇员发明是利用这些技术所做出的[6]。在西欧斯生物制品公司与舒福特生物科技公司纠纷案中，雇员发明人完成了一项发明，为了判断该发明是否主要利用了雇主的技术资料，法院比对了该发明所导出的产品与雇主的技术产品之间的关系，发现两者虽属

---

[1] 杨继红与杨序清一案一审民事判决书，(2006) 长中民三初字第0035号。
[2] Frédéric Pollaud-Dulian, Le droit d'auteur, Economica, 2e edition, 2014, p. 158.
[3] La Cour de cassation, civile, Chambre commerciale, 27 janvier 2009, 07-20.947, Inédit.
[4] 参见深圳明华环保汽车有限公司与王春富一案二审民事判决书，(2004) 粤高法民三终字第156号。
[5] 上海思曼泰化工科技有限公司与朝阳光达化工有限公司专利申请权权属纠纷案一审判决书，(2015) 沪知民初字第232号。
[6] 参见汕头市光华机械实业有限公司与陈鸿奇一案二审民事判决书，(2005) 粤高法民三终字第58号。

于同类产品,但在结构上存在明显区别,由此认定该发明是雇员发明人独立完成,拒绝将其发明认定为职务发明①。

不过,我国法院并非完全采用这一比对方法。如在刘飞与斯超威公司纠纷案中,广东高院仅仅通过雇员曾接触过雇主的特定技术资料,且该技术资料与雇员发明存在关联性的事实,就推断雇员发明系主要利用雇主技术条件完成②。这种推定逻辑并不严密,即便雇员能够接触到雇主的技术资料,并且技术资料与发明有关,也不必然意味着雇员主要利用了雇主技术条件,雇主的技术资料有可能仅仅对雇员产生发明起到了启发作用,不构成"主要利用"行为。在缺乏对比的情形下做出类似判断,很可能不正当地侵犯了雇员的权益。

有些法院甚至都没有分析雇员发明人是否接触了雇主的技术条件就直接认定发明性质。如在杜文龙与雅内家公司纠纷案中,雇员发明人在雇主处担任策划部经理,工作不涉及产品的设计,他在离职14天之后申请了一项专利,这一专利属于雇主的公司经营范围,法院由此认定雇员的发明利用了雇主掌握的技术、资料和信息③。这种推理逻辑亦不严密,作为企业的非研发人员,雇员并不一定接触得到企业的技术、资料,直接以雇主发明属于公司营业范围为由来认定发明的性质,存在逻辑上的跳跃,有过度保护雇主之嫌。

三、利用行为的时间点界定

雇员利用雇主物质技术条件的行为无需对时间点作特殊要求,这一行为可以在研发的任何阶段,并且,行为的认定也不应受雇佣关系结束的影响。

(一)利用行为可以发生在发明研发的任何阶段

发明的实现往往需要历经一个长期的研发过程,一个普通的创意可能需要跨越不同的阶段才能最后实现最终的技术方案④。雇员可能在这之中的任何一个阶段使用雇主的物质技术独立完成发明,只要利用行为发生在发明产生之前即可。如在美国的 Wommack v. Durham Pecan 案中,雇员首先在自己家中进行研发实验,并形成了先期的成果,之后才借助雇主的技术条件最终完成发明,美国第五巡回上诉法院将这一发明认定为使用雇主物质条件完成的发明,给予雇主以工场权(shop right)⑤。

---

① 参见嘉兴西欧斯生物制品有限公司与嘉兴市舒福特生物科技有限公司、王爱勤等专利权权属纠纷一审民事判决书,(2010)浙嘉知初字第130号。
② 参见刘飞与深圳市斯超威科技有限公司专利权权属纠纷二审民事判决书,(2014)粤高法民三终字第1198号。
③ 参见杜文龙与广州市雅内家居用品有限公司专利权权属纠纷案一审民事判决书,(2010)江中法知初字第120号。
④ See Wommack v. Durham Pecan Co., 715 F. 2d 962, 968 (5 th Cir. 1983).
⑤ See Wommack v. Durham Pecan Co., 715 F. 2d 962, 968 (5 th Cir. 1983).

如果利用雇主物质技术条件的行为发生在发明产生之后，则这一发明不属于职务发明。如将发明用于生产产品，以马荷菱与王良专利权权属案为例，雇员发明人在雇主处从事生产工作，雇主对其仅提供生产的原材料，法院认定，提供生产的原材料进行生产的过程并非是技术成果的开发研究过程，由此认定涉案发明不属于主要利用单位物质技术完成的发明①。

需要注意的是，任何发明的研发都需要进行重复试验，确认技术方案的可实施性，在发明完成前，使用雇主的物质条件对技术方案进行反复测试，这一发明自然可能构成依赖型发明。即便此时雇员已经接近实现发明，但是其完成的成果还不构成一项完整的技术方案。韩国最高法院即指出，"实践中许多发明都缺乏实用性，在缺乏有效试验的情况下，这种发明不能被视为已经完成"②。我国法院也明确了这一点，在天晟公司与姜修磊纠纷案中，发明人主张涉案发明来自于其在先的博士论文，在雇主处进行的实验只是对论文构想的一个验证和实施，法院对此明确予以驳斥，其指出，博士论文本身具备理论意义，但只是构思，而法律规定授予专利的条件是新颖性、创造性、实用性缺一不可，由此，认定发明在雇员为单位工作之前并未完成涉案发明③。倘若发明已经完成，雇员再使用雇主的物质条件进行验证、测试，则这一使用不再影响发明的属性。对此，最高人民法院在司法解释中明确确认，"在技术成果完成后利用法人或者其他组织的物质技术条件对技术方案进行验证、测试的，不属于主要利用雇主物质技术条件的行为"④。

（二）利用行为与劳动关系的存续无关

正常情形下，雇员在离职之后就不再享有使用原雇主物质条件的权利。由于对于"本单位不对外公开的技术资料"等属于单位技术信息资料的使用，不受时间和空间的限制，发明人在离开本单位后，也可能利用原单位的不对外公开的资料完成或者参与完成发明创造。因此，对于"主要是利用本单位的物质技术条件"的判断，不应当受限于发明人与本单位存在工作关系期间⑤。在另一起案件中，广东省高院又强调，"如果涉案的技术被证明属于雇主不对外公开的技术资料，而且被雇员用于自己的发明创造时，雇主可以向其主张权利，并且不受雇员离职是否超过一年的限制"⑥。

四、结语

我国现行的依赖型发明制度还存在诸多解释上的空间，这也造成了现行依赖型发明在

---

① 参见马荷菱与王良专利权权属纠纷二审民事判决书，（2016）冀民终273号。
② The judgment of the Korean Supreme Court, 28 juillet 2011, No. 2009 Da 75178.
③ 参见常州天晟新材料股份有限公司、姜修磊专利申请权权属纠纷一案，（2013）扬知民初字第0086号。
④ 《最高人民法院关于审理技术合同纠纷案件适用法律若干问题的解释》，第4条。
⑤ 天津碎易得环保工程技术有限公司、碎得机械（北京）有限公司专利申请权权属纠纷二审民事判决书，（2017）津民终91号。
⑥ 汕头市光华机械实业有限公司与陈鸿奇一案二审民事判决书，（2005）粤高法民三终字第58号。

实践上的认定不完全一致，这对雇主与雇员利益的分配将造成影响。本文基于我国依赖型发明制度中的典型案例，并结合国外的立法与判例，尝试对我国的这一制度进行精细化的解释。"主要利用单位的物质技术条件"要求这些条件在技术的研发产生中起到主导作用，且必须考虑技术本身是否属于技术秘密。这些分析主要是区别物质条件与技术条件进行的，若将两者结合，实践中还需要注意的是，对于雇主物质技术条件的使用并不要求发明人必须同时利用了雇主提供的物质条件和技术条件，只要其利用了上述任一要素，即可认定为利用了雇主的物质技术条件。

（编辑：戴津伟）

国际法教义学：方法界定、历史梳理和价值反思

汤 岩[*]

摘 要 国际社会虽然处于无政府状态，但是对现行有效的实在法（国际法）存在共识，国际法教义学是围绕国际法形式渊源展开的解释和体系化工作，这与国内法教义学在方法层面呈现出一致性。从国际法史上看，现代国际法教义学是19世纪兴起的实证主义对国际法影响的产物，在20世纪初的国际法学中达到顶峰，当时的国际法被严格厘定在以国家明示同意的"条约"和默示同意的"习惯"两种形式上。现代国际法的法教义学以《国际法院规约》第38条规定为基础，形式渊源也是效力渊源，既反映了国际社会对"什么是国际法"的认识，也表明了国际法的合法性基础。法教义学确保了国际法体系的稳定性和独立性，避免了外部的政治因素和意识形态侵入国际法体系，在国际社会中具有内在的法治价值；但是现代国际法学认可的通说基本上都集中于西方国际法学界，这是国际法学诞生并发展于西方世界的结果，也造成了西方学界对现代国际法的话语垄断和价值垄断。

关键词 国际法 法教义学 形式渊源 通说 方法论

近年来，我国法理学和部门法学围绕法教义学的探讨越来越丰富，既深化了我们对法学研究的科学认识，也有效推动了法学研究的理论发展。然而，目前国际法学中尚没有涉及法教义学的讨论，也没用法教义学标识任何研究方法，这有历史原因，也有理论原因。法教义学（Rechtsdogmatik）是一个典型的欧陆法学词汇，特别是在德国法律文化中

---

[*] 汤岩，男，河南南阳人，法学博士，浙江大学光华法学院助理研究员，研究方向为法理学和国际法理论。本文曾提交"法理与法教义学"学术研讨会暨"法理研究行动计划"第十二次例会，感谢参会专家学者提出的修改意见。

发展起来的，主张围绕现行实在法展开解释、建构和体系化工作。① 从 19 世纪中叶开始，法教义学在实证主义思潮和法典化背景下，逐渐发展为法学研究的主流范式，甚至在科学主义话语下被尊奉为"狭义法律科学"，而今天的刑法教义学、宪法教义学、民法教义学等也已经成为部门法研究的圭臬。作为一种研究方法和研究立场，"法教义学"的学理意义远远超出了德国国内法，对法教义学展开的研究和反思，特别是向"法理"开放的法教义学研究，其学术中心也开始逐渐转移到中国。

在四个多世纪的国际法史中，国际法是法学的一个分支，法学的理论和方法也深刻影响了国际法。国际法研究从来不缺乏方法论自觉，但是方法论本身是一个法哲学问题，将国际法研究的核心方法用概念化方式呈现出来，既要有对方法本身的清晰认识和准确界定，也要有对方法所呈现的社会价值和历史价值进行的反思，寻求一般法学理论和国际关系的衔接。方法意味着一种理论思维的方式和路径，任何理论思维都是历史的产物，正如恩格斯指出，"每一个时代的理论思维，从而我们时代的理论思维，都是一种历史的产物，它在不同的时代具有完全不同的形式，从而具有完全不同的内容"②。今天，中国法学研究进入了一个新阶段，世界也在经历百年未有之大变局。以中国法学研究的最新理论成果，深入反思国际法研究的方法论，寻求国际法学在新时代中国特色社会主义法学背景下的再出发，既有学术意义，也有时代价值，不仅呈现了中国对国际法理论的历史认识和现实贡献，也有力推进了全球治理向更加公正合理的方向发展。

一、现代国际法研究中的法教义学现象

一般认为，"法教义"是围绕现行实在法展开的一般性权威命题或原理，"法教义学"即围绕一国实在法进行的解释、分析和系统化工作，与此对应的"法教义学"有两层含义：作为"知识"的法教义学是以一国实在法为基础，在塑造过程中也会受到本国的经验、文化和价值观的影响；作为"方法"的法教义学却可以超越特定国家实在法而具有普适意义，因为法教义学的独特思维形式与作业方式，来源于作为规范性事实之法律与规范性学科之法学本身的特性。③ 那么，国际法研究中有没有法教义学现象？与国内法不同，国际社会中不存在超越主权的立法权威，国际法是国家间共同同意的产物，这使得国际法呈现出了与国内法完全不同的合法性基础。法教义学凸显权威性的、受拘束的思维方式，在国内所依托的实在法源于国内立法权威，这在国际社会中似乎存在空缺。

然而，作为"方法"的法教义学却深刻地呈现在国际法学中。作为一种法学研究方法，

---

① ［德］克里斯蒂安·布克：《德国法教义学：思维与操作方式》，吕玉赞译，载《上海法学研究集刊》2019 年第 23 卷，第 107 – 109 页；［德］尼尔斯·扬森：《民法中的教义学》，载《法律方法》2015 年第 2 期，第 1 – 4 页。
② 《马克思恩格斯选集》第 4 卷，人民出版社 1995 年版，第 284 页。
③ 雷磊：《法教义学与法治：法教义学的治理意义》，载《法学研究》2018 年第 5 期，第 63 页。

国际法学强调以《国际法院规约》第 38 条规定的形式渊源为准。形式渊源也是效力渊源，反映了国际社会对"什么是国际法"的认识，也反映了国际法的合法性基础。现代国际法的形式渊源是"条约""习惯法"和"一般法律原则"三种，此外《国际法院规约》也将"司法判决"和"法学家学说"作为证明国际法规则存在的辅助性材料。国际法研究恪守形式渊源，并在学理上展开论述，这在英美法系和大陆法系中的国际法研究中没有差别。

在英美法系国家，哈特以来形成的分析法学采取概念分析进路，并以描述性的立场建构一个排除道德评价的实质性的法律实证主义理论。英国国际法学者马尔科姆·N. 肖也认为，"在英国法律体系中，有确定的发现法律的方法，这种方法意味着法律如何被创制，即通过立法机构和司法判例；国际法同样是存在并且可确定的，'渊源'就意味着在技术层面上发挥作用的规则，并将理性或道德因素排除，同时也表明了国际法规则通过何种方式被创制"①。在英美法系学者编纂的国际法著作中，形式渊源是核心和基础，并通过案例（主要是常设国际法院和国际法院的判例）对规则进行解释和体系化努力，也在学界形成了一定的通说。在大陆法系国家，围绕《国际法院规约》第 38 条的"形式渊源"也是解释、分析和系统化国际法规则的基础，例如德国学者 W. G. 魏智通（Wolfgang Graf Vitzthum）强调，"从成文化技术、内容以及国际法政策来看，规约第 38 条的列举从法律功能上看仍然是充分的，而从国际法的任务、概念、历史和渊源看，国际法院规约第 38 条也是不可缺少的"②。然而，德国国际法学中也存在"国际法教义"（Volkerrechtsdogmatik）一词，指系统性、指导性介绍和解释国际法（主要是国际条约和习惯国际法）的主要原则③，这类似于英美法学界所言的"国际法原则"（principles of international law），与作为一种方法的"法教义学"应当区别。

在我国国际法研究中，国际法本质上是舶来品，研究方法也基本承自西方。我国国际法学者周鲠生曾指出，"国际法是法律之一分支，国际法学亦即是法学之一分支，其所考究者，不是哲理道行，而是实用的规则"④。我国学者王铁崖曾将国际法研究分为"学术性"和"政治性"两种，其中的"学术性"研究是国际法研究的基础，即依托国际条约、国际习惯、一般法律原则和司法判例与各国公法家学说，这既是国际法渊源，也指明了国际法研究的材料。⑤ 据此，王铁崖先生也强调，"国际法渊源，作为国际法原则、规则和制度存在的地方，还是一个有用的概念，这个概念指明国际法的存在，或者作为一些原

---

① Malcolm N. Shaw, International Law (6th edition), Cambridge: Cambridge University Press, 2008, pp. 69 – 70.
② [德] W. G. 魏智通：《国际法》，毛晓飞译，法律出版社 2012 年版，第 61 页。
③ Panos Terz, Die Völkerrechtsphilosophie, Versuch einer Grundlegung in den Hauptzügen. Pro scientia ethica iuris inter gentes, Archiv für Rechts – und Sozialphilosophie, Vol. 86, No. 2 (2000), p. 170.
④ 周鲠生：《国际法大纲》，商务印书馆 1932 年版，第 33 页。
⑤ 王铁崖：《略谈国际法的研究及其论文写作》，载邓正来主编，《王铁崖文选》，中国政法大学出版社 2013 年版，第 193 – 194 页。

则、规则和制度成为国际法的途径,是多数国际法学者所采取的"①。我国学者李鸣也认为,迄今为止,国际法理论和实践工作者大都采用"实在法范式",主要研究国际法渊源和由国际法渊源产生的概念、原则、规则、制度和程序等,主要目的是从国际法渊源来确认这些概念、原则等在国际法上的存在和规范性,并阐明这些概念、原则的具体含义和适用范围。②

可以说,现代国际法学围绕"形式渊源"进行的解释、分析和系统化工作,是将国际法作为规范性事实之法律、将国际法学作为规范性学科之法学,这与国内法学中的法教义学在"方法"层面上是高度一致的。然而,国际法研究中的法教义学现象不能简单等同于"实证主义",因为国际法学不仅考究实际存在的"条约"或"习惯法"规则是什么,也对这些规则进一步解释、分析和系统化,例如通过国际法院判例分析和发展国际法原则或规范;现代国际法学中也形成了诸多学界"通说",这些"通说"在根本上影响着对国际法规范和原则的认识。从这个意义上看,法教义学作为一种现象,不仅在国内法学中存在,也在国际法学中存在;不仅深刻影响了国内法学发展,也深刻影响着国际法学的发展。

然而,一些国际法学者可能认为,国际法学应慎用"法教义学"一词:因为国际政治的核心假设是无政府状态,不存在超越主权的立法权威,国际法取决于主权国家的共同同意,这在性质上仅是一种"民间法";另一方面,"法教义学"作为一个词汇,似乎又与宗教教义等联系起来,淡化了国际法的法律色彩。

第一,对国际法的民间法性质,与国际法学中"国际法是不是法"的论争存在一致性。如果严格按照国内法对于"法"的定义,国际法不是一种法,例如实证主义者奥斯丁认为,国际法应当更准确称为"实在国际道德"(positive international morality)③。实证主义对国际法学的深刻影响,恰恰是现代法教义学的理论滥觞,这发生在19世纪上半叶的国际法学理论变革中。在这之前的古典国际法曾是一种法理之学,重说理,轻形式,例如18世纪的国际法学者瓦泰尔强调"条约"和"习惯"只是一种事实,它们是否值得遵循根本上取决于自然法,而自然法则指向了一种理性观念。到1836年,国际法学者惠顿开始将边沁和奥斯丁的实证主义引入国际法学,他直接引用奥斯丁的话语指出,

> "诚然,国家间法不是'实在法',因为'实在法'只能由主权者给予其所属之人。但是,国家间的这种规范可以类比(by its analogy to)为'实在法',这并非源于更高权威者之命令,而是因为源于国家间一般意志"④。

---

① 王铁崖:《国际法引论》,北京大学出版社1998年版,第50页。
② 李鸣:《何谓国际法研究》,在《国际法研究》2014年第1期,第101–102页。
③ John Austin, *Lectures on Jurisprudence, or the Philosophy of Positive Law*, 3rd edition, London: John Murray, 1869, p.177.
④ Henry Wheaton, *Elements of International Law: with a Sketch of the History of the Science*, Philadelphia: Carey, Lea & Blanchard, 1836, p.47.

惠顿的这一"类比"有重要的学术史意义，标志着"否定国际法是法"的实证主义没有将国际法彻底"去法律化"，反而被国际法学纳入，并最终成为其理论内核——国际法学也由此开始转向实证化研究。

第二，对"法教义学"的名称，在法理学和其他部门法学界也引发了一些争论。西方文化中"教义"（dogma）一词本身带有宗教色彩，中国古代汉语中也有"教义"一词，常与儒教教义、礼教相联系。"法教义学"作为一个对应"Rechtsdogmatik"的译词，是在20世纪下半叶开始出现，最早见于日语学界，后又见于汉语学界。目前我国学界一般认为，作为一个译词"法教义学"并非完全不可替代，但是目前来说没有更好的译法。"教义"虽容易产生宗教联想，但法教义学是通过一套严格的理性论辩的方式所确定的信条，这与宗教教义存在差别。虽然法教义学的思维方式与宗教在"尊重权威"这一最低限度上是一致的，但是法教义学更强调理性论证，而不是盲目信奉。[①] 因此，对国际法学来说，将"法教义学"（Rechtsdogmatik；legal Dogmatics）这一约定俗成的名称引入国际法学，一方面有利于学科之间的交流，另一方面也在于国际法和国内法在研究方法上呈现出一致性，这是国际法作为法学学科之一，并一直在法学襁褓中发展和完善的必然结果。

二、法教义学在国际法学中的历史发展

对法学研究来说，方法有时不仅是一个技术现象，也是一种政治现象，我们必须将其放在政治社会的历史发展中来理解。现代意义上的国际法是16世纪以来的欧洲历史产物，随着欧洲近代以来的对外殖民扩张，从欧洲内部的国际法逐渐发展为今天全球性的国际法。重视历史规律，是马克思主义历史唯物主义的基本特点，马克思曾深刻地指出，"我们仅仅知道一门唯一的科学，即历史科学"[②]。国际法的研究方法，也是国际社会历史的产物，并反过来影响了国际社会的历史。因此，从历史规律的高度把握国际法研究，不仅为我们进一步理解法教义学提供了历史视角，也为我们反思和发展法教义学提供了未来启示。

欧洲中世纪后期，随着宗教改革和地理大发现，欧洲内部具有主权意识的"民族—国家"开始形成，欧洲早期殖民扩张也遭遇了欧洲之外的民族。如何规范民族之间的关系？成为摆在经院派神学家面前的一个问题。经院派神学家将传统法学观念中的"自然法""万民法"和"神意法"进行法理转化，适用于民族之间的关系中。自然法反映了人类的一般理性，万民法则是各民族的共同习惯，而神意法则是上帝给予全人类的命令，这三种

[①] 参见谭婷、王冲：《向法理开放的法教义学："法理与法教义学"学术研讨会暨"法理研究行动计划"第十二次例会述评》，载《法制与社会发展》2020年第1期，第215－216页；[德]克里斯蒂安·布克：《法教义学——关于德国法学的发展及其思维与操作方式的思考》，吕玉赞译，载《法律方法》2018年第2期，3－10页；[德]尼尔斯·扬森：《民法中的教义学》，吕玉赞译，载《法律方法》2015年第2期，第1－4页。

[②] 《马克思恩格斯全集》（第3卷），人民出版社1960年版，第20页。

法均有"跨民族"适用的法理基础。① 从维多利亚、苏亚利兹,到格老秀斯、朱什、普芬道夫,早期国际法学者对国际法的具体规则理解可能存在不同,但对可以"跨民族"适用的法基本都是围绕"自然法""神意法"和"万民法"三个概念展开的。那么,如何阐明这些法?格老秀斯曾指出,

"我对于这种法,利用哲学家、历史学家、诗人以及演说家的话语作为证言;这不是说对于他们当然信任,因为他们也会受制于宗派偏见、对象性质、事业利益等因素。而是在于,不同时间和不同地点的多数人都证明了同一原则,对我们而言就说明这些原则源于'自然法'或者'普遍性同意',前者指向了'自然法',后者指向了'万民法'。"②

格老秀斯归纳国际法规范和原则的方法,源于对历史的总结,因为"历史上不同时间、不同地点的大多数人都阐明了类似原则",那么这些原则具有得以适用的正当性。被称为国际法学中"早期实证主义者"的朱什也采用了这种方法,他强调"历史文献中包含了国家之间依据自然理性而形成的惯例,既然不同人在不同的时间和地点都指出存在这样的原则,那么这样的原则必然有普遍性原因"③。可以说,在早期国际法建构中,漫长历史和地区都是考察的对象,在时间和空间上是立体的,并非仅仅局限于现时欧洲社会中的具体规则。

那么为什么会采取这种方法?在中世纪,基督教神学占据主导地位,法学也成为神学的一个分支,正如恩格斯所言,"中世纪把意识形态的其他一切形式——哲学、政治学、法学都合并到神学中,使之成为神学中的科目"④;到中世纪后期,旧体制和旧观念导致社会走向混乱,格老秀斯正是在三十年宗教战争中构思并写作了《战争与和平法》,他在前言中写到,"在整个基督教世界,战争缺乏拘束,就算是蛮族也会深感羞耻;人类为了微不足道的理由,甚至完全没有理由,就卷入了战争;一旦军队交战,就不再有任何对法、神和人的尊重"⑤。对现实的失望和对人文精神的推崇,促使他从历史中以一种"复兴"的观念寻找并建构国际法规则,从古往今来的哲学家、历史学家、诗人及演说家的话语中提取事实、归纳法理、形成规则。

---

① See Francisco de Vitoria, On The American Indians (De Indis), in Anthony Pagden eds, *Vitoria: Political Writings*, Cambridge: Cambridge University Press, 1991, pp. 247 – 253.
② Hugo Grotius, The Rights of War and Peace, Jean Barbeyrac trans, Indianapolis: Liberty Funds, 2005, pp. 111 – 112.
③ Richard Zouche, Iuris et Iudicii Fecialis, sive, Iuris Inter Gentes, et Quaestionum de Eodem Explicatio, in James Brown Scott eds, *The Classics of International Law*, Carnegie Institute of Washington, 1911, p. 2.
④ 《马克思恩格斯选集》(第4卷),人民出版社1972年版,第251页。
⑤ Hugonis Grotii, *De Jure Belli Et Pacis Libri Tres*, Cambridge: John W. Parker, 1912, p. 56.

这其中当然同样包含了各种"教义",这些"教义"源于神学、哲学、史学甚至文学中的一些原则或惯例,古典国际法学者也试图进行科学化和理论化的尝试。例如,格老秀斯否定了真提利以来单纯依赖战争习惯零星累积的国际法研究,也不认同对古希腊古罗马先贤话语的断章取义解读,主张对整个国际法研究进行"科学化",

"西塞罗曾将结盟、条约、民族、君主和国家间条约,以及战争与和平中的权利与义务称为'完美的科学'(dixit scientiam);欧里庇得斯也将其称为'关于人事和神事知识的科学'(scientiam rerum divinarum et humanarum cognition praponit);……在我们的时代,人们则完全忽视了前人这些法理层面的研究。"[1]

格老秀斯在这里所言的"科学"是一种古典意义上的科学,意味着国际法研究的体系化和理论化,即从事实中归纳规则,并通过逻辑分析将其系统化和教义化。在19世纪时,德国法学家耶林曾将作为"科学"的"法学"进行了归纳[2],而在格老秀斯的时代,尚没有这么清晰的认识,格老秀斯主张将国际法作为一种"科学",着重强调对先前局限于零星惯例的国际法考证进行体系化发展,凸显国际法学进行体系化和道德哲学化的研究。格老秀斯在1619年给他的朋友沃西尔斯(G. J. Vossius)的信中也阐明了这样的想法,"现实中繁杂的事务打断了我的法学研究(iuris studium),而我将回归这一领域,我今后余生就将投入道德哲学(morali sapientiae)研究。"[3]

应该说,这是一种古典意义上的"教义学",不仅考证规则,更重要的是进行解释和体系化;随着格老秀斯开创的这一传统,国际法学开始成为一门理论色彩浓厚的独立学科。1758年,瑞士国际法学者瓦泰尔的《万民法》出版,他在继承前人研究的基础上,将古典国际法学推向理论巅峰。瓦泰尔认为"国际法"是"万民法",而"万民法是自然法适用于国家或主权者之间关系之产物"[4],这区别于历史上将"自然法"和"万民法"各自单独适用于国家间关系的方式,而将其统合为一个自然法基底的"万民法"概念。瓦泰尔主张"自然法"不能直接适用于国际间关系,需要国际法学者将其基于国际社会之现实情况转化为"万民法",而"万民法"是直接适用于国际间关系的法,这一转化过程由

---

[1] Hugonis Grotii, *De Jure Belli Et Pacis Libri Tres*, Cambridge: John W. Parker, 1912, pp. 39 – 40.

[2] 耶林曾将"科学"分为三个方面:第一,在法哲学面向上,探求现实世界法律之起源于效力所赖以成立之最终基础;第二,在法律史面向上,追溯自己曾走过的路,从一个阶段迈向另一个阶段以臻于圆满;第三,在教义学面向上,借着对法律之认识和掌握,获致暂时性高点和终点,基于实际使用目的安排素材、科学铺陈,即给定的法律秩序。[德]鲁道夫·冯·耶林:《法学是一门科学吗?》,李君韬译,法律出版社2010年版,第86页。

[3] Hugo Grotius, The Rights of War and Peace, Jean Barbeyrac trans, Indianapolis: Liberty Funds, 2005. p. 16.

[4] Emer De Vattel, *The Law of Nations*, or Principles of the Law of Nature Applied to the Conduct and Affairs of Nations and Sovereigns, London: G. G. and J. Robinson, 1797, p. lvi.

国际法学者完成，即作为一种"特殊科学"（Science particulière）① 的国际法学。

这是"科学"一词再次出现在国际法学的理论主张中，同样是一种古典意义上的"科学"。对于"条约"和"习惯"这两个后来发展为国际法"形式渊源"的材料，瓦泰尔仅仅将其视为一种"事实"，并指出只有在符合"自然法"的前提下才有效力，

"自然法是永恒的，自然法之义务必要且不能抛却，国家不能通过条约改变、通过行为放弃、或者互相之间免除自然法之责任。自然法也是我们断定条约是合法（lawful）还是不合法（not lawful）之依据，断定习惯是有益和理性的，还是不正义（unjust）和可责难的（censurable）之依据"。②

瓦泰尔将国际法（万民法）严格限定在自然法之下，这是18世纪弥漫在法学和社会中的理性主义精神对国际法学影响的产物。当时的法学学者坚信可以通过人类理性获得对自然法认识，国际法论述也始终充满着理性色彩。如果从法教义学的观念发展上看，以理性自然法为内核的古典法教义学也明确将教义性研究作为法学的基础，自然法研究不是以虚务虚的玄学，而是旨在建构一套逻辑研究的法律公理体系，甚至试图使用数学方法来建构一套逻辑严密的理论体系。③ 在英语世界，边沁第一次提出"国际法"的名称为"international jurisprudence"，而没有用"international law"，也是意在说明国际法本身是一种具有法理特质的"法学"（jurisprudence）而不是"法"（law），边沁对"国际法"的界定反映了实证主义的观点，国际法不同于国内法，不是主权者制定的法律，因此不是严格意义上的法律④。

在之后的一个世纪中，英语世界中"international law"逐渐取代"international jurisprudence"成为国际法的名称，则反映了国际法学界对国际法性质的再厘定和再认识，这种认识变化很大程度上源于惠顿将"实证主义"转化性地导入国际法理论。1836年，惠顿的《国际法》出版，逐渐取代瓦泰尔的《万民法》成为英语世界最流行的国际法著作。惠顿深受边沁和奥斯丁的实证主义影响，以实证主义为基础对国际法进行阐述。惠顿强调"法是主权者之命令"，这种法就不必一定局限于"自然法"，主权者在"自然法"之外也可以通过意志自主立法。在此基础上，惠顿将国际法首先分为"自然国际法"（Natural Law of Nations）和"实在国际法"（Positive Law of Nations）两部分，接着将"实在国际法"进一步区分为"自发国际法"（voluntary law of nations），源于国家间一般惯例和默示

---

① Emer De Vattel, *The Law of Nations, or Principles of the Law of Nature Applied to the Conduct and Affairs of Nations and Sovereigns*, London: G. G. and J. Robinson, 1797, p. lvi.

② Emer De Vattel, *The Law of Nations, or Principles of the Law of Nature Applied to the Conduct and Affairs of Nations and Sovereigns*, London: G. G. and J. Robinson, 1797, p. lviii.

③ 参见雷磊：《法教义学观念的源流》，载《法学评论》2019年第2期，第51页。

④ 参见张乃根：《国际法原理》（第二版），复旦大学出版社2012年版，第5页。

同意,"契约国际法"(conventional law of nations),源于国家明示同意,见于条约和其他国际协定,"习惯国际法"(customary law of nations),源于国家间默示同意而设立的特殊惯例。①"实在法"名正言顺地成为国际法的组成部分,与自然法平起平坐,不再需要自然法的合法性加持。随着国家交往的频繁和实践材料的丰富,国际社会中条约和惯例也逐渐增多,也为国际法中"实在法"的发展提供了建构材料,国际法的法教义学发生了转型的可能。

19世纪下半叶,欧洲殖民扩张已经开始将不同文明的国家纳入国际法秩序,而欧洲内部也兴起了科学主义思潮,"科学"再次成为一个法学研究中的一个口号②;这次科学化的主张是以"实证主义"为内核,主张彻底排斥自然法,再次定义了国际法研究的方法论。1905年,奥本海《国际法》第一版强调,"现在我们知道,自然法根本就是不存在的,因此自然法学必须给科学的法学(jurisprudence)让路,这种法学是实在法哲学,因为只有实在法才称得上是法律科学的一个分支"③。在此基础上,奥本海也斩钉截铁地指出,"真正的实证主义者,必须彻底杜绝在国际法上的自然法。""国际法只能依据国家同意,有多少种同意的方式,就有多少种渊源,因此有且只有(exclusively)两种,即明示同意的条约和默示同意的习惯"④。

20世纪初,实证主义在国际法学中发展到顶峰,自然法彻底退场。奥本海的这一论断也说明,国际法是围绕"主权同意"这一根本立法权威生成,恪守国际法的"形式渊源"即恪守国际法的合法性基础——现代意义上的法教义学明确了其合法性的基础,也取代了古典国际法中繁杂的教义理论。法教义学呈现为权威性和受拘束性的思维方式,这一权威即在于主权的立法权力,这与国内法的法教义学也是一致的,但前者取决于主权在国际社会中的共识,后者则依赖主权在国内社会中的专断。从1920年的《常设国际法院规约》,到1945年的《国际法院规约》,实际上是对形式渊源的再确认,规约本质上是国际法学的产物,也反过来影响了国际法学:"国际法"被规定在这一规范性国际法文件中,并在"条约"和"习惯"基础上增加了文明国家承认的"一般法律原则",最终构成了现代国际法的法教义学基础。

三、法教义学的价值反思

在我国目前各部门法学中,越来越多地用"法教义学"概念审视法学研究,这带来了

---

① Henry Wheaton, *Elements of International Law: with a Sketch of the History of the Science*, Philadelphia: Carey, Lea & Blanchard, 1836, pp. 47 – 48.

② See Oliver Wendell Holmes, Law in Science and Science in Law, *Harvard Law Review*, Vol. XII, February 25, 1899, No. 7, p. 58.

③ L. Oppenheim, ed, *International Law: A Treatise*, Vol1: Peace, London: Longmans Green and Co., 1905, P. 92.

④ L. Oppenheim, ed, *International Law: A Treatise*, Vol1: Peace, London: Longmans Green and Co., 1905, pp. 21 – 22, 92.

法学研究的认识深化和理论创新。法教义学本身具有的精细化论证，避免了以往那些"大而化之的""粗放的"强词夺理或无理论证；同时"法教义学"也将其自身与其他研究方法区分出来，进一步明确了其他方法的研究路径和结论范畴。① 因此，法教义学不仅是一种方法，也是一个反思性概念。现代国际法学同样是一个研究方法多样的学科，存在社科法学和法教义学研究的价值混淆，也存在与国际关系跨学科研究带来的规范困惑。可以说，对研究方法进行深入反思，提高国际法研究中的方法论自觉，是国际法学发展到一定阶段必须进行的学术任务。

（一）法教义学是（且应当是）国际法研究的基础

法教义学的研究方法，就是法学的研究方法，这是法学专业的"看家本领"。当然，不是说其他方法就不是法学的方法。无论是法哲学、法律史，还是法经济学、法社会学和法文化学等，在法学学科中也有漫长的发展历史，对我们认识法律和法现象有不可取代的作用。但是，这些方法本质上是借鉴其他学科的研究方法对法现象进行探究，如果进一步追问"什么是法学学科专有的方法"，或者"将法学与其他学科区别出来的研究方法是什么"，应该说，"法教义学"无疑最典型地代表了现代法学的正统方法。国际法研究同样应当恪守法教义学方法，这体现了专业国际法学者对国际法的专业认识，也区别于在日常生活中不同背景的人对国际法的自我认识和自我主张②。

然而，法教义学的重要性绝不仅仅在于专业性，更重要的是社会价值。我们可以看到，法教义学最早产生于国内法学中，是对形式法治观念的确认，这曾是市民阶层对抗专制的口号，意味着国家虽然可以决定法律的内容，但也必须遵循特定的形式，因为形式的一致性使法治天然具有了遏止公权力专横和保障个人自由的功能③。国际法在权力斗争和利益争夺激烈的国际社会中，同样应当具有形式上的独立性和独立价值，这是国际法治的基础，而恪守国际法的法教义学正是恪守国际社会的法治基础：

第一，法教义学具有确定性和稳定性，为国际社会提供了一套边界清晰、逻辑严谨的国际法规范体系。在国内社会，法律在社会中发挥着"稳定行为期待"的功能，司法实践必须依据一套具有确定性和稳定性的法律，行为人才能够有效预测和计算相关行为和抉择的后果；行为人将争端提交法院解决，也正是希望法院能够依据这一可预测的、稳定的法

---

① 参见舒国滢：《新中国法理学七十年：变化与成长》，载《现代法学》2019年第5期，第14页。
② 每个人心中都有"什么是国际社会中的公平和正义"、"什么是国际社会中的法"的一般认识，这当然具有参考意义；但是，日常生活中的感性认识不能取代专业化的研究，专业化研究在于遵守学科内部严谨和规范的程式，学术成果的产出也具有稳定性和共识性。参见李江，《中国国际关系专家真的难以超越出租车司机大叔？》，载华南理工大学公共政策研究院（IPP）网络公众号http://www.sohu.com/a/131400035_550967；2020年4月26日访问。
③ 张翔：《形式法治与法教义学》，载《法学研究》2012年第6期，第7页。

律体系做出裁决,这有效对抗了司法机制或法官的恣意。① 在现代国际社会,面对不确定、复杂和充满偶然性的政治现实,法教义学同样发挥了"不确定社会中的安定性保障"②。国际法的法教义学以其规范化的知识体系和方法体系,在国际社会中建构了一套具有安定性的法律规范体系。在国际司法中,国家通过让渡一定主权权力将自己置于一个国际法庭管辖权之下,选择的不是法庭和其中的诸位法官,本质上是选择了"国际法"。那么,依据这套具有确定性和稳定性的"国际法"进行裁决,就是国家在国际司法活动中仍然保留的主权权力;国际司法也应当恪守法庭规约设定的"形式渊源",这既是国家授予国际法庭的裁决权限,也反映了国际法治的最低要求,而不能任由法官滥用权力解释和适用一套不确定的、恣意的规则体系。

现在一些国际法研究缺乏这样的基本认识,认为国际法渊源应当泛化,例如日本学者村濑信也认为,国际法研究应当采纳一种"动态的渊源"③,这一观点与近年来西方学界对国际法渊源预设的质疑有关:随着全球化过程深化,国际组织、跨国公司、非政府组织等越来越多的非国家实体参与到国际立法中,国际社会中权力分配从主权国家开始向国际组织过渡,从国家开始向私人实体过渡,而这些事实撼动了国际法渊源所蕴含的国家中心主义的社会学基础,也削弱了实证主义的伦理学基础,因此国际社会中"法"与"不是法"(non-law)规范的边界正在模糊。④ 然而,这一观点没有明确回答的是"动态的渊源"仅仅为学术意义上的"国际法",还是作为司法裁决依据的"国际法"。如果是后者,淡化国际司法中"法"和"不是法"界限是一种很危险的观念,这不仅在根本上动摇了国际社会的法治基础,也带来了国际法自身的身份困惑,并将整个国际法学置于一种混沌状态。应当看到,法教义学本身具有规定性,这种规定性不能从国际社会的现实变化中寻找,而应当从国际社会的法治信仰和法治价值中寻找,混淆应然和实然、规范和事实,最终迷失的是国际社会的法治底线。

第二,法教义学作为一个相对封闭的体系,能够有效抵御政治、经济和其他社会思潮对法律体系的入侵,避免将系统外的价值引入法律体系并干预法律运行。在国际法史上,国际法学者主张国际法必须以"主权同意"为基础,将国际法渊源厘定在国家明示同意的"条约"和默示同意的"习惯"上,正是对历史上以神学、历史、理性等不确定因素的拒斥,这也是国际法走向"现代性"的一个方法论标志。因此,对"国际法是什么"的认

---

① 王夏昊:《从法教义学到法理学:兼论法理学的特性、作用和功能局限》,载《华东政法大学学报》2019年第3期,第79-80页。
② 参见李忠夏:《宪法法教义学反思:一个社会系统理论的视角》,载《法学研究》2015年第6期,第12-13页。
③ 参见[日]村濑信也:《国际立法:国际法的法源论》,秦一禾译,中国人民公安大学出版社2012年版,第11-12页。
④ 陈一峰:《国际造法问题的理论再造:评村濑信也〈国际立法:国际法的法源论〉》,载《国际法研究》2014年第1期,第123-124页。

识,不仅仅是一个学理问题,也是一个全球治理中的制度设计问题。国际法自我拘束于"主权同意"之内,在社会层面是为了对抗国际政治因素干扰,如果国际法庭适用的这套"国际法"是受政治过程侵蚀的、受到霸权垄断的规则体系,而不同的国际法学派又莫衷一是,国家对"国际法"必然存在疑惑和顾虑,也降低了国际法在国际社会中的公信力。

将政治、经济或其他社会思潮与法教义学研究混同起来,最典型的是美国冷战中兴起的政策定向学派。政策定向学派强调"从政策角度理解法律的理论"[1],将"政策"和"法律"视为一个统一的过程,主张国际法是"权力"推动下的"政策"产物。政策定向学派的理论预设在于,"法律过程是决策过程的一部分,而决策过程又是社会整体过程的一部分,因此国际法也是全球社会政策决策过程的结果"[2]。从社会科学层面看,"国际法"当然会受到国家政策的影响,但是如何证明这一问题,本质上也应遵循社会科学方法。然而,在政策定向学派兴起的时代,并没有社科法学和法教义学的方法论自觉,政策定向学派也没有严格按照社会科学方法去证明其假定,而是直接将这些主张建构为一个模型,并接着将福利、情感、尊重、权力、财富、教化、技能和操守等价值注入这一模型,试图取代法教义学的评价功能。在国际法理论渴求创新的背景下,政策定向学派受到了一些学者追捧,其影响力也远远超出了美国,而时光荏苒,今天我们对国际法研究的方法已经有明晰认识,就能看到政策定向学派只是一种毕加索式理论涂鸦,也只能束之高阁作为"教授们的游戏"。

因此,国际法学只有与国际社会保持一定疏离,才能从更高层面规范国际社会。法教义学正是提供了一套具有规范性、合法性和经过严密论证的规则体系;法教义学的社会价值,正是国际社会的法治价值。对国际法研究来说,我们也应当首先澄清法教义学这一基础,并重新审视法教义学之外的研究:社科法学当然有益,对我们理解法现象有不可取代的价值,但其目的在于探究法现象的事实和规律,不是规范研究,也不是为司法裁决提供一套可资利用的知识体系。

(二)"通说"背后的话语权问题

法教义学的内部生成并认可"通说",因此法教义学不是对规则绝对严格的考证,也是一种能动性的解释和体系化。国内法学中"通说"一词源于德国法中的"Herrschende Meinung",字面意思是"支配性意见",指针对法律体系中某一规则的适用问题,学术界和司法界人士经过一段时间讨论而逐渐形成的,关于法律解释和适用的法教义学意见。[3]

---

[1] [美] W. 迈克尔·赖斯曼:《从政策角度理解法律的理论》,张仪译,载万鄂湘、王贵国、冯华健主编,《国际法:领悟与建构》,法律出版社2007年版,第1页。
[2] [美] 哈罗德·D. 拉斯韦尔、[美] 迈尔斯·S. 麦克道格尔:《自由社会之法学理论:法律、科学和政策的研究》,曹晴等译,法律出版社2013年版,第285页。
[3] 参见黄卉:《论法学通说》,载《北大法律评论》第12卷第2辑,北京大学出版社2011年版,第334-335页。

通说不同于一般的学说，而是具有权威性和支配性的学说，特别是在立法就特定事项没有给出明确规则，或者对某一规则的解释适用存在多种可能，学界或司法界的通说就成为了一种"准立法"。

通说是法教义学发展过程中必然会出现的现象，国际法和国内法皆有，也有着特定的社会功能。法教义学对于某一具有不确定性规则的认识，无法通过自然科学那样观察或实验方法得出一个确定结论，而是通过每个人各自的逻辑推论和价值导入，因此不同人完全可能产生不同甚至截然相反的观点；通说的形成机制正是取决于不同观点之间的相互撞击、相互揭示、相互印证和相互对抗，最终形成学界的一种共识。① 事实上，提出某一学说的学者地位、名誉和学识也当然影响着学界对这一学说的认识，并最终决定着某一学术能否成为通说，因此通说也不一定是"多数人意见"，根本取决于其权威性和支配性。

通说在国际法的法教义学中尤为明显，这是因为国际法相对与国内法来说立法机制更加分散和不完善，国际法学对通说的认可主要体现在两方面：

第一，以明示方式确定"各国权威最高之法学家学说"应作为确定国际法规则的辅助性渊源，即《国际法院规约》第38条中的"the teachings of the most highly qualified publicists of various nations"。至少从字面上看，国际法的法教义学对"通说"的选择取决于提出学说的人，而非学说的内容；确定人的标准也在于"权威"，而不是数量上的"多数人意见"。在我国的国际法学中，"qualified"一词均被译为"权威"②，而英语中qualified没有"权威"之义，仅指合格、有资格，是对人技术水平的评价。汉语中"权威"一词则包含了对人名誉和权力上的评价，可以源于技术水平，也可以来源于社会评价和社会名誉。《国际法院规约》使用"the most qualified"这一表述，似乎意味着对学者的选择是技术标准，但从司法实践上看，更常用的词汇仍然是"authority"。例如，在1927年常设国际法院"荷花号案"中法院判决中使用"authorities"表示"权威法学家"来论证相关法律原则的存在③，另一些案件中也使用"the teachings of legal authorities"表示这一辅助渊源④，在常设国际法院之前，美国最高法院1900年审理涉及国际法的"Paquete Habana"案中，也使用"法学家之权威"（in the light of the authority of the jurists）来证明习惯国际法之存在⑤。事实上，能够被司法采纳的著作往往也都是源自最权威的国际法学者，因此在这些案件中使用的authority显然都具有"权威"之义，我国学界将其翻译为"权威最

---

① 参见姜涛：《认真对待法学通说》，载《中外法学》2011年第5期，第932页。

② 就"各国权威最高之公法家学说"的译法，可参见：王铁崖："国际法的渊源"词条，中国大百科全书法学卷编委会《中国大百科全书·法学》，中国大百科全书出版社1984年版；邵沙平主编：《国际法（第三版）》，中国人民大学出版社2015年版，第41页；白桂梅：《国际法（第三版）》，北京大学出版社2015年版，第52页。

③ "Lotus", France v Turkey, Judgment, (1927) PCIJ Series A no 10, Para. 237.

④ Andreas Zimmermann ed, The Statute of International Court of Justice: A Commentary (Second Editon), Oxford: Oxford University Press, 2012, p.1081.

⑤ See Pitt Cobbett, Cases on International Law, Sixth Edition, London: Sweet & Maxwell, 1947, p.7.

高之公法家"有内在道理。

　　第二，国际法学中的通说不仅限于司法判决中明确引用某一权威学者的观点，法教义学发展过程中自然形成的一些权威性观点，也潜移默化地影响着整个国际法学界和国际司法过程对国际法规则的认识。在国内法中，一般没有明文立法规定司法裁决应当采纳通说，对通说的采纳实际上是立法空缺时的一种无奈，这有着悠久的历史基础。在古罗马时，曾存在"经君主批准的法律解答权"（ius respondendi ex auctoritate principis），将这一权力授予一些有名望和才华的法学家，他们对法律的解答是"经批准做出的"，也被法官所遵守①。在现代司法现象中，通说的出现不一定完全依托于立法的明文规定，例如我国立法就没有明文规定司法裁决应采纳法学家学说，但是刑法、民法等部门法教义学中都形成了诸多通说。相比之下，国际法的法教义学中通说也是一种内在现象，甚至更加泛滥，从国际法的渊源、国际法的性质，到国家的组成、领土等，从概念到原则，缺乏统一和明确规则时，都只能依赖通说建构。例如，对于国际法的渊源，一般认为《国际法院规约》第 38 条是关于"国际法渊源最权威和完善的（the most authoritative and complete）陈述"②，而《国际法院规约》这一规定只是为国际法院裁决确定规则，并不是为整个国际法厘定渊源，在国际法学界推动下逐渐成为一种通说和共识，因为"这一规定也反映了人们对于国际法渊源的普遍理解，不存在任何学术上的争议"③；再如，对于国家的组成一般认为 1933 年美洲国家间的《蒙特维迪亚国家权利和义务公约》确定了国际法中"最广泛接受的国家组成标准"（the most widely accepted formulation of the criteria of statehood）④，显然，这只是美洲国家间历史上的一个公约，对其他国家没有拘束力，但同样在国际法学界和国际司法推动下成为一种通说。

　　现代国际法学的特殊背景，让我们必须再次反思其中的诸多通说。国际法诞生于西方文明，现代国际法的法教义学是在西方文明背景下发展的，一个很明显的特点是国际法学中的通说，基本上都是西方学界的通说，而国际法发展的关键历史或关键著作，包括中国在内的非西方国家都是缺位的。例如，国际法中存在"历史性权利"，源于历史上欧洲国家间的海洋划界经验，但作为现代国际法学中一个确定概念，源于国际法学和国际司法机制的推动。现在，只有落入"历史性权利"概念预设的历史事实才有国际法上的合法性，而中国有丰富的关于"领土"的历史实践，却只能被这一概念拒之于国际法门外，对此我国国际法学者也认为，"对中国这样一个历史悠久的国家来说，在迫切想要解决南海争端时，'历史性权原'听起来特别诱人，毕竟那些与南海的历史联系如果不能发挥作用多少

---

① ［意］朱塞罗·格罗索：《罗马法史》，黄风译：中国政法大学出版社 2009 年版，第 257 页。
② Malcolm N. Shaw, *International Law*, Cambridge：Cambridge University Press, 2008, p. 70. Also see Ian Brownlie, *Principles of Public International Law*, Oxford：Oxford University Press, 2003, p. 5.
③ Malcolm N. Shaw, *International Law* (6th edition), Cambridge：Cambridge University Press, 2008, pp. 69 – 71.
④ Malcolm N. Shaw, *International Law* (6th edition), Cambridge：Cambridge University Press, 2008, p. 198.

让人觉得不甘心，但无论如何，仅凭一个说辞就想在法律上产生说服力是不行的，英国国际法学者詹宁斯指出，国际法需要的是精心的而非简化的解释……[①]。可以说，目前国际法学中的通说基本上都是西方历史和西方学界的产物，而国际法的权威学者也基本上都集中在西方学界，法教义学对通说的认可和适用，根本上加剧了西方学界对国际法的话语垄断。

国际法学虽然不分国界，但国际法学者有自己的祖国。从国际法史上看，每个国家的国际法学者都在坚定维护自己国家或民族的权利，权威学者的"学说"也绝不是在任何情况下都是价值中立的。例如，格老秀斯曾经发表《论海洋自由》，义正言辞地反对葡萄牙对于东印度航道航行的垄断，主张海洋自由，实际上是为了维护荷兰参与东印度贸易的权利；将近半个世纪后，英国国际法学者塞尔登（John Selden）发表《闭海论》，据理力争地主张国家有权对其周围一定区域的海域享有主权，实际上也是为了维护英国的专属海洋权利。在西方世界对外殖民扩张过程中，国际法很大程度上也充当了殖民扩张的工具。1836年，惠顿的《国际法》将国际法厘定在"基督教世界"和"文明国家"内部，实际上是为了维护西方殖民世界的既得利益，将包括中国在内的一些非西方国家视为"野蛮的""落后的"，排除在国际法秩序之外，使其承担义务，但并不享有权利。在1905年出版的《奥本海国际法（第一版）》中，被称为"现代国际法学之父"的奥本海仍坚定地认为，"中国作为国际法主体值得质疑，因为其文明程度尚未达到这样的条件"[②]。

我国学者王铁崖在论及中国与国际法历史时曾指出，对近代中国来说"国际法很大程度上是充当西方列强殖民扩张的工具，以武力强加不平等条约，设立租界划分势力范围，而中国也是一再遭受帝国主义的侵略和压迫"[③]。时至今日，国际法已经成为一个全球性的学科，但是我们仍然可以看到，围绕国际法核心问题的争论基本上都以西方学界为主，包括中国在内的非西方国家只能在西方学界话语垄断性亦步亦趋。话语垄断必然带来价值垄断。不同国家国际法学者对"人权""领土""主权"等理解可能存在差异，对涉及国家主权的历史事实也有认识上的差异，这与其所处环境的主流意识形态有关，也可能与其个人的政治主张有关。如果直接将一些西方权威学者的观点作为通说，其他国家学者的不同声音就会被排斥在法教义学之外，国际社会中不同的价值主张也会因此丧失合法性。因此，我们对国际法的法教义学存在的缺陷应当有清醒认知，这些缺陷是由国际法的特定历史造成的。

[①] 李扬：《国际法中的"historic title"》，载《北大国际法与比较法评论》第10卷（总第13期），北京大学出版社2013年版，第52页。

[②] L. Oppenheim, ed, *International Law: A Treatise*, Vol1: Peace, London: Longmans Green and Co., 1905, p.33.

[③] 王铁崖：《从历史看中国与国际法的关系》，载邓正来编《王铁崖文选》，中国政法大学出版社2013年版，第306页。

四、结语

方法是时代的产物，我们不能脱离时代理解方法，也不能脱离方法认识时代，这是马克思主义历史唯物主义的基本要求。在人类社会的发展历程中，国际法在根本上反映了人类在漫长战争中的艰辛法理思索，也饱含了人类在和平年代对发展繁荣的坚定法理信念；国际法的研究方法，不仅是对国际法规则的技术化认识，更是对国际社会中法治价值的法理追求，是对人类命运共同体的共同追寻。张文显教授曾深刻地指出，在法学史上，法学领域的变革或革命往往是由方法的更新或革命引起的。① 今天，世界正经历着百年未有之大变局，中国也前所未有地走向世界舞台中央。如何理解国际法史，如何反思国际法研究，如何发展国际法的法教义学，如何推动国际法研究方法的新发展和新变革，这是历史给予我们这一代国际法学者的任务，也是时代赋予中国国际法学的使命。

推进全球治理体系变革，并不是推倒重来，也不是另起炉灶，而是与时俱进、创新完善。② 这要求我们在对现代国际法理论全面理解、深入反思的基础上，寻找问题、形成观点、推动变革。对现代国际法进行反思，本质上是对国际法的法教义学进行反思；我们应当理性认识到法教义学呈现出的形式法治原则，映射了国际社会的法治追求，也应当清醒认识到法教义学对西方历史经验和价值理念的依附性，造成了现代国际法学中的话语垄断。那么如何消解国际法研究中的这一隐含矛盾？这一方面要求我们进一步提高在国际法学界的话语权，另一方面也应当积极探索国际法研究方法在新时代的再变革。

（编辑：杨铜铜）

---

① 参见张文显：《二十世纪西方方法哲学思潮研究》，法律出版社1996年版，第4页。
② 《习近平新时代中国特色社会主义思想学习纲要》，学习出版社、人民出版社2019年版，第218页。

疫情防控法律方法专题

主持人语：新冠肺炎疫情防控是对国家治理体系和治理能力的一次大考，疫情治理过程彰显了坚持党的集中统一领导、坚持运用法治思维和法治方式开展疫情防控工作的显著优势。在中央全面依法治国委员会第三次会议上，习近平总书记对依法推进疫情防控、提高依法治理能力作出重要部署。我们只有从立法、执法、司法、守法各环节发力，秉持法治思维和法治方式之基本立场，运用法教义学、法律解释、法律论证等方法论工具，才能全面提高依法防控、依法治理能力，为疫情防控工作提供有力法治保障。为此，2020年2月12日，华东政法大学科研处、华东政法大学科学研究院和《法律方法》编辑部联合发布"国家治理现代化视域下的疫情防控法律方法研究"主题征文，截至4月15日，陆续收到50余篇专题投稿，经过编辑部严格审稿流程，我们决定选取一批较为契合法律方法主题的投稿分三期分别予以发表。由于本次征文未对论文能否联合署名提出事先要求，所以该专题突破《法律方法》既有惯例，允许论文联合署名是除了该专题和法律方法译文，其他专题仍延续不得联合署名规定。本卷发表的杨忠孝、梁洋的《后疫情时代我国结构性减税制度的困境及其出路》、黄建杰的《论大数据时代的精准防疫立法创新》、乌日力嘎的《论疫情防控措施的衡量机制》、蒋海松的《疫情防控中"紧急状态"概念的正确理解》以及于洋的《突发公共事件的内部举报制度构建》5篇文章。

其中，《后疫情时代我国结构性减税制度的困境及其出路》一文指出，新型冠状病毒及其导致的经济增速放缓的新常态，对我国结构性减税的制度安排提出了严峻挑战。对此，我们需要运用法经济学分析我国结构性减税制度存在的局限性，结合利益衡量理论对后疫情时代如何通过制度变革推动其效益最大化进行系统性研究。《论大数据时代的精准防疫立法创新》一文认为，疫情防控相关立法的完善与创新是实现精准防疫的关键因素，其有助于推动防疫制度创新、防疫技术创新进而实现疫情防控立法与疫情防控技术的联动共振，而政府可借助大数据、区块链、人工智能等新兴技术手段引领疫情防控立法创新。《论疫情防控措施的衡量机制》一文指出，现有应急法律制度通过授权条款的方式，允许行政机关在"必要"的时间，采取"必要"的防控措施，而"必要"本身是一个不确定概念。对此，行政机关应确立一个衡量的机制，在公共卫生安全、社会秩序、防控效率、产业发展等社会法益和自由、平等等个人法益之间进行价值衡量。《疫情防控中"紧急状态"概念的正确理解》一文指出，"紧急状态""战时状态""应急状态"等相关概念缺乏精准辨识，紧急状态概念所具有的法律状态和事实描述的双重性更加剧了混乱。《突发事件应对法》所规定的应急响应状态属于《治安管理处罚法》涉及的紧急状态之一，但将来应做适当修改以避免混乱。法律条文中在事实状态层面使用的"紧急状态"用语，亦建议改为"紧急情势"等表述，以避免混淆。《突发公共事件的内部举报制度构建》一文认为，在突发公共事件领域，我国已具有建构内部举报制度的规范基础，其他领域的实践也为内部举报制度的构建提供了实践经验。在内部举报制度的构建上，应以我国突发公共事件应急管理的法律规范体系为基础，明确公益举报的要件，设置高效快速的查处机制，完善内部举报人激励与保护制度。

后疫情时代我国结构性减税制度的困境及其出路

杨忠孝[*] 梁 洋[**]

摘 要 2020年初开始迅速蔓延的新型冠状病毒感染肺炎疫情及其引发的公共卫生危机,叠加原本已经客观存在的经济增速放缓的新常态,对我国结构性减税的制度安排提出了更加严峻的挑战。一方面,为了应对全球疫情所造成的中长期冲击,减税制度必须持续担当风险化解的主力,力保我国经济社会发展目标的实现。另一方面,宏观经济下行和财政持续减收的走势难以保证减税制度的持续发力,不断攀升的政府债务规模与压力也在一定程度上侵占了其可操作空间。所以,着重以法经济学理论分析我国结构性减税制度构建中存在的局限性,并结合利益衡量理论对后疫情时代如何通过制度变革推动其效益最大化进行系统性研究。

关键词 结构性减税制度 疫情 法经济学 利益衡量

突如其来的新冠肺炎疫情对我国经济社会发展造成了前所未有的冲击,以减税为代表的积极有为的财政政策在统筹推进"六稳""六保"等战略部署中起到了关键性的作用。鉴于疫情的全球蔓延将进一步加大世界经济衰退风险、恶化我国经济发展的外部环境,必须更好地发挥减税制度托底宏观经济、增进社会福利等方面的作用,在社会资源有限的情况下实现其对冲效应的最大化。当前,主张发挥减税制度在应对疫情冲击中的积极作用的研究成果不少,包括宏观层面上对各国在疫情期间出台的税收政策的梳理、作为财政政策的重要组成部分进行逆周期调节的建议,更多的是中微观层面上就特定税种在疫情发生后

---

[*] 杨忠孝,男,浙江杭州人,华东政法大学经济法学院教授、博士生导师,法学博士,研究方向为企业法、破产法。

[**] 梁洋,女,江西九江人,华东政法大学经济法学院在读博士,研究方向为财税法、破产法。

的调整与完善的探讨。但从整体的经济或税制优化的角度出发，围绕税收制度的理论基础、作用机理、整体布局等展开的分析并不多。因此，本文将致力于深入探讨我国现行减税制度在疫情期间持续发力所面临的问题与挑战，以保障国内基础民生经济循环的畅通为目标，并根据我国税制发展实际对结构性减税及其配套机制进行更加周密和严谨地设计。本文的创新性工作和贡献集中体现在以下两个方面：其一是以法经济学中产权界定的标准、边际的基本概念等相关理论为前提，更加客观而细致对我国结构性减税制度在疫情期间遭遇的实际困难进行归纳与总结，从而明确减税制度无法实现其预期目标的主要原因；其二是在利益衡量理论的指导与引领下，结合我国经济发展和财政收支的现状、国际税收竞争格局的变化等现实因素，就如何通过完善结构性减税制度体系以保障后疫情时代国内经济生产经营活动的正常开展进行更全面地论证。

一、我国结构性减税制度面临的多重困境

从法经济学的视角来看，结构性减税制度改变资源分配的方式，并给我国经济、社会和环境带来某些利益。但作为政府干预市场经济活动的经济法力量，该制度天然具有的被动性也要求社会为其形成、落实和监督等付出一定的费用。[①] 这类支出通常具有很强的不稳定性，在实施环境出现某些不确定因素时，会产生较大的波动，甚至影响到经济上其他商品和服务的价格。换言之，在新冠肺炎疫情的暴发与蔓延的持续影响下，结构性减税制度也因此面临超乎预期的困难与阻力。

（一）制度性可变成本骤增

在我国经济社会面临新冠肺炎疫情带来的"休克停摆效应"时，以"逆行者""抱薪者"为主要税收减免对象的应急性财税制度体系为普通民众撑起了阻断疫情传播的坚实后盾。但随着经济停摆重启过程中与我国生产要素、资本供给、最终消费密切相关的宏观环境因素的变化，以流转税等间接税的制度性变革为核心的结构性减税在给予实体经济企业及其所处的产业链环节必要的刺激与支持时也出现了严重的瓶颈，具体表现在国家为消除旧制度和变革阻力而作出的让步和补偿、守法主体因制度不合理额外付出的税收遵从费用等"制度性可变成本"的急剧上升。这种与减少交易费用的制度变迁目标背道而驰的发展趋势显然不利于结构性减税制度优化社会资源配置、激发企业投资热情等重要功能的发挥。[②]

具体而言，为确保增值税的顺利"扩围"，我国不仅保留了原营业税的大部分税收优惠政策，还制定了不少新的过渡性优惠政策。比如，《关于全面推开营业税改征增值税试

---

① 参见陈书静：《诺斯经济哲学思想研究》，上海人民出版社2008年版，第29-30页。
② 参见周林彬：《市场经济立法的成本效益分析》，载《中国法学》1995年第1期，第21-28页。

点的通知》中关于可选择简易计税方法的规定。除了与疫情防控、生命健康关系密切的生物和药物制品必须视为对特殊事项的例外处理，其他税收优惠政策仍会在一定程度上对增值税制度的实际效益、市场竞争秩序的公平性造成较大的冲击。毕竟，由于作为价外税的增值税并不会给企业带来切实的税收负担，在生产、加工和批发等中间环节给予相应的税收优惠，而不是在紧随其后的消费环节实行免税的制度设计，很可能会导致不公平或不均衡的税收负担格局和国家投入比重的形成甚至是固化，并进而阻碍市场自发状态下的复工复产和经济循环。与此同时，现行的增值税制度在征税范围、税率结构等方面存在的问题也并不利于经济内生动力的恢复与壮大。以进项税额抵扣范围为例，金融机构的下游客户属于一般纳税人的，不允许抵扣贷款利息支出的进项税额，也不能就金融商品的转让获得增值税专用发票。这无疑会极大地打击实体经济举债经营的积极性，并导致因疫情影响而愈发缺乏货币资金满足营运要求的企业无法获得所需的融资渠道；[①] 与内部人力成本相关的进项税额的无法抵扣不仅直接导致了各行业增值税实际税负水平的提升，还会在一定程度上阻碍受疫情冲击更严重的鉴证咨询业等以人力投入为主而中间投入较少、进项税额也相对更低的劳动与知识密集型服务行业的发展。

（二）执行掣肘因素被放大

根据"诺斯悖论"[②] 对政府作用的精辟分析与总结，正处于我国经济社会转型重要阶段的地方政府和征管部门出于自身利益的考量，很有可能会对减税制度的落实造成一定程度的负面影响。换言之，二者在履行职责的过程中，面对垄断租金最大化的产权结构与降低交易费用的制度之间的巨大张力，特别是抗疫期间结构性减税制度对各级财政造成的巨大压力，会选择容忍甚至维持低效率或无效率的产权结构的存在。

从地方政府的立场出发，"营改增"等减税制度的实施导致其主体税种缺位、税源遭到大幅削减。叠加疫情发生后经济下行压力持续加大、财政支出需求刚性增长，以及地方财权与支出责任不相匹配等因素的共同作用，地方政府落实减税制度和发展相关行业的积极性大打折扣。这种影响在对原营业税依赖程度较高的中西部省份更为显著。除了以增值税收入为计税依据的城建税、教育费附加收入等地方税收出现相应的减少，增值税的税收与税源相背离导致地区间增值税收入差距进一步拉大等问题也在不断加剧。进一步以服务业的税收收入为例，除了"营改增"后地方原享有的100%降至50%，相关财政支出需求更多的是从区域外获得的生产性服务业欠发达地区的增值税收入也因此出现了实质性减

---

① 参见蔡昌：《金融业"营改增"：政策导向、经济效应与财税对策》，载《国际商务财会》2016年第5期，第43-47页。
② 即统治者最大化增加其租金的所有制结构与有助于降低交易费用、鼓励经济增长的制度之间存在持久的冲突。

少。①

从征管部门的角度来看,行政主导下的税收治理逻辑也并不符合我国结构性减税制度设立的初衷。税收任务的层层加码、税收增长的"惯性逻辑"不仅造成大量企业的过度负税,甚至有部分地区还因此出现了"过头税"等税收腐败现象。这种过分强调税收计划完成度的绩效考核机制对中小企业的影响更为严重,特别是为增强自身竞争实力和购销链条稳定性而选择购进大量存货的小微企业。具体而言,在进货行为导致每个纳税期内都会出现增值税的进项税额大于销项税额的情况下,相关企业为避免因此引起税务机关的关注,通常会选择按照行业税负率缴纳增值税。② 这无疑会对疫情发生后受损程度更高的小微企业造成二次打击,并很可能直接导致其出现周转不灵、濒临破产等经营危机。再以实践中大量存在的"留抵税额不退"为例,根据相关学者基于全国税源调查数据进行的实证分析,留抵税额在营业收入的占比每提高1%,企业融资成本则相应地提高0.154%。③ 虽然,我国早已规定留抵税额可以结转下期抵扣,④ 但实践中常会发生留抵税额抵扣不完的情况。自2019年4月在全行业铺开的留抵税额退税政策为缓冲改革带来的财政压力,设置了将除疫情防控重点保障物资生产企业之外的退税限制于"增量"等诸多严格的适用条件,也致使其实际效果并不理想。

(三) 长期效果不确定性强

正如法经济学家诺斯所言,"具有适应性效率的制度结构可能有利于交易成本的节约,也可能会导致交易成本的上升"。⑤ 作为边际效应递减规律作用下的必然结果,减税制度在疫情暴发初期能对一国的消费和投资产生较大的促进作用,并在此基础上通过稳定投资和就业避免更大的经济损失;但这种宏观调控手段的刺激效果是有限的,长期内仍不可避免地会出现市场主体热情消退、经济拉动作用减弱等问题。

一方面,减税制度相对滞后于当前充满不确定性的经济社会环境。理论上,减税制度能够促进就业、推动经济增长,并有助于实现税基的扩张和财政收入的增加。但在减税长且可变的内在时滞、相对困难的经济走势预测等因素的影响下,相关的制度安排并不总是富有效率的。特别是在我国供给主导型的制度变迁中,一旦出现基础条件发生深刻变化的情况,制度选择目标与变迁方式之间往往会产生尖锐的冲突和矛盾。比如,以增值税转型

---

① 参见黄碧波:《全面推开营改增对我国经济和税收的影响研究——基于浙江省营改增试点的实证分析》,载《浙江师范大学学报(社会科学版)》2017年第4期,第21—34页。
② 参见黄静、李凌秋:《中小微企业增值税留抵税额退税探索》,载《财会通讯》2018年第22期,第58—60页。
③ 参见解洪涛、张建顺、王伟域:《增值税进项留抵、现金流挤占与企业融资成本上升——基于2015税源调查数据的实证检验》,载《中央财经大学学报》2019年第9期,第3—12页。
④ 即《增值税暂行条例》第4条第3款。
⑤ [美]道格拉斯·C.诺思:《制度、制度变迁与经济绩效》,杭行译,上海人民出版社2016年版,第45页。

与扩围为核心的结构性减税制度体系一定程度上解决了间接税的重复征税问题,但也无法从直接增加企业利润的角度,满足疫情期间我国实体经济生存与发展的实质性需求;中美贸易摩擦、经济下行压力、生产经营成本等诸多不确定因素的存在与变化则进一步弱化了减税制度在此期间的实际效果。

另一方面,减税制度的实施也受制于财政分配中的"三元悖论"。具体而言,在财政经常性支出管理能力、政府行政成本控制水平和举债资金融资乘数既定的情况下,财政分配中减少税收、增加公共福利、控制政府债务和赤字的目标至多只能同时实现两项。[①] 在我国由低中等收入向高中等收入阶段转轨的关键时期,本应更加坚定地贯彻经济赶超战略,选择以"减少税收"与"维持政府债务和赤字水平"为目标、控制公共福利增量为代价的制度性安排。但随着疫情期间经济社会风险的持续攀升,能够缓冲源于强烈甚至是超前的国民福利预期的社会矛盾的弹性空间也在不断收窄。根据国家统计局目前公布的相关数据,我国2020年一季度的城镇调查失业率(约为5%左右)仍处于高位水平。除此之外,以农民工群体为主的低收入阶层存在短工化、流动性强等特点,很难通过相应的社会保障措施弥补因失业造成的现金流断裂与损失。所以,前述政策组合的继续适用会直接导致低收入者福利的实质性减少,并严重影响我国社会公平与稳定目标的实现。然而,在减税的基础上维持甚至提高现有公共福利的"救火"式政策组合除了会推高财政赤字和政府债务风险、造成经济发展领域更多的不确定性,也极易形成民粹主义基础上福利赶超的倾向,并因此落入经济社会发展的"中等收入陷阱"。

二、完善我国结构性减税制度的理论依据

虽然,极端的概念法学所强调的立法对利益衡量的专属垄断已经被证明是行不通的。[②] 但就其适用范围和路径来看,利益衡量也并非只能在法律解释学的层面上,作为一种纯粹的司法方法加以应用。从人类历史发展的视角来看,立法实质上是根据特定社会整体对公平正义的具体理解,对一定空间和时间范围内各种利益冲突进行平衡与协调后的产物。就减税制度而言,其中所涉主体及其利益关系的多元性和复杂性也在客观上决定了应当且能够运用利益衡量理论解决由此引发的矛盾与冲突。

(一)利益表达的根本路径:减税权法定原则

作为立法层面上的利益衡量的起点与前提,利益表达的法定性在减税制度中并没有得到足够的重视。基于对个人财产权利的保护,理论界和实务界更关注如何实现"加税权"行使过程中的税收法定,鲜有对"减税权"是否应当且如何践行法定原则等问题的讨论。

[①] 参见贾康、苏京春:《财政分配"三元悖论"制约及其缓解路径分析》,载《财政研究》2012年第10期,第2-12页。
[②] 参见[美] R. M. 昂格尔:《现代社会中的法律》,吴玉章、周汉华译,译林出版社2001年版,第46页。

我国减税权目前所采取的运行方式在严格意义上也并不属于税制调整路径。比如，增值税的转型与扩围、住宅房产税的试点等重大制度变革都是在立法修改或授权缺位的情况下开展的；除了农业税的废止是由全国人大常委会决定，筵席税、屠宰税等税种的废止或暂行征收，以及房产税的归并等重要税制调整都是依据国务院有关规定进行的。与此同时，财政部和税务总局以"规定""暂行办法""通知"等形式发布的关于税收优惠的规范性文件，基本上覆盖了我国现阶段所有的税种与行业。但事实上，减税权的行使不仅关乎国家税收或财政利益，也会直接影响到每个公民的财产利益，应当在严格遵循税收法定原则的基础上平衡与保障相关主体的利益。由中央政府职能部门主导的宏观调控式减税在法律约束缺失或不足的情况下，会导致大量违规的区域性优惠政策的滋生暗长，和"因人设法""因事设法"等不规范现象的普遍存在，并进而对税负公平、税制统一和正当竞争等目标的实现造成一定的消极影响。

但是，减税权的法定性并不仅限于对行权主体的严格限制，还涵盖了对程序运行的规范性要求。一方面，应当杜绝"闭门造法"现象，正视和解决减税执法过程中的随意性和选择性过强、按指标或任务征税等突出问题。比如，地方政府为了争夺税源，违规给予税收折扣或奖励，不当行使减免税审批权，并因此造成国家税收利益的流失；税务部门办理减税服务的水平有限、效率较低，甚至怠于行使征管职责，严重损害了纳税人可期待的减税利益。① 另一方面，有必要强调对减税制度的周期性管理，在更加重视其目标导向性的基础上，根据我国经济社会现实需求的变化对相关规定进行必要的调整。政策目标的已经或不能实现通常意味着减税规则的终结，这也是我国会不定期开展大规模的税收优惠清理活动的主要原因。进一步从美国20世纪80年代以来的大规模减税来看，其中大部分法案充分地体现了拉弗曲线中"减税理性主义"的限度思维。即在明确当前税收负担的总量水平与分布结构的基础上，列出减税的总体规模、主要方向和时间限度，并就每一项减税举措进行具体说明。所以，应当继续秉持税权谦抑与适度的理念，以减税规则运行效果的变化为标准，在行使减税权的过程中保持必要的限度。

（二）价值判断的核心标准：公共利益优先原则

从根本上看，立法过程中利益衡量的最终落脚点在于实现公益与私益的均衡。作为疫情期间我国积极财政政策的重要组成部分，结构性减税制度在调整相关主体之间的利益冲突时，通常会将公共利益作为制约与限制个体和群体利益的正当理由。但公共利益的概念与范围目前仍然充满不确定性，只能从其特性出发作出大致准确的指向性判断。比如，在特定的行政区域内，能够为最广泛的大多数人直接感知并获取的社会发展成果。② 所以，

---

① 参见孙瑜晨：《减税权的概念构建及其法律控制》，载《税务与经济》2017年第3期，第1-10页。
② 参见王丽：《地方立法利益衡量中的"公共利益"》，载《理论月刊》2015年第4期，第107-111页。

减税制度中必须得到优先保障的公共利益也不是一成不变的,更不能单纯从主体的属性或数量上区分少数人的利益与公共利益。

具体而言,应将疫情发生后严重受损的弱势群体利益由倾斜保护上升至优先保护的地位。比如,新冠肺炎疫情的发生导致我国民营企业接连面临"复工难""订单难"等困境,并在成本因素持续累积、支出压力不断提升、金融支持相对不足的情况下,出现了资金链断裂甚至是资不抵债的破产风险。其中,整体上属于微利群体的个体工商户(即普遍意义上的小微企业)由于缺乏法人有限责任和企业破产法律的保障,仍需以本人或家庭财产承担疫情所导致的重大经营损失;在自身收入锐减甚至是直接归零时,个体工商户也更难获得除民间借贷、银行贷款以外的其他金融资源。但是,作为重要的就业稳定和社会保障者,民营企业(尤其是中小微企业)的生存与发展在减轻社保压力、维持社会稳定和全面建成小康社会的过程中具有举足轻重的地位。根据国务院在2020年2月27日发布的数据,我国登记在册的个体工商户共计8331.3万户,带动就业超2亿人,分别占同期市场主体数量和全国就业人口的2/3和1/4。

与此同时,有必要将具有明显自利属性或倾向的政府利益从公共利益的范畴中剔除出去。从公权力运行的基本原理来看,政府是一国公共利益最主要的提供者,但这并不意味着政府利益与公共利益的运行方向始终是一致的。根据亚当·斯密提出的"经济人"假设,可知由普通个体构成的政府机关也有假借公共利益之名、追逐自身利益的源动力,特别是在我国由财政收入受疫情影响持续下滑,与以支持疫情防控、复工复产为主的财政支出日益增长所导致的地方收支矛盾不断加剧的现实背景下。比如,部分县区政府面对疫情发生后日益艰难与严峻的财政形势,采取了清缴历史欠款、加大罚款力度等"增收"办法,这不仅严重干扰了当地财税部门支持与协助统筹疫情防控、经济发展和民生福利等工作的全面开展,也对通过落实减税制度保障当地企业的生存发展、营造良好营商环境等目标的实现造成了一定的负面影响;个别县区政府在落实"六保"过程中出现的挪用专项债库款、从融资平台违规举债等乱象,则进一步从增强地方政府隐形债务风险的层面上,阻碍了中长期地方财政的可持续发展。

(三)利益整合的衡平规则:可持续发展原则

鉴于减税制度所涉利益之间的关系错综复杂,并在价值相对主义下具有各自的正当性基础,立法者无法通过一个在先的利益位阶完成全部普适性规则的设定。① 而且,基于制度配置效率的静态假设也无法预见到所有由科学技术发展、生产方式变迁、重大灾害发生等因素所引发的经济社会发展与变革。所以,减税的制度化进程必须深耕于立法可能影响的重要利益在不同历史发展时期的变化,从更宏观层面对相冲突利益之间的影响程度进行

---

① 参见杨炼:《论现代立法中的利益衡量》,载《时代法学》2010年第4期,第27-32页。

抽象的判断与衡量。

从总体上看，我国经济社会发展目前所面临的主要矛盾已经由前期的以控制疫情扩散为前提的供给端"纾困"难逐步转向全面复工复产后的总需求不足。其中，海外疫情的接连暴发在外需层面上造成的冲击对我国经济修复进程的影响甚深。根据 Wind 已公布的统计数据，我国 2020 年 3 月新出口订单为 46.4%，仍位于荣枯线以下；随着前期积压订单逐步完成通关交付，除防疫物资外的新订单不足的问题将进一步凸显。以外贸制造业为例，欧美等主要国家疫情的大规模蔓延导致其中大部分中小企业自 3 月中旬以来开始面临订单取消或延迟发货等问题，这些来自产业链断裂危机的实际经营困难很可能引发关乎上千万劳动力人口就业问题的"倒闭潮"，并在叠加特朗普减税法案中的"属地制"征税原则、疫情期间全球产业链布局的"碎片化"趋向的情况下，对我国资本、技术、劳动力等重要生产要素的流动所形成强烈的外溢效应。从促进我国经济长远发展的角度来看，应当更加重视减税制度的产业与企业导向性，具体可针对我国目前产业集群地域优势发挥不充分、核心领域的创新性不足等问题，进一步发挥该制度对产业发展方式转变的推动作用。

如前所述，减税制度等财政政策通过各种高效的应急性资源配置方式，在开展疫情防控工作、加快恢复我国经济社会发展的过程中发挥了相当重要的作用。但这类积极有为的财政政策也极易造成政府债务风险和宏观杠杆率的大幅上扬。尤其是自 2008 年国际金融危机以后，我国连续多年实施积极的财政政策，赤字率和负债率等预示财政风险的重要评判指标已经徘徊在警戒线的边缘。Wind 公布的数据显示，截至 2019 年 12 月底，中央政府债务余额约为 16.52 万亿元，地方显性债务余额（含城投债券 8.68 万亿）约为 29.78 万亿元。根据 IMF 的相关测算结果，2019 年末我国地方政府隐性债务规模将达 30.9 万亿。这意味着我国的政府债务负债率实际上已经超过了国际通行 60% 的警戒线。叠加全球疫情结束时间的不确定性，现阶段单纯依靠提高预算赤字率实现"破财消灾"的回旋余地并不大。所以，应当更加灵活地根据逆经济周期调节的现实需要，以国民经济和社会总供求的整体平衡为核心，对我国的结构性减税及其配套机制进行相应的调整。比如，通过优化财政分配"三元悖论"中具有慢变量属性的限定性条件，尤其是财政经常性支出管理和政府行政成本水平，缓解后疫情时代减税制度等积极财政政策的持续发力所造成的政府债务和赤字压力。

三、完善我国结构性减税制度体系的路径

实践证明，无论是以保障国民生命健康安全为核心的疫情防控工作，还是为降低经济持久衰退的可能而采取的应对行动，都不能缺少以减税制度为代表的积极财政政策的参与。所以，必须更加重视对我国结构性减税制度及其配套机制的完善与健全。现阶段的基本思路是以降低疫情防控常态化模式下经济社会运行成本为根本目标，适时根据后疫情时代国内外政治经济环境的重大变化，从平衡经济与财政的可持续发展的角度出发，不断提

高相关规则的适应性效率。

(一) 降低制度性可变成本的措施

根据制度经济学的实证分析,在新制度努力降低微观层面的内生交易费用的同时,宏观层面的外生交易费用会随着经济增长过程中分工和专业化的发展而上升,并因此造成市场机制内在的不稳定性和人们对市场的拒斥。① 所以,在拟定和出台减税制度时,不能局限于微观层面上的实际产出与边际调整,而是从更宏观的制度分析视角出发,就如何避免因规则设计的不合理和滞后性而导致的资源配置扭曲进行深入的思考。

1. 强化减税制度的整体规划性,提升施行费用的可控性

目前,我国结构性减税涉及流转额、所得额、财产行为等全部征税对象,所采用的减税方式和手段也相当的多样和全面,但同时也暴露出了整体规划性不足等方面的问题。毕竟,将对减税规模的设定仅限于针对某项特定减税制度、或某一年度结构性减税实施后的大致统计,并息于就相关制度对纳税人生产、经营和投资等重大决策,以及对非受惠主体可能产生的影响进行动态分析的做法,不仅会使得具体减税政策始终处于不断补充、充满变数的状态,还将导致纳税人难以就有关税制改革形成稳定的预期,国家为消除旧制度和变革阻力所投入的费用无法得到有效控制,并最终影响我国结构性减税制度的整体实施效果。

有鉴于此,除了围绕疫情期间产业和区域的发展态势、税负水平,结合中长期预算制度改革中"跨期平衡"的基本思路与理念,将以产业为主导、嵌套区域优惠等基本导向以法律文件的形式固定下来,应当进一步借鉴美国在其不同发展阶段的减税法案中所体现"总量控制"的限度思维,在考虑当期的经济发展水平、财政收支现状、税务管理能力等与减税制度密切相关的要素的基础上,结合基于纳税人行为心理学、税收征管历史数据对以税负痛感指数为代表的综合性指标进行测算的结果,就某一阶段减税的规模、效果、力度和周期等内容作出明确而细致的设定。② 这里需要特别注意的是,不能单一地将功利主义的经济效率目标的实现作为制度安排的核心,必须正视其中可能产生的实质分配不公、人道主义代价等成本支出,进而避免出现偏重效率取向的规则平等、淡化公平取向的实质平等问题。具体而言,后疫情时代我国结构性减税制度的构建必须更加严格地遵循税负公平、税收中性等财税法基本原则。一方面,在坚持以公共利益为导向的前提下,更加尊重市场的基础性作用,不得干扰市场机制对资源的有效配置或致使纳税人承担额外的经济负担与损失;另一方面,根据比例原则"精准落地"的要求,侧重于保障疫情期间受损严重

---

① 参见张屹山、高丽媛:《制度变迁下交易费用变化的权力视角分析——对诺斯第二悖论的再认识》,载《东北师大学报(哲学社会科学版)》2014 年第 3 期,第 94 – 99 页。
② 参见庞凤喜、张念明等:《宏观税负、税负结构与结构性减税研究》,经济社会科学出版社 2016 年版,第 40 – 46 页。

的行业与企业,以及在疫情的影响下财政收支矛盾更为突出、收入增速明显放缓的地区。

2. 建立实施效果评价机制,使守法投入更契合经济规律

鉴于与减税制度相关联的利益总是处于非均衡性的动态结构中,有必要在具体制度开始实施之后,定期对相关的征管数据进行成本核算、收益评估,并在与预测数据进行比对分析的基础上,通过适时的调整使其能始终契合经济下行阶段培育和扶持新的增长点的导向性、疫情期间稳定经济发展与提振市场信心的即时性等基本要求。

就目前而言,首先应以服务本国实体经济发展为出发点,实行更具针对性的减税降负举措。比如,鉴于疫情的迅速蔓延对我国第二和第三产业造成了剧烈的冲击,部分体量较小且抗风险能力更弱的民营企业(尤其是中小微企业)因此陷入了经营困境,有必要逐步扩大增值税进项税额的抵扣范围,允许实体经济企业抵扣贷款利息支出和金融商品转让的进项税额,并进一步调整与优化适用"留抵退税"的限制性条件、申请办理流程。其次应在坚持实质公平的基础上,对现行的税收优惠规则进行必要的调整。换言之,必须逐步减少并最终取消允许选择简易计税方法等实质上属于财政补贴措施的增值税优惠政策,转而通过所得税制度或财政支出方式实现确有必要的产业扶持等目标。例如,考虑到疫情发生后原材料、劳动力等生产要素的流通严重受阻,劳动和技术密集型企业的生产经营活动的成本激增,可通过设置更低的行业增值税税率减轻由于人力成本不可抵扣而增加的税收负担,并同步采取允许相关企业以亏损金额抵减盈利月份金额的方式降低所得税、根据企业的实际受损情况给予其一定的财政贴息等措施。再者应根据国内外税收制度发展趋势和实施环境的变化,分阶段、有步骤地完善我国的税制体系。从防范与化解重大经济风险、提升我国产业基础能力的角度来看,必须加大对坐落于产业集聚园区并符合园区产业定位的企业在房产税、城市维护建设税等方面的税收优惠力度;并充分运用税收杠杆加快产能过剩行业的兼并重组、降低制造业推进信息化建设的成本。① 但这并不意味着对税收优势的绝对追求,立法部门必须更加理性地应对疫情发生后来自"逆全球化"和国际税收竞争的巨大压力。以出口货物和服务的彻底退税为例,考虑到服务贸易无形性的特点会使其在落实零税率退税时面临比货物领域更高的骗税风险,在服务领域实施目的地原则仍缺乏统一的、为多数国家所认可的处理途径的现状也进一步增强了这种风险,对我国服务贸易零税率覆盖范围的扩大绝不可为解燃眉之急而一蹴而就。

(二) 消除执行性掣肘因素的办法

在我国由计划经济向市场经济体制转轨的期间,以国家为主导的放权让利改革会在无

---

① 参见潘文轩:《促进税收负担合理化问题研究——基于结构性减税政策视角》,光明日报出版社2016年版,第250页。

形中为微观主体创造利用决策权下放寻找潜在收益的契机。① 这种源于特殊过渡时期承上启下的结果在疫情的影响下会对减税制度的落实产生更加严重的阻碍作用。所以，应当正视既有利益格局和疫情蔓延态势对税制改革的实质性影响，更有针对性地消除妨碍结构性减税制度正常运行的各种掣肘因素。

1. 围绕地方利益保障进行制度设计，引导地方政府更加积极地配合减税的落实

在市场化转型的过程中，地方政府享有的行政权限范围与追求自身利益手段不断扩张，叠加疫情的持续影响，各级政府所面临的自利性和公共性之间的冲突也在与日俱增，并因此出现了既积极促进又消极阻碍减税制度的矛盾行为。② 所以，有必要结合疫情对我国经济社会的冲击和影响，对诱发其行为悖论的各种因素进行必要的规范与调整。

从财政收入的角度来看，应当通过健全地方税体系，使地方政府获得更大的财权。现阶段可采取适当扩大共享税中的地方分享比例、按纳税环节改革增值税分配方式等措施。从中长期的角度来看，可逐步将房产税与资源税等财产税捆绑确立为新的地方税主体税种，并最终把国内增值税定性为中央税，在综合考虑与消费规模正相关的人口数量等因素的基础上，将其税收收入转移支付至相应地方政府。从财政支出的角度来看，应当细化地方事权和支出责任的划分，适当减轻地方财政支出的压力。除了参照 2019 年 1 月开始施行的《基本公共服务领域中央与地方共同财政事权和支出责任划分改革方案》中的基本理念和原则，就如何推动省以下政府在基本公共服务领域财政事权和支出责任划分的改革进行更深入的探索，现阶段更重要的是在明确由地方政府主持并承担与灾后恢复相关事权的基础上，针对疫情期间部分市县级政府出现的基于一般公共预算收支困难、国库款余额规模低于安全水平的财政运行风险，通过充分且及时的转移支付措施发挥中央和省级财政在灾难管理中的领导责任。③

2. 强化税收法定原则的落实，避免人为治税削弱减税制度应有的公共程序保障

如前所述，减税不该成为宏观调控的经常性工具，而应在遵循税收法定原则的基础上，最大限度地促进分配正义的实现。换言之，应当将政治市场的天然低效率和高交易费用、政治行为者的相对自主和决策权力作为切入点，建立健全与我国现代化治理体系和能力相匹配的减税权运行模式。

在立法层面上，逐步实现由"政策之治"向"法制之治"的转变。一方面，将行使减税立法权的基本主体由国务院变更为全国人大及其常委会，确保减少税种和税目、调整

---

① 参见杨瑞龙：《我国制度变迁方式转换的三阶段论——兼论地方政府的制度创新行为》，载《经济研究》1998 年第 1 期，第 5 - 12 页。

② 参见李艳：《基于中国改革实践对"诺斯悖论"的再认识》，载《安徽师范大学学报（人文社会科学版）》2017 年第 2 期，第 195 - 201 页。

③ 参见张学诞、邹展霞：《构建适应中国特色应急管理需求的财政治理体系》，载《财政研究》2020 年第 4 期，第 22 - 34 页。

税率和税基、停征税种和减征税额等权力的法定性。① 但这并不意味着对减税立法权下移的全盘否定。从平衡地方税收利益与竞争的角度来看，有必要转变现行减税制度中普遍存在的"全国一盘棋"，减少和避免区域经济发展中的"马太效应"，具体可授权经济欠发达或处于重灾地区的省份结合本地的资源优势和发展规划，在一定期限内自定若干有助于突出区域优势、实现产业转型或恢复本地经济的减税制度。② 另一方面，有必要不断加强对现行的减税政策性文件的清理和规范，保证各项减税制度在宪法和法律框架下的有序运行。具体应优先清理以国务院职能部门的名义制定的区域性税收优惠政策，其他类型的税收优惠政策则可根据疫情期间的现实需要，通过设置一定的过渡期或缓冲期，适当延续其中具有促进就业、鼓励公益等社会功能的制度。

在执法层面上，更加注重征税权行使的"谦抑性"或"收敛性"。在压缩税务机关自由裁量权、完善税收执法的监督和问责机制的同时，应当建立更加科学和理性的税务工作考核机制，从而有效缓解税务机关面临的空前的收入筹措压力，并更好地实现该科层组织结构的规模经济效益。具体而言，作为我国税务考核的重要指标，税收计划在执行过程中出现了对税收征管职能的扭曲性激励，主要包括在税收计划完成困难时的"过头税"、计划超额完成时的放松监管行为。因此，有必要在相关法规中明确将下达到各级税务机关的年度税收计划定性为指导性而非指令性要求，并在此基础上降低年终奖惩与计划完成情况的挂钩程度。但这并不代表放松了对税收征管者完成组织财政收入、确保预算完成等工作任务的要求。也就是说，税务机关应转而通过不断改进法定征管制度和程序，完善与其他政府部门、金融机构等主体间协作机制等方式，实现对现有税基更有效的监控和管理，进而为疫情期间加快推进减税制度改革过程中税收收入的实质增加创造条件。

（三）强化长期性刺激效果的方式

在支持防护救治、复工复产和鼓励公益性捐赠等减税政策的持续作用下，我国2020年全年的减税规模预计将超过5000亿。但与之相对应的是，我国2020年一季度的财政支出增速仍高于收入，全年财政收支的差额很可能会超过6万亿。其中，社保就业支出的绝对额与占比最高，卫生健康与利息支出也呈较快增长的态势。在这种严峻的财政形势下，减税制度很有可能因此入不敷出、无以为继。

1. 明确减税制度的结构性特征，提升后疫情时代的现实效益

作为优化税负布局和实现财政逆周期调节的重要推手，结构性减税制度的实质内涵存在"二维向度"。即在总量上属于减税，但在不同的税种和纳税人之间呈现税负调增或调

---

① 参见张守文：《"结构性减税"中的减税权问题》，载《中国法学》2013年第5期，第52-64页。
② 参见财政部税政司：《关于建立税式支出预算制度的基本思路》，载《财政监察》2002年第3期，第18-19页。

减的差异性结果。以特朗普政府的税改法案为例,整体上具有减轻各阶层税收负担的效应,但具体政策的减税作用在不同规模和行业的纳税人之间存在明显的差别。比如,在企业所得税上大公司的受益多于中小企业;农林渔业和公用事业的受益程度低于制造业、金融和保险业。① 具体到我国,在经济持续下行叠加收入端承压疫情冲击的现实背景下,单纯靠政府收入增长弥补财政缺口并不现实,必须在对现阶段经济社会政策目标作出必要取舍的基础上,更加精准地厘定减税制度所作用的对象、方向和力度。

一方面,根据疫情期间纳税人群体的税收负担及其合理性状况,对中微观税负进行"增减并举、以减为主"的调整,使宏观税负趋向于下降或保持基本稳定。从满足产业结构合理化演进的角度出发,在减轻受疫情冲击较大产业"税楔"成本的同时,可通过必要的"加法"操作增强税收的调节功能并缓和减收的不利影响。例如,深化以"调增"为显著特征的成品油消费税、资源税等税种的改革,并适当加征烟草税等与疫情防控关联度较低且税额相对庞大的税种。另一方面,根据地方财政已经出现的区域分化趋向,以提升其财政收入可持续性为核心,进一步凸显我国结构性减税制度的区域协调功能。财政部公布的相关数据显示,2019 年我国财政自给率不足 50% 的省市共计 23 个,主要集中在西部和东北;其中,吉林、重庆、宁夏等 6 个省市的财政收入出现了负增长。在疫情的持续影响下,2020 年我国各级财政整体上处于"紧平衡"运行状态,大概率会出现更多省份的负增长。所以,已有税收负担偏重且市场竞争条件较差的西部地区、疫情期间受损更为严重的省份应当成为现阶段减税的重点对象;就中部地区存在的税收转出程度偏高、为东部地区"作嫁衣"等问题而言,应当通过完善税收归属权的划分标准等措施提升其 GDP 税负水平。

2. 提升财政支出的运行效率,避免政府财政风险的不断累积

一般而言,政府为了应对减税期间财政收入大幅减少的压力,通常会选择不做任何减少支出的安排、提高赤字率,或者减少政府支出,使赤字率维持在既定水平。但疫情的爆发不仅打破了 2020 年"以收定支"的财政管理安排,也浇灭了通过减少政府支出缓和财政收支矛盾的希望。现阶段只能通过适度提高赤字率、削减无效财政支出等措施克服减税制度的持续实施所带来的负面效应。即在将财政赤字率扩大至 3% 的基础上,从优化财政支出结构入手,逐步由"增量突破"转向"存量挖潜"。② 具体而言,在我国现行的二十四类预算支出科目中,基础教育、社会保障、医疗卫生、灾害防治等与民生福祉关系密切的部分基本没有可收缩的空间,并有必要进一步加大对与防疫相关的科研工作、基础设施、人才培养等支出项目的投入。因此,在管理这部分刚性财政支出时,除了增强合规性

---

① 参见贾康、梁季、刘薇等人:《大国税改:中国如何应对美国减税》,中信出版社 2018 年版,第 76 – 83 页。
② 参见刘玉平、胡兆峰:《地方财政支出与财政支出结构的优化——兼论我国公共财政改革的途径》,载《中央财经大学学报》2001 年第 6 期,第 7 – 12 页。

控制、严控以公共利益为名的支出扩张,必须愈加重视资金使用绩效的提高,在财政资金分配中更多地引入竞争性机制。

此外,可以考虑适度调整与行政事业管理、经济建设相关的支出项目。在与行政事业管理支出项目相关的一般公共服务领域,一方面应继续推进政府职能的转变,在重点领域和关键环节减少微观管理事务和具体审批事项,做好对行政许可、资质资格、中介服务等管理事项的清理和规范。另一方面要结合我国经济社会发展的实际需要,更加合理地界定财政供养人员的范围。即在进一步深化事业单位的分类改革、完善现行公务雇员制度的基础上,根据疫情发生后我国医疗与公共卫生等领域中存在的人员配置缺口,加大编制调整力度并细化其核定标准。① 就经济建设相关的支出项目而言,在"稳增长"压力下可压缩的空间相对有限。除了加强对人口流入地区的城市群进行适当超前的基础设施建设,必须重点支持以信息网络为基础、追求高质量发展,并能更好地提供数字化、智能化等融合创新服务的新型基础设施体系建设项目。与此同时,应当进一步增强财政与市场、社会联动的广度和深度,在减轻政府支出压力的同时,更好地满足公共项目的资金需要。换言之,要在公共基础设施建设领域大力推进PPP模式的创新发展、不断提升PPP交易平台的专业性和规范性,进而充分发挥私人资本的法人治理结构在经营管理、资金运用等方面的效率优势。

(编辑:戴津伟)

---

① 参见应松年、潘波:《财政供养人员的范围及制度逻辑》,载《中共中央党校学报》2016年第6期,第55-63页。

论大数据时代的精准防疫立法创新*

黄健杰**

摘 要 习近平总书记强调要在法治化的轨道上推进各项疫情防控工作,保障精准防疫。在大数据时代,当新型冠状病毒肺炎凶猛来袭,而疫情防控措施作用甚微时,政府可借助大数据、区块链、人工智能等高新技术手段实现精准防疫目标。疫情防控相关立法的完善与创新是实现精准防疫的关键因素,其有助于打开防疫制度创新、防疫技术创新的空间进而实现疫情防控立法与疫情防控技术的联动共振,为此可借助各项高新技术手段引领疫情防控立法的持续创新。

关键词 精准防疫 新型冠状病毒肺炎 立法创新 区块链 体系思维

2020年2月12日,习近平在主持召开中共中央政治局常委会会议时强调,在非疫情防控重点地区要实行精准防控。① 在大数据时代,精准防疫目标能否实现很大程度上取决于防疫技术创新、防疫制度环境与疫情防控立法之间的协调度。制度是法律的制度,法律是制度的法律,制度能够驾驭技术已成为法律能够驾驭技术的契机,完善与创新《中华人民共和国传染病防治法》《中华人民共和国野生动物保护法》等相关立法有助于疫情防控绩效的提升。疫情防控在保障人民生命安全与身体健康的同时,也是国家治理体系和治理能力面临的一次大考。好的法律制度设计必须基于良好的制度环境,制度与制度之间的有效链接、相互协调能够防止制度与制度之间的相互摩擦、相互掣肘从而有效降低制度成本,而在大数据时代,构建良好的精准防疫制度环境需要借助大数据技术等高新技术手段确保涉疫数据信息的阳光、透明。然而,对于如何实现数字化精准防疫却鲜有相关立法涉

---

* 基金项目:本文系华东政法大学拔尖创新人才培养项目的阶段性成果。
** 黄健杰,男,上海人,华东政法大学经济法学院博士研究生,主要研究方向为经济法和大数据。
① 中央全面依法治国委员会第三次会议审议通过了《关于依法防控新型冠状病毒感染肺炎疫情、切实保障人民群众生命健康安全的意见》,对依法防控疫情提出明确要求。

及,如何通过人工智能、云计算、区块链等高新技术实现大数据驱动的精准防疫,① 以及如何将高新技术嵌入疫情防控立法创新中,进而确保疫情防控工作在法治化的轨道上顺利开展等问题颇值得探讨。

一、大数据时代下精准防疫立法的必要性

在大数据时代,"涉疫信息不对称"贻误精准防疫的战机,而相应法律机制的缺失加剧了"涉疫信息孤岛",精准防疫立法创新已刻不容缓。

(一)"涉疫信息不对称":贻误精准防疫战机

在大数据时代"浪潮"下,数据资源源源不断地涌向大规模企业从而造就了"数据垄断",在加剧"涉疫信息不对称"的同时,无形中也增加了疫情防控的难度。所谓"数据垄断"指的是,鉴于数据信息的特殊性,拥有丰厚数据资源、较强数据分析能力的超大规模企业利用其自身独特的流量资源、网络生态系统而形成的对海量数据、海量信息的垄断,是一种前所未有的,存在于现代社会经济中隐蔽性极强而又难以被察觉到的新形式自然垄断,② 这有别于传统的"自然垄断",现行的反垄断法体系、竞争法体系难以将其囊括,因而也难以对其实施行之有效的监管。一旦这些"巨无霸"企业滥用数据资源优势,"数据垄断"所致的"涉疫信息不透明""涉疫信息不对称"容易导致瞒报、谎报、缓报、漏报涉疫信息等现象频发,也会构成对疫情防控的阻碍。如果卫健委、卫生防疫机构、疾控中心在进行疫情防控时,匮乏人工智能、区块链等技术手段,则"涉疫信息孤岛"将难以被打通,③ 疫情防控目标实现之路将会"遍布荆棘"。此时,如何冲破涉疫信息不对称,有效防止"数据垄断"加剧"涉疫信息孤岛"现象的发生,④ 从而充分发挥疫情防控功能是社会各界共同面对的难题。

随着大数据时代的到来,疫情防控愈发需要阳光、透明的法治环境作保障。⑤ 然而,基于公权力主体地位,政府防疫部门往往占据了涉疫信息资源优势,一旦这种优势被滥用,则会造成"涉疫信息不对称",尤其在大数据时代,呈"指数级"增长的数据信息会加剧"涉疫信息不对称",从而诱发政府防疫失灵、防疫失职。在对新型冠状病毒肺炎进行疫情防控时,湖北省政府防疫部门更多地仰赖于公权力优势而忽视了对疫情采取依法科

---

① 参见刘辉:《让防控更加科学精准》,载《福建日报》2020年2月16日,第10版。
② 参见杨东、李子硕:《审慎对待数据垄断》,载《中国国情国力》2019年第8期,第8-19页。
③ 参见杨东:《监管科技:金融科技的监管挑战与维度建构》,载《中国社会科学》2018年第5期,第72-77页。
④ 参见张继红:《论我国金融消费者信息权保护的立法完善——基于大数据时代金融信息流动的负面风险分析》,载《法学论坛》2016年第6期,第95-98页。
⑤ 参见中国社会科学院习近平新时代中国特色社会主义思想研究中心:《为疫情防控提供有力法治保障》,载《经济日报》2020年2月19日,第12版。

学有序的防控措施。① 制度结构性的政府失灵会降低疫情防控绩效，从而阻碍疫情防控立法创新的实现。制度是社会经济发展的根本推动力，相互协调、相互链接的各项制度能为制度绩效、立法绩效打开上升空间，反之，制度结构性失灵将增加制度创新、法律创新的成本，不利于社会整体经济效益的最大化。② 因而，好的疫情防控制度能有效阻击疫情，而好的疫情防控立法则能保障疫情防控制度绩效的实现，从而保障医疗、健康、教育、生产经营等关乎民生大计产业的发展，进而促进社会经济的稳定发展。一旦政府防疫部门失灵、失职，便会为出现类似新型冠状病毒肺炎爆发这样的灾难性事件埋下祸根。

（二）法律机制缺失：加剧了"涉疫信息孤岛"

在大数据时代，对于新型冠状病毒肺炎肆虐下的疫情防控领域，不能仅仅依靠公共卫生机构单打独斗，更需要个体、企事业单位、社会团体以及其他组织积极配合做好疫情防控工作，例如，严格执行疫情防控措施，积极配合疫情摸排，积极履行所在市、县（区）疫情防控应急指挥部要求，停止公众聚集性经营活动等。然而，其他疫情防控主体配合疫情防控工作的相应法律约束机制匮乏，不利于及时、准确、完整地获取涉疫信息从而加剧了"涉疫信息孤岛"，也阻碍了疫情防控相关立法的创新。

在传统疫情防控模式下，卫健委、疾控中心、卫生防疫机构等政府防疫部门以及事业单位拥有较大的公权力，而传统的疫情防控主要针对的是局部疫情，往往采取抽样调查的方式采集涉疫信息，彼时赋予这些疫情防疫机构一定的公权力是有助于传统防疫治理绩效实现的。然而，在大数据时代语境下，下好疫情防控的全国一盘棋，要基于全视角、大局观，并渗透到医疗互助、物资统筹调配等各个领域。因此，"涉疫信息孤岛""涉疫信息不对称"亟需被打破，否则易诱发政府防疫失灵、防疫失职，届时丢的将是全局，可见，政府防疫部门公权力的法律约束机制不可或缺。但是，纵观传染病防治法及其实施条例、野生动物保护法、动物防疫法、突发公共卫生事件应急条例等法律法规，除了缺乏对其他疫情防控主体协调、配合防疫机构履行疫情防控职责的奖励机制之外，似乎很难找到对政府防疫部门公权力进行约束的相应条款。例如，当防疫部门在对公民开展疫情防控检查工作时，如果公权力的行使越过公民隐私权的边界时，该如何对公民隐私权提供法律保障？又该如何对防疫部门公权力的行使进行必要的限制？我国目前疫情防控相关立法并未提供相关问题的解决路径。

涉疫信息的共享是疫情防控的重要环节，相应激励机制的嵌入有助于促使其他疫情防控主体积极配合防疫部门履行疫情防控之责，从而有助于打破"涉疫信息孤岛"。然而，相对于疫情防控领域的法律约束机制，法律激励机制的缺失更为严重。例如，按照《中华

---

① 参见王馨：《为疫情防控提供有力法治保障》，载《湖北日报》2020年2月19日，第3版。
② 参见［美］里奥尼德·赫维茨：《经济机制设计》，田国强译，格致出版社2014年版，第65-77页。

人民共和国传染病防治法》相关规定，对于违反法律规定，未能及时上报传染病疫情，造成传染病爆发、流行且后果严重者，可以对负有责任的主管人员和其他直接责任人员，依法给予降级、撤职、开除处分，并可以依法吊销有关责任人员的执业证书；构成犯罪的，依法追究刑事责任。然而，法律中鲜有关于涉疫信息共享激励机制的规定，又由于商事主体趋利性、经济人有限理性的叠加作用，不少企业披露涉疫信息的意愿明显不足，这也加剧了"涉疫信息孤岛"。设计好的制度除了需要考量相关的约束机制之外，更需要考量激励的相容性。约束机制是外生性、强制性的机制，激励机制则是内生性、诱致性的机制，相对于强制性的约束机制，诱致性的激励机制更能促使行为人将外部的法律规则转化为内心自觉自愿遵守的行为准则，从而更能使制度绩效得以充分发挥。① 而我国《传染病防治法》《中华人民共和国动物防疫法》等相关法律，对于自觉自愿、积极主动披露涉疫信息的企业具体该如何奖励，并未进行规定。我国缺乏针对积极协调、配合公共卫生机构履行防疫职责之其他疫情防控主体的激励机制的法律规定，容易导致协调、配合防疫工作的积极性降低，加剧"涉疫信息孤岛"现象。

（三）"涉疫信息孤岛"：阻碍了疫情防控立法创新

"涉疫信息孤岛"掣肘疫情防控立法创新。涉疫信息共享是打破"涉疫信息孤岛"的有力武器，然而纵观我国各部门法，例如《传染病防治法》《动物防疫法》《野生动物保护法》等，涉疫信息来源的单一化与碎片化难题悬而未决，涉疫信息共享相关法律机制尚不健全。尤其在大数据时代，"涉疫信息不对称""涉疫信息共享难"更是加剧了"涉疫信息孤岛"，使精准防疫陷于困境的同时，也阻碍了疫情防控相关立法的创新。

有别于传统疫情防控，大数据时代中的疫情防控决策需要建立在对涉疫信息全方位、多维度采集、分类和分析的基础之上。不过，纵观《传染病防治法》《野生动物保护法》以及《动物防疫法》等相关立法，我国涉疫信息来源过于单一化。目前在疫情防控中，主要是由公共卫生机构通过行政权力采集涉疫信息，而现实中存在着大量个体或私营医疗保健机构谎报、瞒报涉疫信息的情形，从而导致疫情信息报送不及时、不完整。此外，公共卫生机构、企事业单位、个体、社会团体及其他组织等疫情防控主体之间存在的"涉疫信息孤岛"难以被打破，而中央与地方、地方与地方之间的疫情信息共享存在障碍，许多地方疫情信息共享平台尚未建立，即使有些地方已经建立了疫情信息共享平台，但对于疫情信息共享的类型、疫情信息共享的程序等还缺乏统一的立法标准与完整的相关法律体系，都使涉疫信息来源不仅过于单一化，而且过于碎片化。因此，我国目前疫情共享机制存在不少问题，也对疫情防控相关立法创新提出了相当大的挑战。

在大数据时代，"数据垄断"在加剧涉疫信息不对称的同时，也给现有的疫情防控立

---

① 参见［冰岛］埃格特森：《经济行为与制度》，吴经邦译，商务印书馆2004年版，第58－67页。

法体系提出了挑战。然而,"涉疫信息不对称"究竟能给疫情防控立法体系带来多少实质性的影响尚未引起国内外专家、学者的广泛重视。此外,对于如何实时、精准地运用高新技术手段对疫情防控领域存在的法律风险进行及时、准确、全视角地把控,从而制定出好的疫情防控相关法律也鲜有学者进行过研究。良法之治下的精准防疫有助于保障国民生命安全、身体健康的同时,也使战"疫"在法治化的轨道上有序飞驰。

有些企业为了攫取大量商业利润,往往不顾惜员工的生命安全与身体健康,滥用其自身的"数据垄断"优势对疫情进行谎报、瞒报,致使"涉疫信息不对称"愈发加剧,这不利于防疫机关捕捉到准确的涉疫信息从而做出精准的防疫部署,也不利于立法者制定出相应的疫情防控法律规范。因此,防疫机关在履行疫情防控职能时,亟需确保涉疫数据信息的透明化、可视化,① 否则政府防疫部门易决策盲目、决策失灵。此外,鉴于涉疫信息的不对称,脱离高新技术支撑的传统疫情防控手段难以全面、及时地把控关键性、基础性的涉疫信息,现有的疫情防控立法体系难以为新型冠状病毒肺炎疫情提供必要的法律保障,难以应对传统防疫能力不足所带来的法律风险。在大数据时代,疫情防控领域存在的数据信息不对称也增加了对钟南山教授所指的超级病毒传播者进行"靶向"定位、鉴别、分类、排查的难度,② 从而不利于精准防疫目标的实现,也使疫情防控相关法律所调整的对象难以被"靶向"定位,从而阻碍了疫情防控相关立法的创新。

二、大数据时代下精准防疫立法的创新基础

在大数据时代,高新技术的飞速发展引发了"破坏式创新",科技治理体系引领下的疫情防控相关立法创新已是大势所趋,③ 而大数据立法的完善则是实现精准防疫的有力保障。

(一)疫情防控立法的创新是顺应大数据时代的必然之举

大数据时代的疫情防控不同于以往,唯有变革现有疫情防控立法体系,使之不断创新,才能真正实现精准防疫。习近平总书记2017年12月28日在接见回国参加2017年度驻外使节工作会议上,曾用"百年未遇之大变局"来形容当今时代潮流,而"百年未遇之大变局"包括了大数据时代前进的浪潮给社会制度带来的前所未有的"破坏式创新",④ 这些制度包含疫情防控体系、疫情防控理论、疫情防控相关立法等。新型冠状病毒肺炎犹如"洪水猛兽",对现有疫情防控体制产生巨大冲击,对疫情的恐慌情绪也在人们心中蔓

---

① 参见韩新远:《疫情防控中个人数据的使用与保护》,载《上海法学研究》2020年第1卷,第140页。
② 世界卫生组织提出,把病毒传染给十人以上的病人被称为超级传播者。
③ 参见管建强:《科学防控预案的制度探索和完善建议》,载《上海法学研究》2020年第1卷,第14-18页。
④ 参见[美]熊彼得:《经济发展理论——财富创新的秘密》,杜贞旭,郑丽萍,刘昱岗译,中国商业出版社2007年版,第2-15页。

延,这加大了疫情防控的难度,疫情防控体制与相应立法创新已为形势所迫。

相较于大数据时代,传统时代下的世界各经济体的开放程度较低,国与国之间的贸易外来、文化交流、市场经济各要素之间的传递也并不如此紧密,不同国家、不同区域人际之间的阻隔也往往使彼时的疫情在局部暴发。而在大数据时代,"爆炸式"增长的数据信息渗透到了市场经济的各个领域,新兴的互联网、物联网平台将许多割裂的经济区域连成一体,国与国之间、国民与国民之间的交往、互动也愈渐频繁,因而一国的疫情"肆虐"往往会弥漫到世界上的各个角落,局部的疫情暴发波及各国的同时,也造成了较长时间的大面积停工、停学,直接经济损失更是不可估量,甚至会导致整个人类社会的动荡不安。因此,在大数据时代,面对突如其来的新型冠状病毒疫情,传统的疫情防控体制以及相关立法已经难以应对。然而,挑战与机遇总是"如影随形",病毒肆虐全球的同时,也孕育了更多国与国之间、地区与地区之间的合作机会,使越来越多的国家深刻认识到,对于人类共同面临的新型重大疫情,唯有共同完善与创新疫情防控体制与相关立法,才能共度难关。创新是社会制度与社会经济发展的不竭动力,在科技治理理论体系的指引下,疫情防控的制度创新、技术创新、立法创新拥有了更广阔的空间,也为实现精准防疫、完善疫情防控机制提供了契机。

(二)科技治理体系引领疫情防控立法创新

科技治理模式也在逐步演化为新的治理模式,① 在科技治理体系的引领下,我国现有的防疫技术、防疫体系、防疫理论正在发生深刻变革,尤其在新型冠状病毒肺炎史无前例的冲击下,以及党中央领导全民抗"疫"的背景下,相关疫情防控立法正在发生深刻的变革与创新。纵观制度变迁史,科技创新一般会引发制度创新、立法创新,尤其面对此次疫情,党中央坚定了依法科学有序防疫的决心,高新科技的发展无疑给疫情防控体系与相关立法的创新带来了契机。尤其在大数据时代,更需要将大数据技术、人工智能、云计算、互联网等高新技术手段嵌入到疫情防控中,并在此基础上,进行制度创新、科技创新、知识创新进而不断完善与创新相应的立法。诺思甚至把制度创新比作科技创新的副产品,认为"它使科技变化的潜在利益得以实现"。② 此外,制度功能具有二面性,制度或者推进或者阻碍经济增长与发展,③ 而科技力的发展在一定程度上是好制度生成的"催化剂"。在先进科技治理体系的推动下,合法、合规的"众管"环境正在悄然形成。在大数据时代,一些蕴藏在传统疫情防控体系下难以窥测到的法律风险也将在科技治理体系所营造的"众管"环境下一览无余,并通过科学防控加以化解,④ 从而促进疫情防控立法创新。制

---

① 参见杨东:《金融科技的监管挑战与维度建构》,载《中国社会科学》2018年第5期,第72-77页。
② 参见[美]道格拉斯·诺思等:《西方世界的兴起》,厉以平等译,华夏出版社1990版,第138-150页。
③ 参见[冰岛]埃格特森:《经济行为与制度》,吴经邦译,商务印书馆2004年版,第58-67页。
④ 参见王馨:《为疫情防控提供有力法治保障》,载《湖北日报》2020年2月19日,第3版。

度是法律的制度，法律是制度的法律，防疫制度能驾驭防疫技术已成为疫情防控相关立法驾驭疫情防控技术的契机。如果承担疫情防控之责的政府部门具备利用高新技术手段加工、处理与匹配涉疫数据的能力，那么将高新技术嵌入疫情防控相关法律实施与运用中的科学性是能够成立的。

插上科技之"翼"的疫情防控手段有助于防疫机构及时采集到真实、准确、完整的涉疫信息，并在此基础上对疫情防控领域存在的风险作出准确的预判、评估进而做出精准的疫情防控决策。运用高新技术手段推动疫情防控模式的变革有助于防疫机构提升对现有确诊病例、现有疑似病例、现有重症病例、累计确诊病例、累计治愈病例、累计死亡病例等重要涉疫数据的整体把控能力，进而促进疫情防控相关立法的不断创新。此外，现有疫情防控立法体系只能适应传统疫情防控生态环境，① 倘若不能以先进技术武装疫情防控手段，传统的疫情防控体系与现有法律体系恐难以满足新型病毒肆虐下的疫情防控需求。而建立在人工智能路径之上的算法更多仰赖于参数设计、绩效函数、统计概率等科学，既避免了个人主观臆断，又提供了客观、有效的科技治理路径。人工智能、自动化处理等高新技术的运用可简化繁杂、程序化的疫情防控以及临床诊断与治疗流程。因此，应当在保留现有疫情防控立法体系的基础之上，借助科技治理体系对相关法律制度的漏洞进行填补，进而实现实时、动态、多维度、透明化、智能化的疫情防控，② 唯有此，大数据时代的疫情防控与相关立法创新才能相得益彰，"精准防疫"的目标才能最终得以实现。

（三）保障精准防疫亟需创新疫情防控大数据立法

在大数据时代，凭借科技治理体系对《传染病防治法》《野生动物保护法》等公共卫生领域的相关立法进行创新将有助于实现"精准防疫"。③ 任何数据或者数据集合都有可能成为"算法"，数据已经成为了社会进步、经济增长不可或缺的无形资产，并且数据并非孤立、禁止的存在，而是正在进行实时、动态的调整。而中国工程院院士李兰娟在接受记者采访时表示，可以利用大数据技术对无症感染者进行疫情防控。涉疫数据信息是政府防疫机关做出精准疫情防控所仰赖的基础，而进行有针对性的数据立法就成为了实现"精准防疫"的法律保障。④

在新型冠状病毒全球暴发的当口，《动物防疫法》《病原微生物实验室生物安全管理条例》《全国高致病性禽流感应急预案》《动物免疫标识管理办法》《动物检疫管理办法》

---

① See Klaus Schwab, *The Fourth Industrial Revolution*, Crown Business, 2017, pp. 6.
② See Joshua A. kroll, Joanna Huey, Solon Barocas, Edward W. Felten, Joe IR. Reidenberg, David G. Robinson and Harlan Yu, *Accountable Algorithms*, University of Pennsylvania Law Review, vol. 165, no. 3, 2017, pp. 633 – 705.
③ 参见何萍：《妨害传染病防治罪的适用与完善》，载《上海法学研究》2020 年第 1 卷，第 100 – 108 页。
④ 参见朱山：《加快推进大数据立法进程》，载 http://www.chinalaw.gov.cn/Department/content/2019 – 03/12/600_230139.html，2020 年 2 月 28 日访问。

等立法创新与完善都亟需对"精准防疫"所需的大数据技术的实时运用加以法律保障。①例如,利用数据采集、数据存储、数据分类、数据整理、数据加工、数据处理等大数据技术可以实时、多维度、全方位地获取现有确诊、累计确诊、现有疑似、现有重症等涉疫大数据,无论是结构化的,还是非结构化的涉疫大数据都可以借助大数据技术获取,然后对这些涉疫数据进行深度的挖掘与清洗。在此基础上,卫健委、疾控中心、卫生防疫机构可以借助区块链的"私钥"增强涉疫信息的安全性与数据质量,可以借助人工智能的"自动化处理""智能分析"功能对涉疫数据信息进行深度分析与学习,可以通过云计算来实现疫情大数据迭代的精准度并精准测算出分析指标,进而对实时疫情、疫情诊断、疫情防控目标等作出准确的评定进而精准地为全国范围内的疫情进行整体画像,这表明卫健委、疾控中心、卫生防疫机构能够综合运用大数据时代的各项高新技术丰富疫情防控手段的同时,实现"精准防疫"。可以说,大数据、区块链、人工智能等高新技术手段将赋予政府防疫部门"精准制导"的防疫力,而此时建构良好的疫情防控立法体系并使之与疫情防控技术联动共振,则是对这一防疫力的有力维系。

三、精准防疫立法创新在大数据时代的实现路径

在大数据时代,实现精准防疫立法创新离不开大数据思维的运用,而涉疫数据库系统的完善与高新技术的引领不可或缺。

(一)将大数据思维运用到疫情防控立法中

在大数据时代语境下,高新技术对疫情防控手段与相关立法的创新型驱动离不开大数据思维的运用。当然,并不否认原先的因果思维模式,②因为立法者在建构具体疫情防控立法制度时,同个体选择"如出一辙",也需要通过判断与厘清因果关系之后才能做出政策选择,③这离不开对传染病防治法及其实施条例、野生动物保护法等疫情防控相关法律法规的搜集、分类、分析、整合。然而,相对于大数据时代,之前的科技水平十分有限,传统的疫情防控也往往因为人力、物力的有限性只能"抓大放小",即关注重点性、原则性问题,对细节问题有所放宽。此外,疫情防控中常常夹杂着主观判断因素,立法者在因果思维模式下的选择将难免有失公允。因此,立法者搜集的决策时所依据的涉疫信息也往往是片面、不精准的。尽管"去中心化"的区块链技术已被运用于局部地区的疫情防控中,例如广州市南沙区借助区块链技术积极打响智慧战"疫",在广州全市率先建立区一

---

① 参见翟巍:《循环经济视野下动物源性疫病防控机制之完善路径》,载《上海法学研究》2020年第1卷,第48页。
② 因果思维法是根据事物因果联系的必然性来寻求创新突破的一种思维方法。
③ 参见黄欣荣:《大数据主义者如何看待理论、因果与规律》,载《理论探索》2016年第6期,第32-34页。

级疫情防控系统,南沙区利用区块链技术实现对疫情动态、重点人群、防控物资、企业复工备案、政策文件等内容的动态实时监控。不过,由于防疫机构、立法者的"大数据思维"观念尚未完全形成,大数据思维在疫情防控中的运用仍然相对较少,疾控中心、卫生防疫机关往往对一些重点领域或疫情异常变动情况进行重点关注,而对与疫情具有关联的、隐性的、潜伏性且具传染性的流动人员缺乏应有的敏感性和关注度,因而针对这些"漏网之鱼"的疫情防控立法也有所缺失,亟待创新。

在大数据时代,疾控中心、卫生防疫机构将大数据思维运用于疫情防控中以实现精准防疫已是大势所趋。如果立法者在制定疫情防控相关法律时,也能借助大数据检索功能对涉疫信息进行全方位、多维度地检索、采集,则立法者将能更及时、准确、完整地获取运用大数据思维模式进行判断所依据的涉疫信息。① 随着大数据时代"浪潮"的汹涌向前,传统的因果思维模式与大数据思维模式之间的差异日渐显现,固守传统的因果思维模式往往会使立法者在建构疫情防控法律制度时出现选择的偏差,从而对精准防疫目标的实现造成不利影响。因此,在针对大数据时代语境下的疫情防控进行相关立法时,亟需以大数据思维取代传统因果思维。

(二) 精准防疫立法创新亟需健全涉疫数据库系统

大数据是区块链、互联网、云计算等各项高新技术赖以生存的"血液",是疫情防控与防疫立法得以保持生命力的"源动力"。基于此,政府需要构建完善的数据库系统来为防疫立法体系的创新与发展提供有力保障,尤其需要鼓励大数据、人工智能、区块链等技术领域的专家进行技术创新,并建立与之配套的软件、硬件体系用于实现对涉疫信息全方位、多维度的采集、存储、分析、整合、处理的研发,并在此基础上培育出有助于实现"精准防疫"的数据库系统。浙江省卫健委已经联合阿里巴巴搭建疫情信息采集系统。目前,全国15个省市、100多个区县、10万多个基层医疗单位正在应用阿里宜搭平台搭建疫情相关的信息采集和管理系统。②

如何才能建立、完善相关数据库系统并为疫情防控相关立法体系的完善与创新配备"技术之翼"?③ 其一,以高新技术助力疫情防控相关立法体系的构建需要强化大数据的"造血功能",卫健委、卫生防疫机构、疾控中心等政府有关部门及公共事业单位则是造就这"供血功能"的中坚力量。因此,亟需由政府加大科研投入力度,根据疫情防控之所需构建并完善数据库系统,并可运用物联网的传感器、定位系统等技术功能对疫情防控领域

---

① 参见张康之:《大数据中的思维与社会变革要求》,载《理论探索》2015年第5期,第6-9页。
② 参见祝梅:《分秒必争 省卫健委联合阿里搭建疫情信息采集系统》,载 https://zj.zjol.com.cn/news.html? id = 1373972,2020年2月28日访问。
③ 参见习近平:《完善疫情防控相关立法》,载 http://www.nbd.com.cn/articles/2020-02-05/1405655.html,2020年2月26日访问。

各类敏感的涉疫信息进行及时追踪、监控与风险管理进而实现精准防疫。其二，政府亟需建立起集人工智能的深度学习、智能分析、数据自动化办公与处理、数据自动检索等功能于一体的综合云端平台，在此基础上，政府才能针对疫情作出准确的涉疫数据分析与结论，然后再据此明确疫情防控目标。基于此，配套设计的疫情防控相关立法体系才能与大数据时代语境下的高新技术相互耦合、联动共振，否则以各项高新技术驱动疫情防控与相关立法体系的创新与完善也只能是"乌托邦式"的幻想。其三，相关数据库系统的建立与完善不能仅仅停留在理论研究的层面，更需要考量疫情防控立法制度的实施绩效。其四，针对疫情防控技术手段建立完备的数据库系统固然重要，而为了防止可视化的数据信息越过隐私权的边界，① 应当针对嵌入高新防疫技术的疫情防控手段明确其法律实施路径、法定范围、法定条件、法定程序、法定责任等，② 从而完善与创新《传染病防治法》《野生动物保护法》《动物防疫法》等相关立法。此外，可通过制定相应法律规定涉疫失信黑名单与涉疫信息白名单制度，对恶意传播疫情谣言以及漏报、瞒报、谎报、缓报疫情信息，并被纳入黑名单数据系统的疫情防控主体追究相应的民事责任、行政责任或者刑事责任。而对于及时披露真实、准确、完整涉疫信息，积极协调、配合公共卫生机构履行防疫职责，并被纳入白名单数据系统的疫情防控主体应当给予其法律所规定的物质、精神上的奖励，从而通过疫情防控相关法律的实施充分发挥涉疫信息共享激励机制作用。

完备的疫情防控体系、科学严密的防疫治理、完善的大数据防疫系统的构建离不开大数据技术、人工智能、区块链、物联网、互联网技术的发展与运用。在疫情面前，以习近平总书记为核心的党中央反复强调精准防疫的重要性，并坚定打赢此次战"疫"的决心。因此，打造全天候、全方位、全覆盖、全流程、全联通的智慧防疫系统已经刻不容缓。而智慧防疫系统的实现需要借助大数据技术、人工智能深度学习、自动化办公等技术手段的实时运用。

（三）以大数据时代高新技术引领精准防疫立法创新

大数据技术、人工智能、云计算等高新技术引领精准防疫的同时，也带动着疫情防控相关法律制度的完善、创新与变迁，疫情防控相关立法的创新建立在通过运用高新技术实现精准防疫的基础之上。

区块链通过私钥技术、节点与节点之间的互联来运作"去中心化""不可篡改性""不可逆转性"的分布式记账模式，使各疫情防控主体能通过密钥在节点与节点之间平等地共享涉疫信息，为精准防疫打下必不可少的技术基础，也使区块链技术逐步渗透入各疫情防控领域。此外，防疫机构还可以将物联网技术应用于疫情防控的各个环节，通过传感器技术、嵌入式技术、物联网技术的应用对疫情防控领域可能存在的风险与潜在病例进行

---

① 参见吴晓灵：《大数据应用：不能以牺牲个人数据财产权为代价》，载《清华金融评论》2016年第10期，第16页。

② 参见张勇：《疫情防控中个人信息的刑法保护》，载《上海法学研究》2020年第1卷，第80-89页。

实时的智能化识别、定位、跟踪、监管，并在此基础上，精准制定出具体的疫情防控对策。不仅如此，云计算也为累计确诊、累计治愈、累计死亡等重要涉疫数据的确定提供了精准而又公正的算法，有助于精准防疫。

大数据技术与区块链技术的运用为疫情防控领域数据信息的传递与流通打开了空间，而高新技术与相关立法制度在疫情防控领域的深度融合与持续创新也为疫情防控相关立法体系变革带来了新的契机。对于精准防疫，可以借助大数据识别以及大数据分析技术加以实现，例如可以针对传染病预防和控制、现场救治及处置、卫生执法监督、健康宣传教育、突发疫情应急等疫情防控环节，通过大数据技术加以精准化从而为打赢这场战"疫"送去助攻。然而，纵观《传染病防治法》《野生动物保护法》《动物防疫法》等相关立法，对于如何利用大数据技术进行精准防疫却鲜有涉及。因此，当突破人类认知的新型病毒汹涌来袭时，如何借助大数据、区块链等各项高新技术进行疫情防控亟需相关立法创新与之配套。

在高新技术的驱动下，人工智能的发展势在必行，人工智能的引入有助于变革与创新现有的疫情防控立法体系并破除其弊端。例如，立法者可了解人工智能在疫情防控中的应用机理，以及深入学习人工智能技术，并在立法活动中加以运用，此举有助于立法者减少程序化、流程化的重复操作，更有助于立法者为精准防疫提供精准立法。综合运用各项高新技术可以助力肩负疫情防控之责的卫健委、疾控中心、卫生防疫机构对疫情进行实时、动态的监测与分析。[①]因此，在大数据时代下，融入各项高新技术有助于疫情防控相关立法体系的完善与创新，从而保障精准防疫制度的创新与演进。

四、结语

在大数据时代，疫情防控立法体系的变革已是大势所趋，然而从传统的疫情防控法律制度过渡到大数据思维引领下的疫情防控法律制度，不仅需要政治理念的调整、法治思维的转变，更需要防疫技术手段的及时跟进，彻底将其转变仍需时日。诚然，可以将医疗卫生领域的技术型人才引进疫情防控立法部门并以此辅之疫情防控法律制度、疫情防控理念的转变，然而毕竟多数立法者并未真正掌握大数据思维、先进的防疫技术手段，他们对防疫技术效果的判断力、甄别力还欠缺火候，一味借助外部的防疫技术力量，而不进行自身内部的技术挖掘与开发，容易造成疫情防控法治思维与疫情防控技术手段的剥离，从而不利于大数据思维引领下的疫情防控立法体系的构建。此时，如何将高新技术手段真正嵌入到疫情防控相关立法制度中是技术性难题，同时也是制度性难题，因为技术是制度的技术，制度是技术的制度，防疫技术必须为防疫制度所驾驭，才能真正发挥出疫情防控立法

---

① 参见张继红：《我国金融消费者信息权保护的立法完善——基于大数据时代金融信息流动的负面风险分析》，载《法学论坛》2016年第6期，第95–98页。

制度对疫情防控技术的法律保障作用。疫情防控立法创新与防疫技术创新"不舍昼夜",政府在优化疫情防控措施时,如何更好地整合其所掌握的相关涉疫大数据资源,如何使疫情防控的技术手段迅速跟上大数据时代前进的"步伐",也是以大数据思维引领疫情防控立法体系创新时所面临的难题。

(编辑:吕玉赞)

论疫情防控措施的衡量机制*

乌日力嘎**

> **摘　要**　现有应急法律制度没有明确疫情防控措施的限度问题，而是通过授权条款的方式，允许行政机关在"必要"的时间，采取"必要"的防控措施。"必要"本身是一个不确定概念，需要通过法益衡量方法来进行价值的补充。但新冠肺炎防控过程中，部分地方行政机关及其授权组织没有对防控措施的必要性进行论证，而是选择以最高的标准、最强的力度进行管控，没有有效平衡疫情防控和人民的生产生活需要的关系。针对这一问题，行政机关有必要确立一个衡量的机制，在公共卫生安全、社会秩序、防控效率、产业发展等社会法益，以及自由、平等的个人法益之间进行细致地衡量。后疫情时期，行政机关还可以加强与法益衡量相关的业务指导，使法益衡量方法内化为行动的指南，以在今后更加从容地应对公共卫生事件，提高依法治理的水平。
>
> **关键词**　疫情防控　法益衡量　社会法益　个人法益　依法治理

一、疫情防控措施的衡量问题

2020 年初新型冠状病毒肺炎暴发，疫情防控成为了政府工作的重中之重，各级政府成立应急处理指挥部，出台一些紧急防控措施。作为采用甲类传染病控制方法的乙类传染病，新冠状病毒肺炎的防控措施主要集中在以下几类：（1）隔离措施：对新型冠状病毒的感染或疑似感染人群进行单独/集中隔离，要求密切接触者进行居家隔离等；（2）封闭措施：对相关疫区、对可能造成传染病扩散的场所进行封闭管理，禁止内部人员外出，禁止

---

* 基金项目：本文系国家社会科学基金重大研究专项项目"社会主义核心价值观背景下的案例指导研究"（项目批准号：19VHJ004）的阶段性成果。

** 乌日力嘎，女，内蒙古兴安盟人，山东大学（威海）法学院 2019 级博士研究生，主要研究方向为法律方法论。

外来人员进入；（3）停工停业停课措施：除保障公共事业运行必需、疫情防控必需、群众生活必需的行业以外，其他行业延迟开工，各大专院校、中小学、幼儿园推迟开学等；（4）针对隔离、封闭造成的连锁反应采取的附带性措施，比如加强对医用商品、生活必需品的市场监控，查处借疫情防控之机哄抬价格、囤积居奇、贩卖假货的违法行为。再如在疫情期间散步谣言、造成恐慌的，由公安机关施以行政拘留的处罚等。这些合理的防控措施，在疫情形势严峻的情况下，是非常有必要的。它们可以有效预防、及时控制新型冠状病毒肺炎造成的危害，保障社会公众的身体健康与生命安全，维护正常的社会秩序。

但是，在一些疫情形势没有那么严峻的区域，地方政府也做好了严密的防控措施，谨防万一。比如呼和浩特市赛罕区政府在确诊首例新型冠状病毒感染肺炎病例后，要求每户每天只能1人外出采购，每晚10：00至次日清晨7：00实行宵禁；① 长治市在出现首例感染病例后，叫停了全市的公共交通；② 防城港市政府也在确诊几例感染病例后要求所有居民小区、村屯采取封闭管理措施、严格控制居（村）民出行，原则上每户家庭每两天可指派1名家庭成员出门采购生活用品。③ 其他地区的防控措施还包括堵路封村、对武汉返乡人员进行劝返、对"鄂A"牌照私家车进行围堵，以及对湖北同学个人信息及逆行披露、奖励对湖北返乡人员的举报，等等④。此外，不少基层的防疫工作表现为"表格要得勤、电话催得紧"，将外出登记变成了填表抗疫。⑤ 这些"硬核"措施、"史上最严厉防控措施"，在自媒体的渲染传播下愈演愈烈。甚至有些地方开始攀比防控措施之间的严厉性，以措施的严厉程度来判定对人民生命的重视程度、对民意舆论的回应程度。

无法忽视的是，这些严厉的防控措施带来了一些负面影响。首先，在非疫区或者非严重疫区采取过于严厉的措施，无疑会严重侵害到人身自由、生产自由，直接影响人们正常的生活生产秩序。此外，对一些湖北人、武汉人，以及从上述疫区出来的人而言，无差别地劝返、驱赶、谩骂，已经构成了一种歧视，侵害其人格尊严。而对湖北高校学生个人身份信息的披露、传播，也侵害了他们的隐私权。面对这些负面影响，不禁会产生一些疑问：在非疫区或非严重疫区采取严厉的防控措施是否存在合法性基础？有没有进行必要性论证？防控的手段和防控的目的之间是否出现了失衡的状态？

---

① 参见赛罕区人民政府：《[战"疫"通知]关于在疫情期间进一步加强人员出行管控的公告》，载 http://www.saihan.gov.cn/zwdt/zwyw/202002/t20200205_617876.html，2020年2月10日访问。

② 参见山西省人民政府：《长治市公共交通总公司关于全市所有公交线路暂停运营的紧急通告》，载 http://www.shanxi.gov.cn/ztjj/fyyqfk/quanlifangkongshiyi/202001/t20200128_762501.shtml，2020年2月10日访问。

③ 参见腾讯新闻：《广西首个发出"封户"通知的城市，不是北海、也不是桂林》，载 https://xw.qq.com/cmsid/20200203A03RQ600，2020年2月10日访问。

④ 参见人民日报：《湖北人，是同胞也是同袍》，载 https://mp.weixin.qq.com/s/xRl_gnCcXwdMh9UjEVsvcw，2020年2月18日访问。

⑤ 参见人民日报：《人民锐评丨都什么时候了，还在搞"填表抗疫"》，载 https://mp.weixin.qq.com/s/2zg8VGhCdzY5oJDxvvgROg，2020年2月18日访问。

从法律规定上看，法律直接授权给政府，由政府来确定防控措施的必要性。《中华人民共和国传染病防治法》（以下简称《传染病防治法》）第42条明确，县级以上人民政府在必要时经上级人民政府批准，可以限制或停止集市、封闭可能造成传染病扩散的场所等等。《中华人民共和国突发事件应对法》（以下简称《突发事件应对法》）第45条规定县级以上人民政府采取法律法规规章允许的、其他必要的防范性、保护性措施。《突发公共卫生事件应急条例》第33条规定，突发事件应急处理指挥部有权在其认为必要时，对人员进行疏散和隔离，对疫区实行封锁，等等。由上述法律规定可以发现，一方面，法律没有明确提及对非疫区的防控，相关规定主要指向疫区防控；另一方面，即便同是疫区，法律也没有明确要求应根据疫区感染严重程度的不同，来确定具体防控措施的管控力度。[1]事实上，这些问题法律都授权给了政府来决定，具体而言就是授权县级以上人民政府在"必要时"，经上级人民政府的审批，采取"必要的"防范性、保护性措施。

法律在紧急的状态下充分尊重政府机关的行政权力，尊重其对防控措施的决定权，但这并不意味着政府机关可以任意使用裁量权，也不能得出非疫区、非严重疫区要和严重疫区采取同等防控措施的结论。政府的防控措施还需要受到"必要"二字的限制，需要经过目的——手段间的必要性考量。可以说，政府每一个防控措施的确定，都应当是逻辑思维的结果，是谨慎权衡的结果。而不能盲目跟风，对各类防控措施不加筛选、全盘肯定，更不能仅仅通过舆论上的、修辞上的手段来对自己的行政行为进行证成。

因此，确定"必要"二字的内涵，就成为了政府机关采取防控措施的核心问题。"必要"是一个不确定概念，其含义比较模糊，具有开放性和流动性，所以针对何时必要、何为必要的问题，法律规范本身、包括法律规范的解释都不能给出直接的答案。而事实上，对于此类具有评价性内涵的不确定概念，需要依赖适用者的价值补充来完成实质意义的填补。[2] 此种价值补充并非出于任意，而是需要通过规范背后的法益衡量来针对个案确定适用界限。[3] 简言之，通过法益衡量来保证价值补充的妥当性。由此，整个问题的焦点就落在了法益衡量方法上。

法益衡量的前身是利益衡量，其基本要义是探究、识别制定法的利益状态，进而根据立法者对利益的界定和平衡来处理问题。简言之，位于立法者的立场对各种利益进行评价。[4] 在利益法学的研究中，利益不仅涉及各种生活要求，还包含有"人类的最高利益以

---

[1] 《传染病防治法》和《突发事件应对法》针对不同类型的传染病和突发事件确定了不同的防控措施。但是具体到某一事件，其防控措施内部没有明确的等级和界限，如何选用仍然依靠行政机关的自由裁量。
[2] 在法律只界定了一般的框架的情况下，需要通过另为评价，来填补框架的间隙。参见［德］卡尔·拉伦茨：《法学方法论》，陈爱娥译，商务印书馆2003年版，第2页。
[3] 参见［德］卡尔·拉伦茨：《法学方法论》，陈爱娥译，商务印书馆2003年版，第279页。
[4] 参见张利春：《关于利益衡量的两种知识——兼行比较德国、日本的民法解释学》，载《法制与社会发展》2006年第5期，第111页。

及道德和宗教的利益之意。"① 比如平等、自主、尊严、尊重父母，自力更生，诚实，安全，自由，团结，等等。② 在此基础上，评价法学完成了衡量方法的建构工作，并将利益转变为法益，③ 确立了"个案中的法益衡量方法"：考量应受保护法益的影响程度和对立法益的受害程度，进而适用比例原则、最轻微侵害手段等来判断对某一法益的侵害是否超越了必要限度。④ 由此来看，法益衡量正好符合现有规范在疫情防控措施问题上采取的授权条款立场，符合"必要"二字的评价需求。

总体而言，疫情防控措施背后的法益衡量将围绕两个问题展开：(1) 有待衡量的法益都有哪些？疫情防控措施的背后存在着多种法益，这些法益可能存在于宪法、行政法、传染病防治法等相关法律的规范目的、基本原则之中，也可能存在于社会经验、自然事实当中。无论是何种形态，这些法益对疫情防控措施而言应当都是重要的，理论上都是值得保护的，以至于不能够轻易地肯定某些法益，或者随意地排除某些法益。(2) 这些法益之间要如何衡量，会带来何种衡量的结果？一般而言，衡量的主要方法是根据疫情防控措施相关法益的受损害程度来确定其重要程度。疫情防控措施会维护一部分法益，相应地也会损害一些法益。疫情防控措施越严厉，对相关法益的侵害程度就越大，此时受损的法益就会获得越来越多的力量，以至于再不对受损的法益进行保护，将严重超过疫情防控措施的必要限度。据此，下文的内容将主要围绕疫情防控措施衡量的两个问题展开。

二、疫情防控措施背后的多元法益

在确定疫情防控措施时，应当把法益衡量作为必要的环节，并选择对其他相关法益损害最小的防控措施。这样一些法益可以划分出社会法益和个人法益的形态。⑤ "从内容上看，社会公共法益基本上涉及经济秩序和社会公德等方面。"⑥ 个人法益则是以个人生活名义提出的要求、需要或者欲望，⑦ 主要涉及生命、健康、人格尊严等。⑧ 对疫情防控措施而言，社会法益和个人法益都具有多元的内容。

---

① [德] 菲利普·黑克：《利益法学》，傅广宇译，商务印书馆2016年版，第14页。
② See Joshua B. Shiffrin, *A Practical Jurisprudence of Values*: Re – Writing Lechmere, Inc. v. NLRB, 41 Harvard Civil Rights – Civil Liberties Law Review. 177, 188 (2006).
③ 评价法学批判了利益法学将评价对象和评价标准混为一谈的作法，并正式将利益衡量建构为一种理性的方法。比如哈利·韦斯特曼指出，单纯的利益评价无异于单纯的权力宣称。此时，谁掌握权力谁就可以进行衡量，而衡量行为本身却不受束缚，因此重要的是提供具体的衡量标准。
④ 参见 [德] 卡尔·拉伦茨：《法学方法论》，陈爱娥译，商务印书馆2003年版，第285–286页；焦宝乾：《衡量的难题——对几种利益衡量标准的探讨》，载《杭州师范大学学报》（社会科学版）2010年第5期，第17页。
⑤ 参见王书成：《论比例原则中的利益衡量》，载《甘肃政法学院学报》2008年第2期，第26页。
⑥ 梁上上：《利益的层次结构与利益衡量的展开——兼评加藤一郎的利益衡量论》，载《法学研究》2002年第1期，第57页。
⑦ 参见 [美] 罗斯科·庞德：《法理学》（第3卷），廖德宇译，法律出版社2007年版，第20–21页。
⑧ 参见王利明：《民法上的利益位阶及其考量》，载《法学家》2014年第1期，第82页。

（一）社会法益：安全、秩序、效率、产业发展

疫情防控措施背后的社会法益主要涉及安全、秩序、效率和产业发展。它们在传染病防治法、突发事件应对法等疫情相关法律、规范性文件中有着充分的体现。此处的法益主体是不特定的多数人，不一定是社会上的全体成员。①

在突发传染病领域，维护公共卫生安全构成了首要目标。《传染病防治法》第1条将保障公共卫生安全确立为该法的立法宗旨。作为一种社会法益，公共卫生安全不仅是"人的安全"的一部分，② 也是现代国家安全的一部分。③ 由于新型冠状病毒流行前期对其危险程度认识不足，传播途径认识不足，导致疫情大面积爆发，全国31个省区市启动了"重大突发公共卫生事件I级响应"。不止如此，全球其他国家也受到了疫情的冲击，新冠肺疫情事实上已经构成全球性大流行。此时，维护公共卫生安全就成为了各地政府部门采取疫情防控措施的最直接目的。一方面政府要组织力量进行救援，保障病毒感染者和疑似感染者的生命安全；另一方面也要控制疫情继续传播，保障尚未被感染的多数人能够安稳生活。

社会秩序在传染病防控过程中也是需要予以重点考虑的法益。"任何体面的国家通过相关的国家机构都可以为其民众确保最低程度的社会秩序。在稳定的社会秩序中，民众的人身与财物安全得到基本保障，人们的行为模式是稳定的、可预期的，人与人之间有更多的合作。"④ 在疫情形势严峻、不少人谈"疫"色变的情形下，社会秩序的维护显现出其重要性，这也得到了多个法律文件的确认。《突发公共卫生事件应急条例》第1条规定要维护正常的社会秩序；《关于依法惩治妨害新型冠状病毒感染肺炎疫情防控违法犯罪的意见》表明要保障社会安定有序，保障疫情防控工作顺利开展；《关于做好新型冠状病毒肺炎疫情防控期间保障医务人员安全维护良好医疗秩序的通知》则进一步要求保障医务人员安全、维护正常医疗秩序。因此，面对一些扰乱秩序的问题，比如囤货居奇、哄抬物价、造谣传谣、暴力伤医等，政府需要采取一些措施予以应对。

新冠肺炎疫情的防控效率同样值得重视。因为传染病往往事出突然，如果行政机关无法快速做出反应，将错失防控的良机，导致损害进一步扩大。为此，《突发公共卫生事件应急条例》第5条要求突发事件应急工作，应当贯彻统一领导、分级负责、反应及时、措施果断的原则。《突发事件应对法》第7条也规定，突发事件发生后，发生地县级人民政府应当立即采取措施控制事态发展，组织开展应急救援和处置工作，并立即向上一级人民政府报告，必要时可以越级上报。可以说，在应急状态之下，法律通过'必要'的条款表

---

① 参见梁上上：《公共利益与利益衡量》，载《政法论坛》2016年第6期，第3页。
② 参见徐彤武：《当代全球卫生安全与中国的对策》，载《国际政治研究》2017年第3期，第11页。
③ 王景斌、方芳：《行政指导与公共卫生安全》，载《当代法学》2005年第6期，第114页。
④ 杨伟清：《国家证成、无政府主义与社会秩序》，载《中国人民大学学报》2017年第4期，第74页。

述来赋予行政机关以自由裁量权,主要就是出于行政效率的考虑。① 除此之外,效率的价值还体现在简易程序的设置上。"行政机关制定应急规则与应急决定将适用简易程序,并充分发挥行政时效和期限制度的功能。"② 应急准备、应急处置、应急救援、事后重建等环节无一不透露着效率的重要性。特别是在应急救援环节,需要调动各个地方、各个部门的人力、物力和财力,帮助疫区度过难关,在应急程序的设置上要防止因条、块分割而造成效率的损害。因此,注重疫情防控的效率是有意义的,行政机关可以在不损害其他法益的前提下,追求效率的最大化。

产业发展是疫情防控中需要考量的另一个重要法益。产业是国家经济的主体部分,各种类型的产业在循环经济、共享经济的模式下,形成一个大的经济圈,促进国家经济实力的增长。而突发事件无疑会影响到产业发展的进程。停工停产对于大多数产业而言都是难熬的,它会导致大量的前期投入成为沉没成本。"特别是抗风险能力较低的中小微企业所受冲击巨大,生存危机加剧。"③ 为此,政府在确定防控措施时还需要考虑到对产业发展的影响。《突发事件应对法》第61条规定,受突发事件影响地区的人民政府应当根据本地区遭受损失的情况,制定救助、补偿、抚慰、抚恤、安置等善后工作计划并组织实施。从这个意义上讲,疫情过后对受损产业的恢复与重建,也是在考虑到产业发展法益的情形下采取的措施。

(二) 个人法益:自由、平等

疫情防控措施背后的个人法益主要涉及自由和平等。与社会法益相对,个人法益带有明显的私人特征,其讨论往往围绕个体展开。其中,个人的自由又可以分为积极自由和消极自由,前者指向的是主动行为的自由,后者指向的是不受他人的干涉和限制的自由。④

个人的积极自由在疫情防控措施的情境中主要表现为人身自由,即"任何人可以随心所欲地在任何时间前往任何地点的自由"。⑤ 隔离、封闭等疫情防控措施是限制人身自由的高权强制措施。⑥ 在隔离、封闭状态下,人们行动的空间受限、行动的模式也受限,其对生活工作造成的不便利非常直观。因此,对人身自由的保障也成为了疫情防控过程中需要重点考虑的一个因素。《突发事件应对法》第11条规定,有多种防控措施可供选择的,应选择有利于最大程度地保护公民、法人和其他组织权益的措施。对此,突发事件应对法

---

① 参见陈无风:《应急行政的合法性难题及其化解》,载《浙江学刊》2014年第3期,第135页。
② 参见戚建刚:《应急行政的兴起与行政应急法之建构》,载《法学研究》2012年第4期,第26页。
③ 张夏恒:《新冠肺炎疫情对我国中小微企业的影响及应对》,载《中国流通经济》2020年第3期,第26页。
④ 参见梁上上:《异质利益衡量的公度性难题及其求解——以法律适用为场域展开》,载《政法论坛》2014年第4期,第8页。
⑤ 汪进元:《人身自由的构成与限制》,载《华东政法大学学报》2011年第2期,第11页。
⑥ 张坤:《论疫情防控中"隔离"措施法律规定之完善》,载《上海法学研究》2020第1卷,第60页。

的起草人员表示情况越紧急、越复杂,越要注意对公民权益的保护,要使得非常状态下公民的权利得到尽量的维护和保障,使权力扩张、权利克减限定在必要的范围之内。① 此外,《传染病防治法》第 12 条也允许个人在其合法权益(包括人身自由权)受到侵害时,依法申请行政复议或者提起诉讼。虽然这些条文规定没有明确强调人身自由,但不可否认,其中都包含着保障人身自由的价值倾向。

个人的消极自由在疫情防控过程中主要表现为对隐私和个人信息的尊重与不侵犯。在信息社会,隐私权很大程度上通过信息数据的形式体现出来,因此一部分带有私密性质的个人信息可以构成隐私,进而受到隐私权的全方位保护。但如果个人信息不具有私密性质,它只能是作为信息法益,受到有条件的保护。此种条件主要是对特定行为模式的限制,② 即个人信息的非法收集、使用、加工、传输、买卖、提供或者公开等才构成对信息法益的侵害。也就是说,合法的收集、使用是被允许的。比如在传染病防治的问题上,《传染病防治法》《突发公共卫生事件应急条例》等规范均允许有关部门和机构出于疾病防控需要而收集个人信息,并且单位和个人对此也有配合的义务。由此,总体来看,疫情防控措施的确定需要考虑到对隐私权和信息法益的保护,使其不受政府的非法干涉和影响。

平等也是疫情防控措施需要考量的个人法益。《传染病防治法》第 16 条规定,国家和社会应当关心、帮助传染病病人、病原携带者和疑似传染病病人,使其得到及时救治。任何单位和个人不得歧视传染病病人、病原携带者和疑似传染病病人。该规定被部分学者理解为传染病防治法的反歧视原则。③ 但其实反歧视很大意义上就意味着平等,因此这一规定也可以被理解为是平等原则。总体而言,疫情防控过程中,个体之间的平等涉及两个方面的问题:第一,在病毒感染问题上的平等对待。比如不是新型冠状病毒携带者或疑似携带者,但是带来自重点疫区,政府采取何种防控措施才可能保证这部分人员受到和其他地区无感染人员同等地对待;同理,对于境外输入病例而言,政府采取何种防控措施才不会构成特殊优待。第二,在病毒感染痊愈后的同等对待。比如对于痊愈出院的新型冠状病毒肺炎病人而言,后续是否还需要隔离观察,是否可以在公共场所享受社会服务,日后就业、升学等方面是否会受到影响,等等。针对这些问题,政府需要着重考虑到平等法益的力量。

综上所述,公共卫生安全、社会秩序、防控效率、产业发展是与疫情防控措施相关的

---

① 参见中国政府网:《法制办负责人就突发事件应对法草案有关问题答问》,载 http://www.gov.cn/jrzg/2006-07/03/content_326404.htm,2020 年 2 月 16 访问。
② 如果个人信息仅构成法律上的利益,那么其保护的内容和类型都是受到限制的,一般只在法定的几种侵害方式内得到保护。参见程啸:《民法典编纂视野下的个人信息保护》,载《中国法学》2019 年第 4 期,第 34-35 页。
③ 参见王丽萍:《传染病防治法基本原则的法经济学分析》,载《山东大学学报》(哲学社会科学版)2005 年第 6 期,第 131-133 页。

社会法益，个人自由和平等是与疫情防控措施相关的个人法益。这些法益有着明确的法律表达、有着经验事实的支撑。政府部门在确定疫情防控措施时，将它们纳入考量的范畴是十分有必要的。在此基础上，通过法益衡量方法的指引，可以建构疫情防控措施的衡量机制，确定衡量后结果指引。

三、法益衡量适用于疫情防控措施的结果指引

社会法益和个人法益属于异质法益，两者间的衡量无法通过法益位阶的高低评价来完成。"异质法益衡量的求解路径存在于从抽象命题到具体情境的转变中，其在具体案件的法律适用层面是可解的。"① 这是"个案中之法益衡量方法"的特点，它需要结合具体的情况才能得出衡量结果。但这也并不意味着法益衡量方法的适用无法在一般意义上提供思维指引、结果指引。事实上，结合新冠疫情防控事件中采取的一些防控措施，我们可以得出一些一般性的结论。

比如通过法益衡量的方法来审视此次疫情防控过程，可以发现，我国的疫情防控成功地将公共卫生安全放在了第一位，并通过多种综合的防控措施保护了这一法益。宏观上，在疫情爆发的第一时间，政府封锁了疫区，有效抑制了病毒的持续传播，并通过集中资源、统一调度、"一省包一市"等方式有效应对了疫区的医疗资源、生活资源的紧缺问题。与此同时在微观上，政府利用"其他国家不可比拟的强大社会动员能力"②，将防控权力下沉到基层，发挥了"以基层街居为基础建立起来的社区网格化治理凭借其基础性和覆盖性等优势。"③ 可以说，政府在短暂的时间内制定出了周密的防控方案，尽可能地顾及了最大多数人的安全法益。这些防控的有益经验是非常值得肯定和借鉴的。但百密总有一疏，疫情防控也存在几点局部的问题。下文中，笔者将针对其忽视的问题提出一些改进的建议。

（一）疫情防控措施应当考虑到对公民个人法益的消极影响

政府采取疫情防控措施，主要目的是为了维护公共卫生安全、社会秩序，还有追求防控的效率。这些疫情防控措施如果越严厉，对社会法益的保护就越到位，疫情防控的漏洞就越小。但是，这同时也意味着对公民个人法益的损害会越大。

针对新型冠状病毒疫情而采取的防控行为，无论是隔离、封锁、报备等常规的防控措施，还是市场监管、舆论监督等附带性的防控措施，都会使人们的自由受到限制。其中的

---

① 梁上上：《异质利益衡量的公度性难题及其求解——以法律适用为场域展开》，载《政法论坛》2014年第4期，第3页。
② 彭宗超等：《新冠肺炎疫情前期应急防控的"五情"大数据分析》，载《治理研究》2020年第2期，第9页。
③ 田毅鹏：《治理视域下城市社区抗击疫情体系构建》，载《社会科学辑刊》2020年第1期，第19页。

一部分限制或损害是无法避免的，是为了疫情防控不得已而为之。但还有一部分措施是无法容忍的，其造成的损害是防控收益所无法弥补的。比如强制驱赶湖北籍返乡人员，拒绝下班的公务人员、医务人员回到小区，等等。这种排外式的防控虽然有助于维护特定区域内的安全、秩序，但这种效益只是临时的、短浅的；相比较而言，它对自由、尊严带来的损害确实长期的、深远的，根据日常生活经验，这种损害将需要经过很长时间才能弥补和愈合。其实，面对外来输入人员，政府完全可以为它们指定居所并进行隔离观察。这样既保证了安全，也不至于让同胞们流离失所。此外，还有一些个人身份信息的公开也存在超过必要限度的问题。实践中，有政府部门的公布范围涉及到个人的姓名、家庭住址、单位名称、身份证号、手机号、出行车次、行动轨迹，甚至包括其他家庭成员的身份信息等。[1] 这无疑会使相对人的隐私权和个人信息法益遭受长远的损害。采取防控措施不意味着可以随意泄漏个人隐私，无视相对人的权利。

公益和私益之间处于严重失衡的状态，法益衡量的理念、比例原则的意义将受到破坏，手段和目的之间将不再具有相当性，构成行政裁量的瑕疵。[2] 与此同时，国家依法防控疫情、保障人民权益的本意也会受到违背。针对地方的一些不必要、不妥当的防控措施，中央媒体也做出了相应的评价。比如人民日报、新华社等国家官方媒体也撰写文章呼吁防控措施要有度，不要"恐鄂"，要做到理性防控。[3] 总而言之，政府不能完全着眼于防控疫情，而忽视了个人的权益；如果确有必要对个人自由、权益施以限制，也需要遵循比例原则，进行必要性论证，不能够任意扩大。

（二）疫情防控措施要妥善处理防控需要与产业发展的关系

产业发展是政府机关日常行政时比较重视的一个指标。但是在疫情防控过程中，产业的发展问题却往往被忽视。"相比于人员伤亡，突发性公共卫生事件及其应急处理中引发的产业损害则很少受到政府应急行政及应急法制的关注。"[4] 比如突发事件应对法没有对应急过程中的产业考量做出要求，仅仅是在事后恢复与重建部分涉及了受损产业的补偿问题，各级政府及其部门的各类预案中也基本看不到产业考量的内容。[5]

但疫情防控过程中的停产停业措施，对于产业的发展有着较大的影响。此次的新型冠状病毒肺炎疫情，首先冲击的就是种禽、养殖、加工产业，活禽市场被关闭，大量活禽被

---

[1] 参见张勇：《疫情防控中个人信息的刑法保护》，载《上海法学研究》2020 第 1 卷，第 80 页。
[2] 参见孙光宁：《行政行为视角下行政法律解释的特殊性》，载《广西社会科学》2017 年第 11 期，第 99 页。
[3] 比如人民日报：《转发呼吁！"抗疫"不能成"恐鄂"！》，载 https://mp.weixin.qq.com/s/MDBxeJKcF_kftnbEXYFlUg，2020 年 2 月 18 日访问；新华社：《如此入室砸麻将桌不妥！好心好意好言好劝好事办好》，载 https://mp.weixin.qq.com/s/1TtSkMHDRl7bHH3GoV9r4w，2020 年 2 月 18 日访问。
[4] 冯辉：《应急治理中的产业考量及其法律规制》，载《法学》2016 年第 2 期，第 53 页。
[5] 参见冯辉：《应急治理中的产业考量及其法律规制》，载《法学》2016 年第 2 期，第 59 页。

扑杀或者滞销；其次是人群密集的服务业，如餐饮业、酒旅业、商场电影院等行业需要长期关门停业；除此之外，一些城市运作的非核心岗位、低经济贡献值的行业，比如小微企业、个体工商业的开工日期也无法确定，导致租金、人力成本、贷款利率的压力增加。这些特定的产业是本次疫情的受害者，假如这些行业将大规模、长时间地受到损害，可能会持续引发严重的经济与社会问题。

针对长期的停工停业造成的问题，国务院印发的《关于切实加强疫情科学防控，有序做好企业复工复产工作的通知》中要求尽早恢复正常生产，为疫情防控提供充足的物资保障，为稳定经济社会大局提供有力支撑。近日，习近平总书记的重要讲话中也指明，要统筹推进经济社会发展各项任务，在全力以赴抓好疫情防控同时，尽可能降低疫情对经济的影响，努力完成今年经济社会发展各项目标任务。① 由此可以发现，党和国家也要求妥善处理好疫情防控和产业发展之间的关系，要求防疫、发展两手抓。因此，政府在确定疫情防控措施的过程中，就应当将受损情况、发展态势等纳入考量的范畴，助力企业复工复产，而非仅仅停留在对产业的时候救济层面。尤其是对这些传统的产业来说，不对损害及损害的扩大进行及时地制止，可能就会遭受毁灭性的打击，事后想要弥补已经为时已晚。所以政府部门在疫情防控过程中也要采取一些政策维持产业发展，比如加大金融支持力度、加大企业复产用工保障力度、积极推进在建项目等等。

（三）不同疫区的防控措施需要分别衡量，非疫区尤其注重对个人法益的保护

前述个人法益和产业发展的法益在疫区和非疫区有着不同的意义，在非疫区，这些受损的价值更具有保护的必要性。前文要求适当考虑防控措施对公民个人权益的消极影响，要求妥善处理疫情防控与产业发展的关系，都是在严重疫区和非严重疫区、非疫区的划分基础上展开的。个案中的法益衡量要求考虑到每个地方的疫情发展情况。比如在湖北、浙江等疫情较重的地区，通过严密的管控来彻底抑制新型冠状病毒的传播，消除人际传染的风险是最主要的，政府可以采取较为严厉的措施。因为在这些地方，人们的生命和安全没有切实的保障，随时随地存在被感染的风险，因此公共卫生安全、社会秩序等价值的权重较大，人的自由、隐私等权益需要让位于生命权益。此时政府只需要适当考虑受损的个人法益，而非着重考虑。

而在其他疫情较轻，或者没有疫情的地方，感染病毒的个例并不能证明公共卫生安全、社会秩序得到了严重的威胁。并且在被有效隔离的前提下，交叉传染的风险也较低，总体上公共卫生安全状况良好。此时防控疫情就不是唯一的目的，甚至不构成主要目的。政府只要采取对个人法益、产业发展等损害较轻的防控措施，就能够有效防控疫情，同时

---

① 参见《习近平在北京市调研指导新型冠状病毒肺炎疫情防控工作时强调 以更坚定的信心更顽强的意志更果断的措施 坚决打赢疫情防控的人民战争总体战阻击战》，载《人民日报》2020年2月11日，第1版。

也能够保障人民的自由和财产,在多元利益博弈中维持了平衡。① 相反,如果要求完全封锁社区,要求所有人居家防疫、不许出门,要求所有企业停工停产,忍受经济损失,这对于疫情较轻、或者没有疫情的地方而言就属于不必要的,无故增加了相对人的损害。因此,在疫情较轻的地方需要着重维护个人法益,维持产业发展。

综上所述,行政机关在确定疫情防控措施时,需要考虑到防控措施可能造成的负面影响,考虑到对相对人合法权益带来的限制,对产业发展带来的损害等,进而通过受益法益与受损法益之间的衡量来确定何为"必要"的疫情防控措施。

四、后疫情时期对法益衡量效果的持续扩展

目前新冠肺炎病毒已经得到了有效的控制,防控疫情已经不构成主要问题,后疫情时期来临,甚至部分地方已经进入了非疫情时期。但是,一些疫情防控期间积累的经验或者教训也应当得到重视,巩固其中的积极内容,摒弃其中的极端作法。这不仅是为了提高政府机关的治理能力和应对危机的水平,也是为了今后更加理智地应对突发公共卫生事件。在这个意义上,可以对上述法益衡量的结果进行持续的扩展。

法益衡量不仅适用过于疫情时期,也可以适用于后疫情时期。事实上,任何时期的行政行为都离不开对法益的评价,必要性问题、妥当性问题、明显不当的问题,都需要经过法益间的衡量来予以确定。② 因此在后疫情时期,行政机关可以训练自己的衡量思维,处理价值补充方面的问题,将法益衡量内化为自己的行动指南。

但法益衡量是一项复杂的方法,需要上级行政机关进行业务指导。从新冠疫情的具体情况来看,法益衡量的主体并不限于行政机关,行政机关授权的群众自治组织,以及具有行政管理职能的事业单位等也都加入到了疫情防控工作当中,在自己的负责的区域或者管理的权限内,制定相应的疫情防控措施。这符合党的十九大提出的将社会治理中心向基层下移的要求。治理主体的多元带来了防控范围的全覆盖,但同时也带来一些问题。上文中部分超出必要限度的疫情防控措施,基本上就由基层政府及其授权组织做出。虽然过于严厉的疫情防控措施已经在上级行政机关的监督下得到了改正,但是上级机关仍然可以通过业务指导的方式来引导下级防控主体正确适用法益衡量方法,以从源头上避免自由裁量权的滥用。比如,省级人民政府负责确定整体的衡量标准和衡量机制,然后由上级政府对下级人民政府进行业务指导,下级人民政府对基层组织进行业务指导。再比如,上级人民政府对基层社会组织的授权做到有理有度,细化授权管理事项的范围,并对其权力行使行为进行实时监督,在发现不必要的损害时要及时监督、及时更正。这样一些业务指导的方式

---

① 参见孙光宁:《利益衡量方法在新型案件中的运作方式》,载《法律适用》2013年第8期,第113页。
② 必要性、妥当性、明显不当的问题是行政裁量权最灵活的地方,需要借助科学的、规范化的行政法教义学和行政法方法论予以确定。参见陈金钊、吕玉赞:《法治改革及其方法论选择》,载《学术交流》2015年第9期,第70页。而法益衡量就是一种规范的行政法方法论。

对于知识、能力相对受限的基层政府工作人员和社区治理人员而言是非常有必要的,可以引导他们正确适用法益衡量方法,并理解违反法益衡量将导致的后果。

在明确后疫情时期需加强对法益衡量方法的业务指导后,还可以进一步结合上文的衡量结果,就具体的指导内容提出一些建议。这些建议既有宏观上整体思维的改进,还有微观上操作技术的指引。

其一,在后疫情时期,可以指导下级机关将化解危机的单向思维模式①转变为多向度的法益衡量的思维模式。除了疫情期间存在单向度的化解危机的思维模式外,在政府的日常行政过程当中也存在以解决问题为导向的思维习惯。只不过疫情期间,此种思维会更加明显。这是因为重大疫情往往会引发公共危机,政府部门在应对时很可能会直接以防控、管制唯一目标,一切工作围绕安全、秩序展开,忽略了对其他相关法益的保护。而法律在应急状态下的授权立场,似乎也加剧了这种思维盲区的出现。后疫情期间法益之间的对立虽然不如疫情期间这般集中、明显,但法益之间同样会出现冲突,面临着公共法益正当性的判定问题。② 如何进行价值判断时保持中立的立场,如何在冲突的社会法益和个人法益之间进行恰当地分配,是行政机关持续面临的难题。并且在依法行政的框架下,后疫情期间的行政行为严格遵循着"法无授权皆禁止"的行政法治要求,需要以完全符合法治的方式协调各种法益的冲突。此时法益衡量的方法可以明确评价的基准,有效限制自由裁量权,降低决策失误的风险。因此,上级人民政府的引导首先集中在以多元的法益衡量模式来取代单向的化解危机的思维模式。

其二,后疫情时期对法益衡量的指导也要注重对受损法益的保护,避免极端失衡的治理措施的出现。此次新冠疫情防控措施的法益衡量结果告诉我们,防控措施应以达到公共卫生安全的目标为限,尽可能使相对人的权益遭受最小的侵害。但在其他地方、在其他公共卫生事件中的衡量结果可能就不是如此,受损的不全是个人法益,社会法益同样可能面临损害。比如欧洲国家对疫情的消极应对损害的就是公共卫生安全。在这个意义上,疫情防控措施的衡量不是在强调对个人法益的保护,而是在强调对受损法益、尤其是受到长期、深远损害的法益的保护。当社会法益和个人法益发生冲突时,既不是绝对的公共法益高于私人法益,也非绝对的私人法益高于公共法益,而要视个案的具体情形做出决定。③所以上级人民政府要指导下级人民政府,使其工作人员的目光始终往返流转于社会法益和个人法益之间,并通过法益衡量方法来识别出哪一方受到了过重的损害,进而调整治理措

---

① 参见张帆:《论紧急状态下限权原则的建构思路与价值基础》,载《政治与法律》2020年第1期,第117页。原文中的表述为"基于政府效能的单向思维模式:当遭遇突发事件时,政府应当如何才能快速有效化解危机。"本文对此进行了一定的调整,使用了"化解危机的单向思维模式"。

② 相关研究可参见邱之岫:《公法框架下公共利益正当性的判定与考量》,载《河南省政法管理干部学院学报》2010年第6期,第118-121页;戴建华:《行政法上的利益冲突与平衡——通过行政法价值的利益衡量》,载《法学杂志》2011年第7期,第127页。

③ 参见王书成:《论比例原则中的利益衡量》,载《甘肃政法学院学报》2008年第2期,第26页。

施，使之更加理性、更加合理。同时也为今后应对公共危机做好准备，通过衡量思维的惯性力量来避免一些极端失衡的治理措施的出现。

四、结语

历史经验告诉我们，"一个法律制度之所以成功，乃是因为它成功地在专断权力之一端与受限权力之另一端达到了平衡并维续了这种平衡。这种平衡不可能永远维续下去。文明的进步会不断地使法律制度失去平衡；而通过把理性适用于经验之上，这种平衡又会得到恢复。"① 法益衡量的法理就在于它是一种通过理性建构起来的方法，可以有效地抑制自由裁量权的任意行使。通过法益衡量方法，我们可以反思实践中的错误作法，也可以扩展实践中的有益经验。法益衡量方法在疫情防控措施中的适用，是疫情防控措施理性化的必要途径，也是实现依法防控、依法治理的重要方面。

习近平总书记在中央全面依法治国委员会第三次会议上强调，疫情防控正处于关键时期，依法科学有序防控至关重要。疫情防控越是到最吃劲的时候，越要坚持依法防控，在法治轨道上统筹推进各项防控工作。这就要求，政府机关要以法治思维引领决策、调整社会关系，② 要依据应急处置法律法规中体现的目的与价值，细致衡量、审慎决策，做到疫情防控措施合法又合理。虽然防控措施的衡量在依法治理、依法治国的进程中仅仅是一个小问题，但不积跬步无以至千里，不积小流无以成江海，只有实际解决法治建设过程中的具体问题，依法治理的目标才能够真正得到实现。

（编辑：吕玉赞）

---

① ［美］博登海默：《法理学：法律哲学与法律方法》，邓正来译，中国政法大学出版社1999年版，第149页。

② 参见陈金钊：《提升国家治理的法治能力》，载《理论探索》2020年第1期，第23页。

疫情防控中"紧急状态"概念的正确理解

——基于法律方法论的省思*

蒋海松**

摘 要 在新冠肺炎疫情防控中,"紧急状态"成为热点词汇之一,但公安机关依据《治安管理处罚法》"对于拒不执行人民政府在紧急状态情况下依法发布的决定、命令的"给予处罚引起争论。在我国没有宣布进入紧急状态但各地启动突发公共卫生事件响应的背景下,这一条款能否适用值得考量。"紧急状态""战时状态""应急状态"等相关概念缺乏精准辨识,紧急状态概念所具有的法律状态和事实描述的双重性更加剧了混乱。本文借助法律方法论,综合文意解释、目的解释、体系解释、历史解释等诸种法律解释方法分析认为,《突发事件应对法》所规定的应急响应状态属于《治安管理处罚法》涉及的紧急状态之一。但这种对应本身是历史原因导致的,将来应做适当修改以避免混乱。法律条文中在事实状态层面使用的"紧急状态"用语,亦建议改为"紧急情势"等表述,以避免混淆。应坚守法律概念的严肃性,防止紧急状态概念的泛化,在执法中注重比例原则,保障民众权利。

关键词 紧急状态 疫情防控 法律解释 治安管理处罚 突发事件响应

一、问题的由来

2020 年新冠肺炎席卷全球。1 月 30 日,WHO(世卫组织)宣布将新冠肺炎列入国际

---

* 基金项目:文本系 2015 年度国家社科基金青年项目"'法律东方主义'的中国误读反思研究"(项目批准号:15CFX011)的阶段性成果。

** 蒋海松,男,湖南永州人,湖南大学法学院副教授,法治湖南建设与区域社会治理协同创新中心研究人员,法学博士,研究方向为理论法学、思想史。

关注的突发公共卫生事件。全球几十个国家宣布进入紧急状态。我国虽然没有宣布进入紧急状态，但我国各地纷纷启动突发公共卫生事件一级响应，采取了各项防控措施。

在疫情防控中，"紧急状态"成为人们关注的热点词汇之一，紧急状态与法治的关系成为法学界聚焦的重大问题。而另一方面，在疫情防控中紧急状态"的用词也引发了不少混乱。《治安管理处罚法》第 50 条第 1 款第（1）项规定："对于拒不执行人民政府在紧急状态情况下依法发布的决定、命令的，处警告或者二百元以下罚款；情节严重的，处五日以上十日以下拘留，可以并处五百元以下罚款"。在疫情防控中，针对一些人不遵守疫情防控措施，不少公安机关据此进行处罚。但争议在于，我国并没有宣布进入紧急状态，可否据此进行处罚？从宪法到具体法律法规，乃至规范性文件，我们还有众多涉及"紧急状态"的法律规范，但不同情况下其准确含义也较为混乱。"名不正则言不顺"，概念是交流和表达的最基本工具。法律概念是公认的"法的要素"之一，是法律体系的基石和支撑。法律概念拥有表达功能、认识功能、完善功能等多种功能，不借由法律概念，人们便无法认识法律，无法进行法律思考，更无法在此基础上构建法律知识体系并进行法律实践活动。在"紧急状态"相关概念使用较为混乱、理解存在歧义的情况下，需要借助法律方法论对此做出正本清源的梳理。这不但是重要的理论命题，也是疫情防控法治化的实践所需。

二、"紧急状态"的概念及实践争议

对于"紧急状态"概念的一般性理解，可参见《中华法学大辞典·宪法学卷》给出的解释："紧急状态：又称紧急事态。国家因战争、内战、严重自然灾害等原因造成全国或者部分地区的安全和社会秩序受到严重威胁或者破坏时的危急情势。当国家出现紧急情况时，均应采取紧急应变措施。如：宣布战争状态、发布紧急命令、全国总动员或者局部总动员、戒严或者军事管制等，以采取相应的应急措施。通常由国家权力机关或者国家元首宣告。"①

作为特定的法律概念，中华人民共和国法律中的"紧急状态"一词首次出现于 2004 年 3 月 14 日第十届全国人民代表大会第二次会议通过的《中华人民共和国宪法修正案》，其将原来的"戒严"修正为"紧急状态"。现行《宪法》第 67 条规定：全国人大常委会决定全国或者个别省、自治区、直辖市进入紧急状态。②

其后，2005 年 8 月 28 日第十届全国人民代表大会常务委员会第十七次会议通过《治安管理处罚法》，规定"对于拒不执行人民政府在紧急状态情况下依法发布的决定、命令

---

① 许崇德主编：《中华法学大辞典·宪法学卷》，中国检察出版社 1995 年版，第 287 页。
② 宪法其他的相关规定还有，第八十条规定：中华人民共和国主席根据全国人民代表大会的决定和全国人民代表大会常务委员会的决定，宣布进入紧急状态，宣布战争状态，发布动员令；第八十九条规定：国务院依照法律规定决定省、自治区、直辖市的范围内部分地区进入紧急状态。

的"可给予相关处罚。2007年8月30日通过《突发事件应对法》。该法在第69条中两次提及"紧急状态"①。后来,《反恐怖主义法》在第57条第3款提及"紧急状态"。

总体上看,中国调整紧急事件的非常法律制度大致包括三个部分:调整战争状态的军事法律法规制度、调整紧急状态的紧急法律制度、调整应急状态的应急法律制度。② 其中对紧急状态及相关概念有较多涉及。但由于立法语言的简约,我国法律对紧急状态概念的定义基本采取省略定义法,并没有专门规定其特殊含义。许多法律语言来源于日常语言,但又与日常用语有区别。紧急状态这一语词也具有多层面的含义,因此容易造成歧义。正如有学者概括,紧急状态概念的含混最根本的原因在于,其具有法律状态和事实描述的双重性。"一部分紧急状态意指一种法律状态,而另一些紧急状态则是指事实状态,此外还有一些紧急状态的含义则难以判断。"③ 作为一种日常语言中的紧急状态,可以指自然灾害、社会失序等各方面紧张情势带来的易于常态的状况,其最严重的那些危机情况会被纳入相关法律进行调整,国家会依法对此作出各种应对与管制,此时则上升为法律建构出来的专门的法律概念。比如,宪法规定了紧急状态,宣示了其宣告的法定权限与程序。作为法律概念的紧急状态主要是一种规范意义,而非描述意义,尽管其也有某种描述意义。如黄茂荣所言,法律概念的主要功能在于"规范其所存在之社会的行为,而不在于描写其所存在之社会"。④ 宪法设定紧急状态概念的目的便是重新划定公民的权利与义务、重构公民与国家的关系,以期在特殊形势下更好规范公民行为,引导国家重新走向和谐秩序。紧急状态概念两个层面之间的关系大体逻辑是,为了应对客观存在的事实状态,政府往往会宣布进入为法律规制的"紧急状态",这种情况下,紧急状态便成为一种法律状态。危机导致事实的"紧急状态",而出现事实状态"紧急状态"是进入宪法状态"紧急状态"的原因。⑤

突发事件应急法律制度中许多"紧急状态"概念则只是作为事实状态而存在,在电力、森林、防洪、突发事件、传染病防治、社会治安等法律法规、规范性文件中有着颇为丰富的此类规定。《国家森林火灾应急预案》规定:"地方各级人民政府要建立健全森林防火应急通信保障体系,……各级通信保障部门应保障在紧急状态下扑救森林火灾时的通信畅通。"《厦门市城市供水节水条例》第8条规定:"市人民政府应当建立城市供水安全保障体系、紧急状态管制机制和供水应急预案,确保城市供水安全。"《国家突发环境事件

---

① 《突发事件应对法》第六十九条:"发生特别重大突发事件,对人民生命财产安全、国家安全、公共安全、环境安全或者社会秩序构成重大威胁,采取本法和其他有关法律、法规、规章规定的应急处置措施不能消除或者有效控制、减轻其严重社会危害,需要进入紧急状态的,由全国人民代表大会常务委员会或者国务院依照宪法和其他有关法律规定的权限和程序决定。"
② 孟涛:《中国非常法律的形成、现状与未来》,载《中国社会科学》2011年第2期,第124页。
③ 陈聪:《"紧急状态"的事实判定与法律规定》,载《理论探索》2015年第1期,第113页。
④ 黄茂荣:《法学方法与现代民法》,中国政法大学出版社,2001年版,第67页。
⑤ 陈聪:《"紧急状态"的事实判定与法律规定》,载《理论探索》2015年第1期,第110页。

应急预案》中也有这样的使用。①

毋须讳言，作为事实状态的紧急状态概念也在法律法规中频繁出现，容易引发混淆，会导致大众对法律意义上"紧急状态"概念严肃性和法定性的消减，普通危机事件导致的紧急情况会不当联想到宪法中的紧急状态，一些条文会因此而产生歧义。比如疫情防控中使用极多的《治安管理处罚法》第 50 条第 1 款第（1）项，"对于拒不执行人民政府在紧急状态情况下依法发布的决定、命令的"可以进行处罚。如果将这里的紧急状态解释为事实状态，新冠肺炎导致的社会失序毫无疑问属于紧急状态，这一条的适用不会有任何争议。但若其定位于法律概念，但而我国在疫情防控期间并没宣布进入紧急状态，自然会引发强烈争议。

疫情期间，公安机关针对一些人不遵守防控措施据此实施处罚的情况很多，比如针对聚众打牌、擅自冲关、不配合检测、不配合居家隔离等行为。类似报道屡见新闻之中。山西长治市司法局汇编《新冠肺炎疫情防控期间 4 起拒不执行紧急状态下的决定、命令违规违法典型案例》较具有代表性，其中某两人刻意隐瞒其近期在湖北的活动轨迹被给予警告。2 月 1 日，江苏省通州区东社镇一家纺织厂提前复工，单位负责人喻某被行政拘留 5 日。案例三是陕西西安一物业公司以各种理由拒不开展出入登记、测温、公共消毒等防疫工作，其法人代表张某被行政拘留 5 日。此外，还有聚众打麻将被处罚。② 再如，2020 年 1 月 27 日下午，A 市民警发现韩某棋牌室私下偷偷经营，聚集人员 30 余名，当日公安局依据《治安管理处罚法》第 50 条第 1 款第（1）项规定对韩某作出行政拘留 5 日、罚款 200 元决定。③ 这一条款也成为公安在疫情中执法的利器。舆论场对此类处罚大多给予了支持，但也有不少批评之声。

反对者的理由主要在于，宪法规定，全国人大常委会决定全国或者个别省、自治区、直辖市进入紧急状态。而我们在疫情期间并没有启动这一程序。事实上迄今为止，我国还从来没有启动过这一程序宣布进入紧急状态。各地启动的一级响应并不能等于紧急状态。省、市、县级人民政府根本无权决定或者宣布一个地区进入紧急状态。既然没有宣布进入紧急状态，自然没有这一条款适用的前提。如《人民政协报》曾专门刊文批评将一级响应简单等于紧急状态从而不当适用这一条款，建议对于不服从防控决定的行为，不能笼统根据《治安管理处罚法》给予处罚，而应视具体违法情节确定究竟属于哪一种违反治安管理行为而给予具体处罚。④ 从法律价值来说，公民权利与国家权力必须保持适度平衡，如果

---

① 《国家突发环境事件应急预案》第 7 条第 1 款规定："环境应急：针对可能或已发生的突发环境事件需要立即采取某些超出正常工作程序的行动，以避免事件发生或减轻事件后果的状态，也称为紧急状态；同时也泛指立即采取超出正常工作程序的行动。"

② 《新冠肺炎疫情防控期间 4 起拒不执行紧急状态下的决定、命令违规违法典型案例》，载搜狐网 https://www.sohu.com/a/375020426_99916575，2020 年 4 月 24 日访问。

③ 徐伟：《公安机关应对突发疫情法律适用研究》，载《江苏法制报》2020 年 3 月 3 日，第 3 版。

④ 董振班：《一级响应≠紧急状态》，载《人民政协报》2020 年 2 月 11 日。

放任将紧急状态概念做扩大化的解释,势必将紧急状态下极其严格的管控措施普遍化,这将极大克减公民权利,超过疫情防控的正当所需。这些批判确实也有见地,对此不能漠然视之,必须做出详细的回应。

二、紧急状态概念过度扩张之混乱

紧急状态概念带来的争议在本次疫情防控之前便已经出现。比如在涉及森林防火、大气环境治理等相关问题上,很多公安机关都使用了《治安管理处罚法》第50条进行处罚。四川会东县村民马登会于2019年6月3日(会东县森林草原防火禁火期内)7时擅自在林区边缘使用打火机烧桑葚树枝丫。会东县森林公安局对其给予行政拘留10日的行政处罚。后马登会不服,上诉至会东县人民法院。马登会诉称,只有全国人大常委会决定全国或者个别省、自治区、直辖市进入紧急状态,且宪法并未授权县级政府决定和宣布进入紧急状态,被告将防火禁火期认定为紧急状态,进而给予处罚,这是在片面地理解法律。法院支持了森林公安的意见,认为"原告对紧急状态理解为是特指由全国人大常委会和国务院决定的紧急状态,只适用于国家层面的紧急状态是错误的。"法院的意见认为紧急状态是分层的,既有国家的紧急状态,也有各地的紧急状态,因此"各级人民政府……对于本辖区内发生公共卫生灾难、生态环境灾难、事故灾难、经济危机、社会公共安全事件等紧急情况时,也有权发布决定、命令等规范性文件,在本辖区内执行,以便迅速处置紧急情况。"①

类似的判决还有河北省承德市中级人民法院行政判决书(2016)冀08行终13号。2015年管福贵在自家院墙外菜地内干菜叶点燃,兴隆县五指山派出所认定其构成拒不执行紧急状态下决定、命令,给予行政拘留十日的处罚。法院也支持了公安局一方。

会东县、承德市的这些判决引发了争议,其关于紧急状态的理解太过广义,其认为除了国家层面,还存在地方层面的紧急状态,各级政府遇到紧急情况便可做相应的约束。完全只考虑到了紧急状态这一语词的事实判定,而非法律规制。如果以此作为执法依据,难免会导致滥权。而从比例原则来说,也完全是过度执法。而在自家田里焚烧菜叶的行为牵涉到最严重的紧急状态,给人以"大炮打蚊子"的荒谬感,极大影响了法律的公信力。

事实上,公安部和一些公安机关自身也不认同这种广义理解。2006年,公安部法制局推出的《法制在线——治安管理处罚法部分》便有明确问答。其中一则提问:"县级人民政府是否有权在本辖区内决定进入紧急状态?有什么法律依据?在县内的防火期内是否属于《治安处罚法》规定的紧急状态?"公安部法制局在线作答:"1. 县级人民政府无权决定进入紧急状态,法律依据是《宪法》89条第16项:国务院依照法律规定决定省、自治

---

① 四川省会东县人民法院行政判决书(2019)川3426行初11号,裁判文书网 http://wenshu.court.gov.cn/website/wenshu/181107ANFZ0BXSK4/index.html? docId = a7ac2efc853f42deb8f9ab330157d699,2020年3月14日访问。

区、直辖市的范围内部分地区进入紧急状态"；2. 在县内的防火期内不属于《治安处罚法》规定的紧急状态。"确实如此，若将规范性文件所设立的森林防火期置换为宪法采用严格程序才设定的紧急状态，无疑是一种荒唐而危险的逻辑，也易引发不良社会效果。此等滥用概念导致的执法失误必须避免。

虽然我国法律文本中的紧急状态存在事实判定与法律规定两个维度，但这本身不是一种合理的做法。直接从事实判定来证成治安处罚法中适用紧急状态概念的合法性，是对紧急状态概念的不当扩张。这既是一种理论上的懒惰，更是一种实践上的极大冒险。很多文章赞成适用治安处罚法中这一条款其论证思路主要便只停留于此，笔者不认为这是成功的论证。[①] 常见的雨灾雪灾旱灾等自然灾难、普通的群体性事件导致的一定程度上的混乱，从事实判定的角度，也可理解为某种紧急情况。但如果采用前述的逻辑，在这些情况下不服从政府相关管理型文告，便可施加拘留一类的法律惩治措施，势必导致权力滥用，也让民众毫无安全感可言。正如有学者指出的那样，"事实状态说虽然能为疫情防控提供有力支撑，但鉴于其对紧急状态情况边界的模糊界定，导致政府容易滥权，不符合法治政府发展方向。"[②]《治安处罚法》中的紧急状态指向的也是法律状态上的紧急状态。在这一状态下导致公民权利出现克减，公民权利与行政权力之间关系要重新调整，这一概念指向的显然是规范性而非描述性的。因此，要论证《治安处罚法》运用紧急状态必须从法律角度而非事实角度进行新的证成。

三、治安管理处罚法中"紧急状态"概念的法律解释

必须申明，笔者并不反对在疫情防控这一严峻形势下的合理适用治安管理处罚法相关条款，我反对的是仅从事实层面上来错误认定紧急状态概念并证成其适用的正当性。疫情防控不等于前面所说的森林防火等状况，而是有《传染病防治法》《突发事件应对法》等一系列法律法规规定的法定紧急事由及相关程序作为前提。在这种背景下，我们需要借助法律解释的方法对这一条文和概念进行正本清源的梳理，以阐明其真实含义，加以正确适用。

法谚有云："法典之间必有裂隙"。立法作为一种语言建构，无伦再技艺精巧也可能存在漏洞。以抽象的形式表达出来的法条在适用于具体个案之间会有张力，法条与法条之间也可能存在冲突。如本文讨论的紧急状态概念带来了歧义。然法谚亦有云："法无解释，不得适用"。法律解释是理清各种模糊、冲突说法最有力的法律工具，是走出语言迷宫的"阿里阿德涅线团"。萨维尼在总结法律方法时提出了法律解释四个"基本要素"，即语法

[①] 钱楷韬：《浅谈〈治安管理处罚法〉中的"紧急状态"在当前公安防疫工作中的理解与适用》，载福建律师协会网站 http://www.fjlawyers.net/Mobile/NewsInfo.aspx? Id = 18581，2020年3月20日访问。

[②] 高争志、孙萍：《论拒绝疫情防控措施行为的治安管理处罚》，载《上海公安学院学报》2020年第1期，第49页。

要素、逻辑要素、历史要素及体系要素，这些通常被称为"法律解释要素"，也是法律解释的基本"准则"。① 时至今日，也是最常见的法律解释方法。笔者认为，基于《突发事件应对法》宣布的"突发事件应急响应状态"可以纳入治安管理处罚法"紧急状态"的理解范围之内②。这一理解可获得历史解释、目的解释、体系解释、文意解释等诸种法律解释的支持。以下据此进行具体分析：

（一）历史解释的证成

哲人有云，历史是最好的老师。历史解释也是法律解释中最重要的方法之一，尤其是在文字有争议的情况下，需要通过研究有关立法的历史资料，考察立法的历史背景、立法机关审议情况、法律草案变动及说明文案等，才能把握立法者当时创制这一条文与概念试图所传递的真实内容和含义。历史解释是探求立法者原意的重要法门。诚如陈金钊教授所云："历史解释的价值在于，通过重建立法者赋予法律规范的目的和意义，来形成对现实问题的判断，一旦能够从历史上的立法资料的解读中获得立法者的立场，那么由此也较为容易地形成立法者如何解决现实问题的判断"。③

回溯立法史，中华人民共和国法律中的"紧急状态"一词首次出现于2004年宪法修正案，其中将原来的"戒严"修正为"紧急状态"。随后，全国人大常委会公布了2005年立法计划，这一年的立法审议计划同时包含了《紧急状态法》和《治安管理处罚法》，但两者后来的命运并不一样。《治安管理处罚法》顺利通过，而"紧急状态法"则一波三折，一直没有下文。2005年8月28日第十届全国人民代表大会常务委员会第十七次会议通过《治安管理处罚法》，其中便包含了本文一再讨论的这个"拒不执行紧急状态下发布的命令"条款。由于《治安管理处罚法》与原定的《紧急状态法》同年列入立法规划，很明显，立法者愿意本意在将这两部法律打通使用，遇到拒不执行《紧急状态法》中规定的"紧急状态"下发布的命令时，则将具体的处罚权转移或部分转移至《治安管理处罚法》。

"紧急状态法"立法则多了诸多波折，国务院在审议《紧急状态法（草案）》时，把该草案的名称调整为《突发事件应对法（草案）》，但该草案未能在2005被全国人大常委会审议通过。而是延期进入了全国人大公2006年立法计划。最终2007年8月《突发事件应对法》获得审议通过。很明显，这承接的就是原定的《紧急状态法（草案）》。2007年12月，全国人大法律委员会的报告也明确指出，《突发事件应对法》反映了制定紧急状态

---

① ［德］魏德士：《法理学》，丁晓春、吴越译，法律出版社2005年版，第304页。
② 高争志、孙萍：《论拒绝疫情防控措施行为的治安管理处罚》，载《上海公安学院学报》2020年第1期，第49页。
③ 陈金钊等：《法律方法论研究》，山东人民出版社2010年版，第331－332页。

法议案的主要内容。①

通过这一立法背景可见，《治安管理处罚法》第 50 条第 1 款第 1 项中的"紧急状态"原本指向的是紧急状态法，但该法案在现实中最终由《突发事件应对法》衔接，因此《治安管理处罚法》具体适用情况也继而改为衔接《突发事件应对法》，《突发事件应对法》所规定的"应急响应状态"在《治安管理处罚法》"紧急状态"概念的射程之内。这是符合历史背景与立法原意的。②

（二）目的解释的证成

任何活动莫不有其动机与目的，法律解释也不例外，意在依据规范目的阐明法律含义的目的解释自然构成法律解释之核心。黑格尔曾指出，法律中的一切都只不过是目的的结果，文义本身同样也是表达立法者的某种目的即"法的安定性"。③ 然而，目的又带有隐藏性，法律目的的发现与确定经常很有难度。陈金钊教授在其《法律解释学》一书中曾感慨："值得指出的是，法律解释中的目的是一个深邃的法理上的问题，在人类的法律文化中，还没有一个人能把目的讲清楚，今后也不会有。"④ 目的解释与前述的历史解释有诸多相似和相关之处，历史考察本身便旨在发现立法者的意图。但两者也有一定差别，大体来说，历史解释侧重于立法者的"真意"，更偏主观意愿一些，而目的解释则看重立法者通过法律所表达出来的"客观意思"。目的解释与文义解释有较大区别。文义更恪守条文规范，注重形式思维，目的则更偏重价值衡量，注重实质思维。⑤ 当然两者也有联系，目的也需要借助法律文本或者其他的文本进行探析，予以甄别。

首先，我们可考察《治安管理处罚法》的立法目的。不难发现，其第 1 条便明示了其立法目的："为维护社会治安秩序，保障公共安全，保护公民、法人和其他组织的合法权益"。很显然，《突发事件应对法》中规定的应急状态、应急响应状态下的社会治安秩序、公共安全维护也是本法所理应维护的公意关切。《治安管理处罚法》调整的主体及范围本身非常广泛，其衔接其他法律进行具体处罚符合其立法意图。《突发事件应对法》本身有诸多规定是授权给了地方政府采取相应措施，如第 7 条第 2 款规定，"突发事件发生后，发生地县级人民政府应当立即采取措施控制事态发展"。

根据前述梳理，《治安管理处罚法》第 50 条第 1 款第 1 项中的"紧急状态"原本指向

---

① 《全国人大法律委员会关于第十届全国人民代表大会第五次会议主席团交付审议的代表提出的议案审议结果的报告》第 4 项规定："关于制定紧急状态法的议案 1 件。2007 年 8 月 30 日常委会第二十九次会议通过的突发事件应对法中，已反映了议案的主要内容。"载中国人大网 http://www.npc.gov.cn/zgrdw/pc/xwzx_2/dblz/2008-02/01/content_1392103.htm，2020 年 3 月 15 日访问。
② 高争志、孙萍：《论拒绝疫情防控措施行为的治安管理处罚》，载《上海公安学院学报》2020 年第 1 期，第 49 页。
③ 钱炜江：《论法律中的目的》，载《甘肃政法学院学报》2016 年第 2 期，第 81 页。
④ 陈金钊：《法律解释学》，中国政法大学出版社 2006 年版，第 196 页。
⑤ 郑菲：《文义解释与目的解释之关系探析》，载《法律方法》第 27 卷，研究出版社 2019 年版，第 76 页。

的是紧急状态法案，但该法案在现实中最终由《突发事件应对法》衔接。因此，《治安管理处罚法》具体适用情况也继而改为衔接《突发事件应对法》。《突发事件应对法》与原定的紧急状态法案也存在立法目的的一致性，存在明显的衔接关系。时任国务院法制办公室主任曹康泰在 2006 年 6 月 24 日在第十届全国人民代表大会常务委员会第二十二次会议上所做《关于〈中华人民共和国突发事件应对法（草案）〉的说明》中提到，"突发事件的发生、演变一般都有一个过程。对突发事件的预防与应急准备、监测与预警、应急处置与救援等作出规定，有利于从制度上预防突发事件的发生，或者防止一般突发事件演变为需要实行紧急状态予以处置的特别严重事件，减少突发事件造成的损害。这与宪法确立的紧急状态制度的精神是一致的。"①

（三）文义解释的证成

从语言学上说，法律就是法律，而不能还原成任何其他事情。② 文义解释是最基本的法律解释方法，法律解释首先需要从法律规范所使用文字的通常含义来确定法律真实意思所指。可遵循语言的基本规则，对构成法律条文的模糊化语言进行阐明。从文义解释的必要性看，"避免语义不清和模棱两可最有效的方法就是定义术语"。③ 为实现对法律概念和法律术语进行准确适用，就必须对这些概念进行文义的精细界定。

从文字上看，《治安管理处罚法》第 50 条第 1 款第（1）项提及的"对于拒不执行人民政府在紧急状态情况下依法发布的决定、命令"，这里使用的是"在紧急状态情况下"而非"宣布进入紧急状态"。从字面上说，这两者颇为接近但并不等同。如果两者完全等同，即《治安管理处罚法》本来规定的适用条件是在宣布"进入紧急状态"的背景下，既然目前没有明确宣布进入，这一条款自然不可适用，这一争论也不会爆发。比如戒严法明确规定的是"宣布进入紧急状态"，目前没有宣布进入紧急状态。因此，也就没有人提及应该实施《戒严法》中的管控措施。但《治安管理处罚法》没有做这种严丝合缝的规定，这种差异蕴含了另外的一些可能性。根据前文历史解释的方法，《突发事件应对法》所规定的"应急响应状态"在《治安管理处罚法》的"紧急状态"的射程之内，但应急响应状态也不就等于紧急状态，这两者仍有重要差别。

我国还没出台作为紧急状态应急管理方面的统一立法《紧急状态法》，目前虽然呼声较高，但短期内仍然不可能有大的突破。考察我们非常法律制度的主要构成可以发现，其主要是由《宪法》《国防法》《国防动员法》等法律所规定的"战争状态"制度，以及由

---

① 曹康泰：《关于〈中华人民共和国突发事件应对法（草案）〉的说明》，载中国人大网 http://www.npc.gov.cn/zgrdw/npc/oldarchives/zht/zgrdw/common/zw.jsp@label=wxzlk&id=374665&pdmc=1535.htm，2020 年 3 月 15 日访问。

② [匈牙利] 乔鲍·沃尔高：《法律及其教义学研究（上）》，吕玉赞译，载《法律方法》2017 年第 2 期，第 45 页。

③ [美] D. Q. 麦克伦尼：《简单的逻辑学》，赵明燕译，北京联合出版公司 2016 年版，第 45 页。

《突发事件应对法》等所规定的"应急状态"制度所构成。有学者提出,我国的非常状态包含了"战争状态""(依据宪法宣布的)紧急状态""应急状态"三种类型。① 这一立法现况虽然有缺陷,但也有着其现实合理性。其合理性之一在于,将突发事件的应急响应状态与宪法中的紧急状态予以必要的隔离,而不将两者完全等同,以避免造成突发事件下权利的过度克减,因为宪法上紧急状态之下管控的力度大于突发事件的应急响应状态。因此,《治安管理处罚法》规定的是"在紧急状态情况下"而非宪法式的"宣布进入紧急状态",这恰好方便其指向《突发事件应对法》应急响应状态而非宪法意义的"宣布进入紧急状态",也避免了治安处罚较为轻微的措施与宪法意义上的紧急状态存在巨大反差。

就文义外延指向的大小来说,大致可以说,一般人理解的事实判定的"紧急状态"概念指向最广,一般法律意义上的紧急状态次之(包含了应急响应状态),而宪法意义上的紧急状态指向更窄,属于最危急、需要最严格的程序才能宣布的状态。当然进入宪法意义上的"紧急状态"时,《治安管理处罚法》相关的处罚措施也可加以适用。但基于宪法意义的紧急状态严于《突发事件应对法》的应急响应状态,两者的处罚措施不应该全部照搬,前者应该严于后者。将来《治安管理处罚法》修订时应注意这一问题。

(四) 体系解释的证成

法律是一个系统和整体。面对相关歧义,亦必须进行体系解释、逻辑解释、系统解释,将法律条文或者法律概念放置于整个法律体系之中来理解,梳理单个条文跟其他法律条文的关系,避免法律体系的内在矛盾性,保证法律体系的融贯性。

如果将《治安管理处罚法》中的"紧急状态"只对应宪法中的紧急状态,其所造成的第一个矛盾便是,宪法这一条文的极少适用的客观情况与《治安管理处罚法》频繁使用之间的巨大反差。事实上,我国迄今为止从来没宣布过进入紧急状态,如果只能在这一背景下适用,那么《治安管理处罚法》这一条文无疑便是僵尸条文,几乎不会有适用空间。这会造成立法资源的极大浪费,也绝非任何立法者的本意。

第二个矛盾便是执法手段之间的巨大落差。该条款的违法后果是较为轻微的行政处罚。"处警告或者二百元以下罚款;情节严重的,处五日以上十日以下拘留,可以并处五百元以下罚款"。而《宪法》规定的"紧急状态"情形是国家与社会最极端的紧急情势,如果拒不执行这类管理命令,一般会涉嫌更多更严重的犯罪,如果只按《治安管理处罚法》给予轻微的行政处罚,明显处罚畸轻。在执法中,比例原则是重要原则,处罚的程度要与违法行为的严重程度相当。如果认为《宪法》与《治安管理处罚法》中的"紧急状态"指代完全同一状态,便会造成这种处罚畸轻的异常状态。这明显不符合法律体系所需

---

① 孟涛:《中国非常法律的形成、现状与未来》,载《中国社会科学》2011年第2期,第124页。

要的融贯性和无矛盾性。突发事件应对法起草时,有关部门便已认识到"宪法规定的紧急状态和戒严法规定的戒严都是应对最高程度的社会危险和威胁时采取的特别手段,实践中很少适用。"① 如果只将这种很少适用的法律状态转授权给《治安管理处罚法》,而更多相对更常见也有巨大危害的应急状态不做衔接,势必造成法律体系的巨大漏洞。

因此,将《突发事件应对法》宣布的"应急响应状态"纳入《治安管理处罚法》所关涉的"紧急状态",这具有理论上的正当性,也具有现实中的必要性。② 这也符合国际惯例。在本次疫情防控中,全球几十个国家宣布进入紧急状态。我国没有宣布进入紧急状态,但各地纷纷启动突发公共卫生事件一级响应。结合紧急状态法案被《突发事件应对法》衔接承继的立法历史,可以认为,我国的一级响应在某种程度也与国外的紧急状态具有对应性。在中国的语境下,"紧急状态"与"紧急事件""突发事件"不是一个词,但事实上这三个词都是对 Emergency 这个英语词的不同译法。也有许多学者将"紧急事件"与"突发事件"作为同一个术语而使用。③

波斯纳指出,"法律解释是一种解码活动(decoding),其主要功能在于通过解码,还原成文法制定过程的原貌,探索立法者在立法交流过程中的真实意图"。经由以上的讨论和解码可见,《突发事件应对法》设定的"应急状态"也属于在"紧急状态情况"的射程之内,这一讨论也是法律解释方法的现实效力的生动呈现。

三、警惕紧急状态概念的泛化适用

(一) 严格恪守适用条件

如前所述,《突发事件应对法》所规定的"突发事件响应状态"可理解为属于《治安管理处罚法》"紧急状态情况下"。相关公安机关依据以此对于"拒不执行人民政府在紧急状态情况下依法发布的决定、命令的"情况给予处罚有其合理性,但另一些案例中对于涉及森林防火、大气环境治理等方面的处罚则无合理性。

前述讨论证成了公安机关适用这一概念的合法性,但我们仍然应坚守法律概念的严肃性,防止这一认定的继续扩大和泛化。首先必须要恪守程序。启动这种应急响应状态在《突发事件应对法》中本身具有严格的程序,如果没有启动这些严格程序,作为其承接授权执法的《治安管理处罚法》该条款自然不能适用。

根据《突发事件应对法》第17、42条、43、44条规定,国务院、国务院各部门、县

---

① 曹康泰:《关于〈中华人民共和国突发事件应对法(草案)〉的说明》,载中国人大网 http://www.npc.gov.cn/zgrdw/npc/oldarchives/zht/zgrdw/common/zw.jsp@label=wxzlk&id=374665&pdmc=1535.htm,2020年3月15日访问。

② 高争志、孙萍:《论拒绝疫情防控措施行为的治安管理处罚》,载《上海公安学院学报》2020年第1期,第54页。

③ 孟涛:《公共卫生紧急状态法治的原理与建构——基于新冠肺炎疫情事件的研究》,载《法学评论》2020年第2期,第135页。

级以上各级人民政府及各部门均应制定相应的突发事件应急预案。在突发事件即将发生时，县级以上地方各级人民政府均有权发布相应级别的警报，决定并宣布有关地区进入预警期。县级以上地方各级人民政府有权启动其在权限内制定的应急预案中授权其启动的响应等级。此外，《国家突发公共卫生事件应急预案》第4.3条规定，特别重大（一级）突发公共卫生事件应急处理工作由国务院或国务院卫生行政部门和有关部门组织实施。特别重大级别以下（二级、三级、四级）的突发公共卫生事件应急处理工作由地方各级人民政府负责组织实施。这与《突发事件应对法》关于此项的规定相同，基本上也是县级以上地方各级人民政府有权启动其在权限内制定的应急预案中授权其启动的响应等级。但对于国家层面上，突发公共卫生事件一级响应只能由国务院或国家卫健委启动。一级以下交由省级政府决定，而一般省级政府会授权由其以下各级人民政府制定相应预案加以规定。在本次疫情防控期间，大多数地方是将国家预案中对突发卫生事件的等级内化成了自己地域的响应等级。当然，也不完全等同。各个省份宣布进入一级响应时间先后有别。

其二，该条款是"人民政府依法发布的决定、命令"，这里还需强调"依法"二字。这里并非是《突发事件应对法》一揽子授权给了地方政府，并非默认地方政府在疫情防控期间任何公告都是合法合理，进而认定公安机关以此处罚都是合理的。此处的合法至少包括程序合法、实体合法、符合比例原则等内容。比如，决定程序依法。《传染病防治法》第42条规定：传染病暴发、流行时，县级以上地方人民政府可以采取紧急措施并予以公告，上级人民政府接到下级人民政府关于采取前款所列紧急措施的报告时，应当即时作出决定。此次疫情防治期间，各省根据《突发事件应对法》《传染病防治法》《突发公共卫生事件应急条例》等法律法规，在国务院的决策部署和统一指挥下发布的决定、命令，属于本条规定的"人民政府依法发布的决定、命令"范畴。如果某些地方政府的相关公告程序不合法的，都应经受合法性审查而调整。

再如，这些决定公共内容应实体依法，其具体措施不能超越应急法律自身设定的范围。根据《突发事件应对法》《传染病防治法》等法律规定，在传染病疫情突发事件中，各级人民政府可以采取的应急措施包括调配资源、疫区封锁、限制聚焦、临时征用、启动检验隔离，等等。[①] 因此，如果逸出这些范围，自行扩权，比如盲目封路堵路，自然不在依法之列。公安机关也就不能据此执法。

[①] 根据相关法律规定，大致包括如下措施：（1）调集本行政区域内各类人员、物资、交通工具和相关设施、设备参加应急处理工作；（2）决定划定宣布疫区范围；（3）对本行政区域内甲类传染病疫区实施封锁；（4）在本行政区域内采取限制或者停止人群聚集活动；停工、停业、停课；（5）封闭或者封存被传染病病原体污染的公共饮用水源、食品以及相关物品等紧急措施；（6）临时征用房屋、交通工具以及相关设施和设备。（7）对传染病病人、疑似病人采取就地隔离、对密切接触者根据情况采取集中或居家医学观察。（8）对交通站点、出入境等实施卫生检疫；（9）封闭或者封存被传染病病原体污染的公共饮用水源、食品以及相关物品；（10）控制或者扑杀染疫野生动物、家畜家禽；（11）封闭可能造成传染病扩散的场所。

此外，还要注意关注比例原则。这些条款强调了"拒不执行"，而非"不执行"，这里涉及一个主观恶性的判定。经过执勤人员多次劝阻、警告仍不执行；殴打、辱骂执勤人员；屡教不改仍然再次实施违规措施等等，可以考虑适用本条进行治安处罚，其他情形，不宜一味从重打击，伤及民众权利。诚如韩大元先生所言："紧急状态对公民基本权利进行限制是一种手段和方法，限制本身不能成为一种目的。"①

（二）修改法律以减少混乱

还需要说明的是，虽然《突发事件应对法》所规定的"突发事件响应状态"经过法律解释可理解属于《治安管理处罚法》"紧急状态情况下"，但这种情况是历史原因形成的，具体原因即"紧急状态法"草案为《突发事件应对法》所承接，但这并非是科学立法的理想状态，而是带有某种过渡时期的暂时情形。笔者前面详细论证了在疫情防控期间可以据此执行相关处罚，但这也是既定现实下的无奈之举，不等于本人赞成法律的应然状态就本应如此。恰恰相反，之所以需要做出详细论证，本身表明这一规范及名称在适用中存在较大的混乱与困惑。对这些适用中的困扰不应该回避，而应该及时启动法律修订，从根源上消除这些混乱。学界也有人提出了具体的修改建议，即启动《治安管理处罚法》修订，将其第50条第1款第1项修改为"……（一）拒不执行人民政府在突发事件响应状态下依法发布的决定、命令的"。②但这一修改也会导致另一个问题，即除了应急响应状态之外，还需要如之前一样衔接宪法意义上的紧急状态，若仅作这一修改，则删掉了真正进入紧急状态后的执法权的相关表述，也不妥。笔者建议当宣布进入紧急状态后，亦可如现有模式，将对部分轻微违法行为的执法措施转移给治安管理处罚法。但鉴于紧急状态与应急响应状态有紧急程度上的区别，其转移给治安处罚法的处罚措施的严厉程度也应该有区别，两者不适合并称，即这一条文也不适合并称为"……（一）拒不执行人民政府在紧急状态和突发事件响应状态下依法发布的决定、命令的"，而应该对进入紧急状态后违背相关决定命令的治安处罚措施另行规定，一般说来其处罚措施应该更严于应急响应状态。待将来统一的"紧急状态法"立法后，更应将这一问题进行集中清理，减少目前的这种混乱。

此外，在"紧急状态"的有关法律文本上存在"事实"与"法律"之区分，有不少法律条文的"紧急状态"并非法律状态，而只是作为事实状态的紧急情况，这是我国法律文本中的一种现实情况。笔者也不赞成这种情况，这也是立法技术的粗糙和相关历史原因导致的，绝非法律的理性状态，在现实中也容易带来混乱。故本文反对只从事实状态的角度来懒惰式证明治安处罚法的直接可用。将来更应启动系统性法律清理，对所有法律文本

---

① 韩大元：《公民基本权利限制界限》，载《法制日报》2003年6月5日，第9版。
② 高争志、孙萍：《论拒绝疫情防控措施行为的治安管理处罚》，载《上海公安学院学报》2020年第1期，第56页。

中提及的事实层面的紧急状态用词，建议改为"紧急情势""危险状态"等其他表述，以避免与法律状态上的"紧急状态"一词混淆。①

（三）警惕相关概念的泛化

还值得警惕的是，也有一些地方出现了与紧急状态相关的"战争状态""战争管制"概念滥用的现象。湖北省十堰市张湾区新冠肺炎疫情防控指挥部2020年2月12日晚发布通告，宣布张湾区全域从2月12日24:00起实施"战时管制"，管制期间禁止外出，居民基本生活必需物资由乡镇、街办及村（居）会负责定时定量、定品种定价格配送，所有强行冲闯出入口封控设施的，一律拘留。② 这是疫情防控中全国出现的第一份"战时管制令"。2月13日大悟县疫情防控指挥部也发布紧急通告称，全县城区（镇区）所有楼栋实施战时封闭管理。这一消息引发极大争议。

宪法规定，只有全国人大、全国大人常委会能决定战争状态的宣布，战争状态针对的是其他国家、武装团体等。战争状态下，可以采取战时管制措施。作为地方政府的张湾区、大悟县肯定不具备宣布战时状态的法定权力。当然基于当时的语境，当地更多是一种笼统、比喻性的用词，以渲染形势危急以加强人们的警惕心理，并非是法律程序上宣布进入战争状态。该区副区长肖旭在接受媒体采访时表示："中央指导组孙春兰副总理在武汉提出了要把防疫工作进入战时状态抓实抓细，落实各项措施。我们提这个战时，是想引起全社会的注意，尤其是引起我们辖区居民的重视和自觉。"③ 张湾区发布通告同时附上了一封告市民书，称这是"非常时期、非常之举、势在必行、迫不得已"。语气殷切，可谓煞费苦心，其初衷与效果当然应该肯定。但此种滥用"战时管制"的说法并不可取。

总之，将《治安管理处罚法》"紧急状态情况下"衔接到《突发事件应对法》所规定的"突发事件响应状态，在实践中要恪守启动这一状态的正当程序，注意执法的比例原则，更不能滥用相关概念。还应该启动必要的法律修订以减少歧义和混乱。

四、结语

自由与安全是一对具有辩证关系的命题，严格的防控举措与民众的自由权利具有既矛盾又统一的关系。在突发事件应对中，公民权利会受到相当程度的限制或克减。但在采取严控措施阻断病毒传播的同时，如何保障公民基本权利并防止应急权失控是一个值得深思

---

① 陈聪：《"紧急状态"的事实判定与法律规定》，载《理论探索》2015年第1期，第114页。
② 载十堰市政府官网http://www.shiyan.gov.cn/2020ztzl/zzcc/sybs/202002/t20200212_2006995.shtml，2020年3月28日访问。
③ 上观新闻：《湖北十堰张湾为何发布战时管制令？》，载https://web.shobserver.com/news/detail?id=210667，2020年2月28日访问。

的命题。"紧急状态"这一概念有利于防控,但若过度滥用,则危及人民权利。本文讨论"紧急状态",也旨在通过对这一概念的准确理解,促进其在实践中更好适用,更好平衡权力与权利之间的关系,更好维护和保障人权。

(编辑:戴津伟)

突发公共事件的内部举报制度之构建[*]

于 洋[**]

摘 要 突发公共事件的应急管理是国家治理体系和治理能力现代化的重要组成部分。内部举报制度是指组织内部人员,将其知晓产生于组织内部对公共利益产生威胁或损害的情形,通过一定渠道进行报告或披露,并对其予以特殊保护的制度。突发公共事件领域的内部举报制度构建,有助于拓宽信息获取渠道提升突发公共事件的预警能力,保护举报人权利完善突发公共事件的参与机制,促进公私合作实现突发公共事件的有效治理。在突发公共事件领域,我国已具有建构内部举报制度的规范基础,其他领域的实践也为内部举报制度的构建提供了实践经验。在内部举报制度的构建上,应以我国突发公共事件应急管理的法律规范体系为基础,明确公益举报的要件,设置高效快速的查处机制,完善内部举报人激励与保护制度。

关键词 内部举报制度 突发公共事件 法律解释 立法模式 治理体系与治理能力

突发公共事件的应急管理是国家治理体系和治理能力的重要组成部分,承担防范化解重大安全风险、及时应对处置各类灾害事故的重要职责,担负保护人民群众生命财产安全和维护社会稳定的重要使命。为提升突发公共事件治理的有效性,如何建立突发公共事件的防控机制尤为关键。突发公共事件的防控是一个动态的协作系统,需要多方主体共同参与,特别是伴随现代风险社会的发展,突发公共事件的诱发因素更加复杂,具有更强的隐蔽性,因此尤为需要借助公众的力量来弥补政府信息来源的不足。由于"内部举报制度"

---

[*] 基金项目:上海哲社青年项目"上海自贸区规范性文件合法性监督机制研究"(项目批准号:2018EFX009)以及上海财经大学本科生教学项目"行政法与行政诉讼法学"课程思政(项目批准号:2020120044)的阶段性成果。

[**] 于洋,女,辽宁鞍山人,上海财经大学法学院讲师,研究方向为行政法学。

具有准确、及时获取信息的优势,能够及时发现、报告、反馈政府不易察觉的潜在危机,丰富信息的多元化供给渠道,规避政府获取信息滞后、单一与不全面等弊端,因而成为各国致力构建的重要制度。那么何为内部举报制度?在突发公共事件领域为何要构建内部举报制度?如何进行构建?对上述问题进行研究,不仅有助于鼓励公众积极参与公共事务的治理,保障公民权利;而且有益于完善突发公共事件防控机制,提高社会的风险防控能力,形成"国家—社会"信息连通渠道与"政府—公众"的合作治理格局,由此实现国家应急管理的现代化。

一、内部举报制度的理论概要

(一)内部举报制度的体系构造

从语言学上看,避免制度含糊不清与描述不当的最有效方式就是准确地界定制定内涵。[①] 内部举报制度,又称为"公益告发制度""揭弊制度""公益性内部举发制度"等,是指在公私部门任职者,将知晓产生于组织内部对公共利益产生威胁或损害的情形,通过一定渠道将相关信息进行报告或予以披露,并对其予以特殊保护的制度。其主要包含以下要素:

一是主体要件,即内部举报人具有"内部性",以知晓信息的内部成员为限。之所以将举报人限定为内部人员,原因在于相较于一般举报人,其具有更多的信息优势,并面临着更高的被打击与革职的风险。内部人员既包括公部门的内部人员,即国家公务人员,也包括私部门的内部人员,即企业的雇员。由此根据内部举报人的不同,亦有国家与学者将内部举报制度划分为公部门内部举报制度与私部门内部举报制度两种类型。

二是客体要件,即为了实现内部举报制度的公益目的,内部举报人所举报的事项为"与公共利益有关的事项"。不同国家大多采用例举的方式予以明确,如英国《公益披露法》细化为六个方面:犯罪行为、违反法律义务的行为、导致裁判错误的行为、危害个人健康与安全的行为、破坏环境的行为、涉及隐匿前述行为信息的行为。

三是主观要件,即为避免内部举报制度成为组织成员谋取私利、发泄私愤的工具,实现纠正组织错误、维护社会公共利益等目的,内部举报人主观上应是"善意",同时要求内部举报人所举发的信息具有"真实性"。国外大多采用"合理相信"的标准进行"真实性"的认定,即一个具备正常理性的组织内部成员,应依其经验、背景、身份、举报动机等因素,综合判断举报行为是否失当或不法。该标准并不要求内部举报人对信息进行完整的调查,只要有合理理由相信举报内容真实即可。

四是举报方式,包含"内部举报"与"外部举报"两种方式。内部举报方式是指组织成员将违法或失当的行为依据组织内部程序,向组织的相应管理部门或上级领导进行报

[①] 杨铜铜:《论法律解释规则》,载《法律科学》2019年第3期,第14页。

告。外部举报方式是指组织成员将内部发现的违法或失当行为向组织外部机关或公众予以披露。在举报方式的选择顺序上，由于内部举报方式既有助于促进组织反思，更为高效地防止不法行为扩散；又可避免外部举报引发的对组织声誉的影响，防止借公益之名损害组织利益，所以应优先适用内部举报方式。只有内部举报方式失灵后，才可适用外部举报方式。

五是奖励与保护制度。为激活内部举报制度，一方面有赖于制度化的激励机制，另一方面要保护内部举报人免受打击报复。在制度激励方面，各国大多采用高额奖励金或通过罚金共享机制予以实现，亦有采用精神激励与物质激励相结合的方式。而如何进行保护是解决内部举报人后顾之忧，实现制度目的的关键。在对内部举报人进行保护方面，大概集中于三个面向：对内部举报人身份的保密、内部举报人与相关利害关系人的人身安全保全、内部举报人与相关利害关系人的工作职务保障等。

（二）内部举报制度的核心理念

通过为内部举报人提供积极的保护，激发公民的道德勇气以及对社会事务的参与感，鼓励公民勇于举报不法行为，以此维护公共利益，是构建内部举报制度的核心理念。一方面，该制度意在通过政府与公民对公共事务的共同治理，实现对国家法秩序的维持。由于行政机关的人力、资源、信息有限，致使其无法及时发现组织内部隐蔽的不法行为。而内部举报制度有助于鼓励组织内部人员积极举报，及时敲响警钟，促使社会及时做出有效防控，遏制危险的发生与蔓延，保护公共利益。另一方面，该制度有助于为内部举报人正名，保障内部举报人的安全。国家通过制度化的建构，消除潜在的危险，对内部举报人进行严密的保护，使其免遭公私组织报复；同时营造善待内部举报人的社会氛围，防止内部举报人背负泄露组织秘密、告密者、背信弃义的负面评价，从而使其在无后顾之忧的情况下，对组织内部不法行为进行举报。

由于内部举报制度在披露违法、维护政府廉洁效率、维护公共利益方面的重要作用，许多国家纷纷通过立法来构建内部举报制度。在立法模式上，存在分散立法模式与单一立法模式。其中，美国是分散立法模式的代表，对公部门的内部举报行为与私部门的内部举报行为进行分别立法。从历史上看，美国第一个提及对内部举报人工作权益保障的法案为1970年的《职业安全卫生法》（Occupational Safety & Health Act），[①] 在"水门事件"以后，针对联邦政府内部不法行为专门制定了《吹哨人保护法案》（Whistleblower Protection Act），尔后又针对公司等内部不法行为举报制定了《萨班斯法案》（Sarbanes – Oxley Act）等。英国、韩国等国家则采用单一立法模式，制定统一适用于公私部门内部举报行为的立法。比如英国1988年制定了《公益通报法》，同时对公私部门的内部不法情势揭露事项予以规范；韩国2011年施行的《公益举报者保护法》，将公益举报主体的范围从公部门扩大

[①] 陈瑞仁等：《吹哨者保护法法制（一）》，载《月旦刑事法评论》2018年第8期，第92页。

到私部门,涵盖总则、公益举报、公益举报者保护、补偿金与救助金、罚则、附则等内容。此外,日本、法国、比利时、罗马尼亚等均已实现了内部举报制度的法治化,使内部举报制度成为提供预警信息、揭蔽不法行为的重要公益制度。

(三)内部举报制度不同于一般举报制度

为鼓励公众勇于揭蔽不法行为,当前我国已建立了"一般举报制度",即公民主动向行政机关、司法机关等有权机关,报告涉及社会公共利益的违法、犯罪案件线索,并获取一定奖励。内部举报制度与我国现有的一般举报制度在鼓励公民向有权机关披露违法信息、维护公共利益目的、公民参与社会管理理念等方面具有相似性,但是二者亦有本质的不同。

一是在披露信息的主体上,内部举报人具有身份的内部性,即组织内部具有特殊信息优势地位的成员;而我国一般举报制度中的举报人为"一般公众",不限定身份的内部性,举报主体范围更广泛。二是在披露信息的来源上,内部举报人的信息来自于组织内部,而一般举报制度的举报人信息来源更为广泛。三是在举报的方式上,内部举报人的举报方式分为内部举报与外部举报两种,并且内部举报方式具有优先适用性。而一般举报制度中,举报人的举报方式主要是外部举报,并且是"报告有权机关",借助国家力量来惩处违法行为,恢复公共秩序。四是在产生的后果上,由于内部举报人是组织成员,其受组织的指挥、管理,相较于游离于组织之外的一般举报人,遭受组织不利对待、报复的顾虑较多。

由此可见,内部举报制度与我国的一般举报制度虽然具有一定相似之处,但是在制度设计上具有本质的不同。相较于我国的一般举报制度,内部举报制度具有以下制度优势:一是由于内部举报人是组织内部成员,熟悉内部情况,所以具有更为便利的接触组织内部非法行为或危害社会公共利益信息的条件,相较于一般举报人的举报信息更具有针对性和准确性,有助于降低政府核查成本,提升政府效率。二是内部举报制度中举报方式更为多元化,相较于一般举报制度,不仅包括外部举报方式,还包括内部举报方式,有助于充分发挥组织内部的自律功能,培养组织的社会责任感,同时有助于降低由于举报信息不准确或者恶意举报对组织所造成的影响。三是在外部举报方式中,内部举报制度中的举报人不仅可以向"有权机关"举报,还可以向媒体、公众举报,有助于防止有权机关与组织合谋而压制举发信息,或者在情势危急的情况下,防止科层制繁琐的运行程序而导致信息传递迟延,危害公共利益的风险加大。但是相较于我国的一般举报制度,内部举报人在承担被打击报复的风险之外,还需面对违反组织忠诚义务与维护公共利益之间的"伦理困境",更亟待进行制度化保障。

二、突发公共事件中内部举报制度构建的价值意涵

(一)拓宽信息获取渠道提升突发公共事件的预警能力

突发公共事件的产生是多种因素共同作用的复杂过程,具有事件的突发性、影响群体

性、危害社会性、处理复杂性等特征。这种蕴含极大不确定性且需及时应对的公共危机，考验着国家的应急防控能力，也是国家治理体系和治理能力最好的镜像。"不确定性的存在，其实质上来源于信息的缺失，现实中的不可预见性导致了信息的不可靠或不完备，无法提供决策所需的基础。"① 由此，"信息"成为突发公共事件防控的核心与关键，由于突发公共危机的隐蔽性，以及政府能力的有限性，"单纯的行政资源不足以有效应对，而必须动员社会力量参与到风险规制过程中，"② 就需要借助公众的力量弥补信息来源的不足。作为组织内部成员的内部举报人，具有准确、及时获取信息的优势，因而能够及时发现、报告、反馈政府不易察觉的潜在危机，丰富信息的多元化供给渠道，规避政府获取信息滞后、单一与不全面等弊端。

同时，由于内部举报人可以通过内部举报与外部举报两种方式发出预警，拓宽了信息发布的渠道。"预警功能需要依据监测获得的信息"，③ 在我国突发公共卫生事件中，虽然《传染病防治法》第 31 条规定了"政府报告制度"，即"任何单位和个人发现传染病病人或者疑似传染病病人时，应当及时向附近的疾病预防控制机构或者医疗机构报告"。但是，一方面由于政府内部信息的层层上报可能导致信息的失真与丢失，另一方面由于官僚制下的晋升渠道以及突发公共事件可能对地方政府政绩带来否定性评价的考量，封锁、瞒报有关信息时常发生，致使公众无法快速获取相关信息，进而导致未能进行有效预防。因而内部举报制度的多元举报方式，能弥补政府报告制度的不足，及时对突发公共事件进行预警。

（二）保护内部举报人权利完善突发公共事件的参与机制

突发公共事件的防控是一个动态的协作系统，需要多方主体共同参与，群防群治，整合社会资源，以改善条块化与碎片化的应急管理模式。一方面内部举报制度有助于弥补政府单方治理的不足。"在现代社会，随着组织体的日趋完善以及组织规模与复杂程度的日益扩大与提高，组织体违法的可能性也在相应增大，而监管者发现和阻止组织体违法行为的难度也在加大。"④ 内部举报制度有助于扩大政府信息来源，节约政府监管成本，共同防控突发公共事件。另一方面，内部举报制度有助于提升公众参与社会公共事务的热情，增进公众的荣誉感与获得感。政府及其主管部门对内部举报人举报不法事由的回应，事实上是政府与公众间的沟通。公众将组织内的不法行为或者潜在威胁公共安全的风险向权力机关举报，是公民行使监督权的有效方式。与此同时，权力机关对公民的举报内容采取行动，尤其是对突发公共事件启动应急预案，能够有效地将风险降到最低，避免事态的发展

---

① 薛澜、张强、钟开斌：《危机管理：转型期中国面临的挑战》，清华大学出版社 2003 年版，第 31 页。
② 葛翔：《从风险行政看突发疫情信息预警机制的完善》，载《上海法学研究》2020 年第 1 卷，第 56 页。
③ 宋瑞：《完善突发公共卫生事件预警制度研究》，载《上海法学研究》2020 年第 1 卷，第 45 页。
④ 王贵松：《论公益性内部举报的制度设计》，载《法商研究》2014 年第 4 期，第 72 页。

与扩大。其带来的公共福祉增加,对于培育公民权利意识,提升公民的政治参与能力具有积极意义。

而更为重要的是,内部举报制度中"所蕴涵的倡导人人为权利而斗争的权利观和为维护社会正义而挺身而出的价值观,对于我们这个处于权利初醒时代的国家而言,显得弥足珍贵"。① 内部举报人举报不法事由,事实上是公民行使监督权、言论自由权。然而权利不能仅靠权利人去行使,更需国家制度保障。内部举报人的预警勇气来源于内心深处的良知与正义,但是内部举报人却面临巨大的风险,不仅可能遭遇组织成员的排挤,背负"告密者""告发人"的负面评价,亦会遭受组织不公待遇,打击报复,乃至生命健康威胁。突发公共事件中内部举报制度的建立,可为内部举报人提供一种稳定的、可预期的制度保障,消除其可能面临的危险,激发内部举报人参与公共事务的热情,防止"正义噤声",进而完善突发公共事件的参与机制,推进民主政治建设。

(三) 促进公私合作实现突发公共事件的有效治理

以政府为主导的强制性监管模式存在监管成本高、执法效率低下等问题。在突发公共事件的处理中,尤为如此。由于突发公共事件的诱因较为复杂,并且具有极强隐蔽性,政府获取实时信息的渠道不畅通,往往导致错过最佳的监测与预警时期,直接跨入突发公共事件的救援与处置阶段。于是全球范围内兴起声势浩大的公共行政改革运动,其中"更多依靠民间机构,更少依赖政府来满足公共需求"的民营化方式以契合"政府退缩、市场回归"的旨趣而备受青睐,成为各国公共行政改革的重要举措。② 基于行政过程的可分解性,借助于私人力量来协助行政机关完成部分行政事务的公私合作理念与方式,有助于实现政府角色的转变,共同完成社会治理的转变。在突发公共事件中,"政府虽然是危机应对中的最主要角色,但不是唯一的参与主体,由于政府在资源管理、人员结构、组织体系等方面的局限性,因此不管是在危机预警、危机准备,还是灾难救助阶段,都应当积极吸纳和发挥民间力量的作用。"③

突发公共事件中内部举报制度的构建,就蕴含着以促进公私合作方式实现突发公共事件有效治理的理念。一方面,通过公私合作转变应急管理体制。"从整体应急管理机制建构特征上看,普遍存在'重应急、轻预防'现象。虽然'预防为主'已成为我国应急管理体系建设的基础理念,但在相关制度与技术设计层面仍缺乏足够关注,从而导致应急管理机制的结构性失衡。"④ 有学者指出,我国的应急管理体系建立在科层制上,虽然科层

---

① 詹强:《行政法学视野中的"吹哨人"制度》,载《福建行政学院学报》2016年第4期,第51页。
② 章志远:《食品安全有奖举报制度之法律基础》,载《北京行政学院学报》2013年第2期,第91页。
③ 伏绍宏、牛忠江:《突发公共卫生事件中公共利益与私权冲突法律平衡的路径选择》,载《社会科学研究》2012年第2期,第62页。
④ 童星、陶鹏:《论我国应急管理机制创新——基于源头治理、动态管理、应急处置相结合的理念》,载《江海学刊》2013年第2期,第113页。

制应急管理体系具有稳定的权威性,能够快速地对各种突发事件做出响应,但这种应急管理机制却不能主动识别和判断环境变化所带来的风险,并且政府通常属于信息获取链条的末端,信息获取的时机和内容均取决于其他主体,因而有关突发事件的信息不可避免地会被瞒报或延报。① 内部举报人处于组织内部,具有认知事件的专业性,以及获取违法信息与危害公众安全信息的优势,有助于搭建社会组织与政府部门沟通信息的平台,辅助行政机关获取信息,实现实时预警。另一方面,借由公私合作加强组织自律、督促政府高效履行职责。内部举报人不仅可以向组织内部举发,倒逼组织自律,而且也可以向外部公众举报,打破组织的封闭空间,倒逼公务人员依法履行职责,由此实现突发公共事件合作治理目标,扭转行政"独揽型"社会风险治理模式,为构建多元主体参与的"共治型"风险治理模式提供保障。②

三、突发公共事件中内部举报制度构建的基础

(一) 内部举报制度构建的法规范体系

在突发公共事件中,构建适于我国的内部举报制度,"不仅有利于实现个人自由和民主权利,而且有助于维护社会公共安全和利益,提升企业和民间组织的社会责任。"③ 然而制度的构建必须以合法性为基础,其是法治国家建设的基本要求。法学的主要任务即在于"认识隐含在立法可解的字义背后的意涵,并将之表达出来,"④ 内部举报制度的构建须有法律规范予以支撑。而法律规范是一个统一体,其由宪法、法律、法规、规章等规范性法律文件组成,由此内部举报制度的构建需要从我国的整个法律制度体系寻求规范依据。

首先,我国宪法赋予了内部举报制度建构的宪法基础。法律秩序是一个层次分明的价值判断的内部体系,"位于该层级顶点的是宪法基本判断,它们首先是通过基本权利被确立下来。"⑤ 作为国家的根本大法,宪法规定了公民的基本权利,以此为基础形成国家的制度体系。从宪法文本出发,我国内部举报制度具有以下宪法层面的权利基础:其一是民主监督权,体现在《宪法》第41条,即公民有权对任何国家机关和国家工作人员的违法失职行为,有向有关国家机关提出申诉、控告或者检举的权利。⑥ 根据该条款的文义即可

---

① 程惠霞:《"科层式"应急管理体系及其优化:基于"治理能力现代化"的视角》,载《中国行政管理》2016年第3期,第90页。
② 戚建刚:《〈突发事件应对法〉对我国行政应急管理体制之创新》,载《中国行政管理》2007年第12期,第14页。
③ 彭成义:《国外吹哨人保护制度及启示》,载《政治学研究》2019年第4期,第42页。
④ [德] 哈特穆特·毛雷尔:《行政法学总论》,高家伟译,法律出版社2000年版,第84页。
⑤ [德] 伯恩·魏德士:《法理学》,丁晓春、吴越译,法律出版社,第318页。
⑥ 《宪法》第41条:中华人民共和国公民对任何国家机关和国家工作人员,有提出批评和建议的权利;对于任何国家机关和国家工作人员的违法失职行为,有向有关国家机关提出申诉、控告或者检举的权利,但是不得捏造或者歪曲事实进行诬告陷害。对于公民的申诉、控告或者检举,有关国家机关必须查清事实,负责处理。任何人不得压制和打击报复。

判断出，该规定为公权力机关内部人员对公权力机关及其工作人员的违法犯罪、危害公共利益的行为，向内部与外部披露提供了规范基础。其二是言论自由权，体现在《宪法》第35条，其规定：中华人民共和国公民有言论、出版、集会、结社、游行、示威的自由。美国总统小罗斯福将自由的权利分为四个方面：言论自由、信仰自由、免于恐惧的自由、免于匮乏的自由，其中言论自由属于最基本和最重要的自由，我国《宪法》第35条亦是将其放在首位。公民享有言论自由的权利，而内部举报人所进行的"公益告发就是一项言论自由权、一种合乎伦理的释放以及一套行政管理的机制，结果在于保证每个人都具有依其良心畅所欲言的能力，同时其所在的组织在其行为中也能更加开放且组织对其雇员、股东和更广泛的公众负责。"① 权利的行使需要国家制度的保障，因而国家需要构建内部举报人保护制度，以实现公民"免于恐惧的言论自由"，保障有利于公共利益的言论自由权的行使。由此可见，《宪法》上有关公民监督权与言论自由权的规定是突发公共事件中内部举报制度构建的宪法基础。

其次，《突发事件应对法》《传染病防治法》等为构建内部举报制度提供了法律基础。"通常只有了解规范在规范群、法典、部分领域或整个法律秩序中的地位，才能对规范内容进行切合实际的理解。"②《突发事件应对法》第38条规定了突发事件的多元化的信息收集渠道、专职或兼职信息报告员制度，以及获悉突发事件信息的公民、法人或者其他组织的报告义务。③《传染病防治法》第31条亦规定：任何单位和个人发现传染病病人或者疑似传染病病人时，应当及时向附近的疾病预防控制机构或者医疗机构报告。根据体系解释基本原理，虽然上述条款属于一般举报制度，但是这些条款并不排除内部工作人员也可以将发现的危害公共安全的信息进行披露的制度内涵，为突发公共事件领域中内部举报制度的构建奠定了法律基础。

最后，《突发公共卫生事件应急条例》《传染病防治法实施办法》等行政法规为内部举报制度构建提供了法规基础。其中，《突发公共卫生事件应急条例》第24条规定了国家建立突发事件举报制度，任何单位和个人都有权向有关机构进行报告，并规定了报告或举报的处理机制。④《传染病防治法实施办法》第34条规定了执行职务的医疗保健人员、卫

---

① 李飞：《法律如何面对公益告发？——法律与制度的框架性分析》，载《清华法学》2012年第1期，第14页。
② ［德］伯恩·魏德士：《法理学》，丁晓春、吴越译，法律出版社2013年版，第316－317页。
③ 《突发事件应对法》第38条：县级以上人民政府及其有关部门、专业机构应当通过多种途径收集突发事件信息。县级人民政府应当在居民委员会、村民委员会和有关单位建立专职或者兼职信息报告员制度。获悉突发事件信息的公民、法人或者其他组织，应当立即向所在地人民政府、有关主管部门或者指定的专业机构报告。
④ 《突发公共卫生事件应急条例》第24条规定：国家建立突发事件举报制度，公布统一的突发事件报告、举报电话。任何单位和个人有权向人民政府及其有关部门报告突发事件隐患，有权向上级人民政府及其有关部门举报地方人民政府及其有关部门不履行突发事件应急处理职责，或者不按照规定履行职责的情况。接到报告、举报的有关人民政府及其有关部门，应当立即组织对突发事件隐患、不履行或者不按照规定履行突发事件应急处理职责的情况进行调查处理。对举报突发事件有功的单位和个人，县级以上各级人民政府及其有关部门应当予以奖励。

生防疫人员为责任疫情的报告人。与此同时，国务院及其相关部门颁布的规范性文件事实上也为内部举报制度建构提供了规范基础。虽然在位阶上，行政规范性文件的法效力低于规章等规范性法律文件，但其亦是行政机关依法行政的重要依据，并且由于其多为法律法规的实施细则，可操作性较强，实践中行政机关多将其作为指导行政行为的直接依据。① 比如 2006 年《国务院关于全面加强应急管理工作的意见》（国发［2006］24 号）中，就明确提出"通过建立社会公众报告、举报奖励制度，设计基层信息员等多种方式，不断拓宽信息报告渠道。"2009 年财政部等五部门联合制定的《企业内部控制基本规范》第 43 条也规定了企业内部应建立举报投诉制度和举报人保护制度。② 2019 年 9 月 12 日《国务院关于加强和规范事中事后监管的指导意见》更是明确指出，要发挥社会监督作用，建立内部举报人等制度，对举报严重违法违规行为和重大风险隐患的有功人员予以重奖和严格保护。可见，上述法规、政策文件均彰显了国家旨在建立内部举报制度，健全国家应急管理体系的政策导向。

（二）其他领域内部举报制度的实践经验

事实上，我国在其他领域已经建立了内部举报制度，比如食品内部举报人、环境内部举报人等；同时现有的一般举报制度中亦蕴含着"内部人举报"的情形，均为突发公共事件领域内部举报制度的构建提供了实践经验。梳理立法史可以发现，我国的一般举报人制度最早缘起于打击职务犯罪、贪污腐败领域。从 1988 年《人民检察院举报工作若干规定（试行）》到 2018 年《中华人民共和国监察法》，逐渐形成了从针对职务犯罪到违法行为再到违纪行为全覆盖的举报制度。同时《监察机关举报工作办法》《最高人民检察院关于保护公民举报权利的规定》等细则，完善与细化了举报的方式、处理程序，以及保护举报人的职责分工、保密措施、保护措施、打击报复行为的处置等。作为普通公民的一员，公务人员自然也可以依据上述规定对自己职务工作中发现的职务犯罪、贪污腐败向相关国家机关进行举报。③

当下在食品安全、知识产权、市场监管、环境保护、生产安全等领域建立的一般举报制度，其中便包含"内部人举报"的情形。④ 以食品安全领域为例，自 2011 年国务院食

---

① 于洋：《论规范性文件合法性审查标准的内涵与维度》，载《行政法学研究》2020 年第 1 期，第 105 页。
② 《企业内部控制基本规范》第 43 条规定：企业应当建立举报投诉制度和举报人保护制度，设置举报专线，明确举报投诉处理程序、办理时限和办结要求，确保举报、投诉成为企业有效掌握信息的重要途径。举报投诉制度和举报人保护制度应当及时传达至全体员工。
③ 但是对于国家机关工作人员举报，或将信息告知他人用于举报的，一般不予奖励。比如 2014 年证监会出台的《证券期货违法违规行为举报工作暂行规定》第 17 条规定：具有以下情形之一的，不予奖励……（五）国家机关工作人员利用工作便利获取信息用于举报，或将信息告知他人用于举报的。
④ 比如 2020 年市场监管总局制定的《市场监督管理投诉举报处理暂行办法》实施，第 24 条规定：鼓励经营者内部人员依法举报经营者涉嫌违反市场监督管理法律、法规、规章的行为。《广东省举报侵犯知识产权和制售假冒伪劣商品违法行为奖励办法》第 19 条规定：符合下列情形的，举报人有特别重大贡献的，奖励金额可以超过 50 万元……（三）违法主体内部人员举报，违法行为造成重大社会影响的。

品安全委员会办公室发布《关于建立食品安全有奖举报制度的指导意见》以来,各地纷纷制定有奖举报管理办法,其中许多规范对"内部人员举报"进行了规定。比如《福建省食品安全条例》第95条规定:对生产经营企业内部人员举报的,应当给予双倍奖励,并对举报人的信息予以保密。与此同时,在一些食品相关领域开展"内部人员举报"试点,比如上海市徐汇区试点外卖小哥内部举报食品安全制度、张家港市市场监管局凤凰分局推行食品安全内部举报人制度等。在上述实践中,对内部举报制度的构造进行了积极探索,比如列举企业违法的具体事项,公布举报电话,明确内部举发奖励机制,以及落实内部举报人保密规定与保护措施等。虽然现有的实践仍有很多需要完善之处,但均为突发公共事件领域内部举报制度的构建奠定了实践基础。

四、突发公共事件中内部举报制度的体系化框架

(一)明确内部举报人公益举报的要件

明确突发公共事件中内部举报人公益举报的要件,是构建内部举报制度的前提。其应以内部举报制度的理念为指引,以我国突发公共事件应急管理体系为基础、结合突发公共事件的特点进行要件设计,防止"法制的象征意义大于实际意义。"[1]

首先,结合突发公共事件的成因解释内部举报主体。"内部性"是内部举报制度的核心内涵,在突发公共事件领域,内部举报主体仍应以知晓信息的"内部成员"为限。通常而言,突发公共事件分为自然灾害、事故灾难、公共卫生事件和社会安全事件四类,而每一种类型突发公共事件成因的不同均将导致"内部成员"的认定分殊。以事故灾难为例,在工矿商贸等企业的各类安全事故中,知晓内部信息的主体为企业雇员;而在公共设施和设备事故中,知晓内部信息的主体为公务人员。因此,在突发公共事件中,内部举报人的身份需要根据突发事件的类型与成因进行界定与解释。从性质上看,知晓突发公共事件内部信息的"内部人员"主要包括私主体(企业雇员)与公主体(公务人员)两类。为充分实现内部举报制度的功能,丰富突发公共事件信息的来源,避免内部举报制度与我国一般举报制度的混同,在着眼于内部举报人的"内部性",即以"知晓组织信息的成员"为限的准则下,可进行扩大解释,这也是各国共同的发展趋势。其中,"企业雇员"主要是指在工作场所发挥作用的人,除了正式雇员外,还包括兼职雇员、派遣雇员、实质为公司提供劳务的员工等。在"公务人员"的界定上,除具有国家公职身份的人员外,还包括从事公职事务的人员,如聘任制公务员、人民团体、公共企事业单位工作人员等。

其次,举报事项限缩为诱发、扩大突发公共事件风险的事项。在突发公共事件中,内部举报人发出警报的事项不宜扩大解释,应限缩为与"公共利益"相关,主要表现为

---

[1] Latimer P, Brown A J., *Whistleblower Laws – International Best Practice*, University of New South Wales Law Journal, 2008, p794.

"诱发、扩大突发公共事件风险"的事项。从具体事项类型来看，涉及违反法律规定的行为、重大失职滥权的行为、对公共健康安全产生危害的行为，以及对环境造成危害的行为等。① 从发生过程来看，包括两种类型事项：一是在预防阶段，主要指可能引发突发公共事件隐患的事项，以避免发生突发公共事件。二是在应急处置、救援、事后恢复重建阶段，主要指有关机关不履行或者不按规定履行突发公共事件应急处理职责的情况，由此导致扩大突发公共事件的风险。

再次，采用"内部举报优先，外部举报为例外"的阶梯式举报方式。原则上，为高效解决问题，防止危害公共利益的突发公共事件发生，又促进组织内部的自净与自我反省，将对组织的负面影响降到最低，应当优先"内部举报"，当前者"失灵"时才可进行"外部举报"。但是立足我国实际以及突发公共事件的特殊性，"外部举报"方式在我国更为需要强调：一方面，我国的企事业单位组织内部的控制制度相对薄弱，大多尚未建立安全有效的内部举报处理机制；另一方面，由于突发公共事件具有突发性，情势紧急，需要借助国家动员能力才能进行有效防控，因而我国突发公共事件领域更需要着重强调作为例外的"外部举报"方式。尤其是在下列情形中，可以直接向外部举报：内部举报人有理由相信采用内部举报方式将可能遭受组织的迫害、有理由相信采取内部举报方式会导致其所传递的信息、证据被隐瞒或销毁，内部举报人已经就相同内容进行内部披露但是没有产生积极效果、问题异常严重，公共利益已经遭受损害或有理由相信发生危害的急迫性等等。另外需要注意的是，外部举报包括向有权机关揭发，以及向媒体、公众披露两种。一方面，基于有权机关享有对突发公共事件的调查处置权限，会更为有效的遏制危险的发生与蔓延；另一方面，为避免举报信息有误以及造成民众不必要的恐慌，也应当优先向有权的外部机关举报，主要为人民政府及突发公共事件的主管部门，② 尔后再选择向媒体、公众披露。

最后，内部举报人公益举报的主观善意应做宽松解释。在突发公共事件中，为防止借由内部举报制度谋取私利以及引起社会恐慌，内部举报人主观上应为"善意"，即具有预防突发公共事件的发生，减轻突发公共事件引起的社会危害，维护社会秩序、人民生命财产安全等"公益"特征。在对"善意"的认定中，应采用相对宽松的解释，即便夹杂"私利"的混合动机，但并不影响"善意"的认定。一方面，内部举报人不仅是组织内部成员，更是广泛社会主体中的一员，内部举报人在维护了公共利益的同时，客观上亦达到了使自身受益的效果。③ 另一方面，内部举报行为对举报人而言获益小，风险大，对社会

---

① 李淑如：《公司治理原则之内部组织控制与不法资讯揭露之法制发展》，载《公益揭发——职场伦理新趋势》，巨流图书股份有限公司 2010 年版，第 59 页。
② 以突发公共卫生事件为例，内部举报人可以向当地政府、卫生行政部门、卫生防疫机构、医疗保健机构等进行举报。
③ 曾有调查数据显示，超过一半的告发者怀有混合动机，即告发者本人与他人均因之受益。转引自李飞：《法律如何面对公益高发？——法理与制度的框架性分析》，载《清华法学》2012 年第 1 期，第 143 页。

而言则成本低，维护了整体公共利益。面对我国公民相对消极的权利行使现状，相对宽松的"善意"认定有助于激发公民权利的行使，培育正义的社会风尚。所以凡非"专为"取得不当利益、损害他人等不正当目的之举发行为均属合法。① 此外，应采取"举证责任倒置"方式，由受理机构或被举报主体证明内部举报人为"恶意"举发。与之对应，为防止由于门槛设置太低而引发举报泛滥，给社会造成恐慌，以及对组织等造成负面影响，因而要求内部举报人对其举报的信息具有"合理相信"的真实性，并能对自己的举报行为负责。

（二）设置高效快速的查处机制

在突发公共事件中构造内部举报制度，目的在于借助预警，及时采取措施，纠正违法不当行为、防控事态发展，维护公共利益。因而在突发事件领域，建立高效快速的查处机制是内部举报制度的运行载体。这在相关法律规范中亦有类似规定，比如我国《宪法》第41条规定：对于公民的申诉、控告或者检举，有关国家机关必须查明事实，负责处理。《突发公共卫生事件应急条例》第24条亦规定：接到报告、举报的有关人民政府及其有关部门，应当立即组织对突发公共事件隐患、不履行或者不按照规定履行突发公共事件应急处理职责的情况进行调查处理。

一方面，设置内部举报与外部举报的处置机构。为了快速应对突发公共事件，必须设置适格的处置机构接受、处理内部举报人的预警。由于突发公共事件的成因复杂，无论是企业等私主体，还是政府等公主体的违法或不当行为，均有可能引发突发公共事件。因而公私主体均应设置组织内部的处置机构，实现内部举报途径的畅通。事实上，组织内部处置机构本质上是组织内部控制机制的一部分，由于其对组织内部情况熟知，所以能对预警事项快速处理，实现自我净化，提升组织的透明度与社会责任感，实现内部举报程序设置的预期目的。在组织内部举报处置机构的设置上，需要结合组织类型、组织架构、组织文化等因素进行综合考量。比如在以企业为代表的私主体内部，可以设置以下内部机构受理内部举报事项：企业的法定代表人或管理者、对所举报的行为具有事实上管理权限的部门、公司内部的法务部门、业务监督部门等。

在外部举报中，处置机构分为两类：一类是具有调查权、管理权、处置权的国家机关，包括突发公共事件所在地政府、行政主管机构、指定的专业机构、检察机关、监察机关以及其他可以防止公益损害行为发生或扩大的机关。另一类是无调查权，但是有影响力、散播力、公信力与自律能力者，包括有公司登记的媒体业者，有法人登记的公益团体（如环保协会）等。在外部举报的处置机构中，由于突发公共事件的紧急性与危害性，具有调查权、管理权、处置权的国家机关能及时防止危险扩大，采取保护措施，所以应当优

---

① 黄铭杰等：《组织内部不法资讯揭露法制之研究》，行政院研究发展考核委员会2006年版，第43页。

先向"具有调查权、管理权、处置权的国家机关"的优先举报。

另一方面,形成高效快速的查处程序。在接到内部举报人的警报后,处置机构应高效处理,做出回应。首先,及时受理。对内部举报人的个人信息、举报的事由、目的等进行核查,同时应当告知内部举报人诬告的法律责任,形成一套行之有效的信息筛选、甄别、核查等工作程序。其次,进行调查。接到举报的机关,应当立即组织对突发事件隐患、不履行或不按照规定履行突发事件应急处理职责的情况进行调查。由于"很多突发事件的应对都依赖于科学技术,或者说,突发事件应对的全流程都建筑在专业支持的基础上",①所以必要的时候可以组织相关部门、专业技术人员、专家学者进行会商,对发生突发事件的可能性以及可能造成的影响进行评估。为防止借由内部举报制度谋取私利,恶意举报,以及因内部举报制度受理门槛过低而导致制度滥用的情形,如果发现虚假举报、重复举报等情形,可以不进行调查或中断调查。最后,有效处理。如果调查属实,确有存在引发突发公共事件隐患的,应按照《突发事件应对法》等法律法规规定及时预警,启动应急预案;对已经造成突发事件的,则应进行应急处置与救援,对接我国应急管理体系。需要注意的是,在受理、调查、处置等一系列过程中,应当对内部举报人予以信息反馈。如若是匿名吹哨,则应做好记录、存档等。

(三) 完善内部举报人激励与保护制度

法制保障的核心思想即防止内部举报人受到不利对待,或者确保内部举报人受到不利对待后能够获得充分而必要的法律救济。② 内部举报人大多是基于良知与正义进行举报,但是却面临巨大的风险。完善内部举报人的激励与保护制度,是内部举报制度的核心内容,亦是维持内部举报制度运行的保障。这不仅取决于内部举报人保护法制的完备,还取决于国家保护内部举报人的力度,以及赞誉内部举报人的社会价值观。

第一,设置完备的奖励制度。

对内部举报人进行奖励,一方面意在向社会宣示国家与社会的基本立场,激励公众勇于揭蔽,及时将危害公共安全与公共利益的风险向有关部门举报;另一方面则是对内部举报人可能遭遇的风险进行补偿。可以从以下方面进行奖励制度的设置:

首先,明确奖励部门。我国《突发公共卫生事件应急条例》第24条第3款规定:对举报突发事件有功的单位和个人,县级以上人民政府及其有关部门应当予以奖励。基于内部举报制度与一般举报制度的相似性,其可类推适用到突发公共事件中对内部举报人的奖励,因而可以由县级以上人民政府以及负责对举报事项进行调查的部门给予奖励。

其次,多元化的奖励方式。包括物质奖励与精神奖励两种方式。在物质奖励方面,倘

---

① 丁立:《突发事件应对法律制度的特别之处》,载《上海法学研究》2020年第1卷,第36页。
② 参见李飞:《法律如何面对公益告发?——法理与制度的框架性分析》,载《清华法学》2012年第1期,第158页。

若便于计算货值或有明确罚款金额,如企业违法违规操作引发的环境污染事故,或者食品安全引发的公共卫生事件中,则可以按照货值的一定比例给予奖励或分享一定比例的罚金。在其他类型的突发公共事件中,则可设置高额奖金予以奖励。在精神奖励方面,如内部举报人愿意并且已经没有安全影响的情况下,可以授予"英雄"等荣誉称号;对于为公共利益而举报,因公牺牲或遭遇报复死亡的,可以追授"烈士""先进个人"等荣誉称号。同时应当重视"社会奖励",比如通过媒体举办的"感动中国"等公益评选活动,向社会传递正能量,培育公民的"公共精神"。

再次,规定特殊奖励情形。为鼓励组织内部人员及时举报,防止延误防控时机,同时避免重复举报,只对最早的内部举报人进行奖励。对那些非最早举报,但对突发公共事件的预防与公共利益的维护具有直接作用的,也应当给予适当奖励。

最后,细化奖励的领取方式。内部举报人举报方式的不同,决定着其领取奖励方式的差异。比如实践中,采用实名举报的,应当到受理机关填写《奖励申请表》,提供有效的身份证件;匿名举报、隐名举报的,应当提供能够辨识其身份的信息作为身份代码(如身份证缩略号、电话号码、网络联系方式等),并可与受理机关专人约定举报密码等,进而通过约定的举报密码、代码等领取奖励,也可以委托他人代为领取。

第二,落实法制保障措施。

"在举报人保护上的失利,即是对不法、不端行为的助力。"[1] 只有具体而充分的保障,才能打消内部举报人的顾虑,解决结构性不法行为所引发的突发公共事件隐患。[2] 大部分国家和地区都通过法制保障的方式给予内部举报人充分保障,比如作为澳大利亚议会提供信息、分析与建议的机构,Parliamentary Library 在 2005 年曾提出了比较有效的三项保护机制:身份匿名、法律追究的豁免、报复的防护。[3] 事实上,我国宪法、刑法、刑事诉讼法等多部法律对一般举报人的保护做出了明确的规定,[4]《最高人民检察院关于保护公民举报权利的规定》《人民检察院举报工作规定》等规范性文件也规定了专门保护措施,但由于上述规定主要针对"国家机关和国家工作人员的违法失职行为",适用范围相对狭窄,并且具有"重事后惩罚,轻事前预防"、消极保护的特征。因此,在我国突发公共事件领域内部举报制度的构建中,应当在借鉴上述一般举报人保护规定的基础上,进行

---

[1] Latimer P, Brown A J, *Whistleblower Law – International Best Practice*, University of New South Wales Law Journal, 2008, 31 (3), p. 768.

[2] 一位美国学者针对 233 名举报人的调查报告显示:在揭发不法行为后,这些举报人有 90% 被开除或降级,27% 遭到控诉,26% 需要精神或身体上的治疗,25% 对酒精产生依赖,17% 失去家园,15% 婚姻破裂,10% 有自杀倾向,8% 破产。尽管如此,仅有 16% 的举报人表示如再遇到不法行为会选择沉默。参见 Peter Rost. The Whistleblower: Confessions of a Healthcare Hitman, Berkeley: Soft Skull Press, 2006: Dedication, p. 2.

[3] 李飞:《法律如何面对公益告发?——法理与制度的框架性分析》,载《清华法学》2012 年第 1 期,第 158 页。

[4] 比如《刑法》第 254 条规定:国家机关工作人员滥用职权、假公济私,对控告人、申诉人、批评人、举报人实行报复陷害的,处二年以下有期徒刑或者拘役;情节严重的,处二年以上七年以下有期徒刑。

完善。

一是身份保密。首先在举报方式上，除了实名举报以及匿名举报外，积极探索"隐名举报""网络举报"方式。举报方式的选择本质上是"安全"与"效率"的博弈，隐名举报、网络举报方式既有助于降低举报人身份泄露的风险，使得内部举报人极可能提供充分的信息，又可以缓解处置机构对匿名举报信息可信度低的担忧，提高查证的效率。其次对内部举报人的信息、资料进行保密。处置机构应由专人负责举报人的举报，由专人录入系统，进行加密。举报材料应妥善保管，存于规定的场所，受理内部举报的机构与部门不得泄露任何可以辨认内部举报人身份的信息或者资料。此外，还应完善受理、审查、移送等环节的身份保密机制，建立原始举报材料与传阅材料的分离，严格限定举报材料的知晓范围。再次秉持禁止公开原则。未经内部举报人同意，不得将举报材料作为证据，不得在新闻报道中公开内部举报人身份。即便在违法行为查处后，除非获得内部举报人明确同意并告知了公开存在的风险，否则也应严格保密。最后设置严格法律责任，依法追究相关责任人泄露内部举报人信息的法律责任。

二是人身保护。"保密的最终追求是保证安全"，[①] 内部举报人对安全的渴求与期待贯穿举发行为的始终。为内部举报人及其近亲属的生命安全提供保障，提供免于打击报复的法律保护，是构建内部举报人制度的核心。因此，处置机构应当根据举报内容可能引发的风险进行综合评估，确定是否需要给与内部举报人"人身保护"。如果因内部举报人实名举报遭受或可能遭受打击报复，而向处置机构请求保护的，处置机构经过核实，确有需要，可以联合公安机关制定相应的保护预案，采取相应的保护措施。内部举报人直接向公安机关请求保护，并且需要采取紧急保护措施的，公安机关不得拒绝，应当立即采取紧急措施，并通知处置机构。

三是内部举报人及利害关系人的工作职务保障。由于内部举报人属于组织内部成员，具有对组织的"忠诚义务"，所以内部举报人就内部弊端进行举报，可能受到雇主不利人事对待，不仅包括直接的、显性的调岗、开除、停职、降薪、削减福利，而且包括间接、隐形的排挤、霸凌通报、明升暗降等报复措施。因而对内部举报人及其利害关系人予以职务保障是各国的通用做法。比如日本2004年的《公益通报者保护法》禁止雇主基于内部举报之人的举报行为而给予降级、减薪或其他不利变更。雇主因雇员的公益举报而解雇该雇员的行为、解除劳动派遣合同的行为无效。在救济的途径上，如果是公务人员因举报而招致不利人事对待的，可以向人事争议仲裁委员会进行申诉。如果是私部门的员工因举报而招致不利人事对待，则可以运用劳动仲裁，或民事诉讼等途径解决。如果因举报而招致行政机关不法对待的，则可通过行政诉讼、行政复议等纠纷解决方式加以救济；情节严重

---

① 王磊：《论作为信息规制工具的悬赏举报》，载《大连理工大学学报（社会科学版）》2018年第1期，第78页。

者，则可按照刑法有关打击报复证人罪、滥用职权罪等追究相关人员的刑事责任。

四是追究法律责任的豁免。尽管内部举报人具有组织内部人员的身份属性，有维护组织利益、严守公司秘密、遵守职业道德等义务，但为防止内部举报人因担忧追究法律责任而禁声，应当对其因举报行为而引发的违反忠诚义务、侵犯商业秘密、损害组织信誉等侵权责任予以豁免。而如果内部举报人因为举报，导致自己的违法或犯罪行为被发现，则可依据《行政处罚法》第27条规定，从轻或减轻行政处罚，或者根据《刑法》第67条、68条的规定认定为自首或立功，减轻或免除刑事处罚。因而结合案件情形，综合考量内部举报人的违法犯罪行为与维护公共利益的贡献，减免内部举报人的法律责任，对于鼓励内部举报人，强调内部举报行为的公益性具有积极的促进作用。但是，如果借用"保护公共利益"之名，而行损害组织利益之实，恶意告发或者制造恐慌，行为人则不能免于恶意告发的法律责任。

四、结语

突发公共事件的应急管理是一个动态的协作系统，需要多元主体的共同参与。作为"错误与革新的连接点"，内部举报制度不仅有助于发现组织内部隐蔽的不端行为，及时发出预警以拓宽突发公共事件的信息获取渠道，促进公私合作实现突发公共事件有效治理，而且能够促进组织内部净化，提升企业的透明度与责任感。更为重要的是，突发公共事件中内部举报制度有助于维护内部举报人的权利，冲破"寒蝉效应"，其中所蕴含的为权利而斗争、维护社会正义的价值观，有助于激发公民积极参与社会治理。但是需要注意的是，无序、不当的举报会带来社会的恐慌、侵害组织的名誉等不良后果，在保护内部举报人权利的同时，亦要防止恶意举报行为，规定相关法律责任，由此形成为正义而发声的良好社会风尚，实现国家治理体系和治理能力的现代化。

（编辑：吕玉赞）

《法律方法》稿约

《法律方法》是由华东政法大学法律方法论学科暨法律方法研究院编辑出版，陈金钊、谢晖教授共同主编的定期连续出版物。本刊自2002年创办以来已出版多卷，2007年入选CSSCI来源集刊，并继续入选近年来CSSCI来源集刊。从2019年起，本刊每年拟出版3至4卷。作为我国法律方法论研究的一方重要阵地，本刊诚挚欢迎海内外理论与实务界人士惠赐稿件。

稿件请以法律方法论研究为主题，包括部门法学领域有关法律方法的研究论文，稿件正文应在1万字以上。本刊审稿实行明确的三审制度，对来稿以学术价值与质量为采稿标准，并由编辑委员会集体讨论提出相应的最终用稿意见。本刊倡导优良学风，逐步实行国内期刊界倾向的反对在他人论文上挂名的做法，对作者单独完成的稿件优先采用。本刊将不断推进实施用稿与编辑质量提升计划。

一、栏目设置

本刊近几卷逐渐形成一些相对固定的栏目，如域外法律方法、法律方法理论、司法方法论、部门法方法论等。当然，也会根据当期稿件情况，相应设置一定的主题研讨栏目。

二、版权问题

为适应我国信息化建设，扩大本刊及作者知识信息交流渠道，本刊已被《中国学术期刊网络出版总库》及CNKI系列数据库收录，其作者文章著作权使用费与本刊稿酬一次性给付。如作者不同意文章被收录，请在来稿时声明，本刊将做适当处理。

三、来稿要求

1. 本刊属于专业研究集刊，只刊登有关法律方法论研究方面的稿件，故请将这方面的作品投稿本刊。

2. 稿件须是未曾在任何别的专著、文集、网络上出版、发表或挂出，否则本刊无法采用。

3. 来稿如是译文，需要提供外文原文和已获得版权的证明（书面或电子版均可）。

4. 来稿请将电子版发到本刊收稿邮箱 falvfangfa@163.com 即可，不需邮寄纸质稿件。发电子邮件投稿时，请在主题栏注明作者姓名与论文篇名；请用WORD文档投稿，附件WORD文件名也应包括作者姓名和论文篇名。请把作者联系方式（地址、邮编、电话、电子信箱等）注明在文档首页上，以便于联系。

5. 本刊一般在每年的6月和12月集中审稿，请在此之前投稿。本刊不收任何形式的版面费,稿件一经采用即通知作者,出版后邮寄样刊。

6. 来稿需要有中文摘要(300字左右)、关键词(3-8个)。欢迎在稿件中注明基金项目。作者简介包括:姓名、性别、籍贯、工作(学习)单位与职称、学历和研究方向等。

7. 为方便作者,稿件请采用页下注释,注释符用"1、2、3……"即可,每页重新记序数。非直接引用原文时,注释前需要加"参见",引用非原始资料时,需要注明"转引自"。每个注释即便是与前面一样,也要标注完整,不可出现"同前注……""同上"。正文中注释符的位置,应统一放在引用语句标点之后。

四、注释引用范例

1. 期刊论文

陈金钊:《法治之理的意义诠释》,载《法学》2015年第8期,第20页。

匡爱民、严杨:《论我国案例指导制度的构建》,载《中央民族大学学报(哲学社会科学版)》2009年第6期,第65页。

2. 文集论文

参见焦宝乾:《也论法律人思维的独特性》,载陈金钊、谢晖主编:《法律方法》(第22卷),中国法制出版社2017年版,第119-120页。

3. 专著

参见王泽鉴:《民法思维:请求权基础理论体系》,北京大学出版社2009年版,第165-166页。

4. 译著

[德]卡尔·拉伦茨:《法学方法论》,陈爱娥译,商务印书馆2005年版,第160页。

5. 教材

张文显主编:《法理学》(第4版),高等教育出版社2011年版,第274页。

6. 报纸文章

葛洪义:《法律论证的"度":一个制度问题》,载《人民法院报》2005年7月4日,第5版。

7. 学位论文

参见孙光宁:《可接受性:法律方法的一个分析视角》,山东大学2010年博士论文,第182页。

8. 网络文章

赵磊:《商事指导性案例的规范意义》,载中国法学网 http://www.iolaw.org.cn/showArticle.aspx?id=5535,最后访问日期:2018年6月21日。

9. 外文文献

See Joseph Raz, "Legal Principles and The Limits of Law", *Yale Law Journal*, vol. 81,

1972, p. 839.

See Aleksander Peczenik, *On Law and Reason*, Dordrecht/Boston/London: Kluwer Academic Publishers, 1989, pp. 114 – 116.

Tom Ginsburg, "East Asian Constitutionalism in Comparative Perspective", in Albert H. Y. Chen, ed. , *Constitutionalism in Asia in the Early Twenty – First Century*, Cambridge: Cambridge University Press, 2014, p. 39.

引用英文以外的外文文献请依照其习惯。

《法律方法》编辑部
2020 年